小川尚義論文集
復刻版
日本統治時代における台湾諸言語研究

[編] 林初梅
Lin Chu-Mei

三元社

小川尚義論文集――目次

序文―研究動機と小川尚義論文復刻の経緯から　林初梅（田上智宜 訳）……ix
序文―従研究動機及復刻小川尚義論文始末談起　林初梅……xvi
〈凡例〉……xxi

蕃語研究の来歴……3
「キビシヨ」と云ふ語に就て……9
小川文学士ノ台湾土語発音法……12
台湾土語発音法（承前）……18
台湾土語発音法（承前）……23
台湾土語発音法（承前）……27
仮名遣ニ関スル調……32
鼠の説……62
厦門語族ニ就テ……65
厦門語族ニ就テ（承前）……71
仮名遣に就て……76

厦門語族に就て……78
厦門語族に就て（承前）……86
「ファボラング」語に就て……95
「ファボラング」語に就て（承前）……105
言語学ト人種……121
言語学と人種（続）……131
言語学ト人種（続）……141
字音ト土語ノ音……147
国民読本参照　仮名遣法……150
キビシヨと云ふ語に就て……210
言語上一種ノ顕象……215
言語上一種ノ顕像〔ママ〕（承前）……220
「マルコ、ポーロ」の伝……223
満洲ノ文字……229
番語文書ノ談片〔ママ〕……235
仮名遣……240

数詞ニツイテ……243
数詞について（続）……246
数詞について（続）……251
数詞について（続）……256
台湾語に就て……261
台湾語に就て（承前）……268
日本の古書に出て〔ママ〕たる馬来語……274
答弁二題……278
「サル」という詞……285
カロリン群島土人の詞……288
キビシヨと云ふ語に就て……293
タヤル蕃語の動詞の構造……297
故栗田確君追悼録（栗田君を憶ふ）……301
日本と南洋……304
台湾の蕃語に就て……308
三十年前の思ひ出……326

台湾語研究者への希望……332
昔の事ども……334
パイワン語に於けるQの音……337
パイワン語に於けるTsの音……345
台湾の言語……351
ファボラング語について……355
蕃語より見たる「トダル」「チダル」……363
土俗に関する蕃語の数例……371
台湾蕃語の数詞用法の二例……377
ツオウの昔話……385
タロコの伝説……387
時に関する高砂族の語……399
Calamian語とAgotaya語……417
台湾高砂族の語にて「臼」と「杵」といふ詞について……432
台湾高砂族の語にて「臼」と「杵」といふ詞について（二）……440
インドネシア語に於ける台湾高砂語の位置……449

小川尚義履歴書・卒業証書写し……504

（以下、横組み）

台湾府誌に出でたる蕃語・台湾蕃語の音韻変化……549
台湾高砂族の語に於て『与へる』といふ言葉に就いて……576
方言の音声転写（3）愛媛県松山市……577
インドネシアン語に於ける台湾蕃語の位置……584

言語学者・小川尚義とその時代　林初梅……585
本書収録小川尚義著作・参考資料の一覧……625

序文——研究動機と小川尚義論文復刻の経緯から

林　初梅
（田上　智宜　訳）

二〇〇九年に拙著『「郷土」としての台湾』を出版して以降、現在までこの数年間、私は言語学者・小川尚義の研究に取り組んできた。郷土教育からこの未知の領域に足を踏み入れることは、私にとって困難な作業であり、調査研究の過程では至る所で試練が待ち受けていた。このたびこうして小川尚義論文集を世に問うことができ、安堵の思いに堪えない。この文を借りて私の研究動機と小川論文復刻の経緯を述べておきたい。

一　小川研究の動機と所感

私が小川研究に取り組むようになった始まりは二〇〇八年一〇月のことである。台湾師範大学に赴任して間もなかった当時の私は、小川尚義の言語採集の成果に興味を持つとともに感銘を受け、これを深く探求してみたいと思うようになっていた。

その主な理由は、私の博士論文の一つの章で台湾語の発音と文字表記の問題を大きく扱ったことから、小川が築いた台湾言語研究の基礎に大きな興味を抱いていたことにある。

第二の理由として、一九九〇年代以後の台湾では、小川による言語研究の成果が肯定的に評価され、台湾人アイデンティティの構築過程において、小川による言語研究の成果が絶大な影響力を持っていることが挙げられる。近代性と本土性は台湾人アイデンティティの構築にとって重要な要素の一つであるが、私個人がかねてから考えてきたのは、日本統治期が台湾にもたらしたものは、単なる植民性だけではなく、近代性や本土性もあったということである。小川は近代ヨーロッパの比較言語学的手法を採り入れて台湾本土の各種言語を研究しており、彼の研究成果が備えていた本土性と近代性はその典型的な例である。二〇〇七年に台中教育大学において行われた台湾言語学一〇〇周年国際学術シンポジウムでは、『日台大辞典』が出版された一九〇七年を近代台湾言語学研究の嚆矢としていたが、この重要文献こそまさに小川の手によって出されたものであった。このことは小川の研究成果に対する今日の台湾社会の肯定的評価をよく表している。

しかし小川の偉大な業績を前に、私の視線は無意識のうちに日本「内地」、特に（東京）帝国大学文科大学博言学科に向くようになった。近年の台湾における日本統治期研究の論文は、その多くが同時期の日本「内地」との比較という観点を欠いているという感じを強く受ける。そのため、小川に関する先行研究は多いが、自分のなかで少なからぬ疑問も浮かび上がってきた。例えば、当時の日本「内地」の学界では小川の研究成果はどのように位置づけられていたのか。また、小川と日本「内地」との接点とはどのようなものだったのか。このような問題意識の下に、私は小川研究に着手した。

小川の学んだ博言学科が輩出した人材は、小川の指導教授である上田万年や同時期の金沢庄三郎に始まり、やや後の新村出、小倉進平（朝鮮語研究）、金田一京助（アイヌ語研究）、伊波普猷（琉球語研究）に至るまで、いずれも近現代日本の言語学界において傑出した人物である。彼らの業績は比類のない注目を集めており、一世紀に渡り日本の言語学を引っ張ってきたといっても少しも過言ではないといわれている。

しかし一九九〇年代以降、日本の学界では上述した著名な言語学者たちに対して異なる解釈が出現してきた。周知のとおり、いわゆる「標準語」、「国語」は近代国民国家により形成された産物であり、国民統合の過程において、「国語」は均質的な言語環境を創り出しただけでなく、ナショナル・アイデンティティの形成を促進させる触媒としての役割も担った。しかし別の角度から見れば、「国語」が普及すると、少数言語は「方言」として位置づけられ、消失の危機にすら直面させられる、というのも紛れもない事実である。言い換えると、「標準語」と「国語」に付随する暴力性というのが、九〇年代以後の学界における批判の標的となったのである。

このテーマに関して、一橋大学教授・イ・ヨンスクや一橋大学准教授・安田敏朗による研究はなかでも代表的である。安田の研究を例にとると、アイヌ語であれ琉球語であれ、日本の「方言」の言語研究と位置づけられていたが、その動機は「国語」(日本語)の通時性を確保することにあり、重視していたのは「国語」との関係に他ならなかった、と彼は指摘する。言い換えると、「方言」が古語の特徴を有していたからこそ、言語学者から重視されていたというのである。

このような見方は一九九〇年代以後の日本の学界において確かに一定の影響力を持つようになってきた。これに対する学界の立場は分かれており、反対の意見を持つ者も少なくないが、これらの研究の独創性や、異なる思考は、従来の伝統的な考え方を覆すものであり、新鮮な印象を与える。

それゆえ、小川の研究に着手する際、次のような疑問が生まれた。(一)小川が台湾の言語を採集した動機とは何か、また小川は日本語と台湾の言語との関係に関心を持っていたのかどうか。(二)小川と日本「内地」の言語学者との間には一定程度の交流があったのか、もしくは彼らの影響を受けていたのか。(三)上山満之進(第一一代台湾総督)は資金を出して小川の原住民語採集を支援したが、その動機はどこにあったのか。(四)当時の日本「内地」は台湾の各種言語をどのようにみていたのか。

言い換えると、小川と日本「内地」との接点はどのようなものだったのか、というのが早急な解明を私が期待する未知の領域なのである。二〇〇八年一〇月に私はこのテーマで住友財団の研究助成を申請した。このときの助成はこの研究計画にとって非常に重要な意味を持った。私個人がこの研究に取り組むにあたり、経済面の援助ということだけでなく、このような形で評価し、激励してもらえたことは大きい。

ただし実際にこれを進めるにあたっては、困難が幾重にも重なっていた。私は戦前の言語学関連の雑誌を大量に調べたが、当時の日本「内地」の言語学界では台湾の言語について触れられることは少なく、たとえ触れられていたとしてもごく簡単な描写にとどまっており、台湾の言語は研究の対象とされていたわけではないことが分かった。

唯一印象深かったのは佐藤清明の論文（「全国ヂヤンケン称呼集」〔1〕、「全国蟷螂（カマキリ）方言集」〔2〕）である。佐藤は岡山県出身の民俗学者であり、論文のなかで日本各地の「方言」を列挙すると同時に、台湾の言語を日本の一地方の「方言」に分類している。このような論点に対しては、果たして批判的角度からみるべきだろうか、それとも各地の言語を広く探して回った苦心を肯定的に評価すべきだろうか。私は心の中で疑問を禁じ得なかった。

二〇一一年五月二九日の日本台湾学会で論文を発表したときに私はこの問題について言及したことがある。コメンテーターの言語学者・土田滋（元東京大学文学部教授、元順益台湾原住民博物館館長）は、言語学者が一次資料を得るために四方八方探し回って言語資料を集めたにもかかわらず、帝国主義の協力者と名指しされるのは、実に公平さを欠いている、と指摘した。土田滋教授の考え方は私に非常に大きな示唆を与えたことから、私はこのときの会議論文を一部修正し、本書巻末に収録した。これ以外にも、論文発表後に、土田滋教授から小川論文の復刻に対して多大なる協力を受けたこと、ここに謹んで感謝の意を表する。

二　小川論文の復刻の経緯

続いて小川論文を復刻する動機について述べておきたい。

私は修士／博士課程の期間に言語社会学を専攻し、日本統治期の言語学に関連する研究に深く興味を抱いてきた。そしてここ数年間で蓄積した研究成果は、本書巻末に収録している。そうではあるが、小川の論文はより多くの異なる研究領域の学者によって研究が進められるべきであると考えてきた。そのため日本台湾学会での論文発表の後、これらの文献の復刻出版を考えるようになった。小川は今日の台湾の学界において非常に重要な存在として位置づけられているのに対し、日本国内では逆にほとんど忘れ去られてしまっている。また、小川の短編論文は少なくないが、特に日本の学界にとって、それらは入手が容易ではない。私は原史料の復刻を通して、小川に対する日本の学界の再評価を促したいと考える。

このほかに、小川の論文は読みやすくないというのも、復刻の動機の一つである。それは印刷が鮮明でなかったり、文体の関係であったりする。小川自身が言文一致の実践者であり、近代言語革命のパイオニアとして彼は、口語を非常に重視していた。そのため小川の初期の論文は表音主義を採用しており、その仮名表記は当時の一般的な書き方とも現代日本語とも異なっている。本書に収録している「言語学ト人種」はその代表例である。これは現代日本語を読み慣れている人にとっては、決して読みやすいものではない。そこで私は、これらの論文を一冊の本に収録すれば、必ずや台湾の研究者にとって閲覧の助けとなると考えた。

上述した二つの理由から、二〇一一年七月に新村出記念財団の出版助成を申請した。そして幸運なことに財団から助成金一〇〇万円の提供を受けられることになった。新村出記念財団からの全面的な支援があったからこそ、言語学者小川の研究論文は新しい姿で再び世に問うことができたのである。

ただ、二〇一一年一一月二三日に授賞式に参加したとき、私は感激した気持ちの一方で、大変重いプレッシャーを感じていた。なぜなら他の受賞者と比べると、当時、小川論文集は構想段階にとどまっており、まだ形を成していなかったからである。受賞後一年以内に出版する、というのが財団との約束であった。今こうして出版に至り、心の重荷がようやく取り払われた思いである。

私は小川研究のキャリアがまだ浅く、このような機会に恵まれたことについて、とても多くの人に感謝しなければならない。まずはもちろん住友財団に感謝したい。住友財団が評価してくれたことで、私は小川研究の領域に足を踏み入れることができた。そして一橋大学准教授・安田敏朗氏と三元社社長・石田俊二氏にも感謝する。お二人の全面的な協力があったからこそ、新村出記念財団の研究助成を申請することができた。また新村出記念財団の経費がなければ、なかなか日の目を見ない言語学論文の復刻本が、出版の機会を得るのは難しかっただろう。感謝を申し上げる。

資料収集の過程では、国立中央図書館台湾分館が「「キビシヨ」と云ふ語に就て」「鼠の説」「厦門語族ニ就テ」「仮名遣に就て」「国民読本参照　仮名遣法」「字音ト土語ノ音」「台湾語研究者への希望」「ツオウの昔話」などの所蔵資料を提供してくれたことに特に感謝したい。それから、私個人がすでに読んでいた論文は、線を引いていたり書き込みをしていたりする関係で、復刻に使うことはできず、新たに収集しなければならなかった。しかしなかには劣化が著しく、複写のできない資料も少なくなかったため、きれいな資料を求めて、日本国内や台湾の各図書館をできる限り探して回ることとなった。その際、聖心女子大学非常勤講師・紀旭峰氏、台湾師範大学博士課程・王韶君氏から協力を得ることができたのは幸いであった。ここにあわせて感謝の意を表する。

このほかに、文献収集の期間に、東京外国語大学アジア・アフリカ言語文化研究所教授・三尾裕子氏の協力を得ることができた。また論文執筆の期間には、言語学者・土田滋氏から多くの貴重な意見をいただいた。小川尚義の孫にあたる名古屋大学名誉教授・小川克郎氏は淡江大学助理教授・冨田哲氏から紹介していただいた。「小川尚義の未発表原稿二編」は風響社社長・石井雅氏が快く転載を承諾してくださったことで、本書に収録することができた。校正の過程と翻訳の作業では、法政大学兼任講師・田上智宜氏に協力していただいた。ここに合わせて感謝の意を表する。

最後に私の夫である所澤潤に感謝したい。私が小川研究に身を投じると決めたとき、同じ学界の一員として、郷土教育にはまだ研究を続けていかなければならない問題が多く残されているということで、反対していたこともあった。しかし論文集の出版が決まったときには、誰よりも喜んでくれたばかりか、抜け落ちている論文がないか何度も確認してくれた。それにより、現在に至るまで先行研究では言及されてこなかった幾つかの論文、例えば『にひたか』に収録されている論文、が彼の協力の下で発掘された。小川尚義論文集の出版には、そうした彼の功労があったことはいうまでもない。

最後に、本書を世に問うことで、多くの新しい研究論文の出現が促されることを期待する。日本統治期の台湾研究は日台双方の交流と協力が必要であり、本文は台湾華語と日本語訳文という形で表すことで、小川論文が日台双方の学術界から重視されることを心から切望するという意を込めて、序に代えることとしたい。

注

1 佐藤清明「全国蟷螂(カマキリ)方言集」『方言と土俗』第一巻第五号、一九三〇年、一言社、二一—二四頁。

2 佐藤清明「全国ヂヤンケン称呼集(予報)」『方言と土俗』第一巻第八号、一九三〇年、一言社、一—八頁。

序文——從研究動機及復刻小川尚義論文始末談起

林　初梅

拙著《「郷土」としての台湾》於二〇〇九年出版問世之後，直到今天，幾年的時間，我從事語言學者・小川尚義的研究。從鄉土教育跨進這個未知的領域，是一項艱辛的工作，對我而言，研究調查的過程中處處充滿挑戰，而今小川尚義論文集即將問世，心中感到無比欣慰。僅藉此文，談談我的研究動機及復刻小川論文之始末。

一　小川研究的動機及感觸

二〇〇八年一〇月是我從事小川研究的起點。當時的我，剛到台灣師範大學任教不久，對於小川尚義的言語採集成果既是好奇又是感佩，渴望一探究竟。

主要原因是，我的博士論文當中有一個章節大幅探討台語發音、文字表記的問題，所以對於小川所奠定的台灣語言研究基礎抱持著高度的興趣。

第二個原因是，一九九〇年代以後的台灣，對於小川的語言研究成果予以高度肯定，台灣人認同的建構過程當中，小川的語言研究成果具有絕對的影響力。近代性及本土性是建構台灣人認同的重要因素之一，我個人向來認爲日治時期所帶給台灣的，不單只是殖民性，還有近代性、本土性，小川採用近代歐洲比較語言學的手法研究台灣本土各種語言，其研究成果所具備的本土性及近代性就是最具典範的例子。二〇〇七年台中教育大學舉辦的台灣語言學百週年國際學術研討會上，將《日台大辭典》問世的一九〇七年視爲近代台灣語言學研究的嚆矢，而這部經典正是出於小川之手，這足以說明今日台灣社會對小川研究成果的肯定。

然而在面對小川的豐功偉業時，我不自覺地將目光轉往當時的日本「內地」，特別是（東京）帝國大學文科大學博言學科。我深感台灣近年來日治時期研究的論文，大多欠缺與同一時期日本「內地」比較的觀點，因此，有關小川的先行研究雖多，我心中卻浮現不少疑問，例如，當時日本「內地」學界如何定位小川的研究成果？還有小川和日本「內地」之間的交集如何？是在這樣的問題意識下，我開始著手進行小川研究的。

小川所就讀的博言學科人材輩出，從小川的指導教授上田萬年、同期的金澤庄三郎，到稍後的新村出、小倉進平（朝鮮語研究）、金田一京助（愛奴語研究）、伊波普猷（琉球語研究），無一不是近現代日本語言學界的佼佼者，他們的成就受到無比的矚目，若說是這些人帶領日本語言學走過一個世紀，一點也不爲過。

然而一九九〇年代後，日本學界對上述知名的語言學者有了不一樣的詮釋。眾所周知，所謂的「標準語」、「國語」是近代國民國家所形成的產物，國民統合的過程中，「國語」不僅創造出一個均質的語言環境，也是促進國家認同的催化劑。但從另一個角度來看，「國語」普及之後，少數語言被定位爲「方言」，甚至瀕臨消失的危機，卻也是不爭的事實。換言之，「標準語」和「國語」所附隨的暴力性，是九〇年代以後學界批判的標的。

關於這個議題，一橋大學教授・李妍淑、一橋大學準教授・安田敏朗的研究是箇中代表。以安田的研究爲例，無論是愛奴語也好、琉球語也好，他指出這些被定位爲日本「方言」的語言研究，其動機是爲了確保「國語」（日語）的通時性，重視的不外是其與「國語」之間的關係。換言之，「方言」乃是因爲帶有古語的特性，方受到語言學者的重視。

這樣的看法在一九九〇年代以後的日本學界確實造成了一股影響力，儘管學界對此看法分歧，持反對意見的人也不少，但是這些研究的獨創性，以及不同的思惟，顛覆了傳統，令人耳目一新。

也因此，著手研究小川時，我產生了如下的疑問：（一）小川採集台灣語言的動機？小川是否也關心日語和台灣語言之間的關係？（二）小川與日本「內地」語言學者之間是否有某種程度的交流，或受到他們的影響？（三）上山滿之進（第十一代台灣總督）提供資金支援小川採集原住民語，其動機何在？（四）當時的日本「內地」如何看待台灣各種語言？

換言之，小川與日本「內地」的交集，是我亟待了解的一個未知領域。二〇〇八年一〇月我以此爲題，申請了住友財團的研究補助，當時的補助對於這項研究計畫有著非常重要的意義，不只是經濟面的援助，也讓我個人從事此項研究時，獲得了肯定與鼓勵。

只是，實際執行時卻是困難重重。我查遍了諸多戰前的語言學相關雜誌，卻發現當時日本「內地」語言學界很少談及台灣語言，即便談及也只是輕描淡寫，並未把台灣的語言當作研究的對象。

唯一印象比較深刻的是佐藤清明的論文（〈全国蟷螂（カマキリ）方言集〉[1]、〈全国ヂヤンケン称呼集〉[2]），佐藤是日本岡山的民俗學家，他在論文中列舉了日本各地的「方言」，同時也將台灣的語言歸類爲日本一個地方的「方言」，對於這樣的論點，究竟應該持批判角度審視之？或是應該肯定其廣泛搜尋各地語言的苦心呢？我心中不禁出現了疑問。

二〇一一年五月二九日本台灣學會論文發表時，我曾談及這個問題，評論人語言學者・土田滋（前東京大學文學部教授・前順益台灣原住民博物館館長）指出，語言學家爲了尋求第一手資料而四處採集語料，卻被指爲帝國主義的協力者，實在有欠公允。土田教授的想法給予我相當大的啓發，因此我將當時的學會論文做了部分修改之後，收錄於本書卷末。另外，論文發表後，土田教授對於本次小川論文的復刻，也給予相當大的協助，謹在此致上感謝之意。

二　復刻小川論文之始末

接下來要談的是小川論文復刻的動機。

我於碩博士期間專攻語言社會學，對日治時期的語言學相關研究深感興趣，幾年來所累積的研究成果，收錄於本書卷末。但即便如此，還是認爲小川的論文應該提供給更多不同研究領域的學者進行研究，因此，於日本台灣學會論文發表過後，開始思考將這些文獻復刻出版。小川在今日台灣學界具有舉足輕重的地位，反而是在日本國內幾乎被遺忘，我期待透過原始史料的復刻，喚醒日本學界對小川的重視，畢竟小川的短篇論文雖不少，卻不是那麼容易入手，特別是對日本學界而言。

此外，小川論文不易閱讀，也是復刻的動機之一，有些是印刷不清楚的關係，有些則是因爲文體的關係。小川自身是言文一致的實踐者，處於近代言語革命先鋒的他十分重視口語，所以小川早期的論文採表音主義，其假名表記有別於當時一般的書寫方式，也有別於現代日文。本書中收錄的〈言語学ト人種〉就是一個代表例，這對於熟悉現代日文的人而言，並不容易閱讀，我因而思考，若將這些論文收錄成冊，必定有助於台灣學者閱讀。

基於上述兩個理由，我於二〇一一年七月申請了新村出紀念財團的出版補助。幸運地獲得財團提供的一百萬日元補助款，有了新村出紀念財團的大力支持，才使得語言學者小川的研究論文得以新的面貌重新問世。

然而，我於二〇一一年十一月二十三日參加頒獎典禮時，一方面懷抱著興奮的心情，一方面感到無比沉重的壓力，因爲和其他的受獎者相比較，當時，小川論文集還只是停留在構想階段，尚未成型。得獎之後一年內出版，是與財團之間的約定。如今即將問世，心中的重擔終於可以放下。

我對於小川研究的資歷尚淺，能夠有這樣的機會，要感謝的人太多。首先當然要感謝住友財團，住友財團給我的肯定，讓我得以跨入小川研究的領域。也要感謝一橋大學準教授・安田敏朗和三元社社長・石田俊二，有了兩位的大力協助，才得以申請新村出紀念財團的研究獎助。也感謝新村出紀念財團，沒有這筆經費，冷僻的語言學論文復刻本，很難獲得出版的機會。

收集資料的過程，特別感謝國立中央圖書館台灣分館提供〈「キビシヨ」と云ふ語に就て〉〈鼠の説〉〈厦門語族ニ就テ〉〈仮名遣に就て〉〈国民読本参照　仮名遣法〉〈字音ト土語ノ音〉〈台湾語研究者への希望〉〈ツオウの昔話〉等館藏文獻。此外，值得一提的是，我個人讀過的論文，因爲劃線或加註的關係，已經無法用之於復刻，不得已的情況下，只好重新收集。但其中不乏劣化嚴重的資料，而無法影印，爲求資料的清晰度，儘可能地四處尋找，包括日本國內及台灣各大圖書館。有幸獲得聖心女子大學兼任講師・紀旭峰及台灣師範大學博士班研究生・王韶君的協助，在此一併致上感謝之意。

此外，文獻收集期間，曾獲得東京外國語大學亞非研究所教授・三尾裕子的協助，論文撰寫期間，獲得語言學者・土田滋提供不少寶貴的意見，尙義嫡孫―名古屋大學名譽教授・小川克郎則是透過淡江大學助理教授・富田哲引薦的，〈小川尙義の未発表原稿二編〉一文有幸獲風響社社長・石井雅慷慨應允轉載，才得以順利收錄於本書之中，校對過程和翻譯工作，則獲得法政大學兼任講師・田上智宜給予協助，在此一併致上感謝之意。

最後要感謝的是我的先生所澤潤，同爲學界的一份子，當我決定投身小川研究時，他曾經持反對意見，畢竟鄉土教育還有很多後續問題不得不繼續研究。不過當論文集決定出版時，他比任何人都高興，甚至不斷地幫忙確認是否還有遺漏的論文，也因此，截至目前先行研究從未論及的幾篇論文，例如，《にひたか》中所收錄的論文，就是在他的協助下發掘的。小川尙義論文集能夠問世，他的功勞自不在話下。

最後，期待本書的問世，能夠激發更多新銳的研究論文出現。日治時期的台灣研究需要台日雙方的交流與合作，本文以台灣華語、日語譯文的方式呈現，帶有衷心企盼小川論文能夠受到台日雙方學術界重視的含意，僅以此文，代之爲序。

注

1 佐藤清明〈全国蟷螂（カマキリ）方言集〉《方言と土俗》第一巻第五号、一九三〇年、一言社、二一―二四頁。

2 佐藤清明〈全国ヂヤンケン称呼集（予報）〉《方言と土俗》第一巻第八号、一九三〇年、一言社、一―八頁。

〈凡例〉

（一）本書は言語学者・小川尚義（おがわなおよし）の短編論文を集めて復刻したものである。横書きのものと縦書きのものを分けて、それぞれ年代順に収録した。

（二）小川の論文には、複数の雑誌に同内容で構成されたものがあるが、資料的価値に鑑み、重複を厭わず、収録した。

（三）小川著作の蒐集は以下①～③の先行研究の著作目録に負うところが大きい。しかし、先行研究に全く言及されていない新しいものも含んでいる。それらについては、巻末の「本書収録小川尚義著作・参考資料の一覧」に☆印を付した。

①馬淵東一「故小川尚義先生とインドネシア語研究」『民族学研究』第一三巻第二号、一九四八年、日本民族学協会、六二―七一頁。

②浅井・小川未整理資料の分類・整理・研究プロジェクト（代表＝土田滋）／三尾裕子・豊島正之編『小川尚義・浅井恵倫　台湾資料研究』二〇〇五年、東京外国語大学アジア・アフリカ言語文化研究所（「著作目録」は二九四―二九六頁、土田滋によって修正が加えられている）。

③林美秀「日本統治時代における日本語・台湾語対訳資料についての研究」二〇〇八年、岡山大学文化科学研究科社会文化学専攻博士論文（「小川尚義の研究業績」は一三二―一三三頁）。

（四）小川によるキリスト教関係の翻訳（上記（三）の②『小川尚義・浅井恵倫　台湾資料研究』の「著作目録」に挙げられている）、『原語による台湾高砂族伝説集』（一九三五：浅井恵倫と共著）の解説及び辞書の序文、凡例は、本書に収録していない。

（五）従来の先行研究に言及されている以下の論考は、所在不明のため、本書には収録していない。
「台湾語語尾鼻音の記号に就て」一九〇〇年
「字音仮字用格」（刊行は一九〇〇年か一九〇一年と推定されている。）
"A Comparative Vocabulary of the Languages and Dialects of the Island of Formosa (Taiwan)." Mss. 1917. 617pp.

（六）小川尚義「仮名遣に就て」（『にひたか』第十一号、一九〇〇年、六―七頁）は「（以下嗣出）」と末尾にあるが、同誌は裏川大無「明治卅年代の台湾雑誌覚え書」『愛書』第一輯、一九三三年、台湾愛書会、九四―九九頁によれば、その号限りで廃刊となっており、続編は書かれなかったと見られる。

小川尚義論文集

『蕃情研究会誌』第二号、一八九九年、蕃情研究会　一～六頁

蕃情研究會誌　第二號

明治三十二年四月三十日發行

論説

蕃語研究の來歴

調査委員　文學士　小川尚義

ラクーペリー氏か臺灣記に、新港文書に付ての研究と並に臺灣蕃語研究の大畧に付て述る所あり、今之を本とし他の二三のものを參照して、蕃語研究の來歴を述ふへし。

蕃語の研究に付ては、古來其材料甚た乏しく、多くは學術的の語集なるか故に、今日に當りても眞正の研究をなすに足る程の材料甚た乏し。古より集められ、又は書中に散見する蕃語の材料を區別せは、蓋し左の如くならむか。

（一）旅行者等の好奇的に蒐集したる蕃語。

（二）宗敎家か傳導の方便として研究したるもの。

（三）蕃語を他の語と比較し研究したるもの。

第一のものは、蕃語の材料中最多數を占むる者にして、大抵は單語の集錄に過きす、言語學的に論すれは、尤も其の價値に乏しきものなり。

第二のものは、阿蘭人占領の時代に於て耶蘇敎傳導の爲めに必要に迫まられて、宣敎師輩の蕃語を習得し、或は聖書の反譯となり、或は蕃語の說敎となりて今日に傳はれるものなり。言語の材料として實に貴重のもの、科學的の研究は是等を本として論起せざるへからさるものなり。

第三のものは、現今に至るまて實に少數の學者か手を染めたる所にして、殊に獨乙の東洋學者フォン、

デル、ガベレンツ氏を推さゝるへからす、蕃語研究の終局の目的は蓋し此種の方法を要するなり。

支那の古書隋史に記したるもの、蓋し臺灣に關するものなるへしとの說あり、中に人名にては歡斯、渴剌兜可志事、多拔茶の名あり、都の名としては波羅檀の名あり、此は蓋し現時の胡蘆墩の地なるへしと云ふ人もあれとも如何にや、隋史の記載を本として臺灣と琉球との關係を述へたるものは、史學雜誌に中馬君の論文あり參考とするに足らむ。

佛人プサルマナザルと云ふ人あり（一六七九—一七六三）大に臺灣の蕃語に通すと云ふの評判あり。Historical and Geographical Description of Formosa. 1704. を著はし其中に臺灣蕃語の標本を出せり、然し彼の書は荒唐無稽のものなりとして、近世學者の信を置かさる所、然かしラクーペリー氏の如きは、彼の蕃語は全くの揑造にはあらすして、或は東洋に航海したる水夫等の手帖なとを本として作りたるものなるへしと說けり。

和蘭宣敎の區域は甚た廣く、新港、大目降、目加溜灣、蕭壠、蔴豆、阿束、哆囉嘓、諸羅山、チボラング、ファボラング、タッカイス、トルネップ（此の數個所未た何れの處なるやを知らず）等に及へり、而して各處に派遣せられたる宣敎師か、吾人に殘したる材料を擧くれは左の如し。

ロベルト、ユニウスは、蕃境にあると十四年と云ふ、千六百四十五年に宗敎問答を著はしたり。

ダニエル、グラヴイウスは、千六百四十七年より五十一年まて臺灣にありたる宣敎師なるか、新約聖書の一部即馬太傳約翰傳を反譯し（千六百六十一年）其の標題に蕭壠、蔴豆、新港、目加溜灣、大目降、チボラングの住民の爲にすと云ふとあれば、是等の地の言語は大抵大同小異のものなりしなるへしと考ふるとを得るなり。

同氏は又Formulier of the Christian Religion 1662.を著はしたり。

クラプロート氏か Journal Asiatique の中に臺灣の蕃語を記したる材料は、重に此のフオルムリエルより取りたり、同氏は又Memoire. Relatifeの中に語數を增補して出したり。

ヴアン、デル、ブリス氏は和蘭人なり、氏はウトレヒト文庫中に一書を發見して之を出版せり（此の書は蕃語の字彙にして其の語數千〇七十二語に及ふ）其序文に於て文法上の注意を付けて多少の意見を述ふ、渡邊洪基氏此の書を譯して地學協會雜誌に出す、參考とするに足るなり。

ヴアレンタイン氏は、千六百四十四年の頃バタビア政廳より臺灣に送らる、其の目的は新港語の字書を作りて之れを馬來、葡萄牙、阿蘭の諸語との對譯に資する積なりし由なれとも、此の書完成せしや否詳ならす。

ギルベルッス、ハッパルッス氏は、千六百四十九—五十二年、千六百五十三—五十六年の間、臺灣にありし宣敎師なるか、千六百五十年ファボラング語の字書を作れり、此の字書の草稿は出版に及はすして久しくバタビアの書庫の中に在りしを、千八百三十九年フーベル氏の發見する所となり、同氏は之を學術雜誌に載せて廣く學者の一覽に供し、翌年メツドホルスト氏は之を英語に反譯したり。

フエルトレヒトと云ふ人も、亦ファボラング地方にありし敎師なるか、同氏の蕃語說敎五篇、亦バタビアに發見され臺南のカンベル氏か Favorang Articles の中に載せられたり。

佛人ゲーラン氏は、アタヤル語を蒐集して、千八百六十八年、之を佛國の地學雜誌に出せり、氏は此外シャボガラ、ブイク、ツオー、シブクン、カングー、カリ等の簡單なる語彙を載せたり。

パロック氏はChinese Review 1874 に於て、水蕃、熟蕃、霧蕃、卑南、平埔蕃の諸語を擧けたり、其の語數凡そ百七十九語あり。

チャーレス、カーロル氏は、Rambles among the Formosan Savages1871の中に、ブラック、ロック灣、蘇澳灣、南方臺灣府の蕃語を集む。

千八百六十七年Notes and Queries なる雜誌中に、敗剪、猛仔、万斗籠、サモハイ、習武郡、猪母勝の語を集めたるものあり。

スウイレホーは、China Mail 1867 に於て、カリーの語を蒐めたり。

トムソン氏は Ten Years Journey in China and Indo-Chineseの内に於て、敗剪、習武郡、猪母勝、猛仔、万斗籠、熟蕃、卑南、木柵の諸語彙を載す。

スチーア氏は、China-Reviewに於て、コンガナ島の平埔語百四十五語を載す。

世界の言語界に於て臺灣の蕃語は果して如何なる地位を占むへきものなりや、是の點に關して諸先輩の說く所を畧記すれば左の如し。

クラプロート氏は、重にシディア語を論してマレイ語に近しとせり。

マルト、ブラン氏は、千八百十年に於てシディア語を論し、是語は印度洋の馬來のみならず、アフリカ及ひポリチシア語にも似たりとせり。

トムソン氏は、敗剪、習武郡、猪母勝、猛仔、万斗籠の諸語を新嘉坡の馬來語と比し、熟蕃、卑南、木柵を馬來及ひビサヤ、ヤグール、ニユージーランド、チコピア、ワイギウ、トンガ、マウアルフールス語に比しまた馬來語との百分率を取りてパクサ、ペラム、熟蕃を以て、尤も馬來語に近きものとせり。

バロック氏も亦百分率をとりて語の三分の一は馬來に似たりとし、尤も多く似たるものはペラムにして、平埔蕃之れに次くとせり。

アルノルド、セッテリヒは初めて生蕃語を研めたる人なり、其の結論は、生蕃は其の語の十分の六を隣人の馬來人より借り來りたるものにして、其の身軀上より云へは支那の土民に近しとせり。

Notes and Queriesなる雜誌中、W.H.M. なる人は、スウインホーのカリー語の數詞を馬來と比較し、四、五、六、七、十なる語に於て相一致すとせり。

ブレンタイン氏か山中に住すと記載せる黒人ヂアラモックス族に付ては、語學上一の材料なし、勿論斯る黒人か實際山中に住せしやは甚た疑はしきとなり。

新嘉坡のローガン氏は、Ethnology of the Indo-pacific Islands 1852を著はし、臺灣語を北インドネシアの部類に入れ、殊にパンパンガンの語に似たりとせり。フオン、デル、ガベレンツ氏はハツバルツス氏のフアポラング字典によりて、臺灣蕃語を極めて科學的に研究し、其の文法の組織を解剖し之をフイリツピン族、殊にタガラ語の文法に比したり、蕃語研究の燈明臺とも云ふべき好論文にして、必す一讀せさるへからさるものなり。

アツペ、フアーブル氏は、ゲーラレの語彙に附加して説をなし、蕃語を以てポリネシアンに近しとし、蕃語中フアポラング語最も純粹にして、アタヤルは支那人に接近したるか故に其の言語不純となりたりと云へり。

フリードリヒ、ミスルレル氏は、馬來語を十一分して、臺灣語を以て其の中の一に數へ込みたり。

ホヂソレ氏は、On the Tribes of the Northern Tibet and of Sifanを著はし、此の地方に住する Gyapung語を以てフィリッピン群島のタガラ語に比したり。ラクペリー氏は、此說を應用して臺灣北蕃、即ちアタヤル語は此のキアルング語に似たりとなし、北蕃は支那內地の苗族等に關係する所ありとせり。此の問題は實に面白き題目にして、支那內地に生存せる蕃族の研究と共に臺灣蕃人の性質が明なるに至るとなしとも云ふべからず。今は其の方向の材料甚た缺乏せりと雖も、獨逸にある學者輩は近來此の點に注目するものあるに至れり、遠からずして支那蕃族研究の結果を見ることを得む。

ラクーペリー氏は、最後に於て臺灣蕃語を分類して左の三種となせり。此の說固より首肯すへからすと雖も、亦一の參考に供するに足らむ。

（一）タヤル語（ツオー、シヤボガラ、敗萸、習武郡等）
（二）シデイヤ語（新港、臺灣府、平埔蕃、木柵、猛仔、万斗籠、サモハイ等）
（三）フアボラング語（水蕃、熟蕃、霧蕃、ブイヨク、カリー等）

高山蕃と平地蕃

調査委員　鯉登行文

學術上より本島蕃人の統系を求め、或は分類し、或は綜合して研究するが如きは、之を專門の學者に讓り、余は唯此迄實際に目擊したる有樣を述へて研究の資料に供せんとす。

玆に所謂高山蕃とは、本島の高山に住居せる面部に黥を施したる北蕃を總稱するの謂なり。乃ち余か初めて目擊せし高山種屬の蕃人は、屈尺附近のもの、

「キビシヨ」と云ふ語に就て

學げい

キビシヨと云ふ語に就て

小川尚義

明治三十年の初春の事なりと覺ゆ、一日、時の學務部長たりし伊澤先生を訪ひ、談會〻蕃人教育の事に及ぶ、先生曩に恒春の生蕃地に一の學校を設けて、生蕃敎育の端を開かれしが、爾來、其成績大に見るべきものありき、先生曰く、君は元來臺灣の蕃語に就て、大に趣味を有するもの、爰に珍しき好材料ころあれ、いで君に見すべしとて、傍にありし一小冊子を取りて余に示さる、取りて見るに、小學讀書敎授書といへる一小冊子にして、其中に鉛筆もて生蕃語を記入して飜譯せるものなりき、是れ恒春豬勝束の學校に敎鞭を執れる藍原君の寄送する所なりといふ、余大に喜び先生に謂て曰く、乞ふ暫く待て、小生亦一の蕃語集を有す、即ちラクーペリー氏の臺灣記の卷末に附せられたるものにして、バロック氏の集たるものなり、蕃語を集ること六種、即ち霧番、熟番、水番、平埔番、卑南番及びファホラング語なり、今この小冊子の蕃語をとりて、此の語集の何れに尤もよく近似せるか比較せんには如何と、先生曰く、好し、乃ち該語集の寫本を取り來りて相較す、適合するもの甚だ少し、獨り卑南蕃語尤もよく之に類似する所あり、是れ或は地の近接せるより然るならんなど、相語り相較して該敎授書中の「ドビン」(土瓶)といふ部に至る、蕃語記して「キビシユ」とあり、先生卓を打て曰く、奇なるかな此語何ぞ夫れ相似たるの甚しきやと、余も亦此の奇異なる類似に付て一點の疑を禁ずる能はざりき、されども、かゝる事は始終有勝の事にして、日本の「キビシヨ」と恒春蕃人の「キビシユ」と只一個の語詞の相似たりとて、まさかに言語系統の論までも提起する丈の値はあるまじと思ひ、單に偶然の類似ならんと信じ居たりき、其後、大學より出張し居たる多田綱介氏が臺東地方を調査して歸りたる時の話しに、臺東にて「キビシヨ」のことを「キビシユ」といふ、甚だ奇異の感をなせりといへり、爰に於て、余亦甚だ其事を奇とし、大槻氏の言海にはよく語原を討究して之を記載しあれば、或は此語の本來の義を知ることを得んかと思ひ、開きて之を見しに、「キビシヨ」は「キフス」の訛なりとあり、よりて「キフス」の部を見しに、語原は記せられずして、只左の解釋あり

　きふす(急須)葉茶ヲ入レテ湯ヲ注ギ煎スル小キ器、口アリ手アリ、キビシヨ

又藤井、草野兩氏の帝國大辭典を開き見しに

　きびしよ(急須)「きふす」ノ訛レルナリ

　きふす(急須)急ノモチヰ(須)ニ適スルトノ義、モトハ酒ヲ燗レタリシ具、今主ニ煎茶ヲ入レ湯ヲツギ煎ジ出ス小キ土瓶ノ一種ヲイフ、口ト手ト伴ヒ、多クハ陶器ニテ造ル、「キビシヨ」トモイフ

とありて、意義は明なれども、語原急のもちゐに適すといふは未だ適せりといふ可らず、疑惑尚未だ解ざりしに、近來臺灣の土語を硏究するに際して、果して遂に其要領を得るに至りぬ、土語にて茶出しの粗製なるものを急燒(キプシオ)といふ、其意は文字の示す如く「速に煮ゆ」といふ義なり、多くは藥を煎じ出すに用ゐるといふ、然らば日本語の「キフス」「キビシヨ」は支那音の是の「キプシオ」に於て初めて其解釋を得たるものといふべし、然れども余は此を以て日本語の「キフス」が果して臺灣語より直接に輸入されたるものなりとは斷定せざるなり、語詞の貸借、移轉は其歷史に溯りて之を硏むべきものにして、日本に此の語の傳來せしは果して何時の頃にして支那の如何なる地方よりせしかの問題は容易に爰に決定すべきにあらざるなり、余は先に解釋せられざりし此語が、臺灣の土語より初めて解釋さるゝに至りしことを云へば足れりとするなり、若し右に述る所のことにして、眞なりと許すことを得ば、爰に左の諸項を注意すべきものを見る

(一)原語「キプシオ」より轉化せしものとせば「キフス」といふも「キビシヨ」といふも、共に同一の音の轉訛にして、辭書にいへる如く「キビシヨ」は「キフス」の訛なりといふことを得ず、今羅馬字にて其轉化の有樣を示せば左の如くなるべし

Kip-sio < Kip-su…Kibu-su…Hiu-su
　　　　　Kip-i-sio…Kibi-sio

(二)「キフス」は通俗に「キユース」と發音すれども、假字に「フ」の字を用ゐたるは、是れ急(キフ)の字音より來れるものにして、「キビシヨ」の「ビ」も亦此の「キフ」の「フ」と相關係せり、されば此の一事は少くも此語が支那の方言中「プ」卽ち p に終れる

『にひたか』第二号、一八九九年、にひたか社　七〜八頁

入聲を有するものより傳來せしことを證するに足るべし(厦門語邊にはktpに終れる入聲あり、官語には是の入聲なし)

(三)先に生蕃語なりと考へられたる「キビシユ」といへる語は、卽ち純粹なる蕃語にはあらずして、本來支那語なるものが、一は日本語に入りて「キフス」「キビショ」となり、一は生蕃語に入りて「キビシユ」となりたるものなり

(四)以上の如く、甲の語詞が乙と丙とに傳移したる場合には、乙と丙との語詞に於て偶然の類似を生ずること甚だ多くして、之によりて往々學者の誤謬に陷ることあり、かるが故に、言語の比較に於ては多くの探擷家が從來なし來たりたるが如く、只單純なる語詞を集め、其類似によりて大早計なる決論をなすことは、尤も危險なるものなることを知るべし(完)

實業談

田村寶君(臺北三井物產會社支店長)

御承知の如く外見頗る愚鈍なるが如くなるも其商業に機敏にして各國人の持餘す所の彼支那人種の一族卽ち從來の本嶋人との商取引をするには十分の覺悟をして掛からねば遂に世人をして臍を嚙むの場合に至らしめるだらうと思ひます余も初め如何にもして土人との取引交通を圓滑ならしめ樣として種々苦辛したけれども彼等は容易に親近し來る樣子が見ゑないから更に方策を廻らして誘引する手段を採つた所が彼等も漸々に吾國商業取引上の方法は全く便宜なるものであるといふ事を理解したと見ゑて今日では縣下の土人紳士ともいふべきものは殆ど好んで本社と取引をする樣に成つたです

初め彼等が内地商人を苦しめたといふものは彼等は商業的團結力が頗る强固なるのみならず内地の商業家が如何なる貨物を輸入し來るとも彼等は目前に其貨物の必要を觀ながら價格を落さしめ樣とするのが商略で例之ば甲の土人が來りて價を問ひ非常の安價に値切り乙が來るも丙が來るも每に同樣の掛方で幾十日を經るとも彼等の初め言出した値段でなければ買はぬといふ風で愈々荷主が持ち切れないので値下げをするといふ場合には競つて其を買込むから原價の低廉なる上に費用は掛からず大に都合が宜い其樣して勉强と熱心とで以て販賣するから同一の物品でも内地人の店に於けるものより遙に格安である故に一般人が多く土人の商店で買物をするといふ風に傾くのですが斯の商略は彼等に於ては八陣の戰法とでもいふ可きもので彼等は常に此戰法を以て勝利を占めるのです

けれども今や内地人も彼等の狡猾なる商略の奧義を探知し容易に其術中に陷らない樣に成つたらしいですが併し本嶋は將來益々多望を極め隨つて前途の商權を握るは内地人であるか將た土人であるかといふ事は最も研窮すべき大問題であります

又鐵道の竣成や築港等の事業は何れも着手せらるゝ運びに成り此等の成就した曉には對岸なる厦門の商權は吾臺灣に歸する樣に成るでせう、といふものは厦門は只商品中繼ぎの場所であつて產物の輸出地でないから、さうなると吾臺灣より各種の產物を直接に日本内地は勿論、上海、香港其他各國有名の港灣へ輸出し又此地方より輸入し得らるゝといふ樣に成り萬般の形勢が一變して來るでせうから吾臺灣も今日は實に多望極まる時期とでもいふべきものでせう

塚本喜三郎君(臺北東門外牧場主)

軍政時代卽ち廿九年の一月でした時の總督樺山伯爵の命により某監督部長之を余に慫慂せられ夫より總督府の保護を受けて臺北に牛乳搾取場を設置する事となり其年一月京都、大阪、神戸の牧牛十五頭を買集め臺北に輸送せ

『台湾総督府国語学校校友会雑誌』第一号、一八九九年、四四〜四九頁

生　其白墨ヲ端カラ一本二本三本ト計ヘマス

教師　今計ヘシ一本二本三本ノ一二三ハ何デアルカ

生　數デアリマス（是ヨリ一般ニ變問ス）

教師　然ラバ數ハ何ノ用ヲナスヤ

生　物ヲ計ヘル時ノ用ニナリマス（又變問ス）

教師　物ヲ計ヘルハ何ノ爲カ

生　物ノ多少ヲ知ル爲デアリマス（知ラザレバ數フ以下全ジ又變問ス）

教師　物ノ多少ヲ知リテ何ノ必要ニナルカ

生　物ヲ比較スルトキニ必要デアリマス（又變問ス）

教師　物ヲ比較スルハ何ノ爲カ

生　物ノ價値ヲ定ムル爲デアリマス（又變問ス）

教師　物ノ價値ヲ定ムルハ何ノ必要カ

生　物ヲ互ニ交換スルトキニ必要デアリマス（又變問ス）

教師　物ヲ交換スルハ何ノ必要カ

生　吾人ガ生活スルニ極メテ必要デアリマス

教師　何故カ

生　吾人ガ毎日食スル食物或ハ衣服等ハ皆他ノ物品ト交換シテ吾人ガ生活ノ用ニ供シテ居リマス

教師　然リ然ラバ吾人ガ生活スルニ必要ナル學問ハ何デアルカ

生　數ノ學問デアリマス

教師　然リ然ラバ此必要ナル數ノ學問ハ一日モ早ク修得スルコトヲ力メザルベカラズ（諭示結論）

此ノ一例ハ數ニ付キテ有形的ニ推究變問法ノ概略ヲ示シタルニ過ギザルモ無形的ニ向ヒテモ此法ヲ應用シ得ラル、ナリ兎ニ角理ノ有ル所ハ少シモ假借セズ推問變問シテ歸着スル所ヲ知ラシムルト同時ニ推理ノ貴重ナルコト、斯ノ如ク推理シ得ラル、コトヲ悟ラシムルハ即チ彼等ニ反問思想ヲ喚起セシムル良策ナリト信ズ故ニ數學ヲ教授スルニ方リテハ宜シク數學上ニ於ケル長短、遠近、深淺、高低、度狹、厚薄、大小、多少、遲速、輜重、損益、交換、異同、比較、平均、價値、報酬等ノ用語ヲ利用シテ有形無形ノ何タルヲ問ハズ推變問法ヲ施シ一ハ數學ノ貴重ナルコヲ知ラシメ一ハ反問思想ノ喚起ヲ促カス處ノ一方便トナアバ本島人ヲシテ數理思想ヲ發達セシムルハ敢テ難キコトニ非ラザルナリ

小川文學士ノ臺灣土語發音法

左ニ錄スルモノハ文學士小川尙義氏ノ手ニナリタルモノナルガ今之ヲ同氏ニ請ヒテ本誌ニ掲載スル

ヿトナシヌ

編 者 記

臺灣土語ノ發音法ヲ知ラント欲セバ先ヅ土語ニハ如何ナル種類ノ音ガ現在セルカヲ知ルヲ要ス今予ハ此ノ音ヲ左ノ如ク類別セントス

(A)子韻

(一)單子韻　九

k、*t*、*p*、*g*、*b*、*l*、*s*、*z*、*h*、

(二)合併子韻　五

kh、*ph*、*th*、*ts*、*chh*、

(三)密閉子韻　四

k'、*t'*、*p'*、

(B)鼻韻　三

n、*m*、*ng*、

(C)母韻

(一)單母韻　九

a、*i*、*u*、*e*、*e⌐*、*o*、*o⌐*、*iu*、*eo*、

(二)二重母韻　十

(*a*)　*ai*、*au*、

(*i*)　*ia*、*iu*、*io*、*ie*、*ie⌐*

(*u*)　*ui*

(*o*)　*oa*、*oe*、

(三)三重母韻　二

(*i*)　*iau*

(*o*)　*oai*

(D)鼻的母韻　六

a⌐、*i⌐*、*u⌐*、*e⌐*、*o⌐*、*iu⌐*

(E)二重鼻的母音　六

(*a*)　*ai⌐*、*au⌐*

(*i*)　*ia⌐*、*iu⌐*

(*u*)　*ui⌐*

(*o*)　*oa⌐*

(F)三重鼻的母韻　二

(*i*)　*iau⌐*

(*o*)　*oui⌐*

此等ノ音ノ内語頭ニ顯ハルヽモノ

單子韻　*l*、*p*、*k*、*t*、*z*、*s*、*b*、*g*、*h*、（常ニ語頭ニ限ル）

合併子韻　*kh*、*ph*、*th*、*ts*、*chh*、

鼻韻　*n*、*m*、*ng*、

母韻　*a*、*i*、*u*、*e*、*o*、

鼻的母韻　*a⌐*、*i⌐*、*u⌐*、*e⌐*、*o⌐*

此等ノ音ノ内語尾ニ顯ハルヽモノ

密閉子韻 k'、t'、p'、（常ニ語尾ニ限ル）
鼻韻 n、m、ng、
母韻 a、i、u、e、o、in、eo、
鼻的母韻 a」、i」、u」、e」、o」、

此等ノ音ノ内語ノ中間ニ顯ハルヽモノ
子韻 h、s、
母韻 a、i、u、e、o、e」
鼻的母韻 a」、i」、u」、o」、

右ノ諸音ヲ音ノ性質ニヨリテ區別スレハ左ノ如シ

	舌根音	舌頭音	唇音	聲門
破音	k	t	p	無振
	g	(d)	b	有振
密閉音	k'	t'	p'	無振
	g'	d'	b'	有振
分開音		l		有振
摩擦音	h	s		無振
		z		有振
鼻音	ng	n	m	有振

次ニ母韻ノ形成ヲ畧圖ニテ示サハ左ノ如シ

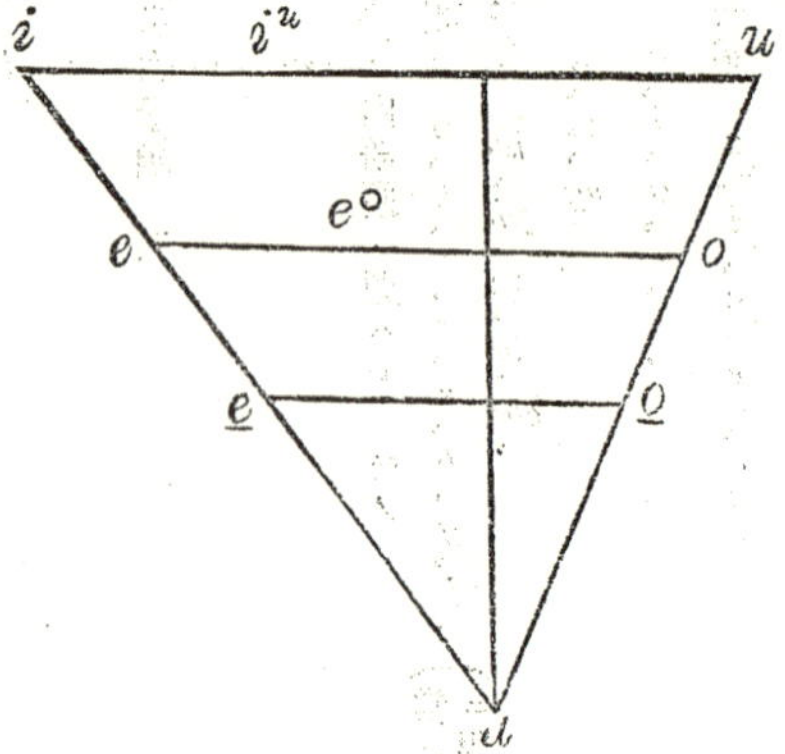

是等幾多ノ聲音カ吾人ノ口腔又ハ鼻腔内ニ於テ形成セラル、條件ノ大畧ヲ述ヘン

（一）破音（*Explosives*）k, t, p, g, b, ハ肺臟内ヨリ出ツル空氣ノ流レカ咽頭口腔ニ於ケル如何ナル部分ヲ論セス或一点ニ於テ密閉セラレタル部分ノ後部ニ推積シ其ノ勢ヲ以テ是密閉ノ部分ヲ破開スル中ニ一種ノ音ヲ形成スルヲ稱シテ破音ト云フ

k、舌ノ後部ガ高起シテ軟口蓋ノ後部ニ附着スルトキ上ニ述ベタル氣流ノ勢力カ之ヲ破開スルトキニ生スル音ヲkトス

t、舌ノ全縁ガ上顎ニ於ケル硬口蓋ノ前部ニ密着シタルトキ上記ノ空氣ノ流レガ舌背ノ部ニ沿ヒテ來リ舌頭ニ於テ此ノ密閉ヲ破開スルトキニ生スル音ヲtトス

p、上下ノ唇カ相密着シタル時ニ際シ上記ノ氣流カ唇ノ後部ニ集リ其勢ヲ以テ此ノ密閉ヲ破開スルトキニ生スル音ヲpトス

k、t、p、ノ三音ヲ發スル空氣ノ流レハ共ニ皆廣開シタル聲門ヲ通シ來レル空氣ナレドモ若シ聲帶ノ両端ガ相近ツキテ聲門ヲ輕ク閉ヂタル塲合ニ於テ右ノ如キ氣流カ此ノ間ヲ通ルトキニハ物理上ノ原則トシテ聲帶ニ一種ノ振動ヲ生ス是即チ音樂的ニ謂フ處ノ音ナリ上昇スル氣流ハ此ノ聲帶ノ振動ノ爲ニ波動ヲ生シ一種ノ氣流トナリテ口腔ニ上リ來ル此種ノ氣流カ上ニ述ベタル舌根部ノ密閉ヲ破ルトキハgヲ生シ舌頭部ノ密閉ヲ破ルトキハbヲ生シ唇部ノ密閉ヲ破ルトキハbヲ生スルナリ日本ニ於テ濁音ト云フモノハ即チ此ノ顯象ノ一部ヲ指シテイフモノナリ臺灣土語ニハdノ音ナシ是ノ破裂ハ左五種アルナリ

k、t、p、[illegible]
g、b、

(二)密閉音(ProhiBitive)即チ入聲k'、t'、p'●ハ肺臟ヨリ出ル空氣ノ流レガ聲帶振動ノ影響ヲ受ルト受サルトニ拘ラズ自由ニ流レテ口腔ニ出ントスルトキニ當リ是マテ開カレタル口腔内ノ或ル部分ガ急速ニ密閉シテ此ノ氣流ヲ塞止スルトキニ一種ノ音ヲ形成ス之ヲ稱シテ密閉音ト云フ

k'上述ノ氣流ノ上リ來ルトキ舌根部ニ於テ密閉ヲ生ズルトキハ即k'ヲ生スルナリ

t'上述ノ氣流ガ舌頭ニ於テ急ニ塞止セラルヽトキハ即t'ヲ生スナリ

p'上述ノ氣疏ガ唇部ニ於テ急ニ塞止セラヽトキハ即チp'ヲ生ズルナリ

●上述ノ氣ガ氣管ヲ過ギテ咽頭ニ入ラントスルトキ聲帶ノ両端堅ク密合シ聲門ヲ塞クトキニハ●ヲ生ス即チ母韻ヲ以テ終レル入聲ノ塲合ハ是ナリ

(備考)臺灣語ニ於テk't'p'ニ終ル入聲カ獨立シテ發音セラルヽカ又ハ或熟語又ハ文章ノ最後ニ於テ來ルトキニハ其ノ密閉ニヨリテk't'p'ハ聲帶ノ振動ヲ受ケザルモノトナリテ形成セラルレドモ若シ熟語ノ頭又ハ

文章ノ始又ハ中央部ニアリテ次ニ來ルベキ音カ必然的ニ聲帶ノ振動ニ件ハル、性質ヲ有スルモノナルトキハ此等入聲ノk' t' p'モ共ニ密閉ノ地位ニアリナガラ其ノ密閉セラレ居ル時間中ハ聲帶ハ常ニ其振動ヲ止メサルカ故ニ其次ニ來レル音ト連續シテ發音スルトキハ普通ニ所謂濁音ト變ズ

竹　*Tick*……竹仔……*Tié'g*,—*A*

賊　*Chhat*……賊仔……*Chhal'*—*A*

粒　*Liap*……粒仔……*Liab*—*A*

ノ如シ賊(*Chhat*)ニ於テハ之ニ相應スル(*Chhad*)トナルベキ理ナレドモ臺灣語ニハdノ音ナシ故ニdニ尤モ近キ*L*ノ音ヲ以テ之レニ代フルナリ是ノ事實ハ土音ヲ聞クトキニ當リ入聲ガ果シテk' t' p'ノ何レナルカヲ聞キ分ケ難キトキ其下ニ*A*ヲ附シテ發音セシムルトキハ其ノ入聲ノ性質ヲ知ルノ容易ナル試驗法トモナルモノナリ)

(三)分開音(*Dvided*)*l*ハ舌頭ヲ硬口蓋ノ前部卽チ齒根ノ後部ニ觸ル、トキ咽頭ニテ聲帶ノ振動ヲ受ケタル氣流ガ此ノ觸接セル点ニ來リテ二ツニ分レ其点ノ左右ノ側ヲ通ルトキニ一種ノ音ヲ形成ス此ヲ稱シテ分開音トイフ*l*卽チ是ナリ

此ニ*l*トdトノ區別ヲ論ゼンニ*l*トdトハ共ニ聲帶ノ振動ヲ受ケタル氣流カ舌ト硬口蓋トノ間ニ於テ生スル音ニシテdノ場合ニハ先ニ密閉セラレタル舌ノ部分カ破開セラレ空氣ハ舌背ノ中部ヲ流レテ舌頭ヲ經テ出テ*l*ニ於テハ先キニ密閉アルヿナク舌背ニ沿ヒテ來リタル氣流ハ舌頭ト硬口蓋トノ觸接ヲ中心トシテ兩側ニ分レテ出ルニヨリテ生ズルモノナリ

賊仔ニ於テdガ*l*トナルハ實ニ此ノ關係ノアルカ為ナリ內地ニ於テモ九州地方ニ於テ論語ヲ「ドンゴ」ト讀ムガ如キハ全ク此ノ臺灣音ト反對ノ傾向ヲトルモノナリ

(四)摩擦音(*Frictions*) *s. z. h.* ハ口腔內ニ於テ相對スル部分ニ互ニ近接シ其間ニ少許ノ距離ヲ有スルトキニ當リ咽頭ヨリ來ル氣流ガ此ノ狹キ間隙ヲ通シテ突進スル場合ニ一種ノ音ヲ形成ス之ヲ稱シテ摩擦音トイフ

s、舌頭部カ硬口蓋ノ前方ニ向ヒテ稍近接ノ地位ヲトルトキ咽頭ニ於テ聲帶ノ振動ヲ受ケザル氣流ガ此ノ狹隘ナル通路ヲ通シテ急速ニ外ニ流出ルトキニ*s*ノ音ヲ發スルナリ

z、若シ*s*ヲ發音スルト同條件ノ場合ニ於テ氣流ガ

聲門ヲ通ルトキニ聲帶ノ振動ニヨリテ影響セラルヽトキニハzノ音ヲ成スナリ

h、舌根部カ高起シテ軟口蓋ニ對シ近接ノ地位ヲトルトキ氣流カ此間ヲ通リテ急速ニ流出スルトキニハhノ音ヲ成スルナリ

（以下次號）

文藝

對岸漫遊日記（鼓浪嶼滯在ノ部）

會員　虎居　德二

七月十六日（晴）蒼穹一翳モ横ハラス日光赫々トシテ炎熱金ヲ熔カスニ似タリ人ハ各屋内ニ籠城シ以テ宰予ヲ學バント欲ス予此風聲ナク海面波ヲ斂ムル晴天ニ乘ジテ同友三人ト共ニ一葉ニ棹シテ鼓浪嶼ヲ廻ル午前九時船ハ龍頭ノ棧橋ヲ離レテ船ハ外洋ニ對ヒテ進行ス海上一碧事物ノ眼界ヲ遮ギルナク遙ニ四五ノ島嶼散布シテ灣口ヲ扼スルアリ左舷ハ鷺島ニシテ岩山一帶海岸ト並行シテ東北ニ走レリ沿岸ハ市街ヲ離レテ兵營アリ砲臺アリテ要害ヲ占ム右舷鼓浪ノ風色ハ眼前ニ迫リテ幽景ヲ極メ左顧右眄暫クシテ船ハ彎曲セル海岸ニ沿ヒテ水路ヲ西方ニ取リテ進ミバ鷺江ノ外港ニ出ヅ海水深ク且清クシテ大船巨舶ヲ通ズベシ西方遙ニ大陸ノ山脉突出シテ丘陵起伏シ廈江第一ノ高山南太武ハ巍然トシテ南海岸ニ屹立シ頂上ニ古塔ノ建立セラルヽヲ見ル又後ヲ顧ミレバ鼓浪ノ岩山ハ三個並立シ其高キモノハ三百呎余アリテ巨嵓アリ鷺江洞天第一ト刻書ス時正ニ十一時ニシテ炎暑猛威ヲ逞クシ流汗背ヲ濕スコト甚シ依リテ相共ニ船ヲ中流ニ止メ水泳ヲ試ム數年前予ガ故郷ニ在リテ錦江ニ水泳セシ手練ハ今モ變ルコトナク同友三人ノ喝采ヲ搏シタリ暑氣全ク癒ユ神心頗ル爽快ヲ覺エ暫時休憩シテ携フル所ノパンヲ食シ再ビ船ヲ進メテ廻ル同友口渇シテ水ヲ求ムレドモ得ズ二三町ヲ過ギテ海邊ニ一軒ノ人家ヲ認ム土人ノ住居ナリ三人ハ船ヲ岸頭ニ倚セテ上陸シ少時ヲ經テ歸リ告ゲテ曰ク此家ニ住スル人ハ福州人ニシテ言語更ニ通ゼズ彼ガ書キ示ス所ヲ見ルニ數年前居ヲ此ニトシ阿片ヲ製造シテ家業トナシ以テ生ヲ送ルト而シテ一人ノ老翁ハ擧人ノ學位ヲ有スル者ニシテ此家ノ主人ナリト彼ガ余年ヲ閑雅ノ地ニ送ル大幸ト云フベシ惜ムラクハ其姓ヲ逸スルコトヲ漂流頃時ニシテ正午ノ號報ヲ聞ク同友モ共ニ空腹ヲ覺ユト云ヒ又風景ノ他ニ見ルベキモノモナシ乃チ船頭ニ命ジテ船ヲ漕ギ下ラシム進ムコト四町余再ビ東北海岸ニ出

『台湾総督府国語学校校友会雑誌』第二号、一八九九年、一二～一五頁

々ナルカ	
金、玉、石炭、樟	一
金砂、磺、茶、土灰	二
金、栳、茶、炭、磺	一
大甲蓆、生蕃布、楠木	一
米、魚	一
五穀、野菜、茶	一
樟腦、金、磺	一

第十七問　臺灣ノ人口ハ幾千アルカ	
七百餘万人	一
百餘万人	三
千万人	一
一万人	一
數千万人	一
四百餘万人	一
二百餘万人	一
數千百万人	一
千万人	一
百万人	一
二百六十万人	二
二百三十餘万人	一
二百五十万人	二
二百六十四万人	二
二百五十万五千五百餘人	一
四百餘万人	二

臺灣土語發音法（承前）

客員　小川　尚義

（五）合併子音ニ二種アリ

(*a*) *Aspirata* 即チ子音ノ或ルモノト*h*ノ音ト結合シテ發スルモノナリ *kh.*（去）*ph.*（波）*th.*（他）ノ諸音ニシテ臺灣ニテ俗ニ出氣音トイフモノ是ナリ是ヲ發音セントスルニハ子音ト其次ニ來ルベキ*h*ノ音トヲ可成近接シテ發スルコトヲ務ムレバ直チニ之ヲ發スルコトヲ得ベシ

(*b*) *Africata* 即チ子音ノ或ルモノト*s*トガ結合シテ發スル音ニシテ*ts*（貞）ハ即チ是ナリ日本語ニ普通ニイフツノ音モ亦其ノ類ニ屬ス

附言 *chh* ハ此ノ*ts*ノ音ニ尚*h*ノ音ノ加ハリタルモノニシテ精密ニ云ヘバ三重子音トモ云フベキモノナリ臺灣語出ノ字母ニ屬スルモノハ是ナリ

（六）鼻音

鼻音ヲ説クニ方リテハ鼻腔ト口腔トノ關係ヲ説クヲ必要トス鼻腔ハ其レ自身ニ於テ音ヲ構成スベキ機關ヲ有セズ只他ノ處ニ於テ已ニ發シタル音樂的音即聲帶ノ振動ヲ受ケテ流レ來リタル音波ヲ反響スル一箇ノ空室ニ過ギザルモノナリ口腔モ亦此反響室タル性質ヲ具有スルモノニシテ其ノ作用ノ鼻腔

ト異ル所ハ鼻腔内ニ於テハ四壁皆多少堅固ナル骨又ハ軟骨ノ爲ニ圍マルヽガ故ニ鼻腔ハ其形狀ヲ變化スルコト能ハザレドモ口腔ハ自由ニ運動變化シ得ルヲ以テ其ニヨリテ種々ノ反響ヲ生ゼシメ以テ各種ノ音ヲ發生スルニアリサレバ此ノ二箇ノ反響室卽チ鼻ト口腔トノ關係ノ工合ニヨリテ生ズル音ヲ記載セバ大略左ノ如シ

(a)鼻音 *Nosats* n. m. ng. 口腔中ノ或ル点ガ密閉セラレテ聲帶ノ振動ヲ受ケタル氣流ノ一部ガ其ノ密閉点マデ來リ停止セラルヽト共ニ他ノ一部ハ鼻孔ヲ通ジテ自由ニ流出スル時ニ發スル音ナリ是時ハ鼻腔ノ仝部ガ重ニ反響室ヲ形造ルモノニシテ口腔ハ場合ニヨリ全部又ハ一部分其反響ヲタスケ或ハ仝ク之ヲ助ケザルコトアリ

(b)母韻 *Vowels* 母韻ノコトハ後ニ詳言スベケレドモ今ハ鼻腔ト口腔トノ反響ノ關係ヨリ之ヲ云ハン母韻ノ場合ニ於テハ反響室ハ只口腔内計リニシテ鼻腔ハ之ニ少シモ關係セザルモノナリ其ノ必要ノ條件トシテ軟口蓋ノ後端ニアル懸壅垂ハ鼻腔ニ通ズル門戸ヲ塞グヲ要ス

(c)鼻的母韻 *Nosatized Vowels* 鼻音ノ場合ニ於テハ口腔内ニ或ル密閉ノ所ヲ生ジテ氣流ハ皆鼻孔ヨリ流出スルモノナレドモ鼻的母韻ニテハ然ラズ卽チ口腔ハ母韻ヲ發スルニ適當ナル形狀ヲ保持スル仝時ニ懸壅垂ハ鼻腔ノ通路ヲ塞ガザルガ故ニ振動ヲ受ケタル氣流ハ口腔内ニ於テモ阻礙セラルヽコトナク卽チ口腔ト鼻腔トヲ通ジテ自由ニ流出スルナリ此ノ鼻的母韻ト眞正ノ鼻音トハ其發成ニ於テ是ノ如キ相違アレバ決シテ之ヲ混同ス可ラザルナリ

鼻音ハ先ニ云ヘルガ如ク氣流ガ鼻腔ヲ通ジテ出ヅルモノニシテ口内ノ部ハ或ル点ニ於テ密閉阻止セラルルモノナルガ其ヲ類別スレバ臺灣語ニ於テハ只三種アルノミナリ卽チ *m. n. ng.* 是ナリ日本ニテハ現今此ノ三韻ヲ記スルニ只ン゜ノ一字ヲ用ヰルノミ

(イ) *ng.* 舌根部ト軟口蓋ノ後部ト相密閉シテ氣流ガ口腔内ニ入リ來ルヲ得ズ直チニ鼻ニ向ヒテ流レ出ルトキハ此ノ音ヲ發スルモノニシテ前ニ云ヘル破音ノ*k*又入聲ノ*k'*ト尤モ親密ナル關係ヲ有スルモノナリ臺灣語ニテ此ノ音獨立シテ發スルコト往往アリ央、秧、向、黃(共ニ泉州音)ナド是ナリ日本人ガ常ニ發スルン゜ノ音ハ此ノ*ng*ニ屬スルモノ゜最モ多キ樣ニ思ハル特ニ漢字ノ熟語ニ於テ下ニカ゜行ノ音ノ來ルトキニハ常ニ此ノ音ヲ發シテアヤシマズ普通ノ人ハ皆自ラnヲ發音シタリト思ヒ居ル樣ナリ日本音トシテハ尤ムベキコトニハアラザレドモ臺灣語ヲ學ブモノハ此ノ点ハ最モ注意セザルベカラズ譬ヘバ人 *jin* 繁 *han* ナド其ノ下ニ*k*ノ音來ルトキハ人口 *jing-kho* 繁華 *hang-ka* ト發音スル等枚擧ニ遑アラズ日本人ガ臺灣語ヲ發音スルニアタリ多ク此点ニ於テ誤ルモノアリ譬ヘバ艱苦 *kan-kho* ト云フベキヲ *kang-kho* ト發音スルガ如シ是等ノ点ハ本島人ノ發音ニヨリ注意シテ各自自得スルヲ要ス支那語ニテ*ng*ニ終ルモノハ平聲ニアリテハ東、冬、江、陽、庚、青、蒸ノ韻ニ屬ス

(ロ)*n*ハ舌頭ガ硬口蓋ノ前部卽チ齒齦ノ後部ヲ密ニ閉ヂタルトキ振動ヲ受ケタル氣流ガ咽喉ニ於テ二ツニ分レ一ハ口腔内ニ入リテ此ノ密閉部ニ阻止セラレ一ハ上向ニ鼻腔ヲ通リテ外ニ流出ス其ノ時ハ鼻腔全体ト口腔内ニ於テハ密閉部ノ内ニ在ル部分トガ總テ振動ノ反響室トナルモノナリ是故ニ*n*ノ音ハ*t*及ビ*l*ノ音ト甚ダ近クシテ相轉ズルコト多シ日本人ハ是ノ音ヲ用ヰルコト甚ダ稀ニシテ通例ンヲ以テ此ノ音ヲアラハスト雖モ實際此音ハ餘リ

多カラザル音ナリト考ヘラル、ナリ獨リ此ノ音ノ下ニタ行ナド舌音ノ來ルトキノミハ立派ニ此ノ音ガ話サル、ナリ繁多 *han-ta* 人蓄 *jin-tsiku* ナドノ如シサレドモ此ノ点ニ於テモ日本人ガ土語ヲ學ブニ際シテ誤ルコト甚ダ多シ卽チ下ニタ行ナド舌音ノ來ル中ニハ*ug*トイフベキヲモ*n*トナスコト常ナリ譬ヘバ總督 *tsong-tok* トイフベキヲ *tson-tok* トイフガ如シ此ノ点モ亦大ニ注意スベキコトナリ支那語ニテ*n*ニ終ルモノ眞、文、元、寒、刪、先ノ類ニ屬スルモノナリ

(ハ)*m*兩唇相合シテ口腔ヲ塞グトキニ振動ヲ受ケタル氣流ガ一部ハ唇部ノ此ノ閉塞ニ阻止セラレ一部ハ鼻孔ヲ通ッテ流出スルトキニ生ズル音ナリサレバ其ノ位置*p*.*b*ト相同ジキガ故ニ往々相轉ズルヿアリ此ノ音ハ日本人ニハヤ、容易ニ發音セラル、モノニシテ多クハ下ニマ行バ行パ行ノ音ナド來リ連續スルトキニ發セラル、ヲ常トス支那語ニ於テハ覃、監、咸ノ韻ニ屬スルモノハ此類ナリ日本古代ニ於テハ*n*ニ終ル支那音ト*m*ニ終ル支那音トニ嚴密ナル區別アリタリキ燈心(トウシミ)ノミ信濃(シナノ)ノナノ如シ北京語ニ於テハ已ニ此ノ區別ヲ

失ヒシニカヽハラズ土語ニ於テ殆ンド正確ニ此ノ區別ヲ保持セルハ大ニ興味アルコトナリ

（以下次號）

前號正誤

四十五頁上段	十一行	p' ノ下ニ●ヲ脱ス
仝 仝	十六行	in ハ iⁿ
仝 仝	仝	eo ハ eᵒ
仝 仝	十九行	(i) ハ (b)
仝 仝	二十行	(u) ハ (c)
仝 仝	二十一行	(o) ハ (d)
仝 下段	二行	(i) ハ (a)
仝 仝	三行	(o) ハ (b)
仝 仝	八行	(i) ハ (b)
仝 仝	九行	(n̄) ハ (c)
仝 仝	十行	(d) ハ (o)
仝 仝	十二行	(i) ハ (a)
仝 仝	十三行	(o) ハ (b)
仝 仝	十三行	「oui」ハ「oai」
仝 仝	十五行	e ハ l
四十六頁上段	三行	in ハ iⁿ
仝 仝	仝	eo ハ e'
四十八頁仝	十七行	(Dvided)ハ(Divided)
仝 下段	十二行	(Frictions)ハ(Fricative)

學術

教授上ノ用語

特別會員　小竹德吉

振鐘了大家隨時排等候先生來	鐘ガ鳴レバ皆直ニ並ビテ先生ノ來ルヲ待テ
在行的時節的確不可講話	歩ム時ハ決シテ話シテハ成ラン
大漢着較細步小漢着較大步行	大ナ者ハ少シ小股ニ小キ者ハ成可ク大股ニ歩メ
較大漢做頭	大ナ者ハ先ニナレ
在學堂內面着輕々仔行不可噴々嗱々	學校ノ內ハ靜ニ歩メバタバタスルナ
行禮是第一豎起來第二垂頭第三坐位	禮ヲ爲スニハ一デ立チ二デ頭ヲ下ゲ三デ坐セ
卓有斜(チヤ)着徙(チヤウ)好	机ガ歪ンデ居ルカラナホセ
大家坐(做)好	皆行儀ヨク坐セ
你常々較晏來怎樣呢後回着較早來	汝ハ常ニ何故ニ遲ルヽカ以後ハ早ク來レ
某々去提粉筆來	何某白墨ヲ持チ來レ

讀書作文

提書	書物ヲ出セ
書置下無正着創好勢	書物ノ置方ガ不正ダカラ直セ
汝怎樣無提書來	汝ハ何故ニ書物ヲ持チ來ラザルカ
某々給伊看	何某ハ彼ニ見セテヤレ

『台湾総督府国語学校校友会雑誌』第三号、一八九九年、五〜八頁

十二月廿一日は、即文祿元年なり。此文書に由りて、當時の形勢を察するに、豐太閤が、嘗て茲矩を琉球守に封せしは、苟且の事に出でしに非ず、將、其琉球と稱せられしは、今の沖繩諸島に止まらずして、遠く臺灣島をも含蓄して、併稱せられしことを知るべし。余按ふ、豐太閤、征韓當時の抱負は、極めて遠大にして、嘗て、　朝廷に奏請せられしが如く、道を朝鮮に借り、錦旗を奉じて明國を席卷し、己自、支那大國に統御者たるべきの計畫は、毫も撓むことなく、事遂ぐるの後は、戰功の諸將を封ずるに、四百餘州の地を以てするの大度量、大計畫なれば、前に茲矩を封ずるに、琉球、及大琉球（臺灣の別稱）を以てせしも、決して一時の戲言に非ず、必其言を踐むの誠心、誠意なりしこと、右所載の文書に於て燎然たり。然るに、天、秀吉に假すに壽を以てせず、不幸にして、事、中道にして息めり。噫、今や、沖繩及臺灣を併せて、本邦の版圖に歸す。豐公の遺志。聊達するに似たり。而して、其人一世の抱負たる、世界無比の人口を有せる一大國に至りては、老大爲すなく、只管世界の豪傑を俟ちて存亡を賭ずる者の如し。後の豐太閤たるもの、果して東西何れの國にか生ずる。聊所感を記す。

臺灣土語發音法（承前）

客員　小川　尙義

（七）母音　從來日本ノ學者ハ只「アイウエオ」ノ五音計リヲ母音ナリト信ジ五十音ノ圖ニ本ヅキテ「アイウエオ」ノ五音ハ如何ニ長ク聲ヲ引キ伸バスモ其韻更ニ變ルコトナキモノニシテ「ア」行以外ノ音ハ長ク引伸ハストキハ皆是ノ「ア」行ノ五音ニ歸ル故ニ此ノ五音ハ凡テノ音ノ本ナリト考ヘタルモノト假定シテノ上ナラバ然カイフコトヲ得ベキナレドモ五十音外ノ「ン」トイフ音ニ付テスラ其考ヘ甚ダ明ナラズ又今日ノ世ニ至リテ羅馬字ヲ用ヰルコトヲ知リタル以上ハ所謂五十音トハ決シテ單一ナル音ニアラズシテ一種ノ熟合シタル音ナルコトモ明ニナリ人間ノ發スル音ハ只五十音計リニ限ラレタルモノニアラザルコトモ知レ渡リ上ノ如キ非科學的ノ解釋ニハ滿足スルモノモナカルベシ若シ長ク引伸バシテ變ラヌガ故ニ母韻ナリト呼バヾ其ノ音ハ只「ア」行ノ五音ノミカハ *s*、*z*ノ如キ*l*、*r*ノ如キ*m*、*n*、*ng*ノ如キ*f*、*v*ノ如キ所謂連續音トイフ韻ニ屬スルモノハ皆之ヲ母音ト名クベキニアラズヤ是ニ於テ母音トハ如何ナルモノナルカトイフ問題ハ別ノ見方ヨリ解釋セラレザル可ラザ

ルニ至ル

母韻トハ聲帶ニ於テ振動ヲ受タル氣流ガ口腔內ヲシテ通過スルニ當リテ口內機械ノ接近ノ爲ニ甚シキ阻礙ヲ受ルコトナクシテ發スル音ヲイフ

母音ハ左ノ三種ノ條件ニ伴ヒテ其音ニ種々ノ差別ヲ生ス

(1)顎角
(2)舌形
(3)唇形

(1)下顎ハ其一端ニ於テ上顎ニ連リ他ノ一端ハ遊離シテ腮ニ終ルモノニシテ吾人ガ口ヲ上下ニ動カス場合ニハ常ニ此ノ上顎トノ接合部ヲ軸トシテ腮ノ端ハ弧形ヲ畫キテ運動スルモノナリ此ノ接合ノ位置ニ於テ測リタル弧形ノ廣狹ヲ稱シテ顎角トイフ

(2)舌ハ極メテ柔軟ナル筋塊ニシテ其組織ハ上下左右前後何レノ方向ニモ自由ニ運動スルコトヲ得ルモノナリ舌ノ上下運動ニ二樣アリ一ハ舌自身獨立シテ動ク場合ト一ハ下顎ノ上下運動ニ連レテ受動的ニ動ク場合トナリ

(3)唇ハ上唇下唇アリテ其筋肉ハ顏部ノ他ノ筋ニ連ルモノト又環狀ヲナシテ上下唇ヲ取リ圍ミ獨立的ニ唇ノ開窄伸縮ヲ管ルモノトアリ其開窄伸縮ノ度ニヨリテ母音ニ大ナル影響ヲ與フルモノナリ

先ニ第一回ニ於テ臺灣音ノ母音ニ九種アルコトヲ述ベタリ今是等ニ付テ概略ノ解釋ヲ與フヘシ（第一號母韻ノ圖參觀）

(イ)顎角尤モ廣クシテ舌モ亦之ニ伴ヒテ開キ口蓋ト尤モ廣キ間隔ヲトリ唇部ハ出來得ル丈廣ク開キテ圓形ヲナス場合ニ發スル音ヲ摸範的「a」音トス普通ノ發音ニテハ「鴉」ノ韻ノ發音之ニ屬ス

(ロ)顎角尤モ狹クシテ舌モ亦從テ上昇シ舌背ガ硬口蓋ニ沿ヒテ狹キ間隔ヲトリ舌頭ト上顎齒齦トノ間ノ部分セマクシテ舌根ト軟口蓋トノ間ノ部分廣ク兩唇ノ接合部左右ニ扁平ニ開キタル場合ニ發スル音ヲ摸範的「i」音トス普通ノ發音ハ之レ多少ノ加減アリト知ルベシ臺灣音ノ「伊」ノ韻ノ發音ニ之ニ屬ス

(ハ)顎角尤モ狹クシテ舌根ノ部ハ上リテ軟口蓋ニ近ヅキ舌頭ノ部ハ下リテ下顎齒齦ニ接シ舌背ハ凹形ヲナシテ後ヨリ前ニ坂ヲナシ兩唇ハ前ニ突出シテ窄ミ極メテ少キ圓形ヲナス場合ニ發スル音ヲ摸範的「u」音トス臺灣語ノ「汙」ノ韻ノ發音ハ殆ンド此ノ

條件ニ合スルモノナリト雖ドモ日本語ノ「u」ノ音ハ兩唇突出サスル度甚シカラザルヲ以テ此ノ摸範的「u」音トノ類似左程甚シカラズ

（ニ）顎角「i」ノ場合ニ比シテ少シ廣ク開キ舌背亦之ニ伴ヒテ少シ開キ硬口蓋ニ少シ沿ヒテ廣キ間隔ヲナトリ舌頭ト上顎齒齦トノ間ハ舌根ト軟口蓋トノ間ノ部分ニ比シテ狹ク兩唇ノ接合線少シ廣ク上下ニ開クト雖ドモ「i」ノ如ク左右ニ長カラザル場合ニ發スル音ヲ摸範的「e」トスサレバ「e」ノ音ト「i」ノ音ト相近クシテ屢〻相轉化スルコトアルハ此ノ理ニ由ルナリ臺灣音ニテ「挨」ノ韻ノ發音ハ此ニ屬ス

（ホ）顎角「e」ノ場合ニ比シテ尚少シク廣ク開キ舌背亦從テ硬口蓋ヲ廣ク離レ舌端ト上顎齒齦トノ間ノ部分カ舌根ト軟口蓋トノ間ノ部分ニ比シテ廣ク兩唇ノ開キ方モ亦「e」ニ比シテ廣ク扁平ノ度少キ場合ニ發スル音ヲ「ę」トス即チ廣キ「e」音トモ名クベキモノニシテ「e」ト「a」トノ中間ニアル音ナリ臺灣音ニテハ「烟」ノ韻ニ屬スル「e」ノ如キ音ハ此ノ韻ニシテ或人ハ之ヲienト記シ又或人ハ之ヲianト記スルコトアルハ其中間ノ音ナルガ故ナリ

（ヘ）顎角「e」ノ場合ニ於ケルガ如ク開キテ舌頭部ハ下リ舌根部上リテ舌背凸形ヲ有シナガラ後ヨリ前ニ斜ニ坂ヲ作リ兩唇ノ開キ方ハ「a」ヨリハ小ク「u」ヨリハ大ニシテ圓形ヲナス場合ニ發スル音ヲ「o」トスサレバ是ノ音ハ「u」ニ近キ音ナルコトヲ知ルベシ臺灣音ニテ「苛」ノ韻ノ發音是ニ屬ス

（ト）顎角「ę」即チ廣キ「e」ノ場合ニ於ケルガ如クニ開ケテ舌モ亦之ニ從テ下リ兩唇稍廣ガリテ「a」ニ近ヅキタルトキニ發スル音ヲ「ǫ」トス即チ廣キ「o」音トモ稱スベキモノニシテ「o」ト「a」トノ中間ノ音ナリ臺灣音ニテ「烏」ノ韻ノ發音ハ是ニ屬ス土語ヲ學ブニ際シテ前者即チ狹キ「o」ト此ノ廣キ「o」トヲ明瞭ニ區別スルコトヲ要ス字母表ニハ前者ヲ「オウ」『ロウ』『ポウ』等ノ如ク記シ是ノ廣キ「o」ハ「オオ」「ロオ」「ポオ」ノ如ク記シテ之ヲ別ツ是音ハ「a」ニ近キ音ナリト知ルベシ

（チ）舌ノ形狀ガ「u」ヲ發スルトキノ位置ヲトリ其ト同時ニ唇ノ形狀カ「i」ヲ發スルトキノ位置ヲ取リタル場合ニハ「u」ト「i」トノ中間ノ音ヲ發ス假リニ「i^{u}」ヲ以テ之ヲ記ス即チ泉州音ニテ「猪」『在』『去』等ヲ呼ブ音ニシテ漳州音ニテハ「i」ノ韻ヲ發スル場合ニ相當スルモノナリ

（リ）舌ノ形狀ガ「o」ヲ發スルトキノ位置ヲトリ其ト同時ニ唇ノ形狀ガ「e」ヲ發スルトキノ位置ヲ取リタル塲合ニハ「o」ト「e」トノ中間ノ音ヲ發ス假リニ「eﾟ」ヲ以テ之ヲ記ス即チ泉州音ニテ「街」「袋」「坐」等ヲ呼ブ韻ニシテ漳州音ニテハ「e」ノ韻ヲ發スル塲合ニ相當スルモノナリ

（以下次號）

正誤

第一號	四十五頁	上段十六行	*iu* ハ *iᵘ* ノ誤
仝	四十六頁	上段	一行 *p'* ノ下●ヲ脱ス
仝	仝	仝	三行 *iu* ハ *iᵘ* ノ誤
仝	四十七頁	下段	三行 *Prohi Bitiue* ハ *Prohibitiue*
仝	四十八頁	上段七、八、九行	*A* ハ *a* ノ誤
第二號	十三頁	上段	八行 *Nasrts* ハ *Nasols*
仝	仝	仝	十五行 *Vowets* ハ *Vowels*
仝	仝	仝	廿一行 *Nasrtized Voiets* ハ *Nazdized Vowels* ノ誤

秋水軒尺牘和譯

客員　中村忠誠

與ニ陳凝之一

別後駒光如レ駛。魚雁鮮レ通。三晋雲山。徒勞ニ瞻企一。孟冬既望。從ニ陳孟養處一寄ニ奉手書一。不ニ啻五年前風雨對床之快一。第以ニ吾兄之才之品一。早擬レ穎ニ脱遂囊一。何尚鬱々居レ此。芙蓉出レ匣。會當レ有レ時。祈ニ耐心處一レ之。弟自ニ壬子夏五一。由ニ遼西一而之ニ析津一。今春賦レ閑。四月旋以ニ舊友沈聿新招一赴ニ平舒一。相助爲レ理。頻年浪跡。到處因レ人。正不レ知ニ上林多少樹。何緣獨借ニ一枝一耳。

御一別以來光陰如矢每〻御無音勝に相過ぎ徒に三晋の雲山を望み遙に御高容を想ひ候而已去十月十六日沈孟陽の處より御書に預り五年以前御同宿仕候時の事思出て更に一入の愉快に奉レ存候 貴兄の 御器量にては疾くに御出世被レ成候は當然の儀に候處何故尙御引退被ニ成居一候哉乍レ去名劍の用も必時節可レ有レ之候間御忍耐肝要と奉レ存候弟儀去壬子の五月遼西より析津に罷越し當春は閑散に相成候處四月に至り舊友沈聿新と申者に招かれ又候順天府大城縣に罷越し其事務を助成致居り候扨住所不定年中人の世話に而已相成り候は畢竟青雲

『台湾総督府国語学校校友会雑誌』第四号、一九〇〇年、一九～二二頁

の歯を調ぶれば肉食草食の混食にありとす云々

臺灣土語發音法　（承前）

客員　小川尚義

(八)二重母韻　二種ノ母韻ガ聲帶ニ於テ密閉セラルヽコトナク相連接シテ發セラルヽ場合ニハ所謂二重母韻ヲナス臺灣語ニ於テハ其類凡ソ十一アリ

(1)「a」ノ次ニ他ノ母韻ノ來リテ二重母韻ヲナスモノ

(イ)「ai」是ハ字母表ニ於テ「皆」(Kai)ノ韻ニ屬スルモノナリ

(ロ)「au」是ハ字母表ニ於テ「交」(Kau)ノ韻ニ屬スルモノナリ

(2)「·i」ノ次ニ他ノ母韻ノ來リテ二重母韻ヲナスモノニシテ是ノ類ニ屬スルモノハ殊ニ「·i」ノ音ヲ明瞭ニ發音スルヲ要ス即チ「寄」(キア)等ノ如キ場合ニ於テ「キ」ノ音ヲ明瞭ニ發シ(Kia)ノ如ク呼ビテ決シテ「キア」(Kya)ノ如キ所謂拗音ノ形ニ近カザル樣注意スルコトヲ要ス

(イ)「ia」是ハ字母表ニ於テ「迦」(Kia)ノ韻ニ屬スルモノ及ビ語ノ中間ニ顯ハレテハ「兼」(Kiam)「姜」(Kiaug)嬌(Kiau)ノ字母ニ屬スル語ニ存スル音ナリ

(ロ)「iu」是ハ字母表ニ於テハ「丩」(Kiu)ノ類ニ屬スルモノナリ

(ハ)「io」是ハ字母表ニ於テ「茄」(Kio)ノ韻ニ屬スルモノ及ビ語ノ中間ニ顯ハル丶モノハ「恭」(Kiong)ノ字母ニ屬スル語ニ存スル音ナリ

(ニ)「ie」是ハ語尾ニ來ルコトナク必ズ語頭又ハ語ノ中間ニ顯ハル丶モノニシテ「經」(Kieng)ノ字母ニ屬スル語ニ存スル音ナリ普通西洋人ナドハ此ノ「經」ノ字母ニ屬スル語ヲ(Keng)(Peng)等ト記スレドモ發音ニ於テハ明カニ(ie)ノ二重母韻ヲ聞分ルコトヲ得ベク且又日本ノ漢音「ケイ」(經)「ヘイ」(平)「メイ」(明)「テイ」(定)及ビ吳音「キヤウ」「ヒヤウ」「シヤウ」「ヂヤウ」等ニ比シ且ツ官話ニ於ケル(King)(Ping)(ming)(Ting)等ノ音トヲ對比スルトキハ理論上ヨリスルモ必ズ(Kieng)(Pieng)(Pieng)(Tieng)等ノ如ク二重母韻ノ性質ヲ有スルコト明ナリ

(ホ)「ie」是ハ「堅」(Kien)ノ字母ニ屬スル語ノ中部ニ顯ハル丶音ニシテ前ニモイヘルガ如ク或ル西洋人ハ之ヲ(Kian)等ノ如ク「a」ヲ以テ記スル

ヲ見テモ其ノ「e」音ノ普通ノ「e」音ニアラズシテ「a」ニ近キ「e」音ナルコトヲ知ルヲ得ベシ

(3)「u」ノ次ニ他ノ音ノ來リテ二重母韻ヲナスモノニシテ是ノ種類ハ只一アリ即チ「i」ヲ有セル「ui」ノ韻ノミナリ是ハ字母表ニ於テ「規」(Kui)ノ韻ニ屬スル語ニ於テ存ス

(4)「o」ニテ始マルモノ

(イ)「o」ノ後ニ「a」ノ來リタルモノニシテ字母表ニ於テ「瓜」(Koa)ノ韻ニ屬スルモノナリ

(ロ)「o」ノ後ニ「e」ノ來リタルモノニシテ字母表ニ於テ「檜」(Koe)ノ韻ニ屬スルモノナリ

(5)「e̊」ノ音ノ次ニ他ノ音ノ來リテ二重母韻ヲナスモノニシテ是ノ種類ハ只一アリ即チ「e」ヲ有セル「e̊e」ノ音ニシテ安溪縣等ノ音ニ屢アラハル丶モノナリ其例ハ「雞」「溪」「契」「地」「洗」等ノ場合ニ顯ハル丶モノナリ

(九)三重母韻　聲帶ノ密閉ナクシテ三種ノ母韻ガ連續シテ發セラル丶モノヲ三重母韻トス是ニ左ノ二種類アリ

(1)「i」ヲ以テ始マルモノ即チ(Iau)ノ音ニシテ字母表ニ於テハ「嬌」(Kiau)ノ韻ニ屬スルモノナリ

(2)「o」ヲ以テ始マルモノ即チ(Oai)ノ音ニシテ字母表ニ於テハ「乖」(Koai)ノ韻ニ屬スルモノナリ

(十)鼻的母韻　先ニイヘルガ如ク母韻ヲ發スルト同時ニ一部ノ氣流ガ軟口蓋ノ後部ヲ通リテ鼻腔ニ入リ聲帶ノ振動ニヨリテ生ジタル空氣ノ振動ガ口腔ト鼻腔トニ於テ反響スル場合ニ生ズル音ニシテ口內發音機ノ位置等ハ純粹ノ母韻ト少シモ變ルコトナシ是ノ音ニ左ノ六種アリ

(1)「aレ」ハ字母表ニ於テ「監」(Ka)レノ韻ニ屬スルモノ及ビ他ノ母韻ト結合シテ二重及ビ三重母韻ヲナスモノトアリ

(2)「iレ」ハ字母表ニ於テ「梔」(Ki)レノ韻ニ屬スルモノ又他ノ母韻ト結合シテ二重及ビ三重母韻ヲナスモノトアリ又泉州廈門等ニ於テハ漳州語ニテ「更」(Ke)レノ字母ニ屬スルモノヲモ此ノ部類ノモノト同ジク(Ki)等ノ如クニ發音スルナリ

(3)「uレ」ハ獨立シテ韻ヲナスコトナク必ズ他ノ母音ニ連リテ共ニ發セラル丶モノナリ二重鼻的、三重鼻的母韻ノ中ニ「u」ノ分子アルハ此音ナリ

(4)「eレ」ハ廣キ「e」音ノ鼻的音ニシテ漳州語ニ存ス字表ニ「更」(Ke)レノ韻ニ屬スル語ハ即チ此音ヲ有スル

モノニシテ讀書音ニ於テ（Ieng）ノ韻ヲ有スル語ヨリ來ルヲ多シトス

(5)「oレ」狹キ「o」ノ鼻的音ニシテ獨立シテ韻ヲナスコハナケレドモ二重鼻的音三重鼻的音ニ於テ「o」ニ初マルモノハ此ノ種類ニ屬スルナリ

(6)「oニレ」廣キ「o」音ノ鼻的音ニシテ字母表ニ於テ「姑」(Ko)及ビ「扛」(Mo)ノ韻ニ屬スル語ハ是ノ音ヲ有ス語尾ヲナセル鼻的音ノ「o」ハ必ズ此ノ廣キ「o」ニシテ狹キ「o」ハ一モ存セザルコトヲ注意スベシ

(十一)二重鼻的母韻　是ニ七種アリ

(1)「a」ヲ以テ始ルモノ

(イ)「aiレ」ハ字母表ニ於テ「間」(Kai)ノ韻ニ屬スルモノナリ

(ロ)「auレ」ハ字母表ニ於テ「爻」(Gau)ノ韻ニ屬スルモノナリ

(2)「i」ヲ以テ始ルモノ

(イ)「iaレ」ハ字母表ニ於テ「驚」(Kia)ノ韻ニ屬スルモノナリ

(ロ)「iuレ」ハ字母表ニ於テ「畺」(Kiu)ノ韻ニ屬スルモノナリ

(3)「u」ヲ以テ始ルモノニシテ只一種アリ即チ後ニ「i」ノ音來リテ「uiレ」トナル場合ナリ漳州語ニ多シ即チ字母表ニテ「褌」(Kui)ノ韻ニ屬スルモノニシテ光(Kui)飯(Pui)等其例甚ダ多シ泉州、厦門語ニテハ之ヲ「ug」トナシテ(Kug)(Pug)等ト唱フルナリ

(4)「o」ヲ以テ始マルモノニ

(イ)後ニ「a」ノ音ヲ附シテ「oa」トナリタルモノ字母表ニ於テ「官」(Koa)ノ韻ニ屬スル語ハ即チ是ナリ

(ロ)後ニ「e」ノ音ヲ付シテ「oeレ」トナリタルモノ字母表ニ於テ糜(Moe)ノ韻ニ屬スル語ハ即チ是ナリ

(十二)三重母韻　是ニ二種アリ

(1)「i」ヲ以テ始マルモノニシテ字母表ニ於テ「喿」(Kiau)ノ韻ニ屬スルモノ是ナリ

(2)「o」ヲ以テ始マルモノニシテ字母表ニ於テ「閂」(oai)ノ韻ニ屬スルモノ是ナリ

（發音法終）

正誤

第一回後ニ於テ當時未ダ明ナラザリシモノ漸次解釋ヲ得ルニ至リタレバ第一號發音分類ニ於テ誤ヲ見出シタルモノヲ左ニ掲グ

(一)第一號四十五頁上段ノ末行二重母韻ノ第四種トシテ(e°e)ノ部ヲ入レ之ヲ(d)トス其理由ハ本號ニ出ヅ

（二）同上四十五頁下段五行ニ於テ（e ㇾ）ノ次ニ（e ㇾ）ヲ入ル（iu ㇾ）ノ音ニ付テハ暫ク疑フ所アリテ未ダ決セズ故ニ一旦之ヲ省クコト、ス
（三）同下段十行（oa）ノ下ニ（oe ㇾ）ヲ入ル隨テ六行ノ（六）ノ字ヲ改メテ（七）トス
（四）同下段十九行（o ㇾ）ヲ改メテ（o ㇾ）トス
（五）四十六頁上段八行（o ㇾ）ヲ改メテ（o ㇾ）トス

第三號　正誤

（一）五頁下段七行「凡テノ音ノ本ナリト考ヘタルモノ」ノ下ニ「ノ如シ勿論凡テノ音ヲ只五十ト限リテ其以外ニハ音ナシト」ノ二十六字ヲ入ル
（二）同十四行「知レ渡リ」ノ下ニ「タル上ハ右」ノ五字ヲ入レ「上」ノ字ヲ省ク
（三）七頁上段十三行「譺」ノ字ハ「𠡠」ノ字ノ誤

摺附木（燐寸）の話

客員　渥美銳太郞

國の東西を問はず、何づれの國でも、或る方法に由りて、飮食物を羨たり燒いたりして用ゐます、又寒さを防ぐ爲めに、熱を採る必要があります、是等の必要を充すものは、外にはない、只火ばかりです、實に吾人日常の生活には、火がなければならぬ、火とは何であるか、火とは熱と光との二者を發する物體の事で、詳にいへば、其物體を組成せる各分子は、非常に速く振動してゐるものと考へるのであります、そこで、この火を作るには、物體を或る仕方によりて、其分子を烈しく振動せしむればよろしい、されば極めて、昔には、何處でも、堅き木を取りて、互に摩擦し、之に由りて、火を作りたるもので、古き支那の書物などに、鑽レ燧教ニ人火食一とあるは、この事であります、今でも野蠻の開けない處や、又山中にすむ生蕃人などでは、この法に由るさうです、又我國にても、伊勢神宮では、古例にて檜を摩りて火を出し、神燈に供へるさうです、この事は自然にもある事で、彼の人も住まない山などで、時々、山火事の起ることがあるが、あれは、風の爲に、樹木の幹や枝などが、互に摩れて、火を發するのであります、次には、堅き石と金屬とを打ちて、火を出すもので、之れは今でも田舍の人たちは用ゐて居ります、其石を燧石といひ、其金を燧金といひます、石は通例硅石とて、水晶と同じ成分で、只不純なるものです、化學上よりいへば、無水硅酸とて、酸素と硅

仮名遣ニ関スル調

『国語研究会会報』一九〇〇年、八～三七頁

人代名詞ヲ省略スルコト多シ）例ヘバ、歐米語ニテハ、
アナタハ、何處ヘ行キマスカ、
私ハ上野ヘ行キマス、
ト云フベキヲ、日本語ニテハ、
何處ヘ行キマスカ、
上野ヘ行キマス、
ト云フガ如シ。
（ハ）形容詞ト名詞ノ問ニ、ノヲ挿ム勿レ。例ヘバ、
赤イノ花、白イノ紙
ノ如シ、
（ニ）自己ヲ表スルニ敬語ヲ用丼ルコト勿レ。
私ガ、御出ニナリマシタ。
私ハ、明日御出デ遊バサレマス。
ノ如シ。

○假名遣ニ關スル調（明治三十三年一月二十一日本會例會ニ於テノ演說）

會員　小川尚義

第一　言語ト文字

人ガ社會團体ノ一分子トシテ、其思想ヲ發表シ、其ノ意志ヲ通ゼントスルニ當リテ、必要ナル道具ハ、言語、文字、韻容、手眞似、身振等、種々雜多ノ方法アリト雖モ、就中最モ精確ニ其用ヲ達スルモノハ、言語ト文字ニ如クハナカルベシ。言語ハ、音聲ニヨリテ他人ノ聽覺ヲ打チ、文字ハ形体ニヨリテ人ノ視覺ニ訴フルモノナリト雖モ、其大主意トシテ、己レノ意ヲ他ニ通ズトイフ一ノ目的ヲ成就スルニ過ギザルナリ。言語ハ加何ナル野蠻人ヲ問ハズ、凡ソ一社會ヲナシ、一團体ヲ形成スル處ニハ、必然的ニ發達シアルモノナレドモ、文字ニ至リテハ人文ノ進歩、或ル程度ニ至ラザレバ發達ノ域ニ達セザルモノトス。文字ニ表意、熟音、單音（イデオクラフイクシラビツクアルフアベツタ）ノ種類アリ。何レモ皆其本原ハ、圖畫的形象文字ヨリ發達シ來レルモノナルコト、疑ヲ容レザル所ナリ。表意トハ支那文字ノ如ク、一字ニシテ一觀念ヲアラハスモノ、熟音トハ、日本ノ假字ノ如クニ、一字ニシテ二個以上ノ複雜ナル音ヲアラハスモノ、單音トハ英、獨等ノ語ノ多クノ場合ニ於ケルガ如ク、一字ニテ一個ノ單音ヲアラハスモノナリ。後ノ二者ハ、只程度ニ於テ其差アルモノニシテ、音ヲ以テ觀念ヲアラハストイフ點ニ於テハ、相一致セリ。夫レ言語ト思想トハ、尤モ密接シテ、其間必然的ノ關係ヲ有スルマデニ至リ、概念ヲ把住スル作用、思考ノ方法等、實ニ言語ノ力ヲ藉

ルコト多シトス。ザレバ一個人又ハ一國民ノ思想ガ、其用ヰル言語ノ消長ニヨリテ影響セラルヽコトハ、當然ノ事ニシテ、國家トシテ之ニ附隨セル國語ヲ奬勵スルノ必要ナルハ明ナルコトナリ。然ルニ文字ニ於テハ大ニ之ト趣ヲ異ニシ、同ジ言語ヲアラハスニ、如何ナル形ノ文字ヲ用ヰルトモ、其ノ内容ノ思想ニ少シモ害スル所アラザルヲ以テ見レバ、文字ハ直接ニ思想ヲ發表スルモノニアラズシテ、只言語ヲ有形ニ記スル一ノ器具タルニ過ギザルヲ知ルベシ。

言語ニハ、其内容トモイフベキ思想ト、之ヲ發表スル聲音トアリテ、始メテ其用ヲナスモノニシテ、是ノ二者亦常住不變ノモノニアラズ。思想ハ時々刻々、人間ノ境遇ニ應ジテ種々雜多ノ變化ヲナシ、發音ハ又氣候人種、食物等、凡テ人ノ生理的狀態ヲ變動スルニ足ルベキ外國ノ影響ニヨリテ、始終變遷シツヽアリ。言語ノ變化トハ、實ニ此ノ内外二者ノ變化ニ外ナラザルナリ、然ルニ今爰ニ文字ナルモノアリテ、言語ノ意義ヲ有形的ニ發表スルニ至リテハ、言語ノ体裁、是ニヨリテ大体ニ一致シ、皆之ニ歸着スル傾アルガ故ニ、言語變化ノ速度ハ、此ノ固定的器具ノ爲メニ大ニ阻止セラルヽヲ得ルナリ。然リト雖モ、人間ノ周圍ハ常ニ同一ノ狀態ヲ維持スルコトヲ得ズ。且ツ人身生理的ノ種々ノ關係ニヨリテ、發音ノ變化ハ一歩モ止マルコトナケレバ、文字モ亦或ル時期ニ至リテハ、言語ノ變化ニ從テ變化シ、之ニ相應シタル形ヲ取ラザル可ラズ。若シ之ヲナスコト能ハザレバ、是レ文字トシテ、言語ニ忠實ナル從者タルコト能ハザルモノナリ。

第二　假字遣ノ由來

本朝開闢以來、數百年間ハ實ニ文字ナキ國ナリシカドモ、韓唐トノ交通以來、大ニ彼ノ文化ヲ吸收シ、是ト共ニ彼ノ文字ヲ其儘ニ使用シ來リテ、我ガ思想ヲ記錄スル用ニ供シタリシガ、遂ニ彼ノ文字ヲ利用シテ、一種ノ假字ヲ製作シ、爰ニ始メテ日本ノ國語ヲ、日本ノ文字ヲ用ヰテ記錄スルヲ得ルコトヽナリヌ。サレバ其當時ニ於テハ、勿論今日ニ所謂假名遣法トイフベキ一種ノ定リタル法式アルベキ筈ナク、當時各人ガ其ノ口ニ唱フルマヽヲ記シ來リタルハ明カナリ。サレバ奈良朝時代ノ文學ヲ以テ、平安朝時代ノ文學ニ比スレバ、其ノ語法ノ轉化假字用法ノ變遷ヲ所々ニ散見スルヲ得ルナリ。降リテ源平時代ノ末ニ及ンデハ、所謂定家假名遣ナルモノ出デタリ。定家假字遣ニ先ツコト凡ソ百年、藤原基俊ノ悅目抄ニ、上ニ書ク「い」下ニ書ク「ひ」、口合ニ書ク「ゐ」等、名目ヲ分チテ之ヲ區別セルガ、是時代ニハ、已ニ「い」「ひ」「ゐ」ガ發音上ニ於テ混同シ居リシコトヲ見ルベシ。定家假名遣ニ至リテハ、此等ノ混同ヲ避ケンガ爲メニ、一定ノ法則ヲ定メントシタルモノナルガ、其定メ方、獨斷的ニシテ、「恐」トイフ語ノ如キ、「恐レ」トイフトキハ「ヲ」ヲ用ヰ、「恐ル」トイフ時ハ「オ」ヲ用ヰ、又桶ニハ「オ」ヲ用ヰ、「小桶」トイフ場合ニハ「ヲ」ヲ用ヰルナド、隨分混雜シタルモノナリ。其ノ標準トスル所ハ、別ニ明言シアラズト雖モ多分音ノ輕重トモイフベキ理由ヲ基礎トシタルモノナルベシトイフ。其故ニ。定家假字遣ニ於テ「ヲ」ト定メタルモノ、凡ソ二百許リアル中ニ、今日ノ歴史的假字遣ニ合スルモノ三分ノ二ヲ出デザル有樣ナリ。降テ北朝ニ至リテハ、權少部成俊ナルモノアリ、假字遣ハ古代ノ文書ヲ基トシテ定メザル可ラザルコトヲイヒ、次ニ應永ノ頃ニハ、明魏法師出デ、、定家假字遣法ヲ駁シ支那ニテハ四聲ニ隨テ言語ノ意味ノカハルコトハアレドモ、日本ニテハ四聲ニヨリテ、假字遣ノ變ズルコトナキヲイヘリ。是等ニヨリテモ、源平時代頃ヨリ如何ニ言語ガ變化シ、是ヲ記寫スル假字ガ如何ナルモノナリシカヲ想像スルコトヲ得ベシ。

遂ニ徳川氏ニ至リテハ、難波ノ僧契沖ナルモノ傑出シテ、古書ニ基キ當時濫用シ居タル假字遣ヲ、一々ニ古代ノ適例ニ照シテ之ヲ訂正シ、爰ニ今日ノ所謂假字遣法ナルモノ、基礎ヲ置ケリ。以後本居宣長ノ、「ヲ」ノ字ヲ和行ニ配スベキコトヲ發見シ、義門ノ字音ニ於テ、唇内舌内ノ鼻音ヲ區別シタル如キアリ。如此ニシテ、遂ニ假字遣ノ方式ハ成就スルニ至リシナリ。勿論契沖以下ノ人々ハ、只文章ニ付テイヒシモノニシテ、勿論今日ノイフ所ノ俗語卽談話ニ用ヰル語ニ付テハ、重キヲ置カザリシガ如シ。サレドモ今日ニ於テハ、俗語ニ對スル考ヘ大ニ其時代ト異ニシテ、俗語ヲ研究シ、俗語ヲ擴張シ、俗語ノ眞價ヲ認メ、俗語ハ今日生命アル國語トシテ、古語ハ已ニ死去シタル國語ナリトイフ意見ノ說カル、今日ニ於テハ、古代ノ人々ガ其時代ノ發音ノ通リニ記錄シタルト同一ノ理由ヲ以テ、現今ノ人ガ現今ノ發音ノ通リニ其談話ヲ記錄スルハ、至當ノコトナリ。勿論今爰ニ發音ノ通リニ記ストイフコトハ、只俗語卽談話語ニ付テイフモノニシテ、之ヲ文章ニマデ及ボサントスルモノニアラザルナリ。何トナレバ文章ハ今日ノ有樣ニテハ、是レ一種ノ人工的（アーチフイシアル）ノ產物（プロダクト）ナレバ之ヲ記スル上ニ於テモ又器械的歴史的ノ假字遣ヲ用ヰルモ、敢テ不適當ナリトハ考ヘラレザレバナリ。是點ハ大ニ注意ヲ要スベキコトナルヲ以テ、後段別ニ說ク所アルベシ。

第三　假字遣ヲ用ヰル範圍

國語ヲ文字ニアラハス上ニ於テ、所謂假字遣ナルモノハ、如何ナル場合ニ用ヰラル、カトイフニ、大略左ノ四種類ニ歸スベシ。

（一）字音
（二）國語（卽純粹ノ日本語）
　（イ）語詞
　（ロ）テニヲハ
　（ハ）動詞活用語尾
（三）外國輸入語

（一）字音　字音ニ漢音、吳音、唐音アリ、左ニ二三ノ例ヲ擧グレバ、

	行	京	平	和	外	明
（一）漢音	孝行	京師	太平	混和	外聞	明治
（二）吳音	行狀	京都	平等	和睦	外道	明日
（三）唐音	行燈	南京	天平	和尙	外郞	明朝

ノ如シ。サレバ從來學者ノ研究シタルモノハ、重ニ漢、吳音ノ二者ニ過ギズ。其ノ據ル所ハ、卽チ漢字

ノ韻ニヨリテ之ヲ推シ定メタルモノナルガ故ニ、原ト理論的ニ割リ出シタル記字法ニシテ、或節ハ古代日本ニ於テ、實際ニ話サレ、又書カレタルベキモノナレドモ、今日ニ於テハ、此ノ記法ヲ正當トシテ、循守スベキ必要ヲ認ムルコト能ハズ。其ノ假字通リノ音ガ、尙今日支那ニ殘リテ勢力アル語トナリ居ル等ノ事實アラバ兎ニ角ナレドモ、今日ノ支那語ハ、大ニ其レト異ナリ。且ツ日本ニ於テモ、今日ニテハ古來ノ假字通リニ之ヲ讀ムニモアラズシテ、日本流ニ其讀方ヲ轉化シタルモノナリ。然レバ字音假字遣法ハ、是一種ノ死語ヲ記スルガ爲メノ法ニシテ、學者好奇者トシテハ之ヲ研究スベキ必要アランナレドモ今日他ニ是ヨリモ尙要用ニシテ必ズ習フベキ課業ノ多キ人々ニハ、到底此ノ如キ實用的ナラザルモノヲ課スル必要ナキモノトイハザル可ラズ。今字音ガ如何ニ難澁ナル課目ナルカヲ示サン爲メニ、左ニ其ノ略表ヲ擧ゲン。

字ノ右ノ下方ニ、吳ノ字ヲ記セルハ吳音ナリ。俗ト記セルハ日本ニテ、俗ニ唱フル音ナリ。其他ハ凡テ漢音ナリ。

イ　イ（伊、衣）　ヰ（爲、威）

論説

イキ　イキ（ナシ）ヰキ（域）
イン　イン（因、殷（イム（音、飲）ヰン（院、韻、尹）
イツ　イツ（一、乙）ヰツ（聿）
ウイ　ウイ（ナシ）ウヰ（茴）
エ　エ（依呉）　ヱ（惠呉）
エイ　エイ（英、翳、裔）ヱイ（衛）
エン　エン（煙、偃、延）エム（鹽）ヱン（遠、圓、淵）
エツ　エツ（謁、咽、悦）ヱツ（越、噦）
オ　オ（於）ヲ（烏、汗）
オー　オウ（應、謳）ヲウ（翁、泓、媼）アウ（奥、央、鴦、櫻）ワウ（王、皇呉、横呉）アフ（狎、凹）
オク　オク（億）ヲク（屋）
オン　オン（恩、隱呉音呉）ヲン（温、園呉）
オツ　オツ（乙呉）ヲツ（膃、越呉）
キュー（ギュー）　キウ（久、牛）キユウ（弓）キフ（急、汲）
キョー（ギョー）　キヤウ（強、梗呉、莖呉、京呉、經呉）キヨウ（共、競）ケウ（激、橋、叫、堯）ケフ（協、挾、怯）
コー（ゴー）　カウ（高、岡、香、行、幸、交、江）コウ（公、口、恒、興呉江呉）クワウ（皇、横、宏）カフ（閤、恰、闔、甲）

シュー（ジュー）　シウ（周）シユウ（衆、宗、呉）シフ（習、十）
ショー（ジョー）　シヤウ（章、情、濟、呉猩呉）ショウ（鐘、升）セウ（梢、小、蕭）セフ（妾）
スイ（ズイ）　スイ（ナシ）スヰ（水、瑞）
ソー（ゾー）　サウ（早、倉、壯、鎗、爭、爪、双）ソウ（宗、崇、走、僧、双呉）サフ（雜、挿、卅、鬆）
チュー　チウ（冑）チユウ（中、重呉）チフ（蟄）
チョー　チヤウ（長、打呉、貞呉、町呉）チョウ（重、徴）テウ（朝、寵）テフ（帖、輒、蝶）
ツイ　ツイ（ナシ）ツヰ（追）
トー　タウ（道、唐、打、棹、幢）トウ（東、冬、豆、登、幢呉）タフ（荅、搨）
ニュー　ニウ（柔呉、乳呉）ニフ（入呉）
ニョー　ニヤウ（娘呉）ニヨウ（女俗）ネウ（鐃呉饒呉尿呉）ネフ（捻呉）
ノー　ナウ（腦、嚢）ノウ（農、能）ナフ（納）
フイ　フイ（ナシ）フヰ（回唐）
ヒョー　ヒヤウ（評呉、兵呉）ヒヨウ（氷）、ヘウ豹呉、表）
ホー　ハウ（報、弓、烹、萠、包、邦）ホウ（蓬、封、矛、朋、

邦呉謀)ハフ(法)ホフ(法呉)
ミョー　ミヤウ(明呉冥呉猛呉)メウ(貌呉、妙呉)
モー　マウ(毛呉、莽呉、亡呉、孟呉)モウ(蒙呉)
ユー　イウ(尤)エウ(雄、勇呉褓俗)イフ(邑)
ユイ　ユイ(ナシ)ユヰ(遺、維)
ヨー　ヤウ(陽、瓔呉)ヨウ(用、膺)エウ(要、窈、幼、拗)エフ(葉)
リュー　リウ(留)リユウ(隆)リフ(粒)
リョー　リヤウ(良、令呉、虚呉)リヨウ(龍、陵)レウ(燎、料)レフ(獵)
ルイ　ルイ(ナシ)ルヰ(類、累)
ロー　ラウ(老、郎)ロウ(籠、瓏、樓)ラフ(拉、蠟)
ジ　ジ(自、字)ヂ(治、持)
ジキ　ジキ(食呉)ヂキ(直呉)
ジク　ジク(孰、肉)ヂク(竺、軸)
ジツ　ジツ(實)ヂツ(暱)
ジャク　ジヤク(雀、若)ヂヤク(著)
ジョク　ジヨク(辱)ヂヨク(濁呉)
ジュツ　ジユツ(述、術)ヂユツ(怵)
ジョ　ジヨ(序、如)ヂヨ(女、除)
ジン　ジン(盡、人)ジム(尋、甚)ヂン(陣、塵)ヂム(沈)
ズ　ズ(ナシ)ヅ(豆呉、圖呉)
ズイ　ズイ(ナシ)ズヰ(瑞、隨)

(二)國語

(1)語詞　國語ニ於テモ、亦右ノ如ク假字遣ノ上ニ於テハ、判然タル區別アルモ、談話ノ上ニ於テハ區別ナキモノアリ。左表ニヨリテ其概略ヲ示ス。勿論其ノ中ノ「ジ」ト「ヂ」、「ズ」ト「ヅ」ナドハ、或地方ニ於テハ之ヲ區別シテ發音スル處アレドモ、其區域極メテ狹隘ナリ。今國語ノ假字遣ノ上ノ區別ヲ左ニ列記セン。

イ　イ(糸《イト》、櫂《カイ》)ヰ(井《ヰド》、藍《アヰ》)ヒ(相《アヒ》、貝《カヒ》)
ウ　ウ(後《ウシロ》、上《ウヘ》)フ(食《クフ》、吸《スフ》)
エ　エ(枝《エダ》、肥《コエ》)ヱ(咲《ヱム》、聲《コヱ》)ヘ(上《ウヘ》、家《イヘ》)
フ　フ(侍《サフライ》、扇《アフギ》)
オ　オ(祖父《オヂ》、織《オル》)ヲ(伯叔父《ヲヂ》、折《ヲル》)ホ(顔《カホ》、鹽《シホ》)
ユ　ユ(覺《オボエ》癒《イユ》)フ(敎《オシフ》、堪《タフ》)ウ(植据《ウウスウ》)
ワ　ワ(泡《アワ》、轡《クツワ》)ハ(粟《アハ》、繩《ナハ》)
ジ　ジ(虹《ニジ》、匙《サジ》)ヂ(筋《スヂ》、舵《カヂ》)
ズ　ズ(數《カズ》、鼠《ネズミ》)ヅ(水《ミヅ》、鯰《ナマヅ》)

以上ノ表ニヨリテ見ルニ、國語假字遣上ノ混雜ハ、重ニ「ア」行「ハ」行「ワ」行トノ混同ト、一ハ「サ」行濁音ト「タ」行濁音トノ間ニ起ル、混同トヨリ來ルモノトス。

(2)手爾遠波　即チ助詞ニシテ、言語ノ重ナル部分ヲ連結スルニ用ヰルモノナルガ、是ノ點ニ於テ混同ヲ來セルハ、重ニ左ノ三點ニアリトス。

(イ)「ハ」　即「我ハ」「人」ハナド、重ニ主格ヲアラハス爲メノ「ハ」ニシテ、談話ニテハ、之ヲ「ワ」ト發音ス

(ロ)「ヲ」　即「我ヲ」「人ヲ」ナドイフ重ニ目的格ヲアラハス「テ」ニシテ、談話ニハ之ヲ「オ」ノ如ク發音ス。

(ハ)「ベ」　即「臺灣ヘ」「上ヘ」ナドイフ方向ヲ示ス「ヘ」ニシテ、談話ニハ之ヲ「エ」ト發音ス。

(3)動詞ノ語尾　即チ動詞ノ語幹ノ下ニ附着シテ、種々ノ意味ヲ區別シテアラハスモノニモ、亦此ノ混同アリ、タトヘバ「行キマセウ」「行カウ」「受ケウ」等ノ如キ、之ヲ發音スル場合ニハ、「行キマショー」「行コー」「受ケョー」ナド呼ブヲ常トス。

(三)外國輸入語(支那語以外ノ語)外國語ノ輸入ハ、極メテ近來ノ現象ナレバ、此點ニ付テハ未ダ何等ノ一定シタル假字遣法トイフベキモノ、定リタルハアラズ。只各人勝手ニ之ヲ記寫スルノミ。勿論外國語ニハ、已ニ全ク日本化シタルモノト、未ダ然ラザルモノトアリ。「ランプ」「ケット」「カステラ」「マッチ」ナドノ如キハ、津々浦々ニ至ルマデ廣ク行ハレテ、人ニヨリテハ外國語タルヲ知ラヌモノスラアリ。又「ソース」「スプーン」「フォーク」等ノ如ク半分日本化シタルモノモアリ。又西洋人ノ人名地名等ニ付テモ、各國其讀方ヲ異ニシテ之ヲ記寫スレトモ、一定ノ法アルコトナシ。是等ハ早晩何レカニ決定スルニアラズハ、不便ヲ生ズルコトアルベシト信ズ。然レドモ臺灣ニ在リテハ、此點ニ付テノ必要ハ、内地ニ於ケルガ如クニ甚シカラザルヲ認ム。

第四　現今假字ノ濫用

現今日本ハ、少年ガ發達シテ大人トナラントスル時ノ如キ時代ニ在リ、維新ノ改革ニヨリテ打破セラレタル固定ノ主義ハ、一朝變ジテ急速ノ革進トナリ、舊物破壞トナリ、日本國語ノ如キハ、井上文部大臣ノ時代ニ於テ、漸ク始メテ敎育上ニ重キヲナスニ至リタル有樣ナリキ。從來ノ西洋主義崇拜者ハ、凡テノ事物皆西洋ノ摸倣ヲ主トシ、遂ニ國語ニ代フルニ、英語ヲ以テセントマデ極論シタル人モアルニ至リタリ。然ルニ國民的

ノ性格ヲ作ル上ニ、國語ガ如何ニ重要ナル位地ヲ占ムルモノナルカハ、漸々當事者ノ間ニ了解セラレ、遂ニ國粹主義ノ發生ト共ニ、國語ノ復興トイフコトハ宣傳セラレタリキ。サレドモ其當時所謂ノ國語ナルモノヲ只日本ノ古文ニ限リ巳ニ化石シ了リタル言語ヲ以テ國語ノ眞髓ト考ヘタルガ如キ觀アリシハ、今日ヨリ見レバヤ、憾ムベキ所アリト雖モ、兎ニ角國語興復ノ一着手トシテ、蓋シ免ルベカラザル通路ナリシナルベシ。從來國語研究ノ放擲ト共ニ、亂脉ニ使用セラレタル假字遣法、及ヒ語法ハ、是ノ如クニシテ幾分カ古法ニ近ヅキ來リシト雖モ、今日ノ言語文章、巳ニ昔日ノ言語文章ニアラズ。思想ノ發達アリ、語法ノ轉化アリ、加フルニ人皆國學者ニアラズ。サレバ各々巳レノ知リ居ル範圍内ニ於テハ、所謂古文法、所謂假字遣ニ從フコトヲ得ルト雖モ、其ノ以外ノ事ニ於テハ、之ヲ放擲シテ顧ミズ、只巳レノ心ノマヽニ書キ下スコトヲ常トス。爰ニ於テ、現今行ハレ居ル所ノ假字遣ハ、一般ニイハヾ何レトモツカヌモノトナリ了リ、一定ノ法則トイフモノアルコトナク、中等以上ノ地位ヲ占メ、相當ノ學力アルモノニシテ、尚少シモ此ノ點ニ付テ注意ヲ加ヘザルモノ甚ダ多ク、又社會ノ先導者ヲ以テ自任スル新聞紙ノ如キニ於テモ、之ヲ顧ミザルモノ甚ダ多シ。本國ニ於ケル形勢巳ニ此ノ如シ、此ノ新領土タル臺灣ニ於テ國語ヲ敎授スルニ當リテハ、如何ンゾ此ノ如キモノヲ用ヰルヲ得ベケンヤ、爰ニ於テ假字遣法一定ノ必要ハ起ルナリ。

第五　國語敎授上ノ困難

目下臺灣ニ於テ、國語敎授ノ大精神ハ、卽チ現今吾人ガ使用シ居ル談話語ヲ以テ土人ニ敎ヘ、土人ヲシテ一方ニハ我國語ヲ聽テ之ヲ了解シ、一方ニハ之ヲ用ヰテ巳レノ思想ヲ言ヒアラハスコトヲ得ルニ至ラシメバ、國語敎授目下ノ急務ハ充サレタルモノニシテ、本國ノ雜書ヲ繙キ、又ハ文ヲ草ストイフ様ナルコトハ、到底公學校ノ生徒ニ望ムベカラザルコトニ屬ス。而シテ吾人ガ平常談話シツヽアル所ノ言語ハ、我本國人ノ考ニテ之ヲ見レバ、實ニ何等ノ困難ナキガ如ク見ユレドモ、是レハ吾人本國人ハ、嬰兒時代ヨリ自然ニ習得シ來リシガ故ニシテ、之ヲ土人ノ腦裡ニ移植スル場合ニ於テハ、實ニ普通ノ本國人ガ想像ダニモ及バザル程ノ困難アルナリ。本國語ニアリテハ動詞、形容詞ノ如キ、皆之ニ附隨スベキ一定ノ語尾ノ變化アリテ、或ル場合ニハ名詞トナリ、或ル場合ニハ動詞トナリ、又形容詞トナリ副詞トナリ、夫々一定ノ法則アルニカヽハラズ、支那語ニ於テハ、此等ノ區別甚ダ不完全ニシテ、同一ノ音、同一ノ字ニシテ、或ハ名詞トナリ動詞トナリ、形容詞トナリ副詞トナルコトアリ。之ヲ區別スルニハ、只其前後ノ關係ヨリ之ヲ推定スルノミナルガ故ニ、土人ニ取リテハ之ヲ區別スル丈ノ必要モナケレバ、從テ又之ヲ區別スル智識モ亦甚ダ薄弱ナリ。サレバ國語ノ如キ組織ノ複雜ナルモノヲ以テ、是ノ簡單ナル一綴語（モノシラビツク）ニヨリテ鍛上ゲラレタル土人ノ腦裡ニ注入スルコトハ實ニ至難ノ業ナリトイハザルベカラズ。殊ニ彼ノ「テニヲハ」ノ如キハ、支那語ニ於テ殆ンド之ニ對比スベキ語ナキ有樣ニシテ、敎授上尤モ困難ナルモノ、一ニ屬ス。勿論敎授ノ方法漸々熟スルニ至テハ、多少是等ノ困難ニ打勝ツコトヲ得ルニ至ル見込ナキニアラザレドモ、全ク此ノ困難ヲ除去シテ、本國ノ生徒ニ敎フルト同一ノ勞力ヲ以テ、土人ニ敎ヘ得ル時期ニ至ルベシトイフコトハ、到底望ムベカラザルコトナリ。國語敎授ノ困難ナル如此ナルニモ拘ハラズ、尙之ニ加フルニ今日本國人ノ間ニ行ハルヽ如キ、變的ノ假字遣ヲ敎フルニ於テハ、彼等ヲシテ其歸着スル所ヲ知ラザラシムルノミナラズ、無用ノ勞力ノ爲メニ、大ニ受敎ノ勞力ヲ消耗セシムルノミニシテ、一ノ良結果ヲ得ル見込ナキニト、實ニ火ヲ睹ルヨリ明ナリトイフベシ。

第六　假字遣一定ノ必要

本國ニ於テ、普通學力アル人々ニヨリテ用ヰラレ居ル彼ノ亂脉ナル假字遣ハ、到底其ノ儘ニ本島人ニ敎授スベキモノニアラズ。否敎授スル丈ノ價値アルモノニアラズトスレバ、爰ニ其亂脉ヲ一定シテ之ヲ敎授スルノ必要ヲ生ズ。其ノ一定ノ方法ニ付テハ、大略左ノ三主義アリ、

（一）擬古説　是ハ古代ノ文學ニ用ヰラレタル假字遣法、即契冲以下學者ノ古例ニ基キテ定メタル假字法ヲ、嚴正ニ採用スベシトイフ説ナリ。是説ハ一見實ニ立派ナル者ノ如クニ見ユレドモ、千餘年前ノ言語ヲ寫ス爲メニ用ヰラレタル古キ器械ヲ、其儘ニ利用シテ爾來發達シテ今日ニ至リタル新言語ヲ寫サントスルハ、理論上甚ダ其當ヲ得ザルノミナラズ、實際上ヨリイフモ、古代ノ假字遣ヲ只器械的ニ暗記スルニ要スル勞力ニ報ユル丈ノ効能アルコトナク、先ニモイヘル如ク、本國人ニテモ滿足ニ實行スルコトヲ得ザル困難ナル法ヲ以テ、臺土ニ於テ是ヨリ新タニ國語ヲ學バントスル兒童ヲ强フルガ如キハ、實ニ不法ノ

甚シキモノトイハザルヲ得ザルナリ。サレバ此擬古説ハ、到底實際ニ行ハル可ラザル空論ニ屬スルヲ免レザルベシ。勿論爰ニ擧ゲタル擬古説ハ、取除モナク古ヲ擬ストイフ説ノ謂ニシテ、上ニ述ベタル「テニヲハ」國字假字遣ハ勿論字音ノ假字遣ニ至ルマデヲ、極々嚴正ニ實行セントイフ主義ニ付テ論ジタルモノナリ

(二)折衷説　上ニ述ベタル如キ、嚴正ナル擬古説ハ、到底實際ニ行ハルヽコトヲ得ズトスレバ、勢之ヲ折衷シテ、或ル一部分丈ハ古キ假字遣法ニヨリ、或ル一部分ノ極メテ困難ナルモノヽミ、現時ノ發音ニ從ヒテ記セントイフ中間説ノ出スルニ至ル。此ノ如クニシテ、古キ假字遣ヲ使用スル範圍、卽チ一部分トイフ義ノ廣狹ニ從テ、此ノ折衷説ハ又數多ノ意見ニ分ルベシ其重ナルモノ左ノ如シ。

(イ)純粹ノ國語ノ語詞ト「テニヲハ」トヲ古キ假字遣法ニヨラシメ、字音ノ如キハ發音ノマヽニ記スベシトイフ説モアリ。見方ニヨレバ一理アル議論ナレドモ、其ノ論據トスル點ハ、字音假字遣ハ困難ナリ字音ハ本來純粹ノ國語ニアラズ、輸入語ナレバナリ等ノ淺薄ナル理由ニ歸スベシ。成程字音ハ外國ノ音ヲ日本ノ假字ヲ用ヰテ寫シタルモノニシテ、其記音ノ正確ナラザルハ勿論ナルベシト雖モ、純粹ノ國語ヲ記スル丈ハ、古キ假字遣ニヨルベシト、殊更ニ取立テヽ論スル程ノ理由ハ何處ニカアル。タトヘバ「家」トイフ語ハ、古代ニ於テ「イヘ」ト發音シタレバコソ「イヘ」トモ書キタルナレ。今日ノ國語卽チ吾人ノ活動スル思想ヲ發表スル話キタル言語ハ、最早「イヘ」トイフ音ヲナサズ、我等ハ互ニ「イエ」ト發音シテ「家」トイフ思想ヲ交換シツヽアルニアラズヤ。假リニ今日吾人ノ談話スル時ニ當リテ、「家」トイフ觀念ヲアラハスニ「イヘ」トイフ音ヲ用インカ、實ニ其ノ意ヲ通ズル能ハザルノミナラズ、ヨシ其意ヲ通ズルコトヲ得ルニモセヨ、必ズ奇異ノ感ヲ起スナルベシ「家」ヲ「イヘ」ト記セザレバ奇異ノ感ヲ起ストイフ論者ハ先其腦裏ニ「家」ノ假字バ「イヘ」ナリトイフコトヲ器械的ニ豫定シテ居ルガ故ニ然ルモノニシテ、一方ニ「家」ヲ「イヘ」ト發音スレバ奇異ノ感ヲ起ストイフハ、卽チ「家」トイフモノハ、今日ノ日本語ニァハ「イヘ」ニアラズシテ「イエ」ナルニ、其適合セザル「イヘ」ヲ發音スルガ故ニ起ル所ノ自然ノ感情ナリ。サレバ前説ノ標準トスル所ハ、國語ノ死塊ニシテ後

説ノ標準トスル所ハ、國語ノ生活体ナリ。奇異ノ感トイフコトヲ論點トシタル保守説ノ、取ルニ足ラザルヲ見ルベシ。

(ロ)「テニヲハ」丈ヲ古キ假字遣ニ從ヒ、其ノ他ハ凡テ發音ノマヽニ記ストイフ説アリ。「花オ見ル」、「人ワ來ル」、「東京エ行ク」ナド、記スルハ、甚ダ奇異ノ感アリ。セメテ「テニヲハ」丈ナリトモ、從前ノ法ニ從ヒテ記スル方穩當ナラントイフ意見ナリ。サレバ奇異トイフハ、只目ノ慣レザルガ故ニ奇異ナルノミニシテ、「テニヲハ」丈ニ於テ奇異ナリトイフ理アルコトナシ。古キ假字遣ヲ用ヰナレタル人ヨリ見ルトキハ、「カホ」(顔)ヲ「カオ」、トカキ、「ヰド」(井)ヲ「イド」トカク類モ、矢張同樣ニ奇異ノ感ヲ起スナルベシ。サレバ是論ハ到底五十歩百歩ノ論タルヲ免レズ。サレバ、奇異ノ感トイフ丈ノ理由ヲ以テ、「テニヲハ」丈ヲ保存ストイフ説ヲ支フルニ足ラザルヲ見ルベシ。

其他假字遣使用ノ範圍ニ付テハ、尚種々ノ區々タル諸説アルベシト雖モ、爰ニハ只大体ノ説ヲ擧ゲテ、他ニハ論及セズ。

(三)記音説　是即チ吾人ノ主張スル所ニシテ、吾人ガ發音スル通リヲ記セント説クモノナリ。是説ハ今日現ニ行ハレ、生命ヲ有セル國語ノ寫眞ヲ作ラントスルモノナレバ、理論上ニ於テハ敢テ非難スベキ點アルコトナシ。此ノ記音説ハ、今日初メテ我國ニ起リタル新問題ニアラズシテ、英國ナドニハ已ニ早クヨリ其説ノ喧傳セラル、モノアリテ、今日ニ至ルマデモ未ダ實行ノ運ニ至ラザルハ、實ニ遺憾ナルコトナリト雖ドモ、其ニハ又種々ノ困難ナル事情アリ、併シ日本殊ニ臺灣ノ地ニ於テハ、其ニ對シテ起ルベキ困難ハ、左程ニ甚シカラザルベキヲ信ズ。今左ニ記音説ノ利害ヲ考究シテ、如何此ノ方法ガ現時ノ臺灣ニ適當ナルカヲ見ントス。

第七　記音假字説ノ得失

(一)記音假字説ノ長所トスル所左ノ如シ、

(イ)今日吾人ガ、口頭ニ上セテ發音スルモノヲ其儘ニ記スルモノナルガ故ニ、例令ハ衣裳ガ身体ニ適應スルガ如キモノニシテ、理論的ニイハヾ尤モ理由アル説ナリ。

(ロ)發音ノ儘ニ記スルガ故ニ之ヲ教フルモノモ、之ヲ學ブモノモ古キ假字遣法ヲ學ブニ比シテ、大ニ無用ノ勞力ヲ減節シテ、他ノ重要ニシテ、必ズ習得ベキ誤業ニ餘地ヲ與フルコトヲ得。是ノ點ハ現今ノ臺灣ニ於テハ尤モ必要ナル事項ニシテ、實際上餘リ必要ナキコトニ徃々心力ヲ勞セシムルハ策ノ得タルモノトハイフ可ラザルナリ。

(二)記音説ノ短所ト見ユル點ハ左ノ如シ、

(イ)舊來一定ノ假字遣法ナルモノアリテ、今日マデ其ニ從ヒ記シ來リタルモノヲ、一朝之ヲ改革シ古來ノ習慣ヲ破壞スルハ、餘リ大胆ナルコトニシテ、カヽル大事ハ、一朝一夕ニ實行スベキモノニアラズ云々トイフ説アリ。然レドモ是ハ舊來一定トイフ文字ノ意義、又習慣トイフ詞ヲ或意味ニトリテイフ所ノ議論ニシテ其一定トイフコトニ付テモ契冲以來或一種ノ社會、即學者ノ仲間ニハ、一定ノ假字遣トイフモノ行ハレタリト雖モ、普通一般文章又新聞紙ナドニアラハル、假字ナドハ、前ニイヘルガ如ク、實ニ千種萬態ニシテ、決シテ一定トイフ可ラズ、又古來ノ習慣トモイフベカラザル程ノ有樣ナリ。又タ爰ニ記音假字トイフハ、先ニモイヘルガ如ク、普通ノ談話語ヲ記スル場合ニ限リ用ヰントスルモノニシテ、文章ノ如キ人工的ノモノニハ、又器械的ノ假字遣ヲ用ヰテ適當ナル理由モアルベケレバ、敢テ文章マデヲ同一ニセントノ意ニハアラズ。只本島公學校六年間ノ國語トシテハ、普通語ニ重キヲ置キ、談話記寫共ニ達意ヲ主トスルモノナレバ、假字遣法ヲ文章ニ用ヰルトイフ意見トハ、少シモ衝突スル所アルコトナシ。近來本國ニ於テモ多クアラハル、講談師ノ講釋、演説ノ筆記、言文一致ノ小説等、亦記音的ニ記スルヲ以テ適當ト考ヘラル、ナリ、

(ロ)記音假字ニ對スル、第二ノ論點ハ一方ニ於テ古キ假字遣ニヨレバ、區別シテ書キ分ケ得ラル、詞ヲ記音假字ハ、同一ニ記シ了ルヲ以テ、語詞ノ混同ヲ生ズルコト多シ。タトヘバ「アヰ」(藍)ト「アイ」(愛)「コヒ」(鯉)ト「コイ」(故意)等、其他枚擧ニ遑アラズ。此等ノ點ニ於テハ古キ假字遣ニヨルヲ便トストイフ説ナリ。勿論此等ノ論點ハ古キ假字遣ヲトク人ノ、得意トスル所ナレトモ、是ノ論鋒ハ漢字排斥論者ノ一派、又ハ假名ノ會等ニ向テハ正鵠ヲ得タル攻擊ナリト雖トモ、爰ニ唱ヘラル、記音説ハ必ズシモ漢字ヲ全廢セント主張スルニモアラザレバ、左程ニ困シキ論敵トモ見エズ。サレトモ巳ニ記音假字トイフ以上ハ、漢字ヲ用ヰズシ

テ假字ニテ記シタル場合モアルベケレバ、此ノ點ニ付テ大ニ考究ヲ遂ケ置ク必要アリ。記音説、原ヨリ此點ニ於テ、幾分ノ弱味アリ。サレトモ今假リニ假字遣ニ從テ、二様ニ記シテ其義ヲアラハサントスルトキニ書キ分ケタルハヨケレトモ、之ヲ讀ム人ノ方ニテ、假字遣ヲ心得タル人ナラバ甲ハ藍ナリ乙ハ愛ナリトカヤウニ分別シテ理解スルコトヲ得ンナレトモ、若シ讀ム方ニテ先ツ其法ヲ知リ居ラザル場合ニハ、折角ニ骨折リテ書キ分ケタル甲斐モナク、二ツナガラ「アイ」ト記シタルト其効果ヲ同シクスベシ。又書ク人ノ方ニトリテモ、同シク其人ニシテ凡テノ假字遣ヲ心得テカキ分ル丈ノ能アル人ナラバ兎ニ角ナレドモ、只「アヰ」ト「アイ」ノ別ノミハ知レドモ、他ノ多クノ場合ノ假字遣ヲ知ラズ、タトヘバ若シ「織ル」ト「折ル」トノ別ヲ心得居ラズトセンニ、之ヲ反對ニ記スルガ如キコトアランカ、讀ム方ニテ大ナル思ヒ違ヲ生スルコトアルベシ。要スルニ何レノ説モ一利一害ニシテ共ニ完璧トイフ可ラザレドモ、假字遣説ノ方ニテハ、嚴正ニ古法ヲ守ラザレバ、其効用ヲナサヌトイフ點ニ於テ、大ナル弱點ヲ有スルモノナリ

而シテ古キ假字遣ニ從フトキニモ、尚此ノ種ノ混同ハ免ル、能ハザルコトハ、「破風(ハフ)」ト「法(ハフ)」「虎班(トラフ)」ト「捕(トラフ)」「煙草管(ラウ)」ト「牢(ラウ)」「内障眼(ソコヒ)」ト「底ヒ(ソコヒ)」ナドアリテ、畢竟程度ノ問題ニ歸ス。又談話ノ時ニ當リテハ、同音ニシテ混シ易キ場合アリト雖トモ、之ヲ避クル方法ハ、或ル度マデ具ハリ居ルモノニシテ第一ハ音調ノ抑揚、第二ハ其話ノ前後ノ關係、第三ハ語詞ノ變化ノ如キ類ナリ。此ノ内ニテ記音假字法ノ利用スルコトヲ得ザルモノハ、第一即チ音調ノ抑揚第二ハ其話ノ前後ノ關係、第三ハ語詞ノ變化ノ如キ類ナリ此内ニテ音調ノ抑揚トハ、「柿、垣、蛎」「箸、橋」等ノ同音ノ語ヲ、其「アクセント」ニヨリテ區別スルモノニシテ、古ヤ假字遣説ノ人モ之ヲ書キ分クル丈ノ準備ハアラザル可ク、若シ之ヲ書分ケントスル段ニハ、勢「アクセント」ノ記號ヲ付スルノ外ハナケレトモ、元來日本語ノ「アクセント」ハ關東、關西其他ノ地方ニヨリテ、其唱方ヲ異ニシ、容易ニ之ヲ一定シ得ザルノミナラズ、一方ニ於テハ日本語ニ於テ「アクセント」ノ占ムル要用ノ度合ハ、右ニ擧タルガ如キ詞ノ場合ニヨリ、幾分ノ必要ハアレ、大體ニ意思ヲ通スル上ニ於テハ、要

用ノ度極メテ僅少ニシテ、支那語ノ如クニ「アクセント」ヲ以テ、中腦トナセル言語ニ比シテハ、ホトンド「アクセント」ノ必要ヲ見ストモイフベキ程ノモノナリトス。勿論是ハ國語ノ純粹ニシテ、自然的口調ノ上ヨリ判斷ヲ下シタルモノニアラズシテ、意味ノ通ズルヤ否ヤトイフ點ヲ標準トシテ、「アクセント」ノ値ヲ論シタルモノナレバ、敢テ絶對的ニ「アクセント」ノ皆無、又不必要ヲ唱フルモノニハアラザルナリ。次ニ話ノ前後ノ關係、是ハ古法ニヨル人モ記音説ノ人ニ取リテモ、同シク談話ノ時ニ於テ、多クノ場合ニ於テ、尤モヨク意義ノ混同ヲ區別セシムル能力アルモノニシテ、別ニ委ク説ク必要ナシ、第三ハ語詞ノ變化、是ハ古クハ發音ノ異リ居タルモノカ、或時ニ於テ同シ音ニナリタルニヨリ、意義ノ混同ヲ來スコトアルガ故ニ又再ヒ其ノ音ヲ變シテ之ヲ區別スルニ至ル現象ナリ。タトヘハ、祖父ト伯叔父トイフ語ノ如シ。今日ニ於テ祖父ヲ「ジヂ」、ジー、オジー」ナト唱へ、伯叔父ノ方ヲ單ニ「オジ」ト呼フト雖トモ、古キ假字遣ニ照シテ之ヲ見レバ、甲ハ「オヂ」ニシテ乙ハ「ヲヂ」ナリ。學者ノ説ニヨレハ、「オヂ」ハ「オホヂ」(大父)ニシテ「ヲヂ」ハ小父ナリトイヘリ。卽チ其時ニテハ發音ニ差異アレバコソ假字ニモ書キ分ケヲレ、又意味ノ混同ヲ見ザリシナルヘクレトモ「ヲ」ト「オ」ノ音ガ混同セヲル、時代ニナリテハ、從テ意義ノ混同ヲ來スニ至ルヲ以テ、一方ヲ「オジー」トヤウニ呼ビ、一方ヲ「オジ」トヤウニ呼フニ至リシモノナルベシ。是ヲ發音ノ變化ニヨリ、語詞ノ受クル影響ナリトス。又吾人ノ日常屢々使用シツヽアル語詞モ、古キ假字遣法ニ從ッテ記スル段ニハ、大ニ注意スベキモノ甚ダ多シ。其中「ヲ」ノ假字ヲ用井ル分少許ヲ列記セン。

一昨日(ヲトツヒ)、緒(ヲ)、尾(ヲ)、岡(ヲカ)、可笑(ヲカシ)、拜(ヲガム)、桶(ヲケ)、怠(ヲコタル)、幼(ヲサナシ)、治(ヲサムル)、惜(ヲシム)、敎(ヲシフ)、牡(ヲス)、夫(ヲツト)、男(ヲトコ)、踊(ヲドル)、女(ヲンナ)、斧(ヲノ)、終(ヲハル)、甥(ヲヒ)、居(ヲル)。

等ニシテ、此ノ外ニ「ワ」行丈ニテモ尚多クアリ。其外「ハ」行ニ屬スルモノモ、亦之ニ相應スル丈ノ困難ナル語詞アルベク、之ニ加フルニ字音ノ澁難ナル假字遣ヲ以テス、嚴正ナル假字遣法ヲ主張スル人々ハ、先ヅ自ラ是等ノ混雜ナル假字ヲ、使ヒ分ケ得ル丈ノ覺悟ナカル可カラザルト同時ニ是等ヲ臺灣土人ニ敎フル上ニ於テ、幾何ノ利益スル所アルベキカヲ先ツ精細ニ研究スルコトヲ要スルナリ。」

（ハ）一說ニ曰ク、古キ假字遣法ハ、語詞本來ノ意義ヲ知リ得ルノ便アリ。例令バ「ヲトツヒ」（一昨日）ハ遠之日（ヲチツヒ）ナリ、「ヲガム」（拜）ハ折屈（ヲレカヾム）ナリ。記音假字說ハ、是ノ點ニ於テハ語源ヲ朦朧タラシムルモノアリ云々。是說ハ、英國ノ綴字改良論ナドニ對シテハ、始終用ヰラルヽ駁論ニシテ、一理アルガ如クナレトモ、眼界ヲ廣クシテ之ヲ觀察スルトキハ、一モ取ルニ足ラヌ說ナルコトヲ知ルベシ。論者ノイフ所ノ語源說ノ如キハ、是矢張五十步百步ノ說ニシテ、假リニ假字遣法ヲ古キ例ニヨリタリトセンニ、尙其レヲ語源ノ採リ得ラレザルモノ甚タ多キニアラズヤ。且ツ大體ヨリイハヽ、語源ノ如キハ、是レ一種ノ理論的ノモノニシテ、敢テ普通人ニ向テ之ヲ注入セザル可ラザル必要ヲ見ズ。又今日記音的ニ言語ヲ記シタリトテ、是ガ爲メニ學問的ニ語源ヲ尋ヌル便ヲ失フコトハ、決シテアルコトナシ。否ナ今日ノ談話體ノ言語ヲ、記音的ニ記スルコトコソ、却テ言語ノ發達、發音ノ變化等ヲ研究スル上ハ尤モ適當ノ材料ヲ與フルモノナレ。又古キ語源ヲ尋ネントスルニハ、古キ假字遣法ニテカヽレタル古キ文籍ノアレバ、此等ニヨリテ研究スル餘地ハ十分ニアリ得ルナリ。何ヲ苦ンデ今日活動ノ言語ヲマデ、死法ニ從テ記スルコトヲ要センヤ。

（ニ）或人又曰ク、記音假字ハ假字ニ一定ノ標準ナクシテ、同一ノ語ヲ記スルニモ、甲ノ場合ト乙ノ場合ト、假字ヲ異ニスルコトアリ。タトヘバ「ツキ」（月）トイフ語ヲ、三日月トイフ樣ニ連續セシムルトキハ、「ミカヅキ」トナリテ、「ツキ」カ「ズキ」ト變ス。又「チ」（血）トイフ語ガ、鼻血トイフ樣ニ連續スル場合ニハ、「ハナヂ」トナリテ「チ」ガ「ヂ」ト變スルカ如シ。是甚ク理ナキコトナリ云々。是說ハ前ノ語源ヲ本トシテ論ジタル駁擊ノ一種トモ見ルベキモノナレトモ、語源トイフ側ヨリハ、同假字ヲ異樣ニ用ヰルトイフ迄ニ、重キヲ置キテ論スルモノナレバ、其點ニ向テ一言ヲ費サヾルヲ得ズ。元來記音說ハ大體ノ主義トシテ、音ヲ記スルコトヲ主トシ、意義又ハ語源等ヲ文字ノ上ニ見セントスルコトハ、第二ノコトヽ考フ。勿論、音ヲ記スルト同時ニ、意義モ語源モ相共ニ文字ノ上ニアラハレ來ルコトハ、大ニ希望スル所ナレトモ、其モ記音說ノ主義ト合スル範圍內ニ於テノミ行ハル、モノニシテ、若シ之ニ反スル以上ハ、他ノ第二等以下ノ諸點ハ、遺憾ナガラモ之ヲ犧牲ニ供セザルベカラザル場合アルコトヲ信ズ。上述ノ場合ハ、即チ語詞ガ連續スルトキニノミ生ズルモノニシテ且ツ其範圍ハ只濁音中ノ「ヂ」ト「ヅ」トノ二ツノ場合ニ過ギザルナリ。然シ「チ」「ツ」ヲ以テ始ル詞ガ他ノ詞ノ下ニ來リテ連續シ、濁音ニ變ズル場合ニハ、其發音ガ必ズ「ジ」「ズ」ニ轉スルコトハ、一種ノ音便ニシテ、一モ怪ムニ足ルモノナク、古語ニ於テモ又之ニ類シタル音便ノ變化ハ、實ニ枚擧ニ遑アラザルナリ。今其數例ヲ擧ゲンニ、

古語	音便轉化
善ク	ヨウ
箒（ハハキ）	ハウキ
思ヒテ	思ウテ
法師（ホフシ）	ホウシ
仕ヘマツル	ツカウマツル
小路（コミチ）	コウヂ
日向（ヒムカ）	ヒウガ
如何（イカニ）	イカン
童（ワラハベ）	ワランベ

古語	音便轉化
思量（オモヒハカル）	オモンバカル
殆（ホトホト）	ホトンド
髮差（カミサシ）	カンザシ
件（クダリ）	クダン
詣（マヰデ）	マウデ

是等ノ例ヲ比較シ來ラバ、其ノ轉訛ノ甚シキコト豈啻ニ「ヂ」ガ「ジ」トナリ「ヅ」カ「ズ」ニ變シタル如キ、比ナランヤ。而シテ是等ノ音便ハ、實ニ古キ王朝時代ノ文籍ニ散見スル所ノ語詞ノ上ニアラハルモノナク。「ヂ」「ヅ」ガ「ジ」「ズ」ニ變スルガ不都合ナリトノ理由ヲ以テ、記音説ヲ攻撃スルモノハ先ヅ「ク」「ハ」「ヒ」「フ」「ヘ」「ミ」「ム」「ヰ」ガ「ウ」ニ變シ「ニ」「ヘ」「ヒ」「ホ」「ミ」「リ」「ガ」「ン」ニ變シタル古キ假字遣ヲモ、併セテ共ニ攻撃セザル可ラズ爰ニ於テ此ノ駁説ハ、夫自身已ニ自殺ヲ遂ゲタルモノナリ。殊ニ「ハ」行四段ノ場合、タトヘバ「思ヒテ」ナドイフコトヲ、近來ノ新聞紙ナトニハ「思フテ」トヤウニ記スルコト極メテ多シ。是ノ類ノ場合ニハ、古キ假字遣ハ「思ウテ」トヤウニ「ウ」ノ字ヲ用井ルカ慣例ナリ。是ヲ普通ニハ、「ハ」行ノ活用トイフコトニ迷ヒテ連想的ニ「思フテ」ナド記

シテ、此ノ古キ慣例ニ氣付ザルカノ感アリ。月ノ「ツ」ガ三日月ノ「ズ」トナリ、血ノ「チ」ガ鼻血ノ「ヂ」トナルコトヲ以テ、理ナキコト、論スル人ハ先ツ「ハ」行四段ノ場合ニハ、古來「ハ」行ナラザル「ウ」ノ字ヲ、用ヰ來リタル事實ヲ、熟知スルコトヲ要ス。（下「ヂ」ニ「ヅ」ト「ジ」「ズ」ニ付テ説ク處參照）

（ホ）次ニ起ルベキ問題ハ、日本ニハ各地ニ方言アリ關東關西トイハズ、九州人ト奥羽ノ人トノ間ニハホトンド對談シテ、理解スルコトヲ得ザル程ノ方言的差異アリ。若シ記音的ノ方法ニ從ハヾ、是等ノ人々ハ、其ノ記載シタルモノニヨリテ、互ニ意ヲ通スルヲ得ザル困難アリ。然ルニ、若シ古キ假字遣法ニ從ハヾ、學問アルモノハ、之ヲヨンデ互ニ其ノ意ヲサトルコトヲ得ル利益アルニアラズヤ。

是レ記音假字遣法ノ、大缺點ナリト云フ説ナリ。

然レドモ、此説亦其正鵠ヲ得ズ、論者ノ云フ所ノ古キ假字法ニ從テ記ストノコトハ、果シテ何ヲ記スル意ナリヤ、文章ヲイフカ、又ハ談話ヲ其マヽニ記スルコトヲイフカ、若シ文章ヲ記スル意ナラバ、吾人ハ爰ニ、之ニ答フル必要ヲ見ズ。何トナレバ、爰ニイフ所ハ談話體ノ言語ヲ記スルコトニ付テノ、問題ナレバナリ。而シテ若シ談話ヲ其マヽニ寫スニ於テ、古法ニ依ルトノ意ナラバ、九洲、奥羽ノ談話言ハ、果シテ古法ニヨリテ記セラレ得ルモノナリヤ、又是等ヲ古法ニヨリテ記シタル、古キ類例アリヤ、先ヅ此問題ヲ研究セザル可カラズ。サレドモ吾人ハ、是等ノ點ニ付テ云フ丈ケノ必要ヲ見ザレバ、其ヲ擱キ爰ニハ此ノ説ニ對シテ記音説ノ答辨ヲセザルベカラザル必要ノ點ニ付ヲ述ル所アルベシ。即チ談話語ヲ記シテ、互ニ理解セラル、ニ至ルニハ、第一ニ諸方ノ談話語ヲ可成一致セシムルコト、即チ一定ノ標準トスベキ語ヲ定メテ、凡テノ人ガ之ヲ中心トシ、之ニ擬シテ書ク様ニスル必要アリ、是ニ於テ標準語ノ問題ハ起ルナリ。

第八　標準語

本國ニ於テ、各地方ノ人々ガ、記音法ニ從ヒテ記セントスルニ、各人皆其標準語ヲ習得シテ之ヲ記スト云フコトハ、甚ダ困難ナルコトナレドモ、一般ニ教育ヲ普及スト云フ點ヨリ考フレバ、言語ハ可成一定ノ標準ヲ置キテ、凡テノ他ノ方言ヲシテ、之ニ近ヨラシムル様ニツトムベキハ、是當然ノ事ナリ。方今各地交通ノ道大ニ發達シタルガ故ニ、古昔封建時代ニ於ケルガ如キ方言ノ遠心力的ノ傾向ハ漸々其跡ヲ收メテ自然ニ日本全圖ノ中心タル、東京ノ語ニ近ヅキツヽアルハ現今ノ有樣ナリ。勿論各地ノ方言カ全ク東京化シ了ル時機アリヤ否ヤ等ニ就テハ、爰ニ斷言シ難キ點ナキニシモアラザレドモ、大体ノ傾向ハ東京ヲ中心トシテ、其方ニ向テ變遷シツヽアルコトハ明ナリ。(大阪ノ言語モ亦或一種ノ方面ニハ、甚ダ勢力アルモノナリト雖モ、爰ニハ敎育上ヨリ觀察ヲ下シタルモノナレバ、暫ク論セズ。)而シテ今日其ノ中心トナレル東京ノ言語ハ、如何ナルモノゾト考フルニ、古來東京ノ地ニ固着シ居タル純粹ノ江戸語ニハアラズシテ、各地ヨリ轉シテ東京ニ於テ勢力ヲ有スルニ至レバ、人々ガ其ノ故鄕ヨリ齎ラシ來リタル諸方言ガ、本來ノ江戸語ト混融シタルモノト見テ差支ナカルベシ。假令其混融ガ成熟同化シテ、純一ノ東京語ヲ成シ了リシヤ、或ハ未ダ同化融合セザル混成物ナリヤハ、見ル人ニ依リテ說ヲ異ニスル所ナルベシト雖モ、兎ニ角各地ノ方言ガ東京ニ相會シテ、本來ノ江戸語ニ混ジ、互ニ生存競爭ヲナシ、今日ハ已ニ一種ノ東京語トシテ、日本全國中ニテ、最多數ノ人々ニ理解セラレ得ル位地ニマデ發達シ來リシモノナルコトハ、敢テ疑フベカラザルコトナリト信ズ。凡ソ言語ノ價値ハ、見方ニヨリ種々ノ點ヨリ之ヲ定メ得ベキモノナレドモ、交通ノ機關トシテハ普汎トイフ點ヲ最モ重ナル要素トセザ可カラザレバ、今日本國ニ於テ其ノ範圍ノ最モ廣ク、其勢力ノ最モ大ナル此東京語ヲ取リ來リテ、談話語ノ標準トナスコトハ至當ノ事ニシテ臺灣ニ於テ日本語ヲ國語トシテ敎授スル場合ニハ各地ノ方言ヲ亂雜ニ敎授スル主意ニアラズシテ、是ノ暗々裏ニ日本國語ノ覇王トシテ、默許セラレ居ル東京語ヲ敎授スル主意タルコトハ明ナリ。其標準トスル所ノ語ニシテ一定セバ、之ヲ記スルニ際シテモ、亦其標準語ノ發音ニ從テ之ヲ寫スベキハ自然ノ順序ナリト云フ可シ。然シ爰ニ漠然ト東京語トイフハ、先ツ敎育アル中等以上ノ社會ニ行ハル、語トイフ位ニ廣ク解釋シ置クヲ適當ナリト信ス。本國ニ於テハ多ク言文一致ノ體ヲ用井來リ、如何ナル田舍ノ果ニ至ルモ、苟モ文部省認可ノ讀本ノ讀マル、所ニハ、是ノ東京語ノ種子ハ漸々ニ蒔カレツヽアルハ事實ナリ。サレハ、新領ノ臺地ニ於テ初學ノ兒童ニ敎フヘキ言語ガ、已ニ此ノ種ノ東京タルコトニ一定セハ、記音法ノ假字ハ、如何ナル種類ノ言語ヲ寫サントスルカノ問題ハ、自然ニ解釋セラレテ、方言的ノ混同ニヨリテ意義相通セストイフ如キ患ナキニ至ルベシ。標準語ノ一定ハ、言語ノ統一ヲ來シ記音法ハ即チ假字ノ統一ヲ來ス、是ノ兩者統一ノ相待ツテ行ハルヽニ至ルコトハ、國語ノ教授ニ缺クベカラザル元素ナリトス。

以上ニ述ヘタル、標準語及記音假字ノコト、素ヨリ理論的ナリ。今是ヲ實際ニ行ハントスルニ際シテハ、些末ナル點ニ於テ又種々ノ說ノ出ヅルアリテ、容易ニ一定シ得ヘカラサルガ如シト雖トモ、已ニ以上ノ論旨ヲ首肯シ、記音假字ヲ以テ臺灣ノ初等教育ニ適當ナリト認定スルニ至テハ、大體ノ方針ハ先ツ是ニテ一定セルモノニシテ、其ノ小節ニ關シテハ、其々問題ノ諸說ヲ比較考究シテ之ヲ定メンニハ、左程ノ困難ニアラスト信ス。是等記音ノ方法ヲ論スルニ當リテ、標準語タル東京語ニ付テ一考スルコトヲ要ス。

東京語ヲ標準語トシテ定ムル上ニ付テ、記音法ハ絶對的ニ其マヽヲ記スルヲ可トスルカ、又ハ東京語ノ音又ハ語法ノ上ニ、便宜上或ル制限ヲ加ヘテ之ヲ修飾スルコトヲ要スルヤ、是レ一問題ナリ。今其等ノ諸點ヲ、左ニ列記スベシ。

(一)「クワ、グワ」ト「カ、ガ」トノ混同
(二)「ヒ」ト「シ」トノ混同、
(三)「ヂ、ヅ」ト「ジ、ズ」トノ混同、
(四)字音「エイ」ノ韻ヲ「エー」ノ如クニ轉訛スルコト、
(五)中二段下二段動詞ノ連體言ノ活用、
(六)「ハ」行四段動詞ノ活用

(一)

「クワ、グワ」ト「カ、ガ」トノ混同ハ、字音ニ於テアラハルヽモノニシテ、例令ハ會、外、活、月、官、頑等ノ韻ナリ。是等ノ場合ニハ、「クワ」「カ」ノ何レヲ用ヰルヘキカヲ、考フルニ、「クワ」モ「カ」モ何レモ共ニ廣ク本國ニ行ハルヽモノニシテ、容易ニ其優劣ヲ判ジガタシ。然ルニ東京語ニ用ヰラルヽ「カ」「ガ」ノ勢力ハ、中々ニ強大ニシテ、「クワ」「グワ」ヲ凌駕セントスルノ勢力アリ。西方諸國ノ教育アル人々ハ、小兒ノトキヨリ已ニ「クワ」「カ」ノ區別ヲ知リ、之ヲ記スルニ際シテモ亦分明ニ區別シ得ル所ナレトモ、是等ノ人々ニシテ、已ニ東京語ノ感化ヲ受ケタルモノハ、談話ノトキニ於テ東京風ヲ擬シテ、「クワ」ノ音ヲシテ「カ」ニ歸セシメントスル傾向ハ、非常ニ強大ニシテ國語ノ全體ニ大ナル勢力ヲ有スルモノナリ。臺灣ニ在ル中以上ノ内地人ノ中ニ、「クワ」ト「カ」

ヲ區別スル人トセザル人ト、何レカ勢力ヲ有スルモノナルカハ、未ダ爰ニ斷言スルコトヲ得ザルガ故ニ、之ヨリシテ證據ヲ求ムル便ナシト雖トモ、一方ニ臺灣音ノ側面ヨリ考フルニ、臺灣ノ土語ニテハ官、快等ノ音ト、干、皆等ノ音トノ間ニハ、發音上ニ差異アルコト本國ノ西方諸國ノ語ト相似タレトモ、其ノ官快刮等ノ音ハ、之ヲ羅馬音ニテ記サハKoan, Khoai, Koat 又ハ Kuan, Khuai, Kuat ノ文字ヲ以テアラハスヲ適當トシ、其「u」ノ音ガ著ク發音セラレテ殆ンド「o」ニ近キ傾キアルガ故ニ、本國音ノKwan, Kwai, Kwatsu,ナドノ如ク、「u」ガ殆ンド其母音的性質ヲ失ヒテ、「w」ニ近キタルモノトハ、同一ニ論ス可カラザルモノアリ。即チ其「u」的音ノ强弱ノ階段ヲ示サバ、

Koan ………Kuan ………Kwan
Khoai………Khuai………Kwai
Koat ………Kuat ………Kwatsu

ノ如キ順序ニ排列セラルベキモノナリ。サレハ日本語ノ「クワン」(Kwan)トイフ音ヲ、臺灣人ニ發音セシムルトキハ、殆ンド「コアン」(Koan)ノ如クニ發音スルガ故ニ、大ニ耳立チテ聞ユルヲ常トス。今臺灣ニ於テ此ノ「クワ」ト「カ」、「グワ」ト「ガ」トヲ區別スル必要アリヤナシヤニ歸リテ論セン、一方ニテハ本國ニ於テ「カ」ノ勢力ハ漸々上流社會ヲ化シテ、「クワ」ノ音ヲ放逐セントスル傾向アリ、一方ニ於テハ臺灣人ノ發音ハ、「クワ」ヲ極端ニ發音シテ、「コア」ノ如クスル嫌アリ、又之ヲ學ブ方ニ於テハ、「クワ」ト「カ」トヲ歸一セシムル方、勞力ノ上ニ於テ大ニ利益アリ。且ツ一旦已ニ是ヲ區別スルト決定シタル以上ハ、尤モ嚴正ニ之ヲ分列スルヲ要シ、決シテ少シモ混同ヲ許サヽルガ故ニ、敎師ノ平常ノ談話ニ於テモ常ニ之ヲ呼ヒ分クル覺悟ヲ要シ、一旦談話ノ際ニ之ヲ混同スル如キコトアラバ、折角ノ骨折ハ徒勞ニ歸シテ、再ヒ之ヲ回復スル道ナキニ至ラン。サレバ臺灣ニ於テ「クワ」ト「カ」トヲ區別スル必要アリヤト問ハゞ、否「カ」ヲ以テ此兩者ヲ記スル方ヲ便利トスト答ヘザルヲ得ザルナリ。

(二)「ヒ」ト「シ」トノ混同ハ、純粋ノ東京人ニ多レ、火ヲ「シ」トイヒ、火箸ヲ「シバシ」ト唱フ、或場合ニハ之ヲ反對ニシテ、「シ」ヲ「ヒ」ト發音スルコトスラ之アリ。標準語タル東京語トシテハ、少クモ此ノ點ニハ制限ヲ加フル必要アリト信ス。是ノ混同ハ一種ノ極

端ナル訛ニシテ、凡テノ「ヒ」ヲ悉ク「シ」ト發音スルニモアラズ、其ノ轉化ノ範圍程度ニ付テ、一定ノ規則ヲ定メガタク、且ツ此種ノ訛ハ東京語ノ一部ニ限ラレテ、其ノ勢力ハ甚ダ微弱ナリトイハザル可ラス勿論各地方ヨリ東京ニ移リテ、其談話語ガ已ニ東京化シタル人ニ於テハ、純粹ノ東京人ニアラスシテ間々此ノ混同ヲナスコトアリト雖ドモ、是ヲ前ノ「クワ」ヲ「カ」ト轉スルモノニ比スルニ、其ノ傾向甚ダ微力ナレバ、敢テ前者ノ例ヲ以テ推ス可カラザルモノアリ。地方ニ於テモ人ヲ「シト」、七ヲ「ヒチ」ナド呼フ場合ナキニアラネドモ、甚ダ僅少ナル場合ナレバ是等ハ從來ノ假字ニ從フ方、適ニ適當ニシテ、此點ニ付テハ、余リニ異論ハアルマジト信ズ。

(三)「ヂ」「ヅ」ト「ジ、ズ」トノ混同ハ、東京及其他多クノ地方ニ於テ行ハレ、九州及四國ノ一部ニ於テハ、今尚ホ談話上ニ此ノ區別ヲ存セリ。是ノ區別ハ、即チ古音ノ保全的傾向ナレバ、歴史的ノ國語トシテハ大ニ尊重ヲ加ヘ、之ヲ押シ廣メテ全國ニ及ボス方、適當ナルガ如クニ見ユレドモ、其ノ行ハルヽ範圍餘リニ狹隘、且ツ僻遠ニシテ、到底今日ノ標準語ヲ制限スル丈ノ勢力ヲ有スルニ至ラザルベク、且又一方ヨリ

イハヾ、左程ニ勢力ナク、僅ニ余喘ヲ保テル古代ノ殘物ヲ醒起シテ、之ヲ普及セシムル丈ノ必要モアルマジク思ハルヽナリ。

(四)「エイ」ト「エー」トノ混同、字音ニテ「エイ」ノ韻ヲ有スルモノヲ、東京ニテハ凡テ「エー」ノ如ク發音ス、英、計、濟、帝、寧、平、明、例等ノ如シ。勿論下等社會ノ「ナンデー」、「ケーロ」ナドノ「エー」トハ、其ノ音ノ値ニ於テ相異アリ。前者ハ其語尾ノ音寧ロ「イ」ニ近ク、後者ハ「ア」ニ近キ傾向アリ。サレバ前者ニ屬セル類ノ諸音ハ、便宜的ニ「エイ」「ケイ」「セイ」「テイ」「子イ」「ヘイ」「メイ」「レイ」ナト、記スルヲ適當ナリトス。極端ノ例ナガラ、衞生トイフテ「エエセエ」ナド記スルニ至リテハ、字形ノ上ヨリ見テモ如何ハシキカ上ニ、先ニ記シタル下等社會ノ語風ノ連想セラレテ、奇異ノ感ヲ起ス心地セラルヽガ故ニ、寧ロ避クヘシト考ヘラルヽナリ。

(五)中二段下二段動詞ノ連體言活用、今例ヲ擧ゲテ其一般ヲ示サンニ、左ノ如シ。

アカサタナハマヤラワ
中二段 古言ウル 談話イル ○起○落○强恨悔懲○
同上 濁音 ○過コズ耻○媚○○○

下二段古言ツル談話エル　得明瘦棄尋與跳愈隱飢
同上濁音　○擧○秀○並○○○
即チ中二段ニシテ、「オキル」「オチル」等、下二段ニテハ「アケル」「ステル」等、古言ニハ「オクル」「オツル」「スツル」等ノ如クニ働キ、現今ニ於テモ九州ノ一部ナドニ於テハ、此ノ活用尚存スル處アレトモ、範圍ノ餘リニ狹隘ナルガ爲メニ、左程ノ勢力ナク、到底標準語ヲ左右スル丈ノ價アルニアラザルカ故ニ、現今ノ東京語ニ行ハル如ク、「オキル」「オチル」等ノ活用ニヨルヲ適當トス。サレハ、假字モ亦其ニ從テ記スルハ勿論ナリ。

(六)「ハ」行四段活用ノ動詞　是ノ活用ノ動詞ニ付テハ、「ハ」行ノ音ガ「ワ」行「ア」行ノ音ト混同スル場合アリテ、尤モ複雜ナルガ故ニ、多少便宜ナル記法ヲ定ムル必要アリ。今此ノ種ノ動詞ヲ左ニ摘記セン、（　）内ノ語ハ古語ナリ、

　　アカサタナハマヤラワ
アフ　逢扱(携《タヅサフ》)謡失味敬○笑○
（濁音）○伺○(勾《カダフ》)○奪○○○○
イフ　言○○○○○○(拾《ヒロフ》)○
ウフ　○食吸(纒《マツフ》)縫○○結振○

エフ　○(盟《ウケフ》)○○○○○(憂《ウレフ》)酔《ヱフ》
オフ　負息爭厭整掩思通繕○
（濁言）○○○惑○(諂)○○○
以上ノ表ニヨリテ見ルニ、「アフ」ト働クモノト、「オフ」ト働クモノトハ、終止言ニ於テ語尾ヲ同音ノ如クニ呼ヒ來リ、「逢、負」「扱、息」「謡、厭」「失、整」「味掩」「敬思」「笑繕」ノ如ク、同一韻ニ屬スルカ如キ觀アリ。今若シ是等ヲ記スルニ方リテ「オオ」「アッコオ」「ウトオ」「オオ」「イコオ」「アヲソオ」ナドト記スルコトヽセハ、左ノ不便ナルコトアリ。
(イ)日本談話語ノ動詞ノ終止言ノ語尾ハ、皆「ウ」列ニ終ルコト、「咲ク」「刺ス」「立ツ」「有ル」等ノ如クナルニ、「ハ」行四段ノ動詞ニ限リテ、「オ」列ニ終ル新語法ヲ生シテ、文法ノ統一上甚ダ不便ナリ。
(ロ)逢ト負ノ如キハ、終止言ニテハ其唱方相似タレトモ終止言ナラザル他ノ働ノ格ニテハ、判然ト區別アリテ、容易ニ混同スルコトナシ。例令ハ「笑《ワラ》イマス」、「繕イマス」、「笑《ワラ》ッテ居ル」、「繕《ツクロ》ッテ居ル」、「笑《ワラ》ワス」、「繕《ツクロ》ワス」、「笑《ワラ》エ」、「繕《ツクロ》エ」等ノ如ク、一ハ「ア」列ニ轉シ、一ハ「オ」列ニ轉シテ、判然タル區別アリテ、談話ノ通リニ記シテ少シノ差支ナキニ

終止言ノミマデ、此ノ兩種ノ語ガ互ニ混同シ易キコトハ、文法ノ統一上、甚ダ不便ナルコトアリ。是ノ不規則ヲ矯正センニハ、勢便宜上左ノ假字法ニヨラザル可ラス。

ア　逢(アウ)、扱(アツカフ)、○謠(ウタウ)、失(ウシナウ)、味(アヂワウ)、敬(ウヤマウ)、笑(ワラウ)、

オ　負(オウ)、息(イコウ)、争(アラソウ)、厭(イトウ)、整(トヽノウ)、掩(オホウ)、思(オモフ)、繕(ツクロフ)、

此ノ如ク、便宜上少シノ修飾ヲ加ヘテ之ヲ記シタリトモ、差支ノ甚タ少キ理由アリ。其レハ此クノ如ク記スルヲ要スル場合ハ、終止言ト連體言ノ場合ノミニシテ、其他將然言、已然言、連用言ナトニテハ、皆「ア」列ト「オ」列トヲ明カニ區別セラルヽコトヲ得、且終止言ナトハ、談話ノ内ニハ餘リニ多クアラハレスシテ、タトヘハ「洗フ」トイフ詞ニシテモ、普通ニハ單ニ「洗ウ」トイフヨリハ、「洗イマス」、「洗テ居ル」、「洗オオ」、「洗ッタ」等ト用井ル場合ヲ多シトス。又「揃ウ」トイフ詞ニテハ、單ニ「揃ウ」トイフ場合ヨリハ、「揃イマス」、「揃ッテ居ル」、「揃オオ」、「揃ッタ」等ヲ用井ル場合ノ方、多キカ如シ。サレハ其多ク用井ラルヽ場合ノ、「ア」列ト「オ」列ニ倣ヒテ、終止言ノ假字トスルコトハ少シノ不都合ナカルベク、又敎師ガ僅カノ注意ヲ與フレハ、之ヲ敎フルニ當リテモ、大ナル困難ハナカルベシト信ズ。又「言」トイフ語ハ、談話ノ上ニハ「ユー」ノ如ク發音スルガ故ニ、若シ之ヲ記スルニ「ユウ」ノ假字ヲ用井レバ、其ノ働キ方ガ、「ユイテ」又「ユッテ」「ユウ」「ユエバ」「ユオオ」ナトヽナリテ、「結ウ」トイフ詞ト同一ニナル傾アリ。且又「ユッテ」「ユエバ」ナトハ、「言」トイフ詞ノ活用トシテ如何ナルガ故ニ、是等モ文法ノ統一上、「イイテ」「イッテ」「イウ」「イエバ」「イオオ」ナト、記セザルヲ得サル場合アリ。然シ是類ハ、其語詞モ極メテ少ク、且ツ少シノ注意ニヨリテ、容易ニ曉リ得ラルヽモノナルカ故ニ、一々是ニ擧ケズト雖モ、亦記音假字法ニ便宜上ノ制限ヲ加フル丈ケノ値アルモノナリ。

第九　記音假字法ノ概略

記音字假法ハ、發音ノマヽヲ記スル主義ナレトモ、或ル種類ノ音ニ於テハ、之ヲ書キアラハスニ種々ナル場合アリ、今是等ニ付テ、概略ヲ擧ケン。

(一)長音　長音ヲアラハスニ、——ノ符號ヲ用井ル説ト其ノ引伸バサルベキ音ノ母韻ヲ記スル説トアリ。タトヘバ、「長」ナル音ヲ記スルニ甲ニ從ヘハ、「チョー」

ト記シ、乙ニ從ヘハ「チョオ」ト記スルカ如シ。或ハ又別ニ説ヲナシテ、韻ニ「オ」ヲ有セル長音丈ケハ凡テ「ウ」ノ字ヲ用ヰル方ヲ適當トイフ考ヘモアリ、即「長」ノ場合ニハ「チョウ」ト記載スルガ如シ。何レモ得失アリ、左ニ其概評ヲ試ミン。

(1)「ー」ノ符號ヲ用ユルトイフ説ハ、理屈ヨリイハヽ至極適當ノモノニシテ、「アー、イー、ウー、エー、オー」、等ノ如ク、其上ニ來ル韻ヲ長ク引伸ス性質ヲアラハス上ニ於テハ、面白キ考ヘナレトモ、是「ー」ノ符號ヲ他ノ文字ト共ニナラベ記シテハ、非常ニ其體裁ワルク、且ツ「ー」ノ符號ヲ以テ「ア、イ、ウ、エ、オ」ノ何レノ音ヲモアラハシ得ルガ故ニ、形狀詞或ハ動詞ノ語尾ノ長音ヲアラハス上ニ於テ、甚タ不便ナル點アリ。或説ニ「ー」ハ符號ニシテ、文字ニアラザルガ故ニ非ナリ、用ヰル可カラストイフモノアレトモ、漢字ノ重ナル場合ニ(々)ヲ用ヒ、本國ニテモ「アヽ」「ア〻」又ハ「イロ〱」ナトノ符號ヲ用ヰ來ル例モアレハ、是ノ點ハ決シテ差支ナカル可シト思ハルヽナリ

(2)長音ニテ上ノ音ガ「オ」韻ニ終ル場合ニハ、「ウ」ヲ用ヰル方宜シカラン。例令ハ「長」ヲ「チョオ」ト記スヨリハ、「チョウ」ト記ス方目立タズシテ、形ヨク且ツ「チョウ」ナトイフ、「オ」韻ノ長音ノ音ノ上ヨリイフモ、寧ロ「ウ」ニ近キ音ナレハ、是ク記サントイフ説ナリ。是モ亦一理アル説ニシテ、強チ惡シヽトイフニハアラチド、「ア、イ、ウ、エ」ノ四列韻ノ場合ニハ、其ニ相應シタル假字ヲ用ヰテ、「カア」「キイ」「クウ」「ケエ」ノ如クニ記スルニ、「オ」列ノ韻ニ限リテ「コオ」ト記セスシテ、「コウ」ト記スヘシトイフハ、少シ複雜ノ嫌ナキニアラズ。是論ガ「オ」ヲ忌ミテ「ウ」ヲ用ヰントイフ主意ハ、古來ノ假字遣ニ語尾ニ「オ」ノ用ヰルコトナクシテ、多クハ皆「ウ」ノ字ヲ以テ其語尾ヲ記スル習慣アレハ其ニヨルヘシトイフナランナレトモ、此點丈「ウ」ノ字ヲ記シテ、古ニ擬ストイフ必要ハ、ナカルヘシト思ヘルヽナリ。

(3)長音ノ場合ハ、「ー」ヲ用ヰスシテ其上ニ來ル音ノ韻ニ從テ記スル説ナリ、例令ハ上ニ「ア」列ノ音來ルトキハ、其長音ハ「ア」トシ、「イ」列ナラハ「イ」「オ」ノ場合ハ其マ、ニ「オ」ヲ用ヰルコトヽス。即「長」ノ音ハ上ニ來ル音「チョ」ニシテ、「オ」列ノ韻ナルガ故ニ、「チョオ」ト記スル類ナリ。是説ヲ一

々ニ其上ノ韻ニ從テ假字ヲ記スヘシト云フ點ハ、前ノ「ー」ニ比シテ複雜ナルカ如シト雖モ、上ノ音ヲ引伸セハ、直チニ其韻ヲ出スカ故ニ、之ヲ知ルニサシタル困難ハナカルベシ。タトヘハ「カ」ノ長音ヲ記セントセハ、「カ」ヲ長ク引キ伸シテ唱フレハ、「ア」ヲ出スカ故ニ、「カア」ト記スル説ナリ。三説ノ何レモ差レタル優劣ナシト雖トモ、就中是ノ説大ニ適當ト考フルカ故ニ、今ハ是ノ主義ニヨリ長音ヲ記スルコトニ定メント欲ス。

長音ハ重ニ左ノ場合ニ於テ起ルモノナリ

(イ)字音

(い)談話法ニ於テ、「ウ」列ノ韻ニテ終ルモノ、

(1)「ウウ」ノ韻ニテ終ルモノ、タトヘハ空、通、風等ノ語、是等ハ「クウ」「ツウ」「フウ」等ト記ス。

(2)「ユウ」ノ韻ニテ終ルモノ、タトヘハ、急、州中、入、流、勇等ノ語、是等ハ「キユウ」「シユウ」「チユウ」「ニユウ」「リユウ」「ユウ」等ト記ス、

(ろ)談話語ニ於テ、「オ」列ノ韻ニテ終ルモノ、

(1)「オオ」ノ韻ニテ終ルモノ、タトヘハ、應、公、宋、店、腦、方、孟、陋、等ノ語、是等ハ「オオ」「コオ」「ソオ」等ト記ス。(是ノ内「オオ」ノ如如ク同音ノ重ナル場合ニハ便宜上「オ、」ノ如ク記スルモ差支ナカルベシ)

(2)「ヨオ」ノ韻ニテ終ルモノ、タトヘハ郷、庄、長、尿、豹、妙、用、兩、等ノ語、是等ハ「キヨオ」「シヨオ」「チヨオ」等ト記ス

(ロ)國語

(い)名詞等ノ體言、タトヘハ昨日(キノフ)、今日(ケフ)、手水鉢(テウヅバチ)、夕(ユフ)、扇(アフギ)ナドハ、「キノオ」「キヨオ」「チヨオズバチ」「ユウ」「オオギ」ト記ス。

(ろ)動詞

(1)動詞ノ語幹ニ長音ヲ有スルモノ、タトヘハ、「蒙ル」「葬ル」ナドハ、「コオムル」「ホオムル」等ト記ス。

(2)動詞ノ活用上ノ形ニ、長音ヲ有スルモノ、例令ハ未來言又想像言ノ場合ノ如シ。「行コオ」「行クダロオ」「見ヨオ」「受ケヨオ」「起キヨオ」「來ヨオ」「爲ヨオ」「有リマシヨオ」ナドノ類ナリ。是等ハ發音ノマ、ニ記ス。

(3)「ハ」行四段ノ動詞ノ終止言ノ場合ニハ、「思

ウ」「洗ウ」「乞ウ」「揃ウ」等ト記スルコト前ニ述ベタリ。

(4)「ハ」行四段「ウウ」ノ韻ヲ有スルモノ「食ウ」「吸ウ」等、

(は)形容詞

(1)形容詞ノ語幹ニ、長音ヲ有スルモノ、タトヘバ「大キナ」「香シイ」等ハ、「オオキナ」「コオバシイ」ナド、記ス。又ハ前者ハ「オ、キナ」ナド記シテモ差支ナカルベシ。下重音ノ部ニイフ。

(2)形容詞ノ語尾ニ長音ヲ有スルモノ、タトヘバ「淋シイ」「宜シイ」「貧シイ」ナド古語ニ「シキ」ノ語尾ヲ有スルモノハ、此ノ韻ニ屬スルモノニシテ、是等ハ「サビシイ」「ヨロシイ」「マズシイ」ナド記ス。

(に)副詞 「面白オ」「最オ」「到頭」「此様」ナドノ類、皆發音ノマ、ニ記ス。

(ほ)感歎詞 嗚呼、唯ナド「アア」「オオ」ノ如ク、又ハ「ア、」「オ、」ナドノ如クニモ記スベシ。

(へ)外國輸入語 是等ハ、「テエブル」「サアベル」「チャアレス」「メエトル」「フウト」ナド、記ス。

以上ノ諸項、多クハ之ヲ發音ノマ、ニ記シテ差支ナシト雖モ、獨リ「ロ」ノ部國語ノ中ニテ、「ハ」行四段ニ活用スル動詞ノ終止言ノミハ、「敬ウ」「思ウ」「洗ウ」「揃ウ」ノ如ク、「ウ」ノ字ヲ以テ之ヲ記スベキコトハ、前ニ述タルガ如シ。又此ノ發音ニ付テ、純粋ノ江戸人ニ尋ネンニ、實際ハ「ウヤマウ」「アラウ」「ソロウ」ノ如クニ發音シテ、「ウヤモオ」「アロオ」「オモオ」「ソロオ」トイフ如キコトナシトイヘリ。由テ考フルニ、通常是等ニ付テ「オ」列ノ韻ニヨミ來リシ所以ハ、或ハ書物ヲ素讀スルトキノ習慣ヨリ來リシニアラザルカ、兎ニ角是等ノ詞ハ、甚ダ混淆シテ長音ノ如クニナリ易キ傾向アルガ故ニ、特ニ其事ヲ記シテ「ウ」ノ假字ヲ用ヰル方ニ、一定セント欲ス。

(ニ)重音

(イ)單音ノ重レル場合、

(1)「ア」行ノ重音ハ、「ア」行ノ長音ニ似タルガ故ニ「アア」「イイ」等ノ如ク記スベシト雖モ、便宜上之ヲ「ア、」「イ、」ナド、記スルモ差支ナカルベシ。前ニ長音ノ部ニ擧ゲタル應、王、大、大キイ、嗚呼、唯ナドモ、又便宜上「オ、」「ア、」ナド、記スルモ可ナリ。但シ重音トイヘバ「ア、ア」

ノ如ク、二音ヲ別々ニ發スルモノニ付テイヒ、長音トイヘバ「アー」ノ如ク、一音ノ伸長シタルモノニ付テイフモノニシテ、見方ニヨリテハ多少ノ差ハアレドモ、實際上ハ之ヲ書キワクル必要アルマジト思ハル。若シ必要アル場合ニハ、「ア、ア」ノ如ク、中間ニ點ヲ施スモ可ナルベシ。

(2)「ア」行以外ノ重音、タトヘバ「ススム」「アタタメル」ナドノ場合ニハ、矢張「スヽム」「アタヽメル」ナドニモ記シ得ベシ。

(ロ)二音以上ノ重音、「イロイロ」「カズカズ」「サマザマ」ナドノ場合ニハ、在來ノ略符「〱」ヲ用ヰテ記スルヲ得ベシ。

(三)拗音　拗音ニ二種アリ、

(イ)「イ」列ヨリ連呼シテ拗音トナルモノ、

(1)「イ」列ノ音ト「ア」ト連ルモノ、即チ「キャ」.「シャ」「チャ」「ニャ」「ヒャ」「ミャ」「リャ」等ノ如シ。

(2)「イ」列ノ音ト「ウ」ト連ルモノ、即チ「キュ」「シュ」「チュ」「ニュ」「ヒュ」「ミュ」「リュ」等ノ如シ。

(3)「イ」列ノ音ト「オ」ト連ルモノ、即チ「キョ」「ショ」「チョ」「ニョ」「ヒョ」「ミョ」「リョ」等ノ如シ。

(ロ)「ウ」列ヨリ連呼シテ拗音トナルモノ、是ハ「カ」行

ノ音ト「ア」ノ音ト連リテ、「クヮ」ノ音ヲナスノミニシテ、觀音、菓子等ノ如シ。是ハ前ニ「クヮ」ト「カ」ノ條ニ於テ委ク論ジタレバ、今爰ニハ略ス。

(四)促音　促音ハ、其性質上ヨリ見ルトキハ、左ノ四種アリ。

(イ)「カ」行ノ促音、タトヘバ一個、發音等、

(ロ)「サ」行ノ促音、タトヘバ一層、發送等、

(ハ)「タ」行ノ促音、タトヘバ一旦、發達等、

(ニ)「ハ」行ノ促音、タトヘバ一匹、發炮等、

以上ノ如ク、何故ニ促音ヲ四種ニ分ツカトイフニ、上ニ來ル字ハ、假令同ジ「一(イチ)」又ハ「發(ハツ)」ノ字ナレドモ連續シテ發音スル場合ニハ、其ノ下ニ來ル音ト同化シテ、此ノ如キ區別ヲ生ズルニ至ルナリ。今之ヲ羅馬字ニテ記載セバ、

ik-ko, is-so. it-ton ip-piki

hak-ko, hos-so hat-tatsn, hap-po

ノ如ク變化シテ、同シ「一」トイフ字ノ音ハ、場合ニヨリテik, is, it, ip ノ四種トナリ、同シ「發」トイフ字ノ音モ、亦同シク hak, has, hat, hap ノ四種ノ音ニナルナリ。サレバ、普通ニハ「ツ」ノ字ヲ右隅ニ細書シテ、是等ヲ同一ニ記シ來ルガ故ニ、人皆促音トイ

ヘバ、「ツ」ノ音ナリト心得テ理論ノ上ニハ之ニヨリテ不都合ナル誤謬ヲ來スコト屢ナリト雖、今日ニ於テ之ヲ改良シテ、「イックコ」「イスツオ」「イッタツ」「イッパツ」ナド記セシコトハ、却テ混雜ヲ來ス恐アルガ故ニ、實際上ノ便利ノ點ヲ考フレバ、「ツ」ノ字ヲ以テ促音ノ場合ノ符號ト見做シテ用ヰルコトハ、差支ナカルベシト信ズ。

又音便ヨリ訛シテ、促音トナレルモノ左ノ如シ、

(イ)動詞連用言ノ場合

(1)「ヒ」ヨリ轉化スルモノ、謡ツテ、揃ツテ、
(2)「チ」ヨリ轉シタルモノ、立ツテ、勝ツテ、
(3)「リ」ヨリ轉シタルモノ、餘ツテ、優ツテ、
(4)「キ」ヨリ來ル、引ツタクル、引パル、

第十　臺灣土語記音假字

記音假字ノ主義ヲ擴張シテ、之ヲ臺灣土語（重ニ漳州ノ語）ニ適當セシメタルモノハ、前ニ學務課ニ於テ製定シタル、十五音字母表、及字母詳解ニ出タル假字ナリトス。臺灣ノ音ヲ記スルニ方リテハ、原トヨリ古キ假字遣トイフモノナケレバ、前ノ學務部長タリシ伊澤氏ハ、日本ノ假字ニテ記シ得ラレザル四五ノ音ノ爲メニハ、在來ノ假字ニ新シキ記號ヲ付シテ、之ヲアラハス

コト、シタリ。即チ左ノ如シ、

(1)「タ」行ノ第二音ト第三音ハ、羅馬字ニテ之ヲ記セバ、ti tu ノ音ナレドモ、本國ニテハ此ノ音ナク、從テ之ヲ記スル文字ナシ。故ニ從來ノ「チ」「ツ」ノ上ニ一線ヲ畫シテ、「チ̄」「ツ̄」ヲ以テ之ヲ記スルコト、セリ。サレバ、「タ」行ノ假字ハ左ノ如シ、

タ	チ̄	ツ̄	テ	ト
ta,	ti,	tu,	te,	to,

(2)本國ニハ、tsa ヲアラワス文字ナシ、即チ俗語ニハ、父ノコトヲ「オトッツアン」ナド呼ビ來レドモ、之ヲ記スベキ文字ナシ。サレバ是行ヲ設ケテ、tsa ヲアラワスニ、「サ」ノ字ノ上ニ一線ヲ畫シタル「サ̄」字ヲ以テ之ヲ記シ、第二音ト第三音 tsi. tsu ハ、在來ノ假字「チ」「ツ」ガ其音相近キガ故ニ、其儘ニ用ヰルコト、ナシ、第四音ト第五音トヲ「サ̄」ニ準シテ「セ̄」「ソ̄」トナシタリ。サレバ「サ̄」行ノ假字ハ左ノ如シ、

サ̄	チ	ツ	セ̄	ソ̄
tsa,	tsi	tsu	tse	tso

(3)臺灣音ニ、出氣音(ashirata)トイフモノアリ。日本語ニ於テモ、談話ノ際ニハ屢々アラハル、モノナ

レドモ、是ノアルモノトナキモノトヲ區別スル習慣ナシ。サレバ本國ノ假字ニ記號ヲ付シテ、此ノ出氣音ヲ書キ分クル必要アリ。是出氣音ハ、「カ」行、「タ」行、「パ」行、「サ」行ノ四行、廿音ニ限リ附屬シテアラワル、音ナリ、卽チ左ノ如シ。

カ行　カ●ア(kha)キ●イ(khi)ク●ウ(khu)ケ●エ(khe)コ●オ(kho)コ●ウ

タ行　タ●ア(tha)チ●イ(thi)ツ●ウ(thu)テ●エ(the)ト●オ(tho)ト●ウ

パ行　パ●ア(pha)ピ●イ(phi)プ●ウ(phu)ペ●エ(phe)ポ●オ(pho)ポ●ウ

サ行　サ●ア(chha)チ●イ(chhi)ツ●ウ(chhu)セ●エ(chhe)ソ●オ(chho)ソ●ウ

(4) 臺灣音ハ、鼻音ニ三種アリ、羅馬字ニテハm. n ng ニ相當スルモノニシテ、判然ト區別セラルレドモ日本假字ニ於テハ、通例「ン」ノ字ヲ用ヰテ、是等三種ノ音ヲ區別ナクアラハシ來レリ、中ニmトnトハ、本國人ニ於テモ容易ニ區別シ得レドモ、nトngトノ場合ニ於テハ、之ヲ區別スルコト非常ニ困難ナリ。前ニ伊澤氏ガ假字ヲ定ムルニ當リテハmヲ「ム」トシ、nヲ「ン」トシ、ngヲ「グ」トシテ、

一種ノ新假字ヲ用ヰタリシガ、爾來經驗ヲ重ヌルニ從ヒ、「グ」ノ字ハ字形上ヨリ見ルモ「グ」ニ近キガ故ニ、「グ」ノ如ク發音スル傾向アリテ、不都合ナルガ上ニ、實際上ニ於テモ亦「グ」ノ如キ新字ヲ用ヰル丈ノ必要ナキヲ認メ得タリ。其故ハ、本國ニテ「ン」ノ音ハ獨立シテ發音セラル、場合、又ハ語尾ニ來ルトキニハ、常ニngニ近ク發音セラル、事實アリ。サレバ臺灣ニテ、干(kan)、丹tan 等ノ如キ、適當ニnト發音サルベキ場合ニ於テ、本國人ハ常ニkang、tang、ノ如ク發音スル傾向アリ。サレハ本國人ニ取リテ、鼻音カ語末ニ來ル場合ニnトngト何レガ自然ノ發音ナリヤト問ハヾ、事實上ngノ音ノ方自然ナリトイハザル可ラズ。カヽル理由ナルカ故ニ、甘ヲ「カム」ト記スル例ニ準シテ干ハ「カメ」ノ如ク記スルヲ適當トシ、「ン」ノ假字ハngヲアラワス爲メニ用ヰテ、江ヲ記スルニ「カン」、東ヲ記スルニ「タン」ノ如ク記セハ、「グ」ノ如キ假字ヲ廢スルコトヲ得テ、理論上ヨリイフモ實際上イフモ、共ニ適當ナルコトナルヘシト信ス。故ニ臺灣土語ノ鼻音ハ、以後左ノ如ク改正センコトヲ欲ス。

ム（＝m）　ヌ（＝n）　ン（＝ng）

此外土語ニハ、所謂八聲ナルモノアリテ、同シ「カウ」ノ音ニテモ之ヲ唱フル聲ノ抑揚ニヨリテ、交、狗、敎、猴、厚等ノ種々ノ異リタル意義ヲアラハスカ故ニ、符號ヲ付シテ區別スルノ必要アリ。今「チイ」トイフ音ニ付テ、其例ヲ示サンニ、

上平	上上	上去	上入	下平	下上	下去	下入
芝（チイ）	旨（チイ）	志（チイ）	接（チイ）	薯（チイ）	旨（チイ）	己（チイ）	舌（チイ）

而シテ此等ノ韻ナル、「イ」ノ母音ヲ鼻ニカケテ唱フルトキハ、普通ニ所謂ノ鼻音ヲ生ズ。是ニモ八聲アリ、卽チ左ノ如シ、

上平	上上	上去	上入	下平	下上	下去	下入
爭（チイ）	井（チイ）	箭（チイ）	○	錢（チイ）	井（チイ）	○	○

今臺灣語ノ凡テノ音（爰ニハ重ニ漳州又ハ厦門語ニ付テイフ）ヲ假字ヲ以テアラハサントスルニハ、本國ノ五十音假字ノ一部分ト、右ニ擧ケタル「タ」行ト「サ」行ノ符號字ト出氣音ノ符號ト、八聲ノ符號ト僅々六十有許ノ記號ヲ用ヰテ、十分ナルモノニシテ、之ヲ支那ノ何千トイフ多數ノ漢字ヲ記憶スルヲ要スル勞力ニ比スレバ、其ノ利害ハ、一目シテ之ヲ判別スルコトヲ得ベシ。殊ニ臺灣土語ニ於テ之ヲ記寫スルニ際シ、適當ナル漢字ノナキ場合甚タ多キカ故ニ、漢字ヲ用ヰテ土語ヲ記スルハ大ナル困難アリ。從來西洋人ハ羅馬字ヲ用ヰテ土語ヲ記シ、自ラモ之ニヨリテ學ビ、土人ニモ之ヲ用ヰシメ、聖書ノ反譯ノ如キ、羅馬字ニテ之ヲ記シテ支那人ニ敎ヘタリ。サレバ羅馬字ノ使用法ト、八聲ノ符號トヲ習得シタル土人ハ之ニテカキタル土語ヲ、容易ニ讀ミ得ルニ至レリ。如此キ例アルカ故ニ、臺灣土語ヲ記スルニモ右ニ擧ケタル假字法ヲ用ヰルコト、ナシ。之ヲ敎育上ニ應用セハ、己レノ思想ヲ記スルニ當リ、從來ノ如ク數千ノ異樣ノ文字ヲ覺ユル困難ナクシテ、此ノ六十有許ノ簡單ナル文字ヲ、自由ニ利用シテ、彼我ノ意ヲ通スルニ至ル便利アルベシ。

如此ニシテ記音的ノ假字ハ、一方ニ於テハ本國語ノ談話ヲ發音ノマヽニ記シ、一方ニ於テハ臺灣ノ土語ヲ、發音ノマヽニ寫シテ、屢ク彼此ノ思想ヲ通スル利器トナルニ至ラハ、日本ノ假字ハ言語ノ機關トシテ滿足ニ其職務ヲ盡シタルモノトイフヲ得ルニ至ルベシ。

福建南部鑛産物に就て

在厦門　秋江野史

元來、福建省は産物尠く、全省の命脉は殆ど鑛産物に繋がれりと云ふも、決して失當にあらざるべく、全土到る處鑛物ならざるはなきも、惜い哉未だ斯道專門家の跋跡踏查せしを聞かず、徒らに諸外人をして垂涎羨望措く能はず、寶の持腐りなりとの歎を發せしむ、豈又偶然ならんや、而して從來知られ居る地方を列擧すれば、鐵鑛は泉州府の安海、永春州の雲斗、龍巖州の鉄爐（漳州より龍巖に至るの通路）、漳州府の平和、蓋頭、漳浦、南靖、鼎尾、及び安溪の湖頭なり、福州附近に於ては古田、閩淸等最も有名にして、此內龍巖州の鉄爐及び雲斗附近の鉄鑛の如きは從來既に土民に於て頗る姑息の方法を以て多少の採取を成し居れり、石炭は龍巖州附近、泉州の臭塗、安溪の湖頭、佛口、漳州府海澄縣の南太武山より北は梨山に至る迄連山一帶と云ふも不可なきなり、

曾て前厦門道臺は、泉州府安溪縣湖頭には石炭及び鉄鉛錫等の鑛苗に富み、殊に臭塗の石炭は其質臺灣基隆産に比し遙に佳好なりとの評なるを以て、既に委員を派し實地調查を爲さしめしに、炭苗は該地方到る處充分なりと雖も、安溪內山は嶺路崎嶇にして、殊に湖頭より同安縣の石潯に出て厦門に入るには、其間の費用巨大にして到底小資本の許すべき事業に非ずと、依て未だ充分の着手に至らず、然るに海澄縣の南太武山麓にある炭鑛は、海岸を去る甚だ遠からず、炭苗も盛旺なる趣きにして、屢々技師を派遣し、實查せしめしと聞く、夫れ南太武山は漳州府海澄縣に屬し、厦門の對南岸に位し、其炭鑛は鎮海及び林埼の一帶なるが故に、海岸に接近し、運搬の靡費を省くこと少からず、若し充分經驗ある技師を使用し、盡善の方法を用ひなば、其好果を見るに至るべきや必せり、而して本地道臺の見込は、如是事業到底官業の成効は覺束なきを以て、寧ろ相當の資産家に一任し、株式組織の方法を以て、經營せしめん考へなりと云ふ、果して其運びに至るべきや否や、聞く所に據れば、英國領事館書記淸國人林莊阿なる者、安溪に於て二三ヶ所の地所を買入たりと、是果して林某一己の發案なるや、而して其目的が鑛山に在るや否は知らずと雖も、安溪は厦門附近に於る金庫とも謂ふべき處たるは、已に世人の普く知る所なり、予擬は福建の不割讓云々を口にせし人の今尙健在如何を問ひたきのみ、

（をはり）

鼠の說

小川尙義

鼠、日本語にて之をネズミといひ、又略してネズといふ、甲子に配しては、單に之をネといふ、字典を按ずるに、鼠の語源に付て種々の說あり、竊盜の約、又は不竊見の義、又は穴に住むといふ義より穴住の轉か、とも見えたり、又一說には、古事記の神代卷にある大穴貴の神が、根の國に於て、素盞烏尊より種々の迫害を受け玉ふ條に、野の中にて火に燒立られ玉ひし時に、鼠が出て之を救ひし話あるを證として、根の國に住む者の義より根住なりといふ說もあり、此說は一寸面白き說なり、

臺灣の土語にては、鼠のことをニアウツフウ又はニアウチヒイと呼びて、普通に猫鼠の字を以て之に當つ、蓋し猫の捕ふる鼠といふ義にもやあらん、是は容易に記憶することを得

『にひたか』第七号、一九〇〇年、にひたか社　六〜八頁

て、又至極面白き熟字なりといふべし、然し、余は此の字に付て以前より疑を抱き居たりしが、其後種々の人の所説を聞き、又色々の點より考を及ぼして、是は老鼠といふ字より轉じ來りたるものにあらずやと考ふるに至りた、左に今其の理由の概略を述べん、

(一)本草綱目に、鼬鼠、老鼠、首鼠、家鹿とありて、其註に、時珍曰此即人家常鼠也以其尖喙善穴故南陽人謂之鼬鼠其壽最長故俗稱老鼠其性疑而不果故曰首鼠嶺南人食諱之謂家鹿(中略)鼠壽三百歳善憑人而卜各曰仲能知一年中吉凶及千里外事云々

(二)英華字典に、鼠(Rat)を譯して老鼠、耗子等となす、以て廣東及び官話にも、現に老鼠の字を用ゐ居ることを知る、

(三)發音の上より之を見るに、老の字は土語にて、讀書音はロウの上聲なり、俗音には轉じてラウの下去に呼ぶ、老父、老母などいふ時のラウ即是なり、土語に於ては、ラ行とナとが甚だ相接近し、eとnとの間の轉訛は極めて普通に起る顯象なりとす、例令は、上平に於ては拈(リアム/ニイ)、上聲に於ては你(ニイ/リイ)橄(ラム/ナアム)領(リエン/ニアン)兩(リオン/ニウ)の如く、下平に於ては量(リオン/ニウ)爛(ラヌ/ノア)等の如し、又オウオオの韻がアウの韻に轉じたる例は、上平にては溝(コオ/カウ)鉤(コウ/カウ)、上聲にては狗(コオ/カウ)斗(トオ/タウ)、上去にては掃(ソウ/サウ)懊(オウ/アウ)の如く、下平にては樓(ロオ/ラウ)投(トオ/タウ)、下去にては、漏(ロオ/ラウ)豆(トオ/タウ)後(コオ/アウ)等に於て見ることを得るなり、中にも、惱の字の如きは煩惱といふ場合にはホアヌロウと讀みて、心配の義となれども、其同じ惱が、嘔惱の如き場合にはアウナウとなりて、氣分がイラ〳〵するといふ如き義となる、されば是例によりて、ロウの音がナウの音に轉ずることを見るべし、又ロウの音がニアウの音に轉じたる例は、未だ見出さゞれども、數といふ字の如きは、讀書音はソオの上去聲なるに、俗音には之が轉じてシアウの上去聲となることを筭數(スンシアウ)などの例に於て見る所なり、されば、ロウの音は、又ニアウに轉じ得ることを推論するに足るべし、此の如くにしてロウツフウといふ老鼠の音は、ニアウツフウの音に轉じたる道行は明なるべし、今羅馬字にて其經過を示さば左の如し

lo……lau……nan……nian

扨てロウの音が何故にニアウの音に近づき來りたるか、其の原因を考ふるに、之が心理的の動機となりたるものは、即ち鼠といふ語の附物としては、老(ロウ)といふ語よりは、猫(ニアウ)といふ語の方が、聯想を起すに容易なる傾向を有するに至るに及んで、人心は知らず知らずの間に、老(ロウ)の音を排して鼠に近き緣を有せる猫(ニアウ)の音に近づくに至りたるものと見るを適當と考ふるなり、されども其の音の轉化は未だ十分に完成せらるゝに及ばずして猫(ニアウ)は上平なるにも拘はらずニアウツフウのニアウは上聲にして尚老(ロウ)の上聲を其儘に襲用して其の調を保存せるより見れば、ニアウツフウのニアウは音の上よりは已に猫に化したれども、調の上よりは尚未だ十分に猫化せずして、古き老の調の根跡を殘せるものにして、言語の轉訛上、一種の雜種兒の位置にあるものと見て可なるべし、土語に於て、此の如く連想上より轉化したり

きつひずの
はつみ過たる
手鞠かな

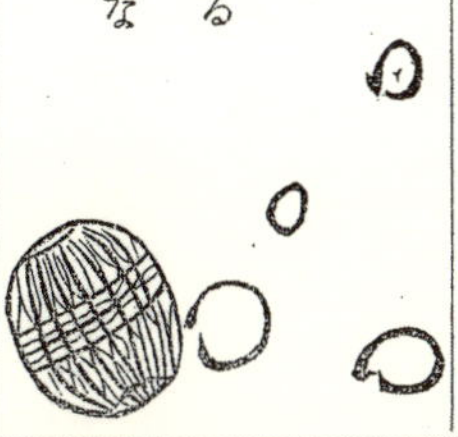

と思しき例は、閻羅王といふ語なゞなるべし、之を讀書音にて讀み下さばイアムロウオン(iam lo ong)と呼ぶべきに、俗語にては之をギアムロウオン(giam lo ong)と稱へ來れり、イアムといふ音が何故にギアムといふ音に轉じたりしかを考ふるに、愚考によれば、ギアムは嚴の義にして、閻羅王の屬性の中尤も著しき性質嚴といふ觀念が、顯著になりて其語を左右し、遂に連想の上より閻を排して其に近き音と調とを有せる嚴を以て之に代はるに至らしめたるものなるべし、日本語に於て、是は怪しからぬなどいふ語は常に用ふる語なれども、古くは怪しかるといふ語にして、奇異といふ義を本とす、然るに怪しきといふ語の意義が朦朧となるに従て、けしかる丈にては奇異といふ様なる感を興すに足らざるに至りしより、遂に此の如く打消の語を付して、怪しからぬなどゝ稱ふるに至りしものなるべし、又彼の「和歌の浦に鹽滿くれば潟をなみ蘆邊をさして田鶴なき渡る」の歌に潟をなみといふ語は、干潟が無き故にとの義なるを、謠曲松風などには片男波として波の名の如くに轉じて用ゐたる所あり、是は和歌の浦の景色より聯想し來りて、無みといふ語が波といふ語の如くに解せらるゝに至りたるものなるべし、是等は言語の轉訛の例として、心理上の動機が知らず〳〵の間に言語を左右するより生ずるものゝ一なり、老鼠といふ語が變じて猫鼠となるなどは、亦此の種の轉訛に屬するものにあらざるか、明治三十三年子歳の初に際して鼠の説を作る

（完）

◉新宮艮三君

（臺北大崎組呉服店支配人）

去廿八年に渡臺して現今の處に開店しました本店は廣島です、當時軍政の際で隨分大きく金を儲けた人もあり、同業者に非常な暴利を搏したのもありましたが、弊店は初めより能く人の云ふ口癖ではありますが、廉價を主とし正札附で以て賣出しましたから、隨て得意も意外に大く出來て繁昌します、殊に昨冬の如きは臺北にて錚々たる呉服店の四五軒も閉店せしに拘はらず、弊店は殆ど不景氣知らずで有りました、何せなれば、前に云ふ通り正札であるから婦人小兒たりとて價を二三にするといふ様の事は爲ぬのみならず、仕入方に就ても、京都の室町、八王寺、桐生、大宮等に支店を置き、其土地の名産品を最も安い季節に買入れるのですから、他店に異り品質の佳いものを廉價で賣る事が出來るのです、隨て信用も増し來り、殊に官衙の方などが頗る御信用下さいまして、彼の藝娼妓などを對手にして貸賣に暴利を貪る様の向とは異り、一般の不景氣に何の影響をも受けないのは、實に弊店の幸福と存じます、尚は歩武を進めて臺中臺南嘉義等へ支店を設ける準備もしてありますけれども、目下では適當の店員を得られないので躊躇して居ります

昨年來は例の米西戰争の餘響で、生糸も非常に暴騰し千四百弗にまで成りましたが、弊店は他に支店の有るために、只今で殆ど二割安の物品を仕入れられましたから、大に奮發して業務の擴張をする考です

需用の程度は東京にも勝りし贅澤でありまして、好い物の方が早く賣行くので、十五圓のものと二十五圓のものが各五十反宛ありとすれば、三十五反迄は廿五圓の物の方が先に賣れるといふ有様です

『台湾土語叢誌』第二号、一九〇〇年、台北　博文堂　一～五頁

臺灣土語叢誌第二號

論説

文學士　小川尚義

○厦門語族ニ就テ

「ドーグラス」氏ノ字典ノ中ニ厦門語族ニ付テノ説アリ參考ニモトテ左ニ其概要ヲ拔萃ス

厦門ノ俗語ガ特ニ世人ノ注意ヲ引クニ至リシハ、厦門ガ南京條約ニヨリテ、外國ニ開カレタル、五港ノ中ノ一ニ居ルコト、其ノ言語ガ其時ニ開カレタル、他ノ諸港ノ言語ト、互ニ通ズルコト能ハザル程ノ差異アルコトニ歸スルヲ得ベシ、其後ニ至リ同種ノ言語ガ話サレ居ル、臺灣島ノ諸港モ亦開カル、コト、ナリタリ。

厦門港ガ外人ニ開カレシヨリ以前ニ於テハ、狹キ意義ニテノ厦門語ハ、未ダ人ノ注意ヲ引クニ及バザリキ、其當時ニハ此ノ支那ノ一方言ハ、只福建語トイフ名稱ノ下ニ含マレ居タリシコトハ「メツドホルスト」氏ノ字書ニ於テ見ル所ナリ、而シテ其字書中ニ出サレタル、此ノ方言ノ代表者トシテハ漳州中ノ漳浦ノ語ヲ用ヰラレタリシナリ、

厦門ハ位置ノ上ヨリイハヾ泉州ニ屬スレドモ、泉州語ノ厦門市ノ語ト異ルコトハ、殆ンド漳州語ノ

厦門語ト異ルガ如シ、サレバ吾人ハ爰ニ厦門、泉州、漳州ト三大語種ヲ立ルコトヲ得ベク、而シテ此等三大語種ト、其他大同小異ナル幾多ノ小方言トガ福建省中ノ三府二州、即チ漳州府、泉州府、同安府、永春州、龍巖州ニ話サル、所ノ言語ノ大体ヲ成スモノナリトイフヲ得ベシ、勿論是等ノ地方中ノ或小部分ニ於テハ、中國語ノ他ノ方言ノ混同シアルコトハ免ルベカラザルナリ、

(一)漳州語ノ特徴ハ入聲ノ音調ノ上ニ於テモ多少之アレドモ發音ノ上ヨリ見ルトキハ大略左ノ諸點ヲ有ス

(イ)厦門語ニテ「エエ」ノ韻ノ語ヲ「オエ」トシ又厦門語ニテ「オエ」ノ韻ノ語ヲ「エエ」トシテ其間ニ一定ノ規則ヲ見出シ難シ例令バ前者ノ例ハ吹(モ●エ/ツ●エ)火(ヘエ/ホエ)過(ケエ/コエ)歳(ヘエ/ホエ)皮(ベ●エ/ボ●エ)未(ベエ/ボエ)等ノ如ク後者ノ例ハ雞(コエ/ケエ)批(ボ●エ/ベ●エ)底(トエ/テエ)買(ボエ/ベエ)細(ソエ/セエ)題(トエ/テエ)鞋(オエ/エエ)地(トエ/テエ)多(ソエ/セエ)能(オエ/エエ)賣(ボエ/ベエ)等ノ類ナリ

(ロ)「ン」(ng)ノ韻ヲ有スル語ハ「ウイ」ノ鼻音トナルコト多シ例令バ光(クン/クイ)磚(ツン/ツイ)酸(スン/スイ)軟(ヌン/ヌイ)算(スン/スイ)黄(ン/ウイ)門(ムン/ムイ)園(フン/フイ)卵(ヌン/ヌイ)飯(ブン/ブイ)問(ムン/ムイ)等ノ如シ

(ハ)「イオン」ノ韻ヲ有スル語ハ「イアン」トナルコト多シ例令バ章(チオン/チアン)相(シオン/シアン)香(ヒオン/ヒアン)兩(リオン/リアン)養(イオン/イアン)向(ヒオン/ヒアン)良(リオン/リアン)羊(イオン/イアン)尙(シオン/シアン)等ノ如シ

(ニ)「イヨク」トイフ韻ノ入聲ノ語ガ「イヤク」トイフ韻トナル例令バ脚(キヨク/キヤク)約(イヨク/イヤク)略(リヨク/リヤク)弱(ジヨク/ジヤク)

藥(イヨク/イヤク) 瘧(ギヨク/ギヤク) 等ノ如シ

（ホ）「ウウ」ノ韻ヲ有スル語ガ「イイ」ノ韻トナルコト多シ例令バ居(クウ/キイ) 書(スウ/シイ) 於(イウ/イイ) 女(ルウ/リイ) 擧(クウ/キイ) 雨(ウウ/イイ)・語(グウ/ギイ)・鼠(ツ●ウ/チ●イ)・鋸(クウ/キイ) 如(ズウ/ジイ)・具(クウ/キイ) 序(スウ/シイ) 等ノ如シ

（ヘ）「ウヌ」ノ韻ヲ有スル語ガ「イヌ」ノ韻トナルコト多シ例令バ斤(クヌ/キヌ) 恩(ウヌ/イヌ) 隱(ウヌ/イヌ) 芹(ク●●ヌ/キ●●ヌ) 銀(グヌ/ギヌ) 近(クヌ/キヌ) 等ノ如シ

（ト）讀書音ニテ「イエン」ノ韻ヲ有スルモノニシテ厦門ノ俗語ニテハ「イイ」ノ鼻音トナル場合ニ漳州ニテハ「んん」ノ鼻音トナル（んノ音ハ口ヲ廣ク開キテ「エ」ノ音ヲ發スル時ニ生スルモノナリ小兒ノアマエテイフトキナトニヨク出ル音ナリ定リタル假名ナキカ故ニ暫ク此字ヲ用ユル）例令バ生(シイ/セん) 青(チ●●イ/●●ん) 井(チイ/セん) 姓(シイ/セん) 平(ピイ/ぺん) 病(ピイ/ぺん) 靜(チイ/ぜん) 等ノ如シ又讀書音ニテ「イエヌ」「イアム」ノ韻ヨリ轉ジテ鼻音ニナレルモノハ厦門語ト同ジク「イイ」ノ音ヲ保ツ例令バ邊(ピエヌ/ピイ) 匾(ピユヌ/ピイ) 染(ジアム/ニイ) 見(キニヌ/キイ) 扇(シエヌ/シイ) 年(リエヌ/ニイ) 圓(オアヌ/イイ) 麵(ビエヌ/ミイ) 硯(ヒエヌ/ヒイ) 等ノ如シ

（チ）讀書音ニテ「アア」ノ韻ヲ有シ厦門語ニテ「エエ」ニ變ズル場合ニハ漳州語ニテハ「んん」ノ韻トナル例令バ家(カア/ケん) 假(カア/ケん) 馬(マア/べん) 價(カア/ケん) 牙(ガア/ゲん) 下(ハア/へん) 等ノ如シ又「イエク」ノ韻ヲ有セル入聲ノ厦門語ニテ「エエ」ノ入聲ニナリタル場合ニハ漳州語ニテハ多クハんんノ入聲トナルナリ例令バ伯(ピエク/ぺん) 厄(イエク/えん) 白(ピエク/ぺん) 麥(ビエク/べん) 等ノ如シ（「ドーグラス」氏ハ此ク說ケドモ臺灣ニアル漳人ハ此種ノ「ん」ト普通ノ「エエ」トヲ區別セズシテタトヘバ家ト雞トノ如キハ同一ニ發音スルナ

リサレドモ十五音字母表ニハ嘉ノ字母ト簪ノ字母トヲ區別シテ載セアルヲ以テ見レバ漳州ノ土地ニテハ左ノ區別アルモノト見エタリ尚尋ヌベシ）

（リ）厦門語ニテ「イエヌ」又ハ「イエン」ノ韻ヲ有セル語ヲ「アヌ」トスルコトアリ例令バ繭（キエヌ/カヌ）前（チエン/ザヌ）閑（イエン/アヌ）言（ギエヌ/ガヌ）研（ギエヌ/ガヌ）千（チ●エン/ザ●ヌ）玄（ヒエヌ/ハヌ）明（ビエン/ハヌ）等ノ如シ

（ヌ）鼻音「イウ」ノ韻ヲ鼻音ノ「イオ」トス是ハ重ニ漳浦ノ方言ナルガ如シ例令バ張（チウ/チオ）香（ヒウ/ヒオ）兩（ニウ/ニオ）唱（チ●ウ/チ●オ）娘（ニウ/ニオ）量（ニウ/ニオ）樣（イウ/イオ）等ノ如シ

（ル）「オエ」トイフ韻ヲ「オア」トスルコト間々アリ例令バ畫（オエ/オア）話（オエ/オア）等ノ如シ

（チ）「イエツ」トイフ韻ノ入聲ヲ「オアツ」トスルコトアリ例令バ悦（イエツ/オアツ）閱（イエツ/オアツ）等ノ如シ

（ワ）「イエク」トイフ韻ノ入聲ヲ「イツ」トスルコトアリ例令バ勅（チ●エク/チ●ツ）式（シエク/シツ）息（シエク/シツ）室（シエク/シツ）等ノ如シ

（カ）「ベエ」ノ韻ヲ「モアイ」トスルコトアリ例令バ糜（ベイ/モアイ）妹（ベエ/モアイ）等ノ如シ

漳浦ノ語ハ只漳州語ノ一變種タルニ過ギズ其ノ特徴トスル所左ノ如シ

（イ）漳州語ニテ「オア」トイフ場合ニ「オアイ」又ハ「オん」トナル例令バ畫（ホアイ）話（オアイ）枝（オア/オん）等ノ如シ

（ロ）厦門語ニテ「イエン」ノ韻ノ語ガ「イオン」トナルコトアリ例令バ湧（イニン/イオン）ノ如シ又「イエク」

トイフ韻ノ入聲ガ「イヨク」トナルコトアリ「逐出ス」トイフ意ノ革（キエク・キヨク）「溺ル、」トイフ意ノ激（キエク・キヨク）或ハ栗（チエク・チヨク）等ノ如シ又上ノ例ニ反シテ「イオン」ガ「イエン」トナルコトアリ容（イオン・イエン）ノ如シ又「イヨク」ノ韻ノ入聲ガ「イエク」トナルコトモアリ例令バ慾（イヨク・イエク）錄（リヨク・リエク）等ノ如シ

是等ノ變化ハ又漳州ノ他ノ部ニモ存スルコトアリ

(ハ)厦門語「イエン」ノ韻ニテ漳州語「アヌ」トナル場合卽チ上ノ(リ)ニ說ク所ノ如キ時ニハ漳浦ニテハ厦門語ノ「イエン」ヲ保テリ

平和ノ地ニ於テハ言語ガ大抵漳州語ト一致シ中ニハ漳浦語ノ特徵ヲ參ヘタル點アリ平和ノ西方ノ境界ニ於テハ客人語ガ話サルヽナリ

長泰ノ語ハ或ル著シキ特徵ヲ有ストイフ是ハ一ハ其位置ガ泉州ノ界ニ横ハレルニモヨルベク且又恐クハ先ヅ此地ガ泉州府ノ一部分ナリシニモヨルベシ

詔安ノ語ハ汕頭ノ語ニ近シトイフ

海澄及ビ南靖ノ地ハ漳州及ビ龍溪ノ語ニ近キ方言ヲ話スサレドモ海澄ノ內厦門ニ近キ部分ニ於テハ厦門語ノ影響甚大ナリ

龍巖州ニ於テハ多クハ漳州ノ語ヲ用ヰレドモ或部分ニ於テハ客人語ノ話サルヽ處アリ

（以下次號）

『台湾土語叢誌』第三号、一九〇〇年、台北　博文堂　一～五頁

臺灣土語叢誌第參號

論説

厦門語族ニ就テ（承前）

文學士　小川尚義

（二）　晉州（泉州）及ビ其ガ沿ヒテ立テル晉江一帶ノ地ノ言語ハ南安、惠安、及ビ安溪諸縣ニ於テ些少ノ異同ハアレド大体ニ於テ一群ト見ルヿヲ得ソ同安ニ界セル南安ノ大部分ハ多ク其特徴ヲ有スルモノナリ

晉州（泉州）語ノ重ナル特徴ハ大略左ノ如シ

（イ）厦門語ニ於テ「イ」ノ韻ヲ有スル場合ニハ殆ンド皆ナ「イウ」ノ韻トナシ（イウ）ハ唇ニ於テ「イ」ヲ發スル時ノ形ヲトリ舌ニ於テ「ウ」ヲ發スル時ノ形ヲトリタル時ニ發スル音ニシテ「イ」ト「ウ」トヲ同時ニ發スル如キ音ナリ五十音ニハ此音ニ該當スル文字ナシ故ニ今假リニ「イ」ト「ウ」トヲ結合シ「イウ」ヲ以テ之ヲ表ス）又厦門語ニ於テ「ウ」ノ韻ヲ有スルモノガ漳州語ニ於テ「イ」ノ韻トナル場合ニモ然リ例令ハ猪（チイ／ツイウ）　你（リイ／ルイウ）　去（キ●イ／ク●イウ）　魚（ヒイ／フイウ）　除（テウ／ツイウ）　薯（ツウ／テイウ）　箸（チイ／チイウ）等ノ如シ又「スウ」ノ音ニ於テモ同様

ノ音ヲ有スルヿアリ例令バ伺、司、斯、思、私、書、祠、蜍、嗣、徐、詞、辭、暑、黍、使、死、四、肆、絮、賜、庶、恕、祀、岐、序、緒、仕、事、士、等ノ如シ

（ロ）厦門語ニ於テ「ウヌ」ノ韻ヲ有シ漳州語ニ於テ「イヌ」ノ韻ヲ有スル塲合ニハ爰ニハ大概「ㇷウヌ」ノ韻ヲ有ス例令バ銀、恨、巾、斤、跟、根、筋、近、懃、恩、允、隱等ノ如シ

（ハ）厦門語ニテ「イエン」「イエヌ」「イアム」又鼻音「オアイ」ノ韻ヲ有スル塲合ハ爰ニハ「ㇷウイ」ノ鼻音ノ韻ヲ有スルヿアリ例令バ千、淸、筅、眼、還、橫、行、間、肩、關、高、楝、裥、拐、慣、縣、璉、硏、反、先、店、殿、堅、閩、佃、前、指、薦等ノ如シ

（ニ）厦門語ニテ「イエン」ノ韻ヲ有スル語ガ爰ニハ「オ̄ン」ノ韻ヲ有スルヿアリ（「オ̄」ハ唇ニ於テ「エ」ヲ發スル𪜈ノ形ヲトリ舌ニ於テ「オ」ヲ發スル𪜈ノ形ヲトリタル𪜈ニ發スル音ニシテ「エ」ト「オ」トヲ同時ニ發スル如キ音ナリ五十音ニハ此音ニ該當スベキ文字ナシ故ニ今假リニ「エ」ト「オ」トヲ結合シテ「オ̄」ヲ以テ之ヲ表ス）例令バ曾、爭、增、僧、能、朋、生、登、賸、等、等ノ如シ

（ホ）厦門語「エ」ノ韻ニテ漳州ニ於テ「オエ」ノ韻トナル塲合ニハ爰ニハ大概「オ̄」ノ韻トナル入聲ノ塲

合モ亦然リ例令バ尾 未 罪 坐 絹 炊 吹 箠 髓 尋 啜 芟荷
穢 月 息 果 粿 髻 過 科 倔 飛 賠 褙 背 倍 皮 帕
被 甄 短 戴 袋 啄 奪 推 瘸 替 退 等ノ如シ

(ヘ)廈門語ニ於テ狹キ「オ」即チ「オウ」ノ韻ヲ有スルモノ發ニハ廣キ「オ」即チ「オオ」ヲ有スルヿアリ例令バ草 河 壕 瑚 何 和 豪 好 禍 浩 號 高 果 菓 告
過 可 靠 犒 勞 牢 腦 褒 保 報 播 暴 唆 多 都 禱
島 堵 到 稻 惰 道 滔 等ノ如シ

(ト)廈門語ニ於テ「オオ」又ハ「アウ」ノ韻ヲ有スルモノ發ニハ多クハ「エオ」ノ韻トナル例令バ謀
母 某 牡 畝 貿 茂 侯 浮 候 後 后 厚 荷 枸 狗 口
楷 扣 叩 釦 投 斗 鬥 荳 讀 頭 等ノ如シ

(チ)廈門語ニテ「ザ」行ノ音發ニハ「ラ」行ノ音トナルモノアリ例令バ若 熱 熱 等ノ如シ又同安ナドニテハ之ヲ「サ」行ノ濁音ニ變ズルヿアリ 熱ノ如シ

泉州語ノ他ノ特徵ハ廈門ノ語ト詞ノ使ヒ方ニ於テ種々ノ相異アルヿアリ例令バ「講」(コン)トイフ代リニ說(ソオ)トイヒ又「與ヘル」トイフ詞及ビ受動詞ニ「ホオ」トイフ代リニ「トオ」又ハ「キッ」トイフ詞ヲ用ヰルヲ常トス例令バ「ホオ　イイ」(與伊)トイフヿヲ「キッ　イイ」(給伊)（給ノ正音ハ「キプ」ナレ圧文字ナキカ故ニ

假用ス)或ハ「ト●オ　イイ」(渡伊)(「ト●オ」ノ上去聲ニ適當ナル字ナシ故ニ假用ス)トイフガ如シ又「未使得」(ボエ　サイ　チッ)トイフ代リニ「未做得」(ボオエ　ツオエ　チッ)トイフ詞ヲ用ヰル

(一)同安語　此地ハ一方ニハ厦門ノアル地方ニシテ他方ニハ泉州ノ一地方ニ屬スレドモ亦其自身ニ於テ固有ノ特徴ヲ有セリ本來同安ハ漳州ニ屬シタルモノナリトイフサレバ其ニヨリテ幾分カ其特徴ヲ説明スルコトヲ得ン此語多クノ點ニ於テハ泉州語ニ類似シタレドモ亦其ト異ル點ナキニアラズ其大略ハ左ノ諸點ニアリ

(イ)厦門語ニ於テ「イエン」等ノ韻ガ泉州語ニテ「ウイ」ノ鼻音トナルコトハ前ニ述タルガ其塲合ニ於テハ同安語ハ「アイ」ノ鼻音ヲ有ス例令ハ　閑(イエン/アイ)　千(チ●エン/ツ●イ)　筅(チ●エン/ツ●イ)　還(ヒエン/ハイ)　行(ヒエン/ハイ)　間(キエン/カイ)　肩(キエン/カイ)　供(キエン/カイ)　梘(キエン/カイ)　研(ギエン/ガイ)　眼(ギエン/ガイ)　旁(ピエン/パイ)　反(ピエン/パイ)　先(シエン/サイ)　堅(チエン/タイ)　閻(チエン/タイ)　前(チエン/ツアイ)　薦(チエン/ツアイ)　等ノ如シ其他「アム」「アヌ」「イアム」「イエヌ」ノ韻ヨリ轉ジテ此クナルモノアリ卽チ　簪(ザ●ム/ツ●イ)　柑(カム/カイ)　蓋(カ●ム/カ●イ)　間(カヌ/カイ)　班(パヌ/パイ)　芟(サヌ/サイ)　店(チアム/タイ)　佃(チエヌ/タイ)　等ノ如シ

(ロ)厦門語ニテ鼻音「オア」ノ韻ヲ有セル塲合ニ鼻音「オアイ」ノ韻トナルコトアリ例令ハ　寡(コア/コアイ)　山(ツア/ツアイ)　等ノ如シ

(二)灌江ハ厦門ニ近ク同安縣ノ一部ナリ其語ノ特徴トスル所ハ「オオ」ノ韻ヲ「イオ」トシ「イイ」ノ韻ヲ多ク「ウウ」トスルコトナリ此等ノ特徴ハ又先ニ漳州語ノ處ニテ述ベタル長泰ノ語ニモ存セリサレ

ドモ「イイ」ノ韻ノ代リニ「ウウ」ヲ用ヰルコハ同安ノ或部分及ビ厦門島内ノ村落ニ於テモアラハル、コアリ

（三）　永春ノ語ハ大体ニ於テ泉州語ト同ジ其州内ノ大田トイフ處ノ方言ハ全ク是ト異リタルモノナリトイフサレドモ未ダ實地ニ之ヲ研究スル機會ニ遭遇セズ

臺灣人ハ前ニ述ベタル厦門泉州漳州等ノ地方ヨリ凡ソ此ノ三百年間ニ移住シ來リタル人民ニシテ大体ニ於テハ各處ニ團体ヲナシテ住居スト雖モ處ニヨリテハ各種ノ方言相混淆スルモノ甚ダ多シ

新嘉坡及ビ他ノ海峽殖民地其他「バタビア」及ビ和蘭ノ他ノ領土内ニ於テハ重ニ漳州地方ヨリ移民シ「マニラ」及ビ「フイリツピン」群島ノ他ノ部分ニハ泉州人多ク「シヤム」「ビルマ」馬來半島交趾西貢等ノ地方ニハ何レモ同様ニ移住セリ而シテ又所々ニ汕頭ヨリノ移民ヲ多ク混ゼリ「カリフオルニア」及ビ「オーストラリア」地方ノ中國人ハ重ニ中國ノ他ノ地方ヨリ來レルモノヲ多シトスレドモ「オーストラリア」ノ方ニハ厦門地方ヨリ來レルモノ亦少カラズサレバ此等ノ地方ニ於テハ以上陳述セル各種ノ方言ハ多クハ混淆シテ漸ク其特徴ヲ失ハントスル傾向アリ新嘉坡「バタビア」等ニ於テハ夥多ノ馬來語ヲ中國語ノ中ニ吸收スルニ至レリ

臺灣ニ於テハ土着ノ蕃人ハ厦門語又ハ是ト連絡アル諸方言ヲ用ヰルモノ少カラズ

仮名遣に就て

『にひたか』第一一号、一九〇〇年、にひたか社　六〜七頁

擧げ參考の資となす

ぼら　沿岸普通なれども最も多きは打狗以南とす

いわし　沿岸普通にして殊に多きを北部南部澎湖島とす

かつを　北部南部及澎湖島

あぢ　基隆地方及打狗地方沿岸

さわら　沿岸普通なれども中部以南を最とす

ふか　沿岸到處

たひ　北部南部及澎湖島

しび　南部北部及澎湖島

ぐち　澎湖島及打狗以南殊に小琉球島附近に多し

いか　北部南部及澎湖島の沿岸

烏尾冬　澎湖島の內特に八罩列島に產す

ひらまさ

虱目魚　北部及澎湖島

草魚　中部以內に多し

連魚　南部に多し

あまのり　中部以內に多し

澎湖島に多し、

右の生物中主もに水面に於て捕獲するもの、或は水底に於て捕獲するもの、或は中層に於て捕獲するもの、或は水面より水底に至るの間に於て捕獲するもの等、多少水深上の分布に關係すべき區別を立つれば次の如くなるべし

（一）水面に於て捕獲するもの
いわし、さわら、かつを、

（二）水底に於て捕獲するもの
ぐち、たひ、

（三）中層に於て捕獲するもの
ふか、いか、しび、あぢ、烏尾冬

（四）水面より水底に至るの間に於て捕獲するもの
ぼら、ひらまさ、

其他「あまのり」は沿岸の岩礁上に於て採取し虱目魚、草魚、連魚の如きは養魚池中より捕獲せり

（完）

假名遣に就て

文學士　小川尙義

左の文は生が臺灣の兒童に敎ふべき假名遣に付て草したるものゝ中より一二節を拔出したるものなるが方今內地に於ても國學或は假名遣に付て種々の問題の盛なる折柄なれば若し看人の參考ともならば生の幸とする所なり

本國に於て、中等以上の人々によりて用ゐられ居る所の、亂脉なる假名遣は、到底其儘に移し來りて、之を本島人に敎授すべきものにあらず、否敎授すべき價値あるものにあらずとすれば、爰に其亂脉を一定して、之を敎授すべき必要を生ず、其一定の方法に付ては、要するに左の三主義を出でざるべし

（一）擬古說　是は古代の文學に用ゐられたる假名遣法、即ち契沖以下諸學者が、古代の典籍を本として、定めたる假名遣法の嚴正に採用すべしといふ說なり、是說は一見實に立派なる考の如くに見ゆれども、一方より見れば千餘年前の言語を寫さんが爲めに用ゐられたる古き器械を其儘に用ゐて、爾來發達して今日に至りたる新言語を寫さんとするは、理論上甚だ其當を得ざるのみならず、實際上よりいふも、古代の假名遣を只器械的に暗記せざる可らざるが故に、其勞力に報ゆる丈の効能あることなく、且又本國人にても滿足に實行することを得ざる程に困難なる此法を以て、蠻土に於て是より新たに國語を學ばんとする兒童に强ふるが如きは、實に無法の甚しきものといはざる可らず、されば此の擬古說は、到底實際に行はる可らざる空論に屬するを免

れざるべし、勿論又にいふ擬古説とは、一の取除もなく、古を擬すといふ意見を意味するものにして、純粋の國語「テニヲハ」は、勿論字音の假名遣に至るまでを、極々嚴重に古法に則らんとする主義に付て論じたるものなり

(二)折衷説　上に述たるが如く、嚴正なる擬古説は、到底實際に行はるゝことを得ずとすれば、古き假名遣法により、或る一部の極めて困難なるものゝみ、現時の發音に從ひて記せんといふ中間説を出すに至る、此の如くにして、古き假名遣を使用する範圍、即ち一部分といふ文字の意義の廣狹に從て、此の折衷説は又數多の意見に分るべし、其重なるもの左の如し

(以下嗣出)

玉鉾々

瑞西の湖水底

伊能梅陰

歐羅巴の瑞西といへば、直ちに山水の明媚と風光の絶佳とを聯想せられ、歐洲の一大公園白皙人の共同遊樂地として知らるゝことは、試みに彼の國地誌の一二ページを閲するも、直ちに念頭に充ち浮ぶ事柄なるが、此の唯一の公園樂地ころ、一方には、學術上に限りなき、叢淵寶庫なること面白けれ。

西紀一千八百五十三四年の頃の事なりき、瑞西の中に名にしおふ、ツリヒ(Zurich)湖水の、乾魃の爲め、涸竭せしことあり、當時水底より、古來歐羅巴の古史に傳へず、口碑にも聞かざりし、多數の古杙現出したり此の古杙の現出は、敢へなく世人の注意を惹き、こは果して何物なるか、將た何の用を爲せるものなるかとは、延きて識者の疑問となり、初めは「リイヴア」といへる獸類の巣墟ならんとの臆説に、局を結ばんとしたれども、精密なる學者の査察は、其の搆造の現狀、決してさる無意味の迹ならで、正しく智識あるものゝ、或る目的を以て、作爲せしことと疑ひなしとの考証を與へしより、一たび消ねなんとせし古杙の上に再び研究の火光を發し、いでや此の幽微の事迹を闡明して、學術上に一點の光明を與へんと、時の學者の奮進を促がしぬ。

有名なる瑞西の學者デ ラ ナ(Kellr)氏の如きは、最も熱心なりし研究者の一人にて、主として其の現狀の調査を爲せしに、該古杙は、すべて巨材を用ひて、沿直に水中に打ち込み中には、長さ數十尺、徑六七寸に及ぶものあり、更に杙内の水底を發掘せしに、其の縱杙に對して、横材を搆へし迹ありて、疑ひもなく、牀を搆へしものゝ如く、尚ほ杙の下部には、周圍に巨石を積みて、地礎を固め、其の動搖を防ぐの用意したるが如きを見出したり斯かる漫々渺々たる湖水の底に、斯かる裝置の宏大なる杙工を施せしは、到底人爲に出づるにあらざれば、就し得べからず、若しも人爲に出でしとせば、果して何人が、何の目的を以て、之れを興せしものなるかとは、第二に起れる疑ひの雲なりき。

湖底の古杙、問へども答へず、疑ひの雲凝りて、水の深きより深く、疑義固く結びては、容易に解けんよすが無かりしが、此に此の疑ひを釋くべき、一の端緒こそ見出されたれ、夫は歐羅巴より、地中海を越えて、東し、遠く印度洋を經て、南太平洋を見渡せば、現にマレイ及び南洋の諸地方にて、其土人等が、水上住居(Aquaitic dwelling)を爲す風習あり、而して其の狀態は、宛かも此の古代工事の迹と、甚だ近似するものある事なりき、されば此の湖上の古迹も、古代に於ける或る人類の、水上住居の遺址ならずやとは、疑雲を

『言語学雑誌』第一巻第四号、一九〇〇年、冨山房雑誌部　三三一～三八頁

厦門語族に就て

小川尚義

（編者いふ、本論文は小川氏の許諾を經て臺灣土語叢誌より轉載したり）

ドーグラス氏の字典の中に厦門語族に付ての説あり參考にもとて左に其概要を拔萃す

厦門の俗語が特に世人の注意を引くに至りしは、厦門が南京條約によりて、外國に開かれたる五港の中の一に居ること、其の言語が其時に開かれたる、他の諸港の言語と互に通ずること能はざる程の差異あることに歸するを得べし。其後に至り同種の言語が話され居る臺灣島の諸港も亦開かるゝことゝなりたり。

厦門港が外人に開かれしより以前に於ては、狹き意義にての厦門語は、未だ人の注意を引くに及ばざりき。其當時には此の支那の一方言は只福建語といふ名稱の下に含まれ居たりしことはメッドホルスト氏の字書に於て見る所なり。而して其字書中に出されたる此の方言の代表者としては漳州中の漳浦の語を用ゐられたりしなり。

『厦門は位置の上よりいはゞ、泉州に屬すれども、泉州語の厦門市の語と異ることは、

殆んど漳州語の厦門語と異るが如し。されば吾人は爰に厦門泉州漳州と三大語種を立つることを得べく、而して此等三大語種と其他大同小異なる幾多の小方言とが、福建省中の三府二州即ち漳州府、泉州府、同安府、永春州、龍巖州に話さるゝ所の言語の大體を成すものなりといふを得べし。勿論是等の地方中の或小部分に於ては支那語の他の方言の混同しあることとは免るべからざるなり。

（一）漳州語の特徴は八聲の音調の上に於ても多少之あれども、發音の上より見るときは大略左の諸點を有す。

（イ）厦門語にて「エ エ」の韻の語を「オ エ」とし、又厦門語にて「オ エ」の韻の語を「オエ、」として、其間に一定の規則を見出し難し。例令ば前者の例は 吹(セエ/ソエ) 火(ヘエ/ホエ) 過(ケエ/コエ) 歳(ヘエ/ホエ) 皮(ペエ/ボエ) 未(ベエ/ボエ) 等の如く、後者の例は 雞(コエ/ケエ) 批(ホエ/ヘエ) 底(トエ/テエ) 細(ソエ/セエ) 題(トエ/テエ) 鞋(オエ/エエ) 地(トエ/テエ) 多(ソエ/セエ) 能(オエ/エエ) 賣(ボエ/ベエ) 等の類なり。

（ロ）「ン」(ng)の韻を有する語は「ウ イ」の鼻音となること多し。例令ば 光(クン/クイ) 磚(ツン/ツイ) 酸(スン/スイ) 軟(ヌン/ヌイ) 算(スン/スイ) 黄(ウン/ウイ) 門(ムン/ムイ) 園(フン/フイ) 卵(ヌン/ヌイ) 飯(プン/プイ) 問(ムン/ムイ) 等の如し。

（ハ）「イオン」の韻を有する語は「ウイ」の鼻音となること多し。例令ば 章（チオン／チアン） 相（シオン／シアン） 香（ヒオン／ヒアン） 兩（リオン／リアン） 養（イオン／ヒアン） 向（ヒオン／ヒアン） 良（リオン／リアン） 羊（イオン／イアン） 尙（シオン／シアン） 等の如し。

（ニ）「イヨク」といふ韻の入聲の語が「イヤク」といふ韻となる。例令ば 脚（キヨク／キヤク） 約（イヨク／イヤク） 略（リヨク／リヤク） 弱（ジヨク／ジヤク） 藥（イヨク／イヤク） 瘧（ギヨク／ギヤク） 等の如し。

（ホ）「ウウ」の韻を有する語が「イイ」の韻となること多し。例令ば 居（クウ／クイ） 書（スウ／シイ） 於（ウウ／イイ） 女（ルウ／リイ） 擧（クウ／キイ） 雨（ウウ／イイ） 語（グウ／ギイ） 鼠（ツ●ウ／チ●イ） 鋸（クウ／キイ） 如（ズウ／ジイ） 具（クウ／キイ） 序（スウ／シイ） 等の如し。

（ヘ）「ウヌ」の韻を有する語が「イヌ」の韻となること多し。例令ば、斤（クヌ／キイ） 恩（ウヌ／イヌ） 隱（ウヌ／イヌ） 芹（ク●ヌ／キ●ヌ） 銀（グヌ／キヌ） 近（クヌ／キヌ） 等の如し

（ト）讀書音にて「イエン」の韻を有するものにして厦門の俗語にては「イイ」の鼻音となる場合に漳州にては「ん」の鼻音となる（んの音は口を廣く開きて「エ」の音を發する時に生ずるものなどいふさきなどによく出る音なり定まりたる假名なきが故に小兒のあまねに暫く此字をゆ用ゐる）例令ば 生（レイ／セン） 青（チ●イ／ーセ●ん） 井（チイ／ーセん） 平（ピイ／ペン） 靜（チイ／ーセん） 等の如し。又讀書にて「イエヌ」「イアム」の韻より轉じて鼻音になれるものは、厦門語と同じく「イイ」の音を保つ。例

令ば、邊（ピエヌ・ピイ） 匾（ピエヌ・ピイ） 染（ジアム・コイ） 見（キエヌ・キイ） 扇（シエヌ・シイ） 年（リエヌ・コイ） 圓（オアヌ・イイ）
麪（ピエヌ・ミイ） 硯（ヒエヌ・ヒイ） 等の如し。

（ナ）讀書音にて「アア」の韻を有し、厦門語にて「エエ」に變ずる場合には漳州語にては「ん」の韻となる。例令ば 家（カア・ケん） 假（カア・ケん） 馬（マア・ベん） 價（カア・ケん） 牙（ガア・ゲん）
下（ハア・ヘん） 等の如し。又「イエク」の韻を有せる入聲の厦門語にて「エエ」の入聲になりたる場合には、漳州語にては多くはんの入聲となるなり。例令ば
伯（ピエク・ぺん） 厄（イエク・ん） 白（ピエク・ぺん） 麥（ピエク・べん） 等の如し。（ドーグラス氏は此く說けども臺灣にある漳人は此種の「ん」と普通の「エエ」とを區別せずして、たとへば家と雞との如きは同一に發音するなり。されども十五音字母表には、嘉の字母と稽の字母とを區別して載せあるを以てみれば、漳州の土地にては左の區別あるものと見ねたり尙尋ぬべし。）

（リ）厦門語にて「イエヌ」又は「イエン」の韻を有せる語を「アヌ」とすることあり。例令ば 繭（キエヌ・カヌ） 前（チエン・サヌ） 閑（イエン・アヌ） 言（ギエヌ・ガヌ） 研（ギエヌ・ガヌ） 千（チエン・サヌ） 玄（ヒエヌ・ハヌ）
明（ヒエン・ハヌ） 等の如し。

（ヌ）鼻音「イウ」の韻を鼻音の「イオ」とす是は重に漳浦の方言なるが如し例令ば

張（サウ／チオ）　香（ヒウ／ヒオ）　兩（エウ／ニオ）　唱（チ●ウ／チ●オ）　娘（ニウ／ニオ）　量（ニウ／ニオ）　様（イウ／イナ）　等の如し。

（ル）「オエ」といふ韻を「オア」とすること間々あり。例令ば　畫（オエ／オア）　話（オエ／オア）　等の如し。

（チ）「イエッ」といふ韻の入聲を「オア・ッ」とすることあり。例令ば　悦（イエツ／オアツ）　等の如し。

（ワ）「イエク」といふ韻の入聲を「イッ」とすることあり。例令ば　勅（チ●エク／チ●シ）　式（シエク／シク）　息（シエク／ヒツ）　室（シエク／シツ）　等の如し。

（カ）「ベエ」の韻を「モアイ」とすることあり。例令ば　糜（ベエ／モエイ）　妹（ベエ／モアイ）　等の如し漳浦の語は只漳州語の一變種たるに過ぎず。其の特徴とする所左の如し

（イ）漳州語にて「オア」といふ場合に「オアイ」又は「オん」となる。例令ば　畫（ホア／ホアイ）　話（オア／オアイ）　枝（オア／オん）　等の如し。

（ロ）厦門語にて「イエン」の韻の語が「イオン」となることあり。例令ば　湧（イエン／イオン）の如し。又「イエク」といふ韻の入聲が「イヨク」となることあり。「逐出す」といふ意の　革（キエク／キヨク）　「溺るゝ」といふ意の　激（キエク／キヨク）　或は　粟（チ●エク／チ●ヨク）　等の

如し。又上の例に反して「イォン」が「イェン」となることあり。例令ば容（イォン、イェン）の如し。又「イョク」の韻の入聲が「イェク」となることもあり。例令ば慾（イョク、イェク）錄（リョク、リエク）等の如し。是等の變化は又漳州の他の他の部にも存することあり。

（八）厦門語「イェン」の韻にて漳州語「アヌ」となる場合、即ち上の(り)に説く所の如き時には漳浦にては厦門語の「イェン」を保てり。

平和の地に於ては言語が大抵漳州語と一致し、中には漳州語の特徴を參へたる點あり。平和の西方の境界に於ては客人語が話さるゝなり。

長泰の語は或る著しき特徴を有すといふ。是は一は其位置が泉州の界に横はれるにもよるべく、且又恐くは先づ此地が泉州府の一部分なりしにもよるべし。

詔安の語は汕頭の語に近しとす。

海澄及び南靖の地は漳州及び龍溪の語に近き方言を話す。されども海澄の内厦門に近き部分に於ては厦門語の影響甚大なり。

龍巖州に於ては、多くは漳州の語を用ゐれども、或部分に於ては客人語が話さ

る丶處あり（未完）

『言語学雜誌』第一巻第六号、一九〇〇年、冨山房雜誌部　三〇～三八頁

厦門語族に就て（承前）

小川尚義

（二）晋州（泉州）及び其が沿ひて立てる晋江一帶の地の言語は南安、惠安、及び安溪諸縣に於て些少の異同はあれども大體に於て一群と見ることを得ん同安に界せる南安の大部分は多く其特徴を有するものなり

晋州（泉州）語の重なる特徴は大略左の如し

（イ）厦門語に於て「イ」の韻を有する場合には殆んど皆な「ゥ」の韻となし（「ゥ」は唇に於て「イ」を發するときの形をとり舌に於て「ウ」を發するときの形をとりたるときに發する音にして「イ」と「ウ」とを同時に發する如き音なり五十音には此音に該當する文字なし故に今假りに「イ」と「ウ」とを結合し「ゥ」を以て之を表す）又厦門語に於て「ウ」の韻を有するものが漳州語に於て「イ」の韻となる場合にも然り例令ば猪（チイ・ツウ）你（リイ・ルウ）去（キイ・クウ）魚（ヒイ・フウ）除（ツウ・ツウ）箸（ツウ・ツウ）箸（チイ・チウ）等の如し又「スウ」の音に於ても同様の音を有するとあり例令ば伺、司、斯、思、私、書、祠、蜍、嗣、徐、詞、辭、暑、黍、使、死、四、肆、絮、賜、庶、恕、祀、豉、序、緖、仕、事、士、等の如し

(ロ)厦門語に於て「ウヌ」の韻を有し漳州語に於て「イヌ」の韻を有する場合には爰には大概「ウヌ」の韻を有す例令ば銀　恨　巾　斤　跟　根　筋　近　懃　恩　允　隱等の如し

(ハ)厦門語にて「イエン」「イエヌ」「イアム」又鼻音「オアイ」の韻を有する場合は爰には「ウイ」の鼻音の韻を有するとあり例令ば千　清　先　眼　還　横　行　間　肩　關　高　楝　襉　拐　慣　縣　縣　研　反　先　店　殿　堅　閻　佃　前　指　薦等の如し

(ニ)厦門語にて「イエン」の韻を有する語が爰には「オン」の韻を有するとあり(「オ」は唇に於て「エ」を發するときの形をとり舌に於て「オ」を發するときの形をとりたるときに發する音にして「エ」と「オ」とを同時に發する如き音なり五十音には此音に該當すべき文字なし故に今假りに「エ」と「オ」とを結合して「オ」を以て之を表す)例令ば曾　爭　增　僧　能　朋　生　登　贈　等等の如し

(ホ)夏門語「エ」の韻にて漳州に於て「オエ」の韻となる場合には爰には大概「オ」の韻となる入聲の場合も亦然り例令ば尾　未　罪　坐　絶　炊　吹　箠　髓　尋　啜　苳　荷　穢　月　息　果　粿　髻　過　科　儡　飛　賠　裱

背（ペエ/ボオ）倍（ペエ/ボオ）皮（ペ●エ/ボ●オ）帕（ペ●エ/ボ●オ）被（ペ●エ/ボ●オ）垂（セエ/ソオ）短（テエ/トオ）戴（テエ/トオ）袋（テエ/トオ）啄（テエ/トオ）奪（テエ/トオ）推（テ●エ/ト●オ）即（テ●エ/ト●オ）替（テ●エ/ト●オ）退（テ●エ/ト●オ）等の如し

（ヘ）厦門語に於て狹き「オ」即ち「オウ」の韻を有するもの爰には廣き「オ」即ち「オオ」を有することあり例令ば草（ソ●ウ/ツ●オ）河（ホウ/ホオ）壕（ホウ/ホオ）瑚（ホウ/ホオ）何（ホウ/ホオ）和（ホウ/ホオ）豪（ホウ/ホオ）好（ホウ/ホオ）禍（ホウ/ホオ）浩（ホウ/ホオ）號（ホウ/ホオ）高（コウ/コオ）果（コウ/コオ）菓（コウ/コオ）告（コウ/コオ）過（コウ/コオ）可（コ●ウ/コ●オ）靠（コ●ウ/コ●オ）犒（コ●ウ/コ●オ）勞（ロウ/ロオ）牢（ロウ/ロオ）腦（ロウ/ロオ）褒（ボウ/ボオ）保（ボウ/ボオ）報（ボウ/ボオ）播（ボウ/ボオ）暴（ボウ/ボオ）唆（ソウ/ソオ）多（トウ/トオ）都（トウ/トオ）禱（トウ/トオ）島（トウ/トオ）堵（トウ/トオ）到（トウ/トオ）稻（トウ/トオ）惰（トウ/トオ）道（トウ/トオ）滔（ト●ウ/ト●オ）等の如し

（ト）厦門語に於て「オオ」又は「アウ」の韻を有するもの爰には多くは「エオ」の韻となる例令ば謀（ボオ/ベオ）母（ボオ/ベオ）某（ボオ/ベオ）牡（ボオ/ベウ）畝（ボオ/ベオ）貿（ボオ/ベオ）茂（ボオ/ベオ）侯（ホオ/ヘオ）浮（ホオ/ヘオ）候（ホオ/ヘオ）後（ホオ/ヘオ）后（ホオ/ヘオ）厚（ホオ/ヘオ）蔄（コオ/ケオ）枸（コオ/ケオ）狗（コオ/ケオ）口（コ●オ/ケ●オ）楛（コ●ウ/ケ●オ）扣（コ●オ/ケ●オ）叩（コ●オ/ケ●オ）釦（コ●オ/ケ●オ）投（トオ/テオ）斗（トオ/テオ）鬥（トオ/テオ）荳（トオ/テオ）讀（トオ/テオ）頭（ト●オ/テ●オ）等の如し

（チ）厦門語にて「ザ」行の音爰には「ラ」行の音となるものあり例令ば若（ゾア/ロア）熱（ゾア/ロア）熱（ジエッ/リエッ）等の如し又同安などにては之を「ザ」行の濁音に變ずることあり熱（ゾア/ゾア）の如し

泉州語の他の特徴は厦門の語と詞の使ひ方に於て種々の相異あり例令へば「講」コンといふ代りに說（ソオ）といひ又「與ヘル」といふ詞及び受動詞に「ホオ」といふ代りに「ト●オ」又は「キ●ツ」といふ詞を用ゐるを常とす例令ば「ホオイイ」（與伊）といふことを「キ●ツイイ」（給伊）（給ノ正音ハ「キプ」ナレド文字ナキカ故ニ假用ス）或は「ト●オイイ」（渡伊）（「ト●オ」ノ上去聲ニ適當ナル字ナシ故ニ假用ス）と云ふが如し又「未使

得」（ホエサイチツ）といふ代りに「未做得」（ホオエヲオエチツ）といふ詞を用ゐる

（一）同安語　此地は一方には厦門のある地方にして泉州の一地方に屬すれども亦其自身に於て固有の特徵を有せり本來同安は漳州に屬したるものなりといふされば其によりて幾分か其特徵を說明することを得ん此語多くの點に於ては泉州語に類似したれども亦其と異る點なきにあらず其大略は左の諸點にあり

（イ）厦門語に於て「イエン」等の韻が泉州語にて「ウイ」の鼻音となることは前に述たるが其場合に於ては同安語は「アイ」の鼻音を有す例令は閑（イエン・アイ）千（チ●エン・サ●イ）筅（チ●エン・サ●イ）還（ヒエン・ハイ）行（ヒエン・ハイ）間（キエン・カイ）肩（キエン・カイ）供（キエン・カイ）梘（キエン・カイ）研（キエン・ガイ）眼（ギエン・ガイ）旁（ピエン・バイ）反（ピエン・バイ）先（シエン・サイ）堅（「チエン・タイ）閻（「チエン・タイ）前（チエン・サイ）薦（チエン・サイ）等の如し其他「アム」「アヌ」「イアム」「イエヌ」の韻より轉じて此くなるものあり即ち盞（サ●ム・サ●イ）柑（カム・カイ）蓋（カ●ム・カ●イ）間（カヌ・カイ）斑（バヌ・バイ）妛（サヌ・サイ）店（「チアム・タイ）佃（「チエヌ・タイ）等の如し

（ロ）厦門語にて鼻音「オア」の韻を有せる場合は鼻音「オアイ」の韻となることあり例令は寡（コア・コアイ）山（ツア・ツアイ）等の如し

（二）灌口は厦門に近く同安縣の一部なり其語の特徵とする所は「オオ」の韻を「イオ」とし「イイ」の韻を多く「ウウ」とすることなり此等の特徵は又先に漳州語の處にて述べたる長泰の語にも存せりされども「イイ」の韻の代りに「ウウ」を用ゐること

は同安の或部分及び厦門島内の村落に於てもあらはるゝとあり

（三）　永春の語は大體に於て泉州語と同じ其州内の大田といふ處の方言は全く是と異りたるものなりといふされども未だ實地に之を研究する機會に遭遇せず

臺灣人は前に述べたる厦門泉州漳州等の地方より凡そ此の三百年間に移住し來りたる人民にして大體に於ては各處に團體をなして住居すと雖も處によりては各種の方言相混淆するもの甚だ多し

新嘉坡及び他の海峽殖民地其他「バタビア」及び和蘭の他の領土内に於ては重に漳州地方より移民し「マニラ」及び「フイリッピン」群島の他の部分には泉州人多く「シャム」「ビルマ」馬來半島交趾西貢等の地方には何れも同樣に移住せり而して又所々に汕頭よりの移民を多く混せり「カリフオルニア」及び「オーストラリア」地方の支那人は重に支那の他の地方より來れるものを多しとすれども「オーストラリア」の方には厦門地方より來れるもの亦少からずされば此等の地方に於ては以上陳述せる各種の方言は多くは混淆して漸く其特徴を失はんとする傾向あり新嘉坡「バタビア」等に於ては夥多の馬來語を支那語の中に吸收するに至れり

臺灣に於ては土着の番人は厦門語又は是と連絡ある諸方言を用ゐるもの少からず　（完）

言語學雜誌第一卷第四號「厦門語族に就て」の中の正誤

頁	行	誤	正
三三	八	「オエ」の韻の語を「オ゜エ゜」とし	「エエ」とし
同	一一	批（ホ●エ／ヘ●エ）	批（ボ●エ／ペ●エ）
三四	一	「ウ゜イ゜」の鼻音となる	「イ゜ア゜ン゜」の韻となる
同	二	養（イオン／ヒアン）	養（イオン／イアン）
同	六	居（クウ／クイ）	居（クウ／キイ）
同	九	斤（クヌ／ギイ）	斤（クヌ／キヌ）
同	一〇	銀（グヌ／キヌ）	銀（グヌ／ギヌ）
同	一二	ん	ん（以下同し）
同	一二	割注は左の如く改めたし	

「ん」は口を廣く開きて「エ」の音を發する時に生ずる音にして小兒のあ

まえて物いふときなどによく出る音なり定りたる假名かきか故に暫く此字を用ゐたるなり標準字にては「e」にあたる

同	一三	生（レイ／セン）	生（シイ／セん）
同	一五	「イイ」の音	「イイ」の鼻°的°音°
三五	一	匾（ピユヌ／ピイ）	匾（ピエヌ／ピイ）
同	二	麵（ピエヌ／ミイ）	麵（ピエヌ／ミイ）
同	五	「イ、エク」	「イエク」
同	一三	閑	閑
三六	一	張（サウ／チオ）	張（チウ／チオ）
同	二	兩（エウ／ニオ）	兩（ニウ／ニオ）
同	一	樣（イウ／イナ）	樣（イウ／イオ）
同	七	勅（チ●エク／チ●シ）	勅（チ●エク／チ●ツ）
同	同	式（シエク／シク）	式（シエク／シツ）
同	八	息（シエク／セツ）	息（シエク／シツ）

同	九	靡（ベイ／モエイ）	靡（ベエ／モアイ）
同	一二	畫（ホア／ポアイ）	畫（ホア／ホアイ）
三七	七	中には漳。州。語。	中には漳浦語

同雜報の部

頁	段	行	誤	正
八四	上	一一	色	式
同	上	一三	Shot	sit
同	下	二	「以上述べた所は」より以下六行削る	
同	下	二〇	新湖	新港
八五	上	一〇	東礪	東螺
同	同	一二	バタビヤ宣敎師	バタビヤへ宣敎師
同	上	一四	「その上」以下左の通りに改めて之を八五頁上段一行の「下されたのである」の次に入る	

現今臺南の近邊に居る熟蕃人は自ら「シライア」ト稱して居るから此

等の蕃人は即ち西洋人のいはゆる「シデイア」に當ると見てよからう、その「シデイア」方言で馬太傳の翻譯が出來て居るのである

同　下　三　「それは一方蕃語」以下を左の如く改む其中には一方蕃語一方支那語で書たものも少しはあるが對譯は甚だ不完全のものらしい

『言語学雑誌』第一巻第一〇号、一九〇〇年、冨山房雑誌部　一～一〇頁

言語學雜誌第壹卷第拾號
（明治三十三年十一月發行）

論説　（禁轉載）

「ファボラング」語に就て

小川尚義

蘭人が臺灣島占領の時代に於て、臺灣島に關係したる智識を吾人に殘せるもの、內、蕃語に關するもの。蓋し二種あり。一は「シダイア」語に關するもの、一は「ファボラング」語に屬するものなり。

シダイア」語にて傳はりたる文籍は、卽ち千六百四十七年より同五十一年迄、本島の傳導に從事したりし、「ダニエル、グラヴイウス」氏が新港語を以て、新約全書中の馬太傳及ひ約翰傳を反譯したるものにして、千六百六十一年「アムステルダム」に於て出版され、題して　Het Heilige Euangelium Matthei en Johanwis. Ofte Hagnau ka D'llig matiktik ka na sasoulat ti Mattheus, ti Johannes appa, Overgeset inde Formosaansche tale, voor de In-woondes van Soulang, Mattau, Sinckan, Bacolan Tavokan en Tevorang といふ是表題によ

るときは、所謂新港語は、又當時の傳導地たりシ蕭壠、蔴豆、目加溜灣、大目降及び芝舞蘭(?)にも、同樣に行はれ居りたることを推測することを得べし、伊能嘉矩君の蒐集されたる言語集によれば、現時木柵に在る熟蕃人か、其社名を新港社と稱し、自ら其種族を「シライア」と稱ふることあるを以て見れば、歐洲の學者か、「シダイア」と名づけたる語族は、卽ち此に外ならざることを知るに足る可し、蓋しRの音とDの音と、相混同することは、臺灣に於て最も普通の現象なればなり。

「フアボラング」語の文籍として、今日に傳はれるものは、阿蘭宣敎師「ギルベルト、ハツパルツス」の和蘭譯字書と、「ヤコブス、ヴェルトレヒト」の新禱文、宗敎問答の反譯、及び五ケの蕃語說敎となりとす、「ハツパルツス」氏の字書は、千六百五十年に成りて、「バタビヤ」にあり、人の之を知る者なかりしが、千八百卅九年に至りて、漸く「ブーベル」氏の發見する所に係り、出版せられたる者なるが、「メツドホルスト」氏は、其翌年に至りて、之を英譯シタリ、千八百五十六年「ヂツチエル」氏の記載に「バタビア」に於て、近頃「フアボラング」語の新禱文及び說敎等發見せられたれば、遠からずして出版の運に至るへしといへるは、恐く是の「ヴエルトレヒト」の文書を指したる者のなるへしと思はるゝなり、「フアボラング」語に對し、銳利なる科學的眼光を以て、其文法の組織を解剖したる者を、獨逸の東洋學者「フォン、デル、ガベレンツ」氏とす、氏は千八百五十九年に於て、「臺灣語及び其が「マレイ」語族に於ける位置」といへる論文を草して、獨逸の東洋學會雜誌に寄せたり、氏は未た「ヴエルトレヒト」の文書を知らさるものゝ如く、單に「ヘツパルツス」氏の字書を本として、「フアボラング」語か變化の狀態を研究し、其が「マレイ」語族中に於ける位置を推論し、其單語の比較に於て、は大なる懸隔あるにも拘はらず、其文法の組織か、如何に「フイリツピン」群島中特に「タガラ」語に類似せるかを指摘せり。

蘭人の所謂「フアボラング」語といふのは、果して如何なる地方に於て行はれたりしものなるかの問題は、前の「シダイア」の場合に於けるか如く、容易には解釋し得へからざるものにして、余の知る所にては、未た一定の確說あらざるが如し、是れ余か爰に淺見を述べんと欲する所なり。

今「フアボラング」の位置を推定するに足りて、特に參考に供すべき二三の箇條を擧げん。

(一)、和蘭人が此地名を記するに、其綴字の方法、區々なると、假令は Favorlang, Favorlangh, Vavorlangh, Vavorolla, Vovorolla, Vavorolangh, Vavorollang, Vovorallang, Vovarolang. Vovorollang. Vouorollange の如きあり、されども大体の音に於ては、フアボラング」を去るとは遠からさるものなり

(二)「ハツパルツス」氏の字書の中に、左の句あり、

Tamada cho pinaas o assaban, inachasja o badda Ternern?
誰が(七) 人(六) 往進せし(五) 村に(四) 打たれしを(三) 人が(二) てるねるん(一)

是を「メツドホルスト」氏の英譯文には Who has informed the village, that the men o Fovorlang have been beaten? とあり、されば「フボラング」と「テルネルン」とは、同一のものなると明なり、

(三)、次に「ヴェルトレヒト」氏の宗敎文書の冐頭に、左の句あり、

Tujpo no atil inoipatffl lallum atillaijan o Ternern.
章(八) ノ(七) 敎(六) 敎ヘラルベキ(五) 内ニ(四) 學校(三) ノ(二) (テルネルン)(一)

「ヴェルトレヒト」の蘭譯は Leerstukken ten gebruikke der schoolen van't Favorlangs, District. とあり、されば爰にても、亦「ファボラング」は「テルネルン」と同一なるとを知る可し、地圖の上に、余は「テルネルン」といへる地名を搜索したりしかども、未た之を見出すと能はず、是れは後日に於て探知さるべき問題なり。

(四)、千六百五十一年に於て、在臺灣の宣敎師が「バタビヤ」政廳に呈したる報文中宣敎師の配置を記載せる處に左の句あり、

Dominus Gilbert Happart idem in de gewesten van Takeys end Favorlangh, aan geene Zydet der Ponckanse reiver. 其意は「ギルベルト、ハパルト」師は「ポンカン」川の彼方なる「タカイス」及び「フアボラング」に於て同上云々」いふとなり、而して爰に所謂「ホンカン」川とは、即ち笨港の事なるべし、果して然らば「フアボラング」は、笨港以北の地なること明なり、

(五)「カムベル」氏は、'The Articles in Favorlang-Formosan 1896 の序文に於て述べて「古き記錄によれば淡水の場合に於けるが如く、此名(即ち「フアボラング」)は、一ヶの地方に適用せられたり、一は「ゼーランヂア」城の南にして、「ハンス、オロフ」氏が從事せし所一は諸羅山(「チロセン」、又は「ツロセン」又は嘉義の北方にして、「シモンヴアン、ブレーン」氏が盡力せし處なり、「フアボラング」が嘉義の北方幾何の距離にあるかは、只推論するを得るのみ、併し餘程遠隔の處ならざる可らず、何となれば、多くの書狀和蘭宣敎師のなるべし)の中に、北淡水と雞籠とは、此地)の牧師管轄の內に含有さるべし)との申告を記載すればなり云々」といへり、余は未だ此の古き記載といふを直接に見ざるを以て、是迄に於ては、是非をいふこと能はず、されども嘉義以北にて可なりの距離に在りといふことは大に取るべきの說なりと思はる。

(六)、伊能君が蒐集せられたる言語集中に、埔裏社熟蕃の語あり、其中「ハツパルツス」の

字書に出たる單語と、相近似せるもの二種あり、左に其例を擧げて之を比せん

	林仔城庄	庄下梅仔脚庄	フアラング
一	natā	nata	natta
二	naroā	narao	roa(*naroa)
三	natoolo	natoola	natorra
四	napat	naspat	naspat
五	nahop	nahup	acbab(*naa Ihab
六	*naitoo*	*naitoo*	nataap
七	*natap*	*tsikhit*	naito
八	naspat	*natap*	maaspat
九		*naitoo*	tannacho
十	tsihet	*tanahu*	zchiet
髮	ttao	ttao	tau
頭	huno	*ssin*	oeno
額	ttes		tees

顏	mura	*punaha*	morra
眉	ppit		otoppiet
目	punaha	punaha	macha, magcha
耳	barina	hanina	charrina
鼻	nnut	toonunu	not
口	nane	nani	ranied
舌	tatsira		tazira, tatsira
唇	tato-oro		dorren
齒	ssin		sjien
鬚	nanop		ranob
頸	rri		ri
肩	papyal		babiar
手	rima	rima	rima
指	appuru		apillo
爪	hasu		aso

胸	tatoonuhon	kakusiutse	arrabis, zido,
乳	tsitoo	tsitoo	zido
腹	pyus	pyus	chaan
臍	ppron		pollol
足	assil	assil	aseil
背	ssisu	ssi	
血	takka		tagga
祖父	pusyam	tapusyan	boesjam
祖母	pupu	tapupu	boesini
父	tamao	mao	mau, tamau
母	tanai	nai	nai,tanai
兄	mahun	toasa	machen, atoasa
姉	mase-mahun	pirisa	
弟	piris	mahun	beries,
妹	mase-piris		

九

子	sim	sasisim	sjiem
孫	simsimu	kune (小)	
男	syam	syam, nania syam. sham	
女	sinie	sinie, nania sinie, sini	
老人		masyan	masham
小兒		sisisim	shiem
名	hanan-toma		naan
言語	patete	patele	atite(語), patite(語ル)
鬼	hhaipus	hahiput	chaibos
今日	peyatasisa		pia-da-sisja
明日	myaru		somma, mammarro
明後日	mamaru		summarotta
昨日	hantsya		ansha
我	hena	hena	ina

汝 iyu　　iyu　　ijo, yo

彼 ryul　　ai, icho

（未　完）

日本文典に於いての詞論

岡澤鉦次郎

今の國語學界の渾沌たる有様に屬して居ることは、眼ある者の皆許すところで、時代時代の文典の沿革を明にする歴史文典、思想と言語との關係より見て文典上の原理を明にする理論的文典などは藥にしたくも無きのみならず、現今の讀み書きする文章語につきても、正確に諸の文典上の法則を記したものもなく、また文典を組み立てる上の要語につきても、精細に世人を指導すべき敎へを垂れたるものもないといふ有樣だ。尤、今は今の日本語といふものゝ標準もはんとに定つて居らぬ位故、現今適應の文典の出ないのも其のはづのことだといつて澄まして居れば、其までなれど、其では國語學の進歩し行くべき潮がない。

『言語学雑誌』第二巻第二号、一九〇一年、宝永館書店　一三～二七頁

「ファボラング」語に就て（承前）

小川尚義

彼	ryul		ai,icho
天	pasum	pusum	boesum
地	ta-a	ta'a	ta
日	sisa	sisa	sisa, zysja
月	heta		idas
星	hasanasa		aisennas
雨	hutas	hutas	oetas
風	pari		barri
雷	pyuwa		bioa
火	hao	hao	chau
水	to	to	to
山	syaha	sya	shag
河	saha		sabba
草	hemo		imogh
木	hevu	hep	man, iman, baron
花	toorara		tullala

一四

米 taso	tasu	dasso
酒 wu	o	o, bo-o
犬 mato	mato	mado
鹿 punau	puuan	binnan
猫 puto		battoos
猪 papu	papu	babo, baboe
牛 roan	roan	loan
鳥 here		mampa
魚 parahan	tsiye	tsi, zi
猴 pehe		pihi
衣服 ripa	ripa	riba
帽 tatahun		tattachum
見 meta	meta	mita
聞 sinin	sinin	masini
去 usa	usa	mossa, osse,
來 moa	moa	moa
有 maka	maka	paga
無 pa	pa	pa
大 mato	matoa	mato

小	kune	kune	gunnoo, qua
多	maka	maka	mapau
少	kune	kune	koezi
寡	sumara	sumara	summura
哥	summa		rummait, (吟連)
			ummitto (吟獨)
寒	masmak	masmak	maasumak
暑	matataha	matata	matadach
白	mause	mausi	mausi
紅	makakan	makakan	makakan
黃	makkaha		mkach
青	mataha		matacha
黑	morum		morum
遠	marro		maro
近	maitsi		maizi
輕	maupol		maljpo
重	mattao		mata-och
死	mahare	mahha	macha
生	puta	puta	podda

笑	ɯmais	maoka	majs
泣	kumanere	humaril	
銃	hatopo	hatopo	atippo
刀	tsinu	tsinu	zino
好	mariu	mariu	mario
不好	marrapês	rappi	marapies

林仔城庄に住する蕃人は、東螺社のものにして、下梅仔脚庄に住する蕃人は、阿東社及ひ眉裏社のものなり、而して彼等は殆んと其固有の蕃語を忘却し、支那語を用ゐて平常の用務を便するに至り只老年の者のみ僅に其幼時の言語の一部分を記憶するに過きすといふ此表中數語の部に於て六以上の數には已に多少の混同を來し、梅仔脚語が naitoo を以て六と九とを顯はし、齒と頭、目と顏の如きを同一にせる等より考ふれば、如何に彼等の言語か絶滅せんとするかを知る事を得べし、表中百餘の單語に於て、全然其形を異にするもの、僅々七八語に止まるを見れは、其一致の大なるを證して餘あり、

今日埔裏社の高原に住せる此等の蕃人か、果して「ハッパルッス」氏か、以て字書を作り、「ヴェルトレヒト」氏か、用ゐて以て說敎したりし、「フアボラング」語を話したる人民

の子孫なりや如何、是れ精細に彼等口碑を尋ね、其移住の跡を究めたる後にあらされは、容易に確定し難しと雖も、彼等か東螺、阿束、眉裏なる名稱を有せるより推測するときは、即ち彼等の故地は、今の東螺、眉裏阿束(阿束の地は「アムボール、チュアル」氏の書に出たる古地圖によれば彰化の附近にあり)の地を去ること遠からずといふも過言にあらさるべし、惜いかな、今彼等か自己を稱する蕃名を逸して名稱上より其何れか「ファボラング」或は「テルチルン」なるやを知るに困むと雖も、是等の地か、笨港以北にあることは、善く蘭人の記載に符合するを見るべし、又「ハッバルッス」氏の字書の中に、「タッカイス」といへる地名は屢々顯はれ、其語と「ファボラング」語と特に異りたる場合には、一々其の例證を擧けたる所七八ヶ所ありされは「タッカイス」語は大躰に於て「ファボラング」語と同一の語なりしなるべし。

(七)「ハッバルッス」氏の字書中に出たる地名、及び人名を爰に列記することは、後來「ファボラング」研究の上に補助する所多かるべしと信するを以て、之を擧けんに、人名にては、Cabba, Labba, Tabui Paus. Takaba, Takalla, Tabapau, Bai, Albert 等あり、最後の「アルベルト」は、洋人の名なるへしと思はる、又地名にて、Taiwan, Bat-a, Tackais, Tiloes, Abusshe, Ternern, Batsjekan, Daubali, Hallibo, Tamachau, Assok 等あり、「タイワン」は、臺南にして「チルス」とあるは諸羅なるへし、「ハリボ」は他里霧か、又「ダウバリ」とあるは礁吧哖の事なるべし、又「アソク」とあるは、即ち阿東社の事にして、殊に此の阿東に付ては、「ハッバルッス」氏の字書中に、 Passok; from whence seems to be derived the name of village *Assok*, which is the noun, from the verb *Passok* meaning gift, because the site of the village *Assok* was formerly given to the inhabitants of Tamachan. (是を譯すれは「アソク」といふ村の名は「パッソク」といふ動詞より來りて「送物」といふ義を有するものゝ如し、何となれは「アソク」社の地は、前に「タマハン」の住民に與へられたれはなり)なとゝ記して、社名の語原までも究められたり、此社の人民なるへし、山を越えて宜蘭の地に入りしと、噶瑪蘭廳誌に散見せり、曰く、

(上畧)九年(嘉慶)有彰化社番首潘賢文、大乳汗毛格、犯法懼捕、合岸裏、阿里史、阿東、東螺、北投、大甲、吞霄、馬賽、諸社番千餘人、越內山、逃至五圍、欲爭地、(中略)阿里史諸社、乃自開羅東居之、潘賢文爲之長云々。

(上略)有彰屬之阿里史、烏牛欄、阿東、東羅溪、等社流番、移住西勢一帶、近有千丁、頗精壯、鳥鎗弓箭亦嫺熟云々。

是によりて考ふるに、現今宜蘭の熟番中に、今尙此の阿東等の遺族を見ることを得

るならんと信す、

今伊能氏の蒐集せられたる、林仔城庄と下梅仔脚庄との蕃語に付て、注意すべき諸點を左に、簡短に述ふべし。

(一)、數詞に於て、其頭語に來る(na)は、即ち數詞の接頭詞にして、是なくとも間々用ゐることあり、されば語詞の比較の上に於ては、この有無は、必要ならされとも、文法の比較に於ては、何如なる場合に之を付するか、大に注意すへき値あるものなり、たとへは、ファボラング」語に於て、「二」と云ふ詞か、變化して、pe-roa となれは、二ッに分ツ」といふ義となり、ararroa となれは、「二ツヅヽ」といふ義となるか如く、語形の變化によりて、言語の活動する有樣を見ることは、尤も必要なることなり、

(二)、「目」といふ詞は、馬來語及ひ他の蕃語にては、多くは mata といふが通例なるに此の「ファボラング」語に限りて、macha (マハ)となり舌音のT音か、喉意hに變したることは、實に注すへき顯象なりとす、而して林仔城、下梅仔脚にては、puraha となり居りて、一致せさるか如くなれとも、此内に「マハ」といふ語の含まれ居るか如き心地す、而して語頭のPは、如何なる理由によりて、加へられたるかは、未來の研究に屬するものなり、又古へ蘭人かchを用ゐたりし處は、如何なる音に呼ふへきかは從、

來の疑點ありしが、次の「耳」といふ語を見るに及んでは、明にchの音は、h（獨乙語のch？）の如き音によむへきヿを證明するに足るなり。

（三）、「口」といふ詞を比するときは、「r」「l」の音と、「n」の音と、如何に相轉化しやすき傾向を有するかを察すへく、是の例は、「五」といふ語を、馬來語其他に於ては、「リマ」とよぶに或る蕃人は之を「ニマ」の如くに唱ふるヿ、屢あるにても知るを得べし。

（四）、「舌」といふ詞に付ては、蘭人の用ゐたる「z」の字は、英語に於けるが如く「ズ」の音に唱ふるにあらずして、「ts」の音を有するヿを知る。

（五）、「祖父」といふ詞は、下梅仔脚の語には、taの語頭を有すれとも是は別の語にて、冠詞の如きものなるヿ、「祖母」といふ詞、及び「ファボラング」語の「父」、「母」の詞にtaの有るものなきもの、共に存するにて知るヿを得べし。

（六）、「兄」といふ詞は、林仔城と下梅仔脚と相異なれとも、「ファボラング」語には、二つながら此の調を有するも、面白く、又其意義は、「マヘン」の方は、「兄又は妹、從兄弟又は甥」といふ譯あるにも拘はらす、「アトアサ」の方は兄弟を姉妹に對してよぶとき、又は姉妹を兄弟に對して呼ふときに、此の語を用ゐるものなりとあり。

（七）、「子」といふ詞は、下梅仔脚にては、「サシシム」とあり、是は子供の複數なるべく、「ファボラング」語には、之に對して、sishiem(=children)といふ詞あり。

(八)、「孫」林仔城にて、simsimuといふ、是は「子の子」といふ義なるべく「ファボラング」語には、之に對して、shiem o shiemといふ詞あり下梅仔脚の「クチ」は、「小」の義なり。

(九)、「言語」林仔庄、下梅仔脚共に、「パテテ」とあり「ファボラング」語にては、アチテ(atite)といふが名詞にして、之にpaの接頭詞を付するときは、他動詞となり「語る」といふ義となる、馬來語屬又臺灣の蕃語に於ては、接頭詞ma又はpa等は、非常に重要なるものにして、種々の語形と、種々の意義を形成するものなり。

(十)、「今日」。明瞭に相符合せり、「ビア」は「今」の義、「ダ」は「ノ」に相當する語、「シシャ」は「日」の義なり。

(十一)、「火」。此語は、尤も普通には、「アプイ」といふが、馬來語族の常にして、臺灣蕃人にもかく唱ふるもの多く、宜蘭方面などには、「ラマル」と呼ふ方多けれとも、「ハウ」の如く唱ふるもの甚た珍らし、而して此の一種の珍らしき詞に於て、一致するものは以て此の三語の特徴の相似たるものとして差支なかるべし。

(十二)、「山」「ファボラング」語にshagとあり、之を他の二者に比するときは、「g」の音も亦獨逸語式の場合に於けるか如く、「ハ」の音を有することを注意すべし。

(十三)、「聞」「マシニ」は、「聞く」といふ義にして、「シニン」は、恐く asini-an の訛ならん、然らは「聞かるゝ」といふ受動的の動詞なり。

(十四)、「去」「行ク」「去」の義は、「モッサ」にして、「ウサ」は usse に相當するものか、然らは「行ケ」といふ命令法なり。

(十五)、「大」下梅仔脚の mutou の「u」は、形容詞の語尾として付するものなり。

(十六) 全躰に於て、此の三語を比するに、「ファアボラング」語に於て、母音にて初まるもの、他の二語ょ於ては「h」にて初まること多し、例令は「頭」「爪」「昨日」「我」「月」「星」「雨」「草」「銃」等の如し、又「ファアボラング」語に於て、「b」に初まるもの、他の二語に於て「P」となるもの多し、例令は「鬚」「肩」「祖父」「祖母?」「弟」「天」「風」「雷」「鹿」「猫」「猪」等の如し、其他「ファアボラング」語にて、濁音なるものが、他の二語に於て、清音となるものゝ例は、「唇?」「乳」「血」「月」「米」「犬」「衣服」「暑」等に於て見る所にして、何れも偶然の結果と見る可らさるが如し、尙後日の研究を待ちて分明なるに至る期あるべし。

最後に、「ファアボラング」語にて記したる、「主の祈」(Lord's prayer) を出して、其の譯及び文法の大要を述べん。

Ai-achi' o ma-achachimit ja torro ta Jesus Christus.

(Prayer)　　(Lord)　　(our)

(譯)「我等の主「イエスクリストの「祈禱」

(注意)、ai-ach' は、ai-acha にして、「祈禱」の義、名詞なり、「祈る」といふ動詞となるときは、ma と云ふ接頭詞を加へて、ai を e に變し、meacha となる ma-achachimit (主) は、chimit (保護) といふ語より轉し來て、人間をあらはす、即ち監督者、支配者等の義を有す、torro (我等ノ) といふ詞は、「我々御互」なるといふ義にして、臺灣語の「ラヌ」(咱)に相當せり、爰に奇なることは、支那語に於ては、一人稱複數即チ「我等」といふ詞に、「我々」即ち對稱の人は除きていふときの「ゴアヌ」(阮)と、對稱の「咱」を含めて、「我々御互に」なるといふときの「ラヌ」(咱)と二樣に言分けらるゝに、「ファボラング」語、及ひ其他の蕃語、又は馬來族の語に於ても同しく、二樣に言分け居ることは、實に奇異の顯象といはさる可らず、「ファボラング」語に於ては、(阮)に適する語は、namo といふ語ありて、爰にいへる咱に對する語、即ち ierro とゝ區別せり、ta は固有名詞の前に置かるゝ冠詞にして、ja 又は a は、其他の名詞の上に置かるゝ冠詞なるか如し。

Namo-a ta-mau tamasea paga de boesum.

(our)　(father)　(which)　(art)　(in)　(heaven)

(譯)、天に在す我等父よ、

(注意)、namo-a は「我等の」の義にして、「阮」に同し、上の torro と比して其義を知るべし、a は、形容詞の語尾なり。

I-p-adass-a jo-a naan

(be praised !) (thy) (name)

(譯)、御名を尊めさせ賜へ、

(注意)、I-p-adass-a は、adass (名譽)といふ語より來り、pa を加へ、padass となりて、譽むる」といふ他動詞となり、I-padass となりて、其の受動詞となりて、「譽らるゝ」の義となり、語尾に a を加へて、「譽られよ」との命令詞となりたるものなり。

I-pa-saij-a j-a chachimit o ai.

(譯)、御國を來らせ賜へ、

(注意)、I-pa-saij-a は、sai (來)といふ語より出て上にいへると同し方法によりて、受動の命令詞となり、「來させられよ」といふ義となる、chachimit (國)は、chimit (保護)といふ語より來りて無形名詞となりたるもの、支配又國の義となる、o ai は助詞なるべし

I-pa-i-jorr' o oa airab maibas de boesum, masini de ta chhannumma.
(be done!) (thy) (will) (as) (in) (heaven) (so) (on) (earth) (also)

（譯）、御心の天に成る如く、地にもさせ賜へ、

（注意）、I-pa-i-jorr' は、ior（從ふ、贊成）といふ語より來り、前にいへる如く、受動詞の命令詞となりて、「汝の御心か、人々に從はるゝ樣にあれ」、即ち「汝の御心か行はるゝ樣にあれ」といふ義となる、oa は、前の jo-a と同し、「汝（ ）」といふ義なり。

Epe-e namo-no pia-dai torro uppo ma-atsikap
(give!) (us) (this day) (our) (food) (sufficient)

（譯）、我等の日用の糧を、今日も與へ賜へ、

（注意）、E-pee は、aija（贈物）といふ語より來り、pea となりて「與ふる」義となり變則に接頭詞「e」を加へて、受動詞となり、語尾に「e」加へて、命令詞となり「與へられよ」との義となる。

So-o abo-e namo tataap o kakossi namo-a, maibas channumma namo mabo
(and) (forgive!) (us) (deeds) (sin) (our) (as) (also) (we) (forgive)
tamasea parapies i namo

(one who) (does evil) (us)

(譯)、我等に罪を犯す者を我か宥す如く我等の罪をも宥し賜へ、

(注意)、abo-e は、abo(寛恕)といふ語より來り「e」を附して命令詞となす、「恕せよ」の義なり、tataap は、taap(働)といふ語より來りたる無形名詞にして「事業」「事」の義なり、kakossi は、kossi(不從順)といふ語より來りたる無形名詞にして「惡」の義なり、mabo は、前の abo より來りて「宥す」といふ動詞の現在となりたるものなり、parapies は、rapies「惡をなす」「罪を犯す」といふ語根より出て、pa を加へて使役動詞となり「惡をなさす」といふ義なるか、爰には「我等に對して惡をなす」といふ義に用ゐられ居るは不審なり、正當にいへは、R-umm-apies といふ方よく義に適せりと見ゆれは、或は誤りたるものにはあらさるか、又は「パラピエス」に惡を仕掛けるといふ義あるか尙後の考を俟つ。

Hai Pa-sabas i namo, so-o barras' i namo, innai rapies ai.

(not !) (tenpt) (us) (and) (deliver) (us) (from) (evil)

(譯)、我等を試に逢さず、却て惡より救出し賜へ

(注意)、hai は、禁止の詞「何々すな」の義なり、pasabas は、sabas(試)といふ語より出てゝ pa

を加へて使役動詞となり「試らるゝ樣にする」といふ義となる、i 及び ai は助辭なるべし、未た明ならす。

Inau jo-a micho chachimitoai, so-o
(for) (thine) (kingdom) (and)
barr'o ai, so-o adas ai, taulaulan,
(power) (and) (glory) (forever)
Amen

(譯)、國と力と榮は、汝の世々限なく、保ち賜ふ所なれはなり、アーメン、

(注意)、micho の字の義未た判明せす、barr'は、barra の畧、adas は、前の ip-adassa (譽められよ) の所にいへる語なり。

『台湾教育会雑誌』第一号、一九〇一年、二五～三四頁

學術

◎言語學ト人種

小川尚義

先年ナクナッタ米國ノ學者デ「ホイトニイ」トイウ人ガ書イタ言語論トイウ本ガアル、先日來少シ暇ガ出來タカラ其オ取出シテ讀ンデイタトコロガ、其中ニ言語學ト人種トノ關係ニ關スル說ガ出テイタ、臺灣ノ樣ニ色々ノ人間ガ住テイテ色々ノ言語ガ行ワレテイル所デワ、一寸參考ニナル点モアロオト思ッタモノダカラ、其大意オツマンデ諸君ニ御紹介スルコトニシタ、

人種オ分類スルノニ、言語ノ特性オ標準トシテスルノト人間ノ形体上ノ特徴オ標準トシテスルノト二樣ノ分類法ガアルガ、其間ニ時々一致セヌ点ガアルトイウコトワ免レガタイコトデアル、昔ノ小學讀本ニアッタ「地球上ノ人種ワ五ツニ分レタリ」的ノ古イ分類ノ仕方ハ極メテ不完全ナモノデアッテ、今日ノ學者ワ誰モ眞面目ニ其ノ如ク主張スル人ワナイ樣ニナッタガ、サレバトテ形体上カラノ分類オ何樣ニヤリカエテモ、言語上カラノ分類ト一致セシメル樣ニヤルコトワ到底六カシイコト、イワナケレバナラヌ、言語ノ方カライウト先ヅ印度歐羅巴語族「セミチック」語族（「ヘブリュウ」語「アラビヤ」語ナド）「シシアン」語族（又「ウラルアルタイ」語族トモイウ蒙古語土耳古語ナド）ナド、イッテ、皆各言語ノ構造性質ガ違ッテイル所カラ斯ク分

類シテイルガ、扨其等ノ言語ヲ話シテイル人間ガ、各其語族ニ應ジテ形体上ニ人種ノ相違ガアルカトイウニ必ズソオトモ極ッテイナイノデアル、

此ノ如キ有様デアルカラシテ、爰ニ自然ニ起ッテクル問題ワ、人種ノ異同ヲ証明スルニ就テ言語上ノ証據ト、形体上ノ証據ト、何レガ正確ニ近イモノデアルカ、又此二者ノ間ノ矛盾ワ如何ニスレバ調和スルコトガ出來ルモノデアルカトイウコトニナッテ來ル、ソオシテ此ノ調和ノ手段ワ是非トモ講究セラレナケレバナラナイコトデアロオト思ウ、何トナレバ言語學ト人種學トワ、何レモ只分類ヲ目的トスル學問デワナクシテ同時ニ又歴史的タランコトヲ望ンデイルモノデアル、語ヲカエテ之ヲイエバ、此二ツノ學問ワ共ニ同一ノ目的ニ向テ進ムモノデアッテ、人間種族ノ相互ノ關係ハ實際如何ナルモノデアルカ、又其血族的ノ歴史ハ如何テアルカヲ探索セントシテイルモノデアル、勿論其ノ研究ノ材料ヤ方法ナドニ於テワ互ニ相干渉スルコトワナイトシテモ、此ノ二ツノ學問ワ決シテ各互ニ他ニ關係ナク、獨立獨行シテワヤリキレルモノデナイカラ、互ニ手ヲ引キヤッテ其目的タル探索ノ道ニ進マナケレバナラナイノデアル、然シ是カ全ク調和サレルニ至ルノワ、何レモ今日ノ様ナ幼稚ナル地歩ヲ離レテ、十分ニ進歩シタ學問トナッテ、完全ナル結果ヲ擧ケ得ル様ニナッテキタ曉デナケレバ六カシイコトデアロオト思ウ、今爰デハ言語學ノ方ト、人種學ノ方ト、兩方ノ學者ニ於テ注意ヲ怠ッテワナラナイ所ノコトニ就テ、少シ考エテ見タイト思ウノデアル、語ヲ換エテ

イエバ此二ツノ學問ワ、各如何ナル点ニ於テ長所オ有シ、如何ナル点ニ於テ短所オ有シテイルカオ指摘シテ、其ノ範圍ト職分トオ明ニシ、各ガ共同ノ目的オ達スルガ爲ニワ、鄭重ト謙遜トオ以テ互ニ他ノ補助オ仰クコトガ必要デアルトイウコトオ示シタイノデアル、

我等ワ爰ニ先ズ、言語ニ關シテ或ル種類ノ學者等ガ主張スル所ノ僻説オ破ッテオク必要ガアルト思ウ、甲ノ學者ガイウニワ「人間ガ話オスルトイウノワ丁度鳥ガ囀ッタリ、犬ガ吠エタリ、獅ヤ虎ガ呻吟ッタリスルノト同シコトデアル、其ダカラ、言語ヤ方言ガ似テイタカラトイッテ是ガ其ノ人間ノ血脈的ノ關係オ証明スルナド、イウノワ、ツマリ囀ッタリ呻吟ッタリスル聲ガ似テイルカラトイッテ、世界ノ各地方ニイル鳥獸ガ同一ノ祖先カラ出タノダト証スル樣ナモノデ、ツマラナイコトデアル」又乙ノ學者ガイウニワ「言語ハ人間ノ体ノ組織カラ直接ニ出ル所ノモノデアッテ、其關係ガ必然的デアルカラ形体ガ異ルニ従テ言語ガ異ッテイルノデアル、英人ヤ佛人ヤ支那人ナドガ互ニ異ッタ言語オ使ッテイルノワ、彼等ノ腦ヤ發音機關ガ同一デナイカラデアル、佛人ヤ支那人ノ塲合ト同ジク英人ガ凡テ皆同シク英語オ話シテイルノワ、各々ガ似ヨッタ境遇ノ下ニ生活シテイタリ、又ハ其ノ種族ニ共通ナル粹オ受繼イデイタリシテ、ソノ神經筋肉ノ組織ガ甚タ相似テイルカラデアル」、又丙ノ學者ワ是等オ總括シテイウニワ「言語ハ人間ノ自由意志ノ及バナイ所ノモノデアルカラ、人間ノ自由ノ力デ之オ造ルコトモ出來ネバ又變ルコトモ出來ナイモノデアル」、上ノ樣ナ風ニ言語オ考エテ

オル學者ワ、實ニ言語學トイウ科學ノ存在オ否定スルモノデアッテ、ツマリ、言語學オ生理學ノ一分科トシテシマウモノデアル、是等ノ僻説ハ實際言語上ノ事實ヲ無視スルモノデ、之オ打破ルコトワ六カシイコトデワナイ、一体我等ガ言語オ我物トシテ使ウ樣ニナッタノワ、決シテ彼等ノイウ、如ク言語ガ心ノ内カラ自然ニ沸出シタカラデワナクシテ、己レ以外ノモノカラ是オ取テキテ覺エタカラデアル、我等ノ使ッテイル言語ワ、母語ト外國語トニ論ナク、自分獨リデ造リ出シタリ、又ワ親カラ遺傳シテ持テ生レタルモノデワナイ、皆モトワ、我等ノ周圍ニアッテ、我等ヨリ先ニ巳ニ之オ知ッテイル人々カラ學ンデ覺エタモノデアル、

右ノ樣ナワケデアルカラシテ、言語トイウモノワ、必ズシモ其ノ人ガ如何ナル種族ニ生レタ人デアルカオ直接ニ証明スルモノデワナクシテ、只其人ガ如何ナル種族ノ社會ニ生長シタ人デアルカオ証明スルニ過ギナイモノデアル、即チ言語ワ、必ズシモ正確ニ人種ヲ代表スルモノデワナク、只其大体ノ目安トナル丈デアルガ、其目安トイウモノガ甚ダ險呑ナ目安テアッテ、善ク注意シナイト、時トスルトトンデモナイ考違オ生スルヿニナル、何故ナレハ我等ノ周圍ニイデ、我等ヨリ先ニ言語オ知リ、我等ニ其オ敎エテクレル人ワ、必ズシモ我等ト同一血族ノ人種ニ屬スルモノデアルトワイエナイ、只一ケ人ノ場合ノミデナク、一家族モ、一部落モ、又大ニシテワ一種族ノ如キ大團体ト雖モ、其時ノ事情ニヨッテハ、他ノ一團体ノ爲メニ吸収セラレテシマッテ、巳レノ固有ノ言語オステテ、、

他ノ言語オ使ウ様ニナルコトガアル、彼ノ故郷オ離レテ「アメリカ」ニ連レテ來ラレタ黒坊ヤ、永ク外ノ抑制ヲ受ケテ頭ノ上ラナカッタ「アメルランド」ノ人ヤ、又他ノ優等ナ種類カラ文化オ受繼イダ古ノ「ゴオル」ノ人(即チ今ノ佛人ノ祖)ヤナドワ此ノ適例ト見テヨカロオ、言語トイウモノガ地上ニ出來テカラ以來今日ニ至ルマデニ、全ク消滅ニ歸シテシマッタ言語ワ、數エキレナイ程デアロオト思ウガ、其内デ人間ガ死滅シタガ爲メニ言語ガ亡ンダワ只僅カデアッテ、多クワ其人間ガ四散シテ、他ノ語オ使ッテイル社會ノ爲メニ吸收サレテ、遂ニ融合シテシマッタモノラシイ、又異ッタ言語ヲ話シテイル社會ガ互ニ境オ接シテイル場合ニワ、其間言語ニ多少ノ混合カ起ルカ、又ワ時トスルト、甲ノ言語ガ乙ノ言語オ壓倒スルヿガアルモノデアルガ、爰ニ注意セナケレバナラナイノワ、言語ノ混合ワ必ズシモ人種ノ混合ノ證據ニワナラナイトイウコトデアル、例令バ拉丁語カラ來タ詞ガ今日ノ英語ノ大部分オシメテイルノワ、丁度支那カラ來タ詞ガ今日ノ日本語ノ中デ主要ナ部分オシメテイルノト同ジ様デアッテ拉丁語ノ本國ワ伊太利國ノ「チベル」河畔デアルガ、英人ノ血ワ殆ント羅馬人ノ血ノ分子オ混シテイナイトイッテヨイ位デアル、然ルニ英語ワ何故ニカク多クノ拉丁語オ吸收スルニ至ッタトイウト、是ワ英人ガ直接ニ「ロオマ」人カラ得タノデワナクシテ、極メテ廻リ遠イ仕方デ傳テ來タメデアル、即チ英人ハ同シ「ゼルマン」人種ニ屬スル「ノルマン」人カラ直接ニ之オ得タノデ、「ノルマン」ハ又以前ニ「ケルチック」種ナル佛蘭西人カラ之オ學ビ、其又佛蘭人ワ雜多ナル混合團体ノ伊太利人カラ之オ受取タノデアル、而シテ我等ガ拉丁種族トイウノワ、此又伊太利ノ中テモ、人數ノ上カライウト、モトモト極メテ微弱ナル一分子ニ過ナイ位ノモノデアッタノデアル、

一個人又ワ一社會ノ人種的關係オ言語上ノ比較カラシテ推論セヨオトスル斥ハ、上ノ樣ナ困難ガ道ニ横ワッテイテ、其ノ力ワ中々ニ犯スベカラザル程デアルカラ、言語學カラ人種ノコトオ研究シテ、正當ノ結論オ得ントスルニワ、常ニ此点ニ注意オ怠ッテワナラナイノデアル、而シテ又是等ノ困難オ排除スルニハ、是非トモ方有學者ヤ古物學者ヤ又ワ歴史家ナドノ補助ニヨラナケレバナラナイノデアル、

上ノ樣ナ困難ワ、モトヨリ困難ニハ相違ナイガ、一方カラ考エルト、余リ其困難サオ買被ッテ、言語學的ノ証據オ全ク微弱ナモノ、樣ニ見クビルノワ大ナル間違トイワ子バナラヌ、要スルニ、上ニ擧ケタ樣ナ事實ワ廣漠タル人間ノ歴史上、稀ニアル所ノ特例デアッテ、大体ノ上カライエバ矢張リ言語ワ可ナリ精確ニ人種オ代表スル記号デアルトイウコトガ出來ルノデアル、昔カラ今日ニ至ルマデ、凡ソ人ガ生レテ來テ言語オ學フ所ノ教場ワ何處デアルカトイエハ、先ズ其父母ノ膝下ニ於テ、或ワ又其周圍ニアル同血族ノ社會ニ於テ學ブノガ、最モ普通ノ塲合ト見テ差支ワナカロオト思ウ、一体、人種ガ常ニ他ノ血オ混ゼナイデ、其純潔ォ保ッテイクトイウコトワ、中々六カシイコトデ、他ノ異リタル人種ト接シテ其血オ混シ其ノ特質オ互ニ交種シテイク傾ガ非常ニ强イモノテアル、拉丁

語ノ場合ワ特別トシテ、普通ノ場合ニ於テ、言語上ノ証明オ薄弱ナラシメル困難トイウワ、重ニ此ノ人種ノ混合トイウ事實ニ基ズクモノデ、アッテ、實ニ止ムオ得ナイ次第デ、アルガ、人種學的即形体ノ上カラ証明スル方ニ取テモ、此ノ人種ノ混合ハ矢張由々シキ困難タルコトオ免レナイノデアル、然シ言語ガ融合シタリ叉ハ侵蝕シタリスルノワ、異リタル言語オハナシテイル人々ガ、共ニ同一ノ社會ニ住シテ相交通スルニ至ッテ起ル所ノ顯象デアッテ、其程ニ進ンデイクマデニワ、人種ノ混合トイウコトカ、叉多少其ニ伴テ行ワレルモノデアル、其場合ニ於テワ、其融合シタ痕跡ノ証據トシテワ、其同化シタ人種ノ形体上カラノ研究ヨリワ、寧ロ其ノ融合シタ言語ノ研究ノ方ガ却テ正確ナル報告オ齎ラスモノデアル、例令ハ今日ノ佛蘭人ワ、本「ケルチック」族「ゼルマン」族「イタリア」族ノ融合シタモノデアルトイウコトワ、言語學者ワ、佛語ノ內ニ存セル「ケルチック」語族、「ゼルマン」語族ノ分子オ研究シテ、之オ証明スルコトガ出來ルガ、（本ヨリ歷史的ノ記錄カラノ証明ニ負フ所ガ多イケレ𪜈）人種學者ノ方テ、佛蘭西人ノ形体オ研究シテ、同一ノ結論オ得ルコトワ六カシカロオ、叉人種學者ワ斯オイウコトオイッテイル、「甲人種ノ血ガ可ナリ多量ニ、乙人種ノ血ト混ジテイテモ、乙人種ノ形体ニ左程ノ變化オ及ボサヌコトガアル、ソレワ甲人種カラ侵入シテクル血ガ、常ニ新シク續イテ供給サレナイトキワ、乙ノ有勢ナル血ノ爲ニ負サレテシマッテ、仕舞ニワ甲人種ノ特徵カ消滅シテシマウソデアル」是オ短タイイカエルト、甲ノ特質ハ分量ガ少イ爲メニ、乙ノ多量ナ力ノ爲メニ漸々稀薄ニセラレテ、遂ニ見分ケルコトガ出來ナイ様ニナルノデアル、此ノ如キ場合ニ、言語ノ上カラ其ノ融合ノ痕跡オ尋子ル片ワ、他ノ方法デワ達シ得ラレヌ程ノ結果オ得ルコトガアル、勿論言語ノ範圍ガ、其オ使ツテイル人種ノ範圍ヨリワ非常ニ廣クナリ、始ナハ極メテ少數ノ社會ガ用イテイタノガ、仕舞ニワ非常ニ大ナル勢力オ得テ、他ノ種々ナ人種ノ話シテイル言語オ壓倒シテ、廣大ナル地方ノ共通語トナルヿガアルノワ確カナコトデアル、例令バ前ニモイツタ通リ、拉丁語ワ、本ワ、伊太利ノ一部「チベル」川ノ岸ニ沿オタ狭イ地方デ、少數ノ社會ガ使ツテイタ微弱ナル言語デアツタノデアルガ、其ガ後ニワ歐羅巴ノ南ト中央ノ大部分ニアツタ種々ノ土語オ一掃シテ、其後ニスワリコム様ニナリ、尚其デ足ラズシテ、東西両半球ノ大抵ノ文明國ノ言語ノ中ニハイツテイル様ニナツタ、是ハ實ニ著シイ事實ニワ相違ナイガ、併シ此様ナ事實ガ世界ノ歴史ニ於テ屢々起ツタモノデアロオト考エルノワ、余リニ早マリスギタ考デワナカロオカ、即チ此ノ拉丁語ガ、拉丁人種ノ膨脹ニ伴ワズシテ、獨リ格外ニ膨脹シタノワ、世界歴史ノ例外ノ場合デワナカロオカ、此處エイクト、我等ワ拉丁語オシテ此ノ如ク非常ニ膨脹スルコトガ出來ル様ニサセタ原因ハ、果シテ何デアツタノデアロオト、其事オ何ヨリ先ニ考エテ見子バナルマイト思ウ、我等ノ考エデワ、拉丁語ガ勢力オ得タ原因ワ、拉丁人ガ他ヨリ優リタル文化ト、又其言語オ以テ記載シタ立派ナ文學（廣イ意味ノ）トオ有テイタコトニ歸スルノオ穩當ト思ウノデアル、波斯人ヤ蒙古人ハ、曾テ或ル時期ノ間ワ、「ロオマ」ノ版圖ニモ劣ラナイ程ノ帝國オ建タコトガアツタケレドモ、彼等ノ言語ワ依然トシテイテ、決シテ其從前ノ範圍ノ外エワ余リ廣ガラナカツタ、「ゼルマン」種族ワ、又曾テ漸次ニ歐州ノ國々オ征服シタコトガアツタケレドモ、ソノ人種ト言語トワ却テ被制服者ノ人種ヤ言語ニ吸収セラレテ、今ワ其痕跡チ尋子テモ容易ニ見付ラナイ位ニナツテシマツタ、支那ノ歴史モヤハリ其ノ例ガアル、支那帝國ワ蒙古ヤ滿州ノ爲メニ征服セラレタヿガアツタケレドモ、支那ノ言語ワ、決シテ其ガ爲メニ衰エルコトワナク依然トシテイテ、殆ント其影響オ被ラナイノデアル、「アラビヤ」ノ膨脹此勢力ガ若シ拉丁語ノ其レニ似テイル所アリトセバ、其ワ決シテ「イスラム」ノ劍ノ力デワナクシテ、我等ノ經典ノ力デアルトイワナケレバナラナイ、凡テ此ノ如キ世界ノ大變遷ワ、文化ト文學トニ密接ノ關係オ有スルモノデアルカラ、其等ノ事實ワ、自然ニ、歴史ノ記録ニノコルモノデアツテ、我等ワ別ニ十分其側カラ説明オ得ルコトガ出來ルノデアル、今日我等ノ中ニ行ワレテイル樣ナ、國民ノ融合同化トイウコトワ、今日マデワ、如何ナル地如何ナル時トイエドモ起リ得ナカツタモノデ、是ワ十九世紀ノ文化ノ進歩オ待テ始メテ行ワレ得ルノデアル、地球上ノ野蠻未開ノ種族ワ、一般ニ、代々生レタマヽニ生活シテイテ、外カラ移民オ受イレルコトモナケレバ、又外エ移民オ出スコトモナイガ、文化トイウモノワ、人間ノ事情ト運命ニ驚クヘキ變化オ生スルモノデアルカラ、發達シタ文明時代ノ國民ヤ言語ノ歴史オ本トシテ出來タ結論オ、野蠻人種ヤ未開時代ノ歴史ニ應用スルノワ、尤モ危險ナルコト、イワナケレバナラナイ、我等ソ、過去ノ暗黒時代ニ進メバ進ムホド、人種ト言語ノ範圍ガ互ニ近ク密着シテイテ、其何レカ一ツガ他ト混合スル場合ニワ、其他ノ一ツモ亦之ニ伴ツテ混合シテイタモノデアルトイウコオ益々信スル様ニナル

（以下次号）

◎蚊ノ話

吉原千代吉

臺灣ノ名物ヲ數フレバ、蚊モ確カニ其一ニ違ヒナイ○年取リニモ蚊ヲ燻スメ、寒中ニモ蚊帳ヲツル、到底東北地方ノ人ナドニハ、想像ガツカヌコトデアル、ソコデ、名物ノ蚊ヲ調ベテ見ヨーナレバ、

蚊ノ図

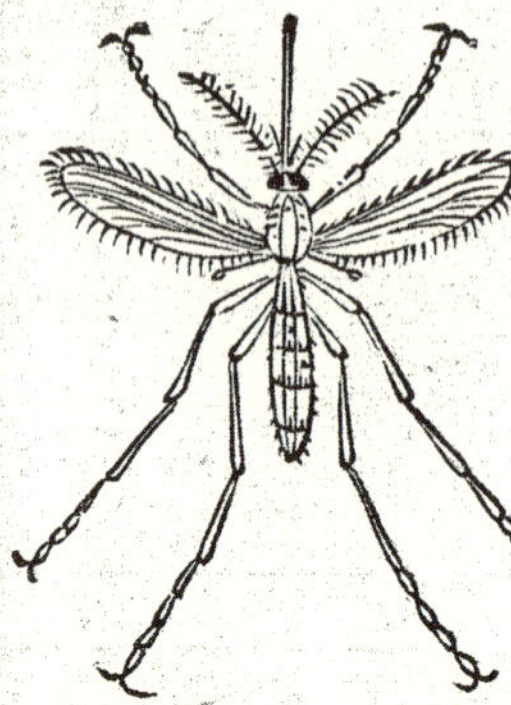

蚊ハ至テ小キ様ナレドモ、之ヲ百倍位ノ顯微鏡デ見タト仮定スレバ、丁度大キナ雞カ翼ヲ廣ケタ位ハアル○其位大ク考フレハ、体ノ部分ガヨク分ル、先ツ圖ノ如ク大体ガ頭部、胸部、腹部ト分レテ頭部ニハ、大キナ眼カ二ツ左右ニツキ二本ノ長キ角ト二本ノ口鬚ト錐ノ様ナ口ガ前方ヘ突キ出テ居ル○此角ハ、十五ノ節アリテ雄ノ方ニハ特ニ毛ガ多クテフサフサトシテ居ル、雌雄ノ別ハコレ

『台湾教育会雑誌』第二号、一九〇一年、一五〜二三頁

ヽ、以テ大ニ同化ノ大目的ヲ達スルコトヲ圖ル事ハ、尤モ大切ナ事デアルト思フ○私ノ話シハ、敎育雜感ト云フノデアルカラ、話スコトモ雜駁デ、定メテ御迷惑デアツタコト、思イマス○（拍手喝采）

學術

○言語學と人種（續）

小川尚義

或ル塲合ニワ、人間ガ祖先傳來ノ形体的特徴オ、具エテイルノニカ、ワラズ、其ノ話シテイル言語ワ、本來ノ言語ト全ク違ツタ、他ノ語オ用イテイルコトガアルニワ相違ナイケレドモ、又或塲合ニワ、人間ガ其ノ固有ノ形体的特徴ニ、非常ナル變化オナシテイル𪜈デモ、其ノ話シテイル言語ガ、正シク其ノ祖先ノ血統オ示シテイルコトガアル○「アメリカ」ニイル黒人ワ、其ノ本來ノ言語オ忘レテ、英語オハナシテイルカラ、言語ノ上カラシテワ、其ガ元ト「アフリカ」カラ來タノダトイウコトガ、知レナイトイウコトワ事實デアルガ、サレバトテ、「マギヤアル」人ノ形体容貌ワ、彼等ガ元「ウラル」山ノ向側カラ來タモノデアルコトオ、証シテイルカドオダカ、又「オスマントルコ」人ノ形体容貌ワ、彼等ガ中央「アジア」ノ高原ニイルカ遊牧ノ民ト近親デアルコトオ、証シテイルカドオダカ、是點ガ人種ノ証據トシテ、形体上ノ証明ノ弱點デアツテ、丁度言語上ノ証明ニ弱點ガアルノト相平均シテイル○是ノトコロガ、言語學ト人種學トガ互ニ相補助シテ、手オヒキアツテイカナケレバナ

ラナイ點デアル○凡テ人間ノ外界ノ事情、卽チ氣候ダトカ、生活ノ狀態ダトカイウ樣ナモノガ、人種ノ上ニ及ボス變化ノ種類ヤ、速度ヤ、分量ナドニ付テワ、人種學ノ方デハ未ダ一定ノ說ガ立テワイナイ○只外界ノ事情ワ、人種ノ變化ノ上ニ餘程勢力ノアルモノダトイウコト丈ガ、或ルボンヤリシタ範圍內ニ於テ、見トメラレテイル斗リデアル○動物學者、又人種學者ノ中ニワ、「種族ノ固定」トイウ臆說テ本トシテ、凡テ人種ワ、本來カラ違ツテイタモノダト主張シテイル人モアルガ、併シ科學界ノ大勢ハ、之ニ反シテ、種族ワ變シ得ルモノダト、許ス方ニ傾イテイル○ソウシテ、今日世界ニアル樣ナ人種ノ相違ワ、根元一種ノモノカラシテ、漸々ニ變化シタ結果ダトスルニ、小シノ差支ナク、人種ノ相違オ說明スルニ、必スシモ人種多元說オ唱ヘ子バナラヌ必要ワナイトイツテイル○或學者ハ、三千年モ前ノ埃及ノ遺物オ見ルト、矢張色々ナ人種ガイテ、今日ノト同ジ樣ナ特徵オモツテイルカラ、人種ワ昔カラ別テアツタノダトイツテイルガ、是ハ何モ驚クニワ及バナイコトデアル○地球上ニ人間ガ出來テカラノ歷史ワ、極メテ久シイモノデアツテ、三千年位ノ年月ワ其ノ只一小期ニ過ギナイ○又是事實ワ、人種ガ十分ニ發達スルト、或ル時期以後ワ、其ノ形体ガ固着スルモノダトイウコトノ證明ニワナルガ、人種ノ根元オ證明スルニ何等ノ効モナイモノデアル○言語ノ方ニモ、矢張其ニ似タ樣ナコトガアル○ズツト古イ野蠻時代ノ「ドイツ」人ノ記錄ガ、若シ今日現存シテイテ、見ルコトガ出來タナラバ、其ノ言語ワ、矢張疑モナク「グリイキ」語ヤ「スラボニツク」語ヤ、

「ケルチック」語ナドノ、他ノ印歐語ヨリワ、寧ロ現今ノ「ドイツ」語族ノ語ト、大体ニ於テ一致シタル特徴オモッテイルニ違イワナイ○ 而シテ其「ドイツ」語族トイウノモ、矢張又本來的ノモノデナクシテ、他ノ語族ト共ニ共同ナル印歐母語ヨリ來タモノデアルコトワ、疑ワレナイコトデアル○ 人種ワ、本來多元ナモノデアルカ、又一元デアッタノカ、年月オヘテ今日ノ樣ニ、變化シテキタモノカオ區別シタリ、又其ノ變化ヲ生ズルニ必要ナル事情ヤ、其ノ變化ノ速度ニ就テ目安オ定メタリスルニ、人種學者ワ各種ノ歴史的研究、殊ニ言語學的研究カラ其ノ補助オ仰ガ子バナラナイノデアル○ 印歐語族ワ、其ノ人間ノ中ニワ、異ッタ人種オ含ンデイルニ違イワナイガ、語族トシテワ單一ナルモノデアッテ、人間ノ歴史上、人間ノ形体ト言語ノ關係ォ說明スルノニ、好材料デアルカラシテ、印歐語族ニ關スル議論オ、爰ニ簡單ニ述ヘテ見ヨオト思ウ○ 印歐語族ニ關シテ、說ヲナスモノガアッテイウニワ、所謂印歐語ノ中ニ、語詞ヤ文法上ノ類似ガアルトイウガ、是ワ根本的ニ透徹シタル類似デワナクシテ、只表面斗リノ偶然的ノモノデアル○ 卽チ個々散漫シタル塲合ノミデアッテ、丁度甲種族ガ事物ノ智識オ、乙種族ニ傳エル𪜈ニ、自然ニオコルガ如キ名稱ノ類ニ過ギナイモノデアルトイッテイル○ 併シ現今ノ比較文法學ワ、已ニ精細ナル結果ヲ齎ラシテ、印歐語族ノ文法ガ各類似シテイルノワ、根本的ノ類似デアッテ、決シテ偶然的ノモノデナイコトオ証シテアルカラ、別ニ取立テ、イウ程ノ値ソナイガ、一方ニ又說オナスモノガアッテイウニワ、印歐語族ニ統一アルガ、其ガ統一オナス樣ニ廣ガッタノワ、丁度拉丁語ガ廣ガッタ樣ナモノデ、タトエバ「ロオマ」人ナラザル「エトラスカン」人（「イタリイ」ノ一部ノ人民）ヤ、「ケルチック」人（「フランス」人ノ祖先ノ一部）ヤ、「イベリア」人（「スペイン」人ノ祖先）ヤ、「ゼルマン」人（「ゲルチック」人種ト混シテ佛人ノ祖先トナッタ「フランクス」人）ナトガ、「ロオマ」語即拉丁語オ學ンデ拉丁語族トナッタノト同シ樣ニ、「ヨオロッパ」ヤ「アジヤ」ニアル異種ノ人間ガ、印歐語オ學ンデ共通ノ言語オハナス樣ニナッタノデワナカロオカ、果タシテ然リトセバ、印歐語ニ於ケル「グリイキ」語、梵語「スラホラック」語ナドノ相違ワ、丁度「ロオマ」語ニ於ケル「イタリイ」語、「フランス」語、「スペイン」語ナド、同シ樣ナ關係デアルト、此ノ如クイッテイル。此ノ説ワ、前ノモノヨリヤ、尤ラシク聞エル説デハアル、ケレ圧、ツマリ根底ノナイ説デアル、彼ワ拉丁語ヤ「アラビヤ」語ガ、格別ノ膨脹オスル樣ニナッタノワ、如何ナル理由ニヨルカ、其特殊ノ顯象ノ根本トナルベキ言語學上ノ原理オ忘却シテイルノデアル。印歐語ノ歴史ト、拉丁語ノ歴史トオ比較シテ、乙オ以テ甲オ説明セントスルニワ、其前ニ左ノ要件オ証明シテチク必要ガアルノダ。即チ近代ニ於テ、拉丁語ニ此ノ如キ膨脹オナスニ至ラシメタル事情ガ、果シテ太古ノ印歐語族ニモ存シテイタモノデアルカドオダカ、此點オ先ズ証明シテカヽラナケレバナラナイ筈デアル。併シ今日我等ノ知リ得ル丈ノ所デワ、此ノ如キ事情ワ一ツモ見トメルコトガデキナイ。印歐人種ガ、歐州ニ入テ來タ時分ニワ、其前ニ其地ニ割據シテイタ土人ガアッタガ、彼等ニ比シテ印度人種ワ、比較的ニ優等デアッテ、力モアリ智惠モアリシタニ違イワナイケレドモ、是等ノモノワ少數人ノ言語オ以テ他ノ多數人ノ言語オ壓倒シテ、之レニ代ルトイウ程ノ勢力ノアルモノデワナイ。若シソオデアッタナラ、南歐州ハ今日「ロオマ」語オハナスコトワナクシテ、「ジヤアマニック」語オ話シテオラ子バナラヌワケデワナイカ。印歐人ワ、其當時ワ文明ノ初期ニ屬スル金屬ヤ、器具ヤ、種子ヤ、家畜ヤ、技術ナトオ持テイタニワ違イナイガ、是等ワ只他ノ言語ニ輸出語オナス位ノ勢力ガアル斗リデ、トテモ全ク他語オ壓倒シテシマウ丈ノ勢力ガナイノデアル。甲言語ガ乙言語オ亡ホシテ、取テ代ル程ナ膨脹力オ有スルニワ、文字、文學、敎育等ニヨッテ成立ッタ、高等ナル文化オ後楯トセンケレバナラナイガ、古代ノ印歐語オハナシテイタ人間ニ、此ノ種ノ痕跡ワ一ツモ、見ツカラナイノデアル。ソレデアルカラ、印歐語ノ廣ガッタ手續ワ、普通未開ノ言語カ廣ガルノト同シ手續ニヨッタコトワ、疑ノナイコト、ナッテクル。卽ハチ普通未開ノ言語ガ廣ガル手續ワ、一種族ガ成長シテ廣カッテ來レバ、他ノ新シイ地ニ移ル。若シ其地ニ本來ノ土人ガイル塲合ニワ、生存競爭ノ結果トシテ、或ヒハ亡ホシ或ヒハ驅逐シ、或ヒハ一部分ノ融和合体オ生ズルガ常デアル。本來印歐語ノ種族ガ此樣ニシテ出來タ新社會ニ於テ、常ニ優等ナル地位オトッテ、今日ノ樣ニナッタノデアル。印歐人種ガ移住進行ノ中ニ、幾許ノ他ノ種族オ侵蝕シタカ、又印歐種族ノ中ノ如何ナル部族ガ、如何ナル度合ニ於テ他族ノ血オ混シテ、今日ノ樣ナ形体上ノ相違オ生ズル樣ニナッタモノカトイウコトナドワ、實ニ研究ニ値ヒスル好個ノ問題デアッテ、印歐語ノ各部族ノ言語ガ、尚精細ニ研究サレタル曉ニワ、其ノ結果ワ人種ノ研究塲裡ニ大ニ欵待サルベキモノデアロオト思ウ。兎ニ角大体ヨリイエバ、印歐語族ノ境界線ワ、印歐種族ノ境界線ト殆ント一致シテイルコトワ、斷言シテ差支ナイノデアル。

形体上ノ証據ト、言語上ノ証據ト各不完全ノ點オ備エテイテ、共ニ一定ノ範圍オ出ルコトノ出來ナイ點ワ、ヤ、一樣ニ平均シテイルヨオデアルガ、尚言語上ノ証據ガ實際上ノ價値ニ於テ明ニ他ニ優ツテイル點ガアル。卽チ言語ノ差等ハ、形体上ノ差等ニ比シテ、其度ガ非常ニ大キクシテ、且又非常ニ精細ダトイウコトデアル。卽チ其差等ノ大ナコトワ、動物ガ或一種ノ中デ色々ノ差等カアル位ナコトデワナクシテ、下ワ最下級ノ有機物ヨリ、上ワ最高等ノ動物ニ至ルマデ、全動物界ノ中ニ千体万狀ノ差等カアルタニ比スルコトガ出來ル。而シテ言語ノ差等ワ、之オ理解シ判斷シ記載スルニモ、亦容易テ且詳細ニスルコトガ出來ル。言語上ノ事實ワ、集メルコトモ容易デ、信據スヘキ材料ニ接スル塲合ガ多ク、且又靜カニ冷カニ之オ比較研究スルコトモ出來ルカラ、主觀的ノ誤謬ニ陷ル患ガ比較的ニ少ナイ。言語ノ材料ワ、多クノ觀察者ヤ探驗家ナドガ、容易ク手帳ニ記載シテ持歸ルコトカ出來ルケレ𪜈、人種ノ形体ノ特徴オ信據スヘキ程ニ精確ニ記載スルワ、容易ノコトテワナイ。是ニワ、非常ナル觀察力ト特別ナル機會ト、長年月ノ練習ガイル。勿論「ヨオロッパ」人ト「アフリカ」人トイウ樣ナ著シク異ッタ人種オ區別スルコトワ、素人ニモ左程ノ困難ワナイガ、「アイルラン人（「ゲルチック」種ニ屬ス）ノ如キワ、我等十人中ノ九人マデワ、目デ見テワ之オ認メ得ルニモ拘ワラス、之カ特徴オ記載スル段ニナルト、誰カ標本的ノ「アイルランド」人ノ形体オ、正確ニ明瞭ニ記載シテ、未タ之ニ接セザリシ、人オシテ其記載ニ照シテ、彼ワ其ナリト認メシメルコトガ出來ルカ、之ニ反シテ、「アイルランド」ノ土語ノ特徴ワ、魯鈍ナル人デモ誤ルコトノナイ程ニ明瞭デアッテ、其地エイッタ旅行家、漫遊者ナトノ言語集ノ二三頁叉ワ數句、否時トシテワ數語デモ、尚オ彼等ノ両相体格ニ關スル長談義ヨリワ、却テ人種研究上有功ナル位デアル〇今日デワ寫眞トイウモノガアッテ、其カ自然オホトンド其儘ニウツストイウ所ヨリ、人相形体オウツスニ有益ナル補助オナスケレ𪜈、此デモ尚オ左ノ困難オ免レルコトワ出來ナイ〇卽チ寫眞ワ、個人的偶然的ノコトオウツスコトワ出來ルガ、人種ノ標本叉ハ一種族ニ共通ナル特徴オウツスコトワ出來ナイ〇異ッタ人種ノ中ニモ、同シ形体オ具エタモノモアリ、同シイ人種ノ中ニモ、非常ニ形体オ異ニシテイルモノモアルワ、我等ガ日常知ル所デアル〇サレバ此ノ個人的偶然的ノコト、、標本的團体的ノコト、オ區別スルトイウガ、人種形体上カラノ研究ニワ難題ノ一トナッテイル〇然ルニ一方ニ於テ、言語ノ方ワドオカトイウニ、一個人ノ唇カラ出タ一言一句、叉ワ一個人ノ手ニヨリテ書カレタル一言一句ワ、是レ其人一人ノ專有デワナクシテ、其ノ全社會ノ人ガ、共有シテイル言語デアルカラ、ツマリ一個人ノ言語ニヨッテ、其全体社會カ究ン得ラレルトイウ便利ガアルノデアル〇人種ノ研究ニ、言語學上ノ研究ガ、如何程ノ功績ガアツタカトイウコトニ就テワ、一二ノ實例オ擧ゲレバ澤山デアル。古代「ペルシヤ」ノ大王「ダリウス」以下ノ王ガ、石ニ刻シテ遺シテオイタ文章オ研究シテ、古代「ペルシヤ」人ノ人種的ノ地位オ確定シ、彼等ワ「バクトリア」及ビ印度ノ言語ニ似タル言語オ話シテイテ、其言語ワ印度語ノ助ニヨツテ讀ムオ得ル程ニ、近似シタモノデアツタトイウコトガ分ツタノワ、言語學ノ力デワナイカ。古代「ユウフレエテス」河ト「チグリス」河ノ谷ニ住ンテイタ人種ト、其文化ノ有樣オ研究シテ其地ニワ、「セミチツク」人種ガ來リシヨリ前ニ、己ニ印歐人デモナク「セミチツク」人デモナイ一種ノ人間ガ可ナリ開化シタル社會オ造ツテオツタトイウコトガ分ツタノワ、言語學ノ力デワナイカ、今日デワ未タ一ノ定説ニワナツテイナイガ、「ホツテントツト」語ト、古代ノ埃及語トガ關係シテイルコトカ、十分ニ証明サレタ曉ニワ、「アフリカ」ノ人種研究ワ、余程進歩シテクルニ違イナイ。又古代「イタリイ」ニ住ンデイタ「エトラスカン」人ワ、歐州ノ他ノ人種ト同族デナイコトガ分ツタノワ、言語學者ガ其言語ヲ記シタル少數ノ斷片オ研究シタ結果デワナイカ。又「スペイン」ト「フランス」ノ界ナル「ピレマイス」山ノ中ニ「バスク」トイウ人間ガイルカ、是モ亦他ノ歐州人種トワ別デアルトイウコトワ、言語ノ上カライエルノデワナイカ、人種ノ研究ニ關シテ、言語學ノ主要ナル長所ワ、形体上カラノ研究ガ有シテイルヨリ澤山ノ材料オ與エルトイウコトデアル。言語ワ、其社會ノ内幕オ書キ出シタル繪デアツテ、其人ノ智能ヤ性格ヤワ、皆言語ノ内ニ現ワレテ來ルノデアル○言語ワヨク彼等ノ外界ノ情態オ反映シ、彼等ノ經驗オ保存シ彼等ノ達シタル智識ノ程度オ示シ、彼等ノ風俗、習慣、制度オアラワシテイル○言語ワ、人間社會ノ共同的ノモノテアルカラ、政治組織ヤ、法律制度ヤ國民技術的ナドト同シク、其社會人民ノ、賦性ヤ氣象オアラワシテイルモノデアル○言語ガ正確ニ人種ノ祖先的系統オ示シテイナイ場合ニシテモ、矢張他ノ側ノ種族史オ示シテイル○即チ甲人種ガ其優勢ナル性格ト文化オ以テ、乙人種ニ及ボシタ影響ノ歴史ワ、言語ノ方面ニ於テ歴然トシテアラワレテイル○前ニイッタ如ク、拉丁語ノ膨脹ワ或一方ニ於テワ、大古以來ノ人種ノ境界線オ亂シテシマッタガ、一方ニ於テワ祖先的統一ノ代リニ、他ノ統一オ建設シタノデアル○現今ノ此ノ統一ワ、「ロオマ」ガ人類ノ歴史ニ於テ、無上ニ必要ナル位置オ、占メテイルコトオ表シテイルノデアル○

上ニイッタ様ナ譯デアルカラシテ、歴史的記錄ナキ時代ノ人種史オ作ルニ於テ、言語學ガ受持ッベキ部分ワ、廣ク且ツ肝要ナモノテアルコトワ明デアル○勿論形体上ノ証據ヨリデ、達スルコトノ出來ル場合モアリ、又其証據ガ言語上ノミ優ッテイルコトモアルニワ違イワナイガ、夫ヨリデ組立テタル人種ノ區別ワ、只荒漠タル區劃ニ過ギナイノデアル○若シ夫レ此ノ骸骨的ノ區劃ニ肉オツケテ、其内容ヲ充實セシメ、眞ノ歴史的ノモノニ仕上ゲテイク事業ニ至ッテワ、主トシテ言語學ノ力ニヨルノ外ワナイノデアル○（未完）

シタクナイ○此ノ目的ヲ達スルニハ胎育ヨリ家庭ヨリ校舎ノ教育ニ至ルマデ總テ殖民地ニ適スル如クシナケレバナラヌ○

殖民ト教育ト此ノ如ク深ク且密ナル關係ヲ有スル以上ハ臺灣ノ教育ハ大ニ是等ノ點ニ於テ内地一般ノ教育ト異ナルヲ以テ、此會モ内地一般ノ教育會ト同一ノ事業トナラヌ樣偏ニ希望致シマス

學術

言語學ト人種（續）

文學士　小川尚義

上ニ縷々述ベタコトニヨッテ、人種研究ノ二方面、即チ言語ノ上カラノト、形体ノ上カラノト、此ノ二ツノ研究ノ關係ワ、如何ナル風デアルカガ明ニナッタコトト思ウ○此ノ兩者ワ、表面カラ見タ樣ニワ、實際決シテ衝突スルコトワナク、又衝突スルヨオナコトガアッテワナラナイノデアル○地球上ニ於ケル、人間ノ起原ヤ歷史トイウ如キ大問題オ解釋シテイクニワ、此ノ兩者ガ共ニ必要ナル方法デアルカラシテ、相共ニ並ビ立テイカナケレバナラナイ○是ノ人間ノ起原トカ歷史トカイウ問題ワ、我等ガ今日ヤット只其ノ困難ナ複雜シタ問題デアルコトオ、知リハジメタバカリデアッテ、之ニ満足ナル解釋オ與エルコトガ出來ル樣ニナルノワ、マコトニ遠キ未來デアルトイワ子バナラヌ○

『台湾教育会雑誌』第三号、一九〇一年、二一〜二六頁

極々近頃マデ、此ノ天地ワ六晝夜ノ間ニ、簡單ナル命令ノ本ニ出來上ツタモノダト解釋セラレテイタノダガ、今日デハ、創世紀ノ短篇ノ中ニワ、數千万年ノ變化ヤ發達ノ歴史ガ含マレテオリ、其ノ跡形オタダズネテ之オ詳解スルコトガ出來ルマデニワ、地質學ガマダ是カラ余程多年ノ研究オツマネバナラヌ位ノコトワ、小學ノ兒童モヨク之オ知ツテイル○是ト同ジク、近頃マデノ學説ハ天地創造ノ中ニ、人間ガ此世ニ初メテ出來タノワ、今カラ凡ソ六七千年前デアルトイウコトデアツタモノダカラ、ソンナニ短イモノナラ、其間ノ人間ノ歴史オタダズネテ其起原ニ溯ルノワ、何ノ雜作モナイモノダト思ツテイタノワ、全クノ空想トナツテ、今日デハ、科學ワ非常ノ速力ヲ以テ進歩シ、アラユル方面カラノ研究ワ、地上ニ於テ今マデ人間ガ活動シタ時間オ大ニ延長セネバナラヌコトノ證據オモタラシテ來テ、人間ノ起原ワ、中々六千年ヤ七千年クライ前ノコトデワナイ、モツトズツト以前ノコトデアルトイウコトニナツテキタ○此ノ如キ幽遠ナル題目ノ前ニワ○凡テノ歴史的科學ワ、其ノ薄弱ナルコトテ自白シテ、益々沈重謙遜ナル態度オトルニ至ツタガ、言語學モ亦一種ノ歴史的科學トシテ、矢張同様ニ自巳ノ無能オ白狀セナケレバナラヌ次第デアル○

ソレデ、言語學ニ取テワ、左ノ問題ガオコツテクル○卽チ『言語學ワ、地球上ノ言語オ幾多ノ語族ニ分類シテイルガ、其各語族ノ間ニワ、何等ノ關係モナイモノガ、語オ換エテイエバ、言語ノ研究ワ人種ノ親族ガ一元カ多元カトイウコトニツイテ、如何ナルコトオイワントスルカ」是ノ問題デアル○是問題ニ答エルニワ、言語ノ性質ト歴史トオ考エテ見レバ、容易ニ答エルコトガ出來ルガ、併シ其答タルヤ、消極的タルコトオ免レナイ。卽チ人種ノ起原ハ、一元カ多元カトイウ問ニ對シテ、積極的ニ一元ナリトカ多元ナリトカ確答オ與エルコトワ、今日ノ言語學ニワ到底望マレナイノデアル○勿論或側ニワ、カヽル弱音オフクノワ、此學問ノ價値オ落スモノダト考エテ、此ノ自白ニ不滿足オイウ學者モナイデワナイ○中ニワ地上ノ凡テノ人間ガ、血族的ノ親類デアルコトオ証センガ爲メニ種々ノ牽强附會ナル說オ立テヽイルモノモアルガ、是等ワ輕卒ナル立論家テアルトイウコトワ、公平ナル學者ノ認ムル所デアル○

言語學ガ、人種ノ多元ナルコトオ証明スル力ノナイコトワ、之オ論ズルニ左程困難ナコトワナイ○言語學ノイウ所ニヨレバ、言語ノ初メワ薄弱ナ粗糙ナ所ヨリ、漸次發達シテキタモノデアル○卽チ初メワ言語ノ芽トモイウベキ、簡短ナル語根テアッテ、其形モ短ク、其意味モボンヤリシタモノデアッタノガ、色々ニ結合シテ、今日ノ所謂語詞オナシタモノテアル○今日普通ニ言語ノ違ッテイルトイウノワ、其大部分ワ、本來不同トイウコトテワナクシテ、不同ノ發達、卽チ同一ノモノガ、種々ノ境遇ニアッテ變化シタモノダトイッテ差支ナイ○是點カラ見ルト、言語ノ變化ワ際限ノナイモノデアッテ、如何ナル風ニワ、變化シ得ラレナイトイウ限オツケルコトワ出來ナイモノデアル○ヨシ言語ワ、神ガ造ッテ人ノ祖先ノ口ニツタエタモノトシテモ、神ガ各地方ノ祖先ニ、別々ノ詞オツタエタト考エル必要ワナイ○英語ヤ「ロシヤ」語ヤ印度語ヤワ、今日デワ一見シテ、其同一語族タルコトオ見トメルコトガ出來ナイ程ニ相違シテイルガ、其樣ニチガウヨオニシタ原因ワ、千古同一デアッテ、其ガ時間ガ長ケレバ其ダケ變化スル力ガツヨクテ、今日デワ學者ノ目ニモ類似オ見出スコトガ出來ナイ程ニスル力ガアル○又一方ニ於テ、今日ノ言語ノ結合ヤ變化オサセル原因ワ、人力デアル所オ見ルト、言語ノ起原ワ、矢張其同シ人力デアッテ、人ガ天然ニ具ハレル能力オ其周囲ノ境遇ニ相應シテ活用サセタモノデアルト見ルコトモ出來ル○是ノ考ワ、如何ナル學者モ之オ否定スルコトワ出來ナイノデアル○ソオスルト、人力ガ働イテ初メテ語根ガ出來ルノニ何年カヽツタカ、又此ノ原始ノ社會ノ通用語ガ、何代ノ間殆ンド一定シテ續イテイタカニツイテワ、一言オイウコトワデキナイガ、左ノ事ワ考エラレナイコトデワナイ○卽チ原始ノ人種ガ、一ツデアッテ、其ガ離散シテ種々ノ部落ニナッタノワ、其ノ言語ノ構造ガ未ダ固定完成シナイウチデアッタノデワアルマイカ○ソレデ、今日ノ世界ノ言語ニ、共同ノ分子オ見トメルコトガ出來ナイノデワアルマイカ○若シ是ガ正確ニ証明サレタラバ、言語學者ノ側デワ人種ワ、多元ナリトノ臆説オ斥ケルコトガ出來ルノデアル古今オ論ゼズ、凡テ今日知ラレタル言語ニ於テ、人種一元說ト相容レザル理ノ言語ノ不同ワナイノデアル○ソレダカラ、言語研究ノ側斗リカラワ、誰モ人間カ一對ノ祖先カラ出タモノダトイウコトニ反對シテ、証據オ呈出スルコトワ出來ナイノデアル○

併シ一方ニ於テ、人間ガ果シテ一元デアッタトイウコトニ付テ、誰モ積極的ノ証據オ呈出シタモノガナイデワナイカトイウ說ガ起ッテクル○是又一ノ議論デアッテ、多クノ學者ノ說モ此点ニ於テハ異ッテイルガ、是ノ議論ワ以後長ク決スルコトノ出來ナイモノデアロオト思ウ○我等ワ、今日理論上カラ是ノ問題オ決断スルニ足ルヘキ直接ノ証據オモッテイナイ○言語學者ワ、一方ニワ一元ノ種族ガ各部落ニ分レタノワ、言語ノ芽ガマダ出ヌ前デアルトイウ說ニモ同意シナケレハナラヌシ、又一方ニワ、一元ノ種族ガ可ナリ長ク一團オナシテイテ、言語ノ發達ワ、其ノ分離以前ニアッタモノダトイウ說ニモ首肯セナケレバナラナイ○然シ是問題ワ空論デワイカヌ、事實ノ問題デアッテ、今日我等ノ手ニアル証據丈デハ、到底完全ニ之オ解釋スルコトノ出來ナイコトオ、自白セナケレバナラヌ○卽チ人種ノ起原ニツイテ、今日ノ言語學ノ答ワ左ノ如クデアル○

人間種族ノ祖先ガ、多元デアッタトシテモ、言語ノ種族ガ、今日ノヨリ余計デナケレバナラヌトイウ理モナイガ、又凡テノ人間ガ同一血族ノモノデアッタトシテモ、言語ノ種類ガ今日ノヨリ少クナケレバナラヌトイウ理由モナイ。言語上ノ証據ワ、人種ガ一元ガ多元カニ關シテワ、積極的ノ結論オ、我等ニ與エルコトワ出來ナイノデアル。（完）

○夕立と雹

岡本要八郎

俄に降る細引の樣な夕立や、不意に落ちて來る桃の樣な雹わ、如何して出來るかと云うことわ、到底ありふれた雨の源因や、電氣の作用で出來る、だけでわ物足らぬ心地がする、ろこで少しく此等のことに就て述べて見よおが勢いろの道行きとして、雲や雨のことも、ろの一斑お詳しく説く必要がある。

先ず空中の水分のことから始めよお、空中にわ海面、陸地其他動植物などから、ろの温度の高低に頓着なく、時々刻々水蒸氣お蒸發して居るが、遂にわ其蒸發する水蒸氣お此上含むことが出來なくなると、蒸氣も止まる、此時空氣わ水蒸氣で飽和して居ると云うので、其水蒸氣の分量わ空氣の温度で一定して、温度が高ければ、低い時より多いことわ次の例で分る

空氣温度零下十五度の時、一立方米の中水蒸氣が一、六瓦ある

全じく零度の時わ四、九瓦、十五度の時わ十二、七瓦ある、

『台湾土語叢誌』第九号、一九〇一年、台北　博文堂　一～三頁

臺灣土語叢誌第九號

論説

字音ト土語ノ音

文學士　小川尚義

近來國語ノ問題ガ盛ンニナツタノニツレテ假名遣ノ問題ガ大變ヤカマシクナツテキタ、文部省デモ遂ニ字音ダケワ發音ノ通リニカクコトニ定メタヨオデアルガ、コレワ字音其モノガ大變六カシイモノデ又實用上其丈ノ利益ガナイカラトイウ譯デアロオト思ウ、然シ、學術上カラ見ルト字音ノ假名遣トイフモノワ研究スルニ餘程面白イ題目デアルコトワイウマデモナイコトデアル、ソレデ爰ニ字音假名遣ト土語ノ音トノ關係ニツイテ少シ述ベテ見タイト思ウノデアルガ精密ナコトワ後日ニ讓ルトシテ今ワ本居翁ノカカレタ地名字音轉用例トイウ本ノ中カラ普通ノ地名デ面白ソオナモノオ引出シテ土音ト比較シテ見ヨオト思ウ、

（一）　相模（サガミ）、コノ「相」ノ字オ「サガ」トヨムノガ面白イ、「相」ワ土音デワ「シアン」（siang）デアルガ其ノ末尾ノ「ン」（ng）オ轉ジテ「相」ノ字オ「サガ」トヨマセタノデアル、相樂（サガラカ）ノ「サガ」モコノ例デアル、又香山オ「カグヤマ」トヨマセルワケワ香ノ音ガ「ヒア

ン」(hiang) デアッテ終リニ「ン」(ng) オモッテオルカラデアル「ヒアン」ノ語頭ノ（n）ガ「カグ」ノ「カ」トナルワケワ後ニ解コオ、

（二）印南（イナミ）、コノ「南」ノ字オ「ナミ」トヨムノワ「ミナミ」トイウ訓オトッタノデワナイ「南」ノ字ガ「覃」ノ韻ニ屬シテイルカラデアル韻鏡學者ノ説ニヨルト侵、覃、鹽、咸ノ四韻及ビソノ上聲、去聲ノ韻ニ屬スル音ワ唇内音即チ「マ」行（實ワm）ニテ終リ、眞、文、元、寒、刪、先ノ五韻及ビ其ノ上聲、去聲ノ韻ニ屬スル音ワ舌内音即チ「ナ」行（實ワn）ニ終ルトイッテオル、北部ノ支那語ニテワコノ「m」ニ終ル音ガ訛ッテ「n」ニナッテオルガ南部支那語ノ臺灣土音ニ於テワコノ點ガ判然ト區別サレテオル、本年學務課カラ出タ訂正臺灣十五音字母詳解ヲ見ルト其中ノ安、烟、因、温、寃ニ屬スル音ワ皆「n」ニ終ルモノデ庵閣、音ニ屬スル音ワ皆「m」ニ終ルモノデアルコトガワカル、日本ニ於テモ古クワ之オ使イワケテオッタトイウコトワ萬葉集ヤ、和名抄ナドノ古書ニ用イテアル所謂萬葉假名ノ使イ方オ見ルトスグニワカルノデアル、今日デモ三郎「サムラウ」ノ「ム」燈心「トウシミ」ノ「ミ」ナドワ古音ノ面影オ存スルモノデアッテ我等ワ不知ノ間ニ之オツカッテオルノデアル、

（三）信濃（シナノ）、「信」ノ字オ「シナ」トヨムノワ「信」カ「n」ニ終レル「震」ノ韻ニ屬シテイルカ

ラデアル「信」ノ土語音ワ「シヌ」(sin)デ矢張「n」ニ終ツテイル、信布(シノブ)、信太(シノダ)、ノ信モ同シ例デアル又因幡(イナバ)ノ因ワ土音「イヌ」(in)、難波(ナニハ)ノ難ワ「ラヌ」(lan)、讃岐(サヌキ)ノ讃ワ「サヌ」(tsan)、乙訓(オトクニ)ノ訓ワ「フヌ」(hun)デ何レモ「n」ニ終ツテイル、

(四) 平群(ヘグリ)、「群」ノ音ワ「グン」デアルガ「文」ノ韻ニ屬シテイルカラ本音ワ「n」ニ終ル(gun)ナルコトワ明デアル土語音デモ矢張「クヌ」(kun)ノ音デ、「n」ニ終ツテオル、コノ末尾ノ「n」ガ何故「ラ」行ノ音ニカワツタカトイウト元來「n」ト「l」トワ口内ノ同ジ位置デ出ル音デ極メテ近イ音デアルカラデアル、コノ外、駿河(スルガ)ノ駿ワ「ツヌ」(tsun)デ、敦賀(ツルガ)ノ敦ワ「ツヌ」(tun)、何レモ「n」オ「l」ニ轉ジタルモノデアル、土音デモ「n」ト「l」トワ度々訛シテ、内オ「ライ」、難オ「ラヌ」、男オ「ラム」、南オ「ラム」トスル類ワ餘程多イ、又奴オナドイウ場合ノ如キワ「ノオ」ト「ロオ」トノ間ノ音オ發スルノデコノ類モ間々アル以テ「n」ト「l」ガ近クテ轉訛シ易イモノタルコトガ知レル、

(未完)

国民読本参照　仮名遣法

台湾総督府民政部総務局学務課『国民読本参照　仮名遣法』一九〇二年、台湾日日新報社　全五九頁

國民讀本參照　假名遣法

緒言

一、本書ハ曩ニ國民讀本編修ノ際ニ當リ臺灣ニ適用スベキ假名遣ニ關シ當時囑托小川尙義ヲシテ調査セシメタルモノナリ

二、國民讀本話方教材等ハ凡デ此ノ假名遣法ニヨリテ編成セラレタルモノナルガ故ニ本島公學校ニ於ケル國語綴方ノ標準ヲ示シ教授ノ參考ニ供センガ爲メニ此書ヲ印刷ニ附セリ

明治三十五年二月

民政部總務局學務課

國民讀本參照　假名遣法

第一　言語ト文字

人ガ社會團體ノ一分子トシテ、其思想ヲ發表シ、其ノ意志ヲ通ゼントスルニ當リテ、必要ナル道具ハ、言語、文字、顏容、手眞似、身振等、種々雜多ノ方法アリト雖モ、就中最モ精確ニ其用ヲ達スルモノハ、言語ト文字ニ如クハナカルベシ。言語ハ、音聲ニヨリテ他人ノ聽覺ヲ打チ、文字ハ形體ニヨリテ人ノ視覺ニ訴フルモノナリト雖モ、其大主意トシテ、己レノ意ヲ他ニ通ズトイフ一ノ目的ヲ成就スルニ過ギザルナリ。言語ハ如何ナル野蠻人ヲ問ハズ、凡ソ一社會ヲナシ、一團體ヲ形成スル處ニハ、必然的ニ發達シアルモノナレドモ、文字ニ至リテハ人文ノ進歩、或ル程度ニ至ラザレバ發達ノ域ニ達セザルモノトス、文字ニ表意、熟音、單音ノ種類アリ。何レモ皆其本原ハ、圖畫的形象文字ヨリ發達シ來レルモノナルコト、疑ヲ容レザル所ナリ。表意トハ支那文字ノ如ク、一字ニシテ一觀念ヲアラハスモノ、熟音トハ、日本ノ假字ノ如クニ、一字ニシテ二個以上ノ複雜ナル音ヲアラハスモノ、單音トハ英、獨等ノ語ノ多クノ場合ニ於ケルガ如ク、一字ニテ一個ノ單音ヲアラハ

一

二

スモノナリ。後ノ二者ハ、只程度ニ於テ其差アルモノニシテ、音ヲ以テ觀念ヲアラハストイフ點ニ於テハ、相一致セリ。夫レ言語ト思想トハ、尤モ密接シテ、其間必然的ノ關係ヲ有スルホドニ至リ、概念ヲ把住スル作用、思考ノ方法等、實ニ言語ノ力ヲ藉ルコト多シトス。サレバ一個人又ハ一國民ノ思想ガ、其用井ル言語ノ消長ニヨリテ影響セラルヽコトハ、當然ノ事ニシテ、國家トシテ之ニ附隨セル國語ヲ奬勵スルノ必要ナルハ明ナルコトナリ。然ルニ文字ニ於テハ大ニ之ト趣ヲ異ニシ、同ジ言語ヲアラハスニ、如何ナル形ノ文字ヲ用井ルトモ、其ノ内容ノ思想ニ少シモ害スル所アラザルヲ以テ見レバ、文字ハ直接ニ思想ヲ發表スルモノニアラズシテ、只言語ヲ有形ニ記スル一ノ器具タルニ過ギザルヲ知ルベシ。言語ニハ、其内容トモイフベキ思想ト、之ヲ發表スル聲音トアリテ、始メテ其用ヲナスモノニシテ、是ノ二者亦常住不變ノモノニアラズ。思想ハ時々刻々、人間ノ境遇ニ應ジテ種々雜多ノ變化ヲナシ、發音ハ又氣候、風土、食物等、凡テ人ノ生理的狀態ヲ變動スルニ足ルベキ外圍ノ影響ニヨリテ、始終變遷シツヽアリ。言語ノ變化トハ、實ニ此ノ内外二者ノ變化ニ外ナラザルナリ、然ルニ今爰ニ文字ナルモノアリテ、言語ノ意義ヲ有形的ニ發表スルニ至リテハ、言語ノ體裁、是ニヨリテ大體ニ一致シ、皆之ニ歸著スル傾アルガ故ニ、言語變化ノ速度ハ、此ノ固定的器具ノ爲メニ大ニ阻止セラル丶ヲ得ルナリ。然リト雖モ、人間ノ周圍ハ常ニ同一ノ狀態ヲ維持スルコトヲ得ズ。且ツ人身生理的ノ種々ノ關係ニヨリテ、發音ノ變化ハ一歩モ止マルコトナケレバ、文字モ亦或ル時期ニ至リテハ、言語ノ變化ニ從テ變化シ、之ニ相應シタル形ヲ取ラザル可カラズ。若シ之ヲナスコト能ハザレバ、是レ文字トシテ、言語ニ忠實ナル從者タルコト能ハザルモノナリ。

第二　假名遣ノ由來

本朝開闢以來、數百年間ハ實ニ文字ナキ國ナリシカドモ、韓唐トノ交通以來、大ニ彼ノ文化ヲ吸收シ、是ト共ニ彼ノ文字ヲ其儘ニ使用シ來リテ、我ガ思想ヲ記錄スル用ニ供シタリシガ、遂ニ彼ノ文字ヲ利用シテ、一種ノ假名ヲ製作シ、爰ニ始メテ日本ノ國語ヲ、日本ノ文字ヲ用ヰテ記錄スルヲ得ルコト丶ナリヌ。サレバ其當時ニ於テハ、勿論今日ニ所謂假名遣法トイフベキ一種ノ定リタル法式アルベキ筈ナク、當時各人ガ其ノ口ニ唱フルマ丶ヲ記シ來リタルハ明カナリ。サレバ奈良朝時代ノ文學ヲ以テ、平安朝時代ノ文學ニ比スレバ、

三

其ノ語法ノ轉化假名用法ノ變遷ヲ所々ニ散見スルヲ得ルナリ。降リテ源平時代ノ末ニ及ンデハ、所謂定家假名遣ナルモノ出デタリ。定家假名遣ニ先ツコト凡ソ百年、藤原基俊ノ悦目抄ニ、上ニ書ク「い」下ニ書ク「ひ」、口合ニ書ク「ゐ」等、名目ヲ分チテ之ヲ區別セルガ、是時代ニハ、已ニ「い」「ひ」「ゐ」ガ發音上ニ於テ混同シ居リシコトヲ見ルベシ。定家假名遣ニ至リテハ、此等ノ混同ヲサケンガ爲メニ、一定ノ法則ヲ定メントシタルモノナルガ、其定メ方、獨斷的ニシテ、「恐」トイフ語ノ如キ、「恐」レトイフトキハ「ヲ」ヲ用井、「恐」ルトイフ時ハ「オ」ヲ用井、又桶ニハ「オ」ヲ用井、「小桶」トイフ場合ニハ「ヲ」ヲ用井ルナド、隨分混雜シタルモノナリ。其ノ標準トスル所ハ、別ニ明言シアラズト雖モ多分音ノ輕重トモイフベキ理由ヲ基礎トシタルモノナルベシトイフ。其故ニ、定家假名遣ニ於テ「ヲ」ト定メタルモノ、凡ソ二百許リアル中ニ、今日ノ歴史的假名遣ニ合スルモノ三分ノ二ヲ出デザル有樣ナリ。降テ北朝ニ至リテハ、權少部成俊ナルモノアリ、假名遣ハ古代ノ文書ヲ基トシテ定メザル可ラザルコトヲイヒ、次ニ應永ノ頃ニハ、明魏法師出デヽ、定家假名遣法ヲ駁シ支那ニテハ四聲ニ隨テ言語ノ意味ノカハルコトハアレドモ、日本ニテハ四聲ニヨリテ、假名遣ノ變ズルコトナキヲイヘリ。是等ニヨリテモ、源平時代頃ヨリ如何ニ言語ガ變化シ、是ヲ記寫スル假名ガ如何ナルモノナリシカヲ想像スルコトヲ得ベシ。

遂ニ徳川氏ニ至リテハ、難波ノ僧契沖ナルモノ傑出シテ、古書ニ基キ當時濫用シ居タル假名遣ヲ、一々ニ古代ノ適例ニ照シテ之ヲ訂正シ、爰ニ今日ノ所謂假名遣法ナルモノヽ基礎ヲ置ケリ。以後本居宣長ノ、「ヲ」ノ字ヲ和行ニ配スベキコトヲ發見シ、義門ノ字音ニ於テ、唇内舌内ノ鼻音ヲ區別シタル如キアリ。如此ニシテ、遂ニ假名遣ノ方式ハ成就スルニ至リシナリ。

第三　假名遣ノ説明

國語ヲ文字ニアラハス上ニ於テ、所謂假名遣ナルモノハ、如何ナル場合ニ用ヰラルヽカトイフニ、大略左ノ四種類ニ歸スベシ

(一)字音

(二)國語(即純粹ノ日本語)

(イ)語詞

（ロ）テニヲハ

（ハ）動詞活用語尾

（三）外國輸入語

（一）字音　字音ニ漢音、呉音、唐音アリ、左ニ二三ノ例ヲ擧グレバ、

	行	京	平	和	外	明
（一）漢音	孝行	京師	太平	混和	外聞	明治
（二）呉音	行狀	京都	平等	和睦	外道	明日
（三）唐音	行燈	南京	天平	和尚	外郎	明朝

ノ如シ。而シテ從來學者ノ研究シタルモノハ、重ニ漢、呉音ノ二者ニ過ギズ。其ノ據ル所ハ、即チ漢字ノ韻ニヨリテ之ヲ推シ定メタルモノナルガ故ニ、原ト理論的ニ割リ出シタル記字法ニシテ、今日ニ於テハ、此ノ記法ヲ正當トシテ、循守スベキ必要ヲ認ムルコト能ハズ。其ノ假名通リノ音ガ、尙今日支那ニ殘リテ勢力アル語トナリ居ル等ノ事實アラバ兎ニ角ナレドモ、今日ノ支那語ハ、大ニ其レト異ナリ。且ツ日本ニ於テモ、今日ニ

テハ古來ノ假名通リニ之ヲ讀ムニモアラスシテ、日本流ニ其讀方ヲ轉化シタルモノナリ。然レバ字音假名遣法ハ、是一種ノ死語ヲ記スルガ爲メノ法ニシテ、學者好奇者トシテハ之ヲ研究スベキ必要アランナレドモ今日他ニ是ヨリモ尙要用ニシテ必ズ習フベキ課業ノ多キ人々ニハ、到底此ノ如キ實用的ナラザルモノヲ課スル必要ナキモノトイハザル可ラズ。今字音ガ如何ニ難澁ナル課目ナルカヲ示サン爲メニ左ニ其ノ略表ヲ擧ゲン

字ノ右ノ下方ニ、呉ノ字ヲ記セルハ呉音ナリ。俗ト記セルハ日本ニテ、俗ニ唱フル音ナリ。其他ハ凡テ漢音ナリ。

イ　イ（伊、衣）　ヰ（爲、威）

イキ　イキ（ナシ）　ヰキ（域）

イン　イン（因、殷）　イム（音、飲）　ヰン（院、韻、尹）

イツ　イツ（一、乙）　ヰツ（聿）

ウイ　ウイ（ナシ）　ウヰ（茴）

エ　エ（依呉）　ヱ（惠呉）

七

ヱイ　エイ（英、嬰、裔）　ヱイ（衛）
エン　エン（煙、偃、延）　エム（塩）　ヱン（遠、圓、淵）
エツ　エツ（謁、咽、悦）　ヱツ（越、噦）
オ　オ（於）　ヲ（烏、汙）
オオ　オウ（應、謳）　ヲウ（翁、泓、媼）　アウ（奥、央、鴦、櫻）　ワウ（王、皇呉、横呉）　ア
フ（狎、凹）　。
オク　オク（億）　ヲク（屋）
オン　オン（恩、隱呉、音呉）　ヲン（温、園呉）
オツ　オツ（乙呉）　ヲツ（膃、越呉）
キユウ（ギユウ）　キウ（久、牛）　キユウ（弓）　キフ（急、汲）
キヨオ（ギヨオ）　キヤウ（強、梗呉、莖呉、京呉、經呉）　キヨウ（共、競）　ケウ（教、橋、叫、
堯）。ケフ（協、挾、怯）
コオ（ゴオ）　カウ（高、岡、香、行、幸、交、江）　コウ（公、口、恒、興呉、江呉）　クワウ（皇、横、

宏） カフ（閤、拾、閘、甲）

シュウ（ジュウ） シウ（周） シユウ（衆、宗、呉） シフ（習、十） ヂュウ（重呉）

ショオ（ジョオ） シャウ（章、惰、清呉、猩呉） ショウ（鐘、升） セウ（梢、小、蕭） セフ（妾）

デフ（疊）

スイ（ズイ） スイ（ナシ） ス井（水、瑞）

ソオ（ゾオ） サウ（早、倉、壯、鎗、爭、爪、双） ソウ（宗、崇、走、僧、双呉） サフ（雜、挿、卅、翣）

チュウ チウ（冑） チユウ（中） チフ（蟄）

チョオ チャウ（長、打呉、町呉） チョウ （重、徴） テウ（朝、窕） テフ（帖、輒、蝶）

ツイ ツイ（ナシ） ツ井（追）

トオ（ドオ） タウ（道、唐、打、棹、幢） トウ（東、冬、豆、登、幢呉） タフ（荅、搨）

ニュウ ニウ（柔呉、乳呉） ニフ（入呉）

ニョオ ニャウ（娘呉） ニョウ（女俗） ネウ（鐃俗、饒呉、尿呉） ネフ（捻呉）

ノオ ナウ（脳、嚢） ノウ（農、能） ナフ（納）

九

フイ　フイ（ナシ）　フ井（同唐）

ヒヨオ（ビヨオ）　ヒヤウ（評呉、兵呉）　ヒヨウ（氷）　ヘウ（豹呉、表）

ホオ（ボオ）　ハウ（報、烹、萠、包、邦）　ホウ（逢、封、矛、朋謀）　ハフ（法）　ホフ（法呉）

ミヨオ　ミヤウ（明呉、冥呉、猛呉）　メウ（貌呉、妙呉）

モオ　マウ（毛呉、莽呉、亡呉、孟呉）　モウ（蒙呉）

ユウ　イウ（尤）　ユウ（雄、勇呉、裕俗）　イフ（邑）

ユイ　ユイ（ナシ）　ユ井（遺、維）

・ヨオ　ヤウ（陽、瓔呉）　ヨウ（用、膺）　エウ（要、窈、幼、拗）　エフ（葉）

リユウ　リウ（留）　リユウ（隆）　リフ（粒）

リヨオ　リヤウ（良、令呉、霊呉）　リヨウ（龍、陵）　レウ（療、料）　レフ（獵）

ルイ　ルイ（ナシ）　ル井（類、累）

ロオ　ラウ（老、郎）　ロウ（籠、朧、樓）　ラフ（拉、臘）

ジ　ジ（自、字）　ヂ（治、持）

十

ジキ　ジキ（食呉）　ヂキ（直呉）
ジク　ジク（孰、肉）　ヂク（竺、軸）
ジツ　ジツ（實）　ヂツ（暱）
ジャク　ジャク（雀、若）　ヂャク（著）
ジョク　ジョク（辱）　ヂョク（濁呉）
ジュツ　ジュツ（述、術）　ヂュツ（怵）
ジョ　ジョ（序、如）　ヂョ（女、除）
ジン　ジン（盡、人）　ジム（尋、甚）　ヂン（陣、塵）　ヂム（沈）
ズ　ズ（ナシ）　ヅ（豆呉、鬮呉）

（二）國語

(1)語詞　國語ニ於テモ、亦右ノ如ク假名遣ノ上ニ於テハ、判然タル區別アルモ、談話ノ上ニ於テハ區別ナキモノアリ。左表ニヨリテ其概略ヲ示ス。勿論其ノ中ノ「ジ」ト「ヂ」、「ズ」ト「ヅ」ナドハ、或地方ニ於テハ之ヲ區別シテ發音スル處アレドモ、其區域極メテ

十一

狹隘ナリ。今國語ノ假名遣ノ上ノ區別ヲ左ニ列記セン

イ　イ(糸《イト》、櫂《カイ》)　井(井《ヰド》、藍《アヰ》)　ヒ(相《アヒ》、貝《カヒ》)
ウ　ウ(後《ウシロ》、上《ウヘ》)　フ(食《クフ》、吸《スフ》)
エ　エ(枝《エダ》、肥《コエ》)　ヱ(咲《ヱム》、聲《コヱ》)　ヘ(上《ウヘ》、家《イヘ》)
オ　オ(祖父《オヂ》、織《オル》)　ヲ(伯叔父《ヲヂ》、折《ヲル》)　ホ(顏《カホ》、鹽《シホ》)　フ(候《サフラフ》、扇《アフギ》)
ユ　ユ(覺《オボユ》、癒《イユ》)　フ(敎《オシフ》、堪《タフ》)　ウ(植《ウウ》、据《スウ》)
ワ　ワ(泡《アワ》、轡《クツワ》)　ハ(粟《アハ》、繩《ナハ》)
ジ　ジ(虹《ニジ》、匙《サジ》)　ヂ(筋《スヂ》、舵《カヂ》)
ズ　ズ(數《カズ》、鼠《ネズミ》)　ヅ(水《ミヅ》、鯰《ナマヅ》)

以上ノ表ニヨリテ見ルニ、國語假名遣上ノ混雜ハ、重ニ「ア」行「ハ」行「ワ」行トノ混同ト、一ハ「サ」行濁音ト「タ」行獨音トノ間ニ起ル、混同トヨリ來ルモノトス。

(2)テニヲハ。卽チ助詞ニシテ、言語ノ重ナル部分ヲ連結スルニ用井ルモノナルガ、是ノ點ニ於テ混同ヲ來セルハ、重ニ左ノ三點ニアリトス。

(イ)「ハ」即「我ハ」「人ハ」ナド、重ニ主格ヲアラハス爲メノ「ハ」ニシテ、談話ニテハ、之ヲ「ワ」ト發音ス

(ロ)「ヲ」即「我ヲ」「人ヲ」ナドイフ重ニ目的格ヲアラハス「ヲ」ニシテ、談話ニハ之ヲ「オ」ノ如ク發音ス

(ハ)「ヘ」即「臺灣ヘ」「上ヘ」ナドイフ方向ヲ示ス「ヘ」ニシテ、談話ニハ之ヲ「エ」ト發音ス

(3)動詞ノ語尾　即チ動詞ノ語幹ノ下ニ附着シテ、種々ノ意味ヲ區別シテアラハスモノニシテ、タトヘバ「行キマセウ」「行カウ」「受ケウ」等ノ如キ、之ヲ發音スル場合ニハ、「行キマショオ」「行コオ」「受ケヨオ」ナド呼ブヲ常トス。

(三)外國輸入語(支那語以外ノ語)外國語ノ輸入ハ、極メテ近來ノ現象ナレバ、此點ニ付テハ未ダ何等ノ一定シタル假名遣法トイフベキモノヽ定リタルハアラズ。只各人勝手ニ之ヲ記寫スルノミ。勿論外國語ニハ、己ニ全ク日本化シタルモノト、未ダ然ラザルモノトアリ。「ランプ」「ケット」「カステラ」「マッチ」ナドノ如キハ、津々浦々ニ至ルマデ廣ク行ハレテ、人ニヨリテハ外國語タルヲ知ラヌモノスラアリ。又「ソオス」「スプウン」「フオオク」等ノ如

十四

ク半分日本化シタルモノモアリ。又西洋人ノ人名地名等ニ付テモ、各國其讀方ヲ異ニシテ之ヲ記寫スルニモ、一定ノ法アルコトナシ。是等ハ早晩何レカニ決定スルニアラズハ、不便ヲ生ズルコトアルベシト信ズ。然レドモ臺灣ニ在リテハ、此點ニ付テノ必要ハ、内地ニ於ケルガ如クニ逃シカラザルヲ認ム。

第四　現今假名ノ濫用

現今日本ハ、少年ガ發達シテ大人トナラントスル時ノ如キ時代ニ在リ、維新ノ當時ニヨテ打破セラレタル固定ノ主義ハ、一朝變ジテ急速ノ革進トナリ、舊物破壞トナリ、日本國語ノ如キハ、井上文部大臣ノ時代ニ於テ、漸ク始メテ教育上ニ重キヲナスニ至リタル有樣ナリキ。從來ノ西洋主義崇拜者ハ、凡テノ事物皆西洋ノ摸倣ヲ主トシ、遂ニ國語ニ代フルニ、英語ヲ以テセントマデ極論シタル人モアルニ至リタリ。然ルニ國民的ノ性格ヲ作ル上ニ、國語ガ如何ニ重要ナル位地ヲ占ムルモノナルカハ、漸々當事者ノ間ニ了解セラレ、遂ニ國粹主義ノ發生ト共ニ、國語ノ復興トイフコトハ宣傳セラレタリキ。サレドモ其當時所謂ノ國語ナルモノヲ只日本ノ古文ニ限リ己ニ化石シ了リタル言語ヲ以テ國語ノ眞髓ト考ヘタルガ如キ觀アリシハ、今日ヨリ見レバヤヽ憾ムベキ所アリト雖モ、兎ニ角國語復興ノ一着手トシテ、蓋シ免ルベカラザル通路ナリシナルベシ。從來國語研究ノ放擲ト共ニ、亂脈ニ使用セラレタル假名遣法、及ヒ語法ハ、是ノ如クニシテ幾分カ古法ニ近ヅキ來リシト雖モ、今日ノ言語文章、已ニ昔日ノ言語文章ニアラズ。思想ノ發達アリ、語法ノ轉化アリ、加フルニ人皆國學者ニアラズ。サレバ各々己レノ知リ居ル範圍內ニ於テハ、所謂古文法、所謂假名遣ニ從フコトヲ得ルト雖モ、其ノ以外ノ事ニ於テハ、之ヲ放擲シテ顧ミズ、只已レノ心ノマヽニ書キ下スコトヲ常トス。爰ニ於テ、現今行ハレ居ル所ノ假名遣ハ、一般ニイハヾ何レトモツカヌモノトナリ了リ、一定ノ法則トイフモノアルコトナク、中等以上ノ地位ヲ占メ、相當ノ學力アルモノニシテ、尙少シモ此ノ點ニ付テ注意ヲ加ヘザルモノ甚ダ多ク、又社會ノ先導者ヲ以テ自任スル新聞紙ノ如キニ於テモ、之ヲ顧ミザルモノ甚ダ多シ。本國ニ於ケル形勢已ニ此ノ如シ、此ノ新領土タル臺灣ニ於テ國語ヲ敎授スルニ當リテハ、如何ンゾ此ノ如キモノヲ用ヰルヲ得ベケンヤ、爰ニ於テ假名遣法一定ノ必要ハ起ルナリ。

十五

第五　國語教授上ノ困難

目下臺灣ニ於テ、國語教授ノ大精神ハ、即チ現今吾人カ使用シ居ル談話語ヲ以テ土人ニ敎ヘ、土人ヲシテ一方ニハ聽キ或ハ見テ之ヲ了解シ、一方ニハ國語ヲ用井テ己レノ思想ヲ言ヒ或ハ書キアラハスコトヲ得ルニ至ラシメバ、國語敎授目下ノ急務ハ充サレタルモノニシテ、本國ノ雜書ヲ繙キ、又ハ文ヲ草ストイフ樣ナルコトハ、到底公學校ノ生徒ニ望ムベカラザルコトニ屬ス。而シテ吾人ガ平常談話シツヽアル所ノ言語ハ、我本國人ノ考ニテ之ヲ見レバ、實ニ何等ノ困難ナキガ如ク見ユレドモ是レハ吾人本國人ハ、嬰兒時代ヨリ自然ニ習得シ來リシガ故ニシテ、之ヲ土人ノ腦裡ニ移植スル場合ニ於テハ、實ニ普通ノ本國人ガ想像ダニモ及バザル程ノ困難アルナリ。本國語ニアリテハ動詞、形容詞ノ如キ、皆之ニ附隨スベキ一定ノ語尾ノ變化アリテ、或ル場合ニハ名詞トナリ、或ル場合ニハ動詞トナリ、又形容詞トナリ副詞トナリ、夫々一定ノ法則アルニカヽハラズ、支那語ニ於テハ、此等ノ區別甚ダ不完全ニシテ、同一ノ音、同一ノ字ニシテ、或ハ名詞トナリ動詞トナリ、形容詞トナリ副詞トナルコトアリ。之ヲ區別スルニハ、只其前後ノ關係ヨリ之ヲ推定スルノミナルガ故ニ、土人ニ取リテハ之ヲ區別スル丈ノ必要モナケレバ、從テ又之ヲ區別スル智識モ亦甚ダ薄弱ナリ。サレバ國語ノ複雜ナルモノヲ以テ、是ノ簡單ナル一綴語ニヨリテ鍛上ゲラレタル土人ノ腦裡ニ注入スルコトハ實ニ至難ノ業ナリトイハザルベカラズ。殊ニ彼ノ「テニヲハ」ノ如キハ、支那語ニ於テ殆ンド之ニ對比スベキ語ナキ有樣ニシテ、敎授上尤モ困難ナルモノヽ一ニ屬ス。勿論敎授ノ方法漸々熟スルニ至テハ、多少是等ノ困難ニ打勝ツコトヲ得ルニ至ル見込ナキニアラザレドモ、全ク此ノ困難ヲ除去シテ、本國ノ生徒ニ敎フルト同一ノ勢力ヲ以テ、土人ニ敎ヘ得ル時期ニ至ルベシトイフコトハ、到底望ムベカラザルナリ。

國語敎授ノ困難ナル如此ナルニモ拘ハラズ、尙之ニ加フルニ今日本國人ノ間ニ行ハルヽ如キ、鵺的ノ假名遣ヲ敎フルニ於テハ、彼等ヲシテ其歸着スル所ヲ知ラザラシムルノミナラズ、無用ノ勞力ノ爲メニ、大ニ受敎ノ勢力ヲ消耗セシムルノミニシテ、一ノ良結果ヲ得ル見込ナキコト、實ニ火ヲ睹ルヨリ明ナリトイフベシ。

第六・假名遣一定ノ諸方案

本國ニ於テ、普通學力アル人々ニヨリテ用井ラレ居ル彼ノ亂脈ナル假名遣ハ、到底其ノ儘ニ

十七

本島人ニ教授スベキモノニアラズ。否教授スル丈ノ價値アルモノニアラズトスレバ、爰ニ其亂脈ヲ一定シテ之ヲ教授スルノ必要ヲ生ズ。其ノ一定ノ方法ニ付テハ、大略左ノ三主義アリ、

(一)擬古說　是ハ古代ノ文學ニ用井ラレタル假名遣法、即契沖以下學者ノ古例ニ基キテ定メタル假名法ヲ、嚴正ニ採用スベシトイフ說ナリ。是說ハ一見實ニ立派ナル考ノ如クニ見ユレドモ、千餘年前ノ言語ヲ寫ス爲メニ用井ラレタル古キ器械ヲ、其儘ニ利用シテ爾來發達シテ今日ニ至リタル新言語ヲ寫サントスルハ、理論上甚ダ其當ヲ得ザルノミナラズ、實際上ヨリイフモ、古代ノ假名遣ヲ只器械的ニ暗記スルニ要スル勢力ニ報ユル丈ノ效能アルコトナク、先ニモイヘル如ク、本國人ニテモ滿足ニ實行スルコトヲ得ザル困難ナル法ヲ以テ、臺土ニ於テ是ヨリ新タニ國語ヲ學バントスル兒童ヲ強フルガ如キハ、實ニ不法ノ甚シキモノトイハザルヲ得ザルナリ。サレバ此擬古說ハ、到底實際ニ行ハル可ラザル空論ニ屬スルヲ免レザルベシ。勿論爰ニ擧ゲタル擬古說ハ、取除モナク古ヲ擬ストイフ說ノ謂ニシテ、上ニ述ベタル「テニヲハ」國語假名遣ハ勿論字音ノ假名遣ニ至ルマデヲ極々嚴正ニ實行セントイフ主義ニ付テ論ジタルモノナリ

(二)折衷說　上ニ述ベタル如キ、嚴正ナル擬古說ハ、到底實際ニ行ハルヽコトヲ得ズトスレバ、勢之ヲ折衷シテ、或ル一部分丈ハ古キ假名遣法ニヨリ、或ル一部分ノ極メテ困難ナルモノヽミ、現時ノ發音ニ從ヒテ記セントイフ中間說ノ出ヅルニ至ル。此ノ如クニシテ、古キ假名遣ヲ使用スル範圍、卽チ一部分トイフ義ノ廣狹ニ從テ、此ノ折衷說ハ又數多ノ意見ニ分ルベシ其重ナルモノ左ノ如シ

(イ)純粹ノ國語ノ語詞ト「テニヲハ」トヲ古キ假名遣法ニヨラシメ、字音ノ如キハ發音ノマヽニ記スベシトイフ說モアリ。見方ニヨレバ一理アル議論ナレドモ、其ノ論據トスル點ハ、字音假名遣ハ困難ナリ字音ハ本來純粹ノ國語ニアラズ、輸入語ナレバナリ等ノ淺薄ナル理由ニ歸スベシ。成程漢字ハ外國ノ輸入物ニ相違ナケレトモ其ノ發音ハ卽チ日本的ノ發音ニシテ、純粹ノ國語ト相混ジデ普通ニ廣ク用ヰラレ、今日ノ國語ヲ形成スルモノナルガ故ニ、今日ニ於テ、純粹ノ國語ト字音トヲ區別スル必要一モアルコトナシ、ヨシ之ヲ區別スルトシテモ、其道ノ學者ガ國語ノ成立ヲ研究スル上ニ於テ是ノ必要アルノミニシテ、今日普通ノ人、殊ニ臺灣兒童等ニ向テ語詞ノ根元ヲ區別セシメントスルガ如キ

二十

ハ、實ニ其意ヲ解スルニ苦ムトコロナリ、論者ノイフガ如ク、純粹國語ト字音ト假名遣ヲ別ニスルコトヽスレバ、兒童ノ腦裏ニ先ヅ此語ハ國語ナルガ故ニカク書キ、此語ハ字音ナルガ故ニカク書クトイフ區別ヲ知ラザルベカラズ、是レ初等教育ニ於テ出來得ベキコトナルカ、例令バ

鯛(タヒ)ハ大變(タイ)ウマイ魚デス。　此頃ハヤウヤウ字ガカケル樣(ヨオ)ニナリマシタ

ナドノ場合ニ於テ、同シ「タイ」「ヨオ」トイフ音ガ、「鯛」ハ國語ナルガ故ニ「タヒ」トカキ、大變ノ「大」ハ字音ナルガ故ニ「タイ」トカク、「漸ウ」ハ國語ナルガ故ニ「ヤウヤウ」ニシテ、「樣」ハ字音ナルガ故ニ「ヨオ」トカク、此種ノ區別ハ國語教授ニ於テ何等ノ必要アルカ、又カク區別シテ教ヘタリトテ何等ノ利益アルカ、實ニ解釋ニ苦ム所ナリ、「大變」又ハ「樣」カ本來ハ文字ノ音デアルニセヨ、已ニ日本國語トナリテ尤モ普通ニ使用セラレツヽアリ、何ヲ苦ンデ其ノ本來的ノ區別ヲナスヲ要センヤ、此ノ如キハ實ニ無用ノ區別ヲナシテ、却テ兒童ノ心力ヲ浪費スルノミニシテ、何等ノ益アルコトヲ見ザルナリ。

(ロ)「テニヲハ」丈ヲ古キ假名遣ニ從ヒ、其ノ他ハ凡テ發音ノマヽニ記ストイフ說アリ。

「花オ見ル」、「人ヮ來ル」、「東京ェ行ク」ナドヽ記スルハ、甚ダ奇異ノ感アリ。セメテ「テニヲハ」丈ナリトモ、從前ノ法ニ從ヒテ記スル方穩當ナラントイフ意見ナリ。サレバ奇異トイフハ、只目ノ慣レザルガ故ニ奇異ナルノミニシテ、「テニヲハ」丈ニ於テ奇異ナリトイフ理アルコトナシ。古キ假名遣ヲ用ヰナレタル人ヨリ見ルトキハ、「カホ」(顏)ヲ「カオ」トカキ、「ヰド」(井)ヲ「イド」トカク類モ、矢張同樣ニ奇異ノ感ヲ起スナルベシ。サレバ是論ハ到底五十歩百歩ノ論タルヲ免レズ、サレバ、奇異ノ感トイフ丈ノ理由ヲ以テ、「テニヲハ」丈ヲ保存ストイフ說ヲ支フルニ足ラザルヲ見ルベシ。

其他假名遣使用ノ範圍ニ付テハ、尙種々ノ區々タル諸說アルベシト雖モ、爰ニハ只大體ノ說ヲ擧ゲテ、他ニハ論及セズ。

(三)記音說　吾人ガ發音スル通リヲ記セント說クモノナリ。是說ハ今日現ニ行ハレ、生命ヲ有セル國語ノ寫眞ヲ作ラントスルモノナレバ、理論上ニ於テハ敢テ非難スベキ點アルコトナシ。此ノ記音說ハ、今日初メテ我國ニ起リタル新問題ニアラズシテ、英國ナドニハ已ニ早クヨリ其說ノ喧傳セラルヽモノアリテ、今日ニ至ルマデモ未ダ實行ノ運ニ至ラ

二十一

ザルハ、實ニ遺憾ナルコトナリト雖ドモ、其ニハ又種々ノ困難ナル事情アリ、併シ日本、殊ニ臺灣ノ地ニ於テハ、其ニ對シテ起ルベキ困難ハ左程ニ甚シカラザルベキヲ信ズ。今左ニ記音說ノ利害ヲ考究シテ、如何此ノ方法ガ現時ノ臺灣ニ適當ナルカヲ見ントス。

第七　記音假名說ノ得失

(一)記音假名說ノ長所トスル所左ノ如シ、

(イ)今日吾人ガ、口頭ニ上セテ發音スルモノヲ其儘ニ記スルモノナルガ故ニ、例令バ衣裳ガ身體ニ適應スルガ如キモノニシテ、理論的ニイハヾ尤モ理由アル說ナリ。

(ロ)發音ノ儘ニ記スルガ故ニ之ヲ敎フルモノモ、之ヲ學ブモノモ、古キ假名遣法ヲ學ブニ比シテ、大ニ無用ノ勞力ヲ減節シテ、他ノ重要ニシテ、必ズ習得スベキ課業ニ餘地ヲ與フルコトヲ得、是ノ點ハ現今ノ臺灣ニ於テハ尤モ必要ナル事項ニシテ、實際上餘リ必要ナキコトニ心力ヲ勞セシムルハ策ノ得タルモノトハイフ可ラザルナリ。

(二)記音說ノ短所ト見ユル點ハ左ノ如シ、

(イ)從來一定ノ假名遣法ナルモノアリテ、今日マデ其ニ從ヒ記シ來リタルモノヲ、一朝之ヲ改革シ古來ノ習慣ヲ破壊スルハ、餘リ大膽ナルコトニシテ、カヽル大事ハ、一朝一タニ實行スベキモノニアラズ云々トイフ説アリ。然レドモ是ハ舊來一定トイフ文字ノ意義、又習慣トイフ詞ヲ或意味ニトリテイフ所ノ議論ニシテ、其一定トイフコトニ付テモ、契冲以來或一種ノ社會、即學者ノ仲間ニハ、一定ノ假名遣トイフモノ行ハレタリト雖モ、普通一般文章又新聞紙ナドニアラハルヽ假名ナドハ、前ニイヘルガ如ク、實ニ千種萬態ニシテ、決シテ一定トイフ可ラズ、又古來ノ習慣トモイフベカラザル程ノ有様ナリ。又タ爰ニ記音假名トイフハ、先ニモイヘルガ如ク、普通ノ談話語ヲ記スル場合ニ用ヰントスルモノニシテ、文章ノ如キ人工的ノモノニハ、又器械的ノ假名遣ヲ用ヰテ適當ナル理由モアルベケレバ、敢テ文章マデヲ同一ニセントノ意ニハアラズ。只本島公學校六年間ノ國語トシテハ、談話語ニ重キヲ置キ、談話記寫共ニ達意ヲ主トスルモノナレバ、假名遣法ヲ文章ニ用ヰルトイフ意見トハ、少シモ衝突スル所アルコトナシ。

(ロ)記音假名ニ對スル第二ノ論點ハ、一方ニ於テ古キ假名遣ニヨレバ、區別シテ書キ分

二十四

ケ得ラル、詞ヲ、記音假名ハ、同一ニ記シ了ルヲ以テ、語詞ノ混同ヲ生ズルコト多シ。タトヘバ「ア井」(藍)ト「アイ」(愛)、「コヒ」(鯉)ト「コイ」(故意)等、其他枚擧ニ遑アラズ。此等ノ點ニ於テハ古キ假名遣ニヨルヲ便トストイフ説ナリ。勿論此等ノ論點ハ古キ假名遣ヲトク人ノ、得意トスル所ナレトモ、是ノ論鋒ハ漢字排斥論者ノ一派、又ハ假名ノ會等ニ向テハ正鵠ヲ得タル攻撃ナリト雖トモ、爰ニ唱ヘラル、記音説ハ漢字全廢ノ論トハ自カラ別問題ナレバ左程ニ困シキ論敵トモ見エズ。サレドモ已ニ記音假名トイフ以上ハ、漢字ヲ用井ズシテ假名ニテ記シタル場合モアルベケレバ、此ノ點ニ付テ大ニ考究ヲ遂ゲ置ク必要アリ。記音説、原ヨリ此點ニ於テ、幾分ノ弱味アリ。サレドモ今假リニ假名遣ニ從テ、二樣ニ記シテ其義ヲアラハサントスルトキニ、書キ分ケタルハヨケレドモ、之ヲ讀ム人ノ方ニテ、假名遣ヲ心得タル人ナラバ、甲ハ藍ナリ乙ハ愛ナリト、カヤウニ分別シテ理解スルコトヲ得ンナレドモ、若シ讀ム方ニテ先ツ其法ヲ知リ居ラザル場合ニハ、折角ニ骨折リテ書キ分ケタル甲斐モナク、二ツナガラ「アイ」ト記シタルト其效果ヲ同シクスベシ。又書ク人ノ方ニトリテモ、同シク其人ニシテ凡テノ假名遣ヲ心得テカキ分ル丈ノ能アル人ナラバ、兎ニ角ナレドモ、只「アヰ」ト「アイ」ノ別ノミハ知レドモ、他ノ多クノ場合ノ假名遣ヲ知ラズ、タトヘバ若シ「織ル」ト「折ル」トノ別ヲ心得居ラズシテ之ヲ反對ニ記スルガ如キコトアリトセンニ、讀ム方ニテ大ナル思ヒ違ヲ生ズルコトアルベシ。要スルニ何レノ説モ一利一害ニシテ共ニ完璧トイフ可ラザレドモ、假名遣説ノ方ニテハ、嚴正ニ古法ヲ守ラザレバ、其效用ヲナサヌトイフ點ニ於テ、大ナル弱點ヲ有スルモノナリ而シテ古キ假名遣ニ從フトキニモ、尚此ノ種ノ混同ハ免ル、能ハザルコトハ、「破風（ハフ）」ト「法（ハフ）」「虎班（トラフ）」ト「捕（トラフ）」「煙草管」ト「牢（ラウ）」「内障眼（ソコヒ）」ト「底ヒ（ソコヒ）」ナドアリテ、畢竟程度ノ問題ニ歸ス。又談話ノ時ニ當リテハ、同音ニシテ、混シ易キ場合アリト雖トモ、之ヲ避クル方法ハ、或ル度マデ具ハリ居ルモノニシテ、第一ハ音調ノ抑揚、第二ハ其話ノ前後ノ關係、第三ハ語詞ノ變化ノ如キ類ナリ。此内ニテ音調ノ抑揚トハ、「柿、垣、蛎」「箸、橋」等ノ同音ノ語ヲ、其「アクセント」ニヨリテ區別スルモノニシテ、古キ假名遣説ノ人モ之ヲ書キ分クル丈ノ準備ハアラザル可ク、若シ之ヲ書分ケシトスル段ニハ、勢「アクセント」ノ記號ヲ付スルノ外ハナケレ

二十六

ドモ、元來日本語ノ「アクセント」ハ關東、關西其他ノ地方ニヨリテ、其唱方ヲ異ニシ、容易ニ之ヲ一定シ得ザルノミナラズ、一方ニ於テハ日本語ニ於テ「アクセント」ノ占ムル要用ノ度合ハ、右ニ擧タルガ如キ詞ノ場合ニヨリ、幾分ノ必要ハアレ、大體ニ意思ヲ通ズル上ニ於テハ、要用ノ度極メテ僅少ニシテ、支那語ノ如ク「アクセント」ヲ以テ主腦トナセル言語ニ比シテハ、ホトンド「アクセント」ノ必要ヲ見ズトモイフベキ程ノモノナリトス。勿論是ハ國語ノ純粹ニシテ、自然的口調ノ上ヨリ判斷ヲ下シタルモノニアラズシテ、意味ノ通ズルヤ否ヤトイフ點ヲ標準トシテ、「アクセント」ノ値ヲ論ジタルモノナレバ、敢テ絕對的ニ「アクセント」ノ皆無、又不必要ヲ唱フルモノニハアラザルナリ。次ニ話ノ前後ノ關係、是ハ古法ニヨル人モ記音說ノ人ニ取リテモ、同シク談話ノ時ニ於テ、多クノ場合ニ於テ、尤モヨク意義ノ混同ヲ區別セシムル能力アルモノニシテ、別ニ委ク說ク必要ナシ、第三ハ語詞ノ變化、是ハ古クハ發音ノ異リ居タルモノガ、或時ニ於テ同シ音ニナリタルニヨリ、意義ノ混同ヲ來スコトアルガ故ニ又再ビ其ノ音ヲ變ジテ之ヲ區別スルニ至ル現象ナリ。タトヘハ、祖父ト伯叔父トイフ語ノ如シ。今日ニ於テ祖父ヲ「ジジ、ジイ、オジイ」ナド唱ヘ、伯叔父ノ方ヲ單ニ「オジ」ト呼ブト雖トモ、古キ假名遣ニ照シテ之ヲ見レバ、甲ハ「オヂ」ニシテ乙ハ「ヲヂ」ナリ。學者ノ説ニヨレバ、「オヂ」ハ「オホヂ」(大父)ニシテ「ヲヂ」ハ小父ナリトイヘリ。即チ其當時ニテハ發音ニ差異アレバコソ假名ニモ書キ分ケラレ、又意味ノ混同ヲ見ザリシナルベケレドモ、「ヲ」ト「オ」ノ音ガ混同セラル、時代ニナリテハ、從テ意義ノ混同ヲ來スニ至ルヲ以テ、一方ヲ「オジイ」トヤウニ呼ビ、一方ヲ「オジ」トヤウニ呼フニ至リシモノナルベシ。是ヲ發音ノ變化ニヨリ、語詞ノ受クル影響ナリトス。又吾人ノ日常屢々使用シツ、アル語詞モ、古キ假名遣法ニ從ツテ記スル段ニハ、大ニ注意スベキモノ甚ダ多シ。其中「ヲ」ノ假名ヲ用ヰル分少許ヲ列記セン。

一昨日(ヲトツヒ)、緒(ヲ)、尾(ヲ)、岡(ヲカ)、可笑(ヲカシ)、拜(ヲガム)、桶(ヲケ)、怠(ヲコタル)、幼(ヲサナシ)、治(ヲサムル)、惜(ヲシム)、敎(ヲシフ)、牡(ヲス)、夫(ヲツト)、男(ヲトコ)、踊(ヲドル)、女(ヲンナ)、斧(ヲノ)、終(ヲハル)、甥(ヲヒ)、居(ヲル)。等ニシテ、此ノ外ニ「ワ」行丈ニテモ尚多クアリ。其外「ハ」行ニ屬スルモノモ、亦之ニ相應ズル丈ノ困難ナル語詞アルベク、之ニ加フルニ字音ノ澁難ナル假名遣ヲ以テス、廢止ナル假名遣法ノ主張スル人々ハ、先ヅ是等ノ混雜ナル假名

二十七

ヲ、使ヒ分ケ得ル丈ノ覺悟ナカル可カラザルト同時ニ、是等ヲ臺灣土人ニ敎フル上ニ於テ、幾何ノ利益スル所アルベキカヲ精細ニ研究スルコトヲ要スルナリ。

(八)一説ニ曰ク、古キ假名遣法ハ、語詞本來ノ意義ヲ知リ得ルノ便アリ。例令バ「ヲトツヒ」(一昨日)ハ遠之日(ヲチツヒ)ナリ、「ヲガム」(拜)ハ折屈(ヲレカヾム)ナリ。記音假名遣ハ、是ノ點ニ於テハ語源ヲ朦朧タラシムルモノナリ云々。是説ハ、英國ノ綴字改良論ナドニ對シテハ、始終用ヰラルヽ駁論ニシテ、一理アルガ如クナレドモ、眼界ヲ廣クシテ之ヲ觀察スルトキハ、一モ取ルニ足ラヌ説ナルコトヲ知ルベシ。論者ノイフ所ノ語源説ノ如キハ、是矢張五十步百步ノ説ニシテ、假リニ假名遣法ノ古キ例ニヨリタリトセンニ、尙其レニヨリテ語源ノ探リ得ラレザルモノ甚ダ多キニアラズヤ。且ツ大體ヨリイハヾ、語源ノ如キハ、是レ一種ノ理論的ノモノニシテ、敢テ普通人ニ向テ之ヲ注入セザル可ラザル必要ヲ見ズ。又今日記音的ニ言語ヲ記シタリトテ、是ガ爲メニ、學問的ニ語源ヲ尋ヌル便ヲ失フコトハ、決シテアルコトナシ、否ナ今日ノ談話體ノ言語ヲ、記音的ニ記スルコトコソ、却テ言語ノ發達、發音ノ變化等ヲ研究スル上ニ尤モ適當ノ材料ヲ與フルモノナレ。又古キ語源ヲ尋ネントスルニハ、古キ假名遣法ニテカヽレタル古キ文籍ノアレバ、此等ニヨリテ研究スル餘地ハ十分ニアリ得ルナリ。何ヲ苦ンデ今日活動ノ言語ヲマデ、死法ニ從テ記スルコトヲ要センヤ。

(二)或人又曰ク、記音假名ハ假名ニ一定ノ標準ナクシテ、同一ノ語ヲ記スルニモ、甲ノ場合ト乙ノ場合ト、假名ヲ異ニスルコトアリ。タトヘバ「ツチ」(槌)トイフ語ヲ、金槌トイフ樣ニ連續セシムルトキハ、「カナヅチ」トナリテ、「ツチ」ガ「ヅチ」ト變ズ。是甚ダ理ナキコトナリ云々。是說ハ前ノ語源ヲ本トシテ論ジタル駁擊ノ一種トモ見ルベキモノナレドモ、語源トイフ側ヨリハ、同語ニ異樣ノ假名ヲ用ヰルトイフ點ニ、重キヲ置キテ論ズルモノナレバ、其點ニ向テ一言ヲ費サヾルヲ得ズ、元來記音說ハ大體ノ主義トシテ、音ヲ記スルコトヲ主トシ、意義又ハ語源等ヲ文字ノ上ニ見セントスルコトハ、第二ノコトヽ考フ。勿論、音ヲ記スルト同時ニ、意義モ語源モ相共ニ文字ノ上ニアラハレ來ルコトハ、大ニ希望スル所ナレドモ、其モ記音說ノ主義ト合スル範圍內ニ於テノミ行ハルヽモノニシテ、若シ之ニ反スル以上ハ、他ノ第二等以下ノ諸點ハ、遺憾ナガラ

二十九

モ之ヲ犧牲ニ供セザルベカラザル場合アルコトヲ信ズ。上述ノ場合ニ於テ槌ノ「ツチ」ガ「ズチ」ト變ズルハ倘金ノ「カ子」ガ「カナ」ト變ズルト同一ノ理ニシテ少シノ不都合アルコトナシ、即チ「チ」「ツ」ヲ以テ始ル詞ガ他ノ詞ノ下ニ來リテ連綴シ、濁音ニ變ズル場合ニハ、其發音ガ必ズ「ジ」「ズ」ニ轉ズルコトハ、一種ノ音便ニシテ、一モ怪ムニ足ルモノナク、古語ニ於テモ又之ニ類シタル音便ノ變化ハ、實ニ枚擧ニ遑アラザルナリ。今其數例ヲ擧ゲンニ

古語	音便轉化
善ク	ヨウ
箒（ハハキ）	ハウキ
思ヒテ	思ウテ
法師（ホフシ）	ホウシ
仕ヘマツル	ツカソマツル
小路（コミチ）	コウヂ、

日向（ヒムカ）　ヒウガ
如何（イカニ）　イカン
童（ワラハベ）　ワランベ
思量（オモヒハカル）　オモンパカル
殆（ホトホト）　ホトンド
髮差（カミサシ）　カンザシ
件（クダリ）　クダン
詣（マ井デ）　マウヂ

是等ノ例ヲ比較シ來ラバ、其ノ轉訛ノ甚シキコト、豈啻ニ「ヂ」ガ「ジ」トナリ、「ヅ」ガ「ズ」ニ變ジタル如キ比ナランヤ。而シテ是等ノ音便ハ、實ニ古キ王朝時代ノ文籍ニ散見スル所ノ語詞ノ上ニアラハルモノナリ。「ヂ」「ヅ」ガ「ジ」「ズ」ニ變ズルガ不都合ナリトノ理由ヲ以テ、記音說ヲ攻擊スルモノハ先ヅ「ク」「ハ」「ヒ」「フ」「ヘ」「ミ」「ム」「井」ガ「ウ」ニ變ジ「ニ」「ハ」「ヒ」「ホ」「ミ」「リ」ガ「ン」ニ變ジタル古キ假名遣ヲモ、併セテ共ニ攻撃セザル可ラズ、爰ニ於テ此ノ駁説ハ、夫自身已ニ自殺ヲ遂ゲタルモノナリ。殊ニ「ハ」行四段ノ場合、タトハバ「思ヒテ」ナドイフコトヲ、近來ノ人ハ「思フテ」トヤウニ記スルコト極メテ多シ。是ノ類ノ場合ニハ、古キ假名遣ハ「思ウテ」トヤウニ「ウ」ノ字ヲ用ヰルガ慣例ナリ。是ヲ普通ニハ、「ハ」行ノ活用トイフコトニ迷ヒテ連想的ニ「思フテ」ナド記シテ、此ノ古キ慣例ニ氣付ザルカノ感アリ。金槌ノ「ヅ」ガ「ズ」トナルコトヲ以テ、理ナキコトゝ論ズル人ハ、先ヅ「ハ」行四段ノ場合ニハ、古來「ハ」行ナラザル「ウ」ノ字ヲ、用ヰ來リタル事實ヲ熟知スルコトヲ要ス。（下「ヂ」「ヅ」ト「ジ」「ズ」ニ付テ說ク處參照）

（ホ）次ニ起ルベキ問題ハ、日本ニハ各地ニ方言アリ、關東關西トイハズ、九州人ト奧羽ノ人トノ間ニハ對談シテ、ホトンド理解スルコトヲ得ザル程ノ方言的差異アリ。若シ記音的ノ方法ニ從ハバ、是等ノ人々ハ、其ノ記載シタルモノニヨリテ、互ニ意ヲ通スルヲ得ザル困難アリ。然ルニ、若シ古キ假遣名法ニ從ハバ、學問アルモノハ、之ヲヨンデ互ニ其ノ意ヲサトルコトヲ得ル利益アルニアラズヤ。是レ記音假名遣法ノ大缺點ナリト云フ説ナリ。然レドモ、此説亦其正鵠ヲ得ズ、爰ニイフ所ノモノハ普通教育ニ於ケル假名遣ノコトニシテ決シテ已ニ之ヲ知得セル學者ノ爲メニイフニアラザルナリ。サレバ吾人ハ、是等ノ點ニ付テ云フ丈ケノ必要ヲ見ザレバ、其ヲ擱キ爰ニハ此ノ説ニ對シテ記音説ノ答辨ヲヒザルベカラザル必要ノ點ニ付テ述ル所アルベシ。即チ談話語ヲ記シテ、互ニ理解セラル丶ニ至ルニハ、第一ニ諸方ノ談話語ヲ可成一致セシムルコト、即チ一定ノ標準トスベキ語ヲ定メテ、凡テノ人ガ之ヲ中心トシ、之ニ擬シテ書ク樣ニスル必要アリ、是ニ於テ標準語ノ問題ハ起ルナリ。

第八　標準語

本國ニ於テ、各地方ノ人々ガ、記音法ニ從ヒテ記セントスルニ、各人皆其標準語ヲ習得ベテ之ヲ記スト云フコトハ、甚ダ困難ナルコトナレドモ、一般ニ教育ヲ普及スト云フ點ヨリ考フレバ、言語ハ可成一定ノ標準ヲ置キテ、凡テノ他ノ方言ヲシテ、之ニ近ヨラシムル樣ニツトムベキハ、是當然ノ事ナリ。方今各地交通ノ道大ニ發達シタルガ故ニ、古昔封建時代ニ於ケルガ如キ方言ノ遠心力的ノ傾向ハ漸々其跡ヲ收メテ自然ニ日本全國ノ中心タル、

三十四

東京ノ語ニ近ヅキツヽアルハ現今ノ有樣ナリ。勿論各地ノ方言ガ全ク東京化シ了ル時機アリヤ否ヤ等ニ就テハ、爰ニ斷言シ難キ點ナキニシモアラザレドモ、大體ノ傾向ハ東京ヲ中心トシテ、其方ニ向テ變遷シツヽアルコトハ明ナリ。(大阪ノ言語モ亦或一種ノ方面ニハ甚ダ勢力アルモノナリト雖モ、爰ニハ教育上ヨリ觀察ヲ下シタルモノナレバ、暫ク論ゼズ)。而シテ今日其ノ中心トナレル東京ノ言語ハ、如何ナルモノゾト考フルニ、古來東京ノ地ニ固着シ居タル純粹ノ江戸語ニハアラズシテ、各地ヨリ轉ジテ東京ニ於テ勢力ヲ有スルニ至レル人々ガ其ノ故郷ヨリ齎ラシ來リタル諸方言ガ、本來ノ江戸語ト混融シタルモノト見テ差支ナカルベシ。假令其混融ガ成熟同化シテ、純一ノ東京語ヲ成シ了リシヤ、或ハ未ダ同化融合セザル混成物ナリヤハ、見ル人ニ依リテ説ヲ異ニスル所ナルベシト雖モ、兎ニ角各地ノ方言ガ東京ニ相會シテ、本來ノ江戸語ニ混ジ、互ニ生存競爭ヲナシ、今日ハ已ニ一種ノ東京語トシテ、日本全國中ニテ、最多數ノ人々ニ理解セラレ得ル位地ニマデ發達シ來リシモノナルコトハ、敢テ疑フベカラザルコトナリト信ズ。凡ソ言語ノ價値ハ、見方ニヨリ種々ノ點ヨリ之ヲ定メ得ベキモノナレドモ、交通ノ機關トシテハ普汎トイフ點ヲ最モ重ナル要素トセザル可カラザレバ、今日本國ニ於テ其ノ範圍ノ最モ廣ク、其勢力ノ最モ大ナル此東京語ヲ取リ來リテ、談話語ノ標準トナスコトハ至當ノ事ニシテ、臺灣ニ於テ日本語ヲ國語トシテ敎授スル場合ニハ、各地ノ方言ヲ亂雜ニ敎授スル主意ニアラズシテ、是ノ暗々裏ニ日本國語ノ覇王トシテ、默許セラレ居ル東京語ヲ敎授スル主意タルコトハ明ナリ。其標準トスル所ノ語ニシテ一定セバ、之ヲ記スルニ際シテモ、亦其標準語ノ發音ニ從テ之ヲ寫スベキハ自然ノ順序ナリト云フ可シ。然シ爰ニ東京語トイフハ、先ヅ敎育アル中等以上ノ社會ニ行ハルヽ語トイフ位ニ廣ク解釋シ置クヲ適當ナリト信ズ。本國ニ於テモ漸々言文一致ノ體ヲ用ヰ來リ、如何ナル田舍ノ果ニ至ルモ、苟モ文部省認可ノ讀本ノ讀マルヽ所ニハ、是ノ東京語ノ種子ハ漸々ニ蒔カレツヽアルハ事實ナリ。サレバ、新領ノ臺地ニ於テ初學ノ兒童ニ敎フベキ言語ガ、巳ニ此ノ種ノ東京語タルコトニ一定セバ、記音法ノ假名ハ、如何ナル種類ノ言語ヲ寫サントスルカノ問題ハ、自然ニ解釋セラレテ、方言的ノ混同ニヨリテ意義相通ゼストイフ如キ患ナキニ至ルベシ。標準語ノ一定ハ、言語ノ統一ヲ來シ、記音法ハ即チ假名ノ統一ヲ來ス、是ノ兩者統一ノ相待ツテ行ハルヽニ至ルコトハ、國語ノ敎授ニ缺クベ

三十五

三十六

今カラザル元素ナリトス、以上ニ述ベタル標準語及記音假名ノコト、素ヨリ理論的ナリ。今是ヲ實際ニ行ハントスルニ際シテハ、些末ナル點ニ於テ又種々ノ說ノ出ヅルアリテ、容易ニ一定シ得ベカラザルガ如シト雖モ、己ニ以上ノ論旨ヲ首肯シ、記音假名ヲ以テ臺灣ノ初等敎育ニ適當ナリト認定スルニ至テハ、大體ノ方針ハ先ヅ是ニテ一定セルモノニシテ、其ノ小節ニ關シテハ、其々問題ノ諸說ヲ比較考究シテ之ヲ定メンニハ、左程ノ困難ニアラズト信ズ。是等記音ノ方法ヲ論ズルニ當リテ、標準語タル東京語ニ付テ一考スルコトヲ要ス。東京語ヲ標準語トシテ定ムル上ニ付テ、記音法ハ絕對的ニ其マヽヲ記スルヲ可トスルカ、又ハ東京語ノ音又ハ語法ノ上ニ、便宜上或ル制限ヲ加ヘテ之ヲ修飾スルコトヲ要スルヤ、是レ一問題ナリ。今其等ノ諸點ヲ、左ニ列記スベシ。

(一)「クヮ、グヮ」ト「カ、ガ」トノ混同
(二)「ヒ」ト「シ」トノ混同
(三)「ヰ、ヅ」ト「ジ、ズ」トノ混同
(四)字音「エイ」ノ韻ヲ「エエ」ノ如クニ轉訛スルコト

(五)中二段下二段動詞ノ連體言ノ活用

(六)「ハ」行四段動詞ノ活用

(一)「クヮ、グヮ」ト「カ、ガ」トノ混同ハ、字音ニ於テアラハルヽモノニシテ、例令ハ會、外、活、月、官、頑等ノ音ナリ。是等ノ場合ニハ、「クヮ」「カ」ノ何レヲ用井ルベキカヲ、考フルニ、「クヮ」モ「カ」モ何レモ共ニ廣ク本國ニ行ハルヽモノニシテ、容易ニ其優劣ヲ判ジガタシ。然ルニ東京語ニ用井ラルヽ「カ」「ガ」ノ勢力ハ、中々ニ強大ニシテ、「クヮ」「グヮ」ヲ凌駕セントスルノ有樣ナリ。西方諸國ノ教育アル人々ハ、小兒ノトキヨリ已ニ「クヮ」「カ」ノ區別ヲ知リ、之ヲ記スルニ際シテモ亦分明ニ區別シ得ル所ナレドモ、是等ノ人々ニシテ、已ニ東京語ノ感化ヲ受ケタルモノハ、談話ノトキニ於テハ東京風ヲ擬シテ、「クヮ」ノ音ヲシテ「カ」ニ歸セシメントスル傾向ハ、非常ニ強大ニシテ國語ノ全體ニ大ナル勢力ヲ有スルモノナリ。臺灣ニ在ル中以上ノ内地人ノ中ニ、「クヮ」ト「カ」ヲ區別スル人トセザル人ト、何レガ勢力ヲ有スルモノナルカハ、未ダ爰ニ斷言スルコトヲ得ザルガ故ニ、之ヨリシテ證據ヲ求ムル便ナシト雖モ、之ヲ學ブ方ニ於テハ、「クヮ」ト「カ」ト

三十七

ヲ歸一セシムル方、勢力ノ上ニ於テ大ニ利益アリ。且ツ一旦已ニ是ヲ區別スルト決定シタル以上ハ、尤モ嚴正ニ之ヲ分列スルヲ要シ、決シテ少シモ混同ヲ許サヾルガ故ニ、教師ノ平常ノ談話ニ於テモ常ニ之ヲ呼ビ分クル覺悟ヲ要シ、一旦談話ノ際ニ之ヲ混同スル如キコトアラバ、折角ノ骨折ハ徒勞ニ歸シテ、再ビ之ヲ回復スル道ナキニ至ラン。サレバ臺灣ニ於テ「クヮ」ト「カ」ヲ區別スル必要アリヤト問ハヾ否「カ」ヲ以テ此兩者ヲ記スル方ヲ便利トスト答ヘザルヲ得ザルナリ。

(二)「ヒ」ト「シ」トノ混同ハ、純粹ノ東京人ニ多シ、火ヲ「シ」トイヒ、火箸ヲ「シバシ」ト唱フ、或場合ニハ之ヲ反對シテ、「シ」ヲ「ヒ」ト發音スルコトスラ之アリ。標準語タル東京語トシテハ、少クモ此ノ點ニハ制限ヲ加フル必要アリト信ズ。是ノ混同ハ一種ノ極端ナル訛ニシテ、凡テノ「ヒ」ヲ悉ク「シ」ト發音スルニモアラズ、其ノ轉化ノ範圍程度ニ付テ、一定ノ規則ヲ定メガタク、且ツ此種ノ訛ハ東京語ノ一部ニ限ラレテ、其ノ勢力ハ甚タ微弱ナリトイハザル可ラズ、勿論各地方ヨリ東京ニ移リテ、其談話語ガ已ニ東京化シタル人ニ於テハ純粹ノ東京人ニアラズシテ間々此ノ混同ヲナスコトアリト雖モ、是ヲ前ノ「クヮ」

ヲ「カ」ト轉ズルモノニ比スルニ、其ノ傾向甚ダ微力ナレバ、敢テ前者ノ例ヲ以テ推ス可カラザルモノアリ。地方ニ於テモ人ヲ「シト」、七ヲ「ヒチ」ナド呼ブ場合ナキニアラネドモ甚ダ僅少ナル場合ナレバ是等ハ從來ノ假名ニ從フ方、遙ニ適當ニシテ、此點ニ付テハ、餘リニ異論ハアルマジト信ズ。

(三)「ヂ」「ヅ」ト「ジ、ズ」トノ混同ハ、東京及其他多クノ地方ニ於テ行ハレ、九州及四國ノ一部ニ於テハ、今尚ホ談話上ニ此ノ區別ヲ存セリ。是ノ區別ハ、即チ古音ノ保全的傾向ナレバ、歴史的ノ國語トシテハ大ニ尊重ヲ加ヘ、之ヲ押シ廣メテ全國ニ及ボス方、適當ナルガ如クニ見ユレドモ、其ノ行ハルヽ範圍餘リニ狹隘、且ツ僻遠ニシテ、到底今日ノ標準語ヲ制限スル丈ノ勢力ヲ有スルニ至ラザルベクハ、且又一方ヨリイハヾ、左程ニ勢力ナク、僅ニ餘喘ヲ保テル古代ノ殘物ヲ醒起シテ、之ヲ普及セシムル丈ノ必要モアルマジク思ハルヽナリ。

(四)「エイ」ト「エエ」トノ混同、字音ニテ「エイ」ノ韻ヲ有スルモノヲ、東京ニテハ凡テ「エエ」ノ如ク發音ス、英、計、清、帝、寧、平、明、例等ノ如シ。勿論下等社會ノ「ナンデエ」、

「ケエロ」ナドノ「エエ」トハ、其ノ音ノ値ニ於テ相異アリ。前者ハ其語尾ノ音寧ロ「イ」ニ近ク、後者ハ「ア」ニ近キ傾向アリ。サレバ前者ニ屬セル類ノ諸音ハ、便宜的ニ「エイ」「ケイ」「セイ」「テイ」「子イ」「ヘイ」「メイ」「レイ」ナドヽ記スルヲ適當ナリトス。極端ノ例ナガラ、衛生トイフヲ「エエセエ」ナド記スルニ至リテハ、字形ノ上ヨリ見テモ如何ハシキガ上ニ、先ニ記シタル下等社會ノ語風ノ連想セラレテ、奇異ノ感ヲ起ス心地セラルヽガ故ニ、寧ロ避クベシト考ヘラルヽナリ。

（五）中二段下二段動詞ノ連體言活用、今例ヲ擧ゲテ其一般ヲ示サンニ、左ノ如シ。

	ア	カ	サ	タ	ナ	ハ	マ	ヤ	ラ	ワ
中二段 古言ウル 談話イル	○	起(オクル)	○	落(オツル)	○	强(シフル)	恨(ウラムル)	悔(クユル)	懲(コルル)	○
同上 濁音	○	過(スグル)	掘(コズル)	恥(ハヅル)	○	媚(コブル)	○	○	○	○
下二段 古言ウル 談話エル	得(ウル)	明(アクル)	痩(ヤスル)	棄(スツル)	尋(タヅヌル)	與(アタフル)	眺(ナガムル)	愈(イユル)	隱(カクルル)	飢(ウヱル)
同上 濁音	○	擧(アグル)	○	秀(ヒイヅル)	○	竝(ナラブル)	○	○	○	○

即チ中二段ニシテ、「オキル」「オチル」等、下二段ニテハ「アケル」「ステル」等、古言ニハ

「オクル」「オツル」「スツル」等ノ如クニ働キ、現今ニ於テモ九州ノ一部ナドニ於テハ、此ノ活用術存スル處アレドモ、範圍ノ餘リニ狹陰ナルガ爲メニ、左程ノ勢力ナク、到底標準語ヲ左右スル丈ノ價アルニアラザルガ故ニ、現今ノ東京語ニ行ハル如ク、「オキル」「オチル」等ノ活用ニヨルヲ適當トス。サレバ、假名モ亦其ニ從テ記スルハ勿論ナリ。

(六)「ハ」行四段活用ノ動詞　是ノ活用ノ動詞ニ付テハ、「ハ」行ノ音ガ「ワ」行「ア」行ノ音ト混同スル場合アリテ、尤モ複雜ナルガ故ニ、多少便宜記法ヲ定ムル必要アリ。今此ノ種ノ動詞ヲ左ニ摘記セン、(　)内ノ語ハ古語ナリ

	ア	カ	サ	タ	ナ	ハ	マ	ヤ	ラ	ワ
アフ	逢(アフ)	扱(アツカフ)	(携)(タヅサフ)	失(ウシナフ)	謡(ウタフ)	味(アヂハフ)	敬(ウヤマフ)	○	笑(ワラフ)	○
(濁音)	○	伺(ウカヾフ)	○	(勾)(カヾフ)	○	奪(ウバウ)	○	○	○	○
イフ	言(イフ)	○	○	○	○	○	○	○	(拾)(ヒリフ)	○
ウフ	○	食(クフ)	吸(スフ)	(纏)(マツフ)	縫(ヌフ)	○	○	結(ユフ)	振(フルフ)	○
エフ	○	(盟)(ウケフ)	○	○	○	○	○	○	(憂)(ウレフ)	酔(エフ)

四十二

オフ　負(オフ)　息(イコフ)　爭(アラソフ)　厭(イトフ)　整(トトノフ)　掩(オホフ)　思(オモフ)　通(カヨフ)　繕(ツクロフ)　○

（濁言）　○　○　○　惑(マドフ)　○　（踚）(ヨロボフ)　○　○　○　○

以上ノ表ニヨリテ見ルニ、「アフ」ト働クモノト、「オフ」ト働クモノトハ、終止言ニ於テ語尾ヲ同音ノ如クニ呼ビ來リ、「逢、負」「扱、息」「諂、厭」「失、整」「味、掩」「敬、思」「笑、繕」ノ如ク、同一韻ニ屬スルガ如キ觀アリ。今若シ是等ヲ記スルニ方リテ、「オオ」「アツコオ」「ウトオ」「オオ」「イコオ」「アラソオ」ナドヽ記スルコトヽセバ、左ノ不便ナルコトアリ。

（イ）日本談話語ノ動詞ノ終止言ノ語尾ハ、皆「ウ」列ニ終ルコト、「咲ク」「刺ス」「立ツ」「有ル」等ノ如クナルニ、「ハ」行四段ノ動詞ニ限リテ、「オ」列ニ終ル新語法ヲ生シテ、文法ノ統一上甚ダ不便ナリ。

（ロ）逢ト負等ノ如キハ、終止言連體言ニテハ其唱方相似タレトモ其他ノ働ノ格ニテハ、判然ト區別アリテ、容易ニ混同スルコトナシ、例令ハ「笑(ワラ)イマス」、「繕(ツクロ)イマス」、「笑(ワラ)ッテ居ル」、「繕(ツクロ)ッテ居ル」、「笑(ワラ)ワセル」、「繕(ツクロ)ワセル」、「笑(ワラ)エ」、「繕(ツクロ)エ」等ノ如ク、一ハ「ア」列ニ轉ジ、一・ハ「オ」列ニ轉ジテ、判然タル區別アリテ、談話ノ通リニ記シテ少シノ差支ナキニ終止言ノミニ於テ、此ノ兩種ノ語ガ互ニ混同スルコトハ、文法ノ統一上、甚ダ不便ナルコトアリ。是ノ不規則ヲ矯正センニハ、勢便宜上左ノ假名法ニヨラザル可ラズ。

ア　逢(アウ)、扱(アツカウ)、○　謡(ウタウ)、失(ウシナウ)、味(アヂワウ)、敬(ウヤマウ)、笑(ワラウ)

オ　負(オウ)、息(イコウ)、爭(アラソウ)、厭(イトウ)、整(トヽノウ)、掩(サホウ)、思(オモウ)、繕(ツクロウ)

此ノ如ク、便宜上少シノ修飾ヲ加ヘテ之ヲ記シタリトモ、差支ノ甚ダ少キ理由アリ。其レハ此クノ如ク記スルヲ要スル場合ハ、終止言ト連體言ノ場合ノミニシテ、其他將然言、已然言、連用言ナドニテハ、皆「ア」列ト「オ」列トヲ明カニ區別セラルヽコトヲ得、且終止言ナドハ、談話ノ內ニハ餘リニ多クアラハレズシテ、タトヘバ「洗(アラ)フ」トイフ詞ニシテモ、普通ニハ單ニ「洗(アラ)ウ」トイフヨリハ、「洗(アラ)イマス」、「洗(アラ)テ居ル」、「洗(アラ)オオ」、「洗(アラ)ツタ」等ト用ヰル場合ヲ多シトス。又「揃(ソロ)ウ」トイフ詞ニテハ、單ニ「揃ウ」トイフ場合ヨリハ、「揃イマス」、「揃ウテ居ル」、「揃オオ」、「揃ツタ」等ヲ用ヰル場合ノ方、多キガ如シ。サレバ其多ク用ヰラルヽ場合ノ、「ア」列ト「オ」列ニ倣ヒテ、終止言ノ假名トスルコトハ少シノ不都合ナカルベク、又教師ガ僅カノ注意ヲ與フレバ、之ヲ敎フルニ當リテモ、大ナル困難ハナカルベシト信ズ。又「言」トイフ語ハ、談話ノ上ニハ「ユウ」ノ如ク發音スルガ故ニ、若シ之ヲ記スルニ「ユウ」ノ假名ヲ用井レバ、其ノ働キ方ガ、「ユイテ」又「ユッテ」「ユウ」「ユエバ」「ユオオ」ナドヽナリテ、「結ウ」トイフ詞ト同一ニナル傾アリ。且又「ユッテ」「ユエバ」ナドハ、「言」トイフ詞ノ活用トシテ如何ナルガ故ニ、是等モ文法ノ統一上、「イイテ」「イッテ」「イウ」「イエバ」「イオオ」ナドヽ記セザルヲ得ザル場合アリ。然シ是類ハ、其語詞モ極メテ少ク、且ツ少シノ注意ニヨリテ、容易ニ曉リ得ラルヽモノナルガ故ニ、一々是ニ擧ゲズト雖モ、亦記音假名法ニ便宜上ノ制限ヲ加フル丈ケノ値アルモノナリ。

第九、記音假名法ノ概略

記音假名法ハ、發音ノマヽヲ記スル主義ナレドモ、或ル種類ノ音ニ於テハ、之ヲ書キアラハスニ種々ナル場合アリ、今是等ニ付テ、概略ヲ擧ゲン。

(一)長音　長音ヲアラハスニ、ーノ符號ヲ用井ル說ト其ノ引伸バサルベキ音ノ母韻ヲ記スル説トアリ。タトヘバ、「長」ナル音ヲ記スルニ甲ニ從ヘバ、「チヨー」ト記シ、乙ニ從ヘバ、「チヨオ」ト記スルガ如シ。或ハ又別ニ説ヲナシテ、韻ニ「オ」ヲ有セル長音丈ケハ凡テ「ウ」ノ字ヲ用井ル方ヲ適當トイフ考ヘモアリ、即「長」ノ場合ニハ「チヨウ」ト記載スルガ如シ。何レモ得失アリ、左ニ其概評ヲ試ミン。

(1)「ー」ノ符號ヲ用井ルトイフ説ハ、「アー、イー、ウー、エー、オー」、等ノ如ク、其上ニ來ル韻ヲ長ク引伸ス性質ヲアラハス上ニ於テハ、面白キ考ヘナレドモ、是「ー」ノ符號ヲ他ノ文字ト共ニナラベ記シテハ、非常ニ其體裁ワルク、且ツ「ー」ノ符號ヲ以テ「ア、イ、ウ、エ、オ、カ、キ、ク、ケ、コ」等五十音ノ何レノ音ヲモアラハシ得ルガ故ニ形容詞或ハ動詞ノ語尾ノ長音タトヘバ嬉、淋、食、吸等ヲ「ウレシー」「サビシー」「クー」「スー」ナド、記スルコトトナルガ故ニ、甚ダシキ不都合ナル點アリトイハザルベカラズ。

(2)長音ニテ上ノ音ガ「オ」韻ニ終ル場合ニハ、「ウ」ヲ用井ルトイフ説。例令バ「長」ヲ「チヨオ」ト記スヨリハ、「チヨヴ」ト記ス方目立タズシテ、形ヨク且ツ「チヨウ」ナドイフ、「オ」韻ノ長音ハ音ノ上ヨリイフモ、寧ロ「ウ」ニ近キ音ナレバハ是ク記サントイフ説ナ

四十五

四十六

リ。是モ亦一理アル説ニシテ、強チ悪シ、トイフニハアラネド、「ア、イ、ウ、エ」ノ四列韻ノ場合ニハ、其ニ相應シタル假名ヲ用井テ、「カア」「キイ」「クウ」「ケエ」ノ如クニ記スルニ、「オ」列ノ韻ニ限リテ「コオ」ト記セズシテ、「コウ」ト記スベシトイフハ、少シ複雑ノ嫌ナキニアラズ。是論ガ「オ」ヲ忌ミテ「ウ」ヲ用井ントイフ主意ハ、古來ノ假名遣ニ語尾ニ「オ」ヲ用井ルコトナクシテ、多クハ皆「ウ」ノ字ヲ以テ其語尾ヲ記スル習慣アレバ其ニヨルベシトイフナランナレドモ、此點丈「ウ」ノ字ヲ記シテ、古ニ擬ストイフ必要ハ、ナカルベシト思ハルヽナリ。

(3)長音ノ場合ハ、「ー」ヲ用井ズシテ其上ニ來ル音ノ韻ニ従テ記スル説ナリ、例令バ上ニ「ア」列ノ音來ルトキハ、其長音ハ「ア」トシ、「イ」列ナラバ「イ」、「オ」ノ場合ハ其マヽニ「オ」ヲ用井ルコトヽス。即「長」ノ音ハ上ニ來ル音「チヨ」ニシテ「オ」列ノ韻ナルガ故ニ、「チヨオ」ト記スル類ナリ。是説一々ニ其上ノ韻ニ従テ假名ヲ記スベシト云フ點ハ、前ノ「ー」ニ比シテ複雑ナルガ如シト雖モ、上ノ音ヲ引伸セハ、直チニ其韻ヲ出スガ故ニ、之ヲ知ルニサシタル困難ハナカルベシ。タトヘバ「カ」ノ長音ヲ記セントセバ、「カ」

ヲ長ク引キ伸シテ唱フレバ、「ア」ヲ出スガ故ニ「カア」ト記スル説ナリ。三説ノ中是ノ説大ニ適當ト考フルガ故ニ、今ハ是ノ主義ニヨリ長音ヲ記スルコトニ定ムベシ。

長音ハ重ニ左ノ場合ニ於テ起ルモノナリ

(イ)字音

(い)談話語ニ於テ、「ウ」列ノ韻ニテ終ルモノ、

(1)「ウウ」ノ韻ニテ終ルモノ、タトヘバ空、通、風等ノ語、是等ハ「クウ」「ツウ「フウ」等ト記ス。

(2)「ユウ」ノ韻ニテ終ルモノ、タトヘバ、急、州、中、入、流、勇等ノ語、是等ハ「キュウ」「シュウ」「ヂュウ」「ニュウ」「リュウ」「ユウ」等ト記ス。

(ろ)談話語ニ於テ、「オ」列ノ韻ニテ終ルモノ、

(1)「オオ」ノ韻ニテ終ルモノ、タトヘバ、應、公、宋、唐、腦、方、孟、陋、等ノ語、是等ハ「オオ」「コオ」「ソオ」等ト記ス。(是ノ内「オオ」ノ如ク同音ノ重ナル場合ニハ、便宜上「オヽ」ノ如ク記スルモ差支ナカルベシ)

四十七

四十八

(2)「ヨオ」ノ韻ニテ終ルモノ、タトヘバ鄕、庄、長、尿、豹、妙、用、兩、等ノ語、是等ハ「キョオ」「ショオ」「チョオ」等ト記ス。

(ロ)國語

(い)名詞等ノ體言、タトヘバ昨日(キノフ)、今日(ケフ)、手水鉢(テウヅバチ)、夕(ユフ)、扇(アフギ)ナドハ、「キノオ」「キョオ」「チョオズバチ」「ユウ」「オオギ」ト記ス。

(ろ)動詞

(1)動詞ノ語幹ニ長音ヲ有スルモノ、タトヘバ、「蒙ル」「葬ル」ナドハ、「コオムル」「ホオムル」等ト記ス。

(2)動詞ノ活用上ノ形ニ、長音ヲ有スルモノ、例令バ未來言又想像言ノ場合ノ如シ。「行コオ」「行グダロオ」「見ヨオ」「受ケヨオ」「起キヨオ」「來ヨオ」「爲ヨオ」「有リマショオ」ナドノ類ナリ。是等ハ發音ノマヽニ記ス。

(3)「パ」行四段ノ動詞ノ終止言ノ場合ニハ、「思ウ」「洗ウ」「乞ウ」「揃ウ」等ト記スルコト前ニ述ベタリ。

(4)「ハ」行四段「ウ」列ノ韻ヨリツヾクモノ「食ウ」「吸ウ」等。

(は)形容詞

(1)形容詞ノ語幹ニ、長音ヲ有スルモノ、タトヘバ「大キナ」「香シイ」等ハ、「オオキナ」「コオバシイ」ナドヽ記ス。又ハ前者ハ「オヽキナ」ナド記シテモ差支ナカルベシ、下重音ノ部ニイフ。

(2)形容詞ノ語尾ニ長音ヲ有スルモノ、タトヘバ「淋シイ」「宜シイ」「貧シイ」ナド古語ニ「シキ」ノ語尾ヲ有スルモノハ、此ノ韻ニ屬スルモノニシテ、是等ハ「サビシイ」「ヨロシイ」「マズシイ」ナドト記ス。

(に)副詞　「面白オ」「最オ」「到頭」「此様」ナドノ類、發音ノマヽニ記ス。

(ほ)感歎詞　嗚呼、唯ナドハ「アア」「オオ」ノ如ク、又ハ「アヽ」「オヽ」ナドノ如クニモ記スベシ。

(へ)外國輸入語　是等ハ、「テエブル」「サアベル」「チョオク」「メエトル」「フウト」ナドヽ記ス。

五十

以上ノ諸項、多クハ之ヲ發音ノマヽニ記シテ差支ナシト雖モ、獨リ「ロ」ノ部國語ノ中ニテ「ハ」行四段ニ活用スル動詞ノ終止言ノミハ、「敬（ウヤマ）ウ」「思（オモ）ウ」「洗（アラ）ウ」「揃（ソロ）ウ」ノ如ク「ウ」ノ字ヲ以テ之ヲ記スベキコトハ、前ニ述タルガ如シ。又此ノ發音ニ付テ、純粹ノ江戸人ニ尋ネシニ、實際ハ「ウヤマウ」「アラウ」「ソロウ」ノ如クニ發音シテ、「ウヤモオ」「アロオ」「オモオ」「ソロオ」トイフ如キコトナシトイヘリ。由テ考フルニ、通常是等ニ付テ「オ」列ノ韻ニヨミ來リシ所以ハ、或ハ書物ヲ素讀スルトキノ習慣ヨリ來リシニアラザルカ、兎ニ角是等ノ詞バ、甚ダ混淆シテ長音ノ如クニナリ易キ傾向アルガ故ニ、特ニ其事ヲ記シタ「ウ」ノ假名ヲ用ヰル方ニ一定スルコトヽセリ。

（二）重音

（イ）單音ノ重レル場合、

(1)「ア」行ノ重音ハ、「ア」行ノ長音ニ似タルガ故ニ「アア」「イイ」等ノ如ク記スベシト雖モ、便宜上之ヲ「アヽ」「イヽ」ナドヽ記スルモ差支ナカルベシ。前ニ長音ノ部ニ擧ゲタル應（オオ）、王（オオ）、大（オオ）キイ、嗚呼（アア）、唯（オオ）ナドモ、又便宜上「オヽ」「アヽ」ナドヽ記スルモ可ナリ。但シ重音トイヘバ「ア、ア」ノ如ク、二音ヲ別々ニ發スルモノニ付テイヒ、長音トイヘバ「アー」ノ如ク、一音ノ伸長シタルモノニ付テイフモノニシテ、見方ニヨリテハ多少ノ差ハアレドモ、實際上ハ之ヲ書キワクル必要アルマジト思ハル。若シ必要アル場合ニハ、「ア、ア」ノ如ク、中間ニ點ヲ施スモ可ナルベシ。

(2)「ア」行以外ノ重音、タトヘバ「ススム」「アタタメル」ナドノ場合ニハ、矢張「ス、ム」「アタ、メル」ナドニモ記シ得ベシ。

(ロ)二音以上ノ重音、「イロイロ」「カズカズ」「ザマザマ」ナドノ場合ニハ、在來ノ略符「〱」ヲ用ヰテ記スルヲ得ベシ。

(三)拗音　拗音ニ二種アリ、

(イ)「イ」列ヨリ連呼シテ拗音トナルモノ、

(1)「イ」列ノ音ト「ア」ト連ルモノ、即チ「キャ」「シャ」「チャ」「ニャ」「ヒャ」「ミャ」「リャ」等ノ如シ。

(2)「イ」列ノ音ト「ウ」ト連ルモノ、即チ「キュ」「シュ」「チュ」「ニュ」「ヒュ」「ミュ」「リュ」等ノ如シ。

(3)「イ」列ノ音ト「オ」ト連ルモノ、即チ「キョ」「ショ」「チョ」「ニョ」「ヒョ」「ミョ」「リョ」等ノ如シ。

(ロ)「ツ」列ヨリ連呼シテ拗音トナルモノ、是ハ「カ」行ノ音ト「ア」ノ音ト連リテ、「クヮ」ノ音ヲナスノミニシテ、観音、菓子等ノ如シ。是ハ前ニ「クヮ」ト「カ」ノ條ニ於テ委ク論ジタレバ、今爰ニハ略ス。

(四)促音　促音ハ、其性質上ヨリ見ルトキハ、左ノ四種アリ。

(イ)「カ」行ノ促音、タトヘバ一個、發行等。

(ロ)「サ」行ノ促音、タトヘバ一層、發送等、

(ハ)「タ」行ノ促音、タトヘバ一旦、發達等、

(ニ)「パ」行ノ促音、タトヘバ一匹、發砲等、

以上ノ如ク、何故ニ促音ヲ四種ニ分ツカトイフニ、上ニ來ル字ハ、假令同ジ「一(イチ)」又ハ「發(ハツ)」ノ字ナレドモ連續シテ發音スル場合ニハ、其ノ下ニ來ル音ト同化シテ、此ノ如キ區

別ヲ生ズルニ至ルナリ。今之ヲ羅馬字ニテ記載セバ、

ik-ko, is-so, it-tan, ip-piki,

hak-ko, hos-so, hat-tatsu, hap-po.

ノ如ク變化シテ、同シ「一」トイフ字ノ音ハ、場合ニヨリテ ik, is, it, ip ノ四種トナリ、同シ「發」トイフ字ノ音モ、亦同シク hak, hos, hat, hap ノ四種ノ音ニナルナリ。サレバ、普通ニハ「ツ」ノ字ヲ右隅ニ細書シテ、是等ヲ同一ニ記シ來ルガ故ニ、人皆促音トイヘバ、「ツ」ノ音ナリト心得テ理論ノ上ニハ之ニヨリテ不都合ナル誤謬ヲ來スコト屢ナリト雖、今日ニ於テ之ヲ改良シテ、「イクコ」若「イスソオ」「イッタン」「イプバッ」ナド記センコトハ、却テ混雜ヲ來ス恐アルガ故ニ、實際上ノ便利ノ點ヲ考フレバ、小字ノ「ツ」ノ字ヲ以テ促音ノ場合ノ符號ト見做シテ用ヰルニハ、差支ナカルベシ

第十　臺灣土語記音假名

記音假名ノ主義ヲ擴張シテ、之ヲ臺灣土語（重ニ厦門ノ語）ニ適當セシメタルモノハ、前ニ學務課ニ於テ製定シタル、訂正十五音字母詳解ニ出タル假名ナリトス。臺灣ノ音ヲ記ス

ルニ方リテ、日本ノ假名ニテ記シ得ラレザル四五ノ音ノ爲メニハ、在來ノ假名ニ新シキ記號ヲ付シテ、之ヲアラハスコトヽシタリ。即チ左ノ如シ

(1)「タ」行ノ第二音ト第三音ハ、羅馬字ニテ之ヲ記セバ、ti, tu ノ音ナレドモ、本國ニテハ此ノ音ナク、從テ之ヲ記スル文字ナシ。故ニ從來ノ「チ」「ツ」ノ上ニ一線ヲ畫シテ、「チ̄」「ツ̄」ヲ以テ之ヲ記スルコトヽセリ。サレバ、「タ」行ノ假名ハ左ノ如シ、

タ	チ̄	ツ̄	テ	ト
ta,	ti,	tu,	te,	to,

(2)本國ニハ、tsa ヲアラワス文字ナシ、即チ俗語ニハ、父ノコトヲ「オトッアン」ナド呼ビ來レドモ、之ヲ記スベキ文字ナシ。サレバ是行ヲ設ケテ、tsa ヲアラワスニ、「サ」ノ字ノ上ニ一線ヲ畫シタル「サ̄」字ヲ以テ之ヲ記シ、第二音ト第三音 tsi. tsu ハ、在來ノ假名「チ」「ツ」ガ其音相近キガ故ニ、其儘ニ用井ルコトヽナシ、第四音ト第五音トヲ「サ̄」ニ準シテ「セ̄」「ソ̄」トナシタリ。サレバ「サ̄」行ノ假名ハ左ノ如シ

サ̄	チ	ツ	セ̄	ソ̄

tsa, ・tsi ・tsu ・tse tso

(3)臺灣音ニハ、出氣音(aspirata)トイフモノアリ。日本語ニ於テモ、談話ノ際ニハ屢々アラハルヽモノナレドモ、是ノアルモノトナキモノトヲ區別スル習慣ナシ。サレバ本國ノ假名ニ記號ヲ付シテ、此ノ出氣音ヲ書キ分クル必要アリ。是出氣音ハ、「カ」行、「タ」行、「パ」行、「サ」行ノ四行、ニ限リ附屬シテアラハルヽ音ナリ、卽チ左ノ如シ

カ行　カ●ア(kha)　キ●イ(khi)　ク●ウ(khu)　ケ●エ(khe)　コ●オ(kho͘)　コ●ヲ(kho)

タ行　タ●ア(tha)　チ●イ(thi)　ツ●ウ(thu)　テ●エ(the)　ト●オ(tho͘)　ト●ヲ(tho)

パ行　パ●ア(pha)　ピ●イ(phi)　プ●ウ(phu)　ペ●エ(phe)　ポ●オ(pho͘)　ポ●ヲ(pho)

サ行　サ●ア(chha)　チ●イ(chhi)　ツ●ウ(chhu)　セ●エ(chhe)　ソ●オ(chho͘)　ソ●ヲ(chho)

(4)臺灣ニハ「オー」ノ音ニ二樣アリ一ハ口ヲ廣ク開イテ發音シ一ハ口ヲ窄メテ發音スルモノニシテ甲ハ「オオ、コオ、ソオ」等ノ如ク記シ乙ハ「オヲ、コヲ、ソヲ」等ノ如ク記スルコトヽセリ、從前ハ乙ヲ記スルニ「オウ、コウ、ソウ」等ノ如ク記シ來リ

五十六

シガ、カクテハ「ウ」ノ音ヲ發スル恐アリテ記音法ノ精神ニ適ハズ故ニ五十音中「ソ」行ノ「ヲ」ノ字ヲ利用シテ之ニ配當スルコトヽセリ。

(5)臺灣音ハ、鼻音ニ三種アリ、羅馬字ニテハm. n. ngニ相當スルモノニシテ、判然ト區別セラルレドモ日本假名ニ於テハ、通例「ン」ノ字ヲ用井テ、是等三種ノ音ヲ區別ナクアラハシ來レリ、中ニmトnトハ、本國人ニ於テモ容易ニ區別シ得レドモ、nトngトノ場合ニ於テハ、之ヲ區別スルコト非常ニ困難ナリ。前ニ伊澤氏ガ假名ヲ定ムルニ當リテハmヲ「ム」トシ、nヲ「ン」トシ、ngヲ「グ」トシテ、一種ノ新假名ヲ用井タリシガ、爾來經驗ヲ重ヌルニ從ヒ、「グ」ノ字ハ字形上ヨリ見ルモ「グ」ニ近キガ故ニ、「グ」ノ如ク發音スル傾向アリテ、不都合ナルガ上ニ、實際上ニ於テモ亦「グ」ノ如キ新字ヲ用井ル丈ノ必要ナキヲ認メ得タリ。其故ハ、本國ニテ「ン」ノ音ハ獨立シテ發音セラルヽ場合、又ハ語尾ニ來ルトキニハ、常ニngニ近ク發音セラルヽ事實アリ。サレバ臺灣ニテ、干(kan)、丹(tan)等ノ如キ、適當ニnト發音サルベキ場合ニ於テ、本國人ハ常ニkang tangノ如ク發音スル傾向アリ。サレバ本國人ニ取リテ、鼻音ガ語末ニ來ル場合ニnトngト何レガ自然ノ發音ナルカト問ハヾ、事實上ngノ音ノ方自然ナリトイハザル可ラズ。カヽル理由ナルガ故ニ、甘ヲ「カム」ト記スル例ニ準シテ干ハ「カヌ」ノ如ク記スルヲ適當トシ、「ン」ノ假名ハngヲアラワス爲メニ用井、江ヲ記スルニ「カン」、東ヲ記スルニ「タン」ノ如ク記セバ、「グ」ノ如キ假名ヲ廢スルコトヲ得テ、理論上ヨリイフモ實際上ヨリイフモ、共ニ適當ナルコトナルベシト信ズ。故ニ臺灣土語ノ鼻音ハ、以後左ノ如ク改正センコトヲ欲ス。

ム（＝m）　ヌ（＝n）　ン（＝ng）

此外土語ニハ、所謂八聲ナルモノアリテ、同シ「カウ」ノ音ニテモ之ヲ唱フル聲ノ抑揚ニヨリテ、交、狗、敎、猴、厚等ノ種々ノ異リタル意義ヲアラハスガ故ニ、符號ヲ付シテ區別スルノ必要アリ。今「チイ」トイフ音ニ付テ、其例ヲ示サンニ

上平	上上	上去	上入	下平	下上	下去	下入
芝（チイ）	旨（チイ）／	志（チイ）＼	接（チイ）	薯（チイ）＜	旨（チイ）／	己（チイ）｜	舌（チイ）

五十七

而シテ此等ノ韻ナル、「イ」ノ母音ヲ鼻ニカケテ唱フルトキハ、普通ニ所謂ノ鼻音ヲ生ズ。是ニモ八聲アリ、即チ左ノ如シ

上平	上上	上去	上入	下平	下上	下去	下入
チナ 爭	チナ 井	チナ 箭	○	チナ 錢	チナ 井	○	○

今臺灣語ノ凡テノ音（爰ニハ重ニ廈門又ハ漳州語ニ付テイフ）ヲ假名ヲ以テアラハサントスルニハ、本國ノ五十音假名ノ一部分ト、右ニ擧ゲタル「タ」行ト「サ」行ノ符號字ト出氣音ノ符號ト、八聲ノ符號ト僅々六十有許ノ記號ヲ用ヰテ、十分ナルモノニシテ、之ヲ支那ノ何千トイフ多數ノ漢字ヲ記憶スルヲ要スル勞力ニ比スレバ、其ノ利害ハ、一目シテ之ヲ判別スルコトヲ得ベシ。殊ニ臺灣土語ニ於テ之ヲ記寫スルニ際シ、適當ナル漢字ノナキ場合甚ダ多キガ故ニ、漢字ヲ用ヰテ土語ヲ記スルニハ大ナル困難アリ。從來西洋人ハ羅馬字ヲ用ヰテ土語ヲ記シ、自ラモ之ニヨリテ學ビ、土人ニモ之ヲ用ヰシメ、聖書ノ反譯ノ如キ、羅馬字ニテ之ヲ記シテ支那人ニ敎ヘタリ。サレバ羅馬字ノ使用法ト、八聲ノ符號トヲ習得シタル土人ハ之ニテカキタル土語ヲ、容易ニ讀ミ得ル

ニ至レリ。如此例アルガ故ニハ臺灣土語ヲ記スルニモ右ニ擧ゲタル假名法ヲ用井ルコトハナシ。之ヲ教育上ニ應用セバ、己レノ思想ヲ記スルニ當リ、從來ノ如ク數千ノ異樣ノ文字ヲ覺ユル困難ナクシテ、此ノ六十有許ノ簡單ナル文字ヲ、自由ニ利用シテ、彼我ノ意ヲ通ズルニ至ル便利アルベシ。

如此ニシテ記音的ノ假名ハ、一方ニ於テハ本國語ノ談話ヲ發音ノマヽニ記シ、一方ニ於テハ臺灣ノ土語ヲ、發音ノマヽニ寫シテ、廣ク思想ヲ通ズル利器トナルニ至ラバ、日本ノ假名ハ言語ノ機關トシテ滿足ニ其職務ヲ盡シタルモノトイフヲ得ルニ至ルベシ。

キビシヨと云ふ語に就て

『台湾慣習記事』第二巻第三号、一九〇二年、台湾慣習研究会　五〇～五三頁

●キビシヨと云ふ語に就て

文學士　小川尚義

明治三十年の初春の事なりと覺ゆ、一日、時の學務部長たりし伊澤先生を訪ひ、談會々蕃人敎育の事に及ぶ、先生曩に恒春の生蕃地に一の學校を設けて、生蕃敎育の端を開かれしが、爾來、其成績大に見るべきものありき、先生曰く、君は元來臺灣の蕃語に就て、大に趣味を有するもの、爰に珍しき好材料こゝあれ、いで君に見すべしとて、傍にありし一小冊子を取りて余に示さる、取りて見るに、小學讀本敎授書といへる一小冊子にして、其中に鉛筆もて生蕃語を記入して翻譯せるものなりき、是れ恒春豬勝束の學校に敎鞭を執れる監原君の寄送する所なりといふ、余大に喜び先生に請て曰く、乞ふ暫く待て、小生亦一の蕃語集を有す、即ちラクーペリー氏の臺灣記の卷末に附せられたるものにして、バロック氏の集たるものなり、蕃語を集ること六種、即ち霧番、熟番、水番、平埔番、卑南蕃及びフアボラング語なり、今この小冊子の蕃語をとりて、此の語集の何れに尤もよく近似せるか比較せんには如何と、先生曰く、好し、乃ち該語集の寫本を取り來りて相較す、適合するもの甚だ少し、獨り卑南蕃語尤もよく之に類似する所あり、是れ或は地の近接せるより然るならんなど、相語り相較して該敎授書中の「ドビン」（土瓶）といふ部に至る、蕃語記して「キビシユ」とあり、先生卓を打て曰く、奇なるかな此語何ぞ夫れ相似たるの甚しきやと、余も亦此の奇異なる

類似に付て一點の疑を禁ずる能はざりき、されども、かゝる事は始終有勝の事にして、日本の「キビシヨ」と恒春蕃人の「キビシユ」と只一個の語詞の相似たりとて、まさかに言語系統の論までも提起する丈の値はあるまじと思ひ、單に偶然の類似ならんと信じ居たりき、其後、大學より出張し居たる多田綱介氏が臺東地方を調査して歸りたる時の話しに、臺東にて「キビシヨ」のことを「キビシユ」といふ、甚だ奇異の感をなせりといへり、爰に於て、余亦甚だ其事を奇とし、大槻氏の言海にはよく語原を討究して之を記載しあれば、或は此語の本來の義を知ることを得んかと思ひ、開きて之を見しに、「キビシヨ」は「キフス」の訛なりとあり、よりて「キフス」の部を見しに、語原は記せられずして、只左の解釋あり、

きふす（急須）。薬茶ヲ入レテ湯ヲ注ギ煎ズル小キ器、口アリ、手アリ、キビシヨ。

又藤井、草野兩氏の帝國大辭典を開き見しに、

きびしよ（急須）。「きふす」ノ訛レルナリ、

きふす（急須）。急ノモチヰ（須）ニ適スルトノ義、モトハ酒ヲ燗シタリシ具、今ハ主ニ煎茶ヲ入レ湯ヲツギ煎ジ出ス小キ土瓶ノ一種ヲイフ、口ト手ト伴ヒ、多クハ陶器ニテ造ル、「キビシヨ」トモイフ

とありて、意義は明なれども、語原急のもちゐに適すといふは未だ適せりといふ可らず、疑惑尚未

だ解ざりしに、近來臺灣の土語を研究するに際して、果して遂に其要領を得るに至りぬ、土語にて茶出しの粗製なるものを急燒（キプシオ）といふ、其意は文字の示す如く「速に煮ゆ」といふ義なり、多くは藥を煎じ出すに用ゐるといふ、然らば日本語の「キフス」「キビシヨ」は支那音の是の「キプシオ」に於て初めて其解釋を得たるものといふべし、然れども余は此を以て日本語の「キフス」が果して臺灣語より直接に輸入されたるものなりとは斷定せざるなり、語詞の貸借、移轉は其歴史に溯りて之を研むべきものにして、日本に此の語の傳來せしは、果して何時の頃にして支那の如何なる地方よりせしかの問題は、容易に爰に決定すべきにあらざるなり、余は先に解釋せられざりし此語が、臺灣の土語より初めて解釋さるゝに至りしことを云へば足れりとするなり、若し右に述る所のことにして、眞なりと許すことを得ば、爰に左の諸項の注意すべきものを見る、

（一）原語「キプシオ」より轉化せしものとせば、「キフス」といふも「キビシヨ」といふも、共に同一の音の轉訛にして、辭書にいへる如く「キビシヨ」は「キフス」の訛なりといふことを得ず、

今羅馬字にて其轉化の有樣を示せば左の如くなるべし

Kip-sio＜Kip-su…Kihu-su…Kiu-su
Kip-i-sio…Kibi-sio

（二）「キフス」は、通俗に「キユース」と發音すれども、假字に「フ」の字を用ゐたるは、是れ急「キフ」の字音より來れるものにして、「キビシヨ」の「ビ」も亦此の「キフ」の「フ」と相關係

せり、されば此の一事は少くも此語が支那の方言中「プ」即ちPに終れる入聲を有するものより傳來せしことを證するに足るべし（厦門語屬にはK、t、Pに終れる入聲あり、官話には是の入聲なし）

（三）先に生蕃語なりと考へられたる「キビシユ」といへる語は、即ち純粹なる蕃語にはあらずして、本來支那語なるものが、一は日本語に入りて「キフス」「キビシヨ」となり、一は生蕃語に入りて「キビシユ」となりたるものなり、

（四）以上の如く、甲の語詞が乙と丙とに傳移したる場合には、乙と丙との語詞に於て偶然の類似を生ずること甚だ多くして、之によりて往々學者の誤謬に陷ることあり、かるが故に、言語の比較に於ては多くの探檢家が從來なし來たりたるが如くし、只單純なる語詞を集め、其類似によりて大早計なる決論をなすことは、尤も危險なるものなることを知るべし、

●滿洲文字（補記）

會員 伊能生

（一）滿字の剌字　現清朝の領域は、地理學的に分ちて言へば、（一）支那本土（二）滿洲（三）蒙古（四）伊犂（五）西藏の五部と爲すべし、中に就き、滿洲蒙古の二統部に在りては、利制に於て、

『台湾教育会雑誌』第八号、一九〇二年、二一～二五頁

る時期は土語によるを原則として教授者は其言語の外篚と内苞とに論なく格段なる方法により收容を為す可し土語に熟達せる内地人にして且品性修養の高きものに一任すると同時に本島人教師には修身教授は決して担任せしめざる事を原則とす可し

以上述べたる五項目は平素余の公學校に於ける修身教授に關して根本的に主唱せんと欲する意見の大要なり

尚其他如何なる材料を如何なる方法により撰擇し其分量を如何に豫定す可きか且其排列配當及び運用及用書の編纂等に至りては從來抱持せる愚見ありされども目下臺北にある教育家中有志の人會合し熱心研究に從事せられ不日其結果を公表せらるるの期ある可しと信ずれば一已の私見は此際省畧することゝ為しぬ終りに臨んで一言す如上の意見には幾多の疑問と且間々思想の交錯せる點あらむ然しながら諸君文明の進路は先混同せる思想より明確なる思想に移るのが順序にして又思想の明確を缺く所は疑問の存する所疑問の存する所は研究起る所以なり而して其研究は事物の進歩を意味すされば余は如上の順序に則り一歩一歩と進み千百の階段を經由し遂には德育方案上一大光明の見る日あらんことを自期するものなり

(完)

學術

○言語上一種ノ顯象

文學士　小川尚義

臺灣ノ言語オ學ブニ際シテ思イツイタコトガ色々アリマスガ今ソノ中デ二三ノモノオ申述ベテ見タイト思イマス

一、出氣音　日本ノ言語ニ出氣音ガ全クナイトワ斷言セラレマセヌガ兎ニ角日本語デワ出氣音ノ有無オ區別スルコトオ必要ト考エテイナイソレダカラ「いろは」ヤ「五十音」ナドニモ別ニ之

オカキアラワス文字オ定メテナイノデアロオト思イマストコロガ臺灣ノ土語ソ勿論支那ノ言語ニワコレガ非常ニ嚴格ニ區別サレテイテ出氣音ガアルノトナイノトニヨッテ意味ガ全クカワッテクル程デアルノワヨク人ノ知ッテイルコトデアリマス支那ノ音韻オ古ク表ニシタモノデ韻鏡トイフ本ガアルガコレニワ出氣音ノコトオ次清音ト名ズケテ明ニ區別シテイマス日本ノ五十音圖デ次清音トイウワ「パピプペポ」ノコトデアルガコレワ誤ッテ名ズケタモノデ「パ」行ニ屬スル音ワ實際清音デアッテ韻鏡ニモ亦清音ノ處ニ入レテアリマスコノ韻鏡ノ表ワ印度ノ梵語オ本トシテ作ッタモノデアリマスカラ其ノ表ノ中ニアル音ノ順序ガ梵語ノ字母（アルファベット）ノ順序ニナッテイマスソコデコノ出氣音トイウワ支那バカリデワアリマセヌ朝鮮語ニモアリ又前ニ申シタ梵語ニモアリマス又コレト同族ナル歐州ノ語ニモアリマスガ然シ歐州語デワ只文字ノ上ニ其根跡オ殘シテイルバカリテ發音ワ餘程變化シテイマス英語ノ「フィロソフィイ」(philosophy)トイウ語ワ希臘語ノ philosophia カラ來タノデ希臘ノ古音ワ「フイロソフイア」トワイワス矢張出氣音テ「ピヒロソピヒア」トイッタノデアリマス又「シオリイ」(theory)(理論)トイウ語モ同ジク希臘語ノ(theo--ria)カラ來タノデソノ古音ワ「テヘオリア」ト發音シタノデアリマス、朝鮮ニ出氣音ノアルノワ左ノ例デワカリマス

象 khokhiri　　鼻 kho

二、入聲　入聲ノ中デ「ク、ッ、プ」(k, t, p)オ音尾ニモッテイルノワ支那語ノ內デモ南部ノ音ニノミ存シテイテ官話ナドニワ全クナクナッテイマスコノ入聲モ支那バカリデワナク朝鮮語ニモ又「アイヌ」語ニモアリマスタトエバ

朝鮮語　百 paik　十 Sip　五 tasot

「アイヌ」語　鹿 yuk　魚 chep　川 pet

ナドデアリマス勿論音便トシテ語詞ノ中間ヤ熟語ノツナギ目ナドニアラワレル入聲ワ日本語ニモ英語ニモ澤山アリマスガ語詞ノ末尾ニコノ入

聲オモッテイルノワ余リ見アタリマセヌ又kt
pノ外ニ喉頭聲門部ニ於ケル入聲ガ土語ニ澤山
アルコトワ人ノ知ッテイルコトデアリマスガ南
方官語ヤ又「マレイ」語ナドニモアリマスコレ
ワ母韻ォ非常ニ短ク發音スレバ自然ニアラワレ
ル音デアリマスカラ我々ワ通常氣ズキマセンガ
日本語ニモ澤山アルヨオニ考エマス、

南方官話　讀 tuh　學 hioh

「マレイ」語　家 rumah　菓物 buah

三、人代名詞　日本語デ同ジ私トイウコト僕
ダノ小生ダノ拙者ダノトイッタリ又同ジ汝トイ
ウコトオ君ダノ貴君ダノ貴公ダノイッテルガコ
ノ風ワ支那ガ本元ノヨオデアリマス支那語ニワ
コノ類ノ詞ガ餘程發達シテイルコトワヨク人ノ
知ッテイルトコロデアリマス「マレイ」語ニモ
亦コノ樣ナ顯像ガ著シク發達シテイテ相手ニヨ
ッテ其用法ガ違ッテイマスコレワ支那語ノ影響
デワアルマイカト考エラレマスタトエバ

「マレイ」語　私 hamba (僕)　汝 tuan (君)

「ジヤワ」語　私 kula (僕)　汝 sampeyan (足下)
dalem (殿)

四、一人稱複數　土語オ學バレタ方ワヨク御存
知ノコトデアリマスガ土語ニワ一人稱複數即チ
我々トイウノニ二種ノ詞ガアッテ意味ガチガッ
テイマス一ワ阮 (ゴアヌ又ワグヌ) ニシテ一ワ
咱 (ラヌ) デアリマス第一ノ阮ワ向ノ人即チ汝
オ除イタ場合デ「アナタ」トイウノニ對シテ用
イラレマスタトエバ「アナタハ左樣デショオガ
私共ワ斯樣デス」トイウトキワ私共ノ中ニ「ア
ナタ」オ含ンデイナイ又第二ノ咱ワ向ノ人即チ
汝オ含ンダ場合デ彼トイウノニ對シテ用イラレ
マスタトエバ「彼ワアアスルガ私共オ互ワコオ
シヨオ」ナドイウトキノ私共オ互ノ中ニワ「ア
ナタ」オ含ンデイマスコノ二種ノ區別ワ官話ワ勿
論ノコト「マレイ」語其他南洋諸島ニ廣ク行ワ
レテオリ又臺灣ニイル生蕃熟蕃モ之オ區別シテ
イルノヲ見マス

土　語　阮 goan, gun　咱 lan

官　話	我們 wo mén	偺們 tsa men
「マレイ」語	kami	kita
「ジヤワ」語	kami	kita
タガラ語（ルソン島）	kami	kita
臺灣蕃語（北蕃）	sami	ita
同（葫芦墩）	yami	ita
同（新港社（シライア））	amien	eta
同　ファボラン）（彰化地方熟蕃社）	namo	torro

五、補助數詞　一匹ノ犬トカ一羽ノ鳥トカイウコトワ我々ワ常ニ唱エテ怪ミマセンガコレオ他ノ言語オ使用シテイル人ニ教エルノワ大變六カシイソオデアリマス支那語ワコノ補助數詞ニ富ンダ言語デコレオウマク使用スルノワ中々六カシイコトワ又土語オ學ブニツイテ常ニ經驗スル所デアリマス元來支那語ワ單音節語デアルカラ同音ノ語ガ自然ト多クナッテクル之ガ混同オサケンガ爲ニ一方ニワ四聲又ワ八聲トイウ樣ナ音調ノ上カラ區別スル方法モ起リ又一方ニワ補助數詞オ置イテ算エラルヘキ種類ノ範囲オ狹クシタモノノ樣ニ考エラレマスコノ樣ナ傾向ワ支那ノ文字ノ組立ノ上ニモヨク顯ワレテイマスタトエバ漢字デ同ジ白ノ音デモ木偏、三水、舟ノ偏等偏オ使用シテ色々ノ意義ニ使イワケテオリマス日本ノ補助數詞ワ本來日本ニアッタモノカ支那風オマ子テ出來タモノカワヨク分リマセヌガ古事記ナドニ神樣オ一柱二柱ナドト數エテイルノオ見ルト古クカライクラカ行ワレテイタモノカモ知レマセンガ後世ニナッテカラ支那風オマ子テ新タニ製造シタノモ澤山アル樣ニ考エラレマス併シ維新後ニナッテ大分減少シタコトワ明カデアリマス英語ナドニモ一對トカ一「ダス」ナドイウコトワアリマスガコレラワ二ッ以上ノ數オ或ル見方カラ一團ト見テ名ズケタノデアリマスカラ支那語ノ補助數詞トワ幾ラカ違ッテイルモノト思ワレマス又コノ補助數詞ワ支那語バカリデワナク「マレィ」語ナドニモ發達シテイマスガコレモ或ハ支那語ノ影響オ蒙ッタモノデワアルマイカト考エマス

二十四

「マレイ」語　一人ノ子供 sa Orang anak(一ー人ー小供)
一匹ノ猫 kutjing sa ikur(猫ー一ー尾)
一本ノ竹 bambu tiga-batang (竹ー三ー幹)

○外國語教授法沿革史(ツヾキ)

渡部春藏稿

次ギハ比喩的言語ノ教授法デアリマスガグアンハ先ニ比喩的言語ノ性質ヲ論ジ次ギニ其ノ教授法ヲ論ジテ居リマスカラ其ノ順序ニ從ヒテ申シ上ゲルコトニ致シマス

(一)　比喩的言語トハ何ゾ

氏ハ左ノ如ク定義ヲ下シテ居リマス

比喩的言語トハ人間ノ抽象的觀念若クハ抽象的概念ヲ發表スル爲ニ借リ來レル客觀的言語ナリ

ト申シテ居リマス、此ノ定義ハ先ヅ無難ノ方デセウ(心理學及ビ言語學上ヨリ嚴シキ評論ヲ加フルトキハ不都合ノ點ハアリマスケレドモ)次ギニ、定義ニアリマス通リ客觀的言語ガ如何ナル心的順程ヲ經テ比喩的言語ト爲ルカ、平易ニ申サバ客觀的言語ガ如何ナル道順ヲ通ッテ比喩的言語トナルカ其ノ道順ハ種々アルデセウガ、其ノ道順ヲ形式的ニ云ヒ表ハス方ハナキカ即チ原理化スル工夫ハナキカト論ジ終ニ「過根ヲ拔ク」ト云フ一句ヲ例トシテ左ノ如ク說明シタ

(一)「過失」ノ語ノ示セル抽象的概念
(二)「根」ト云フ不言ノ觀念
植物ノ根ト云フ觀念ハ言ヒ表ハシテハナイケレドモ「拔ク」ト云フ動詞ガアルカラ根ト云フ觀念ノアルコハ明カダ
(三)「過去」ト云フ抽象的概念ト「根」ト云フ觀念トノ間ニ不言ノ比較
(四)「過去」ト云フ抽象的概念ト「根」ト云フ觀念ヲ同趣ノモノト默認スルコ

カクシテ比喩的言語ガ出來ル即チ(一)(二)ハ比喩的言語ヲ作ル思想ノ要素(三)(四)ハ此等ノ要素カラ比喩的

言語上一種ノ顕像（承前）

『台湾教育会雑誌』第九号、一九〇二年、八～一〇頁

余が未だ實驗して居ない所であるから、讀者諸君の判斷を俟つのである。

時の影響と共に、今一の頼るべき方便は、實際的といふことである。一般本島人の思想は、現實的であつて。理想的に向かないといふことは、前に述べた通である。それ故彼等の興味や注意は、常に實際の方面に傾くのであつて、高尚なる理想は腑に落ちにくい。論語孝經の如き抽象的の教訓が、實際兒童の意志を動かし難い、といふのは茲にある。否兒童ばかりでない。論語讀の論語知らずといふ諺をば、謹みて楷書に認め、一般讀書人への進物に致したい。其の代りに、彼等が得意とせる現實界に忍び入り、漸々に其の主我的觀念を取り抑へたいものである。素より、實際的の教訓のみを以つて、修身教授の終局とはしない。概念にも導かなければならぬ。感情をも修養せなければならぬ。しかし實際といふことが、特に乘ずべき方便であるといふことを忘れてはならぬ。

（未完）

學術

〇言語上一種ノ顕像（承前）

文學士　小川尚義

一、總稱ト特稱ノ事、　日本人トカ西洋人トカイウノワ特稱デアッテコノ兩者オ總括シタ人トイウ語ワ總稱デアル或ル言語ニワ特稱ワ澤山アルガ總稱ノナイノガアル臺灣ノ北ノ方ニ住ンデイル有黥番ノ「アタヤル」ノ語デワ自分ノ種族ノコトオ「タヤル」又ワ「アタヤル」ト稱エ支那移住民ノコトオ「パルムカン」ト稱エテイルガ兩方オ一緒ニアラワス人トイウ語オモッテイナイ又臺灣語デワ涙オ二種ニ區別シテイル即チ我々ガ悲シカッタリ痛カッタリスル時ニ出ス涙ノコトオ目屎Bak-saiトイ、烟タイ時ニ出ス涙ノコトオ目油bak-iuト稱エテイル目屎ワ字ノ上カラワ「メクソ」デアルガ扨我等ノ「メクソ」ニ相當スル語ワトイエバ目屎膏bak-sai-ko ト稱エテオルソオシテ日本語ノ涙ニ相當スル總稱ワナイ又量器ニ

ツイテ色々ナ名ガアル兩錢ナドノ輕イモノオ量ルニ秤Phiengト戥tiengトガアリ斤以上オ量ルニワ稱chhiengガアリ重イモノオ量ルニワ量niuト磅pongガアルソオシテ量ルトイウ動詞ワソノ量ル器械ニヨッテ違ッテイルノデ秤デ量ルコトワ秤トイ、戥デ量ルコトワ戥トイ、稱デ量ルコトワ稱トイ、其他量、磅デ量ルニワ矢張量、磅トイウ動詞オ用イテ決シテ混同スルコトオ許サナイソオシテコレラ凡テニアテハマル量ルトイウ語ワ存シテイナイ殺ストイウ語ニシテモ手ナドニテ打殺スコトオ打死phah siトイ、棒ナドニテ打殺スコトオ摃死kong siトイウ又鎗ナドデ突殺スコトオ攢死tsan siトイ、牛ガ角デ突殺スコトオ觸死tak siトイウソオシテ殺ストイウ總稱ワ別ニナイ樣デアル又同ジ押ストイウ語ニシテモ橫エ押スノワ推chhia 下エ押スノワ壓jih上エオスノワ㧐thuh雜閙ノ中ナド押シアウノワ夾khoehデアッテ其場合場合デ動詞ガ違ッテイテ凡テニ共通ナル押ストイウ語ガナイラシイ「クロオフォルド」氏ノ說ニヨルト呂宋ニ行ワレテイル「タガラ」語ニワ雨ノ色々ナ種類ニ對スル名ワアルガ雨トイウ總稱オアラワス土語ワナイ、タトエバ小雨ノコトオ「ラバンガ」lavangaトイ、霧雨ノコトオ「ラバラバ」lavalavaトイ、ショボ〳〵雨ノコトオ「アヌタ」anutaトイ、大粒ノ雨ノコトオ「ランラク」lanrakトイ、シットリト永クツズク雨ノコトオ「チカチク」tikatikトイウ併シ之オ總稱スル雨トイウ語「ウラン」ulanハ本來ノ土語デナクシテ「マレイ」「ジャバ」ノ語カラ借リテ來タノダトイッテイル又同氏ノ說ニ「タガラ」語ニワ木ノ葉ノ種類ニツイテ二十一種ノ名ガアルガソノ總稱ノ葉トイフ語ワ「マレイ」語カラ借リタ「ダウン」dawunヨリ外ニナイ又石ノ種類ニツイテ十五種ノ名前ガアルガ石トイウ總稱ノ語ワ同ジク「マレイ」語カラ借リタ「パッ」batuトイウ語オ用イテイルト斯樣ニイッテイル同氏ワ右ノ總稱ノ語オ「マレイ」「ジャバ」カラ借リタモノダト論結シテイルガ其ノ結論ガ正當ナルヤ否ヤワ問題デアツテ直チニ同意スルコトガ出來ナイケレ圧「タガラ」語ガ特稱ニ富ンデイルコトワ爭ワレヌコトデアルタシカ南洋ノ内ノ語デアツタト記憶スルガ或ル言語ニワ手オ洗ウ顔オ洗ウ器物オ洗ウ等ノ特別ノ語ワアレ圧コレオ總稱シタ洗ウトイウ語ガナイノガアルトイウコトデアル

一、名詞ノ性ノ事　我々ガ西洋ノ文法オ學ブトキ一種異樣ニ感ズルノワ名詞ノ性ノコトデアル男女雌雄ノ天然的區別アルモノニツイテワ兎ニ角ナレ圧生命ナキ器物ノ名ヤ無形ノ名詞ニマデ性オ區別シテイルノワ實ニ奇怪ニ思ウ所デアル英語ニワ唯其根跡オノコシイル斗リデ舟ヤ月ナドヂ女性ニシタリスル位デアルガ獨乙語ナドニ至テワ性ノ區別ガ非常ニ嚴重デアツテ性ニ從テ名詞ノ屈折（インフレクション）ガ違ツテクル程ニ文法上ニ重要ナ事ニナツテイル甚シキニ至ツテワ妻das weibヤ小女das mädchenナドオ中性名詞トシテイルコレラワ其本原オ研究スルト色々面白イ理由ノアルコトデ決シテ隨意ニ定メタモノデワナイ又アル言語ニワ男女ノ性オ區別スル代リニ有生無生トイウ風ニ區別シテイル言語モアル日本語ニワ幾分ソノ根跡ガアル樣ニ思ワレルタトエバ「人ガイル」「犬ガイル」、「鳥ガイル」ナドノ場合ニワイル（又オルトモイウ）トイウガ「石ガアル」、「筆ガアル」「紙ガアル」ナドノ場合ワアルトイツテ決シテイルトカオルトカイウコトワナイ前者ワ有生物デ後者ワ無生物デアルカラソノ動詞ニ差違ガアルモノトスレバ日本語ノ文法ニワ有性無性ノ區別オ或程度マデ必要ト認メテイルデワアルマイカ、

○直観教授に就きて

暫時匿名生

對譯法一天張の世の中にグアン教方を輸入して教授界に革新を行はうとしたのは善い考へであつたが批評なしに之を採用して其長短を見分けなかつたのは誠に惜しいことであつた○先さつ頃より渡邊教授の破邪鏡に映じて歴々其長短が判然し來たのは極めて爽快のことである○グアン迷信は自今

『台湾教育会雑誌』第一八号、一九〇三年、三五〜三九頁

ハ女兒ハ男兒ニ比シ余程劣ツテ井タノデアル
試問ハ右ノ數項デアツタガ此外ニ書キ方及想像書ヲ書カセテ見タガ其ノ結果ハ

一、書キ方「ハト」（手本ヲ示シ執筆法ハ敎ヘズ）

今此ノ成績ヲ假ニ左ノ標準ニ依リ甲、乙、丙、丁、ノ四等ニ評定ヲ下ス片ハ

甲、（間架結構正シキヲ得テ筆法ニ適ヒ筆力優勢ナルモノ）　一〇、（男六 女四）
乙、前者ノ一ヲ缺ギタルモノ　一七、（男一〇 女七）
丙、其ノ二ヲ缺ギタルモノ　二五、（男一四 女一一）
丁、（書キ方順序及字劃ヲ誤リ或ハ字形劣等ナルモノ）　二五、（男一〇 女一五）

初テ筆ヲ執リタルモノガ（家庭ニテ多少ノ經驗アツタニセヨ）斯ル成績ヲ顯ハシタノハ全ク豫想ノ外デアツタ而シテ男ノ方ニハ頗ル健筆ノモノモアツタ女兒ニ比シ一般ニ好成績ヲ擧ゲタノデアル

一、想像書（別ニ書クベキ物名等モ指示セズ各自ノ嗜好ニ基キ自由ニ書カシメタノデアル）

此ノ結果種々雜多ノ畫ガ出來タガ最モ多數デアツタノハ男兒テハ旗、（日ノ丸、軍旗、中ニハ支那ノ旗モアツタ）船艦、山、家等デ、女兒ハ人形、山、旗、毬（單圓形ヲ書ク）ノ如キデアツタ一体ニ男兒ノモノハ想像巧ニ筆跡モヨク中ニハ畫伯モ三舍ヲ避クルナラント思ハレルモノガアツタ而モ男女性ニヨリ其ノ嗜好思想ノ發表ニ差異アルノガ面白イデハナイカ

兎ニ角彼等ガ漸ク家庭生活ヲ離レタ當初ノヿデ混雜匆卒ノ際ニ行ツタノデアルカラ結果不十分デ得ルトコロ大ナラザルモ參考トシテ其ノ効果ハ決シテ少クハナイ敢テ大方ノ高評ヲ仰グト云フ程ノコトデハナイガ斯ル研究ハ續々行ハレルコトヲ切望スルノデアル」、

史傳

●「マルコ、ポーロ」の傳

本題は臺北屯山會員の請により文學士小川尙義氏が講話せられたるなり同君は本題に入るに先

ち曰く聞く處によれば本會は政治經濟を研究するを以て目的とせらると予の如きは此の方面に對しては全く門外漢にして到底諸君を益するに足るの材料なきを以て再三辭退せしも懇請せらるゝ次第も有り偶總督府學務課所屬の倉庫中に元代の領域圖あるを見たればその圖に基き聊か「マルコ、ポーロ」に就きて語らんと欲するに至れり

「マルコポーロ」の事は文官普通試驗の問題ともなりしことありて諸君中己に研究せられ居る事なるべけれど今日東洋多事の日に當り支那日本の紹介者たるポーロに就て語るも亦無益の事にあらざるべしとて上記の地圖によりて談話せられたるを其大要を筆記して紀傳体となしたれば其誤謬の責一に筆者にあり

會員　芝山豐平寄送

「マルコポーロ」は、我が日本を西洋に紹介せし最初の人なり○時維西曆一千二百年代、即十三世紀の下半期時代は、支那にては彼の成吉思汗の勃興時代にして、其孫忽必烈の盛時は、我が朝にては北條氏の中葉に當り、當時元朝の版圖は、支那全土より西の方遠く魯西亞に及び南は波斯印度後印度を席捲し、實に空前の大版圖を有したり。この時に當り、以太利の「ヴェニス」に「ニコロ、ポーロ」及び「マフエオ、ポーロ」なる兄弟あり、共に商業を營み常に地中海亞得亞海等の諸港に往來し居たりしが、千二百六十年の頃「クリミヤ」半島より「ボツカラ」に至りしに、偶該地に滯在中なりし忽必烈の使者燕京に回るあり、因りて共に帝都に至りたるに元主喜び延ひて西方の事情を問ふ。二人即歐洲に於ける政治宗教其他一切の情況を語る、元帝大に之を欣慕し即教師を西方に求めんとし、書を羅馬法皇に贈りて、一百人の教師を送られんことを求む。二人は乃ち燕京を辭し以太利に歸りたり。時正に西曆一千二百六十九年にして、羅馬法皇「クレメント」四世沒し後王の選擧捗取らざりしを以て、法皇の候補者なる「テダルド」といへる僧正に就き、返書を乞ひ之を待たり。

因に記す、羅馬法皇の選擧は一朝にして決せず、時としては數歲の間定まらざることあり。本年七月廿一日故法皇レオ十三世の長逝するや、同月三十日より六十二名の大僧正を以て組織せる法皇選擧會は嚴肅に行はれ、八月四日に至るまで前後四回の投票を行ひ、漸く五日に至り「サルト」大僧正を選擧し、法皇乃ち確定し、「パイアス」十一世と號せり。

既にして選擧確定し、該僧正位に登り、「グレゴリー」第十世と稱す、即ち元主の請に應ずる爲に「ドミニカン」派の僧侶二人を派することゝし、爰に二人は其僧侶を伴ひ再支那に向ひ發程せんとす。是より先二人の支那より歸るや、「ニコロ、ポーロ」の妻は其子なる「マルコ、ポーロ」を遺して世を去り居たりしに、今や二人が。再び發程せんとするに際し、當時十七歲なりしこの可憐の少年は其父と叔父とに伴はれ、共に萬里の旅程に上りたりいでや其行程の順序を語らむ。

時しも西曆一千二百七十一年十一月地中海邊の「アクレ」を出發し、「アヤス」(Ayas)を經て「シワス」(Siuos)マルヂン(Mordin)に至り、有名なる「チグリス」河に沿ひて下り「モスル」(Mosul)「バグダット」(Bagdad)に至り、海路直に支那に向はんとせるも、種々の障礙の爲に波斯灣の「オルムツ」(Ormus)に上陸し「ケルマン」(Kerman)「バタクシアン」(Badakshan)を經て印度河の上流に至る。現今英露の折衝地なる「パミール」高原を通過し、支那土耳其斯坦地方に入り、「カシガール」(Kashgar)「ヤルカンド」(Yarkand)を經、崑崙山の北を過ぎ「ゴビ」の沙漠を通過し、萬里の長城の北を經過し、遂に北京に入れり。實に西曆一千二百七十五年の春にして、「ヴエニス」を發してより五年「マルコ」は正に廿一歲に達せり。而して同伴せる「ドミニカン」派の僧侶は、行路の困苦に耐ねず波斯に至るの途中より遁げ還れり。

「マルコポーロ」は、天性頴敏にして其經過せる山川地理風俗に就て詳密に説明し、且各地方の言語さへ學び居れるを以て、忽必烈太帝大に之を寵し、常に左右に侍せしめ、又特に支那内地を旅行せしめたるを以て、山西陝西四川の諸省より雲南まで往來し、尙進んでは緬甸なる「イラワデー」河の「アヴア」に至り、其報告を爲せり。後元主は彼を擧げて官吏となせしことあり、然れども彼が旅行癖は再び彼をして南方交趾支那、印度邊まで遊ばしめたるに至る。この間に歲月匆々一千二百九十二年に至る。この十七年間に於ける彼が父と叔父との消息に就ては、歷史は一も語ることなけれども多分商業を營み居しなるべし。此の如く他鄕の風月に嘯遨すと雖、朝晨月夕豈故鄕を懷はざらんや、且帝の生前に於て歸還するにあらざれば、帝一朝崩去すれば膨大の版圖必ずや乱れ、道路梗塞の憂あるべきを豫知し、數々放還を求むるも聽されざりき然るに彼等をして故鄕に歸らしむべき機會偶爾として起れり。機會とは何ぞや、偶忽必烈の弟の孫にして、當時波斯王なりし「アルグン」の妻死し、爲に蒙古貴族の女を娶るの議ありて、使者燕京に來る。既にして聘禮の議定まり、「クカチム」といへる貴女を波斯に送るに決す。當時西域少しく乱れ、陸路は安寧ならざるを以て、海路を取ることに決し、「ポーロ」の一行をして東道たらしむ是に於て「ポーロ」の一行は、燕京を辭し、陸路福建省に至り、「ザイツン」(Zoitun)と云へる港より乘船す(今の泉州地方といふ或は漳州といふものもあり)それより「萬谷」瓜哇「「ニコバール」『アンダマン』「コロンボ」を過ぎ、「ニオルムツ」に上陸し、遂に波斯の都なる「タブリズ」に達す。この旅行は一千二百九十二年より一千二百九十五年に至り、前後四年の星霜を費し、使者の中二人は中途にして死するに至る。幸に「ポーロ」一行の三人は恙なく新娘を護して波斯に至れば、夫王は既に死して墓木正に拱なり。以て當時交通の不便と困難とを想像すべし、幾もなく「ポーロ」等は黑海に泛びて「ヴエニス」に歸り、居ること四年「ヴエニス」人は「ゼノア」人と戰端を開き、海戰の結果「ヴエニス」大敗し七千の人捕虜として「ゼノア」に送られ「ポーロ」も其一人として「ゼノア」の獄中に投ぜられたり。而して當時の「ポーロ」

の不幸は却て歴史學上の大幸となりたり。そは同じ獄内に「ルスチシアノ」なるものあり、此人獄中にて「ポーロ」の談話を筆記したり。この筆記こそ、後世の人をして當時の情況を知らしめ、亦我が日本を西人に紹介したるなれ。

書中我が日本のことを「ジパングー」(Zipangu)と稱へ其國は金銀寶玉に富みたる仙境なりと記したり。蓋元寇の前後は「ポーロ」は、正に支那に在りしなるべく、随つて日本に就ては大に注目せしなるべし。後世日本を「ジヤッパン」と稱するは、この記事より出でしものなり。後二百年を經て「コロンブス」が亞米利加を發見せるも東の方印度に至らんとせるものにして「ジパングー」なる暗示に出でしなるべく「ガマー」の阿弗利加一週「マゼラン」の世界一週も皆この暗示に出でざるはなし今や東歐問題は東亞問題と變じ列國の注視は我が日本支那を中心として其解釋に汲々たるの秋に際し聊か東洋の紹介者たる「マルコポーロ」を諸君に紹介すること此の如し

雜録

●無題録

○銀漢漸く明かにして天上既に秋は來りぬ、柚仔黄ろく柿の實赤く熟し、川の邊の柳一葉ちり二葉こぼれて吹く風涼しく、零露繁くて夜な夜なの蟲の音つゞれさせさや地上の秋も亦萌しぬ。

○故山に放浪せし人十分の勇氣を以て任に歸へり、長らくの休みに骨身やすめし人も秋風と共に奮ひ起ちたり、物寂しかりし各處の校舍、咿唔の聲も勇まし丶、天上地上秋來て、人は夏の暑さより甦りぬ。

○手も足も四肢五體すべて異狀なくて、しかも全身の不隨なるを、醫者これを何とかと名づく、人にかゝる病あり、道にもかゝる患あり。

○砂金をとるを見よ、幾貫の砂を洗ひ去りて得るところの黄金は僅に一分にも充たざることあり、

『台湾教育会雑誌』第二八号、一九〇四年、二一～二五頁＋図

理解の發達階段を無視して、敎法の順序を等閑にせしものなきか、各科の連絡は愚か、或る一科の敎材すら、前後の關係を顧すして、敎授するにあらざるか、實事實物の觀察をなさしめずして、徒らに言語文章の暗記を力めしむる如きことなきか、兒童身邊の事實を敎ふることなくして、塲所も時間も共に懸け離れたる事實を敎へ、近きより遠きに及ぼすべき敎授の原則を侮りしことなきか、實用と云へることを速了して、大人すら云ふこと稀なる會話語を、風俗習慣の異れる幼童に敎ふるものなきか、少しも實際の生活に必要ならざる事項を敎へて却て兒童將來に、必須なる材料を放擲することなきか、甚しきは公學校敎育は普通敎育なることを忘れて、國語學校、師範學校等の入學者の豫備敎授をなして得々たるものなきか、我等今日の公學校に就きて慊焉たるもの多し、一言すれば放漫空疎の四字を以て評するの寧ろ痛切なるを覺ゆるが故に、いよ〳〵新則第九條の規定の必要なるを感じ、單にこれを空文に終らしめざるを希ふこと切なり。吾輩の苦言を放てするは、徒らに自ら高ふして他を罵りて快とするにはあらず、これ誠に自ら責むるの言なるのみ。論して此處に至り、慚汗脊を潤はし中心恐縮に堪へざるものあり。

學術

満洲ノ文字

小川尚義

満洲ワ、今日、日露ノ戰場トナッテ世人ノ注目スル處トナッテイルカラ、今回ワ満洲ノ文字ノ由來ニツイテ簡單ニ述ベルコトモ、全ク「インテレスト」ノナイ事デモナカロオト思ッテ、コノ題オ選ンダノデアリマス。

臺灣ニ行ワレテイル一文錢ノ裏ニ、奇妙ナ長イ形オシタ文字ガアル。又廟ヤ書院ナド由來ノアル處

ニ建テレタル石牌ノ面ニ、漢文ト相並ンデ記セラレテアル奇妙ナル文字ガアルコトガアル。是等ワ所謂滿洲ノ文字トシテ世ニ知ラレテイル普通ノモノデアル。下馬ノ立石ナド簡單ナ一行ノモノニツイテワ、餘リ氣ガツカナイガ、少シ長イ五六行ノ文ニナルト、行ノ位置ノ工合ナドオ漢文ノ原文ト並ベテ見ルト直ニ氣ノツクコトワ、滿洲文ワ右端ノ行ガ常ニ(或ワ最モ多クノ塲合ニ於テ)中途デ切レテ最下マデ續イテイナイコトデアル。然シ右端ノ行ガ表題ノ語カト思ウト、左端ノ行ノ方ガ却テ表題ノ語ニ適當シタル排列オナシテイル。又表題ノナイモノニ至テワ、右端ノ行ワ中途デ切レテイルニ拘ワラズ、左端ノ行ワ下マデ字ガツマッテイルノスラアル。少シ丁寧ニ見ルト、コノコトワ直チニ見出スコトガ出來ル。是ワ何ウイウ譯デアルカトイウニ、原來、滿洲ノ文字ノ書方ワ、日本ヤ支那ノ文字ト違ッテ、左ノ行カラ書イテイク、竪ニカクコトワ日本ヤ支那トワ違ワナイガ其行ワ左カラ始マルノデアル。其故ニ左端ノ行ノ文字ガ下マデツマッテ書テアルニ、右端ノ行ワ中途ニシテ終ルノオ見ルノデアル。是ガ、滿洲文字ノ著シイ特徴デアル。斯樣ニナル譯ワ、漸次述ルコトニヨッテ明瞭ニナルデアロオト思ウ。

原來滿洲文字ワ、何處カラ來タカトイウト、主トシテ蒙古ノ文字カラ來テイル。蒙古ノ文字ワ、中央亞細亞ニイタ回紇(ウイグル)ノ文字カラ、回紇ノ文字ワ「シリヤ」ノ文字カラ來タノデアッテ、文字ノ傳習ワ「シリヤ」ニ行ワレタル基督敎ノ一派「ネストリア」派ノ宣敎師ニヨッテ傳エラレタモノデアル。コノ「ネストリア」派ノ基督敎ワ、七世紀ノ始頃ニワ已ニ「カシュガル」ニマデ及ンデオルガ、其處等オ中心トシテ、漸次周圍ノ韃靼種族ニ宣傳セラレタモノデアル。其ノ傳導ノ効果ワ非常ニ著シイモノデアッテ、八世紀ノ始ニワ、已ニ「ヘラット」ヤ「サマルカンド」ワ勿論、支那ニ於テスラ「子ストリア」派ノ大僧正區オ設立スルニ至ッタ程デアル。

八世紀ニ於テ、「ネストリア」派ガ支那ニ於テ宣傳

サレテイタコトワ、支那ノ西安府(古ノ長安)ニテ千六百二十五年ニ偶然ニ發堀サレタ碑文ニ徴シテモ明デアル○

支那デワ、「ネストリア」派ノ基督敎ヲ景敎ト唱エテイルガ、コノ碑文ノ尤モ上ノ處ニ「大秦景敎流行中國碑」ト刻シテアリ、結尾ニ「大唐建中二年云々」ノ句ガアル處カラ算用スルト、紀元七百八十一年ニ建ラレタモノデアルコトガワカル○只其ノミデナイ、其ノ下ノ方ニ「シリア」ノ文字デ僧侶ノ名ガ刻ンデアルコトワ「シリア」文字ノ傳播ヲ研究スル上ニ於テ、非常ニ有益ナ材料デアル○

韃靼種族ノ中デ、尤モ文化ノ進ンダモノガ、コノ「シリア」文字ヲ採用スル樣ニナルトイウコトワ自然ノ數デアル○ソノ最モ進歩シタル種族トワ、即チ「ウイグル」族デアル○彼等ワ、當今ノ「キヴ」「ボクハラ」ニ當レル地方ニ居住シテイタノデアルガ、中央「アジア」デ「ネストリア」文字ヲ採用シタノワ、實ニコノ種族ガ尤モ最初ノモノデアル○十二三世紀ニ於テ「ゲンギスカン」ワ主トシテ此ノ人

民ヲ採用シ、其ノ後繼者モ亦或ワ秘書官トシテ或ワ醫者トシテ之ヲ採用シタ○其故「シリア」文字ヨリ來ツタコノ「ウイグル」文字ワ、當時ノ全蒙古帝國ノ通用文字トナッタ○千八百四十五年「ドニイペル」河ノ近處デ見出サレタ蒙古ノ笏ニモ、矢張コノ「ウイグル」文字ガカイテアル○其他「ウイグル」文學及ビ文字ノ遺物トシテ尤モ重要ナルモノワ、「クダツク、ビリツク」(Kudatku Bilik)トイウ古文書デアル○コレワ十一世紀ニ出來タ韃靼ノ詩ノ寫シデアッテ、十五世紀ノモノデアル○コレソ文學上ニモ古文字學上ニモ又言語學上ニモ非常ニ貴重ナル材料デアル○言語學ノ上カライウト、此ノ文書ワ韃靼語族ノ最古ノ文書デアッテ、コレガ土耳古語族ノ研究ニ於ケル値ワ「ゴシック」語ニ譯サレタ「ウルフィラス」ノ銀字經ガ獨逸語族ノ研究ニ於ケル價値ト同ジ位デアル又古文字學ノ上カライウト、コノ文書ノ文字ワ韃靼族ニ採用サレタ「ネストリア」文字即チ「ウイグル」文字ノ最古ノ遺物デアッテ、丁度「ネストリア」文字ト蒙古文字トノ

間ニ立ツテオルカラ文字ノ比較研究ニワ重要ナ材料デアル。「ウイグル」族自身ノ内デワ、回敎ノ進入ト共ニ「アラビヤ」文字ヲ輸入シタカラ、「ネストリア」」ノ文字オ忘レテシマウヨオニナッテ、其文字ワ却テ蒙古滿洲ノ方ニ讓ツタ樣ナ形迹ニナッタ。

蒙古文字ノ内デ重要ナノワ、蒙古本部即チ「ゴビ大沙漠ノ北ニイル「カルカス」及ビ其他ノ蒙古地方ノ僧侶ノ用イテイルモノデアッテ、其ノ字形ガ「ネストリア」」字ノ原形オ存シテイルコトワ「ウイグル」」字ニワ及バナイケレドモ、他ノ蒙古字ニワ勝ッテイル。

忽必烈ノ治世(千二百五十九年千二百九十四年)及ビ其ノ後繼者ノ時代ノ間ニ、佛敎者ノ力ニ依ッテ「ウイグル」文字ワ五ケノ西藏文字オ補充サレテ、蒙古語オ記述スルニ適スルモノトナッタ。此オ「モンゴル、ガリック」(蒙古イロハノ意)ト名ヅケラレテイル。

十七世紀ノ始メニ、蒙古ノ一部「カルムック」族ガ

「ヴオルガ」河ノ下流ニ移轉シタトキニ、コノ「モンゴルガリック」」ノ畧サレタル字形オ持ッテイッタ。何時ノ時代デアルカ確カニ分ラナイガ、蒙古文字ワ亞細亞ノ東部ニ住スル、「トウングウス」」人ノ一部ナル滿洲人ニヨッテ用イラレル樣ニナッタ。此ノ滿州人ワ、誰モヨク知ッテイル如ク、十七世紀ノ始ニ於テ、明朝オ亡ボシ、支那帝國オ占領シテ、滿朝政府オ立テタ種族デアル。滿州ノ文字ワ、蒙古文字オ補ウ爲メニ、色々ノ記號オ增加シタモノデアルガ、「バイカル」湖ノ北ニ住シテイル「ビュリアット」トイウ蒙古人ワ、又コレオ用イテオル。是等ノ數種ノ蒙古文字ワ、互ニヨク類似シタモノデアルガ、コレオ其ノ根本ノ「シリア」文字ト比ベテ見ルト、一見其類似ガ甚ダ少イ樣ニ見エル。然シソノ相違タルヤ、只表面的ノ相違デアッテ、主トシテ書法ノ方向ノ相違カラ來ルモノデアルカラ、ヨク注意シテ比較シテ見ルト、直ニソノ類似オ見出スコトガデキル。前ニイッタ如ク、滿州文字ワ左カラ縱ニカイテ、

行ワ漸次ニ右ニ進ムモノデ、「シリア」ノ書方ワ右カラ横ニカイテ行ワ、漸次ニ下エ進ムモノデアルカラ、之オ比較スルトキハ滿州文字オ九十度ダケ右ニ廻轉セシメルコトオ要スルノデアル、之オ圖ニアラワスト、左ノ通リデアル。

「シリア」文字

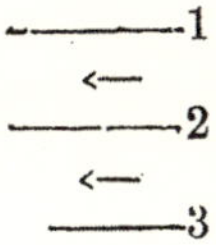

蒙古
滿州 文字

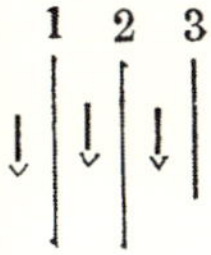

今文字ノ内、最モ著シク類似ノアルモノ二三オ、左ニ擧ゲテ見ヨオ。（第一圖）

又、滿州文ニツイテ只今適當ノ材料ガナイカラ、左ニ蒙古文ノ「主ノ祈」ノ二三節オ擧ゲテソノ例オ示ソオ。蓋シ、滿州文字ノ形ワ、大体ニ於テ蒙古文字ニ似テイルカラ、左ノ例ニヨッテ、ソノ大体オ想像スルコトガ出來ルデアロオト思ウ。（第二圖）

實驗調査

就學及出席奬勵法

本田竹軒

先きには、新學生募集期と新學年との激因に挑發せられて、就學及出席奬勵法の一策を草して、會員諸君の批正を乞ひしが、遙に書を寄せて、或は其一策ならんを認むれども、已れ又別案ありとか、或は研究中につき不日發表すべしとか、眞面目の意志を通せられしもありしは、一片の拙稿も多少の面目を得たる次第にて、最も喜ぶところなり。然り而して爾來逐日炎帝威を逞うし、爲めに吾人より見ば温室にも比すべき本島家屋に占居して而も醫療稀有なる本島人には、其不知他的淺智と懶惰根性とが、驅りて以て通學途中の暑熱、學堂内裡の苦熱を誤想せしめ、親子同盟將た父母專制等各種の事情に因り、缺席生徒を續出するある

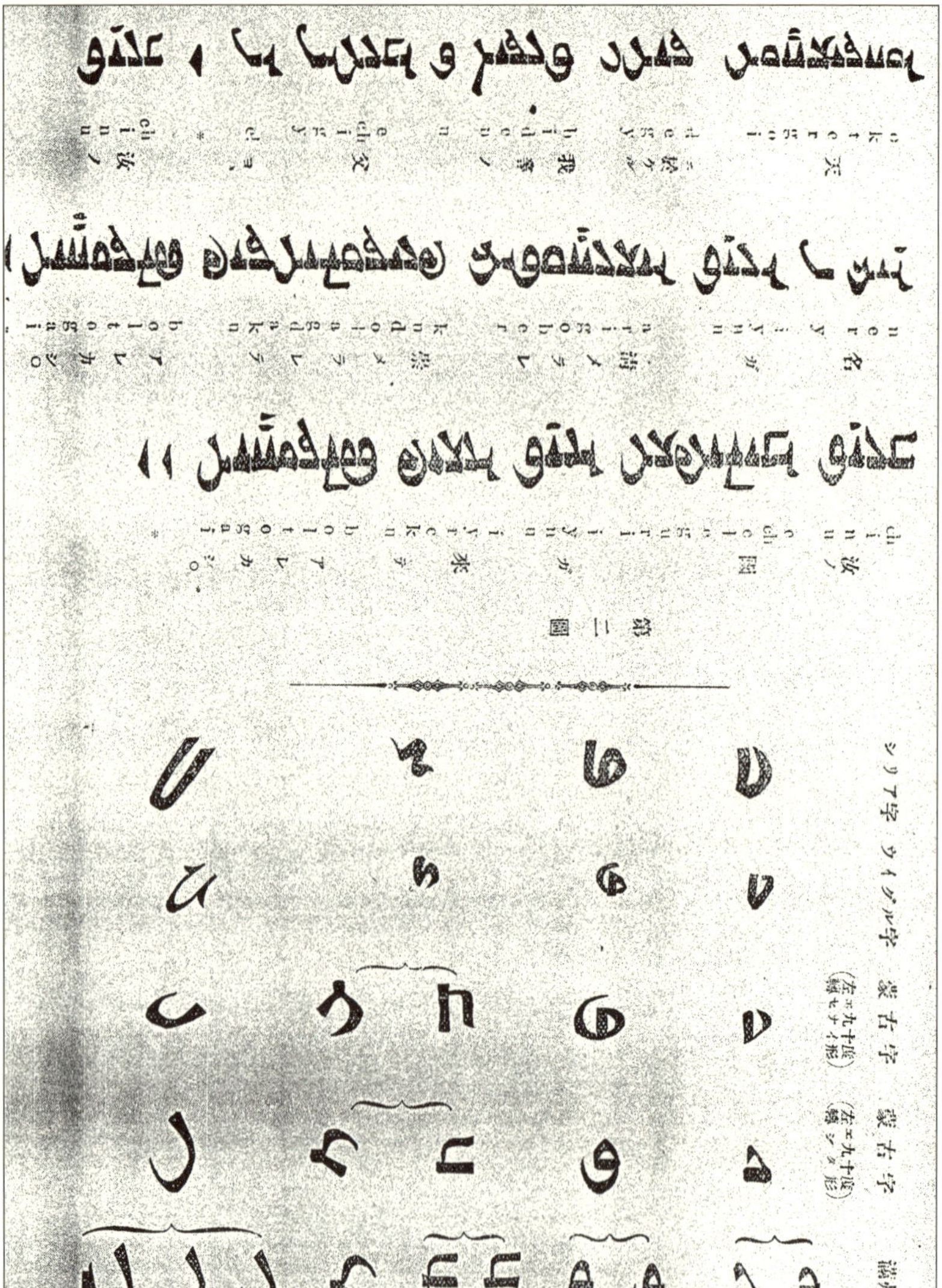
第一圖
シリア字
ウイグル字
蒙古字
(左ヘ九十度傾セナイ形)
蒙古字
(左ヘ九十度傾ケタ形)
滿洲字
發音
f
w
b
p
ch
chh
zh
k
g
kh
第二圖

『台湾教育会雑誌』第三九号、一九〇五年、一七～二〇頁

震ノ際ニ岐阜、大垣ナドニ於ケル震度ニ比シテハ半分程ノ強サニ過ギナイガ、割合多クノ死者ヲ出シタ、コレハ結局家ノ構造ノ悪イ爲デアル。元來煉瓦ナドハ厚クスレバスル程丈夫ニナルガ、臺灣ノ家ヲ作ル土角ト云フノハ互ニ接合スル力ガ無イノデ、タトヘバ壁ヲ三尺トカ六尺トカノ厚サニシテモ、少シモ効能ガ無イノミナラズ、却テ土角自身ノ重サデ其崩潰ヲ容易ニスルモノデアル。地震ニ對スル家ノ構造ナドハ僅カナ注意デモ大ナル耐震的効能ガ有ル、木造ナラバ十分崩潰ヲ免ルヽ、建築ガ出來ル、煉瓦造デモ地形ガ堅固デ且ツ家ガ高クナカッタナラバ、震害ヲ免ルヽコトガ出來ヤウ。今度ノヤウナ地震ハ今後何年カ立テバ復タ有ルダラウガ、家ノ構造ヲ注意スレバ大丈夫烈シイ震害ヲ免ルヽコトガ出來ルモノト信ズル。若シ今度ノ地震ガ今數年ノ後ニ起ッタナラバ、即チ不完全ナ構造ノ家ガ澤山殖エテカラデアッタナラバ、随テ被害ノ度モ今一層甚シクアッタラウカラ、且ツ何ウゼ何時カハ起ル地震デアル以上ハ、今回ノ地震ハ寧ロ都合ノヨイ時ニ起ッタモノデ、戒ヲ人ニ與ヘルト云フ利益ガアルデアラウト思フ。（完）

●番語文書ノ談片

文學士　小川尚義

先年伊能君ガ番人事情視察トシテ臺灣全島オ巡回サレタトキ同君ヨリ小生ニ送ラレタルモノヽ中ニ「ローマ」字オ以テ記シタル番語文書カ四五通アッタ臺灣ノ番語研究ニワ實ニ貴重ナル材料デアル小生ワ此種ノ材料ノ實物又ワ描寫サレタルモノ七十餘通オ所持シテオルガ之オ讀ムコトワ中々容易ノ事デナイソレワ此等文書オ殘シタ熟番人ノ子孫ワ今日デワ殆ンド全ク漢人化シテソノ固有ノ言語オ忘レテシマッテイルカラデアル併シ他ノ方面カラシテ研究ノ手ガヽリガナイデモナイカラ或時期ニ至ラバソノ幾部分ワ讀ムコトカ出來ル樣ニナルコトオ信シテイル左ニ掲ゲタモノワ伊能君カラ貰ッタ右ノ番語文書ノ一斷片デアルガ臺灣土語ガ大分

學術

混シテイルカラ尤モ讀ミ易イモノ、一ツデアル、
10 ni 3 goij 105 sit Camosa champilo kitacah
十年 三月 十五日 甘蔗？ ？ ？
tokaij tana taranau (..........) takah catta
？ ？ 人名 ？ 此
sa vanitok taana sanipila kia vovok
？ 銀 ？ ？ ？ ？
boksi 10 nio lomasi 100 tou
木耳 十 両 厘 百 ？(木耳十兩十錢)
Sisaij 1 kin lomasi 100102
紫菜 一斤 厘 百十二(紫菜一斤十一錢二厘)
Soatanghon 1 kin lomasi 102
山冬粉 一斤 厘 十二(山冬粉一斤一錢二厘)
Hibi 1 kin lomasi 906
蝦米 一斤 厘 九十六(蝦ザコ一斤九錢六厘)
Siohi 1 kin powa 300105
鰇魚 一斤 半 三百十五(鰑一斤半三十一錢五厘)
Kinsimshaij 1 kin lomasi 506
金針菜 一斤 厘 五十六(金針菜一斤五錢六厘)

十八

Hioko 102 nio lomasi 200106
香菰 十二兩 厘 二百十六(椎茸十二兩二十一錢六厘)
Misowa 10 kin 10040
麵線 十斤 百四十(素麵十斤十四錢？)
Angchak 1 kin lomasi 106
紅売 1斤 厘 十六(赤麹一斤一錢六厘)
Bihon 4 kin lomasi 70
米粉 四斤 厘 七十 (米粉四斤七錢)
Tamako 1 kpau lomasi 10080
煙草 一包 厘 百八十(煙草一包十八錢)
Thiap lomasi 20
貼 厘 二十 (包紙二錢)
Tiliau 1 kin lomasi 304
甜料 一斤 厘 三十四(甘イ物一斤三錢四厘)
Bisio 2 kin lomasi 505
米酒 二斤 厘 五十五(米酒二斤五錢五厘)
Taujo 2 kin lomasi 50
豆油 二斤 厘 五十 (醤油二斤五錢)
Hosio 2 sowa lomasi 8
胡椒 二盞 厘 八 (胡椒二皿八厘)

Tisim powa kin lomasi 404
豬心半斤厘　四十四（豚ノ心臟半斤四錢四厘）
Casopau 1 taij lomasi 104
油餅包(?)一塊厘　十四（油餅包一個一錢四厘）
Timsim 1 pak lomasi 105
點心一縛厘　十五（菓子一束一錢五厘）
此ノ文書ニ就テ我等ガ學ヒ得ル要項ワ大略次ノ様ナモノデアル

一、初ノ一章ワ了解シカネルガコ、ニ十年三月十五日トアル、コノ十年ワ如何ナル年號ノ十年デアルカ判然シナイ併全体ノ上ヨリ考エテ見ルトコノ斷片ワ賣上ノ帳簿ノ一部分デアルコトガ想像サレル「タラナウ」トイウ人名ノ出テオル所オ見ルト或ワ「タラナウ」ニ對シテノ貸オ記入シタモノカモ知レナイ、兎ニ角蘭人ニヨリテ蕃人ニ傳エラレタル「ローマ」字ガ契字ノ様ナモノ計リデナク賣買ノ帳簿ニマデモ使用サレタコトガワカル、

二、年オni [illegible]オgoYトシ日オsitトスルナドソノ外殆ンド凡テノ語ワ番語デナクシテ臺灣ノ土語デアル而シテコノ土語ノ書キ方ニヨリテ考エテ見ルト彼等番人ガ當時用イテイタ臺灣語ワ泉州音デワナク漳州音デアルコトガ想像サレル、ソレワ月オ「ゴイ」トシ斤オ「キヌ」トシ魚オ「ヒイ」トシテオル所カラワカル泉州音デアツタラバ月ワ「ゲエ」斤ソ「クヌ」魚ワ「フウ」ト記ス筈デアル、

三、此ノ帳簿ニヨツテ當時ノ物價ガ凡ソ判斷セラレル、中ニワ如何ワシイト思フ價モアルガ原ノ通リニシテ敢テ改メナイ、

四、奇ナルコトワ數字ノ書キ方デアル百十二オ100102九十六オ906ナド、書イテオル、此カル記載ガワ「ローマ」字ノ契字ノ方ニモ度々出テオル例令ハ乾隆五十五年トイウ「オKhian liong 505 niナド、書イテオル、内地小學校ナドデ數字オ敎エルトキニ十位以上ノ數ニナルト兒童ソ自然ニ右ノ如クカク傾向ガアルソオデアル、番人ガ蘭人カラ習ッタ時ニワ右ノ様

學術　　十九

デキナカッタロオガ年オ經ルニ從テ自然ニ右ノ樣ナ書方ニナッタモノト見エル、

五、「タラナウ」トイウノガ人名デアルコトワ此文脇丈デワ分ラヌガ他ノ契字ナトニワ「タラナウ」トイウ名ガ度々出テオリ漢譯附ノ契字ニワ漢字ニテ之オ安劉ト記シテオル、ノオ見ル、

六、Vanitokワ銀ノ義デアル臺灣府志ニ銀謂之馬呵嘮(Balitok)トアリ「グラヴイウス」譯ノ新港語聖書馬太傳十章九節ニ

Yima taumnia ki kym, ki malitouk ki
勿　貯　金　銀
aeu laua tou aeit-oumi ka rypioyp
銅(錢)或　柊　巾　着　汝等ノ　?

(汝等ノ巾着ノ中ニ金、銀或ハ錢(銅)ヲ貯フルコト勿レ)

トアリ、又今日恒春ノ「パイワン」種族デ銀ノコトオVanilsyokトイッテオル、

七、Loumasiハ一厘錢ノ義デアル、「グラヴィウス」ノ馬太傳十章二十九節ニ

Assi kaua papeilan ki laumari ka
不（疑問語尾カ）賣ラレル　厘(錢)
sasaat ta kyrri ka rouroaha.
一　雀　二

(二羽ノ雀ハ一錢ニテ賣ラル、ニアラズヤ)

トアル、コノLaumariト同語デアル、臺灣府志ニワ錢謂之咯嗎呢(Lumani)トアル、又現今彰化管內ノ社頭街ニアル熟番(大武郡社)及ビ埔里社ニアル北投社番ニテワ錢ノコトオNumajiトイヽ埔里社ニアル万斗六社熟番モLumajiトイッテオル、之ニヨッテ見ルトコヽニLoumasiトアルSワ濁音ニヨムベキモノデアルコトモワカル、

●國語教授ノ理論及實行（承前）

ヒンスデール　原著

稲田綱吉　補譯

第三回　教育上一要具トシテノ國語

夫レ人類ガ、言語ヲ使用スルニ至ッタ始メノ意思

『台湾教育会雑誌』第三九号、一九〇五年、四六～四八頁

雜録

雜録

●假名遣

小川尚義

先日赤十字病院樓上ニ於テ讀書會ノアッタ節長尾技師ワ「ウエルス」氏著ノ「アンチシペイション」トイウ書籍ノ内容オ紹介サレタ「ウエルス」氏ワ書中ニ機關車鐵道ナドノ起原カラ說起シテ現時ノ鐵道ノ不完全ナルコトオ散々ニ罵倒シテ居ルソオデアルガソノ一節ニ左ノ樣ナコトオイッテ居ルソオダ

機關車ノ起原ワ鑛山ノ坑内ヨリ水オ除去スル爲メニ備付ラレタル蒸瀛「ポンプ」カラデアル、始メテ之オ鐵道ニ應用シタノワ「トレヴイシック」トイウ人デ彼ワ千八百〇四年所謂機關車オ造リテ「ウェエルス」ノ馬車鐵道ノ上オ轉ガシタ之ガ今日ノ機關車ノ起原デアル又今日ノ鐵道ノ巾ノ廣サワ四呎八吋半トイウ極メテ複雜ナル數デア

ッテ人オシテ何故カク奇態ナル定ニナッテ居ルノカオ惟シマシメルノデアルガコノ尺度ワ即チ初メテ機關車オ使用シタル「ウェエルス」ノ馬車鐵道ノ廣サナノデソノ廣サワ元來馬車鐵道ノ馬ノ爲メニ定メラレタ所ノモノデアルガ今日デワコレガ世界ノ鐵道ノ巾ノ廣サト定ッテシマッタノデアルソノ起原ワツマラナイ偶然ノコトデアッタノダガ今日ニ於テ鐵道ノ巾オ改メルトイウコトワ世界ノ問題デアル鐵道トイウモノワコンナ不都合ナル鐵路ノ上ニ鑛山ニ用イタ蒸瀛「ポンプ」オ轉ガシテ出來タノデアルカラ交通機關トシテ不完全ナノワモトヨリデアル云々

右ノ話ニ似タコトワ他ニ幾ラモ例ノアルコトデアロオガ特ニ日本ノ文章ト至極ノ類似オ有シテイルヨオニ思ワレル今日我等ガ思想交通ノ機關トシテイル日本ノ文章ワ歴史的假名遣トイウ四呎八吋半巾ノ鐵路ト字音假名遣トイウ若干呎若干吋巾ノ鐵路トオ續キ合セタルモノノ上ニ漢字トイウ石炭オ積ミタル重イ蒸瀛「ポンプ」オ載セタル瀛車ニ似テ

ワイマイカ、此ノ如キ世界ノ中少クトモ文明國ノ中ニワ類ノナイ交通機關オ脫線セズシテ使イキルコトノ出來ルモノワ四千万中果シテ幾人アルカオ考エ來レバ實ニ類ノ少ナイ交通機關トイワナケレバナラナイ鐵道ノ方デハ蒸瀛「ポンプ」的機關車ワ不經濟カモ知レヌ四呎八吋半ワ不都合カモ知レヌ然シ之オ改メルノワ世界ノ問題デアルコトオ考エレバ我慢ノ出來ナイコトモナカロオガ假名遣ノ方ニ於テワソノ關係範圍ノ狹イ丈ニ適當ナル方法ニヨラバ之ガ改正ワ比較的容易デアロオト思ウ加之日本ノ國力ワ永久今日ノ島帝國內ニ蟄伏シ了ルベキモノデモアルマイ若シ國力ノ發展ニ伴ッテ國語モ亦發展スベキモノトスレバ今ヤソノ發展オ要スル時期ワ目前ニ迫ッテオルノデアル、國語ガ廣ガレバ廣ガル丈假名遣ノ改正ガ益困難トナルコトオ考エレバ假名遣ノ改正ワ目下ノ最大急務デワアルマイカ武勇オ以テ世界ノ一等國ニ仲間入シッ、アル日本國ノ假名遣ガ永久今日ノ如キ狀態ニテ存在スルコトワ果シテ誇ルベキコトデアロオカ、

英語ノ假名遣改正ニ關シテワ大分議論ガアルソレガ實行サレナイノワ色々理由モアロオガ英語ノ行ハレテイル範圍ガ之オ改正スルニ余リ廣過ルトイウコトモソノ一理由デアロオト思ウ英語ノ假名遣ワ歷史的假名遣デアルガ然シ四呎八吋半的ニ統一サレテイルカラ決シテ日本ノ如キ乱雜不統一ナルモノト同一視スルコトワ出來ナイ日本ノ歷史的假名遣モ英語ノ如ク普ク實行サレテ居ルモノナラバソノ主張ニ一理ナキニシモアラズデアルガ然シソレガ結局國語ノ幸福デアルカ如何トイウコトワ疑問デアルト思ウ、英語ノ假名遣ニ關シテワ有名ナル語源學者「スキイト」氏ワ左ノ如クイッテオル、

今日ノ英語假名遣ワ一般ニイエバ「ヴイクトリア」時代ノ常用語ノ發音オ表ワスニ「エリサベス」時代ノ發音ニ適用サレタル記號(假名)オ以テシタルモノデアル、而シテソノ記號タル主トシテ「プランタゼネット」時代ノ學者ガ「アングロ、フレンチ」(英化シタル「ノルマンフレンチ」語)風ニ改造シタルモノオ基礎トシテイル、又

一方ニワ發音ノ如何ニ頓着ナク語源オ標準トシ目ニ訴エテ假名遣オ定メタノモアル其故ニ今日ノ英語假名遣ワ二種ノ矛盾シタル原則ニ支配サレテイテソノ各原則内ニ於テモ亦統一オ缺ケルモノデアル、

英ノ大政治家ニシテ又文學者ナル「グラッドストオン」氏ガ假名遣改正ニ關シテ述ベタル、意見ノ中ニ左ノ文句ガアル、

小學校ニ於テ假名遣オ敎エルガ爲メニ要スル費用ワ一年ニ一百万ポンド以上デアル以太利ニテワ假名遣ガ發音的デアルガ爲メ九才計リノ兒童ニ英ノ十三才デ學校オ出タ兒童程ノ讀ミ書キガ出來ルシカモ以太利ノ兒童ワ英ノヨリモ二年晩ク課業オ始メルノデアル

日本ノ小學校ニ於テ歴史的假名遣オ敎授スルガ爲有形無形ニ費ヤサヽルモノオ金高ニ換算シタラ幾許ニナルデアロオカ、

●實物觀察の教授法

理科の敎授には實物を用ひてこれを觀察せしむることの必要なることは云はずもがなであるが其觀察せしむる方法の如何によつては比較的効果を納むることの少ないのである從來多くやつて居る實物敎授の方法は敎室で實物を示し或は之を說明し若くは生徒に一々つゝ與へて其形狀大小色澤などを觀察せしむるに過ぎなかつたのである之れは勿論善い方法に違ひないが之れのみで實物の全部の智識を觀察し得たと云ふことは出來ない凡て物は其周圍の外物と密接の關係あり又其物自身の活動的動作と云ふものがある外部との關係及び自身の活動的動作を觀察せなければ其物の智識の七八分を失ふて居る譯である之が從來の實物敎授に多く用ひなかつた缺點であつて從つて其効果を少なからしめた原因であるから此後は其敎授法の上に此點を大に加味して貰ひ度いのである外部の關係及び其物自身の活動的動作を觀察せしむるには其物の生活の狀態を觀察せしむるので即ち生きたる動作を自由自在に現はしつゝある所を見せしむるのである敎師は之について適當なる問題を提出して

『台湾教育会雑誌』第四二号、一九〇五年、九〜一一頁

ではなく異民族の所有と云つても宜しい。その異民族の人達が米國々体に同情でもあればよいが、大抵は我利我利連である。空氣が自由で金儲する天地が廣いから渡航したといふ連中が八九分を占めてる相だ。此人々を引受けて統一融和に幾分役立てやうとするのだから勢ひ普通教育に力を入れる譯である。

尚學校内の設備や敎授管理について不審に思つてることもある。家庭の内景についても疑を述べたいが余程時間も立つておるから後日申上ることに致さう、（完結）

學術

◉數詞ニツイテ

文學士　小川尚義

數詞即チ數オ表ワス詞ニツイテ種々ノ系統ノ言語オ調ヘテ見ルト色々面白イ顯象オ見ルコトガアル

（一）日本語　先ズ日本語ノ數詞ニツイテ見ルニ「一」ト「二」、「三」ト「六」、「四」ト「八」、「五」ト「十」即チ倍數ノ關係シ立ツテイル數詞ガ同一ノ子韻オ含有シテイルコトガ著シキ特徵デアル

一　Hito (Pito)　二　Huta (Puta)
三　Mi　六　Mu
四　Yo　八　Ya
五　Itsu (Itu)　十　Towo

括弧内ニ記シタルワ古音オ想像シテ記シタノデアル、又十以上デワ「十一」オ「トヲアマリヒトツ」、「十二」オ「トヲアマリフタツ」ナド、唱エテ別ニ奇ナルコトワナイガ「二十」トイウ數ワ「ハタ」ト唱エテイル、而シテソレガ「二」ノ「フタ」ト同一ノ子韻オ有シテオルコトガ又注目スベキ點デアル、要スルニ日本ノ數詞ワ、母韻オ以テ區別シテオルコトガ多イトイウコトガ出來ルノデアル、

（二）「アイノ」語　北海道ニ住セル「アイノ」人ノ數詞ワ又一種奇異ナル組立ニナツテイル、即チ「一」ト

「九」、「二」ト「八」、「三」ト「七」、「四」ト「六」、「五」ト「十」トカ相類シタル語カラ成立ツテオルノデアル、

一	Shi-ne	九	Shi-ne-pe-san
二	Tu	八	Tu-pe-san
三	Re	七	Ara-wa(-n)
四	I-ne	六	I-wa(-n)
五	Ashik-ne	十	Wa(-n)

右ノ表ニヨツテ見ルト「九」トイウ語ノ中ニ「シネ」即チ「一」ノ語オ有シ、「八」トイウ語ノ中ニ「トウ」即チ「二」ノ語オ有シ、「七」トイウ語ノ中ニ「レ」即チ「三」ノ變形「ラ」オ有シ、「六」トイウ語ノ中ニ「イネ」即チ「四」ノ「イ」オ有シテイル、(「ネ」ワ數詞ノ本來ノ語幹ニ屬スルモノデナクシテ語尾ト見ルノガ適當デアル、ソレワ「一」、「四」、「五」等ニ皆「ネ」オ有シテオルコトカラモ想像サレル)、又一方ニ「七」ノ「アラワ」、「六」ノ「イワ」ニ含有セル「ワ」ワ即チ「十」ノ「ワ」ナルコトガ考エラレ、又「九」、「八」ノ語尾ナル「サヌ」ナル語ワ

十

「アイノ」語ニテ「下ル」トイウ意義ナルコトオ考エ來レバ「アイノ」ノ「五」以上ノ數詞ワ「十」ナル數オ本トシテソレニ「一」乃至「四」ノ數詞オ配當シタルモノナルコトガ明デアル、即チ「九」ワ「下ル一」、「八」ワ「下ル二」、又「七」ワ「十ノ三」、「六」ワ「十ノ四」トイウ樣ナ意味ニテ成立シタル詞ナルコトオ想像スルニ難クナイ「十一」以上ワ

十一 Shine ikashima wa
十二 Tu ikashima wa

等ニシテ「イカシマ」ワ「超ル」義デアルカラソノ意味ワ判然シテイル、然ルニ「二十」以上ノ數ニナルト「アイノ」人ハ非常ニ複雜シタル算用オスルノデアル、

二十 Hot-ne
三十 Wan e tu hot-ne (10 from 2×20)
四十 Tu hot-ne (2×20)
五十 Wan e re hot-ne (10 from 3×20)
六十 Re hot-ne (3×20)
七十 Wan e i-ne hot-ne (10 from 4×20)

八十　I-ne hot-ne (4×20)
九十　Wan e ashik-ne hot-ne (10 from 5×20)
百　Ashik-ne hot-ne (5×20)
二百　Shi-ne wan hot-ne (1×10×20)
三百　Ashik-ne hot ikashima shi-ne wan hot-ne (5×20+1×10×20)
四百　Tu shi-ne wan hot-ne (2×1×10×20)
五百　Ashik-ne hot ikashima tu shi-ne wan hot-ne (5×20+2×1×10×20)
六百　Re shi-ne wan hot-ne (3×1×10×20)
千　Ashik-ne shi-ne wan hot-ne (5×1×10×20)

以上ノ例ニヨッテ見ルト凡テ「二十」(hot-ne)トイウ數ガ根本ニナッテソレ以上ノ數詞ヲ構成シテオルコトオ見ルノデアル、(以下次出)

◉地相學講話（承前）

森本修述
丹羽筆記

三　地殼

地殼を構成せる成分の軟硬を問はず、總て之を岩石と稱す。水は他の岩石とは其の形を異にすれども、北極地方に於ては。確かに氷として地殼の一部分を構成するを以て、水も亦一種の岩石なり。而して岩石は其の色。成分。密度等によりて種々雜多なれども。之を大別して火成岩、水成岩の二つにわかつ。

火成岩は地球內部の岩漿が凝固したるものにして、その地球表面に噴出して、凝固したるものは火山岩となり、地球の表面に來らずして、內部にて凝固したるものは深成岩となりて存す。兩者とも岩漿の凝固によりて生じたるものなるを以て、成分に於ては異る所なきも、組織は全然相反す、蓋し一つは地球外にて急速に冷却し、一つは內部に於て徐々に冷却したるを以てなり。岩漿は硅酸

数詞について（続）

『台湾教育会雑誌』第四三号、一九〇五年、一二〜一五頁

學　術

吾人は其謬妄を歎息せざるを得ざるなり。我帝國の文化日進月歩して諸科の専門學に於て男子には世界的大學者を輩出し、猶は續出を希望して止まざる今日、女子には中等の普通教育を以て甘んずべしとは吾人の其理由を發見するに苦しむ所なり。固より吾人と雖も事物に順序あるを知り、急激なる進歩は蹉跌を招ぐの基なるを知り、我國女子教育の現狀は如何なる程度にあるかを知り、中等以上の教育を施せば社會上衞生上に如何なる影響あるかを解せざるにあらざるが故に、極端突飛なる女子教育の高進を避けて秩序的漸進的なる發達を希望し、男子教育が歐米諸國の驚歎を博せしが如く、女子教育も亦歐米の女子教育に多く遜る所なきに至らんことを切望する者なり。

十二　　學　術

(3)

●数詞について（續）

文學士　小　川　尚　義

英語の數詞に於いて十三から十九までの數詞わ皆-teen(「十」の義)お附して規則正しくなつているにも拘わらず、十一と十二の數詞わ一種特別な語であつて不規則になつている。然し是わその語源お探つて見ると直ちにその原意お了解することが出來る。即ち十一わ

Eleven＝e-lev-en＝one left

である。e わ獨乙語のein（＝one）と同系の語であつて1の義、lev わ英語の leave, left, 獨乙語の bleiben＝b-leib-en(＝remain)と同系の語であつて「殘る」の義である。即ちEleven わ「十に殘る一」の義であることがわかる。又同一の譯で十二わ

Twelve＝twe-lve＝two left

であつて、「十に殘る二」の義であることがわか

る。

(4)佛語に於てわ十一から十六までわ、Onze(11) Douze(12)……Seize(16)の如く何れも-zeの語尾おとり、十七に至つて一轉してDix-sept(10+7), Dix duit(10+8),Dix-neuf((10+9)の如く、規則立ちたる形おなしておる。又二十から六十までわVingte(20), Trente(30)……Soixante(60)等の如く、規則正しく進行するにも拘わらず、七十以上になると又特種の形狀おなしておるのお見る。即ち

70 Soixante-dix (60+16)
71 Soixante-onze (60+11)
…… ……………………
76 Soixante-seize (60+16)
77 Soixante-dix-sept (60+10+7)
78 Soixante-dix-huit (60+10+8)
79 Soixane-dix-neuf (60+10+9)
80 Quatre-vingte (4×20)
90 Quatre-vingte-dix (4×20+10)

91 Quatre-vingte-onze (4×20+11)

の如く、餘程複雑したものになつている。併しよく注意して見ると十六と十七の間、六十と七十の間に於いて、規則的なる點が破られておるのお見る。されば此處でわ「六」という數が重要なる地位お占めておることが分るし、八十以上の數に於てわ二十という數が基礎おなしておることと、尙「アイノ」の數詞の如くなることお見るのである。

(5)臺灣蕃語の數詞わ種族によつて多少異つているから、全体お總括して論ずることわ出來ないが、各種の蕃族に最も共通なる數詞わ「五」である。これわ各々多少形お異にしているが、要するに何れも Rima 又わ Lima という音に歸する。而して「五」お「リマ」と稱えることわ、「マレイ、ポリネシヤ」語族に最も廣く行われていることで、「アフリカ」の東岸にある「マダガスカル」島にてわLima又わDimy, 「ハワイ」にてわLima, 「ニュウジイランド」にても亦Rimaと稱えておる。而

して此の「リマ」といふ語が、同時に又「手」といふ意義お有しておる所お見ると、「五」という詞わ「手」即ち「手の五本の指」と、關係のあることお考えることが出來る。

「五」に次いで多く共通なる數詞わ「三」(Tulu, toro),と「七」(Pitu)とである。その他わ各蕃族何れも多少の異同がある。今各種蕃族の數詞に就いて研究上面白しと思わるゝものお列擧して其れを、解釋して見よお。

(イ)北蕃　北蕃とわ埔里社以北に住する生蕃で、何れも入墨おなし馘首の風俗が尤も盛なる種族である。これに二種あつて一お「アタヤル」又わ「タヤル」と稱え、一お「セヂアッカハ」と稱える。左に例お擧げたる竹頭角社わ、大嵙崁の山中にあつて「アタヤル」に屬し、霧社わ埔里社の東北山中にあつて、「セヂアッカハ」に屬するものである。

	竹頭角社	霧社
1.	Kotox (Xは獨乙語ノchノ如く發音する)	Keyal,(Uin)
2.	Sajin	Daha
3.	Chungal	Telu
4.	Payat	Sepat
5.	Mangal	Rima
6.	Teiyu	Matelu
7.	Pitu	Pitu,(Mapitu)
8.	Sipat	Masepat
9.	Taisu,(Makeilu)	Mangali
10.	Malpu	Mahkal

竹頭角社にてわ「五」お「リマ」と稱せずして「マンガル」と稱えているが、この「マンガル」といふ語わ同蕃語にて「携える」「持つ」の義お有しているから、「手」の義と全く關係のないこともないらしい。併し霧社の方にてわ之に似たる語お以て「九」の數詞としている。霧社の方でわ、「三」と「六」、「四」と「八」に於いて、Ma-というふ語頭お以て倍數お示しておる。即ち

三 Telu　六 Ma-telu

四　Sepat　　八　Ma-sepat

の如くである。元來蕃語にてMa-の語頭わ、多くの場合に於いて形容詞おあらわすもので、現に同じ霧社の「七」といふ語にPitu,とMapituの二様あることでもわかるのである。併し此處の「六」「八」の場合に於いてわ、語頭Ma-が特別の役目おなしておるものと見なければならない。又竹頭角社の「六」「八」と霧社の「三」「四」とお比較すると、

竹　Teiyu(＝6)　Sipat(＝8)
霧　Telu(＝3)　Sepat(＝4)

の如くであつて、甲の「六」わ乙の「三」と甲の「八」わ乙の「四」と、全く同一語であるのも注意すべきことである。是によつて考えて見るのに、此二蕃語の内何れかに於いて數詞の混同があつたことわ、想像するに難くない。蕃語の數詞全体の上から見ると、竹頭角社即ち「アタヤル」語の數詞の方が、變動したもの見るのか正當らしいのである。

數詞の變動についての適例わ英語の九月、十月、十一月、十二月という詞で、SeptemberのSeptemわ七の義、OctoberのOctoわ八の義、NovemberのNovemわ九の義、DecemberのDecemわ十の義であるが、月の名となつてわ實際二ケ月づゝ後れている、これわ羅馬の古曆にわ一ケ年十ケ月なりしお、改曆の際Julius CaesarとAugustusの名の爲めにJulyとAugustとお增加したる結果、其以下を漸次繰下げたものであつて、習慣になれば今日誰も怪むものもない様な有樣である。蕃語の數詞混同は此の如き人爲的原因から起つたものでわなかろおが、兎に角或る事情の爲めに混同お來したるものに違いない。（以下次號）

◎地相學講話（承前）

森　本　修述
丹　羽　生記

四、平　原

『台湾教育会雑誌』第六三号、一九〇七年、五～八頁

供で申さば富士山の事は無趣味である。臺灣の社會に於ける範圍に於いて、先づ子供の知識を進めた後にさういふ知識は敎ふべき事では無からうかと思ふ。かく敎育と社會の實際とが遠ざからざるやう社會と密接し、社會其れ自身が敎授の上に常に反射するやうにするといふ事が餘程必要と思ひます。斯ういふやうな考が最近の敎育の傾向であると思ひます。夫れで敎育會抔でも、我々敎員又は敎育に關係する人の話も必要であるが、成るべく今後私の希望は敎育に關係のない人、——成るべく敎育家でない人の話を聞いた方が宜からうと思ひます。例へば殖產上に關係する事柄の專門家が澤山ある。此等の知識といふ者は我々には乏しい。そうして甚だ必要である。故にそれ等の專門家の講話を聞く必要があると思ふ。夫れから本島人の學者抔に講話をさせて、臺灣の風俗習慣抔の話を爲て貰ふのも必要である。敎育會の諸君は講演をする人を必ずさういふ方面より加へられることが大切なることであらうと考へるのであります。是れが第一に申上ぐる點であります。（以下次號）

學術

◎數詞について（續）

小川尚義

一昨年の末、上京してから前號の續きお出す筈であつたが、非常に多忙であつた爲、ツイその目的お實行することが出來なかつたのわ、大いに謝する所である。今更續稿も少し變なものでわあるが、編修當局者の御要求もありましたから、又々繼續することにした。

前回即ち三十八年十月の本紙においてわ、北蕃の數詞について一から十までの處お比較して申上げたが、今回わ十以上の數詞について、著しい處を申述べて見たいと思う。

	竹頭角社	霧社
11	Malpu-kotox	Mahkal-keɣal
12	Malpu-sajin	Mahkal-daha
13	Malpu-chu^{n}gal	Mahkal-telu

	& &	& &
20	Mapu-sa-l	Mapo-sa-l
30	Ma-teyu-l	Ma-tero-l
40	Payatpaⁿgan,supat-ol	Ma-spat-ol
50	Ya-maⁿgalpaⁿgan,ma-jima-l	Ma-rima-l
60	Teyupaⁿgan	Ma-telu-mahkal-al
70	Pitu-paⁿgan	Ma-pitu-mahkal-al
80	Sipat paⁿgan	Ma-sepat mahkal-al
90	Makelu paⁿgan	Maⁿgali mahkal-al
100	Kotox kabah-ol	Keyal kyavak-ui
1000	Malpu kabah-ol	Mahkal kyavak-ui

右の表お一見して、直ちに目にとなる著しい點わ次の諸點である。

一、「十一」から十九までの數わ、何れも「十」という數詞の下に、「二」、「三」等の數詞お接續したものに過ぎない。

二、「二十」から「九十」までの數詞わ、多くの場合において、詞の終りに(l)、(ol)、(al)等の如く、(l)お含んだ語尾お有している。蕃薯寮の

「ツアリセン」、恒春の「パイワン」、及び南洋諸島には「十」の事おpolo 又わpulu といつておるのお考へると、此の(l)わ、そのpolo 又わpuluの(l)で、「十」の義お有しておるのでわなかろおかと想像して見たが、次に述べる mahka-al又わpaⁿg-an 等の語尾に照して見ると、矢張數詞の語尾と見ることが、適當である樣に考へられる。

三、竹頭角社でわ「四十」から「九十」までの數において、paⁿgan という詞が常に附屬しておるのお見る。是わ語形の上から考へると、「十」の意お有しておるらしい。又竹頭角社其の他においてわ「十」おmalpu ともいうし、又時としてわ pongと稱しておる所お見ると、paⁿgan わ或わこの pong と同じ語でわあるまいか。それおするとpaⁿg-an のan わ mahkal-al 又わ其の他の al 、ol と通じて、語尾と見ることが出來る。

四、竹頭角社の方でわ ma の接頭語お有してお

る數詞わ、「二十」、「三十」、「五十」、「九十」で比較的に少ないが、霧社の方でわ「二十」から「九十」まで凡て皆此の ma お有しておる。ma という接頭語わ「マレイ」語族でわ普通、形容詞、又わ動詞お作る時に用いられるものであるが、霧社にては時として倍數おあらわす用おなしておることわ前回に述べた通りである。

五、竹頭角社及び霧社において「二十」おあらわす mapo-sa-l という語の中に含まれている sa わ竹頭角社の sa-jin（二の義）、他の臺灣蕃語の rusa,dusa（何れも二の義）の sa で、二の義お有しておるものでわあるまいか。勿論霧社にてわ二お duha といつておるが、このduha も亦 dusa の轉訛したものと見ることが出來る。

六、「五」という數詞わ霧社及び他の多くの臺灣諸蕃、其の外馬來語族の多くにおいてわ lima といつて、其の語が又同時に手の意味お有し

ておるに拘わらず、竹頭角社の語においてわ其の例外で「五」お mag^{n}al といつておることわ前回に述べた所であるが、「五十」という數詞わ竹頭角社にて ya-ma^{n}gal pa^{n}gan とも、又わ ma-jima-l ともいゝ、霧社にてわma-rima-lといつておる所お見ると、ma-rima-l と ma-jima-l とわ無論同語であつて、甲わ乙の轉訛したものであると見ることが出來る。そうすると馬來語族において「五」の意お有する lima という語わ、竹頭角社においてわ、『五』の場合においてわ他の語に變りたるに拘わらず、「五十」という語において尙生存しておることお見るのである。此くの如き例わ他にも多くあることで、日本語においても「ハタチ」という語わ今日わ「二十」という數お表わす語として用いられぬが、「二十歳」という年齢お算える場合にばかり使用されており、「モロコシ」といふ語も今日は支那の異名として用いられることわ少ないが、「モロコシキビ」「トオモロコ

シ」などの場合においてわ屢々殆んど無意味に用いられておるのである。

七、「百」という語わ竹頭角社においてわ kabah-ol という、霧社にてわ kyavak-ui といっておる。この ol という語尾わ「二」の條に述べた (ol) と同じものであるが、ui の語尾わ未だ判然しない。併し何れも語尾であることわ、他の北蕃の語に、「百」のことお時としてわ kaput ということもあり、埔里社南蕃にてわ sjava、宜蘭の熟蕃にてわ lasivu といつておるのお見てもわかる。

八、「千」以上の數詞わ他の臺灣蕃語にわ特別の語お有しておるのもあるが、北蕃においてわ「百」の前に「十」お附して、之おあらわす方法おとつておるに過ぎない。

勤勉　讀人不知

あすも亦朝さく起きんつとめはや
窓にうれしき有明の月

實驗調査

◎臺灣公學校体操法（承前）

濱崎傳藏

第三學年　第一學期

第一部

運動準備
足尖の開閉　直立姿勢

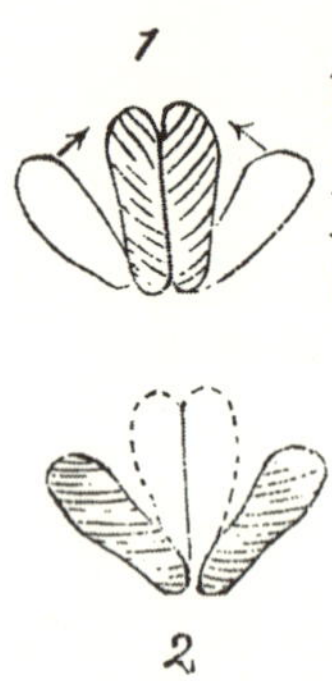

第二十一図

號令
（イ）足尖を
あはせ
ーあは
せ
（ロ）足尖を
ーひら
け

「あはせ」の令にて足尖を少しく上げて両足を密接す。

『台湾教育会雑誌』第六四号、一九〇七年、六～九頁

のである。先づ外國語を教授するにはかかる順序になつて居るが矢張私は臺灣の人間に日本語を教授する上に於いては此の順序を飽迄守らるべきものであると思ふ。

其の外まだ色々お話したいこともありますけれども、餘り長くなりましたから今日は是で終ります。

學術

◎數詞について（續）

小川尚義

前號においてわ北蕃の數詞について申述べたが、今回わ北蕃以外の臺灣蕃語について大略お述べ、一先此の稿お完結したいと思う。

北蕃以外の數詞において重なる特徴わ、大略左の通りである。

一、一の數、一の數詞わ ita, tsa, isa, 等の語お普通とするが、南庄熟蕃語でわ之お alha に

轉じ、蕃薯寮方面の忙仔社においてわ、之お denga と稱えておる。

一、二の數、二の數詞わ lusa;dusa 又わ畧して lua 等の語お普通とするが、臺南附近の熟蕃新港社においてわ、轉じて之お rouha 又わ douha といつておる。

一、三の數、三の數詞わ tulu 又わ toro 等の語お普通とするが、新高山の麓、東埔社の語でわ轉じて tao とい、山貂角の附近におる熟蕃山貂社においてわ、之お tsu といつておる。

一、四の數、四の數詞わ supat, sipat 等の語お普通とするが、東埔社の語でわ單に pat とい、大肚社熟蕃でわ nepat とい、臺南附近の新港社熟蕃でわ hapat と稱えておる。

一、五の數、五の數詞わ lima 又わ rima お普通とするが、埔里社の南、日月潭の水社蕃にてわ之お hrima とい、東埔社にてわ之お hima とい、山貂社以西、臺北近邊の熟蕃社

わ普通之お tsima といつておる。又臺北附近熟蕃の內の秀朗社、南庄の獅頭驛社、中港の先の新港社、葫蘆墩附近の岸裡社、及び彰化南門外の牛線社の語でわ、五の數詞において一種の語お有しておるのお見る。

	五
秀朗社(タンガラン種)	rarup
獅頭驛社(スミヤル種)	rasub
新港社(タオカス種)	kasap
岸裡社(パゼツヘ種)	xasub
馬芝遴社(バブザ種)	na-hop

此等五種の語が、形式からいうと同一語であることわ一見して明かであるが、これと同時に臺灣蕃語にわ五の數詞において rima 及び北蕃語の mangal の外に、第三種の系統に屬する語のあることが知れる。其の他、上の五種の蕃語わ他のものに比して特別に近い關係お有しておるものでわないかと想像されるのである。

一、六、七の數、六の數詞わ num、七の數詞わ pitu お普通とするが、前に擧げた五社においてわ左の通りである。

	六	七
秀朗社	tsurup	senai
獅頭驛社	saibusi	saibusi-ahha(6+1)
新港社	takap	guitu
岸裡社	xasub-dza(5+1)	xasub-i-dusa(5+2)
馬芝遴社	na-tap	na-ito

岸裡社においてわ、五以上の數詞わ五と一、五と二、という樣に九まで皆五（xasub）お基礎として組立てるので、特別な數詞おもたない。

又獅頭驛社の七という語わ、六と一の二語より出來ておるが、下に述べる如く八以下わ此の法によつていない。此の外新港社の guitu 馬芝遴社の na-ito わ、共に他の多くの蕃語にある pitu と近い語である。

一、八、九の數、八の數詞わ valu 九の數詞わ siva 又わ siya お普通とするが、前に擧げた五社及び臺南附近の新港社においてわ左の通りである。

	八	九
秀朗社	paturnai	saturnai
獅頭驛社	kasPat(suPat＝4)	raha
新港社	makaipat(zupat＝4)	ta-nasu
岸裡社	xasub-i-tulu(5＋3)	xasub-i-spat
馬芝遴社	na-aspat(na-spat＝4)	tan-nacho
新港社「シライア」臺南附近	kouyhPa(haPat＝4)	matouda

八の數詞わ獅頭驛社、新港社、馬芝遴社、及びシライア種の新港社においてわ、丁度北蕃タヤル種の場合と同じく、四の數詞に類似した詞お有しておる。九の數詞においてわ獅頭驛社の raha と新港社の nasu と馬芝遴社の nacho (此處の ch は獨乙語の ch と同じ音)と同語であることが想像される。又秀朗社の數詞わ特別で一寸判然せぬ所わあるが、sa-turnai(九)の sa わ或わ saka (秀朗社にて一の義)の、sa でわあるまいか。

一、十の數、十の數詞わ Pulu 又わ Polo お普通とするが、併し例外も甚だ少なくわない。水社の maksin、東埔社の masaan、猪毋勝社の massku わ相近く、宜蘭熟蕃の habtin 山貂社の lavatan わ同語であるらしい。其の他獅頭驛社の rumPol 新港社(シライア種)の kittian お除くの外わ、isit 又わ之に類似した語が多い。

一、百以上の數、百以上の數詞になると、語根が單一のものでなく、從つて其の語形わ樣々である。今、百、千、万の數詞において、千お十百、萬お十千とするが如き計算的の數詞でなく、特別なる語お有しておるものお左に擧げて見よお。

種族	社	百	千	萬
Tayal	竹頭角社	kabahol	—	—
Sédiakka	霧社	kyavakui	—	—
Vunung	東埔社	syava	—	—
Tso	猪母勝社	sitsun	posifu	—
Rarua	敗剪社	raira	—	—
Paiwan	猪勝束社	taitai	koz ol	kurao
Pyuma	卑南社	salman	korol	—
Ami	大巴壟社	smoot	vatokun	—
Kabalaan	辛仔罕社	hasivo	rararan	—
Kiwanuwan	山貂社	rasivo	—	—
Sumiyal	獅頭驛社	kavahol	—	—
Taokas	新港社	arat	teyap	—
Pazex	岸裡社	xatol	sahan	—
Papola	大肚社	toopa	koyos	—
Babuza	馬芝遴社	para	—?	—
Hoanya	諸羅山社	basu	salat	—
Siraia	新港社	touhan	katounnoun-	—
Makatao	大傑巓社	toronan	kuru	—

（完）

實驗調査

◎臺灣公學校体操法（承前）

濱崎傳藏

第五學年　第一學期

運動準備

足の交叉　下翼直立

號令　(イ)手を腰にあげ—あげ

(ロ)左足を交叉に前にだせ—だせ　元へ

(ハ)右足を交叉に前にだせ—だせ　元へ

一二三四、一二三やめ　なおれ

第一　首及び胸の運動

上體の後屈　十字歩狀

號令　(イ)臂を左右にあげ足尖を合せ—あはせ

(ロ)左(右)足を前にだせ—だせ

『台湾協会会報』第九〇号、一九〇六年、台湾協会　一～六頁

臺灣協會々報　第九拾號

論說

臺灣語に就て

文學士　小川尚義

記者曰、本篇は過般臺灣協會專門學校に於ける小川氏の講演の筆記なり

先日門田幹事から臺灣協會學校で何か話をして吳れと云ふことでありましたが、私はあちらに長くは行つて居りましたけれども、一向餘り是れと云うて御話をするやうな珍らしい材料はないので甚だ困りましたのでございますが、併し私はあちらに參りましてから臺灣語と日本語との對譯の字引を拵へることに始終從事して居りましたものでございますから、それをやつてゐる中に臺灣語のことに就て少しは調べた事もありますから今日はその事を御話をして見やうと思ひます、けれども何も珍らしい自分の創見といふ樣なことは少しもないので、唯他の人がやつて居る事を見たり聞たりした事の中から引拔いて御話するに止まるのでございます。

臺灣の人口は先づ普通三百万人と稱へて居りますのでございますが、其三百万人が話して居る語に大體二種類あるのでございます、其中に日本人が五万人ばかりありますから日本語を入れますれば三種類の言葉があると言つて宜からうと思ひます、併し臺灣住民の重な者は御承知の通り支那の南部の地方から移住をした所の人間であります、其人間が話す所の言葉の內譯をしまする と云ふと支那語の中福建省の漳州語を話すものが凡そ百十万人、泉州語を話すものが凡そ百二十万人、廣東省の中で客人語（客家語とも云ふ）を話すものが凡そ五十万人、其他の支那語をはなす者が四万人、是が支那語を話して居る人間の大體の數でございます、それから其次は蕃人の語、是は先づ普通生蕃と熟蕃と分けてゐます、生蕃の統計は能く分りませぬが凡そ十万人ばかり居るとなつてゐます、而して熟蕃の方の數は一万人斗りゐますが實際熟蕃の語を話して居るものは極く少ないのであります。

臺灣に居る支那人の話す言葉は支那の言葉の中でどう云ふ位置を占めて居るものであるか、支那語全體の立場から見て此臺灣語の特質を硏究して見ると餘程面白いことがございます。併し其の前に支那語其自身の立場を考へて見ますと支那語は御承知の通り孤立語（アイソレーチング）とか單音節語（モノシラビック）とか云ふ語族に屬してゐます、是の種類の語は只支那語計りでなくし

て亞細亞の東南部地方に廣く行はれて居る言語で支那語ては其中の一部分でございます、其語族は通例之を「インド、チャイニィス」と稱へて居つて、西は印度殊に前印度から東は支那にかけて皆此の語族であります。之を分けると第一が西藏緬甸語（Tibeto-Burmese）其次は「モンアナム」語（Mon-Anom）此の「モン」といふ語は緬甸の南の方に行はれてゐるし安南語は安南に行はれてゐるから丁度暹羅を挾んで東西に分れてゐるのであります、夫から其次はタイ（Tai）語と申しまするが此の「タイ」屬の中には「サイアム」それから「サイアム」の北の部安南との境に居る「ラウス」それから北方緬甸との界や雲南の南方にゐる「シャン」と云ふ人間の話してゐる言葉が是に屬します。それから其次は支那語斯う云ふ分け方になつて居ります、是の印度支那語族に關する研究は彼の「アリアン」語即ち印度日耳曼語と云ふ樣な風に本統の研究が出來てありませぬからその變遷の工合とか、親屬的の關係とかについて委しい明きりした事は未だ分つて居りませぬが、兎に角此等の言語に共通なる特質と云ふものは「モノシラビック」Monosyllabic 即ち單音節であると云ふことであります。「モノシラビック」と云ふと、人なら人、天なら天と云ふ、語が一つの「シラブル」即ち單音節から成立つてをつて、其の單音節の語が重なつて熟語をなし又是れに色々の「パアチクル」即ち助辭をつけて文をなして居るのであつて西洋語のやうに語根又は語幹と語尾とが癒合したりして居ると云ふことがないのでございます。

それで支那語の中が又種々の方言に分れて居る、之を「ダイヤレクト」と稱するか又は「ランゲージ」と稱するかについては色々の說もございますが兎に角支那語の中には色々の區別がある、其分け方は人々に依つて違ひますが通例は先づ斯う云ふ風に分けて居ります、先づ第一が官話即ち「マンダリナン」語で其れを北部（北京）と南部（南京）と西部（四川）と分けて居る、大體の數でございますけれども全體で三億人程の人間がそれを話して居るといふ事であります、第二は呉語と稱へます、今の浙江省即ち昔の呉の附近に在る言葉でございます、其れを蘇州上海語と寧波語と溫州語に分けます其中蘇州上海語を話す者が、二千八百万人、次に寧波語が二千五百万人、それから溫州の語を話して居るものが十万人、是は楊子江の海岸に寄つた所の言葉である、第三は閩語と稱へます、重に福建省に擴つて居る所の言葉、是には厦門語、福州語、汕頭語と分れて居る、汕頭語は廣東省に行はれてゐますけれども性質から申しますると福建の瀕に近い、厦門語は凡そ千万人、福州語は五百万人、汕頭語は五百万人、第四は粵語と稱へます之を分けて廣州語、客人語としてある、廣州語は一千五百万人、客人語は五百万人、大體斯う云ふ風に分けられて居るのである、臺灣で廣東語といふのはこの客人語の事でありまして西洋人の言ふ所の廣東語とは意味が違ひます、西洋人の廣東語といふのは廣東省の府城廣州府を中心としてゐる語でありますから普通に廣東語と云ふと意味判然して居りませぬ、それで爰には廣州語と客人語と分けましのであります臺灣に參つて居るものとしては厦門語、此言語が重に臺灣に行はれて居るのでございます、それで此厦門語の中には本統の厦門に行はれて居る厦門語即ち厦門「プロパア」と漳州語と泉州語と分くることが出來ますが、此の三種は互に話をしても意味が通ずるのでありますから此こそ純粹の方言と見て差支なからうと思ひます、客人語は厦門漳州泉州語とは餘程音が違つてゐますから話をしても互に通ぜぬのであります此の方は餘りよく研究をしてゐませぬから今日は只厦門語族即ち厦門漳州泉州の言葉に就て大體御話をいたします、それで此言葉は支那の方にどう云ふ風に擴つて居るかと云ふと福建省の南半分に行はれてゐるので福州に往きますともう別になります、福州と厦門の眞中に線を引いた位の所で分れて居る、客人語の方は廣東省の東部嘉應州を中心として、それから廣東省の眞中を横切つて西に擴つて居るやうでございます、廣東省の眞中に往くと客人の部落が散在して居ると云ふことでございます、此等の言語が臺灣の中でどう云ふ風に擴つて居るかと云へば、取除はございますが、まあ全體から申しますれば海岸の方には泉州其内側には漳州の者が居ります、それから又其の内側には客人即ち臺灣で言ふ所の廣東人と云ふものがある、さうして一番奥の方には蕃人が居る、客人と云ふのは南から北にずッと居るわけではありませぬ。北の方では新竹苗栗臺中地方南の方では阿緱、蕃薯藔地方に主として居ります。それでまあ泉州語、漳州語、客人語を話して居る所の人間の分布等のことに就て大體御話を致しましたが、是から言葉の方を少し御話を致します。

是から申す臺灣語と云ふのは泉州漳州厦門から臺灣に來て居る者の話して居る者の言葉と云ふことに御取りを願ひたい、臺灣語の特徴は色々ありますが先づ語頭音即ち「イニシャル、サウンド」から述べませう。

第一臺灣語にはfと云ふ音がない、其例を言つて見ると

	方	非	福
臺灣	hong	hui	hok
汕頭	hwang	hui	—
福州	hwong	hi	houk
客人	fong	fui	fek
廣州	fang	fei	fuk
南京	fang	fei	fuh

北京	fang	fei	fu

斯う云ふ風になつて居つて臺灣にはfがないhを以て表はすことになつています、客人語以下は皆fの音を存して居るのに福建省及び汕頭の語ではfの代りにhの音を持てゐる是が一ツの特質であります．夫から第二は臺灣にはshの音がない其例をいつて見ると

	扇	申	先	辛
臺灣	sien	sin	sien	sin
福州	sieng	sing	sieng	sing
客人	shen	shin	sen	sin
廣州	shyn	shên	syn	sên
南京	shen	shên	hsien	hsin
北京	shan	shên	hsien	hsin

斯ういふ風になつて居つて同じ「セヌ」でも「扇」の「セヌ」と「先」の「セヌ」とは客人語以下には區別あり、同じ「シヌ」でも「申」と「辛」との間に、右と同しく區別があるのに臺灣語と福州語とには此の區別がなく皆sになつてゐるのであります。それから第三はchの音がない樣に思はれます其例は

	知	中	陣
臺灣	ti	tiong	tin
同俗音	tsai	tiong	tsun
汕頭	chai	tong	tin
福州	ti	tüng	teing
客人	chi	chung	chin
廣州	chi	chung	chên
南京	chi	chung	chên
北京	chi	chung	chên

斯ういふ風で、客人以下にはchを存してゐるが其の上の語にはchがありませぬ但し知の字には臺灣汕頭(?)の俗語にはtsai或はchaiの音を持てゐますので幾分かその根跡を見る事が出來ます、

それから第四はmの音をbの音に轉ずる事が多くあります、其例は、

	民	謀	馬	門
臺灣	bin	bo	ma	bun
同俗音	bin	bo	be	mna
汕頭	min	mong	—	—
福州	ming	meu	ma	mwong
客人	min	meu	ma	mun
廣州	min	mon	ma	mên
南京	min	mou	ma	mên
北京	min	mou	ma	mên

斯ういふ風で「民」「謀」の如きは臺灣語以外の語は皆mを持

てゐるのに獨り臺灣語に限つてbを持てゐる、又「馬」の如く讀書音がmで俗音がbになつてゐたり「門」の如く讀書音がbで俗音になつてゐたりするのもありますが概してmの代りにbを有してゐる場合が大變多いのであります。

語頭音の事はまだありますが是位にしまして次は語尾音即ち語の終りに來る音の事について申上げます。

北京官話では語尾に來る音は母音の外に子音では鼻音なるnとngの二種でありますが臺灣語に於きましては其他色々の語尾音を持てゐます、是れは厦門語ばかりではありませぬ南方支那語の特色であります、我づ我々が詩を作る時に「フックチキ」に平字なしといふ事を聞いてゐますが「フックチキ」の語尾音を持てゐるものは皆入聲に屬する語でありますから、平字のないのは尤な事であります、「フックチキ」を支那の音に直すと「フ」はpに當り、「ツチ」はtに當り、「ク、キ」は「k」に當ります、即ちk、t、pの入聲に當るのであります、このk、t、pは密閉音で英語などの語尾に來るk、t、pの音と違つてゐる事は御存じの通りであります、是れが臺灣語には或程度まで正確に保存されて居ります、其例は

	接(セフ)	粒(リフ)	八(ハチ)	實(ジツ)	獨(ドク)	白(ハク)
臺灣	tsiap	liap	pat	sit	tok	piek
汕頭	—	liap	—	sit	tok	—

福州	chiek	lak	paik	seik	tuk	peik
客人	tsiap	lip	pat	shit	tŭk	păk
廣州	tsyp	nêp	pat	shat	tuk	pak
南京	tsieh	lih	pah	shih	tuh	poh
北京	chie	li	pa	shi	tu	po

斯ういふ風て、k、t、pを區別して存してゐるのは臺灣客人、廣州語てあつて福州語はpもtも凡てに轉訛し南京語はk、t、pの凡てをhに轉訛し、北京語に至ては全く其根跡をも失つてゐる事を見るのであります、而して臺灣語に於けるk、t、pが大概の場合に於ては日本の字音の「フックチキ」に相當して居るので餘程興味があるのであります。

次は語尾に來る鼻音でありますが官話などにはnとhgの二種しかないのに臺灣語には其外mの音があつて都合三種となつてゐます、其例は

	音(オム)	琴(キム)	人(ジヌ)	存(ソヌ)	同(ドウ)	丈(ジヤウ)
臺灣	im	kĭm	jin	tsun	tong	tiong
汕頭	im	—	jin	—	—	—
福州	ing	king	ing	choung	tung	tiong
客人	im	kĭm	nyin	sun	tŭng	chŏng
廣州	yèm	kêm	iên	tsun	tŭng	chöag
南京	yin	kĭn	jên	tsun	tŭng	chang

北京　yin chin jên tsŭn tŭng chung

斯ういふ風て、m、n、heを區別してゐるのは臺灣語、汕頭語、客人語、及び廣州語であります、福州語ではnもmもなくなり皆之をngに轉訛して居ります、之の語尾も大概の場合に於ては日本の字音と一致してをります、三郎（サムラウ）の「サム」燈心（トウシミ）の「シミ」は臺灣語ではm語尾てSam Sinであり、信濃（シナノ）の「シナ」難波（ナニハ）の「ナニ」厦門語では「n」の語尾でSin lanであり、相模（サガミ）の「サガ」香山（カグヤマ）の「カグ」は厦門語では「ng」の語尾て siang, hiangてあるなど中々面白い一致を見るのであります。

膠州灣視察に就て（承前）

森　孝　三

第三　膠州灣の行政及司法制度

（一）總督府の組織政策　膠州灣は極東に於ける獨逸海軍の根據地なるを以て之を海軍省の管轄に屬せしめたり總督府は海軍士官を以て其長官となし（現任總督海軍少將目下本國歸省中、代理總督海軍大佐ファン、ゼンメルン）文武官を統帥し一切の民政及軍政を監督指揮す膠州灣に於ては司法を除く外民政及軍事行政は判然たる區別なし例へば總督府課長會議に於て幕僚參謀長たる海軍將校は民政に關する議題に對しても發言評決の權を有するが如し純然たる行政事務官は二名あるに過ぎずして總督府官吏の多數は技師而も海軍技師なり而して司法行政は裁判所の上等判事之を擔當し教育行政は中學校の上等教官之を掌理し衛生行政は海軍々醫及病院長之に任じ殖產行政は營林技師、土木行政は各部上席技師之を管理し居れり會計は海軍主計官之を擔當し經費は之を三種に區別し民政費軍政費及民政軍政共同費となせり總督府の組織此の如くなるを以て當分之を海軍省の管轄に屬せしむるの必要あるが如し然ども膠州灣が他の殖民地と異り外務省殖民局の指揮を受けずして專ら海軍省の管轄に屬する結果は即ち膠州灣總督府と北京駐在獨乙公使館との衝突を免れざるなり北京公使は外務省の旨を奉じ對淸政策を講ぜんとし膠州灣總督は山東省を以て自己の勢力範圍と見做し北京公使は此の如き主張を排斥し總督の勢力を膠州灣租借地內に制限せんことを試みつゝあり總督は山東に於ける獨逸の勢力擴張を主眼として行動し北京公使は之を對淸政策上の一大妨害と見做しつゝあるが如し總督府と中央政府との關係如何を質問したるに上等判事「クルーゼン」氏の答辯次の如し海軍省は占領の當時より總督府に可及的至大の行動自由を與ふることを宣言し既に第

『台湾協会会報』第九一号、一九〇六年、台湾協会　八〜一三頁

論説

準とす獨逸語の成績は滿足にして會話、漢文獨譯、獨文漢譯、筆記、文法を敎ゆ地理は英文の地理書なるを以て英米に精しく獨逸に疎なる困難ありと歴史は古代史アッシリヤバビロニヤ希臘近世史を敎へ漢學は五經を授け算術も支那人好んで之を學ぶと云ふ

（五）新聞紙　獨文にては青島新報あるのみ漢文にては青島日報あり青島新報社は上海東亞ロイドの支社にして排日的傾向あり漢文の青島日報は表面舊敎宣敎師之を發行するも主筆（元歐人商店の買辦なりしと）には總督府より一ヶ月百五十弗を給すとの世評あるも眞僞は之を保證する能はず

（六）協會　俚言に『二人の獨逸人は三個の協會を組織す』と以て獨逸人が協會組織に熱心なるを察すべし試に青島に在る協會を調査したるに

　獨逸殖民協會青島支部　鑛業協會
　獨逸軍艦期成同盟協會
　殖民地篤志看護婦人會青島支部
　獨逸體操會青島支部　義勇消防組合
　ハルモニー唱歌會　膠州海軍協會
　ハルモニー音樂協會　自轉車協會
　射的協會　體育會（野外遊戲會）
　ゲルマニヤ協會

此外青島の貴婦人は共同して本國より新刊書籍を購入し順番に之を閲讀し慈善會に關しては時々バザーを開催するとありと云ふ。

入

（完）

臺灣語に就て（承前）

文學士　小川尚義

次は讀書音と俗音との關係について御話をいたします、御存知の通臺灣語には讀書音と俗音といふのかありましてそれも凡ての字に此の二つが必すあるといふ譯てはありませぬが日本でいふと音と訓といふ樣な工合に一通り或は二通り以上にも俗音があるのがあります而して此の讀書音と俗音との關係か福州語のに似てをる所がありますから其の二三を申しませう

	臺灣讀書音	同俗音	福州讀書音	同俗音
田	tien	tsan	teing	chĕing
少	siau	tsio	sieu	chieu
叔	siok	tsiek	söük	chöük
樹	siu	tsiu	söü	chĭu
篩	su	tăi	su.	tăi
歲	soe	he	swoui	hwoui
齒	tsi	ki	chĭ	kĭ.

糊	ho	ko	hu	kü
猴	ho	kau	heu	kau
寒	han	koaⁿ	hang	kang
飛	hui	poe	hi	pwi
後	ho	au	hau	a
烟	ien	hun	yeng	houng

凡てが此の如く一致して居るといふ譯ではありませぬが、右の例を見まして、著しい類似があるといふ事丈はいふ事が出來ます

次は入聲の事を申上けます、御存の通りに北京語には四聲あります、それは入聲がなくて平聲か上平、下平の二つに分れてをります即ち左の通りであります

平聲（四聲）｛上平・下平｝　上聲　去聲

臺灣語には上聲の外平去、入の三聲か上下に分れてをつて凡て七聲あります

七聲（平聲）｛上平・下平｝　上聲　（去聲）｛上去・下去｝　（入聲）｛上入・下入｝

但し泉州では去聲を一つにして上聲を上下に分けて左の通りになつてをりますが

七聲（平聲）｛上平・下平｝　（上聲）｛上上・下上｝　去聲　（入聲）｛上入・下入｝

これは只名前丈の差でありまして實際は何等の相異なく即ち泉州の下上は漳州厦門の下去と凡てに於て一致してをるのであります、其他浙江省當りの呉語になりますと平上去入が凡て上下に分れてゐて本當の入聲になつてゐます、又廣東語は入聲に上中下の三種あり、汕頭語には去聲に上中下の三種あつて、各九聲になつてゐるといふ事であります、

今度は漳州語と泉州語の比較を御話いたします、例令は果、火等の語に於きましては

	厦門	漳州	泉州
果	ke	koe	kö
火	he	hoe	hö

の如く厦門てeの韻が漳州てoeの韻になつて泉州てöの韻になつてゐます、此のöは字は私か假りに當はめたのてありますが、その發音はeとoとの間、即ち唇はeの發音の位置をとり舌がoの發音の位置をとりて發音するのであります、獨乙語のöは矢張りeとoとの中間の音ではありますが、この方は唇がoで舌がeの位置になるのでありますから泉州語のöとは全く反對になるのであります、

又雞、鞋等の語に於きましては

	厦門	漳州	泉州
雞	koe	ke	köe

鞋 oe	e	ŏe

厦門でoeの韻か漳州でeになつて泉州でŏeになつてゐて前のと全く反對になつてゐます、

又陽、兩等の語に於きましては

	厦門	漳州	泉州	北京
陽	iong	iang	iong	yang
兩	liong	liang	liong	liang

厦門と泉州ではiongの韻を有てをりますが漳州ではiangの韻になつてをり丁度官話及ひ日本の字音にも一致してをります、

又飯、光等の場合に於きましては、

	厦門	漳州	泉州
飯	png	pui^{n}	png
光	kng	kui^{n}	kng

厦門、泉州ではngの韻を有てをりますが、漳州ではui^{n}即ち鼻にかゝつた「ウイ」の韻をもつてゐます、

又居、魚等の場合に於きましては

	厦門	漳州	泉州	北京
居	ku	ki	kŭ	chü
魚	gu	gi	gŭ	gü

の如く厦門でu漳州でi、泉州でŭの韻を有てゐます、此のŭも字は私か假りに當てはめたのでありますが、その發音はiとuとの間、即ち唇はiの發音の位置をとり、舌はuの位置をとりて發音するのであります、獨乙語のüは矢張りiとuとの中間の音てはありますが、この方は唇がuで舌かiの位置になるのてありますから泉州のuとは全く反對になるのてあります、併し爰に奇なる事は右の場合に於て北京語の發音は泉州語のと反對て獨乙語のüの音を有してをる事てあります、

又斤、銀等の場合に於きましては

	厦門	漳州	泉川
斤	kun	kin	kŭn
銀	gun	gin	gŭn

右と同しく厦門がun漳州がin、泉州がŭnの韻を有てをります、

又讀書音てiengの韻を有てをる者が俗音て語尾のngを失ふ場合に於きましては

	讀書音	厦門俗	漳州俗	泉州俗
生	sieng	si^{n}	se^{n}	si^{n}
病	pigng	pi^{n}	pe^{n}	pi^{n}

厦門、泉州の俗音は鼻的iの韻となり漳州は鼻的eの韻となります、

又臺灣語のoには二通りありまして、一つは廣いo（oを以て表はします）一つは狹いo（oを以て表はします）てあ

ります、虎の「ホオ」(hǫ)は廣いǫで、好の「ホヲ」(ho)は狹いoである事は御存じの通りであります、それが或場合には漳州と泉州とて反對になつてをるのがあります、例令ば

	厦門	漳州	泉州	官話	字音
號	hǫ	hǫ	hǫ	hau	ハウ
島	tǫ	tǫ	tǫ	tau	タウ
高	kǫ	kǫ	kǫ	kau	カウ

斯ういふ風に厦門漳州では狹いo泉州では廣いǫ、官話及び日本の字音ではauの韻を有してをります、

又厦門、漳州て廣いǫの場合に於きましては例令ば

	厦門	漳州	泉州	官話	字音
豆	tǫ	tǫ	tio	tou	トウ
猴	hǫ	hǫ	hio	hou	コウ
口	k'ǫ	k'ǫ	k'io	k'ou	コウ

斯ういふ風に厦門、漳州て廣いǫは泉州ではio官話及び日本の字音ではouの韻になつてをります、

支那語の事は是位にしておきまして、これから蕃語の事を少しお話致します、

先つ中央以北の山中にゐる蕃人は入墨をして居て、極めて獰惡なるやつてありますこれに二種類ありまして一つは「アタルヤ」と稱へ、一つは「セヂヤク」と稱へて居る、「アタルヤ」は北から西へかけてをり「セヂヤク」は北蕃の中の南から東へかけて住んて居ます、その詞の中て數詞を申しますれば

	アタヤル	セヂヤク
一、	kotox	keyal
二、	sajin	daha
三、	chuⁿg	telu
四、	payat	sepat
五、	magal	lima
六、	teiyu	matelu
七、	pitu	pitu
八、	sipat	masepat
九、	taisu	maⁿgali
十、	malpu	mahkal

一の「コトッホ」のxは獨乙のchの樣な音であります、

此を較べますれば「アタヤル」の六と「セヂヤク」の三と似て居る、それから「セヂヤク」の六は三のteluに只maが付て居る許りて倍數になつてゐる併しmaが附くと凡て倍數になるかと云へばそうはいかないのであります。又「リマ」と云ふのは手と云ふ意味である、五本の指を以て五と云ふ意味を顯はして居る、「リマ」と云ふ言葉は極て廣く行れてゐる詞であつて北は布哇から南は、「ニユウジイランド」東は「イイスタア、アイランド」から西は「マダカスカル」の島に、

廣がつて居る「マラヨポリネシヤ」語族の大部分に行はれてゐて布哇でもマダカスカルでも「リマ」と云ふのは五と云ふ言葉て、同時に又「手」と云ふ意味を有して居る、「アタヤル」の五といふ詞の ma^{h}gal は携へるといふ意味もありますそうでございますから幾らか手と云ふ意味と關係がありはせぬかと思ひます、臺灣の蕃語は澤山ございますが五といふ意味を多くは「リマ」と云ふ言葉で表はして居る、外の數詞の事は略しまして五といふ詞で申して見ると臺灣島の中央部に水社湖といつて湖があります其側に住んでゐる蕃人があります、穢ない裝をして居ります、魚類などを捕つたりして居りますが此の蕃人は五の事を「フリマー」hrima と唱へて居る、其の東南で新高山の西北に居る「ヴォヌム」族の蕃人は「ヘヒマ」hima といつて居る其外「リマ」と稱へて居るものが非常に多くあります、

熟蕃の重なものは一つは宜蘭の邊と一つは臺中の北の市に葫蘆墩と云ふ處から少し離れて岸裡社と云ふ處に澤山をりますす彼等は外に出るときは臺灣語を話して、内に居るときには蕃語を話して居る、また蕃薯蘩官内にも四裡熟蕃と云ふのがある、其の他の熟蕃部落は皆小さいもので又言葉など忘れてゐるのが多い彰化附近、臺南附近の如きは言葉を忘れてゐるから彼等を捕へて聞いても分りませぬ、私共が老人などを連れて來させて聞きましたが、其婆さんなどはモウ老耄して居るので一二三四と云ふことも分らぬ、一から五に飛ぶと云ふやうな譯てある、どれが五か分らぬ、六十年七十年前に耳に聞いて居ることを思ひ起すのでございますから分りせぬ、熟蕃の言葉の中て數詞について見ますと宜蘭の熟蕃の數詞は

1 issa	2 lusa
3 tulu	4 supat
5 rima	6 num
7 pitu	8 aru
9 siwa	10 habtin

まあ大概斯んなものでございます、矢張り五が「リマ」であります、岸裡大社では

1 ida	2 dusa
3 tulu	4 spat
5 xasub	6 xasub-dza
7 xasub-i-dusa	
8 xasub-i-tulu	
9 xasub-i-spart	
10 isid	

斯ういふ風で五以上は五に一二三四を利用してやつて居ります、五と云ふことは「ハスプ」て「リマ」を用ゐない、又臺北の邊に秀朗社と云ふ熟蕃が居ります、其處では五の事を rarup といつてゐるR が強いので餘程「ハスプ」に似た言ひ

方てある、南庄の熟蕃ては五の事をrasubといつてをる地理の上からいつても詞の上からいつても南庄のは岸裡大社と秀朗社との中間に位してゐるのを見ます又岸裡大社ては五て進みますけれども南庄の進み方は又違つてゐる、

1 ahha	2 rusa
3 turu-a	4 supat
5 rasub	6 saibusi
8 Saibusi-ahha	7 Kaspat
9 raha	10 rampol

六が「サイブシ」てあつて七か六「プラス」一といふ風に出來てをるのが奇なる現象てあります。

又臺灣の東南にある紅頭嶼といふ島に蕃人がをります穩かな蕃人て巡査の派出所があつてたしか月に一回つゝ汽船がつくかと覺えてゐますが此蕃人の數詞は

1 asa	2 rua
3 atoro	4 apat
5 lima	6 anum
7 pito	8 wawo
9 siyam	10 po

大抵臺灣本島熟蕃の詞と似てゐます

終りにもう一ッはお話しておきたいのは臺灣歴史の或る一時代をなしてゐた和蘭人が宣教をしたときに拵へた蕃語の本がある、その蕃語に二種あつて一つはFavorlang語と云ひ一つはSideiaといひます、Fovorlang語は昔し彰化の近傍に行はれSideia語は臺南の近邊に行はれたものてあります。「ファボラン」語のものは字引と説教と宗教問答及び簡單な祈禱の文句等があり「シダイア」語の者は馬太傳の翻譯と其外語彙などが傳はにてゐます。モウ一ッの材料となるべきものは熟蕃人が取引をした契約書類てありまして是は「ローマ」字で書いてありますが又折々は漢字羅馬字の對譯のもあります、土地を賣るとか金を借りるとかの證文で中には東は何處に至り西は何處に至ると云ふ風に書いてある、是は少しつゝは讀めますが迚もずッと續けて讀むことは出來ませぬが中々面白い材料てあります。まだそんな細かいことに就て御話すれば澤山ありますが餘り切れ〳〵のことで格別面白いこともありませぬから、今日は極く大體のことを御話をいたしましてこれて御免を蒙ります。（完）

日本の古書に出てたる馬来語

『台湾教育会雑誌』第六五号、一九〇七年、八～一一頁

であるから、出來得る限りの努力を盡して十分に紹介するに足るだけの改善を行ひ、出來得る限りの方案を悉くして大にこれを紹介するのは敎育界の義務であると信せられる。敎授に訓練に敎科書に敎具に建築設備に製作品に模型に標本に寫眞に統計に、すべて臺灣の敎育學事の眞相を發揮して、敎育が臺灣の成功否帝國の光榮に幾何の貢献寄進をなしつゝあるかを、全國民否世界のあらゆる方面の人の前に堂々と提供せむ事は、必ずしも吾輩一人だけの空望ではあるまい。五年の日子を費したら必ず大に紹介し得べき材料を集め得られるであらう。大博覽會は國家の精髓を集めての大々的廣告である。臺灣館は臺灣の精髓を集めての大々的廣告である。どうか臺灣の敎育の精髓を集めて、此に大々的に廣告すべきである。かゝる廣告は義務である。私の爲めでない、公の爲めである。今や大博覽會事務局の組織すでに成つた時に際して、此に臺灣の敎育と大博覽書とに就いて一言するは敢て無用でないと信ずる。

學　術

◎日本の古書に出てたる馬來語

文學士　小川尚義

『群書類從』の四百八十六に『江談抄』といふ本がある。凡て六卷で、解題によると大江匡房の談話お記したのとしてある。此の書の第三卷に波斯語と題して一から千までの數詞お擧げてある。是は先輩の說もあつて、波斯語でわない馬來語であるといふことになつておる。左に其數詞おあげて比較說明お試みて見よお。

波斯國語（江談抄三卷）	馬來語	ペルシヤ語
一　サヽカ	sa, sa-tu	yak
二　止ア	dua	du
三　ナ（異本「マ」）カ。	tiga	sih
四　ナムハ	ampat	chahar
五　利摩	lima	panj

六ナム。	anam	shash
七発九。・	tujoh	haft
八玄美羅。	delapan	hasht
九佐伊美羅。	sambilan	nuh
十沙羅盧。	sa-puloh	dah
廿止ア盧。	dua-puloh	bist
卅アカ盧。	tiga-puloh	si
卌肥波不盧。	ampat-puloh	chihie
百サヽ羅止雨(異本「无」)	sa-ratus	sad
千ヒヽ保(異本「雨」)	sa-ribu	hazar

右の比較表を見ると、此の二つの語が大体に於て一致しておることわ一見して明かであるが、右のうちで注意を値する諸點について、聊か説明を試みて見よお。

一、「サヽカ」 この末尾の「カ」についてわ意見を述べることが出來ないけれとも、十の處に出ておる沙羅盧の沙わたしかに一の義を有しておることを見ると、こヽの「サヽ」わ馬來語のsaの重なつたものと見ることが出來る。百の處に出ておる「サヽ」も亦同じてある。

二、「止ア」 この語わ丁度馬來語の dua に相當しておる。二十の場合の「止ア」も同様である。

三、「ナカ」 「ナ」の字わ異本「マ」ともあれども、三十の處にわ「アカ」と出でおり、兩語相異なる理由なければ或わ「チ」の字の誤にて、こヽにわ「チカ」なるべく、されば馬來語の tiga に相當するものなるべしと思われる。

四、「ナムハ」 馬來語の ambat と對比するとこの「ナ」わ「ア」の字の誤なるべく、尚卌の條に説く處を參照すれば判然する。

五、利摩 これわ全く馬來語と一致し、且又臺灣蕃語の多くと一致しておるのも面白い。

六、「ナム」 馬來語に anam とあるのを見ると、或わ頭に「ア」の字の脱したのでわあるまいか。

七、発九 馬來語族の他の語わ、多くpitoという語であるにも拘わらず、馬來語にわ tujoh という語になつておる。倘よく考えて見るに上の免は兎の字にて、下の九わ女の字でわあるまいか。さすれば全く馬來語と合することになる。

八、玄美羅　馬來語でわ delapan 其他の馬來語族でわ、多く walo, valo 等の語お有し、玄美羅に類似した音お有するものわ一も見出すことが出來ない。由つて想像するにこゝにわ本來底羅柩(?)などゝあつたのお次の九の處に佐伊美羅とあるより其等の爲に誤まられ、こゝにも美羅お挿入し、底(?)お玄に誤りなどしたものでわなかろおか。倘よく考うべきことである。

九、佐伊美羅　この語も馬來語族の他の語でわ、多く siwa, siya などいつておるにも拘わらず、只馬來語ばかり sambilan という語お有しておつて、其音がよく適合しておるのお見ると、こゝの波斯語というのが馬來語であることがいよいよ明かになつてくる。

十、沙羅盧　馬來語わ sa-puloh とあつて、其內 sa わ一の義 puloh わ十の義である。又下の卌の處にわ肥波不盧とあるのお見ると、十わ矢張不盧とあるのが正當であることがわかる。さればこゝの沙羅盧の羅わ、上の佐伊美羅の羅の字などが誤りて記入されたのであつて、本來わ不の字であつたことが想像される。

廿、止ア盧　前にいつたと同じく、こゝにわ止ア不盧とあつたものであろお。

卅、アカ盧　「アカ」わ「チカ」の誤りで、馬來語の tiga に相當するものであることが想像される。こゝにも盧の字の上に不の字お脱したのであろお。

卌、肥波不盧　馬來話に ampat-puloh とあるのお見れば、肥の字わ或わ庵の字などの誤りでわなかろおか。

百、サ、羅止雨　「サ、」わ一の義、羅止雨わ馬來語の ratus に相當するものであるから、雨の字わ誤りであるらしい。異本无とあるがそれでも尙適當しない。或わ寸の字などでわなかろおか。

千、ヒ、保　一の處に「サ、」とあり、一百の處にも「サ、」とあるの見ると、この「ヒ、」わ「サ、」の誤であることわたしかである。馬來語に sa-ribu とあるより想像すると、こゝに保又は異本雨とあるわ、或わ本來利母などの誤寫にわあらざるかと思われる。

馬來語が何故にこゝにわ波斯國語としてあるかわ判斷に苦む所であるか、匡房卿わ大宰權帥となつて九州に居られたこともある樣だから、或わ其時分に聞取られたものかも知れない。それわ兎に角上に想像お以て記載したことか事實であるとすれば、匡房卿時代の馬來語と今日の馬來語との間に、甚しい轉訛がないといふことと丈わ見とめられる譯である。

實驗調査

◎公學校手工科教授の研究（承前）

仙石吉之助

第三章　手工科と他教科及訓練との關係

手工科教授において、遺憾なく其の教育的價値を發揮せんと欲せば、他教科の教授と訓練とに適當の連絡を保たしめざるべからず。即ち他の教科にて課したることを、此の科の教授に應用し、且つ實習中の動作を觀察して訓練の資となし、以て日常生活に必須なる知識、徳性、及、技能を修練せしむべきなり。今、本科と直接の關係を有する、二三の事項に就きて述ぶべし。

一、現今の公學校規則によれば、圖畫科は、六學年設置の公學校においては、よし一教科にはあらずとも、手工と共に製作せしむべき圖案、若くは製圖法を授けて、一般に物体の形狀を正し

『台湾教育会雑誌』第六六号、一九〇七年、二八～三三頁

於ては二艘の支那戎克船を捕拿して其滿載せる商品を分捕せり。見積り金額は實に八十二万三千百三十六グルデンの巨額に達せりと云ふ。スペックスが德川政府に報告する所によれば、支那人等が和蘭の支那貿易を妨害せるを以て、之れに復讐せるものなりと辨解せるも、是れ非を飾るの强辯なりしなり。

千六百十五年豊臣氏亡びて德川氏覇權を握り、翌年德川家康薨じて秀忠將軍となるや、對外政策を改め、從來日本海港を悉く開放せる方針を變じて、長崎及平戸の二港に限り貿易を許す事とし、千六百十七年（元和三年）の法令によりて之れを宣明せり。然れども同年和蘭人が江戸に參向して將軍の就職を賀するに及び、秀忠は和蘭人に限り、日本の各海港に於て自由に貿易を營む事を許せり。是れ明かに長崎及平戸に海外貿易を制限したる法令に反するものにして假令和蘭とは既往の特別なる關係あるにもせよ、不公平の處置なりとは、當時他の外國商人に高まりたる聲なりき。

雑　録

◎答辯二題

文學士　小川尚義

一、前々號景尾長井生の「國民讀本土語讀方に就いて」の答辯

1、長井氏は宣教師がロオマ字お以て本島語お書表わすことに於て成効した理由お擧げて、第一、宗教觀念と結合すること。第二、他に思想發表法お有せざること。第三、此の發表法によりて必要なる讀物お供給したることの三種とせられたが、氏わ此外に倘此等よりも勝りて重要なる理由のあることお忘却して居らるゝものでわあるまいか。其の重要なる理由とわ、彼等宣教師達わ自身で正確に臺灣語お發音し、又ロオマ字お用いて自身で正確に之お記すことが出來るということゝである。小

生の考での彼等の成効せる尤も重要なる原因わ此の一點にありと信ずる。

2、同氏わ又八聲の區別わ吾々に六かしい計りでなく、本島人の秀才や訓導でも容易に判斷することが出來ないといわるゝが、是わ八聲の名稱と八聲の實際とお混同せられた議論である。彼等わ實際八聲を正確に發音している。只その名稱お知らない、否知つて居てもその名稱と實際の發音との間に連絡がない丈である。故に彼等に對してわ、この連絡お附けることお習熟せしめる必要わ勿論のことである。日本人にしても年長の者が、始めてアイウエオお習う場合にわ、その假名お（發音假名）正確に使用し得ぬ事わ屢あることである。氏わ右の如く秀才でさへ六かしいといわるゝが、一方に於てわ宣教師の敎えたロマオ字わ大人でなくとも自由に使用することが出來るでわないか。此れわ如何なる理由に基くものであろおか、御一考お煩はしたいのである。

3、氏わ又「表音字お用いて臺灣語お敎えるのわ一の綴に符號お加えたものお一の文字として覺えるのであつて、傳導士のやり方わそれだ。斯うなると甚だ便利でなくなる。唯漢字に換ふるに五十音お以てしたるに止まる。或場合にわ漢字より六かしくなる。（言文一致の利わあれど）査媒人（女）の如きそれである云々」といわれておるが、實際傳導士のやり方わ、一綴りお全体として覺えしめるのであろおか、それわ兎に角、五十音字お用いて漢字に代えることが出來たら、これほど便利なことわあるない。假名の方が漢字より不便な例として査媒人（女）お擧げられたが、是わ「サアボオラン」よりわ一字の女の字の方が便利であるという御主意らしい。併し此點わ表音字と表意字の一般の利害より考えれば議論する程の價値のあることでわないと思う。

4、氏わ又「語（母語）其者が永遠に存すとせば、斯かる思想發表法（土語讀方）わ實用上必要と思われる云々」といわれておる。此の主旨によると氏も亦臺灣假名の必要お見とめて居らる丶一人である。小生わ常に感じておる。本島人にして國語又わ漢文で文を綴る時に、適當なる語句又わ漢字の見出されざる場合など屢々起ることとであらう。是等の場合に於てわ一定の臺灣假名を以て之お發表することお覺えていたらば如何計り便利なことであらう。又別の話でわあるが愚考によれば、毎年地方でやる夏期講習會などに書房教師お集めて三週間計の國語教授おやるよりわ、この臺灣假名お敎えて之お書房に用いしめ、國語教授お受けることの出來ない書房兒童にこの法お授けることわ、目下臺灣の爲めに最も急務でわなかろおか。要するに一旦此種のもの丶必要お見とめたなら、是れから先わ努力である。如何にすれば最も容易に之お實行することが出來るかの研究が必要である。

5、氏わ小生が師範部乙科生に向つて「電報文に此の發表法お使用する様になる故大に奮勵すべし」と訓諭せる様に記載して居られるが、右わ訓諭などいう億劫なことでわないのである。右の事情お述ぶれば實わ臺灣假名お漢文電報の代りに使用する様にしたら大に便利であろおとて、前の民政長官の命により、少し取調べた事があつたが、丁度一昨年國語學校卒業式の際、前長官も臨場されその席にて前長官より式後乙科生に向つて右の話おなし、臺灣假名のことお説明し置けとの命お承けて小生わ乙科卒業生に向つて右電報に關し取調の次第お話し、臺灣假名の研究すべきものたることについて談話したことがあつたのである。右につき長井氏わ小生お以て土語讀方お非常に容易視したるもの丶如くいわれているが、小生自身わ然か考えていない。併し又臺灣假名お、氏が考えて居らる丶程に困難なものとも信せないのである。多少の困難わありとするも果して必要でありやるべきものであるとすれば、如何にすればその困難お排することが出來るかについて研究するのが至當の順序であつて、六かしいからといつて只打やつて置くといふのわ甚た賛成し難いことゝ考える。此點についてわ長井氏のみならず、其他實地家諸君が研究の狀況お發表せられん事お切に希望するのである。

二、前號戸板氏の「臺灣語發音セに就いて」の答辯

臺灣語の研究にわ發音ということが第一に必要なることわいうまでもないことであるが、此の種の問題わどういうものか今日まで餘り世間の問題に上らなかつた。近頃になつて此の種の事項が幾分か人の注意お引く樣になつて來たのわ、臺灣語研究のために歡ぶべき顯象であると思う。前號の本誌に於て戸板氏わ『日臺大辭典』に於てセの發音 tse に就いて說お立てられ、多くの例お擧げて大辭典中にセの假名お用いてあらわしたものわ、皆 tse でわなくして che（同氏わチエの假名お用いて居られる）であると說かれた。右の說わ決して珍らしくないので、ダウグラス氏わ a, u, o の前にわ tsa, tsu, tso の如く ts お用い、i, e の前にわ chi, che の如く ch お用いて、その發音の條に ch わ church の ch の如く發音すと記しておる。之に反してマゴワン氏わ凡ての母音の前に皆 ts お用いてこれわ混雜お避ける爲であると注しおる。右によると西洋人の說わ戸板氏の說に贊成の側であるが、然し同氏の如く大辭典の中からセの字の用いてあるもののお數多拾い來りて、これわセエでわないチエであるといわれてもそれは主觀的に如此聞えるというまでのことでチエであるという理由にわならないのである。音韻の精確なる研究わ物理的の器械お用いて客觀的に之お研究したのでなければその眞狀お斷定することが出來ないのである。小生が伊澤氏の定められたるセの字お採用し、その音お tse なりと考へた理由わ只主觀的に然か聞えるといふ丈の理由でわなくて、其外左の二つの理由からである。

1、漳州十五音及び泉州十五音に於て制祭等の字わ齋(tsai)、造(tso)等 ts に始まつているものと同じく、何れも曾の字母の下に出ておる。若し戸板氏のいわれる如く制、祭等の語頭音が齋、造等の語頭音と同一でないならば、十五音に於て何故別に字母お作らずして之お同一字母の下に包括せしめたか、出氣音の場合も又同様で差、妻等の字わ葱(ts,ang)臭(ts,au)等の字と共に出の字母の下に入れられておるが、差、妻等の語頭音が葱、臭等の語頭音と同一でないならば、十五音に於て何故之お同一字母の下に包括せしめたか。

2、齊の字わ廈門漳州泉州に於て何れも讀書音セエ(tse、戸板氏の說に從えばチエ che)であるが、その俗音わ廈門音にて tsoe、泉州音にて tsoe となる。其他此に類する音韻の轉化わ屢見る處であるが、此場合に於て俗音 tsoe 又わ tsoe の音が est che 何れの音に近いかというに勿論 tse の音に近い即ちセエ(tse)わツエ(tsoe)とチエ(che)との中間に立つものである。されば讀書音と俗音との比較から見るときわ齊の讀書音おチエ(che)とするよりわセエ(tse)とする方が自然に近いといわなければならぬ。氏わ三十一頁上段十一行以下に於て「日臺大辭典中のセ字お附せらる丶語について見るもチエ(che)に非ざればツエ(true は tsue ?)又わツエ(tsoe)ならざるはなし」といわれているが、是等も本來がセエ(tse)てあるからツエ(tsue)、又わツエ(tsoe)となると說明する方が妥當でわなかろおか。然らざれば本來チエ(che)なるものが何が故にツエ(tsue)又わツエ(tsoe)になるのであろおか、其理由について御一考お煩わしたい。

假に戸板氏の說の如く、祭、制等の音おチエ(che)なりとした處で、その假名おチエと書くのわ如何であろおか。氏の考でわチャ(cha)チュ(chu)の例によりてチエと書かれたものであろお。このチエの假名わ大辭典に於てわ政(チエン=t sieng)、責(チエク=tsiak)等の場合に用いておるのであるか、氏わ右等のチエと祭制等のチエとお同一に見ておらるゝのであろおか否か。それわ何れとしても日本人が始めて臺灣語お學ぶに際し制、祭等の字にセエ、チエ何れの假名か附けてある方が實際の發音おなすに便利であるかおも考えて見る必要があるであろお。

要するに氏のチエ音説わ只例お擧げる丈に止まらず、他に何か論據とするに足るものお提示せらるゝ事お望むのである。

◎新入學の本島生に就いて觀察の二三

永澤生

余は本島人教育の主義方針は、本島人を研究したる基礎の上に建てざるべからずと主張するものなり。されば従來も屢々本紙上に於いて余が説を發表したるのみならず、種々の機會を利用して多少其の研究を繼續しつゝあるなり。我が國語學校へ入學する百餘名の生徒は實に之れが研究の好材料なり。何となれば彼等は未だ充分に其の性格も變更するまでに至らざるが故に、比較的に率直に表面觀察をなすことを得るのみならず、全島公學校は如何にして彼等を教養しつゝあるかの一端をも窺ひ知ることを得るが故に、大いなる快味を以て年々彼等を種々の方面より觀察しつゝあるなり。今其の二三を擧げん。

新入生の態度に就いて言はんに、先づ口を開くもの十中七八の多きに居る。口を開くことは智の足らずして鈍に、粘液質にして刺激に應せざる徴候なり。田舍者野蠻人中に多く見る所にして最も劣等の態度なり。次に眼は夜の十二時頃の態度を示すもの多し。活として人を瞰み付くるが如き風をなすもの甚だ鮮し。眼は其人の心膽を表すものにして、輝く眼、光りある眼、高き眼、低き眼は皆其の人の人物と心狀を發表するものなれば、眠むたげなる眼は餘り良き態度にはあらず。主に此の二點よりして何となく呆然として鈍性を現はすは實

『台湾教育会雑誌』第七〇号、一九〇八年、五～七頁

學術

◎「サル」という詞

小川尚義

今年わ申の歳であるというので、新聞や雑誌などでわ猿が大流行であるから、今回わ小生も亦詞の上に於ける猿の話おして見よお。

日本語「サル」の語源についてわ未だ定まつた說わないよおであるが、北海道の「アイノ」の詞でわ之お saro 又は sar'ush というておる。そおして此の sar'ush という詞わ sara, ush との二語から成立つておつて、sara わ尾の義、ush わ形容詞お作る語尾であるから、つまり「尾のある」という樣な義になる。して見ると「アイノ」人わ、猿に附いて尾に於ける特色お見つけて、之に命名したものと考えられるのであるが、日本語の「サル」、「アイノ」語の saro わ此の語の轉訛したものと見ることわ出來まいか。

次に臺灣の蕃語で猿のことお何といつておるか、其例お擧げて見よお。

一、yu^{n}gai　此わ大嵙崁、屈尺、宜蘭の溪頭蕃等、所謂「アタヤル」族と稱する蕃人に、普通に行はれている詞である。馬來語に於いては一種の猿 wah-wah 即ち gibbon のことお ung-ka というておる。此は同語であるらしい。

lu^{n}gai　此わ埔里社の東北山中にある霧社の詞であるが、同種に屬する大魯閣又わ木瓜蕃も多分此の詞と同じであろおと思う。

u^{n}gai　此わ臺東の少し南の知本社の詞である。

二、rutong　此わ卑南蕃、阿眉蕃、宜蘭の熟蕃及ひ蕃薯寮附近にあつた大傑巓社蕃人の詞である。小生わ此の語お宜蘭の熟蕃について聞いたが、此處の r の音わ獨乙語などに屢ある懸壅垂の振動によつて生ずる一種の音であつ

て、gの音と誤り易い音である。人によると gotong と書いておることもあるが、實際わgの音でわないのである。宜蘭に羅東という土地がある。これは猿の義であるということわ何かの本で見たことがあるが、今わ記憶しない。

ruthung　此わ埔里社の少し南にある日月潭という湖水の岸に住んでおる水社蕃の詞である。こゝの th わ英語の th と同じ音であつて、前の rutong の t か轉訛したものらしい。

ruson　此わ南庄熟蕃の詞である。小生が直接に聞いた事がないから確にわいわれないが、此處の s わ或わ th の音でわなかろおか。よしそおでなく純粋の s であるとしても、轉音の面白い例である。

rutox　此わ葫芦墩の近處にある岸里大社、及び其の地方から埔里社に移住した烏牛欄社の詞である。語尾の x わ獨乙語の ch 即ち一種の「ホ」の音おあらわしたものであるが、他の處で rutong などゝ ng に終つているのに、摩擦音の x お有しておるなどわ面白い轉訛である。

hutong　此わ埔里社の南蕃及び日月潭の岸におる頭社蕃の詞である。語頭音の r わ此處にわ h になつておる。

utong, vutong　此わ蕃薯寮の東北にある四社熟蕃の詞である。語頭音の r わ此處にわ v の音にまでなつておる。

三、nguhu, ngoho　此わ阿里山の西麓にある猪母勝社、及び新高山の西北にある和社、楠仔脚社等、所謂「ツォオ」族の詞である。

四、taprasun　此わ噍吧哖方面の山奥にある四社生蕃の詞である。

五、mabuluk　此わ蕃薯寮の山奥にある萬斗籠社の詞である。馬來語に於いて尾の短い大猿の一種に brok というのがある。恐らく同じ詞であろお。

六、karau, karal　此わ阿緱の東方山中にある口社山猪毛社等所謂「ツァリセン」族の詞である。馬來語に kara 又は kra という詞がある。同し語であらお。

七、jinazao　此わ阿緱の南部山中の崑崙拗社の詞である。

八、putsawan　此わ恒春の東にある猪勝束社等所謂「パイワン」族の詞である。

九、ranax　此わ苗栗の北にある新港社熟蕃の詞である。岸里大社の rutox に近い。

十、yurus　此わ元苗栗の海岸地方にあつて、今わ埔里社に移住している双寮社の詞である。

yaurus　此わ同上呑霄（又通霄）社の詞である

urus　此わ同上日北社の詞である。

十一、pihi　此わ元大肚溪と濁水溪との間にあつて、今わ多く埔里社に移住している猫霧捒社、東螺社等、所謂「バブザ」族、(蘭人の所謂 Favor-ang) の詞である。

pisi　此わ元大肚溪の北部にあつて、今わ埔里社に移住している大肚社、水裡社等、所謂「パポラ」族の詞である。其の他諸羅山社（嘉義）柴裡社（斗六）の熟蕃の詞も同じである。

以上わ臺灣諸蕃の猿に對する詞であるが、此内にわ或わ猿の種類の異なるが爲に、其名お異にしておるのも隨分あるであろおと思う。此等わ他日の研究お待つより外わない。

◎教育者の孤立

孤立は事を爲す所以に非ず、名譽の孤立といふが如きは要するに一時の權宜のみ。文運の進歩と共に社會が日一日新生面を開きつゝある今日に於いて、活社會と近接せる吾等教育者は、活社會に活動すべき人物を養成するの重任を負ふものなり。殊に現社會は多數決の世なり。多數決必ず眞理とは斷ずべからざるも、其の一面に於いて人類間の問題は多數團結の力によりて解決せらるゝものたることを示すものなり。されば教育者は決して孤立以て功を奏し得べきに非すと信ず。（『日本教育』秋郊）

『台湾教育会雑誌』第八七号、一九〇九年、一〇～一三頁

學術

學術

◎カロリン群島土人の詞

文學士　小川尚義

昨年の今頃であつたかと思う。カロリン群島の土人數名が、羽翼船に乘つて宜蘭の海岸に漂著した事があつた。其の土人は病氣にかゝつて、臺北病院に入院しておるということおきいて、一日彼等お病院の一室に訪うて、不十分ながら、其の詞を二三十斗り集めた事があつたが、此頃、彼等の乘つて來た羽翼船が、博物舘に陳列されておる。そこで、當時の事を思ひおこし、時候後れながら、其の詞お御紹介することにした。勿論、通辯があるでわなし、ほんの手眞似足眞似で聞出したものであるから、誤がないとわ保證が出來ないが、併し、參考書としてラサムやガベレンツの南洋語に關する材料お土臺にして尋ねた所が、時間の短い割合にわ結果が多かつた。左に、右二氏の材料と、小生の聞取つたのとお列擧し、旁に臺灣の蕃語の内にも之に似ておるものお擧げて、比較お試みて見よおと思う。

一〇

（注）左に揭けたる地の內、グアム島わマリアン群島の一で、東經百四十五度、北緯十二度位の地位に在つて、米領。ヤツプ、ウレア、サタワルの三島わ、カロリン群島に屬して獨領。ヤツプわ西に、サタワルわ東に、ウレアわ其の中間に位し、東經百三十八度から百四十七度の間、北緯七度から十度の間に在つて、大躰からいえば、東京の眞南より少し東に、フィリツピン群島中のミンダナオの眞東に當り、臺灣からいうと、東南に當る

	グアム	ヤップ	ウレア	サタワル	漂流人	臺灣番語
頭	oulou	elingeng	mathakitim,	roumai, simoie	möthun	ulu, vu^{n}gu
髪	gapoun	lalügel	timui	timoi	shuim	vukös
目	mata	eauteg	matai	metal	mat	mata
耳	talauha	ilig	talengel	taliuhe	taling	tari^{n}ga
鼻	gouii un	busemun	wathel	poiti	fot	unum, not
口	pashoud	langach	eol	ewai	yao	uguyus ngyo
舌	oula	athaen	luel	louel	reo	lila
歯	nifin	mulech	nir	gni	ngi	valis, wali
髯	——	rap	elsal	alissel	raop	ngisngis ranob
手	hious	pach	bai	rape	pau	kamai reima
足	adin	garovereven	pethl	peraperai	pazat	prehe zapan
家	——	naun	ilim	imm	ima	ruma imo
小刀	——	car	sar	sarr	shar	pot
日	——	al	al	ial	yal	ŋsiral ada
月	——	moram	moram	maram	majul	buran vuras
星	——	tuv	fiss	fiez	fuish	vuess
雲	——	tharami	tharami	sarom	maram?	raumn
風	——	niveng	äang	ianhe	ea^{n}gi	vari
水	hanoum	munum	elümi	ralou	ralu	ranum
火	goifi	aevi	eaf	iaf	yavui	apui
石	ashou	malang	vas	fahou	ralang fahou	batu

	グアム	ヤップ	ウレア	サタワル	漂流人	臺灣蕃語
海	tassi	näo	lao	tati	tatti	r'al baung
男	lahe	pimohu	mamoan	mal	mal	mainai, ama
女	palawan, aga	wupin	tabut	rabout	shoabut	babayan ina
大	——	poga	eolep	etalai	etamah	tangai malain
小	——	wätich	edigit	emouroumors	egitegit	atekes ariri
病	——	vaiamith	emmedaok	ezamoig	emetak	mares adada
一	asha	rep	eoth	iot	iot	ita isa
二	ougoua	ru	rü	rou	rou	rusa ru
三	toulou	thalep	al	iol. iel	ieli	turu
四	fadfad	eninger	fahn	fan, fel,	fang	spat, pat
五	lima	lahe	lim	limm	limm	lima, rarup
六	gounoum	nel	ol	hol	wol	unum
七	fiti	medelip	fis	fiz, fuz	fiz	pitu
八	goualou	meruk	oeil	wal	wal	waru
九	sigoua	merep	theu	tihou	tiu	siwa
十	manoud	ragach	seik	siek	sheik	isit
百	——	——	——	——	sobogu	simut

右の表によりて、漂流人の詞ぉ考えて見ると、サタワル島の詞に、尤もよく似よつておることぉ見る。詞の綴り方が色々になつておるから、字の形から見ると、餘程違つている様に見えても、之ぉ發音して見ると、類似の著しいことぉ知ることが出來る。臺灣蕃語の内でわ阿眉蕃の詞に尤も近いのが多い様である又、漂流人の詞で十から九十までの數詞わ、左の如くである。

二十 ruək 三十 selik 四十 fak 五十 limmak
六十 wolek 七十 fizik 八十 walik 九十 tiiek

此ぉ、前表の二、三、四等の數詞と比較して見ると、-ek又わ -ik 等の語尾ぉつけて、十位の數ぉ表わしておるのぉ見る。この -ek 又 -ik の語尾わ、十の sheik の -ik と同語であつて、sheik の語頭 she わ、一という意義でわなからうか。一の事ぉ sa, isa なというこことわ、臺灣蕃語の外、馬來語族にわ多い例である。

尚、一つ注意すべき事わ、ヤップ語の數詞七、八、九の三語である。何れも me- という語頭ぉ有しておつて、それぉ放して三、二、一の數詞と比較すると、次の様である。

me-delip	(七)	……thalep	(三)
me-ruk	(八)	……ru	(二)
me-rep	(九)	……rep	(一)

即ち、其の幹部に當る詞わ、七わ三に、八わ二に、九わ一に類似しておることぉ見る。即ち、この七、八、九の三語は三、二、一といふ詞ぉ基礎にして作られ、十に對する補充數の考から出來ておる事を知ることが出來る。

キビシヨと云ふ語に就て

『東京人類学会雑誌』第二八六号、一九一〇年、東京人類学会　一四七〜一五〇頁

數種から成り立つて居るのでは無く全く一種と認むべきものなので有ります。

多くの類例に照らして見ても、世界に散在して居る人類は一種なるべく思はれ、生殖に關する通則から推して見ても人類は總べて同一種らしく考へられるのでは有りますが、或る類例は反對の事實を示し、或る場合には生殖が種の異同の徵しと成らないので有ります。斯かる便りに仕難い事を强ゐて便りに仕ませんでも、上に述べ來つた考へ方に從へば人類が動物分類上正しく一種を形成して居ると云ふ事は明かで有りませう。

人類は動物界中、脊椎動物に屬し、其中の哺乳類、又其中の靈長類に入るべきもので、是等段階的分類の界、門、綱、は固より目に於ても他動物と相伴つて居るので有りますが、靈長類の目中、獨立に人類科を作り、此科は人類のみを含むので屬も唯一つなので有りますが、種に於ても亦唯一つなので有ります。總べての人類を一種とすれば、世界の諸地方に棲息して居る樣々の種族は一種中の小別と見做さなければ成りません。人類の動物分類上の位置は定まつたとしまして、これより其中の小別たる諸種族の事に付いて述べる事に致します。

○キビシヨと云ふ語に就て

小川文學士稿

左の一篇は、多年臺灣に在りて言語の研究に從事せられつゝある文學士小川尙義君の稿にかゝる、人類の言語の調査を爲すに際し、多く陷り易き誤謬の指摘と爲すべきものあるを以て、先年同君より示されし謄本のまゝ本誌に寄す（いのう生）

明治三十年の初春の事なりと覺ゆ、一日時の學務部長たりし伊澤先生を訪ひ談會ま蕃人教育の事に及ぶ、先生曩に恒春の生蕃地に一の學校を設けて生蕃教育の端を開かれしが、爾來其成績大に見るべきものありき、先生曰く、君は元來臺灣の蕃語に就て大に趣味を有するもの、爰に珍しき好材料こそあれ、いで君に見すべしとて、傍にありし小冊子を取りて余に示さる、取りて見るに、小學讀本教授書といへる一小冊子にして、其中に鉛筆もて生蕃語を記入して飜譯せるものなりき、是れ恒春猪勝束の學校に教鞭を執れる藍原君の寄送する所なりといふ、余大

に喜び、先生に謂て曰く、乞ふ暫く待て、小生亦一の蕃語集を有す、即ちラクーペリー氏の臺灣記の卷末に附せられたるものにして、バロック氏の集めたるものなり、蕃語を集ること六種、即ち霧蕃、熟蕃、水蕃、平埔蕃、卑南蕃及びファボラング語なり、今この小冊子の蕃語をとりて、此語集の何れに尤もよく近似せるか比較せんには如何と、先生曰く好し、乃ち該語集の寫本を取り來りて相較す、適合するもの甚た少し、獨り卑南蕃語尤もよく之に類似する所あり、是れ或は地の近接せるより然るならんなど相語り相較して、該教授書中の「ドビン」（土瓶）といふ部に至る、蕃語記して「キビシユ」とあり、先生卓を打て曰く、奇なる哉此語、何ぞ夫れ相似たるの甚しきやと、余も亦此奇異なる類似に付て、一點の疑を禁ずる能はざりき、されどもかゝる事は始終有勝の事にして、日本の「キビシヨ」と恒春蕃人の「キビシユ」と、只一個の語詞の相似たりとて、まさかに言語系統の論までも提起する丈の値はあるまじと思ひ、單に偶然の類似ならんと信じ居たりき、其後大學より出張し居たる多田綱輔氏が、臺東地方を調査して歸りたる時の話に、臺東にて「キビシヨ」のことを「キビシユ」といふ、甚た奇異の感をなせりといへり、爰に於て、余亦甚だ其事を奇とし、大槻氏の言海には、よく語原を討究して之を記載しあれば、或は此語の本來の義を知ることを得んかと思ひ、開きて之を見しに「キビシヨ」は「キフス」の訛なりとあり、よりて「キフス」の部を見しに、語原は記せられずして只左の解釋あり、

きふす（急須）　煎茶ヲ入レテ湯ヲ注ギ煎ズル小キ器、口アリ、手アリキビシヨ。

又藤井草野兩氏の帝國大辭典を開き見しに、

きふす（急須）　急ノモチヰ（須）ニ適スルトノ義、モトハ酒ヲ燗シタリシ具、今主ニ煎茶ヲ入レ湯ヲツギ煎ジ出ス小キ土瓶ノ一種ナイフ、口ト手ト伴ヒ多クハ陶器ニテ造ル「キビシヨ」トモイフ。

とありて、意義は明なれども、語原急のもちゐに適すといふは未だ適せりといふ可らず、疑惑尚未だ解けざりしに近來臺灣の土語を研究するに際して、果して遂に其要領を得るに至りぬ、土語にて茶出しの粗製なるものを「急燒」（キプシオ）といふ、其意は文字の示す如く、「速に煮

ゆ」といふ義なり、多くは藥を煎じ出すに用ゐるといふ、然らば日本語の「キフス」「キビシヨ」は、支那音の是の「キプシオ」に於て初めて其解釋を得たるものといふべし、然れども余は此を以て日本語の「キフス」が果して臺灣語より直接に輸入されたるものなりとは斷定せざるなり、語詞の貸借移轉は、其歴史に溯りて之を研むべきものにして、日本に此語の傳來せしは、果して何時の頃にして、支那の如何なる地方よりせしかの問題は、容易に爰に決定すべきにあらざるなり、余は先に解釋せられざりし此語が、臺灣の土語より初めて解釋さるゝに至りしことを云へば足れりとするなり、若し右に述る所のことにして眞なりと許すことを得ば、爰に左の諸項の注意すべきものを見る、

（一）原語「キプシオ」より轉化せしものとせば、「キフス」といふも「キビシヨ」といふも共に同一の音の轉訛にして、辭書にいへる如く、「キビシヨ」は「キフス」の訛なりといふことを得ず、今羅馬字にて其轉化の有樣を示せば左の如くなるべし、

KIP-SIO < Kip-su … Kihu-su … Kiu-su
KIP-SIO < Kip-i-sio … Kib-i-sio

（二）「キフス」は、通俗に「キユース」と發音すれども、假字に「フ」の字を用ゐたるは、是れ急「キプ」の字音より來れるものにして、「キビシヨ」の「ビ」も、亦此「キプ」の「プ」と相關係せり、されば此一事は、少くも此語が支那の方言中「プ」即ちPに終れる入聲を有するものより傳入せしことを證するに足るべし、（厦門語屬にはKTPに終れる入聲あり、官語には是の入聲なし）、

（三）先に生蕃語なりと考へられたる「キビシユ」といへる語は、即ち純粹なる蕃語にはあらずして、本來支那語なるものが、一は日本語に入りて「キフス」「キビシヨ」となり、一は生蕃語に入りて「キビシユ」となりたるものなり、

（四）以上の如く、甲の語詞が乙と丙とに傳移したる塲合には、乙と丙との語詞に於て、偶然の類似を生ずること甚だ多くして、之によりて往々學者の誤謬に陷ることあり、かるが故に言語の比較に於ては、多くの探

檢家が從來なし來りたるが如くし、只單純なる語詞を集め、其類似によりて大早計なる決論をなすことは、尤も危險なるものなることを知るべし、

○人類學的研究の興味

坪井正五郎

人の心は面の如くに異ると云ひまして何事に對しても總べての人が同樣に思つて居ると云ふ事は豫期出來ませんが人類學に關しても左の數樣の考へが行はれて居る樣に推測されます。

先づ第一に人類學は面白い、自ら其研究に從事して見ようとて既に之に着手して居る人も有ります。

第二には人類學の面白い事は認める、自ら研究をして見度くも思ふ、併しどうして好いのか分からないと云ふ人も有る樣で有ります。

第三に人類學は面白い、自分は其便宜を有たず、又進んで之を遂げやうと云ふ念も懷いて居らないが、斯學の爲めには發達を謀るなり、研究者を補助するなり、何とかして力を盡したいと思つて居る人も有るので有ります。

第四には人類學全體に亘つては心を向けた事が少い其一部に付いては興味を感ずる事が深く、自ら部分的の研究若しくは部分的の材料蒐集に從事して居る人もあるので有ります。

第五には部分的の興味は感じて居るが、其部分が人類學全體にどう云ふ關係を有つて居るのか未だ好く分からないと云ふ人も有り氣で有ります。

第六には人類學的研究としては、彼んな題目が有る斯んな題目が有ると云ふ事は知つて居ながら、夫れ等がどうして互に關聯して人類學と云ふものを形作るのか好くは分からないと云ふ人も有り氣で有ります。

第七には人類學は面白いものらしいとは思ひながらも實は其人類學と云ふものがどんなものだか分からずに居ると云ふ樣な人も有るかも知れません。

第八には人類學の性質を誤解して其儘之に興味を有つて居ると云ふ樣な人も有るかも知れません。

第九には人類學の性質を誤解して夫れが爲め、斯學の眞

『台湾教育会雑誌』第一一〇号、一九一一年、九～一一頁

學術

◎タヤル蕃語の動詞の構造

文學士　小川尚義

臺灣の生蕃の中で尤も慓悍なものは北蕃であるが、普通、北蕃といはれてゐるものに二種あつて、一をタヤル又はアタヤルと稱へ、一をセヂアツカ又はセイダハといつてをる。甲は重に中央山脈の西に住み、乙は重にその東に住んでゐる。ガオガンや、現今討伐中の北勢蕃などは甲に屬し、霧社や大魯閣は乙に屬するもので、人種の形躰上からいふと、殆んど區別を見認めぬ程であるが、言語の上からいふと、多少の相違がある。左に述べんとするのは右の内のタヤル語の動詞の構造に就いて、尤も著しい例である。

馬來語族の動詞構造に著しい顯象は、接頭 Prefix 接尾 Suffix 及び挿入 infix の三種であつて、其が尤も著しく顯はれてゐるのは呂宋島に行はれてゐるタガラ語であるが、臺灣のタヤル等の語にも、亦此の特徴が見えて居るのは注目すべきことである。〔注意　左のローマ字に於いて末尾に來るhは獨乙語のchの音を有す〕

一、接頭

(a)「マ」行

(ア) M を加ふるもの

Uro　得ル　　M-uro　得ル

Attok　嘴　　M-attok　啄ム

語頭音の性質によりては、其自身「M」に變ずるもの。

Bero　書物　　Mero　讀ム

Ringai　周圍　　Mingai　圍ム

〔比較〕呂宋の「イゴロット」語の一種

Aliwid　友人　　Um-aliwid　友人トナル

呂宋「タガラ」語

Aral　敎フ　　Um-aral　敎フ

Babao　前　　Mabao　前ニ行ク

（イ）Ma を加ふるもの

Papa 花　Ma-papa 花ガ咲ク

Koalah 雨　Ma-koalah 雨ガ降ル

Kasha 水　Ma-kasha 溶ケテ水ニナル

詞によりては「相互ニ……スル」といふ義を有することがある

Kayal(Ka-ma-yal話ス)　Ma-kayal 相談スル

Kut(Ku-mu-t斬ル)　ina-kut 斬合フ

〔比較〕「イゴロット語」

Djalan 道　Ma-nalan 道ヲ行ク

Asu 犬　Mang-asu 犬ニテ狩スル

「タガラ語」

Rahai 家　Mag-bahai 家ヲ作ル

Sulat 書　(S-um-ulat 書ク)Mag-sulat 多ク又ハ屢々書ク

Avai(um-avai 争)　Mag-avai 互ニ争フ

（ウ）Mi を加ふるもの

Nep 釣針　Mi-nep 釣スル

Yulun 雲　Mi-yulun 雲ガ蔽フ

Lui 露　Mi-lui 濕ル

（エ）Mu を加ふるもの

Lukush 衣　Mu-lukush 衣ヲ着ル

Patus 銃　Mu-patus 銃ヲ打ツ

(b)「ナ」行を加ふるもの

Nek(Ma-nnek 食フ)　Na-nnek 食物

oah(M-oah 來ル)　N-oah 月經

(c)「パ」行を加ふるもの

Kayal(Ka-ma-yal 話ス)　Ma-kayal 相談スル

Pa-kayal 談判スル

Hao(Ha-ma-o 償フ)　Pa-hao 償ヲ要求スル

Usha(M-usha 往ク)　P-usha 遣ル(往カセル)

〔比較〕「タガラ」語

Bukir 野原　Pa-bukir 野原へ往ク

Ampon 保護　Pa-ampon 保護ヲ要求スル

Talo 勝ツ　Pa-talo 勝タセル

(d)「サ」行を加ふるもの

Ramo 血　Si-ramo 血ガ出ル

Bilak 好　Si-bilak 好クナル(病ナト)

Igile 蝿　S-igile 蝿ガワク

二、接尾

(a) An を加ふるもの

Kut (Ku-mu-t 斬ル) Kut-an 斬ル

Tunoh 頭　Tunoh-an 枕(頭ヲ載セル處)

Tama 坐ル　Tama-an 腰掛(坐ル處)

Arup 傳ヒ渡ル　Arup-an 橋(渡ル處)

〔比較〕「タガラ」語

Simbah 拜ム　Sinmbah-an 禮拜室(拜ム處

「注意」臺灣蕃地の地名に An 語の尾を有するものが澤山ある、右の例で説明の出來るものがあらうと思ふ

(b) Un を加ふるもの

Tahe 蟻　Tahe-y-un 蟻カック

Pejuh 多　Pejuh-un 多クスル

Kagang 蟹　Kagang-un 衡フ

三、挿入

(a)「マ」行を挿入するもの

Kamil 爪　Ka-ma-mil 搔ク

Katap 鋏刀　Ka-ma-tap 鋏ム

Kesh 界　Ke-me-sh 界ヲ限ル

Karro 戸　Ka-mu-rro 戸ヲ閉ツ

時として Ba を挿入することもある

Kalai (Kalaiy-an 建物) Ka-ba-lai 作ル

〔比較〕「タガラ」語

Sulat 書物　S-um-ulat 書ク

Dito 此處　D-um-ito 此處ニ居ル

(b)「ナ」行を挿入するもの

Subo (S-u-m-bo 包ム) Su-ne-bo 嚢(蜜柑ナドノ)

She (Sh-m-e 置ク) Sh-ne-n 容レ物

Kat (Ka-ma-t 咬ム) Ka-na-t-an Makko

咬マレタ處(Ka-na-t-an)-蛇(Makko)

〔比較〕「タガラ」語

Hanap 捜ス　H-in-anap 捜サレタ

Sulat 書物　S-in-ulat-an 書カレタ

Tapai 揑ル　T-in apai (麵包、揑テタ物)

故栗田確君追悼録（栗田君を憶ふ）

『台湾教育』第一六九号、一九一六年、五一～五二頁

で、第一階臺灣特有植物のやうなものも何回行てみても、植物圖譜の同じ頁が出てゐて殘念に思つた。出品物の陳列が巧妙になつたといへ、まだまだ人の注意を惹かないもので、學術上見逃すことの出來ないものが多々ある

（三）標本の購入　年來、學校の標本（臺灣產を主として）を集めたいと思つて知人に頼んだり出張の折などに集めてみたが仲々旨く集らない。それが今回の共進會は、官廳外の出品の大部分が賣品であつたため、小額の金で餘程多數のものが得られた。賣品中には番號の無いため、價格の無記入のため、賣約の出來なかつたものも多かつたが、出品協會へ頼んで、分けてもらつたものも少なくない。共進會の御蔭で年來の目的の一部を達することの出來たことを喜んでゐる

（四）賣店の利用　第二會場の南の賣店は、各地重要物產を持ち運んで、小共進會の觀があつた。この賣子の中には隨分特產物について深い知識を持つてゐるものが多い。僅少の標本を求めても、其の特色なり產出狀態等を聞くと、仲々親切に話してくれる。直接訪問して聽き得た知識は、貴重なものであることをつくづく感じた

（五）其の他　教育會其の他の主催講演會が直接間接修養上、得ることがあつたことは別に記すまでもない。會場の内外で見聞したことも尠くはないが、紙面を費すことを恐れて擱筆する

記念

故栗田確君追悼錄

□栗田君を憶ふ

總督府編修官　文學士　小川尚義

四月十七日の朝四時頃いそがはしく表の門を叩く人が有つた。家内が起きて戸を開けると、栗田君が急にわるかつたといふ。自分は驚いて取るものも取りあへず、君の官舍へかけつけた。朝早いので車は一臺も見えない。走つたり、歩んだり、喘ぎ〳〵急いだがどうも足が運ばない。道々色々な事を考へた。家に入ると四五人の人が見えて居たやうであつたが、自分は挨拶も忘れて、床上に横はれる君の手を握つて聲を揚げて泣いた。君の手はまだ暖かかつた。君の唇は動くやうに見えた。スースーと呼吸の音がかすかに聞えるやうな氣がした。前夜訪問したとき、武君を抱いて愉快氣に話した君が、數時間の後に此の樣になつたとは、どうしても思はれなかつた。後で聞けば、君は以前から時々頭が痛いといつて、困つて居られたのださうな。其は役所の仕事が常に忙がしくて、しかも君がいつも熱誠に働いてくれられるので、あれも君、此も君といふ風に、君を煩はしてゐたといふやうなことが有つた

爲に、君が頭を使ひ過されたといふ樣な譯であつたのである。自分は甚だ迂濶で、君がそんな情態で居られたことを少しも氣が附かなかつた。もしそんな事と知つてゐたら、今度の吉田博士の案内も、君を煩はすのではなかつたにと思ふと、君の永眠は、全く自分の不注意の爲に起つたものと思はれて、君に對して實に濟まない感じがするのである

武君が生れられた時は、自分は丁度入院中であつた。或時家内が同じく入院中の君の令閨を見舞つたら、只今お產があつた所だといふので、家内は直に役所に電話をかけて、君に吉報を知らせた。其の時君の一種誇に滿ちた聲が、何ともいへない、うれしさうであつたといふことで、あとで君に其の事を話したら、私もあの時は、心中一種の感に擊たれて、何と御挨拶したか覺えないといはれた事があつた

我が編修課では、課員の親睦を謀る爲に、明治四十年頃から一薬會といふものをやつてゐる。金一圓で極めて簡易に極めて愉快に、身分の區別を離れて、打とけて飲み且つ食ふ會である。いつの頃よりか、此會に於て狂句や天狗俳諧などをやることが始まつて、いつも皆の者が笑ひ興ずるのである。君は此の會の常任幹事で常に之に斡旋せられ、又此の醉狂的句作に於て、いつも奇拔なる天才を發揮せられたものである。一薬會はやはり續いてゐるが、君の笑ひ聲を聞くことが出來なくなつて、我等は非常に淋しく感じてゐる

君は熱心なる妙宗の信者であつた。又熱心なるエスペラント語研究者であつた。而して公務に忠實なる働手であつた。君が逝かれてから既に六十餘日、自分は何かにつけて、君を思ひ出さずには居られないのである

栗田氏を悼む

早蘭　東原實榮

春の彌生の花ざかり
おぼろにてらす夕月夜
劍淨精舍の鐘の音も
諸行無常に響くなり。

鐘の響に散る櫻
おしまぬ人ぞなかりける
春の愛着增すばかり
春の呪詛增すばかり。

悲報・悲報君の訃
嗚呼我が君は逝きけるか
夢・夢ならば醒めよかし
まぼろしならば消えよかし。

汀花君何故死んだ

蕐北　英塘翠

汀花君！君は何故死んだ。いや恐らく君も死を急いだのでもあるまい！僕は君の死を今に信ぜられない。元氣の好かつた君

日本と南洋

總督府編修官　文學士　小川尚義

本篇は去る十月十日、總督府圖書館内に開催せられたる高砂讀書會席上に於ける講話要領の筆記にして、演者の校閲を經たるものにあらざれば文責編者にあり（編者附記）

私は今回南支・南洋方面に言語研究の爲に留學を命ぜられまして、近く出發致しますので餘り調査してお話する程の餘暇を得ません。晋今夜は南洋に關係した材料の中興味あるもの二三に就いて斷片的に之を御紹介することに致します

第一　南洋との交通

我が國と南洋の交通のことは、豐臣時代から後には色々澤山な事實もありますが、ずつと以前には餘り見當らない樣であります。處で種々調べて見ますと餘程早く、それは或る目的を以てではありませんが、南洋から我が國に漂着して居るものがあります。最も古い處では、日本書紀に

孝德天皇白雉五年（一三一四）夏四月、吐火羅國男二人女二人、舍衞國女一人被風流來于日向

齊明天皇三年（一三一七）秋七月丁亥朔己丑覩貨邏國男二人女四人漂泊于筑紫言臣等初漂泊于海見嶋乃以驛召。

辛丑（中略）夕饗覩貨邏人（或本云墮羅人）

同五年（一三一九）三月丁亥吐火羅人共妻舍衞婦人來

同六年（一三二〇）秋七月（中略）又覩貨邏人乾豆波斯達阿欲歸本土求請送使曰願後朝於大國所以留妻爲表乃與數十人入西海之路

とあります。此の吐火羅（覩貨邏又は都貨羅）及び舍衞は一躰何處に當るかと申しますと、吐火羅の方は唐書西域記には『居葱嶺西烏滸河之東古大夏地』とあり、大日本史には『吐火羅國在隋國西』とあります。又舍衞國の方は類函邊塞部扶南傳に『舍衞國隷屬天竺伽尸國、一名波羅奈國、又名波羅奈斯國、西域記曰室羅伐悉底國周六千餘里、舊曰舍衞國訛也中印度境』とあり、大日本史に『隋書舍衞古波斯國』とありますが、吐火羅國人と舍衞國人と一緒に漂流して來た點から考へフイリッピンの『Tagara』『Bisaya』とする方が音の類似の點からしても、解釋し易い樣に考へます。又日本後紀に

桓武延暦十八年（一四五九）七月——是月有一人乘小船漂着參河、以布覆背有犢鼻不着袴、左肩著紺布形似袈裟年可廿、身長五尺五分、耳長三寸餘、言語不通、不知何國人、大唐人見之曰崑崙人、後頗習中國語自謂天竺人、

『台湾教育』第一七三号、一九一六年、二八～三〇頁

常彈一弦琴、歌辭哀楚、聞其貧物、有如草實者、謂之綿種、依其願令住川原寺、即賣隨身物、立屋西墩外路邊、令鄕人休息焉後遷住近江國國分寺

とありますが、此の文中『以布覆背有犢鼻不着袴、左肩着紺布形似袈裟』とある點から推して見ると、臺灣の生蕃に似た南洋人であることが想像されます

第二　我が神話と南洋

次に我が神話の中に、何か南洋に關係したものはないかと調べて見ました處が、先づそれらしいものを一つ發見致しました。それは大國主命が兄弟の八十神から虐げられた話の中にあるのであります。即ち古事記神代の上に

御祖命告子云、可參向須佐能男命所坐之根堅洲國必其大神議也（中略）其女須勢理毘賣出見爲目合而相婚還入白其父言甚麗神來爾其大神出見而告此者謂之葦原色許男即喚入而令寢其蛇室於是其妻須勢理毘賣命以蛇比禮授其夫云其蛇將咋以此比禮三擧打撥故如教者蛇自靜故平穩出之（中略）於是其妻須世理毘賣者持喪具而哭來其父大神者思已死訖出立其野再持其矢以奉之時率入家而喚入八田間大室而令取其頭之虱故爾見其頭者呉公多在、於是其妻以牟久木實與赤土授其夫故咋破其木實含赤土唾出者其大神以爲咋破呉公唾出而於心思愛而寢。

この中の『其妻以牟久木實與赤土授其夫故咋破其木實含赤土唾出者其大神以爲咋破呉公唾出』とある此の牟久の木の實でありますが、之は檳榔の實ではないかと考へるのであります。御承知の通り、南洋から臺灣の中部以南では、檳榔に石灰を混せて嚙む習慣がある。その嚙み汁は恰度呉公の色によく似てゐるのであります。又檳榔を臺灣の蕃語で[illegible]と申しますが、ムクと其の音が似てゐる樣であります

第三　八百餘年前の馬來語

終りに一つ面白い材料を附け加へたいと思ひます。それは大江匡房の江談抄（群書類從雜部四八六）の中に波斯國語として載せてある數詞であります。即ち

一　ツヽカ	二　止ア	三　ナカ（異本にマカ）
四　ナムハ	五　利摩	六　ナム
七　兎九	八　玄美羅	九　佐伊美羅
十　沙羅盧	廿　止ア盧	卅　アカ盧
卌　肥波不盧	百　廿羅止雨（雨は異本に死とあり）	
千　ヒヒ保（保は異本に雨とあり）		

これは江談抄に波斯語となつてゐますが、波斯語の數詞は左の通りで大へん違ひます

1. yak	2. du	3. sih	4. chahar	5. panj
6. shash	7. haft	8. hasht	9. nuh	10. dah
20. bist	30. si	40. chihil	100. sad	1000. hazar

然るに此の數詞は馬來語と一致してゐるのみでなく、大

體に於て臺灣の蕃語にも似てゐます。參考の爲に比較をして見ますと次の表の如くなります

數	江淡抄の馬來語	現今の馬來語	蕃語（パイワン）	
1	サ　サ　カ	satu	ida	宜蘭熟蕃 isa
2	止　　ア	dua	lusa	卑南　rua
3	ナ　　カ（マ　カ）	tiga	chuvu	タイヤルchungal
4	ナ　ム　ハ	ampat	supach	
5	利　　摩	lima	lima	
6	ナ　　ム	anam	unum	
7	兎　　九	tujoh	pichu	多クノ蕃語pitu
8	玄　美　羅	dua-dapan	alu	dua=2,dapanハ屈メル（指ヲ屈メルコト10—2ノ義）
9	佐伊美羅	sa-ambilan	siva	sa=1.ambilanハ取ル（一ツ取ルコト10—1ノ義）
10	沙　羅　盧	sa-puloh	porok	
20	止　ア　盧	dua-puloh	lusa-porok	
30	ア　カ　盧	tiga-puloh	churv porok	
40	肥波不盧	ampat puloh	supat porok	
100	ササ羅（雨又先）止雨	sa-ratus	taidai	
1.000	ヒヒ保（保ハ又荷）	sa-ribu	kuzuj	宜蘭熟蕃 hasibv（=100）

斯く八百餘年前の江淡抄の數詞が今日の馬來語と類似してゐる所を見ると其の當時の馬來語は現今のものと大差がないものと思はれて、此の史料は馬來語の歷史的研究の上にも大切な材料であります（了）

讀書何の味かある、味あり、言ふことを得ず。…嗚呼。讀書何の味かある、味あり言ふことを得ず。三たび此の句を誦すれば、百たび人の敎を聞くに勝る。讀書の味を問はんとする者、たゞまさに此の句に參すべし。絃無くして琴の趣あり、説かずして理の眞なるをみる

（洗心錄）

『台湾時報』第四九号、一九二三年、台湾総督府台湾時報発行所　六～一三頁

臺灣の蕃語に就て

臺灣總督府飜譯官　小川尚義

一

臺灣の蕃語に就て、先づ其の蕃語の分布の狀態と、蕃語の材料と、それから蕃語の組立について、極ざつとしたことをお話をして見たいと思ひます。尙は時間がございましたならば南洋其他の言語との關係をも少し許りお話をしやうかと思ひます。

臺灣の蕃人を普通生蕃と熟蕃に區別するのでありますが、是は人種の方から申して、生蕃は生蕃、熟蕃は熟蕃と、全く異つたものとして區別し得らるゝものでは無からうかと存じます。普通區別する所の標準は、熟蕃は文字の如く熟したるもの、生蕃は熟せざる生の儘の蕃人といふ意味で、唯ゝ政治上文化上其他の點か

ら區別したのでありまして、必ずしも事實的に生蕃は生蕃として一トかたまり、熟蕃は熟蕃として一トかたまりであるもので無いと思ひます。併しながら大體から申して、生蕃は山に居り、熟蕃は平地に居る。夫から又生蕃は非常に獰猛にして性質が荒い、首を馘る、熟蕃は比較的溫順で首を馘らぬ、と云ふ樣な大體の區別はあります。南庄に居る蕃人は、普通熟蕃と稱へて居るが、入墨もして居れば、蕃衣をも著てゐます。これは、口碑によれば本來平地に居つたものが山に行つたものであると云ふことでありますが、若し之が事實とすると、熟蕃が生蕃化したものである。卽ち退化したものであるとも謂へる。又た日月潭に居る水社蕃は色々議論がありますが、本來阿里山蕃の一部分で在つたらうと云ふことであります。その蕃人が曾て獵に出て白い鹿を逐ひかけていつた所が、湖水の邊に出て、とう〳〵そこに住むやうになつたといふ口碑を持て居ります。さうすると、これは本來の生蕃が熟蕃になつたのであります。併し風俗などは矢張り蕃風を存して居るので、人によると水社化蕃と稱へて居る。同じ理由で南庄の蕃人も化蕃と稱へて居る。卽ち熟蕃と生蕃の間で、半分化して半分生蕃の風俗を存して居ると云ふ意味であります。

一方に於て臺東の「アミ」蕃の如きは普通生蕃々々と謂ひますが、只今では行政區域に這入つて、殆んど漢人と同じ位の程度に進んでゐます。風俗は矢張り蕃風を存してゐますので、前の理屈からいふと、矢張り化蕃と唱へた方が適當かも知れません。

二

生蕃は御承知の通り普通は「タイヤル」「ブヌン」「ツオ、」「パイワン」「アミ」「ヤミ」と分れて居ります。言葉の上から申しますと、もう少しく細かく分けたいので、卽ち「タイヤル」の中に於て「タロコ」蕃木瓜蕃の如く花蓮港方面に居るものと、一つは西方埔里社方面に頭を突き出して居る霧社蕃の如きは、普通「タイヤル」の中に入れてありますが、言葉の方から申しますと、所謂「タイヤル、プロパー」とは言葉が可なり違つて居ります。然し「タイヤル、プロパー」と他蕃語と違ふ程の違ひはありませぬ。之を「セディアッカ」又は「サデッカ」と申します。此の邊が「タロコ」蕃で、此が木瓜蕃です。そして此の埔里社平原の方に出て居る、此が霧社蕃であります。卽此の範圍内が(圖を指す)「セディアッカ」であります。「タイヤル、プロパー」は是から此方であります。夫から「ブヌン」は新高山を中心としては臺東、花蓮港の方面にも出て居るし、又此方は臺中州、臺南州の方へも顔を出して居ます。中々廣い面積を持つて居りますが、言葉の上から申すと、多少の相違はありますが、大體一致して居りますので分ける必要はありません。「ツォ、」は所謂阿里山蕃人でございます。此邊に居ります。又「ツォ、」の南に「カナブ」蕃と四社蕃といふのがあります。普通「ツォ、」の中に入れられてありますが、言葉は可なり違つてゐます。その南に下三社蕃といふのがあつて、隘寮溪の上流に居ります。此の下三社蕃は臺東の知本方面の山中に居る此の大南社と言葉が大變似て居ります。此一族は普通「パイワン」の一部とせられてありますが、言葉の方は可なり異つて居ります。次は「パイワン、プロパー」で、此から南全體であります。次に此の「プユマ」は「パイワン、プロパー」とは異つた點が可なりありますので、言語の方では此の「プエマ」も別にして考へたいのであります。次は臺東花蓮港平原に居る「アミ」で、此も南北中部と多少異つて居りますが、別に分ける必要はありません。其次が「ヤミ」卽ち紅頭嶼の蕃語でありますが、臺灣蕃語の中で南洋語との親類關係が一番判明して居るのは此の「ヤミ」族であります。卽ち「ヤミ」語は臺灣と呂宋との間に在る「バターン」語と非常に近い關係にあるのであります。

三

次は熟蕃の事をお話します。此宜蘭の平原に居るものを之を「カバラン」(噶瑪蘭)と申します。此の「カバラン」は今も尙ほ家庭內に於ては多少熟蕃語を使つて居ります。次は「ケタガラン」と申しまして、東は澳底附近の新社から基隆の社寮島、金包里、夫からこちらの錫口、水返脚、北投、淡水の方にも多少殘つてゐます。又夫からこちらに來て板橋と新莊との間に擺接社があります。又宜蘭平原にある哆囉美遠社と里漏社は此の「ケタガラン」と同族であります。次に桃園の北に南崁社と云ふのがあります。又桃園から少し臺北に倚つた此の山の麓にも一の熟蕃社があります。此等の蕃社の言語は前申した「ケタガラン」の言葉と少し違つて居つて、却つて此方の南庄の熟蕃の言葉に幾らか似て居りはせぬかと云ふ疑を持つて居ります。次は此の南庄熟蕃「サイシエット」でありますが、此は普通新竹の南の後壠、新港當りに居る熟蕃「タオカス」の一部分が、山に這入つて南庄の蕃人になつたのであると云ふ說に成つて居りますが、或は前申した桃園平原の熟蕃も「タオカス」と山に這入つて一緒になつたのではないかと想像せられます。が併し材料が極めて少いので、まだ判然とは申し上げられません。其の次は新竹の竹塹社から南苗栗附近海岸の方の後壠、通霄、苑里、大甲といふ方面の熟蕃語は大體言葉が同じで、之を「タオカス」といひます。夫から三叉河の附近の鯉里潭と豐原の西十町斗りの大社庄(岸里大社)に居る熟蕃を「パゼッヘ」と云ひます。又大甲の南淸水以南で、此の大肚山の山脈の西側にありまする沙轆、龍目井、大肚、此邊も熟蕃が居ます。此を「パポラー」といひます。夫から大肚溪から以南、彰化、員林、社頭、西螺等、濁水溪を界として此の平原に居りまする熟蕃、之を「バブザア」と云ひます。此は和蘭人の所謂「フアボラング」に當ります。又此の南投から濁水溪を渡つて斗六、打猫、他里霧、嘉義、蕃社庄に至る此の間の熟蕃、之を「ホアンニヤ」といひます。夫から水社の附近に頭社、水社といふのがあります。所謂水社蕃で、又言語が異ひます。之を「サオ」といひます。夫から臺南附近蕭壠、麻荳、大目降、新市街などは、昔は盛んな熟蕃社でありましたが、今は多く他に移住しました。中にも吉貝要や崗子林などは今でも中々澤山居ります。此等を「シライア」又「シダイア」といひます。それから阿緱の平野の山に沿ふた所の萬金庄とか或は老埤庄或は水底寮など詰り此邊に居りますものを「マカタウ」と申します。此等も昔は高雄邊から下淡水溪に沿うた平原に居たものです。言葉の上から見た熟蕃の分布狀態は、斯ういふ有樣でごさいます。

四

前に申しました通り熟蕃は殆んど漢人と同じ生活をなし、同じ風俗を爲して居りますから、其の熟蕃社に行つて言葉を集めやうとしても、言葉の材料が中々得られないので、困ります。老人を呼び出して調べますが、何十年も話したことのない言葉を頭の中に思ひ出すのでありますから、中々容易でありません、始め其家の庭に居る雞をつかまへて、此は何かとか、犬は何といふかとか、飯、酒は何と云ふかとか、そんな極簡短の言葉をきゝますと、其の内に段々連想を起して來ると、今度は先方から此方の問はないことまで言ひ出す樣なことがあります。又時とすると三里も四里も轎に乘つて、わざ〳〵尋ねて往つても、殆れど何等の材料を得ないで歸つて來ることもあります。此の樣に熟蕃語は多くは殆んど死語になつてゐますが、南庄の熟蕃と水社の化番とは、現在全く蕃語を用ひてゐますし、又宜蘭「カバラーン」と、臺中の北の豐原附近大社庄に居る「パセッヘ」とは、家庭では熟蕃語と臺灣語を混じて使つてゐますが、臺灣人に接するときは臺灣語を使つてゐます。私が大社庄に往つたときに、頭目の家筋の潘永安に就て言葉を調べましたが、日常卑近の言語はよく知つて居りましたが、平常余り使はない樣な語を尋ねると、奥へ往つてお母さんに聞いて來ました。潘永安のお母さんは家庭で多く熟蕃語を用ひるさうですが、潘永安は熟蕃語と臺灣語と半分半分位、又た潘永安の子息は師範學校を卒業した三十位な人ですが、此は熟蕃語三分に臺灣語七分といふ位に使ふさうです。

三代の間に言語の消滅の有樣を伺ふことが出來ます。宜蘭の「カバラーン」でも矢張り其んな有樣で漸々消滅しつゝあります。

先に申し殘しましたが北は「タオカス」卽ち通霄、苑里當りから南は斗六當りまで、此の間の平原に居つた熟蕃の多くは、臺灣人に逐はれて今は埔里社の平原に移住して居ります。埔里社の平原に行きますとコッチの竹籔中には通霄社が居る、アッチの竹籔の中には南投社が居る、と云ふやうな風で殆んど熟蕃の展覽會の樣な感が起ります。然し今日では熟蕃同士、又は熟蕃と臺灣人と、お互に結婚をするものもあり、大分混じて居ります。先づ大體熟蕃生蕃との分布其他に就ては、そんなやうなことでございます。

五

夫から今日の樣に瀕死の狀態にならない前の、熟蕃の言葉に就ての材料は、どう云ふものがあるかと云ふと、舊くは和蘭の材料があります。和蘭人は安平、臺南を根據として、北は今の臺中附近まで布敎をしてゐました。卽ち臺南附近の「シライア」族と、臺中附近の「バブザア」族とであります。それで和蘭人の遺しました言語の材料の中、「シライア」族のものと致しましては、第一にダニエル、グラヴイウス(Daniel Gravius)と云ふ人の馬太傳(新約聖書の第一卷)の翻譯がございます。これは一六六一年に和蘭で出版をされたものであります。此處に在りますのは臺南のキャンベル氏が再板しましたもので、蕃語の外に蘭語と英語の譯が附いてゐます。それで卷頭にキャンベル氏の緒言があります。又此はダニエルグラヴイウスの像で、和蘭のお寺にありましたのをキャンベル氏が複寫したものであります。夫から第二には、「シライヤ」の言葉で書きました契約證が數十通あります。其の一部分は博物館に出して置きましたが、茲に二、三持つて參りました。此の一通は乾隆五十五年に書きました蕃人の借用證文で、こちらは漢文、こちらは蕃語の對譯であります。それを御覽になると判りますが、此の通り借用證文の重要な所には一々頭目の判が押してあります。即ち漢文の銀六十五圓と云ふ所と、蕃語の六十五圓の所とに、頭目の判が押してあります。借用者又は證人などの所には花押の樣なものを書いたり、又は拇印を押してあります。私は此樣な契約書を七、八十通持つてゐますが、實物は少く、多くは借りて寫したものです。極舊い所では康熙二年と云ふのがありますが、此は本文ではなく、紙の裏に康熙二年と記入してあるのですから、一寸怪ぶまれますが、果して康熙二年のものとすると、一六六三年で、丁度和蘭人が臺灣を引揚げた翌年であります。字の形を觀ると、字體が甚だマヅイのでありますから、或は此種のもの、中で古いものかとも思はれます。次は康熙六年のもので、此は阿緱廳下の老埤庄の蕃人の持つて居つたのを寫したのであります。此は蕃文と漢文とが一行置きに書かれてゐるので、中々面白いものであります。此樣な書方のものは他にまだ見當りません。老埤庄の熟蕃は「マカタオ」族でありますから、此點から考へても面白い材料であります。此の帳面は、百家姓又は名字附けとでも云ふべきものを記した帳面で、蕃人の名に漢字を當はめてあります。此帳面の始めの方にあるのは、臺灣十五音を羅馬字にて書きあらはしたものです。此の一通は物價を記したものです。物の名は臺灣語を羅馬字であらはした丈けでありますが、數字の次にある lomasi といふ語は、蕃語で一厘錢の意味であります。即ち一例を擧げると、boksi 10 nio lomasi 100405 は木耳十兩百四十五文の義であります。此に面白いのは、數字の書き方で十二は 102 と書き、百四十五は 100405 などゝ書いてあることです。此はファン、デル、フリス氏の出版した「シライア」語の辭書 (Van der Vlis, Formosaansche Woorden-Lijst) であります。此の雜誌は一八四二年出版された Verhandelingen van het Bataviaasch Genootschap van Kunsten en Wetenschappen の第十八號であります。此の中の四三一頁から四八八頁までに「シライア」語辭書が載せてあります。此は Van der Vlis といふ學者が、和蘭の「ユトレヒト」大學の圖書館で此の辭書の原稿の寫本を發見しまして、それに緒言を附けて此の雜誌で發表したものであります。表題は Formosaansche Woorden-lijst volgen een Utrechtsch Handschrift とありますが、內容は「シライア」語であります。此の本は又別に單行本としても出版されて居ります、爰に興味のあることは、此の本が今から四十年計り前、卽領臺以前に於て、日本文に翻譯されてゐることです。卽ち此處にありますのは、明治十七年十月發行の日本地學協會雜誌であります、此の中に渡邊洪基さんが此の本を翻譯して載せて居られます。

六

今度は「バブザア」卽ち濁水溪以北大肚溪に至る間の熟蕃語の材料に就て申します。和蘭人は此の地方にも宣敎して居りましたが、此處の言葉の材料としては「ハッパルトス」と云ふ人のファボラング字書 Gilbertus Happartus Woordenboek der Favorangsche Taal があります。此の原稿はバタビアの敎會々議の文庫にあつたのをファンフウフエル（Van Hoevell）といふ人が發見しまして、此も只今お目にかけた雜誌の三一頁から四三〇頁までに載つて居ります。和蘭人のいふファボラング（Favorlang）といふのは、今の何處に當るか、今日までよくは判らなかつたのであります。コンモードル、ペルリの支那及び日本の探險記の地圖中に Great Favorang River の位置を載せてありますが、Gierim（卽ち鹿港）の附近としてあります。名稱の上からいふと、今日「ファヴォラング」といふ樣な地名はありませぬが、前申しました「バブザア」と云ふのが卽ち「ファヴォラング」に相當したものと思ひます。其の證據には今日殘つてゐる「バブザア」の言語は、大抵前の「ファヴォラング」辭書の語と一致してゐるからであります。地名としては今の犁頭店の當りに「バブサガ」といふ蕃社がありまして、猫霧捒（バブサク）の文字を當てゝあります。之が卽ち「バブザア」であります。臺中附近の堡名に、捒東上堡、捒東下堡、などいふのがあります。此の捒東の捒は卽ち前に申しました猫霧捒の名殘りであります。「バブザア」の材料としては次に「フエルトレヒト」が殘した蕃語の祈禱、宗敎問答及び說敎の草稿等があります。此等を一括し、尙ほ前申したハッパルトスの「ファボラング」字書を最後に附け加へて、臺南に居たキャンベル氏が The Articls in Favorlang Formosan 1896 といふ本を出して居ます。此本が其であります。夫から支那の材料としては、臺灣府志の十六卷に、諸羅縣誌を引いて蕃語を出して居ます。此を御覽になると分りますが、天爲務臨、日爲伊喇哈など、記載してあります。卽ち務臨や伊喇哈は蕃語であります。此樣に天文地理等を分けて多數の蕃語を擧げ、終りに南北熟蕃社の歌を音譯して出してあります。前の單語の分は嘉義南投をくるめた所謂「ホアンニャ」の語でありますが、間々「シライヤ」の言葉を混じて出してあります。此外まだ色々材料はありますが、重なものは大抵右に擧げた樣なものであります。

七

生蕃語の材料は、領臺以前對岸又は本島駐在の領事や又は旅行者の蒐集したものがありますが、多くは簡單なもので、雜誌などに發表されてゐます。併し左に擧げたものは中々有益なる調査がしてあります。

1. Guérin. Vocabulaire du Dialect Tayal ou Aborigéne de l' ile Formose 1868
2. Schetelig. Mittheilungen über die Sprache der Ureinwohner Formosas 1869
3. Von der Gabelentz. Ueber die Formosanische Sprache und ihre Stellung in dem Malayischen Sprachstamm 1859

殊に最後のガベレンツ氏はハッパルッスの「ファヴォラング」語の語法を比較分析して、その受働動詞の特徵其他は「フイリッピン」語と關係のあることを看破して居ます。

もう一つの材料は、總督府で發行になりました蕃族調査報告で、あの中には言語の材料が可なりありますが、惜いかな假名で書いてありますので、發音の工合を知るに大變不便であります。然しアミ蕃の言語調査などは、中々よく出來てゐまして、蕃語の語法を調べるのに大變有益であります。

「タイヤル」語に就いては、私は一夏內橫屏山に居りますヤジツ氏に就いて、色々研究しました。幸に先方は日本語が自由に出來ますので、調査が案外捗取りました。生蕃の言葉は生蕃自身が日本語を覺えなければ、本當の言葉の內容關係は判らないと思ひます。通譯を介したり、手眞似足眞似では中々正確な材料は得られませぬ。西洋人が調べた材料を基礎として、ヤジツ氏に聞いたことがありましたが、或る詞は臺灣通事の使ふ蕃語で、蕃人は決して使はないといふ樣なものがいくらもありました。或は又、鼻といふ蕃語に汝の鼻、口といふのに汝の口、といふ譯がついてゐるのがありました。此は問ふ人が已れの鼻や口を指さして此は何か、と問うたのに對しての答と思はれます。私自身の經驗でも、私即ち我といふことは何といふかと問うたとき、汝といふ答を得、汝は何といふかと問ふたときは、我といふ答を得て、どうしても先方を納得せしめることが出來なくて、困つたことがありました。なる程、我は何かといへば、先方からいへば汝といふ詞を以て對へさうなことであります。

八

ヤジツ氏に就いてタイヤル語を研究したときも、初めは矢張り困りました。例へば「汝は何を見てゐるか」と問ふと、nauu kitan su と對へました。私の持つてゐる手帖には nanu mita isu とあります。そこで nanu mita isu とは言はないかと尋ねますと、左樣も言ひますと答へます。それでは此の二つで何樣に違ふかと問ひますと、さあ分らない。何れも同じですといふ。同じ譯はない何處か違ふだらうと言つても中々分りません。

色々の方面から言はせて見て、やつと其の眞の意味が分りました。卽ち上の二問に對する答として「私は鳥を見て居ます」といふことを譯させましたら、nanu kitan su の問に對しては kabhanyek kitan mako といひますし、nanu mita isu の問に對しては kabhanyek mita sako といひました。そして kitan といふときは mako を用ひて決して sako を用ひることがない。又 mita といふときは sako を用ひて決して mako を用ひることがないといふことを知りました。然らば此の mako は何かといひますと、ngasal mako（我の家）bilu mako（我の本）といふ樣に、「我」れといふの語の所持格卽ち「我の」でありまして、sako は musa sako（我往く）、Manuyek sako（我食ふ）といふ樣に、「我」といふ語の主格卽「我は」の意であります。此の mako と sako との區別からして、前の二つの文章を、蕃人の心理的思考法に従つて解釋しますると。

(1)
問 Nanu kitān (kita-an) su　汝の見る（物又は處）は何か
　何　見る(物)　汝の
答 Kabhanyek kitān (kita-an) mako　我の見る（物又は處）は鳥
　鳥　見る(物)　我の

(2)
問 Nanu mita isu　汝は何を見る（人）か
　何　見る(人)　汝は
答 Kabhanyek mita sako　我は鳥を見る（人）
　鳥　見る(人)　我は

蕃人の思考法は此の樣な風でありますが、日本の語法に於ても、語の形こそ同じでありませぬが、思想の形式に於て、大いに似て居る點があると思ひます。

前例の第一卽ち所持格を以て表はすものについて、日本語に譯して見ますると

(1) 問　何をか汝が見る(物)。
答　鳥ぞ我が見る(物)。

(2) 問　何を見る汝(は)
答　鳥を見る我(は)

右の例に於てがといふテニヲハは、今日普通は主格に用ひられて居ますが、古い日本語では、主格に用ひられたことはありません。此のがの根原は、「我が手」「松が枝」「梅が香」などに用ひられるが即ち所持格であります。が計りでなく、「花の咲く」「人の行く」などの様にのといふ所持格を以て、名詞と動詞とを結合したものも、古い文には澤山あります。それで日本の文法學者は、此のが又はのを用ひたる場合には、動詞の下に名詞の略されたるものとして考へてをります。「汝が見る(物)」「我が見る(物)」「花の咲く(處)」「人の行く(處)」などの類であります。此の日本の古語に表はれた思考法が、前に述べました蕃語に表はれて居る思考法と同一であることは、輕々に看過すべからざることではあるまいかと考へます。

九

前に擧げた例によりても分りますが、蕃語の動詞は、精確に申せば純粹の動詞ではなくて、所謂動詞名詞であります。此の動詞名詞の變化は、中々複雜したものでありて、一朝一夕に習得し得られません。あんなに文化の低い蕃人等が、能くもこんな複雜な變化を使ひ分けるものであるかを驚くのであります。一二の例を擧げますと、タイヤル語で飲むといふ語の語根は nubu でありますが、此の語根から次の様な動詞が出來ます。

nubu	飲め(汝)	nubu-i	飲め(此の物)
ma-nubu	飲んでゐる(人)	nubu-an	飲んてゐる(物、處)
m-in-a-nubu	飲んだ(人)	inu-nubu(n-in-ubu の轉訛)	飲んだ(物)
ma-nubu-a	飲まう(我、我等)	nubu-au	飲まう(物)(我、我等)
pa-pa-nubu	飲まうとする(人)	nubu-ai	飲まう(物の一部)(我、我等)
		pa-pa-nubu-un	飲まうとする(物)
		nubu-un	後に飲む(物)
		p-in-a-nubu	飲ませた(物)
		p-in-a-nubu-an	飲ませた(處)
		nu-nubu	飲む具(杯など)

タイヤル語で食ふといふ語の語根は kan でありますが、普通語尾を附して Kaunyek とし、又は nyek の語尾丈けを働かして動詞の色々な形が出來てゐます。其故此の語は不規則動詞であります。

kannyek	食へ(汝)	nyekk-e	食へ(物)
mannyek(K-um-annyek の轉訛)	食つてゐる(人)	nyekk-un	食てゐる(物、處)
m-in-annyek	食つた(人)	k-en-annyek	食つた(物)
mannyekk-a	食へよう(我、我等)	nyekk-ai	食へよう(一部分)
pa pa-kannyek	食へようとする(人)	nyekk-au	食へよう(物)
		pa-pa-kannyek-un	食へようとする(物)
		nyekk-un	後に食へる(物)
		nye-nyek-un	常に食へる(物)、(食物)
		pa-kannyek	食はせる(物)
		p-in-a-kannyek	食はせた(物)
		p-in-a-kannyek-an	食はせた(處)

此の外まだ動詞の變化は澤山ありますが略しておきます。右の例で上の段の語は働をする人を主格にする

ときに用ふる語でありまして、始めの命令詞の外は皆 sako（我は）isu（汝は）heya（彼は）など主格語と共に用ひられます。又下段の語は動詞の客體卽ち水とか酒とか（飲むの場合）、又飯とか芋とか（食ふの場合）の物を主格にするときに用ふる語でありまして、始めの命令詞の外は皆な mako（我の）su（汝の）nya（彼の）などの所持格の語と共に用ひられます。又上の例で ma-, pa- の接頭語、(prefix) -um-, -in- の挿入語 (infix) などは南洋語殊にフイリピン當りの言語に多く使はれてゐるのであります。此の事は又後に申します。

十

蕃語では又よく -an といふ接尾語を使ひます。此は多くの場合、場所をあらはすものであります。タイヤル語で言つて見れば、

gaoung	（谷川、溪）	gaong-an	（ガオガン蕃など卽ち溪のある處の義）
tunuh	頭	tunuh-an	枕（頭を置く處）
m-usa	（往く）	as-an	（往く處、往き先）

などであります。ガオンは假名で書いてあれば gaon の樣に見えますが、眞の發音は gaong 卽ち ng で終つてゐるのであります。それで an を附けると gaong-an となります。若し gaon なれば gaon-an となる譯であります。此樣に an を附けて場所を表はすことも亦廣く南洋語に行はれてゐるのであります。此も後に申します。

十一

蕃語には、又音位轉換 (metathesis) といふことが屢々あります。音位轉換といふのは、日本語で涵のことを地方によつてアルバといつたり、ステーションをステンショといつたりする、語音の一種の變化でありま

す。

a(b)u(r)a　　a(r)u(b)a
sut(sho)(n)　　sute(n)(sho)

耳といふことを南洋語では多く talinga といつてゐますが、臺灣蕃地の中で、「カバラーン」では tangera といひますし「シダイア」では tangira となつてゐます。此等は音位轉換でありまず。又踊るといふことを、「ヲオ」で marasve 又は maeasob といひます。いつか內務局長のお話に、阿里山蕃では踊りの事をマイアソブといふさうだ。日本語に似てゐるやうだから調べて見よ、といはれたことがありまして、調べて見ましたら、フイリピン語の中の「タガログ」(マニラの語)や「ビサヤ」では、踊るといふ語の語根は sayan であります。此に前に例を擧げました ma- の接頭詞を附けると、ma-sayan となります。即ち踊つてゐる人であります。此の ma-sayan の s と y が音位を轉換しまするど、ma-yasan となります。「ヲオ」の maeasobi は音位轉換の結果で此の ma-yasan と同語であることが分りました。

十二

前にも一寸申しました通り、蕃語では働をする人を主とする場合と、働を受ける物を主とする場合とによつて、動詞の形式が變るのでありますが、尙は此外に、働をなすに用ふる器具を主とする場合と、働をする場所を主とする場合によつても、動詞の形式が異つて居るのであります。此は南洋語の中でも、特に「フイリピン」語に明かに區別されて居るのであります。今此點に於て「フイリピン」語と蕃語と、どれ丈け似て居るかを示す爲に、先づ「フイリピン」語の中の「タガログ」語の例を擧げて見ませう。

搜す (hanap) といふ語の活用

1. h-um-ana-hanap ikau nang isang aklat　汝は一つの本を捜す人
(searching- subject thou one book)　(hanap の音を繰返してその中間に -um- を挿入す)

2. ang aklat ang hanap-in mo　書物は汝の捜す物
(the book the searching- object thy)　(接尾語-in)

3. itong kandila ang i-ha-hanap mo　此の燈火は汝か捜す器具
(this lantern the searching- instrument thy)　(頭の音節 ha を繰返して接頭語 i- を附す)

4. ang silid ang hanap-an mo　部屋は汝の捜す處
(the chamber the searching- place thy)　(接尾語 -an)

此の文章を其々「タイヤル」に反譯すると「タイヤル」語では、捜すは hakani といひますから

1. h-um-akani isu bilu
(searching- subject thou book)

2. bilu hakani-un su
(book searching- object thy)

3. pilao kani ga ha-hakani su
(torch this searching- instrument thy)

4. ngasal kani ga hakani-an su
(house this searching- place thy)

上の例で「タイヤル」と「タガログ」とを比較して見ますと、無論捜すといふ語根其の他の單語は大分違つてゐますが、語法上の組立に於て大いに類似の點のあるのを見ます。

(1) タガログでは始めの二音節を繰返して hana-hanap として、又その始めの音節の中へ -um- を挿入して h-um-ana-hanap としました。が、「タイヤル」では音節は繰返しませんが、-um- を挿入した點は似てゐます。

(2) 「タガログ」では -in の接尾語を附けましたが、「タイヤル」では -in の接尾語を附けます。此は音韻の法則に從つた變化であります。たとへば「タイヤル」で uyek-in（後に食へる物、食物）といふのを、「タガログ」では kan-in（食物）といひます。卽ち「タイヤル」の -in は「タガログ」で -in に相當するのであります。

(3) 「タガログ」では始の音節を繰返して ha-hanap として接頭語 i- を附けますが、タイヤルでは只始の音節を繰返した丈けで i- を附けません。此樣なときに i- を附けるのは「バブザア」（彰化附近の熟蕃語）には其例があります。

(4) 「タガログ」でも「タイヤル」でも同じく接尾語 -an を附けます。

右に擧げた樣な複雜な語法の組織は臺灣「フイリピン」方面丈けでありまして、西、南の方に行くに從つて語法が段々と簡單になります。新嘉坡當りの所謂馬來語になりますと、非常に簡單なものであります。南洋語を印度歐羅巴語に較べますと、馬來語は丁度英語に當りまして、「フイリピン」臺灣蕃語などは、ロシア語か、サンスクリット語に相當する位であります。

十三

此から臺灣蕃語の親類の事について少しく申し上げます。此地圖にて御覽の通り、北は臺灣から西は亞弗利加東岸の「マダガスカル」、南は「ニユージーランド」東は亞米利加の方によつた「イースター島」から、北は「ハワイ」諸島、又は日本の委任統治になつた「マーシャル」「カロリン」諸島を含めまして、その言語は親疎の差こそあれ、皆な臺灣蕃語の親類であります。以前は此の總名を Malayo-Polynesian 語族と言つて居りましたが、只今ではシユミットといふ學者の説に從つて Austronesian といつて居ります。其を細別しますと、

Austronesian
- 1. Indonesian
- 2. Melanesian
- 3. Polynesian

「インドネジアン」は「マダガスカル」から馬來半島・蘭領印度の大部分「フイリピン」を含めていひますが、臺灣蕃語は矢張り此内に屬するのであります。シユミットの研究によりますと「カンボヂヤ」の語や「ニコバール」島の語と、此の Austronesian と關係があることが分つて參りました。そして又此の「カンボヂヤ」の語は、一方には緬甸の海岸にある Mon 語や、又印度内地に散在して居る Munda 語や、馬來半島の森林中に殘つてゐる Sakai 語など、關係がありますので、彼は亞細亞大陸に在る此等の言語を總稱して Austro-Asiatic と名けました。そして前に申し上げた Austronesian と、此の Austro-Asiatic とを包括したるものを Austric と名けました。即ち左の通りであります。

Austric
- Austronesian
  - 1. Indonesian
  - 2. Melanesian
  - 3. Polynesian
- Austro-Asiatic
  - 1. Cambojan
  - 2. Mon
  - 3. Munda
  - 4. Nicobarese
  - 5. Sakai &c

以上述べました所によつて、臺灣の蕃語はどういふ風のものであるか、といふことについて、大略申上げたつもりであります。

―八月二日總務長官々邸に於て―

『台湾教育』第二七二号（芝山巌三十年祭記念号）、一九二五年、一〇～一四頁

三十年前の思ひ出

小川尚義

明治二十九年の春でした、私がまだ大學に居るとき、擔任教授の上田萬年先生から、君も此の七月には卒業するが、卒業したら一つ臺灣へ行つて見ないか、實は臺灣の學務部長の伊澤修二先生から、臺灣語蕃語の字引を作る爲に、言語學專攻の若手を一人よこしてくれとの事であるが。といはれました。私は當時ある事情があつたので、卒業後は支那か何處か外國に行きたいと思つてゐた矢先でしたから、喜んで早速承諾しました。國許の兄弟達は此の年の正月元日に六氏先生遭難のあつた事を聞いてゐましたので大變心配しましたが、私は思ふ所があつて斷然渡臺することにきめました

七月になつてやつと卒業が出來ましたので一應郷里松山に歸つてゐましたら、十月頃であつたかと思ひます、伊澤先生が臺灣から上京されたといふ通知をうけましたので、私は早速上京して初めて先生にお目に懸りました。先生は元から支那語の音韻について深く研究してゐられたものですから、其時も支那語の事について色々お話を承り私も臺灣に參つて一生を臺灣の爲に盡したいといふ決心を申上げましたら非常に喜ばれました。翌日は拓殖務省に先生を訪ひ吉島俊明氏（國語學校教授）や松山捨吉氏などに紹介して下さいました。それから十二月には第二回講習員を率ゐて渡臺するから、其時に一緒に行つたらよからうといはれましたので、私は一時郷里に歸つて渡臺の準備をしてゐました

十二月八日（？）に第二回講習員一行が神戸を出發するといふ通知に接しましたので、私は郷里から廣島に渡り、宇品で一行の仲間に加はりました。其時の船は小倉丸といつて先年まで沿岸航路に從事してゐた船でした。乘船して見ると、伊澤先生は御都合で一船後の船になり、一行の引率者として吉島、毛利の諸教授、大久保舍監、其他音樂の先生の高橋二三四氏など乘込んでゐられました。講習員一同は韮山型の帽子を被り袋に納めた一刀を携へて如何にも意氣旺盛であまりした。實を申すと私も友人から勸められて一刀を携帶してゐました。船は宇品出帆後、門司、長崎に一日づゝ寄港していよ／＼大海に乘り出しました。船中は一騎當千の面々の乘合せの事とて毎夜劍舞演說等で中々賑はひました。十五日の夕刻に基隆に著きましたが、水が淺くて港内にはいれませぬ、外港即ち燈臺の邊りの處に碇泊しましたので、其處から團平船に乘移り港内に進みましたが、舟がとき／＼膠著するので、舟子が水中にはいつて押して行くといふ有樣でした。上陸して日新館といふ家へ寄つて休んで初めて雪柑を味ひました。其味は今に忘れる事が出來ません。何でも其晩は講習員中の豪の者が酒に醉うて大久保舍監と爭論をしたりした事を記憶してゐます

翌朝は早く停車場に行きました。列車は機關車の外に客車の小さいのが二臺だつたと思ひます、荷物も何もかも一緒に積込んで、私共は其積重ねた荷物の上に馬乘りになりました。線路は舊線路で勾配が急な爲め汽車が動かなくなつたので、皆が下りて車を押しました。有名な後押汽車といふのであります。臺北驛はたしか今の大稻埕驛邊であつたと思ひます

驛に着いてから、私は講習員一行に別れて艋舺（今の萬華）の學海書院といふ處へはいりました。此處は艋舺の町外れで枋橋街道に當ります。學海書院は元の義學で建築は中央に大堂があり、左右に兩廡があり、後

部にも數室並んでゐて一番眞中の室は土間になつてゐて、朱子の位牌が祭つてありました。此の一廓の中には國語學校事務室（當時國語學校は大南門内に建築中でした。）や學務部の一部なる編修課があり、中央の大堂は附屬學校の教室となつてゐました。兩廡及び後方一列の室には、一方には町田國語學校長、本田、吉島、毛利、其他國語學校の教官諸君他の一方には神津編修課長以下、安原、伊能、栗野、畠山、小田等編修課の諸君が宿泊してゐられ、私も其の一室を與へられました。室は内地人の住居に適する樣に厚い壁に小さい窓を穿ち土間には床を張つて莫蓙を釘附にしたもので、疊はありませんでした。伊澤先生の室は此の建物の一隅にありまして、其處丈は此時に始めて疊が敷かれたのだといふことでした。食事は國語學校の小使が調理してくれ、食堂は朱子の位牌のある中央の土間に大きな卓を列べて之に充てゝありました。二十二日の船で伊澤先生一行が歸臺されたので此の食卓も中々賑やかになりました

十日計りたつと明治三十年の正月になりました。中央の大堂に編修課員が集まりますと、伊澤先生は大禮服で御挨拶があり、先生は直に總督府へ行かれました。私共は之れから芝山巖に向ひました。此日は六氏先生遭難の一週年に當るので盛大なる祭典が行はれる事になつてゐました。私は當日脊廣しか持ちませんでしたが、神津課長の御親切でフロックを貸して下さつたので、私は生れて初めてフロックといふものを着たのでありました。課長其他の職員と徒歩で色々話しながら大稻埕から街道を通つて芝山巖に向ひました。折柄天氣清朗といふ有樣で野外は如何にも長閑な氣分が滿ちてゐました。芝山巖の山の下に著くと右手に小さな小屋があつて、風呂桶を据ゑてありました。此は山上の講習員諸君の浴場でありました。階段を上り右に洞天福地の刻文を眺めつゝ石門に向ひました時は恰も大江山の山寨にでも行く樣な氣分がしました。殊に當時は

今の樣に雜木が刈拂つてなかつたので周圍の有樣が如何にも深山の樣な心持がしました。上りつめてお寺の二階に上つて色々當時のお話を聞きました。其の時は二階の一隅に白き帷を垂れて其の奥に一つの靈臺が据ゑてありました。此頃伊澤先生は屢々芝山巖に來られて講習員を指導せられましたが、其時に宿泊せられる所でした。其から山道を傳つて六氏先生の碑に詣でました、當日は大祭の事とて士林其他から、種々の文句を書いた幟や旗を澤山供へたので、大樟樹の邊りは如何にも賑かに飾られてありました。當時は他の石碑は一つもなく只六氏先生の碑ばかりでした。祭が終つてから、伊澤先生は講習員其他を碑前に集めて熱烈なる訓示をなさいました、芝山巖の樓上に榻を列べて日夕事を共にしてゐられた六氏先生に別れられた先生の至情から迸り出てた訓示は、時といひ場所といひ、一句一句と進むにつれて語るものも、聞くものも皆嗚咽歔欷して止まる處を知らぬ有樣でした。私共はこの感慨に打たれて將來臺灣の爲めに身心を捧げんとの堅き決心をなした次第であります

　其後五月八日即ち本島人が、いよ／＼日本國民となるか否かの定まる日でした。前夜夜半から銃聲が頻りに聞えました。城内からは學海書院は邊鄙だから迚も保護する譯にはいかぬ、早く城内に引上げよといふて來ました。此に於て學海書院の一同は中央大堂に會し、町田校長を大將とし(當時伊澤先生は御不在でした)、須田書記(元軍曹)を參謀とし、會議を開きたる末、此の書院を死守することに決し、銃の心得あるものには備附の銃と彈丸を支給せられました。私は携帶の一刀を腰にして窓口の內側に控へ、土匪が窓から首を出したら之を打ち斬るといふ計畫でしたが、幸に其時の土匪は大稻埕を襲うて艋舺には來ませんでした。翌朝拂曉、書院の前を出て見ると、北方大稻埕の方面には火焔が盛に燃え上り、銃聲も尙時々聞えてゐました。又遙

かに大稲埕の大橋（以前新竹行の汽車の通つてゐた木橋）の上を人々が逃げて行くのが双眼鏡に小さく映りました。食後城内見物に行つた人もありましたが、私は午後大分穏かになつてから大稲埕へ出かけました。工兵隊（今の蓬萊公學校の邊）には土匪が澤山、自分の豚尾で後手に縛られてゐるのを見ました。大龍峒の學校の北側には小さな池の端に逃走中横から撃たれたものと見えて銃丸が頭を横に貫通して腦髓が出て俯向に斃れてゐるものがありました。斃れて後に金を奪はれたと見えて肚串（胸掛の如く作りたる錢入袋）が背の方に引張り出されてゐるのを見ました。此の事變から後も一二度は土匪襲來といふ聲に驚かされた事がありました

私共と同船で渡來した第二回講習員の中には匪難に斃れた人もあり、風土病に犯された人もあり、他の仕事に轉じた人もありました、現在臺灣に居殘つて教職に從事してゐる人は實に寥々たるものであります。芝山巖三十年祭に臨んで誠に今昔の感に堪へません

芝山巖の三十年祭にあたりて

岡本要八郎

「バチナ」とは余が第一に知り得たる臺灣の地名なりしは、「バチナ」に於ける六士の内の關口長太郎先生が余を教育界に入らしめ、更に臺灣に導きし恩師なればなり。爾後三十年、在臺物故の師友の合祀碑を芝山巖上に建つるに及び、先輩前田孟雄氏、平井又八氏、先師鈴江團吉先生、吉原千代吉先生、同窓柴田三千齢君、

『語苑』第一九巻第一号、一九二六年、台湾語通信研究会　四頁

臺灣語研究者への希望

於文教課　文學士　小川尚義

或る人の宅へお客が來て主人と話してゐた、其處には宣德の火鉢が出てゐた、お客は金の烟管を出して烟草を吸ひく話してゐたが、一服了ると雁首を火鉢の縁にたゝきつけようとしたので、主人は覺えず「アッ」と叫んだ。お客はすましたもので「いやこの烟管は粗末なもので」といつたといふ話がある。主人の發した「アッ」といふ詞の奥には宣德の火鉢がある、お客の聞いた「アッ」「アッ」といふ詞の奥には金の烟管がある。

同じ國語の内の極めて簡單なる「アッ」といふ詞ですら、その背景の如何により て、その内容に此の如き大きな差異を生して來る事を思ふと、何萬と數知れぬ外國語の奥に含まれたる背景の如何に複雜したものであるかゞ想像される。臺灣語を研究せらるゝ會員諸君に切に此の方面にも十分に留意せられん事を希望する。

昔の事ども 台北師範学校創立三十周年記念祝賀会／芝原千雄ほか『台北師範学校創立三十周年記念誌』一九二六年、台湾日日新報社 四二〜四四頁

に苦い顔をせられた乃木大將の風丰が今も眼に見える樣である。東海岸で生蕃踊りを御馳走に出すと同工異曲の企で、子供の心形を汚しはしなかつたか、今も慄然とする。右片々の事は想出の儘記いて見たが、當時の教師子供も明治聖帝第一の御偉勳を語る。臺灣に於ける最初の小學校の教師子供として、潑剌たる元氣を以て熱心に事を勉めた點は一貫して變らなかつたのである。

今予は廣東に於て出火の場合其方面の水道を斷つ水道會社があり、巡査が金包を拾つて署に出すと、翌日の新聞には大義人として表彰せらるゝことや、衛生局に於て毎月塵芥函から七八十家の死嬰を拾ひ取るやうな、云ふやうなき道德の頽敗を見つゝある事と、移管當初に於ける臺灣初期の國民精神の煥發せる往時を回想し又は比較するとき、道德教育の如何に重んずべきかを痛切に感ずる次第である、然るに支那の衰頽せる要因たる利己主義粉飾的行動は今や世界的思潮として吾人の身心に蝕い入りつゝある現情である。純潔神の如き兒童の精神に直接刀鑿を當つべき初等教育家の責任は一箇の人間又は國家の運命に對し如何に重大なるかを痛感してゐる次第である。

昔の事ども

小川尙義

臺北師範學校創立三十年記念といふので何か書かねばならぬことになりました。別にまとまつた考も出ませんので昔話を二三申し述べることにいたしました。

○明治二十九年の末私の渡臺いたしました時には今の師範學校の前身たる國語學校の校舍はまだ建築が出

來てゐませんでしたので事務室は艋舺（今の萬華）の學海書院にありました。此の學海書院は艋舺義學ともいつて教育に縁故ある建物でしたので、當時總督府學務部の編修課や國語學校の事務室や又附屬學校の教室などに利用されてゐました。そして又他の殘りの部屋は伊澤學務部長、町田國語學校長以下編修課員國語學校職員の宿舍に充用されてゐました。炊事は當番の引受であつて食堂は後列中央の朱子の位牌のある土間でした。其處へ毎日伊澤部長はじめ一同が打よりて、食事をしながら色々愉快な話を交換したものでした。明治三十年五月八日は臺灣人民の國籍が確定する日でしたから此の日には何事があるであらうと以前から大分危ぶまれてゐましたがその前夜果して土匪が襲來したと見えて銃聲が盛に聞えて來ました。城内から使があつて早速城内に引上て來いと申して來ましたが私共は色々協議して町田校長を指揮官とし（伊澤部長は不在でした）書記の須田小五郎君が元軍人であつたので之を參謀とし、書院を死守することに決しました。そして私共には倉庫に納めてあつた兵式體操用の銃器と彈藥とを配布せられて夫々防禦の位置につきました。幸に此の方面には土匪の襲來もなかつたので其の夜は無事に過したのでありました。學海書院は今は私人の手に歸し、靈廟となつてゐますが師範學校發祥の地で縁故の深い處です。

○公學校が出來て、大矢透、杉山文悟兩氏が專ら教科書編纂に從事されることになり國民讀本卷一とその掛圖とが出來上りました、その掛圖の中に女の子が著物を著てゐる圖がありました。或る時、附屬の前田孟雄君が此の掛圖をひろげて教授をはじめる生徒が皆之を指さして笑ひ出したので前田君は大に當惑しました。よく／＼調べて見ると、此の女の服裝や樣子が餘り華奢であつたので生徒は之を素性正しからざる女の子と見たのであつたといふことが分りました。それから私共は大に驚いて全島の公學校へ此の掛圖に對する生徒の感想を聞き合せましたが全體として左程之を怪まないふことが分つて大に安心したことがありました。

○明治三十一年頃附屬の主事橋本武君が「ゴアン」教授法を紹介し、部下の前田孟雄、山口喜一郎、鈴木金次郎卽其他諸君の實地研究によりて遂に此を實行することになりました。其の後此の法は種々の點に於て修正改良されましたが、當時內地に於ては外國教授法に關してまだ餘り問題の起つてゐなかつた時に對譯法をすてゝ直觀法を採用したことは今から考へても愉快なことだと思ひます。

○明治三十二年の頃、右「ゴアン」教授法が大分手に入つて來た時でした。學務課長佐藤弘毅氏が不在で私が留守をしてゐた時或日後藤民政長官が私を呼ばれて、今日は一つ公學校を見學しやう、何處か見せて呉れとの事でしたので私は艋舺附屬學校（祖師廟）へ案內しました。敎室は例の古廟で隨分ひどいものでしたが先生達の教授ぶりは頗る緊張したものでした。殊に國語教授に於ては非常に長官の注意をひきました、授業後長官より種々具體的の質問もあり、前田、山口其の他諸君からも大に腹藏なき考を述べて長官の理解を得たことでありました。爾來長官の教育に對する態度が大分變つて來たところがあるやうに思はれ出しました、其のみならず長官が公式巡視でなく研究的に公學校を參觀せられたといふので當時教育者全體の士氣を鼓舞したことは非常なものでした。

三十年前の思ひ出

（この一篇は臺灣教育二七〇號より轉載す）

明治二十九年の春でした、私がまだ大學に居るとき、擔任教授の上田萬年先生から、君も此の七月には卒業するが、卒業したら一つ臺灣へ行つて見ないか、實は臺灣の學務部長の伊澤修二先生から、臺灣語蕃語の

パイワン語に於けるQの音

『言語と文学』第一輯、一九三〇年、台北国語国文学会　三七～四四頁

パイワン語に於けるQの音

小川尚義

パイワン族は臺灣の南部に居る種族で、高雄州と臺東廳の管下に屬し、主として山地に住してゐる。警務局の分類によると、臺東廳下のプユマ族（所謂卑南蕃）や、高雄州下の下三社蕃なども、此のパイワン族に編入せられてゐるが、言語の方面からいへば、此等は除いた方が適當な樣に思はれる。

以前私が警察其他の方面から蒐集した、パイワン語の材料について調査してゐる内に、左の如き例に遭遇した。

	A 高士佛社（クスクス）恒春方面	B 內社 潮州方面	C 內獅頭社 枋山方面	D 山猪毛社（サンティモー）屛東方面
木	カ○シウ	アシウ	アシウ	カ○シウ
兄弟	カ○カ○	アア	アア	カ○カ
煙草	チャマク○	チャマウ	チャマウ	タマク○
食	ク○マン	ウマン	ウマン	ク○マン

灰	カボ	アボ	カボ	アボ
雨	コヂャリ	ウヂャリ	コヂャリ	ウダリ
畠	コマ	ウマ	コマ	ウマ

此によつて見ると、各社の語に左の如き特徴が見出される。

一、Aにありては、凡ての語に「カ」行を有すること。

二、Bにありては、凡ての語に「カ」行を有せざること。

三、CDにありては、或ものに「カ」行を有し、或ものは「カ」行を有せず、しかもその「カ」行が、Cに有る場合はDに無く、Dに有る場合はCに無きこと。

右の現象について考へて見ると、Bに「カ」行の無いのは、Aの「カ」行の省かれたものと解釋することが出來るが、CDの關係は、此れだけの材料では解釋することが出來ない。

それで私は以前自分で多少蒐集してゐた、タヤル語を以て之を比較して見た。

	C内獅頭社	D山猪毛社	タヤル（大溪方面）
木	アシウ	カシウ	kaχu-ñeq
煙草	チャマウ	タマク	tamako
食	ウマン	クマン	mañ-ñeq＜*k-m-an-ñeq

灰	カ°ボ	アボ	qebu-li
雨	コ°ヂャリ	ウダリ	qoal-aχ
畠	コ°マ	ウマ	qama-jah

一、χは獨乙語のchに似て弱い音。

二、qは懸壅垂部で發音せられる音。

三、jはyの音。

四、hはささやきに似た輕い喉頭部の音。

五、ñは齶音のn。

此で見ると、Cの有する「カ」行はタヤル語のqに相當し、Dの有する「カ」行はタヤル語のkに相當するものであることが判る、そこで私はパイワン語にも、必ずqkの兩音が有るに相違ないと考へて、其後實地調査をした所が、果してパイワン語にも、此の兩音か併存してゐることを見出した。そして尚此等の音が省かれた跡には、glottal stopが存在してゐることを知つた。

	A高士佛社	B內　社	C內獅頭社	D山猪毛社
木	kasiu	'asiu	'asiu	kasiu
兄弟	kaka	'a'a	'a'a	kaka

煙草	camaku	cama'u	cama'u	tamaku
食	k-ŭm-an	'ŭm-an,'m-an	'ŭm-an,'m-an	k-ŭm-an
灰	qavu	'avu	qavu	'avu
雨	qoɟal	'uɟal	qoɟal	'udal
畠	qoma	'uma	qoma	'uma

一、cは齶音、ɟはその有聲音。

二、lは齶的側音で佛語のllの様な音。

三、ŭは唇を平にして發するuの音。

四、語頭のglottal stopは判然しないこともある。

パイワン語以外の臺灣語について、之を比較して見ると、此のqはタヤルの大部分と、ブヌンの半分、及び水社の語には、規則的に現はれてをり、セーデック（大魯閣、霧社等）には幾分か不規則的に現はれ、ブヌンの一部なるシブクンと、プユマ（卑南蕃）の一部知本等にはhとなり、アミ語に於てはglottal stopとなつてゐるのを見る。

雨 paiwan, qoɟal ; Tajal, qoalaχ ; Bunuŋ, qol̥an ; 水社, qo̥'að ; sedeq, quzuχ ; sibukun, hol̥an ; Ami,'urad.

灰 paiw. qavu ; Taj. qabuli ; Bun. qabu ; Sed. qabulits ; Sib. habu.

鼻 paiw. qoma ; Taj. qamaʼah ; Bun. qoma ; Sed qoma ; Sib. homa ; 知本 homa.

額 paiw. ɟaqeis ; Taj. raqijas ; Bun. raqais ; 水社 l̥aqes ; Sed. daqaras ; sib. rahais ; Ami, raʼis.

洗衣 paiw. vatoq ; Taj. baχoq ; Bun. pasaq ; Sed. baχoʼ ; Ami, batsaʼ.

一、l°は齶音lの無聲音。

二、ð は英語の th の有聲音に似た音。

三、r は顫動する音。

此のqの南洋語に於ける狀態を見ると、マレイ、ジャバなどでは此がhとなり、フィリピンのタガログ其他ではglottal stopとなつてゐる。獨りフィリピンのカラミアン語では、私の所持する材料によると、此のqに相當する處はkを以て表はされてゐるが、此のkは實際のq音を表はすものではなからうかと想像される。若し此が實際q音であるとすれば、私の只今知つてゐる範圍では、臺灣以外の語で、只カラミアン語のみが此種のqを有するものの樣である。

雨 paiw. qoɟal ; Malay, uɟan, hujan ; Tagalag, ulan.

鼻 paiw. qoma ; Mal. huma.

灰 paiw. qavu ; Mal. habu.

頭 paiw. qoru ; Mal. hulu (up-stream, up-country, the handle of a weapon); Tag. ulo ; kalamian, kolo.

竹 paiw. qau ; Mal. aur ; Dayak. haur. < IN. *qaur$_2$?

骨 paiw. tsoqoṛal ; Mal. tulang ; Ald Javanese, tahulan.

頸 paiw. ṛeqo ; Mal. lehĕr ; Tag. liĭg. < IN. *ligĕr$_2$?

星 paiw. viccqan, Tag. bitoin ; kalam. butonken.

新 pa.w. vaqoan < *vaqao-an, Mal. baharu ; Tog. bago. < IN. bagar$_2$u ?

十 paiw. puṛoq ; Mal. puloh ; Tag. puo' ; kalam. tom-polok (cf. paiw. ta-puṛoq ; Mal. sa-puloh = one ten).

槍 paiw. vuṛcq ; Mal. buloh (bamboo).

家 paiw. umaq ; Mal. rumah (house). < IN. *r$_2$umaq ?

射 paiw. p-ŭn-anaq ; Mal. panah (a bow).

一、臺灣語以外の正字法は慣用のものに依る。

二、インドネシアンのlに相當するrは、側音でなく、多少の cacuminal 性質を有する顫動しない音。

三、インドネシアンのr$_2$はマレイ語にはr、タガログ語にはgであるがパイワン語には省略される、竹、家、頸、新の例。

q(?)を有する點、インドネシアンのsをtとする點(十の語參照)に於てパイワン語は特にカラミアン語に似てゐることは注意を要する。

qに關連するhと、glottal stopと、此等三音の内何れが本來の音であるかを斷定するのは、早計に屬するかも知れないが、普通音韻轉化の常規よりいへば、qを以て本來の音と考へることは、無理な事ではあるまいと思ふ。若し此の考が許されるとすれば、臺灣語の音韻はインドネジアン語の音韻研究の上に、重要なる地位を占めてゐるものといはなければならぬ。

インドネジアン語研究の大家ブラントシュテッター氏は、その著書の中に、左の如くいはれてゐる。Common Indonesian and original Indonesian. R. Brandstetter, translated by C. O. Blagden 1916 (Indonesian Linguistics, Essay II. p. 83-84.)

The nasal ñ. This is shown to be common IN by tne word *añud* "to drift".

To drift. philippine, pampanga ; *añud*——Celebes, Makassar : *añug*——Borneo, Dayak : *hañut*——Java, Old Javanese : añud——Sumatra, Bĕsĕmah ; *añot*——Malay Peninsula, Malay : *hañut*

Note I——phonetic laws : "Day., Mal., Bĕsĕmah and other languages, particularly of Borneo and Sumatra, change Common IN final media into tenuis," hence Day., Mal. *hañut*. "Bug. and Mak. change common IN explosive final into q," hence Mak. *añuq*.——"Bĕsĕmah renders common IN ending u+consonant by o+consonant", hence *añot*.

Note II——The *h* in Day. and Mal. *hañut* is a petrified formative : Day. for instance, uses *ha-* or *h-*, to form verbs from word bases.

臺灣語に於て、「物が水に流れる」といふ語は左の通りである。

Tajal, ma-qalui ＜ *ma-qalur ? ＜ *ma-qañud ?
Sedeq, qaluli kaχuni)水ガ流レル)
水社, mụ-qaðul̥
saisiat, um-alor

上例ダヤク、マレイに現はれたhが、パイワン、タヤル、水社の語に於てqを有してゐるのを見ると、此のhはqの轉化として説明する方が自然である樣に思ふ。(ダヤクのhは前表、竹の語參照)。ブランドシュテッター氏が、インドネシアン本來の音にñが存在してゐた事を説かれたのは、誠に達見であると思ふ。其故は、上の例を見ると、此のñがタヤル、セーデック、サイシアットに於てlとなつてゐるからである(此のlは、處によつて多少發音の相違はあるが、何れも齶音化した側音である)。一體南洋語のnは、臺灣語に於て普通であるが、l(アミ語は一種のd水社語はɣ)となる場合も亦少くない。そして此のnとlとは、北はタヤルから、南はパイワンに至るまで、規則的に併行して現はれてゐるのを見ると、インドネジアンには、本來二種のnがあつて、甲(n_1)は臺灣語でもnを有し、乙(n_2)は臺灣語でlを有するものではないかと考へる。南洋語では、乙の特徴を有するhañudの樣な例がない事はないが、多くは普通のnとなつてゐて、兩者の區別が、臺灣語程に的確でない(前例、星、射は甲の例、雨、骨、流は乙の例)。此の點に關しては尙稿を改めて書いて見たいと思ふ。

『言語と文学』第二輯、一九三〇年、台北国語国文学会　五一～五六頁

パイワン語に於けるTsの音

小川尚義

インドネジアンのtはパイワン語に於て二種の異つた形を以て代表されてゐる。甲は北部パイワン卽ち普通にサリシアンと呼ばるゝものに於てt（精密にいへば幾分か齶音的傾向を帶びてゐるtj）となり、南部パイワンに於てc（齶音）となつてゐるもので、乙は北部南部を通じて一樣にts（精密にいへばtsの有氣音ts'）となつてゐるものである。

(1)　甲の例

	北部パイワン	南部パイワン	インドネジアン
三	tŭru	cŭru	Tagalog. ta-tlo ; Iloko tallo ; Java. tĕlu.
七	pitu	picu	Tag. Ilok. pito ; Jav. pitu.
四	spat	spac	Tag. apat ; Ilok uppat ; Mal. ĕmpat.
腹	tial	cial	Tag. Ilok. tian ; Mal. tian (lower belly of pregnant woman).

我等（我と汝）	ti-m-ita	ti-m-ica	Bisaya kita, Mal. kita.
星	vito'an	vicoqan	Tag. bitoin ; Ilok. bituen ; Bisaya, bitoon ; Mal. bintang.
烟草	tamaku	camaku	Tag. Bis. tabako ; Mal. tĕmbakau.

(2) 乙の例

	北部パイワン	南部パイワン	インドネジアン
目	matsa	matsa	Tag. Ilok. Mal. mata.
耳	tsaṛiŋa	tsaṛiŋa	Tag. tainga ; Ilok. talinga ; Mal. tĕlinga.
死	matsai	matsai	Tag. Ilok. matai ; Mal. mati.
人	tsau-tsau	tsau-tsau	Tag. tauo ; Ilok. tao.
虱	kutsu	kutsu	Tag. Ilok. kuto ; Mal. kutu.
筋（静脈）	oats	oats	Tag. Bis. ugat ; Ilok. Mal. urat. Pampanga uyat. ⟨In. ur_2at.

以上の二表を見ると、甲乙何れに在りてもインドネジアンは同一のtを有してゐるに拘はらずパイワンは甲にありてはt（c）、乙にありてはtsの如き二様の形を有してゐることがわかる。

今甲例に出した語詞が臺灣の他の語に於て如何なる狀態にあるかを調べて見ると次の通りである。

	三	七	四	腹	我等	烟草
Paiwan(北)	tŭṛu	pitu	spat	tial	ti-m-ita	tamaku
Paiwan(南)	cŭṛu	picu	spac	cial	ti-m-ica	camaku
Tajal	tsịu-gal (〈teịu-gal)	pitu	spajats		ita	tubaku
Sedeq	teru	mu-pitu	sepats		ita	tamaku
Bunung	tao	pitu	pat	tian	m-ita	tamaku
水社	toro	pito	pat	tiað	ita	tamaku
Tsou	tujo	pito	spŭtŭ			tamaku
Fuịuma	turu	pito	ŭpat	tial	ita	tamaku
Ami	turu	p:to	spat	tiad	kita	tamaku
Kabaran	turu	p:to	spat	tian	aita	tabaku
Saisiyat	turu		spat			tamaku
Pazeh	turu		spat	tial	ita	tamaku
Taokas	turu	j-uitu	zupat	ja-tejat		tamaku
Babuza	na-torro	na-ito	na-pat			tamaku

諸羅	mia-teru	pito	mia-pat	tias		tamaku
Siraia	turo	pittu	ahpat		eta	tamaku
Yami	atolo	pito	apat			tabako

右の表を見ると甲例に出した語詞は臺灣の他の語に於ても凡てtを有してゐることがわかる。

又乙例に出した語詞が臺灣の他の語に於て如何なる狀態に在るかを調べて見ると次の通りである。

	目	耳	死	人	虱	筋
Paiwan(北)	matsa	tsariŋa	matsai	tsau-tsau	kutsu	oats
Paiwan(南)	matsa	tsariŋa	matsai	tsau-tsau	kutsu	oats
Tajal		saŋija(方言)		sqo-leq?		
Sedeq				se'e-deq?		
Bunung	mata	taiŋa	mataz			urat
水社	maθa	θaṛina	maθai	θau	kuθu	
Tsou	mutso		amtsoi	tsou		'bejots
Pujuma	maṭa	ṭaŋiṛa	m-in-aṭai	ṭau	koṭo	oraṭ

Ami	mata	tagira	ma-patai	tau(他人)	kutu	urat
Saisiyat	masa		masai		koso	
Pazeh		s'gira		sau		
Taokas	masa	sarina				
Babuza	maxa	xarina	maxa	xo	oxo	ogax
諸羅	masa	sarina	mapasa	sau		
Siraia	mata	tagira	ma-patai	tau		
Yami	mata	taliga				ojat

右の表によるとインドネシアンのtはブヌン、アミ、カバラン、シライア、ヤミにはtとして現はれてゐるが其の他に在りては、水社はθ（英語のthの如き音）、ツォウはパイワンと同じくts、又ブユマは反轉音（カクミナル）のṭ、サイシヤット、パゼッヘ、タオカス、諸羅はs、バブザ即ち蘭人の所謂Favorangはx（蘭人はchを以て表はしてゐる）となつてゐる。タヤルには此の例に相當する語を缺いてゐるが汶水方面の方言に「耳」をsagija といつてゐる所があり。尙他の例を取つて見ると「縫ふ」といふことをタヤルでs-ŭm-aqes（＜saqis）といひ、セデッコでs-ŭm-a'is（＜sa'is＜*saqis）といふ。此の語はパイワンでts-ŭm-aqesアミでmi-ta'isといひ、フイリピンのTagalog, Bisayaのtahi（to sew）に相當するもの

パイワン語に於けるTsの音（小川）　五五

である。此の例から見てもタヤル、セデツコは乙の場合に於てｓ音を有することが推定される。タヤル、水社、ツォウ、パイワン、サイシヤツト、パゼツヘ、タオカス、パブザ等の語が甲の例に於てはインドネジアのｔを有してゐるのに（南部パイワンはｃとなる）乙の例に於てはṭ ts s θ xの如き特種の音を然も規則的に保有してゐるのは如何なる理由によるのであらうか。音韻の特別なる變化がアクセントや、又は其の音が語頭、語中、語尾に來ることや、又は隣接音との關係やで起ることがあるものであるが、上例に在りては此等の理由で之を説明することは困難な樣に思はれる。

私はインドネジアン語に本來二種のｔがあつて甲（t_1）は臺灣語でも依然としてｔを有し乙（t_2）は臺灣語に於てṭ ts s θ xの如く變化したのではあるまいかと考へる。而して此等の變化が南洋の諸語に現はれずして臺灣の諸語に現はれてゐる點に於て特に臺灣語の特色を認めるものである。

（正誤）　前號四十頁七行、ḷは齶的側音で佛語のllの樣な音とあるは南部佛語のll即ちʎの樣な音の誤。

山本三生ほか編『日本地理大系第十一巻台湾篇』一九三〇年、改造社　三三三〜三三六頁

イワン、ヤミは更に低いのである。頭形はアミ、ツオウ、タイヤル、ブヌン、パイワン、ヤミの順に段々丸味を帶びて來る。

アミ、ブヌン、パイワン、ヤミは概して鼻幅が廣い樣だ。皮膚は大體黄褐色であるが、南部並に平地の蕃族、及び紅頭嶼の蕃族は北部中部の高山蕃に比して色が濃い傾がある。各族を通じて眼が窪み、髭毛の少いのが特質の樣に思はれる。

四、概　括

生蕃も熟蕃も同じく臺灣の原住民である。只其間に進化程度の差がある。熟蕃中には元來生蕃であつたものが熟蕃化したもの、最初から熟蕃であつたもの、山から下りて化蕃や熟蕃と成つたもの、熟蕃が山へ入つて生蕃と成つたもの、其邊の推移變遷は口傳及び文献等に據つても判る。平地も山地も幾多の移動があり、變化があつた。平地は特に烈しかつたかとさへ思へる。

高山蕃の狩猟　出狩と獵場區域の問題は絶えず蕃人が念頭におく，往々爭闘の原因と成るからである。射當てた野獸が他蕃の獵場で倒れた場合如何にすべきか，又出狩團間に在つては獲物の分配方法如何。此等に關する幾多の慣習が，それぞれ各族間にある。獲物の大部分を出狩に加はらぬ頭目が取る慣習の處もある。昔々の考ふる様に簡單には片附かないのである。
（移川子之藏）

總じて生蕃は熟蕃の爲めに、熟蕃は又漢族の爲めに壓迫され、侵占されて居所を山地へ移すの止むなきに至つた事も無論考へられる。併し又同時に生蕃は素々狩獵本位の種族であるから獲物が平地に減退するにつれて、漸次溪流に沿つて山地へ移動したであらう事も合せ考へねばならぬ。而して山へ這入つて以來可成永い年代を閲してゐる事は四千尺に近い山地からさへも石器類の發見せらるゝ事實で想像がつく。勿論石器は平地から多く發見される。北の端から南の端迄、西部も東部も又紅頭嶼からも出る。何れ研究の進むにつれ眞に近い年代も割出せようと思ふが、其石器類の多くは東南亞細亞、東印度諸島方面に關聯を有つものが多い樣に思ふ。

土俗人種も又同方面に關係を有てゐる事も略明瞭である。紅頭嶼の一部蕃人は今に南方比律賓に列なるバタン島方面に關係の有つた事さへ傳へてゐる。既に述べ來つた事から知れる樣に、臺灣には幾つかの土俗人種の『層』がある。何れも東印度諸島、並東南亞方面に於ける土俗人種上の波動を物語るものである。（移川子之藏）

臺灣の言語

臺灣に行はれてゐる言語は國語と支那語と原住民の言語（普通蕃語と稱せらる）との三種に大別することが出來る。而して言語は普通之を使用する民族と密接の關係があるから、此等言語の行はるゝ範圍はその民族の人口統計によつて大體之を推知することが出來る。昭和三年末の人口統計は左の數字を示してゐる。

內地人	二一一、二〇二人
本島人	四、〇四七、二八四人
生蕃	一三九、二三四人
外國人	四〇、三六四人

(註)本島人の内には約五萬の原住民(所謂熟蕃)を含む。されども彼等は普通支那語を使用するを以て此には區別せられず、尙次に詳述

計　四、四三八、〇八四人

する。又外國人の大部分は外國籍の支那人である。

一、**國語**　領臺以來內地人の移住と共に急速に廣まり、主要なる市街庄に行はれてゐる。又敎育其他の事情により て本島人及び原住民の間にも副次的の言語として相當廣く行はれてゐる。

二、**支那語**　支那語は福建系と廣東系とに大別される。その中甲は主に福建省の泉州、漳州地方からの移住民の言語である。泉州人と稱するものゝ內にも、晋江、惠安、南安（以上を三邑ともいふ）安溪、同安といふ風に區別があつて、夫々多少方言的の差違がある。乙は普通廣東語と稱へられてゐるが、實は廣東省主府の言語ではなく、省內の嘉應州、惠州、潮州地方の言語である。西洋人は之を客家と稱し、本島人は之を客人と呼んでゐる。上述の甲、又は乙に屬する方言の相互の關係は、大體東京語と大阪語との如きものであつて互に了解し得られるけれども、甲と乙との相互關係は九州語と東北語との如く互に了解し得られざる程度の相違がある。

右に擧げた甲乙の他に汀州人、福州人等も相當多數に各地に散在してゐて、彼等の間には夫々其の固有の言語が用ひられてゐる。

此等の言語の分布狀態を見るに、泉州語は主として海岸地方に、漳州語は少し海岸を離れた內地に、又客人語は主として新竹州、臺中州、高雄州の中央山脈に接近した地方に行はれてゐる。

左に擧げたのは昭和元年末調査の本島人鄕貫統計である。此によつて大體支那方言の行はれてゐる範圍を知ることが出來る。

福建省	泉州府	安溪	約四四一、六〇〇
		同安	約五五三、一〇〇
		三邑（晋江、惠安、南安）	約六八六、七〇〇
	漳州府		約一、三一九、五〇〇
	汀州府		約四二、五〇〇
	龍巖州		約一六、〇〇〇
	福州府		約二七、二〇〇
	興化府		約九、三〇〇
	永春州		約二〇、五〇〇
廣東省	潮州府		約一三四、八〇〇
	嘉應州		約二九六、九〇〇
	惠州府		約一五四、六〇〇
其他			約四八、九〇〇
計			三、七五一、六〇〇

（註）表中汀州府のものは多く廣東系の語を用ひ、潮州府のものに福建系の語を用ひるものも少くない。

三、**原住民の言語**　原住民の言語はアウストロネジアン（又はマレョポリネジアン）と呼ばれる南洋語系に屬するもので、現在、主として山地に住し（アミ、プユマ、ヤミを除く）、原始的生活をなすもの（普通生蕃といふ）の間に行はれてゐる。又同種族にて平地に住し相當文化の進んでゐるもの（普通熟蕃、又は平埔蕃といふ）は殆ど固有の言語を失ひ普通支那語を使用してゐる。但し其の內パゼッヘとカバラーン及び水社の三群は家庭內に於て或る程度まで固有の言語を用ひてゐる。

原住民の言語は左の如く分けることが出來る。

(I) 原始的生活をなすものゝ言語。

(1) タヤル（通稱タイヤル）(Tayal) 語。臺北州、新竹州、臺中州の山地に行はれる。又花蓮港廳、臺中州の山地に行はれてゐるセデッコ(Sedeq)〔又サぜッコ(Sadzeq)ともいふ〕語は單語としては多少の相違があるが大體タィャルの方言と見ることが出來る。

(2) サイシヤット (Saisiyat) 語。又サイシラット (Saisirat) ともいふ。新竹州の山地に行はれてゐる。

(3) ブヌン(Bunung)語。臺中州、臺南州、高雄州、花蓮港廳、臺東廳の山地に行はれてゐる。

(4) ツオウ(Tsou)語。臺中州、臺南州の山地に行はる。又高雄州の山地、楠梓仙溪の上流に行はれるカナブ(Kanabu)語、と荖濃溪の上流に行はれるサロア(Sa'roa)語とは此の方言と見るべきものか、姑く疑を存す。

(5) パイワン(Paiwan)語。高雄州、臺東廳の山地に行はる。又高雄州の山地に行はれる下三社語、ルカイ語及び臺東廳の山地に行はれる大南社語は此の方言と見るべきものか、姑く疑を存す。

(6) プユマ(Puyuma)語。臺東廳の平地に行はれてゐる。

(7) アミ(Ami)語。臺東廳、花蓮港廳の平地に行はれてゐる。

(8) ヤミ(Yami)語。紅頭嶼に行はれてゐる。

(II) 文化の進んだものゝ言語。

(1) カバラーン(Kabaran)語。宜蘭平地の原住民及び花蓮港廳の加禮宛其他、海岸地方への移住民の間に家庭内に於て或る程度まで行はれてゐる。

(2) ケタガラン(Ketagarang)語。従前は基隆及び臺北、桃園の平野に在る原住民の間に行はれてゐたが、今は殆ど死語となつてゐる。

(3) タオカス(Taokas)語。蘭人の Tackeis と稱したもので従前は新竹、苗栗地方に行はれてゐたが、原住民の大部分は其後埔里の高原に移住した。今は殆ど死語となつてゐる。

(4) パゼッヘ(Pazeh)語。従前は臺中の北部地方に行はれてゐたが、原住民の一部分は其後埔里の高原に移住した。今は家庭内に於て或程度まで行はれてゐる。

(5) パポラ(Papora)語。従前は大甲溪以南、大肚溪以北の海岸地方に行はれてゐたが、原住民の多くは其後埔里の高原に移住した。今は殆ど死語となつてゐる。

(6) バブザ(Babuza)語。蘭人の Favorang と稱したもので、従前は大肚溪以南、濁水溪の南方に至る平地に行はれてゐたが、原住民は其後多く埔里の高原に移住した。今は殆ど死語となつてゐる。

(7) 水社語　日月潭の附近に居る原住民の家庭内に行はれてゐる。

(8) 南投諸羅語。従前は南投より嘉義以南に至る地方に行はれてゐたが、原住民の一部は其後埔里高原に移住した。今は殆ど死語となつてゐる。

(9) シライア(Siraia)語。蘭人の Sideia と稱したもので、従前は臺南地方の平地に行はれてゐたが、原住民の一部は中央山脈に近い山地へ、一部は臺東廳、花蓮港廳に移住した。今は殆ど死語となつてゐる。又鳳山、屏東、潮州地方に行はれたマカタオ(Makatao)も此の方言と見られる。此の原住民も中央山脈に近い地に移住して今は殆ど死語となつてゐる。

(I) 原住民の各群別統計は大約左の通りである。

原始的生活をなすものゝ各群別人口統計は左の通りである。(昭和三年末調査)

1.	Tayal	20,651
	Sedeq	12,645
2.	Saisiyat	1,265
3.	Bunung	18,082
4.	Tsou	1,516
	Kanabu	213
	Sa'roa	288
5.	Paiwan	31,747
	下三社等	4,239
6.	Puyuma	5,358
7.	Ami	41.627
8.	Yami	1,603
		139,234

(II) 文化の進みたるものに關しては、大正十四年の國勢調査に於て、熟蕃總計五一、〇〇九人を擧げてある。されど彼等は普通、各地方に散在して漢人と雜居し且つ固有の言語を失つてゐるが爲に、各群別に其の數を知ることは頗る困難である。只其の内、カバラーン、パゼッヘ

及び水社の三群は家庭内に於て尙固有の言語を使用してゐるが故に、大體其の數を擧げることが出來る。卽ち左の通りである。

Kabarān	2,768
Pazeh	1,505
水社	344
	4,617

原住民の言語と南洋語との比較(數詞一より十まで)を別表に掲げる。

(小川尚義)

原住民の言語と南洋語との比較表
(數詞一より十まで)

種族	一	二	三	四	五	六	七	八	九	十
[I]										
1. Tayal	qutux, utux	sajing, rusa	chu-gal	spayats	ima-gal	mu-teyu	mu-pitu	mŭ-spats	taisu, ma-qeiru	marpu,mappu.
Sedeq	uin,kingal	daxa	toro, teru	spats	rima	ma-taro	mu-pitu	ma-spats	mungari	ma-xal
2. Saisiyat	a-ha	dosa	toro	spat	rasub	saibusir	saibusir-aha	maika-spat	rı'ha	rampuz
3. Bunung	tas'a	ḍosa	tao	pat	hima	nom	pito	vau	siva	mas'an
4. Tsou	tso-ni	euso	tuyu	spŭtŭ	eimo	nomŭ	pitu	voyu	sio	maskŭ
Kanabu	tsa-ni	tsosa	toro	sopata	rima	rumu	pito	aro	siya	manu
Sa'roa	tsa-ni	sowa	toro	patŭ	ku-rima	ku-nŭmŭ	ku-pitu	ku-aro	ku-sia	ku-maḷu
5. Paiwan	i-ta	ḍusa	turu,churu	spat, spach	rima	ŭnŭm	pitu, pichu	aru	siva	puro', p̊uroq
下三社	nŭga, dŭga	ḍusa	toro	patŭ	rima	nŭmŭ	pito	waro	vangatu	poroko
6. Puyuma	ŭsa	ḍoa	tiro	ŭpat	rima	ŭnŭm	pito	waro	iwa	poro, mukṭtup
7. Ami	tsa-tsai	tosa	toro	spat	rima	nnŭm	pito	waro	siwa	poro', mu'tup
8. Yami	a-sa	roa	a-tlu	apat	lima	anŭm	pitu	wawu	siam	powu
[II]										
1. Kabarān	i-sa	dzusa	toro	spat	rima	nnŭm	pito	waro	siwa	stagai, gabtin
2. *Ketagarang	tsa	rusa	tsū	sipat	tsima	anum	pitu	watsu	siwa	rabatan
3. *Taokas	ta-nu	rua	turo-a	lupat	hasap	tahap	weto	maha-lupat	tanaso	ta-isid
4. Pazeh	i-dza	dusa	turu	spat	hasub	hasub-dza	hasub-i-dusa	hasub-i-turu	hasub-i-spat	isit
5. *Papora	ta-nu	nya	tura	nepat	nema	minum	pitu	mehal	me-siya	metsi
6. *Babuza	na-ta	na-roa	na-toro-a	na-spat	na-hop	na-tap	na-ito	na-aspat	tannaho	tsiet
7. 水社	taha	tusa	toro	pat	rima	ka-toro	pitu	ka-spat	tana'su	makθin
8. *南投諸羅	mi-ata	mi-sa	mia-teru	mi-apa	lima	alim	pitu	talu	asiya	miata-isi
9. *Siraia	sa, sāt	ruha, duha	turo	pahpat, hpat	rima	annum	pito	kuihpa	matuda	kitian
[南洋]										
Batan	a-sa	rua	ta-tlo	apat	dima	anem	pito	wago	siam	pogo
Tagalog	i-sa	da-lawa	ta-tlo	apat	lima	anim	pito	walo	siyam	pouo'
Malay	sa-tu	dua	tiga	ĕmpat	lima	ĕnam	tujoh	dĕlapan	sĕmbilan	sa-puloh
Malagasy	i-ray	roa	tero	efat-ra	dimy	enina	fito	valo	sivy	folo
Maori	ta-hi	rua	toru	wha	rima	ono	whitu	waru	iwa	halou
Easter	ta-hi	rua	toru	ha	rima	ono	hitu	varu	iva	huru
Hawaii	ta-hi	lua	koru	ha	lima	ono	hiku	valu	iwa	umi

(注意) q ハ懸壅垂部ニテ發スル音: x ハ獨逸語の ch: ŭ, e ハ中間母音: ' ハ聲門破裂音: ḍ ハ舌尖ノ裏ニテ發スル音: θ ハ英語の think ナドノ th: ḷ ハ l ノ無聲音。
* ヲ施セルハ殆ンド死語トナルモノ。
Batan ハフイリツピンノ北ノ島: Tagalog ハマニラ: Malagasy ハマダガスカル: Maori ハニユージーランド Easter ハ大洋洲ノ最東ノ島ノ語。

—336—

『言語と文学』第四輯、一九三〇年、台北国語国文学会　三三一～四〇頁

ファボラング語について

小川尚義

和蘭人が臺灣を領してゐた間に宣教師が蕃語を學習して之を書殘しておいたものに二種の言語がある、一はシダイア (Sideia) と稱し一はファボラング (Favorang) と稱へられてゐる。甲は臺南を中心として行はれてゐた言語であることは分つてゐるが、乙に關しては只北部であるといふ事丈が分つてゐて、如何なる地方に行はれてゐたかが明瞭でない、茲に述んとする所は此等の點を明かにし且つファボラングの地位について考へて見たいと思ふのである。

ファボラングの文籍として今に傳はつてゐるものは和蘭の宣教師 Gilbertus Happartus の Woordboek der Favorangsche Taal と Jac. Vertrecht の祈禱集宗教問答及び五種の蕃語說教とがある、甲は千六百五十年の著述で草稿のまゝでバタビヤにあつたのを千八百三十九年に W. R. van Hoëvel 氏が之を發見し千八百四十二年 Verhandelingen van het Genootschap van Kunsten en Wetenschappen 18de Deel. に解說を附して發表してゐる。此の書は又千八百四十年に W. H. Medhurst によりて英譯

されてゐる。又千八百五十六年 E. Netscher 氏の記載によると『バタビヤに於てファボラング語の祈禱及び說敎等宗敎文書が發見されたが遠からず出版の運になるであらう』といつてゐるのは此のフェルトレヒトの文書を指したものであらうと思はれる。

獨逸の H. C. van der Gabelentz 氏は千八百五十九年に Ueber die Formosanische Sprache und ihre Stellung in dem Malayischen Sprochstamm (Zeitschrift der Deutschen Morgenländischen Gesellschaft 13 ter Band I u. II Heft.) といふ論文を出してファボラング語の語法を解剖し同語が單語の比較に於ては他の南洋語とまとまつた類似を見出し得ないにかゝはらず語法の組織に於てはフイリピン語殊にタガログ語に類似してゐることを指摘してゐる。

此のファボラングは果して如何なる位置にあるかの問題に關しては Campbell 氏は The Articles of Christian Instruction in Favorlang Formosan 1896の序文中に

……..Now, the early records show that, as in the case of Tamsui, the name (Favorlang) was applied to two districts, on to the south of Castle Zeelandia, where the Rev. Hans Olof laboured, and the other to the north of Tilosen, Tsu-lo-san, or Ka-gi, where the Rev. Simon van Breen began work. How far Favorlang lay to the north of Tilosen can only be inferred, but it must have been some distance, for several letters make mention of a proposal that both north Tamsui and Kelang should be included in that curacy.......In short, it is safe to conclude that Vertrecht's Favorlang—or, Vovorollang, as it is sometimes written—very much coincides with the Chang-hoa region of to-day.

と述べてゐる。此の末尾「彰化と一致す」といへるは大體正鵠を得てゐるもの丶樣である。

千六百五十一年に臺灣の宣敎師がバタビヤ政廳へ出した報告書の中に宣敎師の配置を記載した所に左の如き文句がある。

Domininus Gilbertus Happartus idem in de geweesten van Tackeys end Favorlangh, van geene zyde der Ponckanse revier.

これによると、ファボラングは笨港川以北の地であることが分る。

コンモドルペルリの支那及び日本の探險記の地圖の中に Great Favorlang River といふのが出てゐてGierim（鹿港）の附近になつてゐるから大體その位置が想像される。又ハッパルトスの辭書の中に左の如き句がある

Tamada cho pinaas o assaban, inachas ja o badda Ternern ? = Who has informed the village,
(who) (man)(informed) (village) (was beaten)(the) (men) (Favorlang)
that the men of Favorlang have been beaten ?

茲には Ternern = Favorlang としてある。

又フエルトレヒト祈禱集の冒頭に左の文句がある。

Tuipo no atil inoipattil lallum atillaijan o Ternern. = Leerstukken ten gebruikke der schoolen
(piece) (of) (lesson) (to be taught) (in). (school) (of) (Favorlang)
van't Favorlangs' District.

玆には Ternern = Favorlang district としてある。此の Ternern に關しては地圖等に於て未だ此に該當するものを見出す事が出來ない。

ファボラングの綴字は色々に書かれてある卽ち

Favorang, Favorlangh, Vavorlangh, Vavorolangh, Vavorollang, Vavorallang, Vovarolang, Vovorollang,
Vovorolla, Vovorolla

などである、殊に最後の二つが語尾の ng を有してゐないのは注意すべきことゝ思ふ。

臺灣府志の彰化縣內の蕃社に猫霧捒社といふのがある。臺灣音では Babusak である。蕃人自身にいはせると社名としては Babusaga といつてゐるが、彼等自身を稱しては Babuza といつてゐる、此のz音は一種の反轉音（カクミナル）でrの如くにも聞える音である、其を以て私は彼等の自稱 Babuza が右の Vavorolla に相當するものでなからうかと考へる。尙ハッパルトスの辭書に babosa or cho, a man, people, と譯してあるのを思ひ合せると此等は皆同一語である樣に思はれる。

而して此の猫霧捒社の位置は臺中の少し南にある今の犂頭店に當る、清朝時代には此處に猫霧捒汛を置いてゐた。臺中附近の堡名に捒東上堡捒東下堡等の名稱のあるのは猫霧捒の捒を取り此地を中心として稱へたものと考へられる。而して此の附近の熟蕃は今は殆んど皆埔里の高原に移住してゐる、前年伊能嘉矩氏が埔里で集められた材料、竝に私が同所に於て集めた材料をハッパルトスの單語と比較して見ると大體一致してゐることが分る。

	林仔城庄（東螺社）	下梅仔脚庄（阿束社 眉裏社）	萬斗六社	フアボラング
一	nuta	nata	—	natta
二	naroa	naroa	—	roa
三	natula	natula	—	natorroa
四	napat	naspat	—	naspat
五	nahop	nahup	—	achab
六	natap (七)	natap (八)	—	nataap
七	naito (六)	naito (六)	—	naito
八	naspat	—	—	maaspat
九	—	tanahu (十)	—	tannacho
十	tsihet	tsikhit (七)	—	zchiet
髮	tao	tao	—	tau

フアボラング語について（小川）　三七

額	tes	—	—	tees
耳	harina	harina	sanena	charrina
目	punaha	punaha	maha	macha
口	nane	nani	—	ranied
歯	sin	sin	sin	sjien
乳	tşitu	tsitu	jilu	zido
足	assil	assil	asin	asiel
血	takka	—	—	tagga
父	tamao	mao	tamao	mau, ta-mau
母	tanai	nai	tanai	nai, tanai
兄	mahun	toasa	—	machen, atoasa
子	sim	sasisim	jim	sjiem
男	syam	syam	—	sham
女	sinie	sinie	sini	sini
我	hena	hena	—	ina

汝	iyu	iyu	—	ijo,yo
天	pusum	pusum	pusum	boesum
地	ti	tā	—	ta
日	sisa	sisa	sissa	sisa, zys'ja
月	heta	—	—	idas
星	hasanas	—	—	aisennas
雨	hutas	hutas	—	oetas
火	hao	hao	—	chau
水	to	to	to	to
米	taso	tasu	tassu	dasso
酒	wu	o	o	o, bo-o
犬	mato	mato	hatu	mado
鹿	punan	punan	—	binnan
牛	roan	roan	loan	loan
猿	pihe	—	—	pichi

見	meta	meta	mita	mita
聞	sinin	sinin	—	masini
白	mause	mausi	—	mausi
赤	makakan	makakan	—	makakan
銃	hatopo	hatopo	hatuppo	atippo
刀	tsinu	tsinu	—	zino

右東螺社は元濁水溪の附近に、阿東眉裏の二社は彰化方面に又萬斗六は臺中の東部に居住してゐたものである、猫霧捒社の言語として此に擧げる材料のないのは物足らぬけれども臺中彰化を中心として大體同一の言語が行はれてゐた事と思ふと猫霧捒の言語も大體推察することが出來ると思ふ。

『言語と文学』第六輯、一九三一年、台北国語国文学会　三三一～三三九頁

蕃語より見たる「トダル」「チダル」

小川尚義

國語と文學第一號に於て、安藤正次氏は古事記及び祝詞に現はれた登陀流、千陀流について詳説せられ、私は非常の興味を以て之を讀んだ。其中の蕃語に關するものについては私から材料を提供したものもあつた。爾後此の語について多少新しい材料を得たので、前のに附加へて玆に説明して見ようと思ふ。

「トダル」、「チダル」の語は安藤氏の説かるゝ如く「インドネジアン」の sinar₂ と關係のあることは疑なきものゝ様である。今此の sinar₂ に對する臺灣蕃語、竝に南洋語を擧げて見よう。（第一列）

	太陽	肝	犬	雨	米
Atajal	milao(照ス) 〈*h-m-ilao	heiko	ho-dz,il	qoal-ax 〈*qoral-ax	boax / bəgax（睾丸）
Se'deq	hedao	heko-r	ho-lig	ɪoj-ux	bəgax / boax
水社	tiḷaδ 〈*tiδaḷ	tiku	atu	qusaδ	——

蕃語より見たる「トダル」「チダル」（小川）　　　　三四（一一〇〇）

Paiwan	*tular̃*	*tiku*	v-atu	qoɟal	vat⟨*vəat
Ami	*tsidar*	*tsiko*	w-atu	or̃ad	vurats
Saisijat	*ha-hela*ᵘ	*heko*	ahö	a-odzal	——
Ketagaran	*tsenal*	*ts'iku*	w-atsu	ma-utsan（雨降）	bulats
Taokas	ja-*dzilah*	——	m-adzo-k	j-ottat	melasi
Favorang	zijsja	——	mado, mato	oetas	——
Pazeh	lidzax ⟨*dzilax	dziku	w-adzu	udal	——
諸羅	ilah, dizak,	——	atu	otat	——
Malay	*sinar*(shine)	siku	andz,iŋ ⟨*as-dz,iŋ	hudz,an	bĕras
Tagalog	*sinag*(,,)	siko	aso	ulan	bigas
Daja	*singah*(torch)	——	aso	——	behas
Pangasinan	——	siko	asu	uran	belas
Pampanga	*aslag*(shine)	siko	asu	uran	abjas
Java	〔Kawi, *sinaŋ*(shine)〕	siku	asu	hudan	buwas

l 水社の*l*は舌面を上顎に附け舌の後部兩側を破りて出す無聲音、

ð 英語の有聲的thに似た音、

r̃ 顫動を伴ふrの音、

u　右側上方に小く書いたは舌根の有聲摩擦音の輕き *g* の音、

Ifavorang の正字法は蘭人の記錄に據る。

右の表に於て、第一列は IN. $sinar_2$ が臺灣及び南洋の諸語に於て如何なる形を以て現はれてゐるかを示したものである。一見して、南洋語に於ては其の形が大體統一してゐるが臺灣語に於ては實に複雜してゐること丶見る。併し實際複雜してゐるのは、子音に屬する部分であつて、母音の方は「バイワン」を除くの外は何れも、第一音節に(i)又は(e)、第二音節に(a)を有してゐる。此を以て私は先づ母音は之を省略して子音の比較をして見ようと思ふ。

第二列、第三列は $sinar_2$ の語頭にある(s)が、他の語に於て如何に現はれてゐるかを示す。卽ち南洋語に於ては凡てのものが(s)を有するに拘はらず、臺灣の諸語にては「アタヤル」、「セデツカ」「サイシヤツト」には(h)となり、水社、「バイワン」には(t)となり、「アミ」、「ケタガラン」、には(ts)又は(ts')となり、「タオカス」、「バゼツヘ」には(dz)となり、「フアボラン」には(d)又は(t)となつてゐる。此を第一列の臺灣諸語の頭音と比較すると、諸羅を除くの外、全然一致してゐるのを見る。

第四列は $sinar_2$ の第二音節の頭音(n)の比較を示したもので、此も亦、南洋語に於ては大體(n)を有するに拘はらず、臺灣語に於ては、「アタヤル」、「バイワン」、「サイシヤツト」、「バゼツヘ」には（l）となり、其他に於ては（d）、（t）、（ð）、（s）等となつてゐる。此の（l）音は「パイワン」は之を顎音的（パラタル）に發音し、「アタヤル」は舌緣を用ひて發音する等の相違あり、（d）、（t）、（ð）、（s）なども此等の副次的の變化と見ることが出來る。只「ケタガラン」のみは南洋語と同じく（n）を有してゐる。私は此の種の（n）を（n_2）として、臺灣、南洋に共通なる他の種の（n）と區別したいと思ふ。扨此の變化の狀態を第一列に比べて見ると「セデッカ」を除くの外は殆んど一致してゐるのを見る。併し「セデッカ」に於ても他の例を見ると、例令ば、Malay 其他南洋語の anak（子）に對して、laqe 又は daqe〈*alak-qe を有し、又 Batan 語の anub-an（戶）に對して dəp-i〈*ləb-i（閉ぢよ）、mə'dok（一）〈*q-əm-ələb（閉す）等の例があるから、「セダッカ」は此の（n）に對して（d）を有するのが普通で、qoj-uχ の如きは例外と見るのが適當と思ふ。

（一）、「アタヤル」のq-əm-əlo'〈*q-əm-ələb「パイワン」のq-əm-ələv（何れも閉す意）はmə'dokと同語であり此の語幹qələbは又q-əl-əbであつてqəbの語根から來たものといへる、此れはkawi語のhĕb(蔽フ、影の意)を比較すれば分る。(Kawi語の(h)が「アタヤル」「パイワン」の(q)に相當することも亦注意を値す)。

第五列は sinar₂ の語末（r_2）の比較を示したものである。此の（r_2）は「インドネジャン」學者の「RGH の法則」といふものに該當するもので、同列南洋語の部に出せる如く「マレイ」には（r）、「タガログ」（又「ビサヤ」等にも）には（g）、「ダイヤ」には（h）となつて現はれる音である。尙此外

「パンガシナン」には(l)、「バンパンガ」には(j)(yの音)、「ジャバ」には(w)となつてゐる。此の音が臺灣では如何に現はれてゐるかと見るに「アミ」には(r)(顫動のないr)、「ケタガラン」、「タオカス」には(l)(此の二種は現今殆んど自巳の語を忘れて臺灣語を使用してゐる故此の(l)は蕃語としての(l)か否か疑はしい)となり「パイワン」には普通省略され、「アタヤル」、「セデツカ」には舌根部の輕き有聲摩擦音(g)となるか或は省略される。$b\breve{e}r_{g}as$ は「アタヤル」では boax と bĕgax の二樣の形を有し、甲は米、乙は韲丸の意に使用せられてゐるが、本來は同一の語で實(み)の意味より分化したものと考へられる。

又「アタヤル」の milao(照す)は「セデツカ」の *h*edao と肘(*h*eiko)、犬(*h*o-dz,il、dz,il は特種の語尾)の場合に於ける(h)の例とを考へると、本來 **h*-em-ilao から來たものと考へられる。而して此の milao の命令形は pilao となり、燈火としては pa-pilao(照す具)となり、洋燈の如き一定の燈具としては pa-pilag-an となる。元來此の milao、pilao の語末の音は普通の(o)ではなく、舌根部の有聲摩擦音(*g*)の性質を帶びたもので單獨に發音される場合は(ao)の如く聞えるけれども(-an)の如き語尾と結合する時には本來の(*g*)音を明瞭に現はすものである。「セダツカ」の hedao も亦此と同じである。

尚ほ RGH に關係ある臺灣諸語の他の例を擧げると

「アタヤル」、「セダッカ」（炭）vagah, Tag, (baga = coal), Bis (baga = coal fire); (晩) gəhi-j-an, Tag, gab'i(evening).

水社、（根）lamiθ, Tag. Bis. (gamut); (肩)qalafa〈*qafala, Bis. (abaga).

「サイシャット」、（卵）əsirə", mal. (tĕlor), Tag, Bis. (itlog); (炭)va'a, Tag. (baga = coal)。

「ファボラン」、（活火）bagga, Bis. (baga = coal fire), (頸)ri, Tag. (li'ig), Bis. (li'ug).

「バゼッヘ」、（根）xameus, Tag. Bis. (gamut). (家) xuma Mal. (rumah).

諸羅、（百）hasut, Bis. Bikol (gatus).

「パイワン」に於ては（r_2）が三樣の形を以て現はれる。

(1)（r_2）の省略せられるもの、例令は（筋）oats, Tag. Bis. (ugat); (肩) qavān〈*qava'a-an, Bis. (abaga); (針) jaum, Bis. (dagum)

(2) 語末にて舌根部の輕き有聲摩擦音となるもの、（尾）iku" Tag. Bis. (ikug), (頸) reqə", Tag. (li'ig), Bis. (li'ug) 此の音は地方により ikū, reqā となることあり。（「パイワン」の（q）が Tag. Bis. にて喉頭破音になつてゐるのは注意を値す）

(3) r̃（顫動ある r）となるもの、（左）i-verĕ, Mal. (k-iri), Panay (ka-uigi), Sangir (ka-wihi), Siraia. (m-ougi), 又、（豆）qar̃ezag の（r̃）が r_2 に屬することは直接の例證はないが Siraia で此を

agisaŋ といふので推定することが出來る。其は Siraia は（r_2）に對し（*g*）を有することは上に擧げた m-ou*g*i（左）の外 va*g*a（炭火、上出）、biby*gh*（唇、Bis. bibi*g*）等幾多の例があるからである。「パイワン」語の r̃ が RGH に屬する音に相當するものとせば、光の義を有する「パイワン」語 tular̃ は $sinar_2$ と同語であるといふことが出來る。只問題となるのは第一音節の母音が（u）であつて（i）でないことである。此點に關して類例を求めて「パイワン」語 luspit（薄い）の一例を得た。luspit に相當する南洋語は、Mal.（nĭpis）, Tag. Big.（ma-nĭpis）, Macassar（nĭpis-iʔ）, 等である。「パイワン」の（l）及び（t）が南洋語の（n）及び（s）に夫々相當することは上に述べた通りであるから（中間のsについては別に說があるが今は略す）、此の語は同一語であると考へられる。而して luspit の第一音節の母音が（u）であつて南洋語の如く（i）でない事は前の tular の場合と同一である。此の相異の理由は未だ明でないけれども luspit と nĭpis と同語であるとすれば tular と $sinar_2$ は同語であると言ひ得る。而して此の（i）（u）の對立は又國語に於ける「チダル」「トダル」兩語の上にも反映してゐるのではあるまいか、先に安藤氏の論文を讀みて以來、右に擧げた樣な新材料を得たので此處に揭げて補充とした次第である。

『南方土俗』第一巻第四号、一九三二年、新高堂書店　一～六頁

土俗に關する蕃語の數例

小川尙義

土俗に關する語詞は數が多いのでその全部を擧けることは困難である。それで私は其の內數語を擧げて左に比較することゝした。尙語詞に就て一々説明を加へるべきであるが印刷の時間が切迫してゐるのでその餘裕がないから省略することゝした。讀者諸君の御諒察を乞ひたい。

（略語）臺灣。Atay.……Atayal; Fav.……Favorang; Kab.……Kabaran; Paiw.……Paiwan; Paz.……Pazeh; Puy.……Puyuma; Sais.……Saisiyat; Sed.……Sedeq; Sib.……Sibukun; Sid.……Sidaia. Bun.……Bunung.

南洋。Mal.……Malay; Jav.……Java; Apay.……Apayao(Philippine); Bat.……Batan(〃); Bgb.……Bagobo(〃); Bis.……Bisaya(〃); Ceb.……Cebu(〃); Ibk.……Ibanak(〃); Ilok.……Iloko(〃); Mgd.……Magindanao(〃); Pamp.……Pampanga(〃); Pan.……Panay(〃); Tag.……Tagalog(〃); Bug.……Bugis(Celebes); Mak.……Makasar(〃); Mlg.……Malagasy

（Madagascar）.

一、神靈又は怪物を表はす語　qan_2it_1u 型。

(a) 臺灣、Atay. Sed. utux ; Atay. dial. lyutux ; Bun. qanito ; Ṣib. hanito ; Tsou. hitsu ; Sid. lyttou.

(b) 南洋、Mal. hantu; Tag.Bis. anitu(idol, image) ; Ibk. anitu ; Ilok.anito(superstition). Bug. antu ; Samoa, aitu.

右の內、Atayal に在りては utux は人の影、又瞳孔に映じた影像の義もある、之で見ると本來は隱現する影像の義から來たものかと考へられる。

二、魚籐といふ語、t_1uba 型、魚籐は一種の植物で蕃人は漁獵の時、その根を碎いて之を水に入れ魚族を痲醉せしめて之を捕へる。

(a) 臺灣、Atay. t-m-uba(同上を用ひて痲醉させる); ta-tuba(同上に使用する物、卽魚籐); Sais. ta-toba: Tsou, o-tofu-nana.

(b) 南洋、Mal. tuba; Jav. tubo; Tag. Bis. tuba; Ilok. tuba. (seed of cocculus used to stupefy fish). Sunda, tuba, tuwa; Fiji, tuwa, duwa.

三、織るといふ語、t$_1$ĕn$_1$un 型、此語には又編むといふ義もある。

(a) 臺灣、Atay. Sed. t-m-inun; Bun. ma-tin?un, Puy. Kab. Sais. t-m-unun; Ami. mi-tuno?on; Paiw. ch-m-ŭnun. Fav. t-m-enon. 大南社. oa-tinono.

(b) 南洋、Mal. bĕr-tĕnun; Mak. Bug. tannoeng Mlg. manenona, tenuna(web).

四、縫ふといふ語、$t_2$aqi 型、

(a) 臺灣、Atay. s-m-aqeis; Sed. Sais. S-m-a?is; 水社. Θ-m-aqeis; Sid. t-m-ahi; Ami, mi-ta?is; Paiw. ts-m-aqeis.

(b) 南洋、Tag. t-um-ahi, tahi-in, manahi(<ma-tahi). Pamp. manai.

五、針といふ語、dar_2um 型、

(a) 臺灣、Atay. raom; Puy. daom; Paiw. jaom; Yami. layum; 水社. salum.

(b) 南洋、Bat. dayem; Mal. jarum; Jav. dom; Tag. ka-rayom; Pamp. ca-rayum; Bis dagom.

六、洗ふといふ語、

(1) 衣を洗ふ、basaq, basoq 型、

a) 臺灣、Atay. mahoq, bahoq; Sed. maho?, baho?; Bun; ma-pasaq; Sib. ma-pasah; Paiw. vatŭq; Ami. mi-vatsa?a; Sais. vahe. Kab, kai-basi(?)

(b) 南洋、Mal. mĕm-basoh-kan (<basah=wet); Tag. Bis. basa?(wet); Ilok. nabasa? (wet); Mlg.

manasa; Fiji. sava.

(2) 食器を洗ふ、(甲) hinau 型、(乙) qor$_2$as(?) 型、

甲
- (a) 臺灣、Sed. Paiw. 水社, s-m-inau; Bun. ma-sinau; Sid.ma-dinau(手を)
- (b) 南洋、Pan. pang-hinau(手を); Ibk. man-guinnau.

乙
- (a) 臺灣、Atay. q-m-oax: Sid. k-umm-ogh-koch(wash out).
- (b) 南洋、Bis hugas(cleanse); Pamp. uás-an; Mgd, g-um-agas; Bgb. horas.

(3) 體を洗ふ、dir$_2$us 型、

(a) 臺灣、Puy. d-m-iros; Ami, mi-riruts; Kab: mu-ruzis <mu-zirus;

(b) 南洋、Mal. dirus (watering, pour water); Old Jav. dyus; Jav. dus; Tag. ma-ligo; Ceb. ka-ligo; digo; Pan. pa-ligos; Apay. mag-diut; Pamp. man-dilu; Bgb. pa-digos; Mgd. ma-igu; Mlg. man-dro.

七、方角を表はす語、

(1) 川上又は山手を表はす語、daya 型、

(a) 臺灣、Atay. raya; Sed. daya; Paz. daya(東); 水社. saya; Paiw. zaya; Sid. reia(東), seia(〃); Puy. daya(西).

以上の内、パイワン語は山西にては東の義、山東にては西の義となる。

(b) **南洋**、Ilok. daya (east). Mal. barat-daya (south-west = west + south). Mak. Bug. daya (south-
south-west). Mak. diad. raya (east).

(2) **川下又は海手を表はす語**、laud 型、

(a) **臺灣**、Atay. yahoʔ(lahod; Paz. rahud (西); 水社. raus; Paiw. rauz; Sid. raor(西), raos (〃);
Puy. raud(東).

以上の内パイワン語は山西にては西の義、山東にては東の義となる。

(b) **南洋**、Ilok. laud; Mal. laut(sea), barat laut (north-west = west + north); Mak. laoe; Bug.
laoe(east).

(3) **南を表はす語**、$timor_2$ 型、

(a) **臺灣**、Puy. Ami. timur; Kab. tibor; Sid. timog.

(b) **南洋**、Tag. timog; Mlg. atsimo; Mal. timor (east). Sunda. timur (east); Mak. timoro
(east monsoon). Bug. timo(east wind).

(4) **北を表はす語**、q-amih 型、

(a) **臺灣**、Atay. Bun. qamis-an(冬); Sed. amis-an(冬); Sib. hamis-an(冬); Puy. ami; Ami,

Sais. amis; Sid. amig.

(b) 南洋、Tag. amih-an(breeze from north-east); Ilok. ami-anan.

台湾蕃語の数詞用法の二例　金沢博士還暦祝賀会／岩橋小弥太『金沢博士還暦記念　東洋語学乃研究』一九三二年、三省堂　五七三〜五七九頁

臺灣蕃語の數詞用法の二例

小川尚義

臺灣蕃語の數詞は大體に於て南洋諸島の數詞に類似し、「インドネジアン」に屬するものであるが、茲には其の内特種の用法の二例に就いて述べて見たいと思ふ。

(一)、臺灣の最南端に住する「パイワン」族、並に東海岸に住する「アミ」族は十以上の數を數へる場合に、一種特別の計算法を用ひてゐる。例令ば

	Paiwan	Ami
十一	pu-si 'a-ḍusa (二) a puroq (十) no ita (一)	tsa-tsa-ai (一) ko saka-tosa (二)
十二	pu-si 'a-ḍusa (二) a puroq (十) no ḍusa (二)	tosa (二) ko saka-tosa (二)
二十一	pu-si 'a-cŭro (三) a puroq (十) no ita (一)	tsa-tsa-ai (一) ko saka-toro (三)
二十二	pu-si 'a-cŭro (三) a puroq (十) no ḍusa (二)	tosa (二) ko saka-toro (三)
三十一	pu-si 'a-spac (四) a puroq (十) no ita (一)	tsa-tsa-ai (一) ko saka-spat (四)

三十二　pu-si'a-spac（四） a puroq（十） no dusa（二）　tosa（二） ko saka-spat（四）

の如く、十一餘の數詞には二の數を用ひ、二十餘の數詞には三の數を用ひ、三十餘の數詞には四の數を用ひるなど、凡て普通の算法に用ひる數の一段上の數を用ひてゐることは大に注意すべきことであると思ふ。

「フィリピン」の「タガログ」語に於ても二十一以上には此の種の計算法があるが、現今は此法は昔の方法と見做され、一般には普通の算法によつてゐるやうである、例令ば

	古法	現在
二十一	ma-yka-tlo-ng（三） isa（一）	dalawa-ng（二） powo（十） 't（而） ita（一）
二十二	ma-yka-tlo-ng（三） dalawa（二）	dalawa-ng（二） powo（十） 't（而） dalawa（二）
三十一	ma-yka-pat（四） isa（一）	tatlo-ng（三） powo（十） 't（而） ita（一）
三十二	ma-yka-pat（四） dalawa（二）	tatlo-ng（三） powo（十） 't（而） dalawa（二）

此の如き特種の算法の起原を研究するには、順序數詞（ordinals）を比較する必要がある。「バイワン」、「アミ」、「タガログ」語の順序數詞を見ると次の樣である。

Paiwan　**Ami**　**Tagalog**

第一	si'a-ita	saka-tsatsaai	——
第二	si'a-ḍusa	saka-tosa	ika-lawa
第三	si'a-cŭro	saka-toro	ika-tlo
第四	si'a-spac	saka-spat	ika-pat

右の表に於て「パイワン」の si'a は sika の轉訛であることは明かであるから、上の三語は大體に於て一致してゐると見ることが出來る。而して此を前表に比較して見ると、「アミ」語の十一の tsa-tsa-ai ko saka-tosa は直譯すれば one the second 卽ち「第二の一」の義で、「十を一回數へた後の第二番目の一」を意味し、二十一の tsa-tsa-ai ko saka-toro は one the third 卽ち「第三番目の一」を意味する。又「パイワン」語にある pu- は普通、他動詞、又は使役動詞を表はす接頭語で、十一のは pu-si'a-ḍusa a puroq no ita は直譯すれば make second the ten of one 卽ち「一の十は第二にするもの」卽ち「一に結付く十は第二番目に數へる十」といふ意味であると考へられる。又「タガログ」にある ma- は普通、自動詞、又は狀態を表はす接頭語で、二十一の ma-yka-tlo-ng isa は直譯すれば「第三になつてゐる一」、又は「第三番目に當る一」の義で「一、十一、二十一と數へて第三番目の一、卽ち二十一」といふ意味と考へられる。

(二)、「パイワン」族と、臺灣の最北部に住する「アタヤル」族の語に於て、度數を表はす數詞に類似が有る。而して玆にも亦、「タガログ」語と共通の點が見出される。

	Paiwan	Atayal	Tagalog
一回	ma-ka-ta-l (一)	min-xa-l (一)	min-sa-n (一)
二回	ma-ka-pusa-l (二)	min-pusa-l (二)	ma-ka-lawa (二)
三回	ma-ka-cŭru-l (三)	min-teyu-l (三)	ma-ka-i-tlo / ma-ka-ta-tlo (三)
四回	ma-ka-simac-ul (四)	min-spayats (四)	ma-ka-i-pat / ma-ka-a-pat (四)
五回	ma-ka-rima-l (五)	min-imagal (五)	ma-ka-lima / ma-ka-li-lima (五)

「インドネジアン」（タガログ語、マレイ語等）のsは普通「パイワン」ではtとなり、「アタヤル」ではh又はxとなつてゐる。右表「一回」などの例

	Paiwan	Atayal	Tagalog	Malay
一	i-ta	min-xa-l（一度）	i-sa	sa-tu
洗衣	vatŭq	vahoq	basa′	basah（濡）
犬	vato	ho-zil	aso	an-jing < aso-jing（?）

「インドネジアン」のhは普通「パイワン」ではsとなり、「アタヤル」でも屢々sとなる、而して熟蕃 sidaia では h を保有してゐる。前表「二回」、「四回」などの例。

	Paiwan	Atayal	Sidaia	Tagalog	Malay
二	ḍusa	r̃usa	rouha	da-lawa	dua
四	spac	spayats	hpat	apat	ĕmpat
涙	rusuq	——	——	luha'	——
汝	ti-su-n	i-so	im-hou	iyo (+hy).	——
夢	spi	spi	——	hinip	ber-mimpi

(二は Bisaya にて duha 四は Bali にて hĕmpat 涙は Java にて loh<*lohoh(?) 夢は Kawi にて ipi, nipi の例がある)。

此によつて見ると、「パイワン」、「アタヤル」で二回といふ語の中に含まれてゐる pusa の sa は、此の rusa, ḍusa の sa であることが分る。併し pu の音に就ては未だ確證を得ない。此は他日の研究に待たねばならぬ。

接頭語に於て、「パイワン」の maka- は「タガログ」の maka- に同じく、「アタヤル」の min-

は「タガログ」の min-sa-n（一回）に表はれてゐる。此によつて見ると、「インドネジアン」には度數を表はす爲に本來 maka- と min- と二種の接頭語が有つて「パイワン」では maka- が表はれ、「アタヤル」では min- が表はれ、「タガログ」では maka- と min- と二種共に表はれたものと見るを適當と考へる。「パイワン」、「アタヤル」の語尾の l が「インドネジアン」の一種の n（本來「インドネジアン」には n_1 n_2 の二種あり、n_1 は蕃語に於て n を有し、n_2 は l となつたものと考ふ。）に相應することは左の例で見ることが出來る。

	Paiwan	Atayal	Tagalog	Malay
子	alak	alaqei < *alak-qei	anak	anak
腹	cial	——	tian	——
鰻	——	tula-qei	——	tuna
雨	qojal	qoal-ax < qor̃al-ax	ulan	ujan

（右の外、足蹠を「パイワン」にて japal「アタヤル」にて r̃apal「フィリピン」の Apayau, と Bikol にて dapan, Batan にて rapan といふなどの例がある。）

右に擧げた樣な計算の思考法、又は度數の表示法が、臺灣の蕃語と南洋語との間に一致してゐることは、只單語の類似といふ如き表面的のものでなく、言語の根本に於て密接の關係があることを證明するものと考へられる。

文中に用ひた符號字の發音

d・cacuminal のd.

c 齶的破音

x 獨逸語のch

r̃ 顫動音

ŭ 唇を扁平にして發するu

ツオウの昔話

『科学の台湾』第二巻第三号、一九三四年、台湾博物館協会　三〜四頁

ツオウの昔話

小川尚義

大阪外國語學校の淺井惠倫氏が南仔脚萬社で集められた昔話の中に左の如きものがある。

昔トウゴロジヤ(Tungolozya, 達邦社で鰻を Tungeyoza)といふ怪物があつた。此の物は形は山の様に大きくて人間同様に耳目口鼻が有り、世界の果にゐて川の水は皆彼の口に入るのだといふ。或時此の怪物が横向になつたので川の水が彼の口に入らなくなつた、それで大洪水が起つて地上は皆海になつてしまつた。而して水が段々増して山の上まで來るやうになつた。すると其處へ一匹の大きな蟹が出て來たので我等の先祖は此の蟹に頼んでトウゴロジヤを鋏んでもらうことにした。蟹は試に怪物の臍の處を輕く鋏んで見ると怪物は少し動いた。蟹は今度本式に鋏んだ時に逃げ隱れることの出來る場所を探した。そこでいよ〳〵本式に強く鋏むと怪物は體をクルット廻した。すると水は彼の體の中へ流れ込む様になつたので水がだん〳〵減つて來た云々。蟹が怪物を鋏む話はセレベスにも其の例がある。其について順序上フイリッピンの昔話を説明する必要があるので先づ其の事を述べる。フイリッピンの殉國者リサール(Rizal)は一八八九年に Tribuner's Record No. 245 に於て Two Eastern Fables といふ題目を掲げてフイリッピンの昔話に日本の猿蟹合戰に似たものがあるといつて二つの昔話を比較してゐる、而してそのフイリッピンの昔話といふのはビサヤにもあるがタガログに傳はつてゐる大體の筋は次の様なものである。

昔龜と猿とがあつた。或る時一本の芭蕉が川に流れて來たので二人は其を拾つた。二人は其を分けようといつて眞中から二つに切つた。猿は葉の澤山附いてゐる上の方を取り龜は根の方を取つた。二人は之を栽えた。猿の芭蕉は枯れてしまつたが龜の方は葉が出て果を結んだ。猿はその果を取つてやらうといつて木に登つたが自分丈で食つて一つも龜にやらなかつた。そこで龜は川からス、といふ尖つた貝を澤山拾つて來て芭蕉の根本の周圍に突刺した。而して自分は椰子の殻を被つて隱れてゐる。猿はたらふく食つてから木から下りようとすると貝が刺さつて怪我をした。龜はと捜してゐると椰子の殻の下に居たので猿は怒つて龜を殺さうといふ。猿は龜に向つて「此から汝を殺すのだが臼に入れて舂かうか水に入れて溺らしてやらうか、汝の好むまゝにしてやる」といつた。すると龜は「臼に限る、私は水に溺れるのは恐ろしい」といつたので猿は「それなら汝の恐れる方にしてやる」といつて龜を水の中に投入れた。すると龜は計略の成就したのを喜んで水を泳いで逃げて行つた。

リサールは右の昔話を日本の猿蟹合戰の話(東京弘文舎?發行とあり)と比較していふには此の二つの話は其の結末は同じくないが其の起原は兎に角一つであり、或は甲は乙の變形に違ひない、何れに於ても意地惡い貪慾な猿が同様な役目をしてゐる。何れが古くて根原であるか、その話は何處から來たかといふ事についてリサールは日本では龜は永久の表象であり神聖なるものとされてゐるがタガログでは可憐なものとされてゐる、芭蕉は握飯や柿の實よりは自然であるが日本には芭蕉が無いので材料を變へたのだらう。特に握飯は芭蕉に比して向上した文化を示してゐる。又蟹は木に上れないとなつてゐるが此は寧ろ龜の方が適當してゐる。又復讐にしてもフイリッピンの方は方法が幼稚であるが日本の方は戰爭の評議をするなど如何にも日本人の自由な想像を思起させる。其他種々の相違の點を擧げて彼はフイリッピンの方に於ては More philosophy, More plainness of form を見る代りに日本の方に於ては More civilization and so to speak, More deplomatic usage があるといつてゐる。而してその結論として日本の話もフイリッピンの話も共に或る南國から出たもので後者の方が原始的の形に近いものであるとしてゐる。又末尾に於てマレイ諸島の研究に從事せらるゝ東洋學者は

ツオウ族の男女

此に似た物語があれば提供せられたいと結んでゐる。一八八九年にストツクホルムとクリスチアニアに開かれた萬國東洋學會に於て和蘭のケルン（Kern）は The tale of the Tortoise and the monkey といふ題目で意見を發表してゐる。其内にリサールの揭げた樣な物語はジヤバ島のスンダにもあるが、復讐の方法を異にしてゐる一種物語が北セレベスのミナハサに行はれてゐるといつてゐる。其の物語の始は大體タガログのと同じである。猿が獨りで芭蕉を食つて龜に與れないので、龜は草を拔いて木の周圍に置いて其に大便をした。而して其の側へ刺の木を置いた。猿が芭蕉の實を與れないので塞を與れといつた、猿が葉を與れたので其の葉を以て刺の木を蔽うた。猿が「下りよう」といふと龜は「草の處へ大便したから芭蕉の葉の處へ下りよ」といつた。猿は葉の上に跳下りると刺にさゝつて死んでしまつた。龜は死んだ猿の骨を取つて石灰を作つた。或時他の猿共が龜の處へ立寄つて「汝の友（猿）はどうしたか」といふと龜は「丁度他所へ行つたがマア一服せよ」といつて檳榔子を出した。龜は先に猿の骨から作つた石灰を出したが猿共は其とも知らず、その石灰を檳榔に附けて食べた。猿共が立去ると龜は後から「汝等は仲間の骨を食べた」といふ、猿共は「何の事だ」といふと、龜は「速く行かぬと日が暮れるぞ」といつて胡麻化した。猿共が去ると龜は又「汝等は仲間の骨を食べた」といふ、猿共は「何の事だ」といふと、龜は「路邊のロンボイ（Blackberries）を子供等に取つて行つてやれ」といふ。猿共が立去ると龜が又同じことをいふので猿共は遂にその事實を知つた。そこで一同立歸つて見ると龜は道の割目に隱れてゐたので其を引出した。而して龜に向つて「汝を微塵に打碎いてやるぞ」といふと、龜は「宜しい、數が殖える」といふ。「其れでは縛つてやるぞ」といふと「宜しい、ブランコが出來る」といふ。「火で燒いてやるぞ」といふと「宜しい暖まれる」といふ。「それなら池に溺らしてやるぞ」といふと龜は「イヤ〱」といふ。そこで猿は龜を嫌がる池に投入れた。龜は水に入ると「私は汝等を欺してやつた、此處は私の內だ」といつた。猿はダンクー（Dangkou、セレベス特有の動物、Anoa depressicornis）の處へ行つて「池の水を飲んで與れ」といつた、ダンクーが水を飲むと猿共は泥の處へ來て龜を搜した。龜は危うくなつたので蟹の處へ行つてダンクーの腹を鋏んで與れといつた。そこで蟹がダンクーの腹を鋏切ると水が非常な勢で流れ出で洪水になつた、するとダンクーも死に猿も皆溺れて死んでしまつた。今日蟹の背に妙な形があるのはダンクーが死際に踏んだ跡だといふ。

以上はケルンの擧げた物語の大要であるが、フイリツピンになかつた蟹がセレベスの物語に出てゐるのは面白い、又內容は違ふが此が日本の猿蟹合戰の蟹を思ひ起させる、又ツオウの物語では蟹が怪物を鋏んで水を飲込ませるのであり、セレベスの物語は腹の中の水を外に出させるのである、常識から考へるとツオウの方は不自然であり鋏切つた結果は同一ではないが何れも洪水に關係したものであることは注意すべきことゝ思はれる。本原は同一であつたのが時と處を異にするに從つて異なつたことを表はす樣になつたのではあるまいか。

阿里山の氣候

近藤石象

暑い臺灣で阿里山は檜の產地として以外に女、子供の顏色が內地色をしてゐると云ふので一般に知られてゐる。成程來てみると實際さうであるが、平地にゐるだけでは一寸想像もつかないことである。私は今こゝに阿里山高山觀測所開所以來僅一年間ではあるがその間に得られた普通測候データーを拾つて、如何に阿里山の氣候が臺灣平地のそれと異り、又或點內地のそれとも異つてゐるかを考へてみたいと思ふ、勿論僅一箇年間の氣象データーであるから必ずしもこれを以つて例年を語るわけにはゆかないが大體のことは云ひ得るものと思ふのである。

氣溫のことに關しては伊東技師が書かれるのでこゝにはグラフを添へるに止める、何れも昭和八年四月より九年四月迄の値を採つた。第一圖は、各月平均氣溫、第二圖は各月の最高氣溫、第三圖は各日最高溫の月平均、第四圖は各月の最低、第五圖は各日最低の月平均をとりたるもの。阿里山は普通の線、臺南は破線、臺北は點線を以つて示す、これによると、阿里山は一箇年を通じて如何に氣溫の振幅が小さいかがわかる、阿里山の濕度の變化は他處に比して、第一表の示す如く變化に富むと云ひ得るだらう。雨量は、第二表の示す如く、年總計に於いて、臺北、臺南を遙に陵駕してゐる、殊に、五、六、七月の雨量は、注目に値する、今第三表に、雨、曇、快晴、霧の要素に就いて類別日數を

タロコの伝説

台湾総督府博物館編『創立三十年記念論文集』一九三九年、台湾博物館協会　一六五～一七五頁

タロコの傳説

小川尚義

左の傳説は私が先年花蓮港廳の新城で聞取つたものである、話者は北野一郎（Rokeng Gaogang）といひ、二十歳前後の青年であつた、社名は不明だが、たしか外タロコの者と記憶してゐる。

近來高砂族は内地人と接觸するにつれて、一方國語を覺えると共に、又一方内地人に解し易くする爲に、固有の發音や語法をわざとかへて話すことがある、それが習慣になつて、いつの間にか無意識に平氣で使ふ樣になつてゐる。角板山の日野君（高砂族出身の公醫）が曾て、ヤジツさんの蕃語は大分變つてゐる、本當の蕃語ではありませんよといつた、その時君のはどうですといつたら、私のも少しは怪いしのがあるかも知れません、實は自分でもよく判りませんがといつた、實際彼は蕃語口授の時に、よくタイヤル、タイヤルといふので、私がアタヤルではないかといつたら、さうです、アタヤルです、内地人が皆さういふので、いつの間にかタイヤルといふ樣になりましたといつた、北野の蕃語も、或はそんな點があるかも知れないが、大體に於ては、さう間違はなからうと考へる。

タロコ語は霧社（Paran）語と同じくセーデツク語に屬して、アタヤル語とも近い關係にあるが、發音や、單語や、語法などには、夫々多少の相違がある、こゝには一般の比較はやめて、本文の註釋の中で幾分その點にも觸れることにする。

文字は活字の都合により、普通ローマを用ひることにしたため、發音は大體の音を表はすだけである、尙は注意すべき點を左に擧げる。

ŭ　中間母音、普通唇を圓くせぬ u

b、g　輕い摩擦音

q　懸壅垂部の破音

x　k 調音部の摩擦音

r　卷舌でない r

ng　g 調音部の鼻音

dz　常にてi の前にある、dzi は屢々 di と聞える

s　s に、口蓋化してシャ行の樣に聞えるのがあるが區別しなかつた

?　聲門部の破音

略語、記號

In.……Indonesian.　Atay.………Atayal

<　左側の語は右側の語の轉

>　上記の反對

本　　　文

Sisil[1]
シシル

sōxal[2] sōxal balai rodan sisil ō[3] mūkūla kare[4] ‖
昔　昔　實＝　老　シシル其ハ　知　話

sisil : “namo[5] ō pah sayang bahangi[6] kare nami[7] da[8] ‖ tai[9]
シシル　汝等　其ハ　カラ　今　所聞　話ハ　我等ノ　ダヨ　所見

namo ini kūbahang[6] kare nami ō | kūmuts namo mūhoqel ? lo |
汝等ガ　不　聞　話ヲ　我等ノ其ハ　不意＝？　汝等ハ　死　路デ

keyutun[10] namo qoyo ore | mūtakor namo ore da ‖ kawai[11] bînao[12]”‖
所咬　汝等ハ　蛇ノ　又　轉倒　汝等ハ　又　ダヨ　覺エテヲレ　ヨク

sadzeq : “adi ! adi ! | masulux bahangan[6] kare ka[13] kalūbiling
人　否　否　モノカ？　所聞　話ハ　其　噓ハ

so ‖ iso ka naqeh da ‖
汝ノ　汝ハ其ハ　惡　ダ

sisil ; “hān | sao ki[14] do[15] ō sūpungai[16] ta[17] bînao ‖ tai ko ini
シシル　如其　如　其スルト其ハ　所試　我等ノ出來ル丈　所見我ハ　不

dziage[18] utux ō | adi rutugun[19] ka būtunux ‖ tai mo[20] rutugun ka
所佐助　神ノ　其ハ　非　所轉　其　石ハ　所見　我ノ　所轉　其

būtunux do ō | yako ka bahangun[6] namo pūsūkare[4] da”‖
石ハ　スルト其ハ　我　其　所聞　汝等ノ　命令者　ダヨ

シ　シ　ル

昔昔大昔シシルのおぢいさんは話が出來た‖

シシル「お前達は此から私達のいふことを聞くのだよ‖若しいふことを聞かぬときは|お前達は途中で變死したり|蛇に咬まれたり|ころんだりするよ‖よく覺えてをれ‖」

人「否だ否だ|(誰か)お前の噓の話など聞くものか‖お前は惡者だ‖」

シシル「フーンさうか|其なら私達は精一杯力を出して（石を轉が）して見よう‖若し神樣のお助がなければ（私の樣な小鳥では）石は轉がせない‖見てをれ若し私が石を轉がしたら|お前達は私のいふ通になつていふことを聞くのだよ」

sadzeq : "sŭpugei[16] ! sŭpungei!"
人 所試 所試

sisil : "eq! ida[21] mŭsao[22] | kawai[11] bînao[12] ‖ tai namo rutugun ka
シシル ヨシ ヤハリ 爲如其 見テヲレ ヨク 所見 我等ノ 所轉 其

bŭtunux do ō | yami pŭsŭkare da" ‖
石ハ ソレデ其ハ 我等ハ 命令者 ダヨ

misirsiri[23] kana sisil da ‖ simikur[24] bŭtunux paro bînao[12] ‖ ini
集合 皆 シシルシタ 押 石ヲ 大ナ 一所懸命 不

biyao mŭruto[19] ka bŭtunux da ‖ wāo! paro balai dzîras na
久 轉 其 石ハ シタ ワーツ 大 實ニ 喊聲ハ彼等ノ

da ‖
ダツタ

sisil : "tai! tai! yako ka sisil namo sayang da ‖ kŭbahang[6]
シシル 所見 所見 我 其シシルハ汝等ノ 今 ダヨ 聞者

balai kare mo ‖ pah sayang ō yako ka sisil namo da" ‖
實ニ 話ヲ 我ノ カラ 今 其ハ 我 其シシル汝等ノ ダヨ

mano[25] ki ka sisil do ō |[26] asi ta[17] kŭbahangan[6] balai
何 其者 其 シシルハソレデ其ハ ソノママ 我等ノ 所聞 實ニ

kare niya ‖ ki sa musa[29] ta madok[27] da ‖
話ハ 彼ノ 其時 ハ 往 我等ハ 狩 ノダ

munyeq ka sisil qore narats nanak do ō naqeh ‖ munyeq
居 其シシル 方ニ 右 バカリ スルト其ハ 惡 居

人「やつて見よやつて見よ」

シシル「よしさあやるよ｜よく見てをれ‖私達が石を轉がしたら｜私達は（お前達を）いふ通りにさせるのだよ‖」

シシルは皆集つた‖一所懸命に大きな石を押した‖間もなく石は轉げた‖ワーツといふ彼等の叫び聲は大變大きかつた‖

シシル「それ見ろそれ見ろ｜今から私はお前達のシシル（吉凶を占ふ鳥）だよ‖私のいふことをよく聞け‖今から私はお前達のシシルだよ‖」

扨其が私達のシシル（吉凶を占ふ鳥で）になつたので｜私達は其のいふことを其のまゝ聞いて｜狩に行くことにしてゐるのだ‖

シシルが（路の）右の方にばかり居るのは凶

qore iril nanak do ō naqeh ore ‖ munyeq qore mŭqaqeyuts
方ニ 左 バカリ 而其ハ 惡 亦 居 方ニ 相對

sisil do ō naqeh ore ‖ ki sa [28]tŭgaun ta han | tai wada sisil
シシルガ スルト 其ハ 惡 亦 其時 ハ 所待 我等ノ一寸 所見 去 シシルガ

do ō [29]pŭsaun ta qore siyao ? lo da ‖
スルト其 所進 我等ノ方ハ 側 路ノノダ

muda barah ta ka sisil ore ō pŭsaneq ba ki da ‖ ki sa ini
通過 前ヲ我等ノ其シシルガ又其ハ 不吉 實ニ其ハダ 其時ハ 不

[29]usa do ō | [26]asi ta bureinah miyah da ‖
往 ソレデ其ハ ソノママ 我等ハ 引返 來 ノダ

sisil ō munyeq sŭpusu qore narats | babao [30]niya mŭgisiyuk
シシル其ハ 居 最初 方ニ 右 後 其ノ 相互往來

mŭgisiynk [33]xeya | [14]ki sa malo balai da ‖
相互往來 其處 其時ハ 善 實ニ ノダ

narats narats nanak naqeh ore ‖ iril iril nanak naqeh ore ‖
右 右 バカリ 惡 亦 左 左 バカリ 惡 亦

tai mŭqaqeyuts ka sisil ō | [31]kahaoran ta bŭtunux ka tahagali
所見 相對 其シシルガ其ハ 所投 我等ノ 石ヲ 其 近方ハ

niya | [32]pŭsapŭn ta qore iril | [14]ki sa muda ta [33]xe da ‖ malo
其ノ 所使集合我等ノ方ニ 左 其時ハ 通過 我等ハ 其處 ノデ 善

balai ki ore ‖ musa qore narats [34]kingal | wada qore iril kingal
實ニ 其ハ 亦 行 方 右 一ツハ 去 方 左 一ツハ

だ‖左の方にばかり居るのも凶だ‖（路の）兩側に向合つてゐるのも凶だ‖其の時は暫く待つて｜シシルが飛去つた時路の側を進んで行くのだ‖

又シシルが私達の前を通るのは大變不吉だ‖其時は往かないで‖私達は其のまゝ引返して來ることにしてゐるのだ‖

シシルが最初(路の)右の方に居て、その後其處を交る交る往つたり來たりする｜其の時は大吉だ‖

右右ばかりも凶だ‖左左ばかりも亦凶だ‖シシルが（路の兩側に）向合つてゐる時｜私達は其のあたりへ石を投げて｜左の方に集らせる｜其がうまくいつた時は私達は其處を通るのだ‖其は亦大吉だ‖（右の場合に）一羽は右の方へ往き｜一羽は左の方へ飛去つて｜別れ別れにな

ore | mŭsowayai[35] do ō | naqeh balai ‖ ki sa bureinah ta ‖
又　分離　スルト其ハ　惡　實ニ　其時ハ　引返　我等ハ

musa sappah da ‖
往　家　ノダ

malo balai sisil ta ga musa madok do ō | mŭgai[36] lala balai
善　實ニ　シシル我等ノ其　往　狩　スルト其ハ　與　多　實ニ

utux ‖ ki sa lala balai boan[37] ta samats ‖ naqeh sisil ta ga
神ガ　其時ハ　多　實ニ所射中我等ノ　獲物　惡　シシル我等ノ其

musa madok do ō | ini ta byeqai[38] utux ‖
往　狩　スルト其ハ　不我等ハ　所與　神ノ

つた時は大凶だ‖其時は私達は引返して|內へ歸るのだ‖

私達の鳥占が大吉であつた時に狩に往くと|神が實に澤山下さる‖其の時は私達の射中てる獲物が澤山ある‖私達の鳥占が凶であつた時に狩に往くと|私達は神樣から(何も)貰はない‖

註　解

(1) sisil, 小鳥の名、その聲を聞いて吉凶を占ふ。Atay. sil-yeq.

(2) so-xa-l, xa-l は mŭn-xa-l (一度)の xal. xa は In. sa (一)。so- は sa-xega (昨日)、sa-kawas (昨年) などの sa- と同じで過去を表はす接頭語であらう。

(3) ō, Atay. qo に相應す。(……は……) の如く次の句へ續く場合に用ひる、(それは)、(……なれば)、(……すれば) 等の意、

(4) kare, 又 kari, Atay. kai.

pūsū-kare いふ通りにさせる者、命令者、

（５） namo, 本來 yamo（汝等は）の領格で（汝等の）の意であるが、タロコや霧社では主格にも用ひてゐる、

（６） bahang-i, kbahang-i の轉、原形 kūbahang. -i は客體（話）を主語とする命令の語尾、話は（汝等の）聞く所の物ぞ＝話をば聞けの意、

kūbahang 命令、（汝）聞けの場合、又は否定 ini と共に用ひらる、

bahang-an の an は材料を主とする場合の語尾で、ここでは聞くべき話が主格となる、話は聞く爲のものといふ意、

bahang-un 聞くべき客體、卽ち話手、ここでは服從すべき客體にて、我は汝の服從すべき者の意、

（７） nami, yami（我等〔對話者を除く〕は）の領格

（８） da, ……だ、……だよ、……した、などの意、

（９） ta-i, kita-i の轉、（汝の）見る所の物ぞ、その物見よの意、k-ūm-ita 見る者（主）、tai は普通は、（見よ）といふ程の強い意味でなく、轉じて（若し……ならば）といふ程度の意に用ひらる、

（10） keyut-un, 咬む所の物、客體（汝等）、（汝等は）蛇の咬む所となるぞの意、漢文の爲人所見、爲人所打と同じ構成である、

（11） kawai, 見てをれ、覺えてをれ、思ひ知れ、などの意、s-m-u-kawai 後を見送る、といふ語がある、

（12） bīnao, 又は binnao, よく、出來るだけ、一生懸命など、

(13) ka, 普通、主格を表はす。又時としては同格語を表はし、又は句に先行して關係代名詞の樣に用ひらる。

(14) ki, kiya (其れ、其物、其事、其時) の轉、

ki sa＜kiya sa 其時は、

(15) do, Atay. ro (此の r は卷舌の音)、Atayal では、(1)甲と乙と丙となどの場合の (と), (2)すると、それで、などの意味がある、タロコでは後の意味、

(16) sŭpung-ai, s-ŭm-pung (試みる者)、原意は、米などを量る、轉じて計畫する、やつて見る、-ai の a は現實の未來、i は位置を表はす、主語の(此處)が略されてゐるのであらう。卽ち、現在、此處は我等の力試をすべき處の意で、汝等の目前で力試をやらうといふ意、

sŭpung-ei＝sŭpung-i 同上の命令、

(17) ta, 本來對話者を含む場合の我等の意であるが、しばしば對話者を含まぬ場合に用ひてゐる、此種の混同は Ami 語などにも時時見ることがある、

(18) dziag-e＝dziag-i, 手傳を受ける者(位置)、d-ŭm-iyau 手傳ふ者(主體)、語末の u が母音に續く時は g に變ることがある、それは此の u が本來 In. r_u である故であらう。

(19) rutug-un 轉がす所の物 (客體)、＜ rutu. mŭ-rutu 轉げる、又 turutu 形もある，此は重複形 rutu-rutu (ころころ) の轉であらう、u＞g は(18)に說明した、

(20) mo, yako＜i-ako (我が)の領格、m-ako の轉、Atay. mako.

(21) i-da Ami i-ra（rは卷舌音，其は）と同語であらう、タロコでは普通(やはり)の意であるが、ここでは(さあ)といふ位の意、

(22) mŭ-sao 其の通りする、sao……の如く、

(23) mi-sir-siri, 又 mi-siri-siri, mi-si-siri 何れも集合の意、語根 siri, 重複は多數を表はす、mi の i は同化、

(24) s-im-ikur, 又 s-ŭm-ikur 車など横に押す、im の i は同化、

(25) mano ki ka……, mano は何の意、Atay. nano と同じ、ここでは mano は發語で、國語の(エー何、あの……)などと同じ用法、又 mano ō…… も同様で、Atay nano qō……に當る、扨と譯した、ki は kiya, ここの譯は扨其者がシシル（卽ち吉凶を占ふ鳥）になつた、それで……

(26) asi, Atay, si に同じ、Atay, si は(1)自然に、(2)其のまま、(3)其のままじつとしてゐる、(4)其のまま直に、忽ち、ふと、出しぬけに、いきなり、(5)其のまま續く、……しながら、常に、だんだん、(6)其のままで他物を混ぜぬ、自分丈、純粹、うぶ等の意味がある、本文では、其のまま(聞く)、いふままに(なる)などの意、

(27) m-adok, Atay. Paiwan, q-ŭm-alup; Bunun, mu-qanup; Ami, mi-adop 何れも狩する者の意、又フイリツピンの Iloko に pa-nag-anup があり、語根 anup く qanup$_2$ は犬又は網で狩する意である、同じく Tagalog の h-um-anap（探す、狩する）も此に關係があるのであらう、タロコ語は末尾に p を許さぬので、k になつてゐるが、語尾が附く時は p が現れてゐる、dopp-un 狩する物(客體)等、

(28) tŭga-un, 甲の待つ所の乙(客體)、t-ŭm-aga 乙を待つ甲(主體)、

(29) p-ŭsa-un 進み行く處、m-usa (往く者)、領格に連續する第二變化ではmがpになる、usa は、(汝)往けの如き命令、又は ini usa の如き否定の場合に用ひらる、

(30) babao 本來、物の上の意、babao niya は (其の上) の意より轉じて (其の後) の意となる。

(31) kahaor-an 又 khaor-an, 投附ける處(近處)、-an は位置を表はす、k-ŭm-ahor 投つける者(主體)、

(32) pu-sapu-un, 話者は原形 supu であるといつた、supu は數へる意である、此が集合の意に轉じたものか、pu……un は甲が……させる乙(客體)、我等の集らせる物(鳥)、

(33) xe, xeya (其處)の轉、xeya は In. si-a 相當し、又彼者の意がある、

(34) kin-gal 又 ken-gal 一個の意、一二三と數へる時は uin といふ、汶水蕃に老人の語として qōn (一) の語がある、kin-gal の kin も uin も此の qōn (本來 qoin) の轉で、gal は淺井教授の說の如く m-agal (取る) の agal であらう、Atayal の tsyu-gal < teyu-gal < tŭro-gal (三)や、ima-gal < rima-gal (五)の gal も此である。

(35) mŭ-sawayai, mŭg-sowayai < mag-sowayai の轉、sowayai は別れる意、mag- は互にの意、In, mar$_2$ -で、Tagalog mag-ama (互に親子、父と子) の mag が此である ama は父の意、

(36) mŭgai, m-bŭgai (與へる者、與へ主)の轉、bŭgai は In. bĕrai$_2$ である、byeqai は bĭ-eq-ai の轉で、授與を受けるべき位置に在る者、bĭ は bŭgai > bŭge > bgi > bĭ の如く轉じたもの、eq は Atayal, や Sedeq によくある接尾語、apui (火)に eq が附いて pu-ny-eq (銃、Atayal では火) となる、接尾語 ai の a は現實の未來、i は位置を表はす、接尾語 eq はタロコには無いことがある、例へば與へる者(主體)は、タロコでは mŭgai で eq

が無いが、Atayal では myeq ＜ m-bi-eq で eq がある、此に似た例は、食ふ者（主體）はタロコは mu-kan であるが、Atayal では man-ny-eq ＜ k-m-an-eg で eq がある、食ふ物（客體）は、タロコは oq-on（＜eq-on ＜n-eq-on ＜ kan-eq-un）であるが、Ateyal では nyeqon ＜ n-eq-on（＜ kan-eq-un）で何れも eq がある、

（37） bo-an 射つ爲の物、即ち獲物の意、ここでは獲物をば射つて取る材料と見る故に、an の接尾語を用ひる、發射する者（主體）は mo ＜ m-bo である、

『民族学研究』第五巻第一号、一九三九年、日本民族学会　一～一四頁＋図表

時に關する高砂族の語

小川尚義

年の改まるに際して、私は時に關する高砂族の語について少し述べて見ようと思ふ。先に移川教授が本誌に於て述べられた「未開社會に於ける時の觀念」といふ文章の中にも、相當、時に關する語が出てゐるが、私は別の方面の語を擧げて、言葉の上から説明を加へることにする。材料は別表の如く年月日等十四種の語を採つて、これに高砂族の各種の語をあてはめた。先づ別表の大體について説明する。

第一段、アタヤルからヤミまでは蕃語が日常の用語として使用せられてゐるもの、第二段カバランからサオまでは、夫々程度はちがふが兎に角或る程度まで使用せられてゐるもの、第三段のケタガランからシラヤまでは、僅かに故老の記憶に殘り、將に死語とならんとしてゐるものである。

文字は蕃族名及び本文引用の南洋語は普通のローマ字を用ひたが其他は大體萬國發音記號を用ひた。併し活字の關係で多少變更したものもある。大體左の通りである。

ŭ　種々の中間母音
~　兩唇有聲摩擦音
　舌尖上齒間の有聲摩擦音

時に關する高砂族の語

ɖ　dの反轉音

ẓ　zの反轉音

ɭ　lの反轉音

ɹ　rの摩擦音

ʂ　口蓋化したる s

ḷ　口蓋化したる l の無聲音

ʝ　口蓋的 l の摩擦音

c　口蓋破音

ɟ　同上有聲音

ç　口蓋摩擦音

x　舌根部の摩擦音

ɣ　同上有聲音

q　懸壅垂部の破音

R　同上の顫音

ʔ　喉頭部の破音

ɦ　hの有聲音

(.)　極めて輕微なる音

材料の出所は自分で蒐集したものゝ外 Seedeq, Bunun, Kanakanabu, Saaroa, Rukai の一部 Yami は主として淺井惠倫氏の調査に、Babudza, Siraya は主として和蘭の文書に、Papora, Hoanya は主として伊能嘉矩氏の調査に據つたものであるが、尙ほ自分の調査によりて多少變更を加へたものもある。又 Ketagalan 以下のものは和蘭材料の外は故老の所傳であるから、語詞並に發音の點に於て正確でないものがあるかもしれぬ。

本文に用ひた略語は、蕃語の場合は、初の三四字を用ひた。又南洋語の場合は左の通りである。

Apay……Apayao (Philippine); Bat……Batan (同上); Bik……Bikol (同上);
Bis……Bisaya (同上); Day……Dayak (Borneo); Iban……Ibanag (Philippine);
Ilok……Ilokano (同上); In……Indonesian; Jav……Java; Kawi……(Java の古語)
Kal……Kalamian (Philippine); Mal……Malay;
Malag……Malagasi (Madagascar); Pamp……Pampanga (Philippine);
Pang……Pangasinan (同上); Tag……Tagalog (同上).

一、年

1、*$t_2$aquĕn_2 型。Bunun の ka-tavin (昨年)及び Kanak. 以下 Paiwan まで、それと Sir. は此の型に屬する。南洋語には Mal., Kawi., Jav., tahun; Tag., Pang., Bik. taon; Apay. daʔon; Ilok. taoen などがある。Paiw. 等にて頭音が (ts) に尾音が (l) になつてゐるのを見ると、本來、此の (t) は (t_2) に、此の (n) は (n_2) に屬するものと考へられる（昭和五年一月「言語と文學」第一輯、拙稿「パイワン語に於けるQの音」、及び同年四月、同上第二輯、「パイワン語に於ける(Ts)の音」參照）。又末尾音節

3

の頭音は Tag. 等には現はれてゐないが、Mal. 等には (h) があり、Apay. 等には喉頭破音がある。Paiw. 等の (w) 又は (v) は音便であるが、Mal. 等の (h) が本來 (q) であらうといふことは上出「言語と文學」第一輯に述べた。又、南洋の中にもフィリッピン群島の Palawan 島にある Kalamian に tacon (年) といふ語ある。此の Kalamian 語、並に三吉朋十氏の調査せられたフィリッピンの Agotaya 語には In. k が省かれて In. h に相當するものが (c) 又は (k) になつてゐる。此は Paiw. q に相當するものであるから、私は此の (c) 又は (k) は (q) の音であらうと考へる (此のことは又別の機會に述べる)。Paiw. tsavil (年) に於て、Paiw. には普通 (q) があるのに此處に (q) が省かれてゐるのは例外であらう。尙ほ Paiw. tsao-tsao (人) は In. $t_2$au であるが、Atay. sqo-leq <saqo-leq (人)、などから考へると本來 (q) があつたのが、早くから省かれたものであらう。又末尾の音節の母音は Paiw. 等には (i), (e); Tag. 等には (u), (o) であるが Ilok. taoen; Pang. taoen (天) には (e) となつてゐる。Ilok. と Pang. は In. ĕ を (e) に轉ずる特徴を持つてゐる語であるから、他語に於て多少の不規則な點はあるが、以上の諸點を總合して私は年の語の原型は *$t_2$aquĕn_2 の樣な形ではなかつたらうかと考へる。

二、kawas 型。Atay., Seed., Paz., Sao, に此の形がある。Paz. では又天の意がある。又 Ami には神靈、妖怪の意の kawas といふ語がある。Bab. baas も同語かと思はれる。

三、qamis_2 型。amis, 又は ami といふ語は蕃語では普通北方の意に用ひられてゐる。Bun. qamis_2-an は冬の意になつてゐるが Tag. amih-an (東北風) を考へると、本來は東北季節風の時といふ意であらう。語尾の an は普通、場所を表はすが又時をも表はす。Atay. βūtsiŋ-an (月のある時、月夜) は βijatsiŋ (月) に an を附して出來た語である。又後に述べる。

四、Sais. t-en-al-omah は tal-omah（畠を作る）の完了過去で、やはり年の意があるが、此の外 aha taoman（一年）といふ語もある。taoman は *tal-omah-an の變化であるかも知れん。

五、Bun. pun-san-an は mun-saan……（……へ往く）といふ語の變化であるといふ事であるが、尙一考を要する。

六、Tso., to-to:vah-a（毎年）の to:vah は $t_2$auwĕn_2 の轉化ではあるまいか。In. t_2>ts であるが to となつてゐるのは同化であらう。又 to-n-so-h-a は只單に年といふ意ではなく、一年の意である。二年は to-p-so-h-a、五年は to-eimo-h-a, 幾年は to-pijo-h-a などの例で明らかである。to-n-so-h-a の n-so は mohŭ-nŭ-sŭ-kŭ（一度往く）の nŭ-sŭ に相當し sŭ の母音は先行の母音に同化せられたものと見える。Tsou 語の一は tso-ni といひ、此の（tso）は In. sa に相當するのであるから mohŭ-nŭ-sŭ-kŭ（一度往く）の例から推すと *to-nŭ-tso-h-a であり、此が轉じて to-n-so-h-a となつたのであらう。語尾の子音（h）は In. n_2 の變化で、他の多くの蕃語の n_2>l に當る（尙ほ月の條參照）。末尾の（a）は Tsou 及びその近親語の特徵である。以上を Atay., Paiw. と比較すると左の通である。

Tso. n-so-h < *n-tso-h,　Atay. (m-i)n-xa-l（一度），　paiw. (k-i)n-ta-l（一度）.

Tso. p-so-h（二度）　Atay. (m-in)-pu-sa-l（二度），　Paiw. (mu-)sa-l（二度）.

n-so-h は又 Tag. (mi-)n-sa-n（一度）に相當する。

右の表に於て Tso., so < tso; Atay. xa; Paiw. ta は In. sa（一）の變化であり、又「二度」の語に於て Tso., so は juso(二)の so, Atay. sa は rusa(二)の sa. Paiw. sa は dusa(二)の sa であつて In.*d_2us_2a (二)の變化である。此の sa は屢々 ṣa と發音され、「一」の意の sa とは別語である。

二、月

一、$bulan_2$ 型。臺灣の蕃語では多く語末音を (l) にする。此の (l) は種族によりてその調音局部が必ずしも同一でない。普通は舌尖的の音でなく口蓋的、又は口蓋音である。

Puy. bulan に於て語末に (n) があるのは例外であつて普通は dapal (足)＝Ilok. dapan (蹠); udal (雨)＝Mal. hujan 等の如く (l) である。Tsou は阿里山方面では fejoh-ŭ 又ルフト方面では fojoh-ŭ といふ。此の (f) 音について、淺井惠倫氏は「舌尖は齒齦に對し摩擦音 (ɹ) の調音の位置を執り發聲と同時に舌は後退して (j) の調音の位置に來り生ずる摩擦音」と說明せられてゐるが、私の考では (f) は舌尖及び舌緣が齒齦に觸れず、舌の中央部が縦に隆起して中部口蓋に接近して發せられる有聲摩擦音であつて、其が (l) の如く聞えるのは、隆起の度が高くて口蓋との間隙が兩側の間隙に比して狹い爲に幾分側音の性質を帶びるのであり、又舌が弛緩して隆起の度が少なくて口蓋との間隙と兩側の間隙に餘り差のない場合には (l) よりも寧ろ廣い (i) 又は (e) 如く聞えるのではあるまいか。(j) は glide と見るのを適當と考へる。尙ほ正確なことは實驗を待つべきである。

又 Tsou では In. b は (f) に、In. l は j に、In. n_2 は (h) に、In. a は廣い (o) になる、又而して In. の語末の子音には必ず母音を附ける。此等の條件に照して $bulan_2$ (月) の變化を見ると次の樣である。

bulan₂ ＞ fuʃoh-ŭ〈 foʃoh-ŭ ルフト方言 / fejoh-ŭ 阿里山方言

阿里山方言で（fe）となるのは次の（ʃ）が（e）の如くに轉ずる爲に其に同化せられたものであるが、此の（e）は又次の廣い（o）に同化せられて廣い（e）の音になる。

Atay. βijatsiŋ はやはり bulan₂ の變形で、その變化は次の通りである。

βijatsiŋ ＜ bulats-iŋ ＜ bulal-iŋ ＜ bulan (-iŋ)

Atay. は In. l を（j）に變ずる。その爲に（u）が同化されて（i）になる。

二、＊qin₂as₂ 型。Paiw. qelas ＜ qilas から考へると、此の語の原形は ＊qin₂as₂ の様な形ではなからうか。私は此迄、蕃語の口蓋的の（ʂ）を In. h の轉化であらうと考へてゐたが、現在では、此は逆であつて、本來 In. に一種の（s₂）が有つたのではなからうかと思つてゐる。例へば「二」を示す語についてみれば、

＊d₂us₂a（二）〈 〈 duʂa ——— dusa / ruʂa ——— rusa 〉（臺灣蕃語） / ＊duça 〈 duxa—duha—dua / ruxa—ruha—rua 〉（臺灣蕃語、南洋語）

三、＊d₂amar₂ 型。Ruk. damar-ŭ がある。此は Mal. damar（樹脂）、Jav. damar（ランプ）と同語である。本來、樹脂の意から炬火→火→光→月といふ風に變化したものであらう。Kab. zamaR（火）がある。

三、日

1、qarɪau 型。Paiw. qadau、フィリッピンの Kalamian, kaldao (qaldao), Iban. aggau などによつて見ると原形は qarɪau であらう。此の外 Tag. arau; Bis. aldau; Malag. andro などがある。

二、siŋ$_2$ar$_2$ 型。原意は照耀く、又光の意である。Seed. çidau < çidaR; Sais. helaɹ; Sao, tiljað < *tiðal; Taok. dʒilah; Pap. llat; Bab. sisja; Hoan. idzak は皆この型に屬する。Sao, tiljað については一寸說明を要する。In. s > Sao, t である、In. asu (犬) > atu; In. susu > tutu 等。In. n$_2$ > ð である、In. bulan$_2$ (月) > *fo̤ɭað 等。又 In. r$_2$ > ɬ (此の ɬ は口蓋部の無聲側音であるが、屢〻口蓋部を閉ぢて舌面を附けたまゝ舌の兩側に開く破音とすることがある) In. r$_2$amut$_2$ (根) > ɬamiθ, In. baqr$_2$u (新) > faqɬo 等。

三、ari 型。Saar. talji-ari-a < *talji-ari-an; Kanak. tani-j-arŭ; Paz. dari (?); Atay. ri-ax (?); Paz. ri-ax-an (?) がある。Mal. hari も同語であらう。

四、war$_2$i 型。Atay. wagi; Ruk. wai; Puy. wari; Sir. wagi, wae'i がある。此は前の ari と同語かとも考へられる。

五、qaŋ$_2$i 型。Atay. qŭli-en; Bun. qane-an; Ket. li-en (?); Sao, sa-qaði (正午) がある。

四、朝

1、dama 型。Sir. ma-dama; Paiw. ka-ɟama-ɟama-n < ka-ɟama-ɟama-an; Seed. tsama-n < tsama-an, sama-n ＜ sama-an ; Bab. somma (?) 等。 此の dama は明日の語と關係がある。 Puy. an-dama-n ; Pap. dama-nan; Bab. somma ; Sir. u-dama-i (?) ; Tso. ho-tsuma (ne:ho-tsuma 昨日) など。 又朝と明日の言葉が同1であるのは獨乙語の morgen ， 國語の「あす」と「あさ」又「あした」など東西同1である。

二' $r_2$abi 型。 本來「晩」の意である。 Kav. ta-Ravi-Ravi の (ta) は過去を表はす接頭語ではあるまいか。 $r_2$abi については夜の部で述べる。

三' $s_2$aun 型。 Paz. sa-saun-an ; Sao. sa-san-an ; Atay. sa-san がある。 この語は sauni (先刻) と關係があるのではあるまいか。

四' dima 型。 Sais. ri-rimʔ-an-an ; Bab. patse-simma がある。 又 Sais. rimʔ-an (明日) がある。 此の dima は前に述べた dama と同種の語であらう。

五' 夜

1' $r_2$abi 型。 Atay., Seed. q̧ŭβi-an ; Ami, ɹaviʔ(i) ; Kav. ka-Ravi がある， 又 Sir. euv-an ; Paz, a-xow-an ; Sao, tan-ḷuw-an ; Saar. ruv-ana ; Kanak. ma-ru-ruw-ana ; Tso, fejoŋŭ-na ＜ *bura-ŋ-ana ＜ *ruba-ŋ-ana (?) も此の型であらう。 南洋には Tag. gabi ; Ilok. rabii 等がある。

二' $s_2$an$_2$ab 型。 Eun. ṣanaʔb-an ; Sais. halaw-an がある。

三' Bab. bi-ini の類には Atay. qotox biŋi (一晩) ; Pamp. bengi ; Jav. wĕngi がある。

六、今　日

一、Atay., Saar., Paiw., Puy., Ami., Kav., Ket. (?), Hoan. (?), Bab., Sir. は「此の日」、「今の日」といふ言表はし方である。

二、Seed., Bun., Tso. は「今」、「現在」といふ言表はし方である。

三、Kanak., Paz., Sao, は「過去の今日」、卽ち「先刻」といふ言表はし方である。

四、此といふ語には多く ni が含まれてゐる。Atay. qa-ni; Sais. isa-ni; Tso, ta-nʔe; Saar. ani; Ami, ani-ni. 南洋には此處といふ語に次の如きものがある。Mal. si-ni; Tag. di-ni 等。

七、昨日—明日、一昨日—明後日

昨日と明日、一昨日と明後日とは普通同一の語を用ひ、接頭語によつて之を區別してゐるから一括して述べることにする。

A　語體

一、$r_2$ab 型。前に述べた $r_2$abi（晩）と關係がある。此に接頭語（si）又はその變形が附いてゐる。Kav. se-Rav ; Atay. he-ra < *si-ɡab ; Seed. (s-)xe-ɡa ; Sais. (ka-) he-ɹa ; Bun. (tun-)si-la ; Ruk. si-ʔa ; Paiw. ti-au < *si-ɡav ; Ami, tsi-ɹa ; Yam. jab ; Paz. dʒi-xa ; Sao, ti-ɭa ; Pap. (i-se-)he-ra ; Bab. si-a ; Sir. i-xa

二、saɭau 型。Yam. に一昨日、明後日、に此の語があり、今日、明日に tsaɭau があり、Puy. s-m-aɭo-aɭo-an

（朝）；Paz. saḽawan（明日）がある。又 Ruk. mi-aḽu-aḽu（朝）などから考へると、此等は或は aḽau（日）の語を含んでゐるのではあるまいか。

三、ar₂i 型。Saar. takḽuw-ari(明後日)がある。又 Ruk. ko-mi-aij-aa（一昨日），ḽo-mi-aij-aa(明後日)の中には wai-a（晝）の語が含まれてゐるやうである。wai-a は waRi-an で太陽のある時、即ち晝といふ意である。

四、數詞を含むもの Paz. xe-doa（明後日），uka-xe-doa（一昨日）；Pap. sa-doa（昨日）の doa＜d₂us₂a は二の意であり Paiw. の一昨日、明後日の si-ka-cŭḽu は第三の意である。cŭḽu ＜ tĕlu（三）。

B 接頭語

a、過去を表はすもの

(ア) si-, se-, sa-等。Bun. tun-şi-la（一昨日）；Paiw. si-ŋida（何時）；Hoan. i-si-busa(?)（昨日）；Kav. se-Rav（昨日）；Pap. i-se-hera（一昨日）；Paiw. ta-tiau（昨日）＜ *sa-siRav；Seed. sŭ-no-an（何時）；sŭ-mukaxa（一昨日）；ṡ-heg̣a（昨日）等。

(イ) ka-, ko- 等。Paiw. ka-tiau（昨日）；Bun. ka-tavin（昨年）；Paz. uka-dʒiha（昨日）；Sais. ka-he(ɹ)a（昨日），ka-ino-an（何時）；Ruk. ko-ðaa（昨日）；Yam. ka-ŋo?（何時）. 南洋には Tag. ka-gabi（昨晩）；Bis. ka-no（何時，過去）；Ilok. ka-ano（同上）などがある。

(ウ) i-, e-, a- Sir. i-xa（昨日），e-xoni（先刻）；Ami. e-honi（先刻），e-hatsoa（何時）；Pap. i-se-hera（一昨日）：Hoan. i-si-busa（昨日）；Ami, i-na-tsiɹa（昨日）；Puy. a-dama-n（昨日）がある。

(エ) ne-, na- Tso., ne:-hotsuma（昨日），ne:-homna（何時，過去）；Ami, i-na-tsiɹa（昨日）。此の (na) は

In. na であつて本來「既に」の意であり，南洋及び蕃語に於ても，動詞の接頭語として過去を表はすものである。

(オ) a-ni-, a-n-　Bab. ani-naassa（先刻）; ani-banno（何時, 過去）; Bab. an-sia（昨日）がある。此の（ni）は先に「今日」の條に述べた「此」(Atay. qa-ni 等）の（ni）と同語があり，「此方」といふ意味で過去を表はすことになつたものであらう。

(カ) xu-　Paz. xu-kasajan（何時, 過去）がある。

b、未來を表はすもの

(ア) nu-,no-　Paiw. nu-tiau（明日）, nu-sauni（後刻）; Kanak. nu-ura（明日）; Puy. no-ɦaizan（何時, 未來）がある。南洋には Ilok. no-ano（何時, 未來）などがある。

(イ) a-no-, a-n-　前の（nu）と（a）との結合したもので Ami, ano-tsiɹa(明日), ano-honi（後刻）, ano-hatsoa（何時）; Puy. an-dama-n（明日）, an-ɡarŭm-ai（後刻）, an-ʔasoa(何時)があり，南洋には Bat. an-mango（何時, 未來）などがある。

(ウ) ļo-　Ruk. ļo-ðaa（明日）, ļo-sainŭ（後刻）等。

(エ) sa-, si-　Bab. sa-banno（何時, 未來）: Atay. sa-kano-an（同上）Yam. si-mango（同上）があり，南洋には Bis. sa-ano（何時, 未來）がある，（sa）は又過去をも表はすことは前に述べた，此の關係については尚ほ研究を要する。

C　接尾語

a、過去を表はすもの。 -an : Bun. laqʔbiŋ-an（朝），qaʔbaṣ-an（過去，以前）

b、未來を表はすもの。 -in : Bun. laqʔbiŋ-in（明日），qaʔbaṣ-in（未來，今後），ṣaŋa:n-in（後刻），la-kow-in ＜* la-kowa-in（何時）

八、先刻——後刻

此の兩語も亦多くは同一語を用ひ、接頭語によつて過去と未來を區別する。接頭語については前に「昨日——明日」の條で述べたから、玆には語の本體について述べることゝする。

一、sauni 型。Atay., Tso., Paiw., には sauni, soni であり、Ami., Sir. には honi, xoni である。又 Kanak. sauni（今日）; Paz. o-xoni（今日）の語もある。 末尾の（ni）は前に「昨日」の部で述べた（ni）であるまいか。

二、sa 型。これには Sais., Kanak., ka-i-saa-n ; Ruk. ko-sa-an-ŭ, ko-a-sa-a（先刻），ḷo-sa-an-ŭ, ḷo-a-sa-a（後刻），ka-ij-a-sa-a（今日）がある。Bab. naassa（後刻）も同語であらう。

三、ga̤rŭm 型。ga̤rŭm は今の意である、ga̤rŭm-ai の語尾（ai）は（-an）と同じく場所と時とを表はす。

四、接尾語 -in. 既述の樣に Bun. では -in を以て未來を示す。ṣaŋa:n-in（後刻），laqʔbiŋ-in（明日），lakow-in（何時，未來）

九、何時

インドネシアンでは多くは何時何々した、何時何々する、といふ場合の過去と未來を接頭語を以て區別してゐる。その接頭語については既に前に述べたから、ここには語の本體について述べることゝする。

一、nu 型。Atay. ka-no-an ; Seed. kŭ-no-an ; Sais. ka-i-no-an ; Sir. ma-nno ; Bab. ba-nno がある。此の (no) は本來疑問代名詞である。Atay. na-no (何), i-no (何處) ; Seed. ma-no (何) ; Paiw. a-nu-ma (何) ; Bab. nu-mma (何), 南洋には Tag. a-no (何) ; Bis. Pamp. na-no (何) ; Day. nu(何), i-nu (何處) などがある。

二、ma 型。Kanak. nau-ma-na(?) ; Bab. ani-nu-mma ; Sir. ma-nno がある。此の (ma) も又本來疑問代名詞である。Atay. i-ma (誰) ; Seed. ma-no (何) ; Paiw. ti-ma (誰), a-nu-ma (何) ; Ami, tsi-ma (誰) ; Tso. tsu-ma (何) ; Bab. de-ma (誰) ; Sir. ma-ng (何), 南洋には Mal. ma-na (何, 何處, 何れ) 等がある。

三、soa 型。Puy. ʔa-soa ; Ami, ha-tsoa がある。

四、kowa 型。Bun. la-kowa-q (何時, 過去), la-kow-in < *la-kowa-in (何時, 未來) ; Ami, ha-koa がある。

五、接尾語 -ah Sir. manno-ah の語尾 -ah は普通、動詞に附いて未來を表はす接尾語である。mei-alak-ah (子を生むだらう)等。

以上掲げた、時に關する十數例の單語について見ても、その語の本體のみならず、語形構成の上に於ても、南洋の諸語と密接の關係が存在することを知ることが出來る。

昨日	今日	明日	明後日	先刻	後刻	何時 (過去)	何時 (未來)
era	riax qani	suxan	mŭkaxa	saoni	kira	ka-no-an	sa-kano-an ka-no-an
tsiga s-xega	sa:ða	kussun	mŭkaxa	su:ni	nŭxxal 未來	sŭ-no-an	kŭ-no-an
a-he(ɹ)a	isa-ni	rim?an	kare?al	ka-isa-an	mai-hal min-hahel	ka-ino-an	ino-an
akna	haip	laq?biŋ-in	miqan	ṣaŋa:n	ṣaŋa:n-in	lakowa-q	lakow-in
e-hotsuma	mai-tan?e	ho-tsuma	se:hu	ne:-soni	takotsu	ne:-homna	ho:-homna
nija-ŭra	sauni	nu-ura	nu-tanijarŭ-utsani	ka-isa-an	——	nuka-naumana	nuka-naumana
i:ra	ari-na-ani	mata:ta	takḷuw-ar	ki:tsu-banana	kitsu-ŋulu	ki-ḷaumaŋu	tsu-ḷaumaŋu
haku-si?a, ko-ðaa	ka-ij-a-sa-a	si?a, ḷo-ðaa	paŭlŭla, ḷo-mi-aijaa	ko-sa-an-ŭ ko-a-sa-a	ḷo-sa-an-ŭ ḷo-a-sa-a	n-igŭna ko-iga	igŭna ḷo-iga
ka-tiau, ta-tiau	tutsu a qadau	nu-tiau	nu-sika-cŭḷu	ta-sauni	nu-sauni	si-ŋida, ka-ŋida, ta-ŋida	nu-ŋida
a-dama-n	garŭm kan a wari	an-dama-n	an-da:ma-n	a-garŭm-ai	an-garum-ai	ɦaizan, a-?asoa	no-ɦaizan, an-?asoa
ina-tsiɹa	ani-ni a romi?aḷ	ano-tsiɹa	ano-tsi:ɹa	e-honi	ano-honi	e-hakoa, e-hatsoa	ano-hakoa, ano-hatsoa
makŭ-jab	tsi-tsaḷau	ts-im-aḷau	mukti-saḷau	——	——	kaŋo	si-maŋo
seRav	staŋi ẓẓan	t-m-awaR	ma-kaẓui	staŋi	——	komuni?	——
uka-dʒixa	o-xoni a dari	salaw-an	xe-doa	——	——	xu-kasajan	kasajan
tiḷa	suini	limak	ta-qali	——	ka-hiða?	ka-iða?	mu-ka-iða?
tobau	watsi a lien	ko-tobau	lasu-lien	——	——	kinan	kinan
nika	nipki	marap	mahu-tagamid	——	——	——	——
sa-doa	sainara	dama-nan	——	——	——	——	——
an-sia	pia da sisja	somma	somma-ro-ṭta	ani-tinnaam 以前 ani-naassa	ka-saxa naassa	ani-numma, ani-banno	sa-banno
i-si-busa	mi-tal a idzak	mukagu idzak	——	——	——	adzu-gum	——

	年	月	日	朝	夜	一昨日
Atayal	kawas	βijatsiŋ	qŭli-an 晝 riax 日 wagi 太陽	sa-san	gŭβi-an 晩 mŭhaŋan	mŭkaxa-kawajal
Seedeq	kawas	i:das	çi:dau	tsama-n sama-n	gŭβi-an 晩 keʔman	sŭ-mŭkaxa
Saisiyat	tenal-omah, taoman	ilas	ka-hela(ɹ)a-n 晝 ha-hela(ɹ) 太陽	ri-rimʔan-an	halaw-an	kaha-kareʔal
Bunun	qamiş-an 冬 pun-san-an ka-tavin 昨年	ʔbuwan	qane-an 晝 ʔdi-qane-n 天,空	laqʔbiŋ-an	şanaʔb-an	tun-şila
Tsou	to-to:vah-a 毎年 to-n-so-h-a	fejoh-ŭ	hije	ta-sejo-na	fejoŋŭ-na	ne:-se:hu
Kanakanabu	tsain-ana	βuwanŭ	tanij-arŭ	tautasoaɭu	nu-ru-ruw-ana	mija-tanijarŭ-utsani
Saaroa	tsaiɭa	βuɭaɭŭ	taɭi-ari-a	maebubuluŋu	ruv-ana	kira si ki:ra
Rukai	tsavele	ḍamarŭ	wai-aʔ 晝 wai 太陽	mi-aɭu-aɭu	ma:oŋo	hako-paŭlŭla ko-mi-aijaa
Paiwan	tsavil	qelas	qadau	ka-ɟama-ɟama-n	qŭ-zum-zumuc	ta-sika-cŭɭu
Puyuma	ami	boɭan	kadao 太陽 wari	s-m-ɭao-aɭo-an	ka-ɭao-ɭaob	a-da:ma-n
Ami	mehtsa	voɭaɭ	romiʔaɭ	ɭavak	ɹaviʔ(i)	ina-tsi:ɹa
Yami	kawan	βugan	aɭau	rumara	magup	kami-na-saɭau
Kavalan	ta-ta:sau	vulan	mata na zzan 太陽 zzan 天,空	ta-Rav-Ravi	ka-Ravi 晩	nao-seRav
Pazeh	kawas	ilas	riax-an 晝 dari 太陽	sa-saun-an	axow-an 晩 xini-en	uka-xe-doa
Sao	kawas	foɭað	tiɭað 太陽 sa-qaði 正午	şa-şan-un	tan-ɭuw-an 晩 ma-hom-hom	sahala
Ketagalan	ta:sau	butsan	li-en	rabe-rabe	rabe	——
Taokas	——	idʒal	dʒilah	muxut	pairah	tagamiad
Papora	——	voda	llat	——	——	i-se-hera
Babuza	baas	idas	sisja	somma, patse-sima	marpesa 晩 bi-ini	an-siutta
Hoanya	——	bulas	idzak ma-ira	——	maduŋ	——

Calamian語とAgotaya語　安藤教授還暦記念会編『安藤教授還暦祝賀記念論文集』一九四〇年、三省堂　一二一五～一二二八頁

Calamian 語と Agotaya 語

小川尚義

Calamian 語はフイリッピン群島の1である Palawan 島の Calamian 州に行はれてゐる語である。此の語に關する材料としては Fr. Guerónimo の Bocabulario de la Lengua Castellana en el Ydioma Calamiano の1篇が W. E. Retana の Archivo del Bibliófilo Filipino, 1896 第Ⅱ巻の pp. 211—224 に出てゐる。

Agotaya 語は右の Palawan 島と Panay 島との間にある小さな島に行はれてゐる語で、此の語に關する材料としては、先般同島へ行かれた三吉朋十氏が調査されて同氏より送つてもらつた語彙がある。

以上の二語は音韻、並に語形に於て互に著しい類似があり、且又その音韻には一種の特徴があつて、それが又臺灣の Paiwan 語等と共通した點もあるので、それらの點について二三左に述べて見ようと思ふ。

本篇に用ひたローマ字は Calamian 語と Agotaya 語とは原材料のまゝとし、南洋語と高砂語族名とは普通の用法によつたが、高砂語の記載には特種のものを用ひたものがある。その發音は大體左の通りである。

ə　中間母音で ĕ に同じ、
β　兩唇部の有聲摩擦音、
ɟ　硬口蓋部の有聲破音、
j　英語の y の音、
sj tj lj　s t l 夫々の口蓋化した音。
ḍ ḷ　d l の反轉音、
ŋ　軟口蓋部の鼻音で ng に同じ、
q　懸壅垂部の無聲破音、
ʔ　喉頭聲門部の密閉音、又破音、

本篇に用ひた略語は左の通りである、
（臺）　臺灣高砂語、　（南）　南洋語、

Agot. ....Agotaya (P.)	Apay. ....Apayao (P.)
Atay. ....Atayal (T.)	Bun. ....Bunun (T.)
Cal. ....Calamian (P.)	Ceb. ....Cebu (P.)
Hol. ....Holontalo (C.)	Iban. ....Ibanag (P.)
Iloc. ....Iloco (P.)	In. ....Indonesian
Jav. ....Java.	Mal. ....Malay
O. Jav. ......Old Java.	Paiw. ....Paiwan (T.)
Pamp. ......Pampanga (P.)	Pang. ....Pangasinan (P.)
Seed. ....Seedeq (T.)	Sund. ....Sunda. (J.)
Tag. ....Tagalog (P.)	Tagb. ....Tagbanua (P.)

右活孤内の(C)はCelebes, (J)はJava, (P)はPhilippine, (T)は臺灣を示す。

一、In. s>t.　In. s は Dempwolff 氏によると、原音は t′(palatal) であるといはれてゐるが、尚ほ考究を要する餘地があると思はれるので、暫く從來のまゝにしておく。

此の種の變化をするものは、臺灣では Paiwan 語、南洋では Ibanag 語、Holontalo 等がある。

(A)　語頭音

Cal. tata, êta. (一); Agot. esa であるが(獨り)といふ語に tata-lanom がある。——(臺), Paiw. i-ta,—(南), Iban. i-tte; Hol. ēn-ta.—Tag. i-sa; Mal. sa-tu..........Cal. toto (乳房); Agot. titi.——(臺), Paiw. tutu.—(南), Iban. tutu.—Tag., Mal. susu..........Agot. toca (吐く).——Tag., Ceb. suka..........Cal. tokat (量る)——Tag., Mal. sukat..........Cal. tanga (枝)——Tag. sanga, Iban. panga. (In. s>p は後に說明する)。.........Cal. tulat (書く).——Tag., Ceb. sulat; Mal. surat ....Cal. tocla (絹).——Tag. sutla <Sanskrit, sutra (經)..........Cal. tapatot (靴).——Tag. sapatos <Spain, zapatos.

(B)　語中音

Cal., Agot. katawa (配偶者).——Iban. atawa.—Tag., Iloc. asawa..........Cal, pag-catal (結婚).——Tag. mag-kasal; Ceb. pag-kasal..........Agot. loton (lotong?) (臼)——(臺), Paiw. ḷotoŋ (豚飼桶).—(南), Iban. attung <*altung <*latung.—Tag. lusung; Mal. lĕsong..........Agot. potod (臍).——Iban. futad.—Tag. pusod; Mal. pusat..........Cal. lacto (走る).——Tag., Ceb. lukso (跳ぶ, leap)..........Cal., Agot.—po-potoc-on (心臟).——(臺), Bun. putsoq. (臍), *pusox (同上).—(南), Iban. futu.—Tag. poso?.

(C)　語末音

Agot. bulat (米)——(臺), Paiw. va:t <*vərat.—(南), Iban. bagga(t).—Tag. bigas; Ceb. bugas; Mal. bĕras..........Agot. ma-nupit (薄い); Cal. ma-ninit (ma-nipit?)——(臺), Paiw. luspit.—(南), Iban. yppi(t).

1218

—Tag., Ceb. ma-nipis; Mal. nipis.........Cal. tanget (泣く).——(臺), Paiw. tsaŋit (凶事の時泣く).—(南), Iban. tangit.—Tag. mag-nangis <*mag-tangis; Mal. tangis.........Cal. tapatot (靴).—Tag. sapatos <Spain zapatos.........Cal. mediat (靴足袋).——Tag. mediyas; Ceb. medias <Spain media-s. 國語メリヤスも同語である。

此の末尾の二例及び、前に語頭音の條に出した tocla (縞) の例は、外來語の (s) をも (t) に變化したもので特に注意すべきものである。

二、In. s>ch (英語の ch の音)、

Calamian 語では In. s が (i) の前に來る時は (ch) に變化するが、Agotaya 語や Ibanag 語では變化しない。又 Paiwan 語と Holontalo 語は他の場合と同じく普通 (t) を保存してゐる。

(A) 語頭音

Cal. chio (肘); Agot. sio——(臺), Paiw. piʔo<piko.—(南), Hol. tiu.—Iban, siko; Tag., Ceb. siko; Mal. siko.........Cal. chinaag (光線).——(臺) Paiw. tular.—(南), Iban. silagab(?); Tag. sinag; Mal. sinar.......Cal. chi-no-pa (誰か).——(臺) Paiw. ti-ma (誰).—(南), Iban. si-nni; Tag. si-no.

臺灣の Paiwan 語は In. siku を piko に變する。(t) と (p) の中間音として Rukai の方言、大南社の語に、英語の無聲音 th に似た音がある、其は舌尖を少し上齒の前に出して發する

音で舌と上歯との接近の程度により或は英語の(th)の如く或は(t)の如く聞え、又舌と上唇と或る程度に接觸する場合は(p)の如く聞える。Paiwan 語の In. s >p は此の種の變化に基くものと考へられる、尙ほ前條語頭音の條に出でゐる In. sanga>Iban. panga も s>p の他の一例として注目すべきものである。

(B)　語中音

Cal. ichi (肉); Agot. isi.——(臺), Paiw. sti.—(南), Mal. isi.........Cal. kachin (鹽); Agot. kasin.——(臺), Paiw. qatija; Bun. qatsila.——(南), Iban. asin; Tag. asin.

In. t が (i) の前に來る時も亦 Cal. ch; Agot. s; Iban. s となるが Paiwan 語は (t) を保有してゐる。Cal. chian (腹).——(臺), Paiw. tial.—(南), Tag; Mal. tian.........Cal. uchi (猫); Agot. kosi.——Tagb. kote; Tag. kuting (子猫).........Agot. kosin (男陰).——Iban. usin.——Tag. utin.

三、In. k>(—)　Calamian 語と Agotaya 語には In. k が普通省略されてゐる。材料には記されてゐないけれども多分(ʔ)になつてゐるものと思はれる。Paiwan 語の中にも所謂上蕃や大麻里蕃や内社方面の語は k>ʔ になつてゐる。又南洋語の中にも Apayao や、Holontalo など此の種の音韻を有する語が相當にある。

(A)　語頭音

Cal. ayo (木).——(臺) Paiw. ʔasiu.—(南), Apay. ayo.—Mal. kayu..........Agot. uli (堀る).——(臺), Paiw. ʔaḷi.—(南), Mal. kali..........Agot. orlit (皮), koelit (樹皮); Cal. ôlit.——(臺), Paiw. ʔuḷits (男陰).——(南), Mal. kulit..........Agot. olol (oloolu ?) (搔く).——Tagb. colo-colo..........Cal. uchi. (猫), Agot. cosi.——Tagb. kote; Panay. kotî (子猫); Tag. kuting (同上)..........Cal. ongo (爪); Agot. coco.——(臺), Paiw. ʔalusʔusan <k-al-us-kus-an <kuskus; Bun. kusjkusj.——(南), Mal. kuku..........Agot. an-en (食物); Cal. cala-ân-en ——(臺), Paiw. ʔa-ʔan-ən <ka-kan-ən.——(南), Iloc. kan-en; Mal. ma-kan-an.

(B) 語中音

Cal. chio (肘); Agot. sio.——(臺), Paiw. piʔo.——(南), Apay. siʔu; Hol. tiu.——Tag., Mal. siku..........Agot. iyan (魚); Cal. yam (yan ?).——(臺), Bun. isi-ka:n.——(南), Mal. ikan..........Agot. iyu (我); Cal. yoó.——(臺), Paiw. aʔ-ən, ʔu (我の). Puyuma. ko-iko——(南), Apay. i-aʔ <*i-ak, u (我の)..........Cal. lalii (人間) (男 ?); Agot. lali (男).——Apay. la-laʔi; Tag. la-laki; Mal. laki-laki..........Cal. machiit (痛い); Agot. masid (masit ?)——Tag. ma-sakit; Mal. sakit..........Cal. ba (牝牛); Agot. baca.——Tag. baca <Spain, baca.

(C) 語末音

Cal., Agot. ana (子).——(臺), Paiw. alaʔ——(南), Apay. an-anaʔ.——Tag., Mal. anak..........Agot.

namo (蚊); Cal. nanso (namo ?)——Ceb. namok; Tag. lamuk; Pamp. yamuc.

四、Paiw., Bun. q=k. Indonesian に本來、懸壅垂部の破音(q)が存在してゐたであらうといふことについて、私は先年「言語と文學」第一輯に「パイワン語に於けるqの音」と題して述べたことがある。その時に Calamian 語にも(q)に相當する音があることをいつておいたが今又 Agotaya の語にも之を見出すことが出來る。勿論その記號には(k)又は(c)が用ひられてはあるが、前述の如く、此の兩語には In. k が省略されてゐるのだから、此の(k)又は(c)は普通の(k)音でないことが想像されるし、又(q)の音は初めて之を聞く者には普通の(k)の如くに感ぜられることは Atayal や Paiwan などの(q)が普通(k)で書かれてをり、又私自身としても此の誤をした經驗もある。その上、Paiwan の上蕃と大麻里蕃とには(k)が省かれて(q)のみのある實例もあるので、Calamian と Agotaya との(k)及び(c)は(q)音であると考へても誤でないと思ふ。此の(q)は臺灣では Atayal, Seedeq, Bunun, Paiwan 及び Sao(水社蕃)等に存してゐるが、南洋では現在 Calamian と Agotaya の二語にある丈である。尚ほ將來調査の結果他の語にもあるかも知れぬ。

(A)　語頭音

Cal. cabâla (腕); Agot. cabala:——(臺), Atay. qəβa:; Paiw. qavan.——(南), Ceb., Iloc. abaga (肩);

Pang. abala (肩).........Cal., Agot. kaldao (太陽).——(臺), Paiw. qadau.——(南), Tag. arao; Ceb. aldao ....Cal., Agot. colo (頭).——(臺), Paiw. qolo.——(南), Tag. ulo; O. Jav. hulu. Mal. hulu (水源)........Cal. coran (雨); Agot. colan.——(臺), Paiw. qoɟal.——(南), Tag. ulan; Mal. hujan..........Agot. coai (籐).——(臺), Paiw. qoai; Atay. qoajux..........Cal. cachin (鹽); Agot. casin.——(臺), Paiw. qatija.——(南), Tag., Mal. asin.........Cal. colod (蟲); Agot. culed.——(臺), Atay. ma-qo: (蛇); (方言) oo:; <*qoju:; Seed. quðu (蛇) <*quluð.——(南), Tag. uod; Ceb. ulod.

(B) 語中音

Agot. taki (大便).——(臺), Paiw. tsaqei.——(南), Tag. taʔe; Ceb. taʔi; Mal. tahi..........Cal. makinit (暑い); Agot. (熱).——Tag., Ceb. maʔinit..........Cal. dikel (頸); Agot. lekel.——(臺), Paiw. leqə:——(南), Tag. liʔig; Ceb. liʔog; Mal. leher..........Agot. baclo-ng tao (青年=新人).——(臺), Paiw. vaqo-an (新).——(南), Tag. bago (新); Mal. bahru. ....Cal. ma-baquên (嘘); Agot. mam-baken.——(臺), Paiw. vaqsiŋ; Bun. qasjʔbiŋ <*baqsjiŋ.——(南), Tag. bahin..........Cal. bitonquên (星); Agot. biluken (bituken ?).——(臺), Paiw. vitjoqan.——(南), Tag. bituin ; Ceb. bitoon; Mal. bintang..........Cal. mataco (賢).——(臺), Paiw. matsaqo..........Cal. tacon (年).——(臺), Paiw. tsavil; Siraya. taowil.——(南), Tag., Ceb. taon; Iloc. taoen; Iban. dagun; Apay. daʔun; Mal. tahun.

Mal. h が (q) に相當することは上に揭けた頭、大便、新、等の語によつて明である。この點より推すと Mal. tahun が Cal. tacon と 1 致する。Conant 氏は Cal. tacon の (c) は glottal stop であるといつてゐるが、Calamian の c, qu に相當する Agotaya の音を、語頭音をも三吉氏が c, k で記されてゐるのを見ると、之を glottal stop と見るのは穩當でないと考へる。Cal. tacon (年) の (c) が實際 (q) 音であるとすると、普通 (q) を有する Paiwan 語が此の語に於ても *tsaqoil(?) の如き形を有すべきであるのに tsavil の形になつてゐる。すると此の語の (q) は古き以前に於て消失したものではあるまいか。尙ほ此の種の 1 例に In. $t_2$au (人) といふ語がある。此の語は Atayal では sqoljeq (person の義) <*saqo-ljeq といふ、此の saqo の (s) は Paiw. ts; In. t_2 に相當するものである。

Atay. s-m-aqeis (縫ふ); Paiw. ts-m-aqeis; Tag., Ceb. t-m-ahi

Atay. saqo (人); Paiw. tsao-tsao; Tag., Mal. tau

此の Atay. s <In. t_2 から原型 $t_2$aqu を想像することが出來る。然るに 1 方 Calamian, Agotaya 語は Paiwan 語と同じく、普通 (q) を有するに拘らず Cal. manga tao (人民＝衆人), baclo-ng tao (靑年＝新人), Agot. tao-tao (瞳孔)(人影の義？) の如き此等の語には (q) の無いのを見ると、此の taqu の (q) は 1 般には古き以前に消失して、只 Atayal 語のみに殘つてゐるのではあるま

1224

いか。尙ほ(臺) Seed. se?e-deq, sa?-dzjeq; Ami, ta-o; (南). Bontoc Igorrot, Ifugao, tago などの例は此の考の傍證として見るべきである。又 Mal., Jav. tahu (智識, 經驗) の語も亦この語と關係のあるものと考へられぬ事もない。要するに、原始 Indonesian に $*t_2aqu\breve{e}n$(?) (年) 及び $*t_2aqu$ (人) といふ様な語があつて、古き以前に一般には、その (q) が消失し、前者は只 Calamian 語 (Agotaya 語も?)に、後者は只 Atayal 語にその名殘を留めてゐるのではなからうか。

(C) 語末音

Cal. ta-m-puloc (十=一十); Agot. sa-m-pulo (sa-m-pulok ?)——(臺), Paiw. ta-pu̦loq.——(南), Tag. sa-ng-puo?; Mal. sa-puloh..........Cal., Agot. tanek (地).——Mal., Jav. tanah........Cal. taloc (隱す).——Tag., Ceb. tago ?; Mal. taroh (保存, 保持)..........Cal. birnic (binhic ?) (種).——(臺), Bun. ?binsjeq (種物).——(南), Tag., Ceb. binhi ? Pang. bin-i; Mal. bĕneh (種物).........Agot. lok (涙).——(臺), Paiw. l̦usəq; Seed. l̦osoq; Bun. usjaq <*l̦usjaq.——(南), Tag., Ceb. luha? ; Iloc., Pamp., Iban. lua? ; Sund. luah (唾); Jav. luh ; O. Jav. lūh.

この「涙」の語 Jav. luh について Dempwolff 氏は Vergleichende Lautlehre des Austronesischen Wortschatzes, 1934. p. 53 に於てこの語を Tag. lugo? (Rieseln), (Span. Caer=fall, drop) と比較されてゐる。この考は Jav. luh の場合に於ては $*lur_2u$? を想定することによつて

*lur$_2$uʔ ＜ *luruh——luuh (O. Jav.)——luh (Jav.)
　　　　　 lugoʔ (Tag.)

の如く音韻的には可能であるが、他の場合卽ち Tag. luhaʔ 等の (h) や Paiw. lusəq 等の (s) は、此の (r$_2$) を以て說明することは出來ない。それで私は此の第二音節を次の樣に解釋して見たいと思ふ。便宜の爲語末音より說明する。語末音は Paiwan, Seedeq, Bunun には (q) であり、Java. 等には (h) であり、Tagalog 等には (ʔ) であるので、此の原音は (q) であることが考へられる。中間の母音は Paiw. ə (=In. ĕ) があるので、私は此の原音は pĕpĕt (ĕ) ではあるまいかと考へる。普通一般に In. ĕ は左の如く規則的になつてゐる。

In. bĕr$_2$as (米) {
Jav. bĕras ……………………ĕ
Tag. bigas ……………………i
Ceb. bugas ……………………u
Pang. belas ……………………e
Pamp. abyas＜bayas ……………a

然るに「涙」の場合は、母音は多くは (a) であり Pampanga 以外は全く此の規則に一致してゐない、それで私は、此は次に來る子音 (q) に起因するものではないかと考へ Paiw. lusəq と類似の第二音節を有する Paiw. vatəq (洗衣)、及び此に相當する語を調査して見たところが、遂にO. Java語に於て原型(ĕ)を發見することが出來た、其のみならず他の各語に於ける母音の變化が「涙」の場合と殆んど同一の變化をなしてゐることを知つた。

	O. Jav.	Jav.	Tag.	Ceb.	Iloc.	Iban.	Pang.
涙	lūh	luh	luhaʔ	luhaʔ	luaʔ	luaʔ	——
洗衣	(wasĕh / wasuh)	wasuh	basaʔ (濡)	basaʔ (濡)	basaʔ (濡)	ma-bata (濡) ma:wasa	am-basa (濡)

	Sund.	Mal.	Paiw.	Seed.	Atay.	Bun.
涙	luah (睡)	——	ḷusəq	ḷosoq	——	usjaq
洗衣	baseuh	(basah / basoh) (濡)	vatəq	bahoʔ	βahoq	papas-aq

右によるとpĕpĕtの變化はSundaの外は、完全に一致してゐるし又O. JavaとSundaとにはpĕpĕtの原形が保存され、MalayにはIn. ĕが規則的に變化した(a)の外に、Java系の(u)>(o)を有し、然もその母音の差異によつて關聯せる二種の意味を表はすなど言語學的に興味深きものがある。

上述によつてpĕpĕtの不規則なあらはれは、次に來る子音(q)の影響によることが明になつた。

第二音節の頭音は Paiw., Seed. s; Bun sj である、此の (s) は Bunun では常に一種の口蓋化を伴ふ音であり、Atayal でも亦方言的又は部分的に屢々聞かされる音であるが、南洋語では此に相當するものは普通に省略され、稀に (h) で表はされてゐる。

Bun. ʔdusja (二), Paiw. ḍusa.——Ceb. duha; Tag. da-lawa; Mal. dua.

「涙」(Bun. usjaq) の語では Tag., Ceb. luhaʔ であり、又上に述べた「種」(Bun. ʔbinsjeq) の語では Tag., Ceb. binhiʔ となつてゐて共に Bun. sj∽In. h の例である。此の一種の (s) について私は以前は In. h の變化したものであらうと思つてゐたが、尚よく考へると其は反對で此の (s) の方が却つて原形であつたらうと思はれるので私は之を (s_2) とすることにしてゐる。尚詳細は他の機會に述べることにする。

要するに Tag., Ceb. luhaʔ の (h) は Bunun 等、高砂族に普通にある此の一種の (s) によつて解釋が出來るものと思ふ。尚ほ Calamian 語と Agotaya 語とに於て In. (r_1) (r_2) (ē) 等に相當する音韻の現象については他日に述べることにする。

台湾高砂族の語にて「臼」と「杵」といふ詞について『民族学研究』新第一巻第一号、一九四三年、民族学協会　一二～一八頁

臺灣高砂族の語にて「臼」と「杵」といふ詞について

小川尚義

一　「臼」

臼と杵とは籾を舂く器具として南洋の民族に古くから用ひられてゐたと見えて、Indonesian に屬する多くの言語に於て之を表はす語詞が見られるのみならず、多少の例外はあるが槪して同型の詞が使用せられ、その使用せられてゐる範圍も亦大體全域に亙つてゐることは面白い現象である。

私は本文に於て右の臼と杵との語詞に關し高砂族の語詞を中心として南洋諸島のそれらと比較して之を考究して見ようと思ふ。

先づ臺灣及び南洋諸島に於て臼を表はす語を左に擧げる。

臺灣高砂族の語にて「臼」と「杵」といふ詞について

臺	灣
Atayal(1)	lohoŋ
Atayal(2)方言	lohejuŋ
Sedeq	dohoŋ
Saisiyat	lœhœŋ
Bunun(1)	nusoŋ
Bunun(2)方言	nutsoŋ
Tsou	suhuŋu
Kanakanabu	tarukura
Saroa	ḷooŋə
Rukai(1)	tsukulu
Rukai(2)方言	looŋo
Puyuma	losoŋ
Paiwan	vaḷaŋa
Ami(1)	tivuk-an
Ami(2)方言	nava
Yami	wuṣuŋ
Kavalan	insuŋ
Ketangalan	kənava
Taokas	malat
Pazeh	ludzuŋ
Sao	ḷunnu
Siraya(1)	vangara
Siraya(2)方言	manga

	南	洋
Philippine	Batan	hosoŋ
	Ibanag	attung
	Iloko	alsong
	Apayao	altong
	Ifugao	luhong
	Isinai	lusung
	Pampanga	asung
	Tagalog	lusung
	Bisaya	lusung
	Agotaya	loton
	Tagbanua	luson
	Magindanao	lesung
	Tirulay	esung
	Bagobo	los-song
	Moro(Samal)	linsungan
	Malay	lĕsong
Java	Java	lĕsong
	Sunda	lisung
	Madura	lĕsong
Sumatra	Batak	lusung
	Ache	lĕsōng
	Gajo	lusung
Celebes	Makassar	āssung
	Bugis	palungang
	Tontemboa	lĕsung
	Madagascar	laona, leona
	Chamorro	lusong

右の表によると臼を表はす語が臺灣も南洋も大體に於て同型であることが知られる。併し仔細に考究すると語頭のlに於ても、相當の議論を引き起すに足る問題が殘されてゐる。

表を一見した所では、臺灣の語も南洋の語も大部分語頭にlがあつて、全く同一であるかの如くに見えるけれども、此のlは系統的に全く別のものであり、且つその實際の發音も同一ではないのである。南洋語のlは本來のlであつて、之に相當するものは臺灣では普通反轉的なl音(種族又は語詞によつて程度の異る)になつてゐる。之に反して臺灣語を表はすlは本來南洋語のnの一部に相當するものであつて、その發音は口蓋的なl（種族、又は語詞によつて程度の異る）である。

南洋語のnに相當するものは、臺灣では二種になつてゐる。1は南洋語と同じくnであり、1はBunun, Yami, Kavalan（nを有す）等を除く外規則的に口蓋的なl, ḷ, 又はh等の音になつてゐる。之は本來Malay語などにあるñと關係があるものと思はれるが、實際語詞の上に於ては、相應しない場合が多い。私は前のnを n_1 とし後のnを n_2 として之を區別してゐる。前に本來南洋語のnの一部といつたのは此の n_2 のことである。

左に例を擧げて本來の l, n_1, n_2 が臺灣及び南洋の諸語に如何に現はれてゐるかを見ることとする。

		l		n_1		n_2		
		三	五	母	路	子	雨	月
南洋	Tagalog	ta-tlo	lima	ina	daan	anak	ulan	bwan
	Java	tĕlu	lima	—	dalan	ana?	udan	bulan
	Madagascar	telu	dimi	reni	lalana	anaka	orana	volana

14

臺灣	Atayal	to-gal	ima-gal	ina	ran-eq	alaqe	qoal-ax	ßijatšiŋ
	Paiwan	cəḷu	ḷima	kina	ɟaḷan	alak	qoɟal	—
	Ami	toḷo	ḷima	wina	ḷaḷan	—	oraḷ	voḷaḷ
	Tsou	toju	eimɔ	inɔ	tsejonə	oko	mə-ts-h-ə(雨降)fejɔhə	
	Bunun	taɪo	himma	tina	daan	—	qoʔdan	ʔbuwan
	Yami	atḷuʔ	ʎima	inaʔ	ḷaḷagan	anak	—	ßugan
	Kavalan	tuḷu	ḷima	tina	razan	—	uzan	buḷan

右に擧げた例によつて南洋の n に本來二種あることが明になつた。其內に n_1 は臺灣も南洋も共に n であるから說明を要しないが、此の臼の語に於ける臺灣の 1 は表によると本來 n_2 であるから原型として nĕsuŋ 型 (Bunun の nusuŋ 參照) が期待せられるに拘はらず、南洋の語は凡て lĕsuŋ 型であり、n_2 型 と 1 型 と互に相對立してゐるのは奇異な現象といはねばならぬ。之を解決するには三つの見方がある。

(1) 原型 1 であつたものが或る時代に其の一部を n_2 に轉じ 1 は南洋に n_2 は臺灣に夫々發達したとするもの。

(2) 原型 n_2 であつたものが或る時代に其の一部を 1 に轉じ、n_2 は臺灣に 1 は南洋に夫々發達したとするもの。

(3) 原型に 1 と n_2 と二種あつて夫々別々に發達したとするもの。

右三つの假定の內、第三が普通に考へて、最も穩當の樣に思はれるが、尙溯つて一元的に考へると、結局は第二の假定に歸着すべきものではないかと考へられる。それは、口蓋化したものではあるが、兎に角に近似した音が臺灣に多數に現存してゐる點から見ても斯くいはれると思ふ。左に音韻轉化の概略を說明する。

n_2=n　Bun. nusoŋ. 例. tijan (腹).=Puy. tial=Tag. tiyan.

n_2>d　Sed. dohoŋ. 例. Sed. hidao (太陽)<sin$_2$ar$_2$ (照). daqe (子)<adak-eq (?)<an$_2$ak.

n_2>l　Sais. lœhœŋ 等. 例. Sais. rapal (足)=Ilok. dapan (蹠). Ruk. l-alak-ə (子) <an$_2$ak. Puy. walak (子).

n_2>ḷ　Sar. ḷooŋə 例. ḷapaḷu (足)=Ilok ḍapan (蹠)

n_2>h　Tsou. suhuŋu<*husuŋ-u. 例. fejɔhə (月)<fujɔh-ə<fulɔh-ə<bulan$_2$.

l=l　南洋語の大部分がこれである。臺灣では Paiwan の ḷutoŋ (豚の餌を入れる具,木を刳つたもの)が lĕsuŋ の轉訛と考へられる。臺灣では Paiwan と次に擧げる Yami 丈に本來の l 型があるのは珍らしい。將來考究すべき題目である。t<s の例は toto (乳房)<susu など。

l<h　Bat. hosong<g̲usuŋ. 例. oho (頭)<ulu.

l<w　Yami wusuŋ<*g̲wusuŋ<*g̲usuŋ. 例. pugu? (十)<puluq.

l<〔 〕　Pamp. asung<*alsurg<*lasung. Tir. esung<*elsung<lesung.

l の音韻轉位及び同化. Ilok. alsong < *lasong. Apay. altong < *latong. Iban. attung < *altung < *latung. Makāssung<*alsung<*lasung.

n_2ə>in? Kav. insuŋ < *nisuŋ ? Kavalan の音韻は n_2=n であるが, nə < ni は不明である。南洋の Sunda に lisung があり, 又 Samal Moro に linsungan がある。(l-in-sung-an の原意は, 臼に造り上げたもの?)。Kav. insuŋ は或は此種の語が語尾を失つたものかもしれぬ。若しさうとすると, 本來南洋

の lĕsuŋ 型でその語頭の l を失つたものであらう。 Paiwan にも南洋の l がある。上述 l=l の條參照。

ĕ　南洋語には原型 ĕ が可なり多く存してゐるが, Tag. lnsung などは同化の結果である。臺灣では多く, u 又は o である。同化の結果によるものもあると思はれるが,複雜してゐるから玆には說明を省略する。

s=s　南洋の語は大部分之であるが, 臺灣では可なり他の音に轉じ純粹の s は Puyuma, Tsou, Bunun (1) などにある。

s>ṣ　Yami. 例. aṣa? (一)<ĕsa.

s>t　臺灣では Paiwan, 南洋では Ibanag, Apayao, Agotaya にある。例. asu (犬)>Paiw. vato, Iban. ito, Apay. atu, Agot. kito.

s>ts　Bun. (2) nutsoŋ. Bun. (1) は s=s であるが Bun. (2) は s>ts になつてゐる。 例. Mal. basah (濡)=Bun. (2). ma-patsaq (洗衣)=Bun. (1). pa-pasaq (洗衣).

s>dz　Pazeh. ḷudzuŋ. 例. asu (犬)>Paz. wadzu; siku (肘)>Paz. džiku.

s>h　Atay. lohong 等. 例. Mal. basoh (洗)=Atay. ßahoq (洗衣, Atay. (方言) ßaho?, Sed. baho?, 南洋. Ifugao, lʼuhong 例. aso (犬)>Ifug. aho.

s>〔 〕　Sar. ḷooŋə 等. 例. salĕŋ (松)>Sar., Ruk. (h)aḷəŋ-ə, ĕsa (一)>Ruḳ. (大南社) ə(h)a, əa. 右例に於て (h) は有聲音 h であるから語中では ĕsa>əa の如く又同母音間に於ても消失したものと思は

れる。南洋には Madag. laon-a, leon-a がある。

-〔 〕<-u,-ə　Tsou, Saroa, Rukai など，Tsou 系統の語には原型が子音に終る語の後には普通母音を伴つてゐる。此の母音は冠詞の性質を有してゐるもので，語の前に置かれるものが，語の後に置かれて其語と結合したものと考へられる。南洋 Madagascar の laon-a, leon-a の a や，Makassar の bêras-a(籾)<bĕras の a などは此の種のものである。

nĕsuŋ 型，lĕsuŋ 型 以外のもの　Ami の tivuk-an は tivuk (舂く) に接尾辭 an を附したもので，舂く所，舂く具といふ意である。Bugis の palungang の語尾 ang (Bugis は語末 n を ng にする) も上の接尾辭 an と同じであつて palung は舂くなどの意であらう。併し Bugis には palung の語は發見されなかつた。尙ほ考究を要する。Ami の方言 (北部)の nava は Ketangalan の kənava と同語であらう。Paiwan の vaḷaŋa は Siraya の vangara と同語であり Siraya の方言 Taivoan の manga や Taokas の malat は資料が不正確ではあるが やはり vangara の轉訛かと思はれる。又 Sao の ḷunnu は lĕsuŋ と比較するには餘り隔りがあり，Kanakanabu の tarukura や Rukai の tsukulu などは後日考究することとする。

（未　完）

台湾高砂族の語にて「臼」と「杵」といふ詞について（二）『民族学研究』新第一巻第二号、一九四三年、民族学協会　三八～四六頁

臺灣高砂族の語にて「臼」と「杵」といふ詞について（二）

小川尚義

二　臼

臺灣及び南洋に於て杵を表はす語に種々の型があるが、その大多數は qas$_2$ē̆lu 型であることは別表第一列を見れば大體了解し得られる。併しこの同一型と見られるものと、その音韻には可なり著しい相違があるから、一々之を檢討した上でなければ眞に同一型と稱することは出來ないのである。今左にこの qas$_2$ē̆lu 型の音韻の關係を檢討し、又併せて qas$_2$ē̆lu 型以外のものについて夫々說明を試みることとする。

A. qas$_2$ē̆lu 型

別表第一列は臺灣及び南洋に於て杵を表はす語の比較、第二列と第三列とは qas$_2$ē̆lu の第一音節 qa の變化に對し、qabu（灰）と qat$_2$ai（肝臟）に於ける qa の變化の比較、第四列と第五列とは qas$_2$ē̆lu の第二音節 s$_2$ の變化に對し、d$_2$us$_2$a（二）と lus$_2$ē̆q（淚）に於ける s$_2$ の變化の比較、第六列と第七列とは qas$_2$ē̆lu の末尾三音節、ē̆lu の變化に對し、tĕlu（三）に於ける ē̆lu の變化の比較を示すものである。

172

q>ʔ>〔 〕 臺灣では Atayal (2), Saisiyat, Paiwan (2) は q>ʔ であり, Rukai (2), Ami (2), Yami は q>〔 〕である。南洋語には a の前に ʔ が表記されてゐないが, 實際の發音は ʔ を伴ふものもあることと思はれる。

q>x, h>ɦ>〔 〕 臺灣の Bunun (2) には假りに x (後舌部無聲摩擦音) を用ひたが, 實際は懸壅垂部の無聲摩擦音である。南洋に於ける Java, Old Java, Sunda の h は 灰及び肝の語に在る h と共に, 臺灣の Atayal (1), Sedeq, Sao, Bunun (1), Paiwan (1) に在る q に相應するもので, q>h の變化が想起せられる。然るに南洋の Tagalog と Bisaya, 及び 臺灣の Siraya では, 杵の語には h があるに拘はらず, 灰及び肝の語には h が存在してゐない。それで此の h を前者と同じく q>h と見做すことは疑問である。愚考によれば, Tagalog 等にある此の h はq>h の h ではなく, 次の s_2 に相應する h ではないかと思ふ。尙ほ後の s_2 の條參照。臺灣の Rukai (1) と Ami (1) では q に相應する音として ɦ (hの有聲音) が多くの場合に聞かれる。臺灣の Rukai (2), Ami (2), Yami 及び南洋の Iloko 等の語に於ては q が消失してゐるが, 此の q の消失が q>x>h>ɦ>〔 〕の如き徑路によつたものか, 或は q>ʔ>〔 〕の如き徑路によつたものかは, 其々の言語の音韻の歷史によつて決定すべきものであつて, 一般には論ずる譯にいくまいと思はれる。

a=a qa の a は臺灣, 南洋を通じて大部分 a であるが, 例外がないこともない。

a>ā Makassar と Bugis は長音になつてゐるが, 此は accent を有する母音に於ける此等兩語の特性であらう。

a>ə　Atayal には accent のある音節の前の母音を弱めて不明瞭にする特徴がある爲に此の變化を來したものである。Ami (1) は Atayal の如き的確な特徴はないが，qa>ɦə はやはり accent の關係と考へられる。

a>o　Bunun (1) (2) にある qa>qo, xo の變化に解釋に苦しむものであるが，强ひて說明すれば次の音節にある au の a に對する異化と，最終の u に對する同化との結果ではあるまいか。

qa>ʔ>〔 〕　臺灣 sedeq は ʔ になつてゐる。此の形は qa>ʔa>ʔə>ʔ の如き徑路によつたものと考へられる。Kavalan, Pazeh, Babuza には ʔ が現はれてゐないが，實際の發音には ʔ が存在してゐるのではなからうか。若しさうでなければ ʔ を消失したものと見るべきである。

qa>ag,al　肝の語は Ifugao では alti, Apayao では agtai である。同一原 qat₂ai 型の qa から ag 又は al への轉化は珍奇な現象であるが，愚考によれば，此の g と l の實際の發音は，懸壅垂部で發せられる R の如き音ではあるまいか。若し然りとせば g で表はされた音は懸壅垂部の有聲摩擦音 g の如く聞えるものであり，l で表はされた音は同局部の顫動音 R が次の t に同化されたものであらう。臺灣の Kavalan 語には Indonesian の r₂ に相應するものを R の如く發音するが，一寸聞くと r の如く聞えるし，又顫動の弱い有聲摩擦音の場合は g の如く聞えるので，蒐錄者によつて g とも r とも表記されてゐる實例がある。別表にある Ifugao の l (同化の結果？)，Apayao の g も此の種類のものではなからうか。若し然りとせば，原音 qa が音韻轉位によつて aq となり，a 音の同化によつて q が有聲音化して摩擦音又は弱い顫動音となつたものと考へられる。

$$qa > aq > aG \begin{cases} \nearrow aR > ag \\ \searrow aR > ar > al \end{cases}$$

ła　南洋の Ifugao と Batak とに lalu がある。此の lalu は Apayao の allu の例を考へ合せると音韻轉位によつて allu>lalu の如く轉じたものではあるまいか。

ḷi　臺灣 Ketangalan の tsʰu はsəlu>stsu の轉かと考へられるが，ḷi の解釋は資料が少ないので尚ほ不明である。

s_2>š>s　臺灣では，第二音節に於て大多數のものが s 型 (s, š) を有してゐるに拘はらず，南洋では稀に h を有してゐる外，全部 s 型を有してゐない。此の變化は別表中第四列と第五列に擧げた二(d_2us_2a)と涙 ($lu\check{s}_2\check{e}q$) の語に於ても同樣である。臺灣の Yami に s のないのは南洋一般の型であるし，Siraya に s_2>h のあるのは Bisaya と Tagalog に似てゐる。臺灣の大多數に s 型があるのを見ると Bisaya の duha (二), lahaʔ (涙) などの h を dua, lua から音便的に發生したものと見るのは無理であらうと思ふ。其で私は此の原音を s_2 とし，s_2>š>s>h>〔 〕の如き徑路を取つて變化したものと說明するのが最も適當であると考へてゐる。Sedeq 語には現に š, s, h が三つとも現はれてゐる。

別表，第六列と第七列は $qas_2\check{e}lu$ の末の二音節 ĕlu と三の語 tĕlu の ĕlu の部分とを比較したものであるが，大體に於てその變化の狀態が一致してゐるのを見る。1 の變化については前に臼の條に述べたから，玆には ĕ 及び其他特種の變化について左に說明することとする。

Atayal (2), の ʔasažu。Atayal (2) では普通 ĕ>a である。例，$n_2\check{e}su\eta$,(臼) lahejuŋ, 又六の語 ma-tažu は

三 (tĕlu) の倍數を示すもので此の例である。然るに三の語が ťu-ɡan であるのは接尾辭の關係で tažu-ɡan>tžu-ɡan>ťu-ɡan の如く變化したものと考へられる。

Yami の aɡu は南洋語の alu と同型で, l>ɡ の變化は puluq (十) >puɡuʔ などの例がある。此の ɡ も實際は懸壅垂部の有聲摩擦音ではあるまいかと考へる。又 atuḷu (三) <tĕlu の場合は前に在る t の同化によるものであらう。

Kavalan の saɡo の ɡ も亦懸壅垂部の音であらう。Kavalan には l>R, ɡ の特徴がある。例, lutuŋ (猿) >Rotoŋ, qulu (頭) >oRo, oɡo など。Ketangalan には l>ts の特徴がある。例, qulu (頭) >utsu, valu (八) >watsu など。此によつて想像すると, ḷitsʰu の tsʰu は sĕlu>sətsu>stsu>htsu>tsʰu の如き徑路による變化ではあるまいか。勿論第一節 ḷi については未だ明解を得ないのである。

Siraya の資料は蘭人の記錄によつたのである。蘭人は Indonesian の l に相應するものを凡て r で表はしてゐる。此は臺灣の發音が純粹の側音でなく舌尖に力を入れて發する音であるので, l よりは寧ろ r を選んだのであらう。Siraya の音韻はq>h でないから私は haiero の h を d₂us₂a >duha の如く s₂ の變化と見, 第一音節を音韻の轉位と見て左の如く解釋するを適當と考へる。

qas₂ĕlu>ahiru>hairu

右の變化に於て, ĕ>i としたのは, Siraya の音韻に左の如く ĕ>i の例があるからである。ĕnĕm (六) >annim, dĕnĕr₂ (聞)>illingigh など。

南洋語では第二音節 s₂ĕ を h とするか, 又多くは之を消失してゐるから第六列と第七列の ĕlu の變化が臺灣に於ける如く規則的でない。

Iloko の al-o は $qas_2\breve{e}lu$>aslo>ahlo>a-lo>al-o の如き徑路によつて變化したのであらう。Ifugao と Batak の laluは，次の Apayao の allu の如き形から，音韻轉位によつて allu>lala となつたものであらう。Apayao の allu は $qas_2\breve{e}lu$>aslu>ahlu>allu の如き徑路によつたものであらう。

Tagalog, Bisaya の halo, hal-o の h は先に述べた如く q>h の關係でなく，s_2>h と解すべきであつて，$qas_2\breve{e}lu$>aslo>ahlo>ha-lo<hal-o / halo の如く變化したものと思はれる。

Java, Old Java の halu, Java とOld Java には第二列，第三列に見る如く q>h の例が多いから，此の語頭の h は q の轉と見るのが正當であらう。卽ち $qas_2\breve{e}lu$>haslu>hahlu>halu の如く變化したものであらう。

此の外 Celebes の Golontalo には ma-la-alo (to stamp) の語があるが此も同型の語であらう。

B. qas_2elu 型以外の語

paŋari, paŋiri 型　臺灣 Tsou の piŋiei は Saroa の paŋiri 形の轉であり，Kanakanabu の paŋi は Saroa のpaŋari 形の轉であらう。Saroa の paŋari と paŋiri とは對立してゐるが，本來同型であることは想像される。接頭辭の pa, 又は pa-ŋ は Indonesian に於て屢，器具を表はす接頭辭であるから，此の語の語基は ari の如き形で，舂くといふ如き意味のものではあるまいか，尙考究を要する。

lĕsok, lasok　臺灣の Puyuma に此の語がある。音韻の轉位と見れば səlok, salok を假定することが出來るけれども，Puyuma の音韻は本來 d_2us_2a (二) >roa の如く s_2 を消失する例であるので，此の場合 s の存在と語末の k とは音韻上解釋し難い點である。

tutu 型　南洋 Gayo に tutu の語がある。動詞 nutu<n-tutu<m-tutu は杵を以て舂く意である。又 Hova の fanato は pan-toto の轉である。Hova では toto は舂く意であり，器具を表はす接頭辭 pa-n を附して舂く具，卽ち杵の意となる。Bạtan のtuitui も亦 tutu 型のものであらう。

kĕntong　Madura に此の語がある。未だ他に類語が見つからないから尚考究を要する。

以上，臼と杵とに關する高砂族の語を擧げて南洋語との比較を試みたのであるが，大多數の語に於て qas$_2$ĕlu 型が用ゐられ，その各々が音韻上の相應性を有してゐることは注目に値する。尤も臼の語に於ける原形の推定は，杵の語の如く簡單ではないが，究極に於ては同型に歸着するものと考へられる。而して此の臼，及び杵に關する原型の推定は Indonesian の民族が未だ分散しない或時期に或る一定の地に於て，par$_1$ai 型の名の「籾」を n$_2$ĕsuŋ 型の名の「臼」に入れて，qas$_2$ĕlu 型の名の「杵」で舂いて，bĕr$_2$as 型の名の「米」として，之を kaĕn 型の語を用ひて「食」べることをしてゐたと考へると，民俗學的にも亦深い興味のあるものといはれよう。

(昭和十七年十二月八日稿)

臺灣

	杵 qas$_2$ĕlu	灰 (qabu) qa	肝 (qat$_2$ai) qa	二 (d$_2$us$_2$a) s$_2$	涙 (lus$_2$ĕq) s$_2$	杵 (qas$_2$ĕlu) ĕlu	三 (tĕlu) ĕlu
Atayal (1)	qəsiju	qaβu-li	—	rusa	—	[qə]siju	tšu[-ga‌l]
,, (2)	ʔasažu	ʔaβu-lits	—	rusa	—	[ʔa]sazu	ťu[-gan]
Sedaq (1)	ʔse:ḷu	qabu-lits	—	daha	ḷusoq	[ʔ]se:ḷu	te:ḷu
,, (2)	ʔso:ḷo	qabu-lits	—	daha	ḷušoq	[ʔ]so:ḷo	toḷo
Saisiyat	ʔaso(ʀ)o	ʔaβo	—	(d)rosa	(ʀ)osiʔ	[ʔa]so(ʀ)o	to(ʀ)o
Sao	qašoḷo	qafu	—	tuša	ḷušaq	[qa]šoḷo	toḷo
Bunun (1)	qošau	qaʔbo	qattað	ʔduša	ušaq	[qo]šau	ta:o
,, (2)	xošau	xaʔbo	xattað	ʔduša	ušax	[xo]šau	tao
Tsou	piŋiei	fuu	—	jusɔ	esə:, esəjə	......	tuju
Kanakanabu	paŋi	aβu	—	tsu:sa	—	......	to:ḷo
Saroa	paŋari, paŋiri	ʔaβo	—	su:wa	—	......	to:ḷo
Rukai (1)	ɦasoḷo	ɦabo	atai	ḍusa	ḷusu	[ɦa]soḷo	toḷo
,, (2)	asoḷo	abo	atai	ḍusa	ḷusuʔu	[a]soḷo	toḷo
Puyuma	ḷasok, ḷəsok	abo, ɦavo	aṭai, ɦaṭai	ḍoa, zoa	ḷo:ʔ	......	tiḷu, təḷu
Paiwan (1)	qasəḷu	qavo	qatsai	ḍusa	ḷusəq	[qa]səḷu	cəḷu
,, (2)	ʔasəḷu	ʔavo	ʔatsai	ḍusa	ḷusəʔ	[ʔa]səḷu	ťəḷu
Ami (1)	ɦəsoḷo	ɦavo	ɦatai	tosa	ḷusaʔ(a)	[ɦə]soḷo	toḷo
Ami (2)	asoḷo	avo	atai	tosa	ḷosaʔ(a)	[a]soḷo	toḷo
Yami	aguʔ	aβoʔ	—	ḍuwaʔ	gooʔ	[a]guʔ	aṭḷuʔ
Kavalan	saʀo, sago	ivu	—	ẓusa	ʀosi, gosi	saʀo	tuḷu
Ketangalan	ḷitsʰu	abu	—	ḷusa	ḷusuʔ	[ḷi]tsʰu	tsʰu:
Pazeh	su:ḷu	avu	—	ruša	—	su:ḷu	tuḷu
Babuza	soro (落籾具)	abo	—	roa	rosso	soro	torro
Siraya	haiero	avo	—	duha	—	[ha]iero	turo

臺灣高砂族の語にて「臼」と「杵」といふ詞について(二)

南洋	Philippine	Batan	pituitui	avu	—	dua	xuu	……	atdo
		Iloko	al-o	—	—	dua	lua?	[a]l-o	tal-lo
		Apayao	allu	abu	agtai	dua	luwa	[a]llu	tal-lu
		Ifugao	lalu	—	alti	duwa	luwa	[la]lu	tulu
		Pampanga	alo	abo	ate	adua	lua?	[a]lo	atlo
		Tagalog	halo	abo	atai	da-lawa	luha?	[ha]lo	ta-tlo
		Bisaya	hal-o	abo	atai	duha	luha?	[ha]l-o	tolo
		Agotaya	calo	cabo	—	dua	loc	[ca]lo	talo
		Malay	alu	habu, abu	hati	dua	—	[a]lu	—
	Java	Java	halu, alu	hawu	hati (心)	lo-ro	luh	[ha]lu	tĕlu
		Old Java	halu (槌)	hawu	hati	rwa	lūh	[ha]lu	tĕlu
		Sunda	halu	lĕbu	hate	duwa	luah (唾)	[ha]lu	tilu
		Madura	kĕntong	abu	atē	duɔ	—	……	tĕlo
	Sumatra	Batak	lalu	—	atē-atē	dua	ilu	[la]lu	atdo
		Gayo	tutu	wau	ate	roa	luh	……	tulu
	Celebes	Makassar	ālu	āwu	āti	ruwa	—	[a]alu	tallu
		Bugis	ālu	āwu	āti	duwa	—	[a]alu	tölu
		Tontemboa	alu	awu	ate	rua	lue?	[a]lu	tĕlu
	Madagascar	Hova	fanoto	lavanuk	ati	rua	—	……	telu

インドネシア語に於ける台湾高砂語の位置

太平洋協会編『太平洋圏　民族と文化　上巻』一九四四年、河出書房　四五一〜五〇二頁＋図表

インドネシア語に於ける臺灣高砂語の位置

前臺北帝國大學教授　小川尚義

一 高砂語の分布と資料……六
二 數を唱へる數詞と物を數へる數詞……一三
三 數詞の構成方法……一四
四 接頭辭と接尾辭……一八
五 數詞 一……二一
六 數詞 二……二四
七 數詞 三……二七
八 數詞 四……二九
九 數詞 五……三三
一〇 數詞 六……三五
一一 數詞 七……三八
一二 數詞 八……三九
一三 數詞 九……三九
一四 數詞 十……四〇
一五 數詞 十一……四五
一六 數詞 二十……四五
一七 數詞 百……四八
一八 數詞 千……五〇
一九 數詞 萬……五二
結 論……五三

私は表題の如き題目を與へられたのであるが、臺灣高砂語の立場を論ずる場合は勢ひ、全アウストロネシヤ語族の一部として之を觀察する必要があるので、本稿に於ては、太平洋諸島の言語にも觸れることにした。御了解を乞ふ次第である。

扨て此種の問題を解決するには、音韻、語詞、語法等の諸方面より觀察する必要があり、普通の方法として、語詞の種類は身體の部分名、姻戚關係の名詞、天文、地理、動植物等の名稱をとり上げて之を比較することになつてゐるが、私は此度は語詞の材料として數詞をとり上げ、此れについて高砂語とアウストロネシヤ語族に屬する南洋語とを音韻、並に形態の上から比較してみたいと思ふ。

說明の便利のため、私は高砂語分布の略圖と、數詞の比較表とを作成した。此れについて注意を要することを左に擧げる。

1　高砂語の種族名及び南洋語は大體普通の表記法によつたが、高砂語に用ひた表記法は大體次の通りである。

β	兩唇間の有聲摩擦音	(h)	hの有聲音
c	中舌部の無聲破音	ı	eに似たiの音
ḍ	dの反轉音	j	英語yの音
ə	中間母音	l	口蓋化したlの音
ǥ	xの有聲音	ḷ	同上の無聲音

ḷ　普通のlの反轉音
ʎ　口蓋に接觸しない中舌部のl音
ŋ　後舌部の鼻音
ɔ　aに似たoの音
œ　廣いöの音
q　懸壅垂部の無聲破音
ɹ　弱い摩擦音r
R　懸壅垂部の顫動音
(R)　同上部の弱い有聲摩擦音
š　口蓋化したsの音
ṣ　sの反轉音
ť　口蓋化したtの音
ṭ　tの反轉音
θ　英語thの無聲音
ð　英語thの有聲音
x　後舌部の無聲摩擦音
ž　口蓋化したzの音
ẓ　zの反轉音
ʔ　喉頭部の破音、語末では閉音
:　長母音符
(　)　弱い音
〔　〕　接頭辭、接尾辭、又は主成分以外の語

2　別表の內、Dayak は Borneo の Ngaju 語、Guadalcanar は Vaturanga 語を揭げた。又 Ibanag, Tagalog は Luzon 島、Tirurai は Mindanao の地方語で Hova は Madagascar, Chamorro は Mariana 群島、Maori は New-Zealand の語である。

3　種族名の略語は初めの三字又は四字を用ひることとした。

一　高砂語の分布と資料

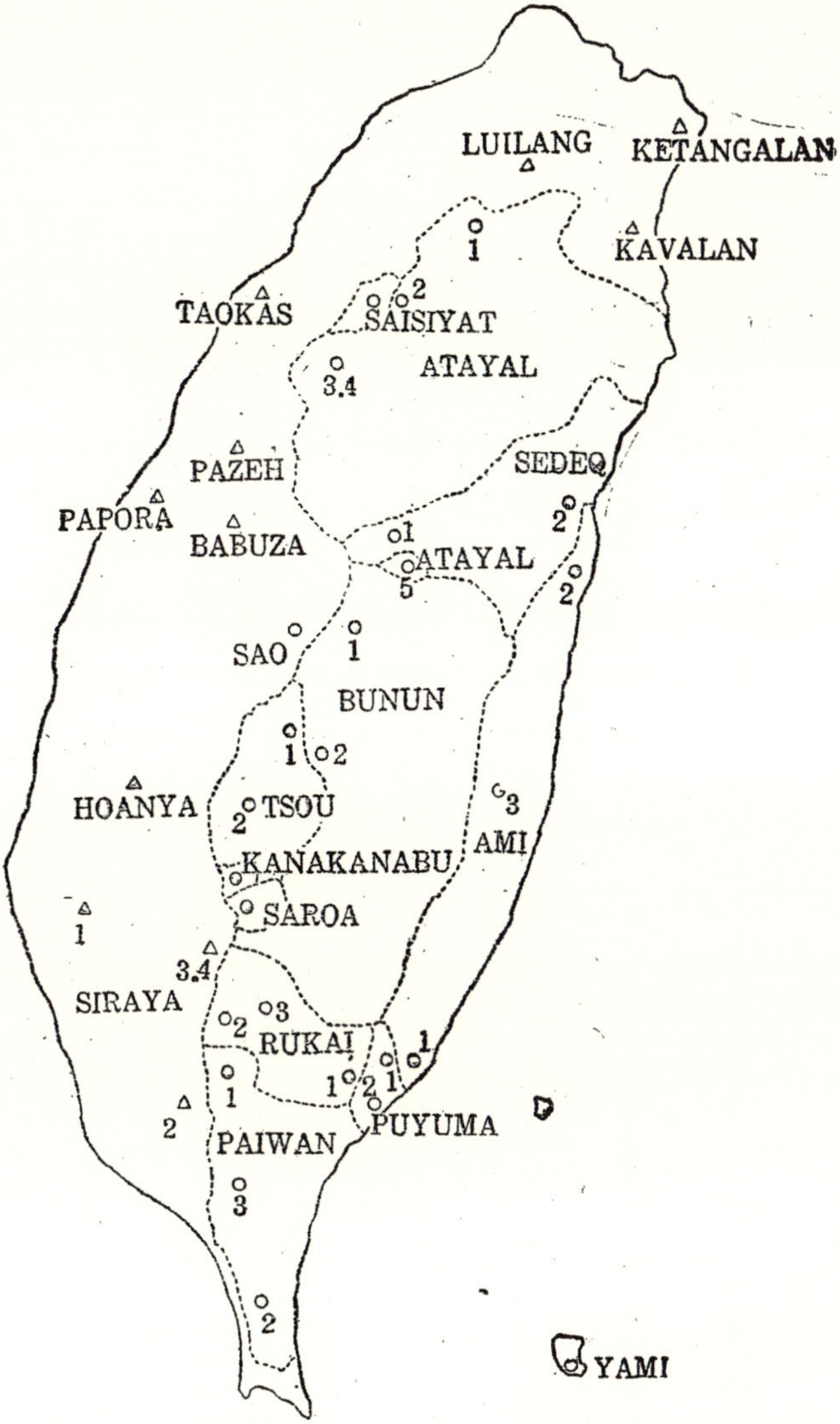
LUILANG
KETANGALAN
KAVALAN
TAOKAS
SAISIYAT
ATAYAL
PAZEH
SEDEQ
PAPORA
BABUZA
ATAYAL
SAO
BUNUN
HOANYA
TSOU
AMI
KANAKANABU
SAROA
SIRAYA
RUKAI
PUYUMA
PAIWAN
YAMI

A　現在常用語として用ひられてゐるもの

1　Atayal（又は Tayal, Ɐtayal, Itaal 等）主として臺北州、新竹州、臺中州の山地に行はれてゐる。別表(1)は桃園郡大豹社(mək-βeⁿletšeq)、(2)は竹東郡タコナン社(takonan)、(3)は太湖郡マバトアン社(mabatoan)、(4)は同社古老の語、(5)は能高郡萬大社の語で、何れも筆者の蒐錄したもの。以下特記しないものは皆同樣である。

2　Sedeq（又は Seʔedeq, Sədeq, Sadžeq 等）主として臺中州、花蓮港廳の山地に行はれてゐる。數詞は Atayal と大分異つてゐるが、音韻、語詞、語法は大體 Atayal に似てゐるから、Atayal の方言と見るべきである。別表(1)は能高郡パーラン社（paran）（霧社）、(2)は花蓮港廳エカドサン社（ekadosan）の語。

3　Saisiyat（又は Saisirat）主として新竹州の山地に行はれてゐる。別表は大隘社（sairakas）の語。

4　Sao（正確には θao）臺中州日月潭附近の水社、頭社の家庭で話され、臺灣人との間には臺灣語が使用されてゐる。別表は水社（katibato）の語。

5　Bunun（正確には ʔbunun）主として臺中州、高雄州、花蓮港廳、臺東廳の山地に行はれてゐる。別表(1)は能高郡カト社（kato）（卓社群）、(2)は同郡、東埔社（toŋpo）（シブクン群）の語。

6　Tsou　主として臺南州嘉義郡の山地に行はれてゐる。別表(1)は南仔脚萬社（nanahabana）、(2)は達邦社（tapaŋe）の語。

7　Kanakanabu　高雄州旗山郡の山地に行はれてゐる。大體 Tsou に似てゐるが可なり差異がある。別表は河表湖（nagisaru）の語、資料は淺井惠倫氏による。

8　Saroa（正確には ɭaʔaroa）高雄州旗山郡の山地に行はれてゐる。大體 Tsou に似てゐるが可なり差異がある。

別表は排剪社 (paitšiana) の語。

9 Rukai (正確には ḍukai) 主として高雄州屏東郡、臺東廳の山地に行はれてゐる。別表 (1) は臺東廳大南社 (taromakə)、(2)は高雄州マガ社 (tərdəkanə)、(3)は同州、マンタウラン社 (opunoho) の語、マンタウラン社の資料は淺井惠倫氏による。

10 Paiwan 主として高雄州屏東郡、恒春郡、臺東廳の山地に、又一部分は平地に行はれてゐる。別表(1)は屏東郡トクブン社 (tŏkuvul)、(2)は恒春郡カテライ社 (coa-ḳatsilai)、(3)は屏東郡リキリキ社 (raokrək) の語。

11 Puyuma (或は Panapanayan) 臺東附近の平地に行はれてゐる。別表 (1)は卑南社 (puyuma)、(2)は知本社 (katatipol) の語。

12 Ami (自稱 Pantsah) 主として臺東廳、花蓮廳の平地に行はれてゐる。別表 (1)は臺東廳馬蘭社 (falanao)、(2)は花蓮港廳荳蘭社 (nataoran)、(3)は同廳舞鶴社 (maivor) (北部の飽干社から移住したもの) の語。

13 Yami 臺東廳紅頭嶼に行はれてゐる。別表はイムルッド社 (imulud) の語。資料は淺井惠倫氏による。

B 現在常用語として使用されず、普通臺灣語が使用されてをり、種々の程度に於て僅かに古老の記憶に殘るもの

1 Kavalan 舊時は主として臺北州宜蘭郡、花蓮港廳の海岸地方に行はれた語である。此語は現在古老の間に相當記憶せられてゐて發音等も可なり正確である。別表は宜蘭郡抵美簡社 (xi-putuvulkan) で蒐錄したもの。

2 Ketangalan 舊時、臺北州の臺北基隆方面の平地に、又一部は宜蘭郡の海岸に行はれた語であるが、現在は僅かに古老の記憶に殘つてゐる程度のもの、別表は基隆郡新社で蒐錄したもの。

3 Luilang 舊時、臺北の西部、南部及び桃園郡地方に行はれてゐたものの樣であるが、現在は殆んど死語とな

つてゐる。別表は海山郡、外挖仔庄で蒐錄したものである。外挖仔庄に殘存せる高砂族は、口碑によると、舊時臺北附近にあつた雷里、秀朗、務裡薛、了阿の四社が乾隆年間に合併して雷朗社となつて、後に新店街の對岸にある今の外挖仔庄に移つたものであるといふことである。此語は五から九までの數詞が Ketangalan と大いに相違してゐるし、其他の語詞にも可なりの相違がある。又此外に、私が桃園廳の南崁（南崁社）と新路坑（龜崙社）で蒐錄した語詞も（數詞の資料はないが）大體に於て、外挖仔の語に似てをり、臺北以東の所謂 Ketangalan の語とは可なりの相違があるので、私は最近、此の一群を Ketangalan と區別するのが適當ではないかと考へるに至つたのである。勿論、資料としては少數の單語だけであるから、正確に斷定することは出來ないが、暫く疑ひを存して茲には假りに **Luilang**（雷朗）と名づけて別に之を擧げることにした。尙ほ詳細は別の機會に述べることとする。

4　**Taokas** (Happartus の Favorlang 語集には Takeis とある) 舊時、新竹州の平地に行はれた語であるが、其の住民の大部分は現在、臺中州埔里の高原に移住してゐる。別表は埔里街、八股庄で通霄社 (homeyan) の古老の記憶を蒐錄したものである。

5　**Papora**（又 Paposa, Bupuran）舊時、主として臺中州、大肚溪以北の海に面した地方に行はれた語であるが、其の住民の大部分は現在、埔里に移住してゐる。Papora, Bupuran 等の名稱は、次の Babuza 卽ち蘭人の所謂 Favorlang の名稱に相當するものであるが、語詞には可なり相違があるのを見ると、此語は本來 Babuza の方言であつたのが Taokas 等の語を混合したものではあるまいかと思はれる。別表は埔里街、大肚城庄で大肚社 (hajoban) の古老の記憶を蒐錄したものである。

6 Babuza（正確には Babuza.）蘭人の所謂 Favorlang は此語である。此語は舊時臺中の南、犂頭店にあつた猫霧捒社（babusak）を中心として大肚溪と濁水溪との間の平地に行はれた語であるが、其の住民は今多くは埔里に移住してゐる。此語も亦僅かに古老の記憶に殘つてゐる程度であるが、幸ひに蘭人 Happartus の Favorlang 語集、其他宗教問答等があるので、發音も語詞も可なり正確な資料が得られる。別表は右語集より採り、多少文字を改めたもの。

7 Pazeh　舊時、臺中の北部及び東北部の平地に行はれた語であるが、其の住民の一部は今は埔里に移住してゐる。此語は現在古老の間に相當記憶せられてゐて、發音等も可なり正確である。別表は豐原郡、大社庄（岸裡社）（rahodapuru）で蒐錄したもの。

8 Hoanya　伊能嘉矩氏の記錄によると、諸羅山社（嘉義）と打貓社（民雄）を Hoanya, 斗六門社（斗六）を Lloa, 北投社（南投の北）を Arrikun としてある。私は此等諸社の語詞が大體一致してゐるので、之を一群と見て、假りに總名を Hoanya としたのである。此語は舊時、北は南投附近から南は嘉義地方までの間に行はれたものらしく、其の住民は現在多くは埔里に移住してゐる。此語は古老の記憶が極めて貧弱で、資料も少く、發音も不正確であるし、殊に數詞は一部分しか記憶されず、且つ其の順序も亂雜である。別表は諸羅縣誌に出てゐる數詞を基礎として他の資料を參考したもの。

9 Siraya　舊時、臺南州、高雄州の平地に行はれた語で、其の住民は現在、多くは東方山手の方面に移住してゐる。此語は古老の記憶が極めて貧弱であるが、幸ひに蘭人 Gravius が新港語で譯した馬太傳、其他發音の正確に表記された可なり豐富な資料が殘されてゐる。別表(1)は大部分は右馬太傳により、Van der Vlis の資料で補つたもの。別表(2)は Siraya の方言 Makatau の語である。此語は、舊時は鳳山、屛東地方に行はれたものであるが、其の住民は現在、東方の山麓、又は老濃溪の上流、甲仙埔地方に移住してゐる。此語も資料が少く、發音も數の順序も不正確であるので、別表には朱仕玠の小琉球漫誌に出てゐる下淡水社の語の數詞を基礎とし他の資料を參考したもの。別表(3)は Siraya の方言で Taivoan の語である。Taivoan は蘭人の所謂 Tevorang に當り、本來臺南の北に在つた灣裡社のことである。此の灣裡社及び附近の者が、漢人に壓迫せられて曾文溪の上流に移住し、ここに頭社（大武壠頭社）、霄里社、茄拔社（目加溜灣社）、忙仔忙社の四社を形成した。此れが普通に四社熟蕃と呼ばれてゐる。此の一部は又、老濃溪上流に移住して、Makatau と雜居し、一部は中央山脈を越えて臺東の平野に移住して Ami の間に部落を成してゐる。從來は Siraya 語は Saraya と Makatao と二種に區別されてゐたが、此の Taivoan も同程度以上に差異のあるものと思はれるので、私は此れを一方言とするのが適當と考へる。尙ほ Taivoan の數詞の資料の內の一種に一と十を除く外は全く特別の形のものがある。Siraya (4)として出したものがそれである。此種の數詞は主として Taivoan 群の資料として蒐錄されてゐるが、Makatau に屬する老姥庄（下淡水社）の資料にも同種の數詞が見えるし、又淺井惠倫氏が甲仙埔で蒐錄された資料には一から十までは普通の Makatau 語であり、十一から十九までの數詞として此の特殊形が擧げられてゐる。此等の點と數詞の形が餘りに變つてゐるのなどを考へると、此れは本來の數詞ではなくて、何か或る特別の場合に（遊戲等？）使用してゐたものではなからうかと思ふ。現に Paiwan の內文社にも兒童用の特別な數詞があるのなどを思ひ合せて、そんなに考へるのであるが、尙ほ將來研究の必要がある。別表には只參考として之を擧げたのである。又此の數詞は資料が樣々で、語形も順序も一定してゐない。別表は筆者が甲仙埔で蒐錄したものである。

二　數を唱へる數詞と物を數へる數詞

數を一、二、三と唱へる場合と、物を一つ、二つ、三つと數へる場合とによつて、或る語では數詞の言表はし方が異つてゐる。臺灣の Sedeq では、一、二の一は uin, 一つ、二つの一つは kral といふ。Rukai の poloke は、九、十の十で、meal は九つ、十の十、即ち十個の意である。Puyuma の moktep や Kavalan の Ravtin も十個の意である。南洋語中には數詞に接尾辭の附いてゐるのがあるのは、多くは本來具體的の數を表はすものである（接尾辭の條參照）。Palau の maxod は十、tr̈ox は十個である。Sumatra 附近の Gayo では二、三は roa, tulu であるが、二つ、三つは duö, tigö といふし、二百は düo ratus で roa ratus とはいはない例もある。此れは單なる數としての二百は、實際普通數へる場合のない故であらう。

具體的に物を數へる場合に、單に數詞と其の數へる物名とを並べて之を表はす方法と、又物の性質によつて類別した名稱、即ち補助數詞を附加して之を表はす方法とがある。此の補助數詞は南洋では Malay, Sunda, Madura 等に盛んに用ひられてゐる。Malay では、卵、小石などの小さな物を數へる時は biji（種、粒の意）、家、籃、丘など多少球形の物の場合は buah（果物の意）の語を數詞と共に用ひるが、太平洋、殊に Micronesia 方面では、生物、長い物、丸い物、薄ぺらな物などを夫々區別してをり、甚しいのは數詞と補助數詞とが全く融合して區別することが出來ない程度のものや、又全く別の數詞を用ひてゐるものもある。Truk 語では數の一は e—t, 一個は e—u, 生物は e—men, 長物は e—fot など、又 Ponape 語では生物、又は杖などの長い物の十は ēr̄k, ēk, 薯、席などの十は nga—ul であり、一般の物の十は e—ijo̤k, 又は ijo̤k である。臺灣、Philippine 等では大概は、名詞に只、數詞を附加するだけで、補助數詞は餘り用ひられてゐない。

三　數詞の構成方法

アウストロネシヤ語では數詞の構成に種々の方法が用ひられてゐる。其の主なものを左に擧げる。

1　倍數式　國語に於て一（hi）と二（hu）にhがあり、三（mi）と六（mu）にmがあり、四（yo）と八（ya）にyがあるといふ如く、基數と倍數に同子音があることが古くから指摘されてゐるが、高砂語に於ては、只子音ばかりでなく、語基の全部に接頭辭を附加して倍數を表はすものが數種ある。Atayal (1)の三の語基 tšu<teju は六の語基 teju と同型であり、四と八の語基は全く同一である。其他 Atayal の方言、Sedeq や Sao は何れも此式である。又 Saisiyat, Taokas, Babuza, Siraya は四と八に於てのみ同じ式である。

南洋には此式が存在しないから、此れは臺灣特有のものといはれよう。此式は國語に於て倍數が同一の子音を有してゐるのと思ひ合せると、言語系統の關係は兎に角、計數方法の出發點は同種のものと考へられる。

2　加算式

a　五進式　臺灣の Pazeh に此式がある。南洋では Melanesia に此式が廣く行はれてをり、別表の中では、Ambrim と Lifu が此れに屬する。其外、Philippine の Luzon の東部に在る Ilongot 語にも ta—m—biang no si—yet（5+1）, ta—m—biang no dua（5+2）等、又 Sumatra の南 Engano 島にも a—lime—i a—dua（5+2）, a—lime—i a—golu（5+3）等の如く五進式がある。又別表 Dayak の六の語 ja—hawan の ja は1の意と思はれるから（+1）で此れも五進式の變形と見ることが出來よう。五進式がかく地理的に散在してゐる所

462

を見ると、此の五進式は同一系統的なものではなく、夫々獨立して出來たものであらうと思はれる。

b　六進式　臺灣 Saisiyat の七の語 Saiβusi(R) o aha は 6+1 であるが、此式は只七の語だけで、八以上には用ひられてゐない。南洋には此式はないやうである。

c　七進式　南洋の Makassar の sa gan tuju (1+7) は此式であるが、此れも九以上には用ひられてゐない。

d　十進式　一般的であるから說明を略する。

e　二十進式　南洋には Malay に dua−puloh（二十）の外に二十を表はす lekor といふ語があつて sa−lekor（二十一）sĕmbilan lekor（二十九）といふ如く構成せられ、主に日附に用ひられてゐる。此の lekor 型は Java, Sunda, Madura などにもあつて、英語の score といふ樣な語である。此外、Sumatra の Gayo に kudi といふ語があつて材木、リンネルなどを數へる時用ひられるといふことである。

f　一般加算式　Yalut の jil−jin−o<*jil−jil−o (3+3=6), jil−jil−im−juon (3+3+1=7) などが此れである。

3．減算式　Sunda の da−lapan<dwa lap−an (2 taken away=8), sa−lapan (1 taken away=9). 又 Malay の dĕ−lapan（八）、Makassar の sa−lapang（九）などは此式である。lapan は alap−an の略で、alap は Java の alap (to take) と同語で、接尾辭 an は位置、又場所を示し、（十の內から）取去る一又は二といふ程の意であらう。Malay の sĕmbilan（九）は sa−ambil−an で ambil は taking over, receiving into one's possession であるからつまり 10−1 の意である。又 Bugis の a−ruwa（八）、a−se−ra（九）、Dayak の ja−latien（九）は此式であり、Ache の lapan は dua lapan の略であらう。又 Ache の thi kreuëng の

kreuëng は Malay の kurang sa−tu sa−puloh (less one ten=9) の kurang と同語で less の意である。Bugis にも亦 kurang sedi−ya na duwa−pulo (20−1=19) の方式がある。此外 Yap 及び Duke of York の七、八、九は明かに減算式であり、Yalut の rua−l−idök も (10−2) の方式と思はれる。

4　乘算式　國語の二十は (2×10)、三十は (3×10) で、此の言ひ方は極めて普通であり、一百 (1×100) も或る場合には用ひられるが、一十といふ語は國語には用ひられない。然るに臺灣及び南洋では、一十、一百が普通に用ひられてゐる。臺灣では **Paiwan** の **ta−puloq** (一十)、ta−idai (一百)、南洋では Malay の sa−puloh (一十)、sa−ratus (一百) の如きが此れである。此外臺灣の Babuza には一種特別の乘算式がある。卽ち man−na−torro−us a tsxiet−eis〔three−times that ten−twenty=3×(10×20)=600〕, man−na−axp−il a tsxiet−eis〔five−times that ten−twenty=5×(10×20)=1000〕、右の內、末尾の eis の語原は不明であるが、之が加算式でなく乘算式であり英語の score 又は dozen の如く計數の單位としてのみ使用せられるものかと考へられる。南洋 Melanesia の Tana では、十を karirum−karirum (5+5) といつて加算式であるが、Eromanga の〔na−〕ro−rim は (2×5) で十であり narorim−narorim は (10×10) で百である。又 Fate では re−lima(2×5=10)、Sesake では dua−lima(2×5=10) 等の如く乘算式が可なり多い。Yalut の rua−dim−juon (九) は (2×5−1) で乘算式と減算式との混合である。

5　度數式　臺灣では十、二十、三十等、十の倍數を表はす數詞には十の語を用ひず、一度、二度、三度といふ如き言表はし方をする語が可なり多い。Atayal (十の語は例外)、Sedaq, Sao, Bunun, Tsou, Kanakanabu, Saroa, Rukai は皆此式によつてゐる。Saisiyat は十、二十は別語であるが、三十は ma−to(R)o−l であり、以下大體此式によつてゐる。南洋では Bisaya に屬する Cebu に ka−luha−an（二十）、ka−tlo−an（三十）などがある、同じ Bisaya でも Panay では二十を duha ka pulo といひ、三十以上を ka−tlo−an 等といふ。此等の原意は二度、三度又は二度目、三度目等の意から來たものである。

6　特殊式　臺灣の Paiwan, Ami, Yami には十の倍數に端數の加はつた數を表はすのに特殊の形式がある。別表中）十一の語に於ては、（一度と一）、又は（十と一）の如き言表はし方をしないで、何れも、其語中に二の數詞を用ひてゐる。又表には出てゐないが、二十幾つの場合には三の數詞を用ひてゐる。此の十一の語の原意は Paiwan 語では〔(今回數へる）一の十は、第二回（sika−dusa）にする十、即ち十臺の十〕といふ意であり、Ami と Yami 語では〔第二回の十、即ち十臺のものは一〕といふ意である。南洋では地理上臺灣に近い Batan の十一は殆んど Yami の十一と同形である。又 Luzon 島の西北部の Iloko では、十一を kan−ika−dua pollot ma−isa（第二の十の一）といひ、Manila の Tagalog の古語では二十一を ma−ika−tlo−ng isa（第三回に當る一）、三十二を ma−ika−pat da−lawa（第四回に當る二）其れ以上も此式で表はしてゐたといふことである。又 Tagalog の北の Pampanga では二十一を meka(<ma−ika) tolo ng metung（第三回に當る一）といひ、其の又北の Pangasinan にも同樣の言表はし方がある。此外 Luzon の東北部の Ibanag でも十一から十九まで即ち十臺の數を min−ica−rua fulu（第二回に當る十）といつてゐる。上述の語は何れも十臺の語を表はすに第二回の語を用ひ、其れ以上は此れに準ずる語を用ひてゐる所に特色がある。此種の形式は Philippine 以外には見當らぬ樣であるから、臺灣の南部の語と Philippine の北部の語とは、此點に於て密接の關係があるものと見て差支へなからうと思ふ。

四　接頭辭と接尾辭

別表に掲げた數詞の中には、單純な語基のものもあるが、又接頭辭や接尾辭を伴ふものも少くない。語基については後に述べる事とし、茲には接頭辭と接尾辭について簡單に說明する。

A　接　頭　辭

1　m型（ma, mi, me＜ma－i）　m型は Indonesian に普通な形で、存在又は動作などを表はすものである。Atayal, Sedeq の六と八及び Taokas, Babuza の八の語にあるm形も起源は同じであらうが倍數を表はす點に特色がある。

2　n型（na, ne＜na－i）　Sumatra の Toba-Batak では na に that の意味がある。起源は此樣な意味であらう。

3　ta　Siraya では、ta は冠詞の主格に用ひられ Bunun では後置詞としての ta に that, there の意があり、Maori の ta にも that の意がある。

4　o, e　Golontalo と Palau の o、Samoa の e は冠詞で、本來は指示代名詞である。他の諸語の接尾辭の o, u, e, i（接尾辭の條參照）も、本來は此れと同種のものである。臺灣の Ami にも o vayahej－an (that is a woman＝女だ）といふ風に用ひられてゐる。

5　ka, ma－ka (ma－ha, ma－a), ma－i－ka, ku, ke＜ka－i, 此の ka は本來 that の意であつて Siraya では ka－ra－ruha（第二）などの如く順序數詞を表はすこともある。Saisiyat の ma－ika の i－ka は Taalog の i-ka-tlo（第三）、Bisaya の i-ka-duha（第二）の i-ka と同じものである、Siraya（1）の ku-ixpa（八）は Sao の ka-spat（八）と同型であるから、此の ku も亦大體 ka と同じ性質のものであらう。

B　接尾辭　接尾辭は大體に於て國語の一つ、二つ等の如く、本來は物を指示する意であると思はれる。

1　a, (ə). Kanak. sopat-a（四）Hov. enin-a（六）の a は Indonesian の冠詞の a（Paiw. a, Tag. a-ng など）と同じく、指示代名詞的のものであらう。Mak. bēras-a<bĕras（米）などの a も此例である。又 Tso. spt-ə（四）の ə は a の變形であることは同族の Kanak. sopat-a（四）の a から推定される。

2　ai. e<ai, i. Ami の tsə-tsai は tsa-tsa-ai の轉化で tsa（1）の重複形に ai を附したものである。Ami の ai は ḷaḷa-ai（病人）<ḷaḷa（病）等の如く、具體的に其のものを表はす爲に用ひられる。此の ai は本來指示代名詞的の a と i との結合したもので、（其のもの）といふ意である。Tagalog の助辭 ai（普通 ay と記され、國語の主格（……は）に當る）も此意であらう。Ambon の e は ai の轉化であり、Lampong の i は a+i の i である。

3　u, o. Saipan, Truk 等の u は Golontalo 等の冠詞の o と同種である。又 Paiwan で、動詞 kan（食ふ）の命令法に、其物を指していふ場合に kan-u（食へ、其物）といふ形がある。此の u も亦上述の u と同種のものである。

4　da. Ami の i-ra（あれ）などの ra と同語であらう。

5　di, ji, hiji は Sanskrit の biji から出た Java の wiji (seed, grain) であるとされてゐるが、若し其れな

467

らば、寧ろ補助數詞と見るべきである。

6 re. Makassar の re は Bugis の di と同じ様に考へたが se—re（一）は si—bere (one piece) の轉であるとせられてゐる。

7 tu, tu—ng, t. 此の tu は Malay の i—tu (that), si—tu (that place), Tagalog の i—to(this) の tu, to と同語である。Siraya の Saa—t（一）の t は此れと同語であるとも考へられるが、併し此語の他の資料には saa—d, saa—r と表記されてゐるのもある。若し saa—t の t が本來 d であるとすれば、その d は前掲の da かとも考へられる。又 Philippine の Camarine に居る Negrito の語にも o sa—d（一）の如く d の接尾辭があるから Siraya のも本來は d とする方が適當かもしれぬ。

8 ni, nu. Tsou の ni は同語の e—ni（此）、Atayal の qa—ni（此）、Puyuma の ka—ḍi—ni（此處）、Ami の i—ni—an（此）などの ni であり、Taokas 等の nu は Malay の a—nu (such and such) などの nu であらう。

9 on. Yalut の ju—on（一）の on は Tagalog の ya—on (that) の on であらう。又 Toba—Batak にも on (this) の語がある。

10 ka, nga, ng, g. ka は接頭辭又は結辭 (ligature) として用ひられ本來 that の意である、又 nga, ng, g は sa—nga pulu（一つの十）などの如く用ひられ、その nga が轉じて ng 又は g となる。此の nga は本來は sa—n—ka pulu の如く n の挿入によつて轉化したものであらう。

11 men. Yalut の e—men（四）の men は特別の形をしてゐるが、愚考によれば、此れは pai—men の轉化であらう。接尾辭の men は Truk にある ulu−men（三人）、fō−men（四人）などの men で、人又は生物を表はす補助數詞の men と同語であらうと思ふ。

五　數　詞　一

A　ĕsa（=əsa）型、純粹に此形を有するものは臺灣にはない。南洋には Sunda, Madura, Tontemboa 等に此形がある。又、Malay, Java では普通は sa であるが、文獻には ĕsa がある。

1　ĕ　ĕの原型を有するものは Sunda 等にあるが、他は a, i, u 等に轉じてゐる。此のĕの變化は複雜してゐるから、茲には說明を省略する。

2　s　Dempfwolff は Indonesian の s は本來は t' であるとしてゐる。別表、一の數詞を見ると、s の外に t, d, ch(=tš), j(=dž), ts, など種々の音があつて、同氏の說に有利な材料の如くに見えるが、私は尙ほ考究の餘地があるものと考へ、暫く s を用ひることにした。

以下 s の變化について主なものを說明する。

s>š. Bunun (1), (2), 音韻體系では Bunun (1) は s>ts であり、Bunun (2) は s=s である。例、asu（犬）>Bun. (1). atso, Bun. (2). aso. 別表 Bun. (1), (2) の十の語（一度の意）に於ては實際此の通りになつてゐる。然るに一の語に於てかく s>š の如く轉化してゐる原因は、次の數詞の二の語 ʔduša の同位置にあるsの影響によるものであると思はれる。

s>h, x>(h)>〔　〕, Atayal, Sedeq の一は別語であるが、一度といふ語に ĕsa 型があつて s>h, x の變化をしてゐる、即ち Atay. min–ha–l（一度）は Tag. min–sa–n（一度）と同語である、又 Sedeq の十には xa（一）が含まれてをり Rukai (1), Kanakanabu, Saroa の十の語も同型であつて、何れも本來は一度の意である（十の條參照）。南洋の Saipan 等の e（一）は *sa–ai>sa–e<sē<ē の如く轉化したものであらう。

s>t. 臺灣は Sao, Paiwan, Babuza 等に、南洋は Palau 等にある。例證、susu（乳房）>Paiw. toto；asu（犬）>Sao, Hoan. atu；Pap. hato. 又 Mal. suloh（炬火）Jav. suluh（光）は Bub. ta–ttullo（燭＝照す具）の tullo と同語である。

s>ts, tš. 臺灣の Bunun (1). Ami 等は ts, 南洋の Lifu は ch (tš) である。例證、asu（犬）>Bun. (1). ətso；Ami. watso；Ket. (1). watsu.

s>d, dz, dž. 臺灣では Pazeh に d, dz, Taokas, Babuza にdがある。例、asu（犬）>Paz. wadzo；siku（肘）>Paz. džiku. susu（乳房）>Taok. ridok, Bab. tsido. 南洋では Timor, Dayak, Yalut に在る。

s>g>k. 臺灣、Rukai (2) の dɪga は不明であるが強ひて說明すれば、語頭音のdは次の語 dusa（二）の影響であらう。それは Rukai (3) に於て nəka（一）の語頭音nが、次の語 nusa（二）の語頭音と同一であるのでも考へ得られる。而して Rukai 全體に於て一の語の ĕsa 型を想起させ得るものは、Ruk. (2) の s(ə)sa と Ruk. (1) の ə(h)a<əsa である。然るに十の語（一度の意）には、Ruk. (1) は əa, 又 Ruk. (3) は ə<ea があり、Ruk. (2) は完全に asa の形を存してゐる。此等の現象を總括して私は、Rukai に於ける一の語の變化を左の如く推定した。

ǝsa>ǝ(h)a<ǝa
　　　　　　　　ǝɡ̆a>ǝka

a>ɔ, o. 臺灣では Tsou, 南洋では Tirurai に在る。又 Java では語末の開音節に限り此の變化がある。

a>æ, e, i. Dayak の ijæ の æ は前に在る i の同化かとも考へられるが、Ami の tsa-tsa-ai や Ambon の sa-e などを考へ合せると、i-ja-ai 又は i-ja-i の轉であらう。又 Bugis の si, se, 或は Saipan の ē<se<sa-i も此種の變化と見るべきであらう。

a>u. Yalut の ju 等の u 型は Saipan, Truk 等にある接尾辭の u と同型とも考へられるが、尙ほ次の數詞二の語にある ru 音の u の影響と見る方が適當であらう。

B　ẽsa 型以外のもの。

Atayal で1を表はす語は普通 qotux (ʔutux) であるが方言 Atayal (4) には qoɯn (又 qo:n も) がある。此の qo:n は Atayal (1) では數詞としては用ひられないが、動詞の語基として s-m-a-qo:n (一緒にする)、maka-qo:n ma-kajal kai (共同―相談―言語＝一緒に相談する) といふ風に用ひられてゐる。今 qotux の語の構造を考へると、語末の ux が一種の接尾辭であることは Atay. qowaj-ux(籐)=Sund. howe, Tag. uwai の例で明かである。接尾辭を除いた語基の qot は前掲の qo:n と、その類似が著しくなつて來る。又 Sedeq では屢々 Atay. (1) qalan (蕃社)、qaso (舟)>Sed. alan, aso などの如く q が省略されることがある。此等の例を考へると Sed. uin (一) は又 qo:n と接近して來る。Sedeq の kɪnal<kɪn-ɡal の ɡal は Atayal (1) の tšŭ-ɡal (三) などの ɡal であるから語基 kɪn は又 qo:n と接近して來る (q と k の關係

について疑ひはあるが)。此の qot と qo:n の原意についても尙ほ研究の餘地はあるが今は只此等が同一の語型であるらしいことを指摘するに止めておく。私は從來此の qot−ux 卽ち qot 型は、Indonesian に於て孤立したものと考へてゐたが、最近此れと同一型に屬すると思はれるものを南洋の Palau 語に見出した。卽ち Palau 語で十を表はす ma−xod の語基 xod である。此の xod を Atayal の qot と比較すると次の様になる。

		Palau	Malay	Atayal	Paiwan	Bunun
q	火	xab	habu	qaβu−li	qavo	qaʔbu
	雨	xull	hujan	qowal−ax	qoɟal	qoʔdan
t	七	uid	pitu	mə−pito	pico	pitto
	三	dei	——	tšu−ɡal<teju−ɡal	cəḷu	ta:o

以上の比較によつて、Palau の xod が Atayal の qot と、音韻上完全に一致してゐることが判る。而して一を意味する qot と、同型の xod が十を表はし得ることは Sedeq, Bunun, Tsou 等にその例がある（十の條參照)。

六　數　詞　二

A　d_2us_2a 型　Dempfwolff は原型を ḍuva としてゐるが、私は d_2us_2a（發音 ḍuṣaʔ）が適當であると思ふ。理由は後に述べる。

1　d_2=ḍ>(ḍ)r, z.　臺灣では Paiwan, Rukai, Puyuma 等にある。例 d_2aya（奧地の方、川上)>Puy. i−ḍaja

(西方)、Ruk. (1). ḍaða. (西)、Paz. ḍaja (東)、Paiw. (2). zaja (東) など、la(h)uḍ (平地の方、川下)＞Puy. i-ḷaoḍ (東)、Ruk. (3). haoḟ-o ; Paz. ḷahuḍ (西)、Paiw. (2). ḷauz (西) 等、同じ Paiwan でも大麻里社など中央山脈の東に居るものは、Paiw. (2). と反對に東を i-ḷauz といひ、西を i-zaja といふ。Yami では北を ka-i-ḷauḍ-an といふ。海手の方といふ意であらう。Mal, laut (海) は此の la(h)uḍ の轉である。別表の南洋語の內で ḍ を有してゐるのは Madura だけで他は皆 d 又は r になつてゐる。Java 語の音韻には ḍ があるにも拘らず、二の語は lo-ro＜ro*-roa であつて、r で表はされてゐる。古代 Java の二は rwa＜rua であるが、pin-ḍwa-n (二回)、p-in-in-ḍwa-n (第二回) の語に於て ḍwa 型が保存されてゐる。此の ḍ は臺灣の他の語では、d, r, t, ts 等に轉じてゐる。Siraya では Gravius の資料には d 又は r であるが Van der Vlis の資料、及び新港文書には s を用ひてある。此の r, d, s の表記法については、Lacouperie も其の Formosa Notes, 1887 に於て注意を與へ、Sideia は r, Van der Vlis は s (新港文書の s は揭げてない)、Pepohwan (Baksa) は d であることを指摘してゐる。その一二に他の新例を加へ新港文書の語を併記して左に擧げる。

	Gravius	V. d. Vlis	新港文書
d_2us_2a (二)	rouha, douha	so-soa	sa-soha
	ra-rouha, da-rouha	sou-soua	
d_2a-ina (母)	rena＜ra-ina	sena＜sa-ina	sa-ina
	dena＜da-ina	(伯叔母)	
	rarim (底, 低, 下)	sasim (下)	—

d$_2$alĕm（內部）tdarim（低, 下）
darum（下）

以上の如く底、低、下を表はす d$_2$alĕm 型の同一語が Gravius によつて r 又は d, td, で表記されてゐるのを見ると此の實際の發音が dr の如き一種の音、即ち d の反轉音 ḍ であつたことが想像される。又 s で表記されてゐるのはその實際の發音が無聲音の s ではなく、有聲音の z (Paiw. zaja<d$_2$aja の場合の如く)、或は z の如き音であつたのであらうと思はれる。

2　s_2>š>s.　數詞二の語に於て、臺灣と南洋との間に音韻上著しく相違してゐる點は、臺灣には、大多數の語に s があるのに對し、南洋には、此の s が一つも存在しないことである。南洋では此の s の代りに ruwa, hugua <hugwa（w の後舌部化）の如き w, gw があるが、此れは音便から生じたもので Dempfwolff のいふ如き、原型 v の轉化ではあるまいと思はれる。南洋の特例として Bisaya に屬する Cebu などに Siraya の duha と同じ duha の語がある。Dempfwolff の原型 ḍuva を以て臺灣の dusa 又は duha を説明するのは困難であらうと思はれる。愚考によれば、數詞二の語の原型は d$_2$us$_2$a（發音 ḍuşaʔ）であつて、其れが duha>dua>duwa の如く轉じたものであらうと思ふ。臺灣の s_2 が南洋の h, 又は〔 〕に相應してゐる例は少くない。左に其の二三を擧げる。

髮（臺灣）Sais. βukəs; Ami. vəkəs; Tso. fues−e: Kanak. βəkeš−e; Sir. voukough, voukig（發音 vukux, vukiç).（南洋）Tag, Bis. buhok<buhək<bukəh(?).<bukĕs;

淚（臺灣）Paiw. luşəq; Sed. ļosoq; Bun. ušaq;（南洋）Tag. Ceb. luhaʔ; Jav. luh<luəh.<lus$_2$əq.

此の原音 s_2 は Bunun に於ては s_1', 即ち口蓋化した s となつて、大體に於て普通の s と區別されてをり、殊に Bunun (1) では普通の s は ts となつてゐて多くは $s_1' \wedge s_2$ と區別されてゐる（十の條參照）。此の s_2 は、二の語の外、四の語、及び四の倍數を表はす形式の八の語にもあるが、其の現はれ方は多少不規則になつてゐる。臺灣諸語の中、此種の s があるのは、Atayal, Sedeq, Saisiyat, Sao, Bunun, Tsou, Kanakanabu, Rukai, Paiwan, Ami, Kavalan, Ketangalan, Luilang, Babuza, Pazeh, Hoanya の如く大多數であり、此の s のないのは僅かに Puyuma, Yami, Taokas, Papora のみである。又 Siraya の如きは二、四、八に於て h(x) を有するなど、大體に於て規則的な現象といふことが出來る。

B d_2us_2a 型以外のもの、臺灣南洋を通じて d_2us_2a 型以外のものは Siraya (4) 丈である。此語は一と十の語の外は前にも述べた如く本來の數詞でなく、特殊のものであり、原意も不明であるから、その解釋は將來の研究を待つことにする。

七　數　詞　三

A $t_1\breve{e}lu$(=$t_1əlu$) 型、臺灣、南洋を通じて殆んど全部此型である。

t_1=t. 南洋語の t に相當する音は臺灣に於て二種の型を有してゐる。第一種は三、七等にある t で、臺灣に於ても、Paiwan を除く外全部 t である。第二種は臺灣の諸語に於て種々に變化し、しかも其の變化が規則的に現はれてゐるものである。私は前者を t_1 で表はし、後者を t_2 で表はして之を區別することにしてゐる。左にその例を擧げる。

		Saisiyat	Tsou	Paiwan	Puyuma	Babuza	Tagalog
三	t_1	to(R)o	tuju	cəḷu	tılu	torro	ta−tlo
四	t_1	špat	spt−ə	spac	pat	na−spat	apat
七	t_1	—	pitu	picu	pito	na−ito	pito
目	t_2	masa	mtsɔ:	matsa	maṭa	maxa	mata
人	t_2	—	tsɔu	tsau−tsau	ṭao	xo	tawo
縫	t_2	s−m−a'ıs	—	ts−m−aqes	ṭ−m−a'i	—	t−um−ahi

t_1>tš　Atayal (1)の tšugal は teju−gal の轉である。それは三の倍數六が mə−teju になつてゐるので分る。tĕlu>təju>teju>tiju>tšu. 接尾辭 gal は五 (ima−gal) の gal と同じく、m−agal (取る) の變形である。

t_1>ť, c.　Paiwan では口蓋化したť又は口蓋部の破音cになつてゐる。七の語のtも亦同じである。

t_1 は Paiwan を除くの外、臺灣では悉くtであり、南洋でも Ache を除く外は何れもtであるが、Micronesia と Polynesia では d, j (dž), s, k, 〔 〕などに轉じてをり、大體に於て七の語のtの轉化と同樣である。

l>ḷ,　數詞三、五、八、十等にある、南洋のlに相當する音は、臺灣では多く反響音ḷであるが、時としては撥ねる音、又は輕いrの樣に聞えることもある、Siraya や Favorlang (Babuza) の表記に蘭人がrを用ひてゐるのは此故であらう。

l>z>j>〔 〕.　臺灣 Atayal (2) の žima−gan(五)、ma−tažu (六) 又 Atayal (1) のmə−teju (六)、ima−gal (五)などは此例である。南洋 Palau の dei は tĕlu>del*>dei (dej?) の如く變化したものである。

l>ʎ>j, e. 三、八の語にある l は臺灣 Tsou (1) ではʎ、Tsou (2) では j である。五の語の l（i の前の）は Yami ではʎであるが Tsou (2) では eimɔ の如く聞える。

l>(R)>g>h>〔 〕. 臺灣 Saisiyat, Paiwan (3), Yami, Bunun に此例がある。laŋau (蠅)>Sais. ŋa (R) au ; Paiw. (3), (R)a－(R)aŋau ; Yami には八の wagu? <valu と十の pogo? <puloq に l>g の例がある。又 l>h>〔 〕の例は Bunun にある。lutuŋ (猿)>Bun. (1). huttoŋ, Bun. (2). uttoŋ ; valu (八)>Bun. (1) ; Bun. (2). va : o. 又、Siraya (3). の tohu の h は近接の數詞、二、四にある h の影響であらうと思はれる。

l>ts. Ketangalan の ts(h)u : は təlu>tətsu>ts(h)u の如き變化であらう。l>ts は Ketangalan の特徵である（五、八の l>ts 參照）。

B tĕlu 型以外のもの

Malay の tiga は南洋語の中特殊な形である。外形は Atayal の tšugal に似てゐるが前に述べた如く tšugal は teju－gal であるから全く別の語であらう。Lifu の köni は Hawai の kolu に似てゐるが Hawai の音韻は t>k であり（七の語參照）、Hawai の kolu は tolu の轉であるから、此れも別語であらう。

八　數　詞　四

A s_2ĕpat$_1$(＝s_2əpat$_1$) 型、臺灣南洋を通じて殆んど全部此型である。

s_2>š>s. 此音は數詞二の場合と同じく臺灣では大多數の語にあるが、南洋にはない（二の條參照）。

s_2>h　臺灣では Siraya に hpat がある。南洋では Cebu 等の Bisaya に、二の語の場合には h があるが、四の語には其れが現はれてゐない。

s_2>ʔ>〔 〕. Puyuma, Bunun, Sao 等少數の語にある。Puyuma (1) に ʔpat の語がある。此れは hpat 又は南洋語にあるeの名殘りと考へられる。Bunun, Sao にはʔも現はれてゐない。Sao は八の語に於て s が現はれてゐる。南洋語は全部 s_2 を失ひ、e又はその變形の母音を存してゐる。又 Malay などにある m は音便の爲に挿入されたものである。

p=p　臺灣、南洋を通じて大多數は之である。

p>f, wh (兩唇音)、w.　南洋の Tirurai, Hova 等は f, Maori は wh, Duke of York は w である。又、七、十、幾許の語の p も大體同樣であるが、Ambon では十の場合は h である。臺灣では Taokas の七及び幾許の語に變形した w 型が只一つあるのみである。

p<v　臺灣の Luilang に suva があるが、資料が不正確なので疑はしい。南洋では Melanesia の Ambrim, Fiji, Guadarcanar にある、七の語の p も同じである。

p>h.　南洋の Timor, Easter, Hawai の七、十、幾許の語も大體同じであるが、音便の關係で Timor の十には h が省かれ、Easter の十は f になつてゐる。臺灣には此例はない。

p>ʔ>〔 〕　臺灣では Rukai (1)ʔは であり、Babuza では、四と六に p があつて七及び幾許にはない。Babuza は p を省くのが普通の樣である。例 adda (穗のままの米)<par₁ai, xao (火)<apui.

t_1=t　臺灣及び南洋の大多數にあるが、語末の t は三の語の如き語頭の t と異り屢〻變形が現はれてゐる。

$t_1 > t$（閉音）臺灣の Yami，南洋の Ibanag にある。

$t_1 > ʔ$ $\not>$〔 〕臺灣の Luilang 及び Hoanya に t が無いが、此れは資料が不正確であるから疑はしい。南洋では Makassar と Bugis には ʔ であり Palau 以下大平洋諸島の語には省かれてゐる。

$t_1 >$ tr, r, l. Hova は語末に冠詞の性質を有する a を伴つて t—a>tr—a となつてゐる。Ambrim の r, Ambon の l は t の變形である。

$t_1 >$ ts Atayal の1部は語末に限り ts である。例、k—m—uts（切る）、語基は kuts<*kugutsK<ĕr₂ĕt₁ で Jav. kĕrĕt と同語である。

語末の母音 臺灣 Tsou 系統の ə, Hova の a は其れが冠詞的のものであることは前に接尾辭の條で述べた。此形は南洋の Golontalo, Ambon などにもある。例、layar₃（帆）>Gol. lajah—u, Amb. laal—e. ur₂at₂（血管、筋）>Amb. ulat—e. 尚ほ此の ur₂at₂. は臺灣 Tsou 系統では次の樣な形になつてゐる。Kanak. urats—ə; Sar. ʔurats—ə; Ruk. (1). owats—ə; Tsou. vejɔts—ə.

挿入辭 al>aɹ, až, aj. Atayal では sp—aɹ—ats, sp—až—at, sp—aj—ats 等の形で現はれてゐる。Malay の t—ĕl—unjok（人指差）<tunjok（指示）の el などと同型である。

B $s_2ĕpat_1$ 型以外のもの

Yalut の e—men, Lifu の e—ke の e は特別の形であるが、Ponape の pai—u の pai が pai>ai>e の如く變化したものとすると、やはり $s_2ĕpat_1$ 型である。ke は Duke of York の數詞1（ta—kai）の kai と同じ接尾辭であらう。men は本來生物を表はす接尾辭であることは前に述べた。

九　數　詞　五

A　lima 型　臺灣南洋を通じて最も廣く行はれてゐる形である。lima は本來、手の意味であつて、指の數によつて五を表はすやうになつたものである。

l の變化については既に三の條に述べたが、i の前に在つて特殊の變化をするものに Hova の d, Atayal (4) の t, Yami の ɬ がある。例、Hov, dimatik—a（蛭）= Tag. limatik, Atayal (4) の t はその資料が數詞のみで比較すべき他の語がないが、此れは di>ti の如き變化であらう。Yami の ɬ は八の語 waɡuʔ を比較すると口蓋化したɡの變化であらう。

B　*r$_2$at$_2$ĕb 型　lima 型が大多數であるに拘らず、臺灣の Saisiyat, Taokas, Babuza, Pazeh, Lailung には特別な形がある。此等が音韻上大體類似してゐるのを見ると、本來同一の基形に屬するものと考へられる。此れに似た語としては、南洋の Sunda に gĕnĕp の語があるが此れは六の意である、Java では此の gĕnĕp に complete の意があり、古代 Java 語の gĕnĕp には all の譯がある。又此れと同型の Malay の gĕnap は complete, full, even と譯されてゐる。此等を合せ考へると、Sunda 語は六を以て完備した數と見てゐた事が想像される。此れについて Coolsma は西部 Java には古く六進法があつたらしいといつてゐる。此の gĕnĕp は又六の意の ĕnĕm と同系の語かとも考へられる。私は（内容は異るけれども）此の gĕnĕp (complete, all) を以て Saisiyat 等の五の語を解釋しようと試みたが、音韻の上から之を同型とするのは困難であつた。そこで私は Saisiyat 等の語の音韻變化の關係を調査して、大體原型に近いと思はれる基語を還元して r$_2$at$_2$ĕb 型を得た。今此の r$_2$at$_2$ĕb

型を基本として Saisiyat 等の語の説明を試みてみよう。先づ $r_2at_2\check{e}b$ の夫々の音の比較表を擧げる。

		Saisiyat	Taokas	Babuza	Pazeh
r_2	r_2amut_2（根）	(R)ámos	—	amaax（纖維）	xamus
	$qabar_2a$（肩）	aβa(R)a	haba:	—	abaxa
	lar_2iv（走）	—	〔ma—〕ḷahep	ma—garieb	—
	dar_2aq(?)（血）	—	taháh	tagga	—
t_2	mat_2a（目）	masa	masa	maxa	—
	kut_2u（虱）	koso	—	oxo	kusu
	t_2au（人）	—	—	xo	sao
	mat_2ai（死）	masai	masai	maxa	—
ĕ	$t_1\check{e}nun_1$（織）	t—um—ənun	—	t—umm—enon	mu—tuʔun
	$\eta ip\check{e}n_1$（齒）	nupun	džiun	sjien	lupún
	$t_1\check{e}lu$（三）	to(R)o	tuḷu	torro	tuḷu
	iněp（臥）	—	mu—ləp（眠）	—	—
	$k\check{e}r_2\check{e}t_1$（切離す）	—	—	k—umm—aat	—
b	bat_1u（石）	βato	—batu	bato	bato
	qabu（灰）	aβo	ja—habu	abo	abu

($s_2$uab(?) (欠伸)	ma−soab	—	ma−soab	—

$s_2$uab は Batan, muab ; Iloko, wab ; Cebu, huyab 等の原型である。Cebu の h は s_2 に相應する（二の條參照）。

上述の音韻を比較すると左の通りになる。

	Saisiyat,	Taokas,	Babuza,	Pazeh,
r_2＞	(R)	h	〔 〕, x, g	x
t_2＞	s	s	x	s
ĕ＞	u, o, ə	u, ə	e, o, a	u
b＞	β	b	b	b
*$r_2$at$_2$ĕb＞(R)asuβ		hasəb, hasub	axab	xasub.

右の比較の結果から見ると、Taokas は hasəb, 又は hasub であるべきに、實際は hasap になつてゐるが、sap の a は前の a の同化と見られるし、語末の p は lar$_2$iv（走る）＞ma−ḷahep に於ける場合と同じく無聲音化したものと考へられる。

臺灣では此外、Kavalan の十の語、Ravtin も Ratv−in の音韻轉位で $r_2$at$_2$ĕb 型と見られ、Ketangalan の lavatan（表記は不正確だが）、Ami (3) の vataan（借用語であらう）も亦同型のものと考へられる。此外、Luilang 語 na−lup（他の資料によると lalup）も亦不正確ではあるが、大體に於て $r_2$at$_2$ĕb 型と考へられる。

今、$r_2$at$_2$ĕb 型に相應するものを南洋語に求めると Malay に ratap といふ語がある（Malay の音韻では r_2 は r に、ĕ は語末の音節では a に、b は語末では p になる）。此語は苦悶の極悲鳴を擧げるといふ樣な意味であるが、本來は極度又は甚大といふ様な意味らしい（十の語の條參照）。接頭辭 nĕ を附して nĕ—ratap となる。又此の同じ me—ratap が Malay の Penang 方言では to have one's fingers loaded with rings といふ意味になつてゐる。此れによると ratap と指・指と五といふ風の連絡も考へ得られる。

一〇　數　詞　六

A　ĕnĕm(=ənən) 型　臺灣及び南洋を通じて大部分此型である。母音の不同は pĕpĕt の變化によるものである。臺灣 Puyuma の ʔnəm の語頭のʔは、四の語 ʔpat のʔと同じく、ə が喉頭音に轉じたものである。

B　gĕnĕp 型　南洋の Sunda にのみある。本來 complete の意であり、又 ĕnĕm とも關係があるらしいことは五の條に述べた。

C　saiβusi(R) 型　臺灣の Saisiyat のみにある。βusi(R) の意は不明であるが、sai は sai—rakəs（樟姓の者）、sai—jahor（川下の部族）等にある接頭詞の sai（……に屬するもの）と同語ではなからうか。

D　*t$_1$ar$_2$ĕb(?) 型　臺灣の Taokas, Babuza, Luilang に此型がある。Babuza の tap は Taokas の tahap と同語であり、Luilang の na—tsulup の tsulup などを參考して原型 t$_1$ar$_2$ĕb を假定してみたのである。左に t$_1$ar$_2$ĕb の夫々の音を比較してみよう。

		Taokas	Babuza
t$_1$	t$_1$ĕlu（三）	tuḷu	torro
	pit$_1$u（七）	j—weto	na—ito

r_2	$k\breve{e}r_2\breve{e}t_1$（切離す）	—	k—um—aat
	$b\breve{e}r_2ai$（與）	—	pēa

ĕとbとは大體數詞五の（B）$r_2at_2\breve{e}b$ 型の條に擧げた通りである。此の表と前に擧げた比較表とを併せて音韻を比較すると左の通りになる。

	Taokas	Babuza
t_1>	t	t
r_2>	h	〔 〕, x, g
ĕ>	u, ə	e, o, a
b>	b	b
*$t_1ar_2\breve{e}b$>	*tahəb, *tahub	*taab

右比較の結果によると Taokas は tahəb 又は tahub であるべきに、實際 tahap になつてゐる。此の末尾音節の ap は五の語の末尾音節の ap と同じ變化によるものであらう。又 Babuza の語末の p は、同語の axab（五）が manna—axp—il（五度する）の如く轉用せられて、b>p になつてゐる例もあるので解決が出來ると思ふ。南洋語に $t_1ar_2\breve{e}b$ 型の語があるか、私は Dempfwolff の「アウストロネシヤ語彙の音韻論」の中で tərəb（$=t_1\breve{e}r_2\breve{e}b$）(great quantity or number) の語を見出した。その項に此型に屬する語として、Tagalog の tigib (overlade), Toba—Batak の torop (numerous) と共に Java の tub (full) の語が擧げられてゐる。此の tərəb の音韻變化を見ると Tagalog の i も Toba—Batak の o も共に pĕpĕt の規則的變化であるが、Java の tub の

uは規則的の變化でないことを見出した。それは ĕr$_2$ĕ(＝ərə) に相應する Java 語は多く ĕrĕ であつて、u にはなつてゐないことである。

kĕr$_2$ĕt(＝kərət)(切離す)……Jav. kĕrĕt（切離す，取去る），Old Java. kĕrĕt（切離す）

pĕr$_2$ĕs(＝pərət′)(壓出す)…… Jav. pĕrĕs（同上）

之に反し、原型 ar$_2$ĕ(＝arə) 又は之に近い a^{c}ĕ(＝a^{c}ə) に相應する Java 語は多く u 又は o になつてゐる。例、

bar$_2$ĕh（潰瘍）……Jav. wuh, woh（腫物）

da^{c}ĕh（遠い）……Jav. doh（遠い）

sa^{c}ĕŋ（日覆）……Jav. soŋ−soŋ（傘）

右の例證に照し合せて見ると Java の tub（D.氏は full と譯してゐるが、辭書には群衆が押し合ふ、果物が鈴なりに生つてゐるなどの譯がある）の原型は t$_1$ĕr$_2$ĕb ではなくて t$_1$ar$_2$ĕb であらうと思はれる。又、此外、Siraya には tagof（被ふ）といふ語があり、第一音節を重複して用具を表はす ta−tagof（被布團）といふ語が出來てゐる。此れは音韻上 t$_1$ar$_2$ĕb に相當するものであることは明かである。此の被ふといふ語は又全部といふ如き意味と關係のあることも考へ得られる。

又 t$_1$ĕr$_2$ĕb 型で D. 氏の擧げた例の外に Bisaya の Cebu に togob（滿載）があり、又同じ Bisaya の方言の Samar−Reyte の togob には滿載の外に愉快、苦痛の甚しいことといふ意味がある。此の感情の甚大な意味は、前に五の條に擧げた Malay の ratap に苦悶の甚しい意味があるのと思ひ合せて興味が深い。

Luilang の tsulup は此の togob と同系であらうと思はれるが、表記法が不正確な爲め證明はむつかしい。

以上述べた所により tıĕr̥ĕb 型には滿載、多數、甚大等の意があり、又 tıar̥ĕb 型には密集、多數等の意があることが明かになつた。此の兩語型は形も意味も甚だ類似してゐるので究極は同一起源のものかも知れぬが、とにかく Java の tub, Taokas の tahap, Babuza の tap は後者の tıar̥ĕb 型から出て、Sunda の gĕnĕp と同じく六進式を暗示してゐるものと見ることが出來よう。

E (5+1)型　臺灣の Pazeh, 南洋の Ambrim, Lifu に此型がある。Dayak の ja—hawen の ja は 1 の意で、又此型であらう。尙ほ五進式については前に數詞の構成法の條に述べた。

F (3+3) 型　南洋の Yalut に此型がある。

G (3×2) 型　臺灣の Atayal と Sedeq に此型がある。

一一　數　詞　七

A Pitu 型　臺灣及び南洋を通じて大部分、此型である。p, t の音韻については數詞三、四の條に述べた。

B *tuduq 型　南洋の Malay, Sunda 等、Malay 方面の少數の語に此型がある。tuduq に指さすの意があるから、七の語も此の意味と關係があるのではあるまいか。例、Malay, tuju (指さす)、tu—n—jok (指示する)、t—ĕl—unjok (人差指)、又 Java の tuduh (指さす) は原型 *tuduq から出たものであらう。

C (5+2) 型　臺灣の Pazeh, 南洋の Ambrim, Lifu に此型がある。

D (6+1) 型　臺灣、Saisiyat にある。

E (3+3+1) 型　南洋、Yalut にある。

F　(10−3)型　南洋、Duke of York, Yap にある。

一二　數　詞　八

A　valu 型　臺灣及び南洋を通じて大部分此型である。Bunun の va:o は valu>vaho>*vao である。此の l の變化は大體 lima（五）、puluq（十）の場合と同じである。Palau 語 i−ai の i は次の九（i−tiu）の i と同じく接頭辭である。ai は valu>alu>al>ai で三の語 tĕlu>del>dei に似た變化である。

B　(5+3)型　臺灣 Pazeh, 南洋、Ambrim, Lifu にある。

C　(7+1)型　南洋 Makassar のみにある。

D　(10−2)型　Malay, Sunda, Bugis, Yap 等にある。Malay の dĕlapan は dua alap−an (two taken, 此の alap は Malay 語では、竿の先に小刀をつけ小枝を切つて果物をとる意となつてゐるが、Indonesian 一般には只取るの意である）の轉、Yalut の rua lidök の rua は二であり。idök は Ponape の ijok と同型で十の意である（十の條參照）。

E　(4×2)型　Atayal, Sedeq, Saisiyat, Taokas, Babuza, Siraya にある。此型は臺灣のみにあつて、しかも北から南にまで廣く行はれてゐる點が注目に値する。

一三　數　詞　九

A　siva 型　臺灣及び南洋を通じて大部分此型である。Philippine に多い sijam は siva>*siav>siam の如く變化したものと思はれる。Tontemboa の siow は siva>*siav>sio の如き變化であつて Palau 等の tiu, tüo, tu などもやはり此型である。又、臺灣 Kanakanabu の sija, Tsou の sijɔ などは、siva>*siav>*sijav>sija の如く變化したものであらう。

B (5+4) 型　臺灣の Pazeh. 南洋の Lifu にある。又 Ambrim の ya—fer は li—a—fer の變化で此型である。

C (10—1) 型　臺灣の Sao, Taokas, Babuza は此型である。ta は一の意であり、naso と naxo とは同型である。Babuza の axo (倚未) の語と關係があると思はれる。南洋には Makassar, Dayak, Ache, Yap 等に此型がある。Malay の sĕmbilan は前に述べた。Sunda の salapan は sa—lĕp—an (one folded down) といふ説もあるが、私は八の場合と同じく sa—alap—an (one taken) がよいと思ふ。

D (2×5—1) 型　Yalut にある珍らしい型である。

一四　數　詞　十

A puluq 型　南洋では大部分此型であるが、臺灣では之に反し、Paiwan, Rukai, Puyuma, Ami, Yami など比較的少數の語の間に行はれてゐて、然も共れが臺灣の南部と東部に限られてゐる所に特色がある。別表中 sa—puluh 型の sa は一の意であり、Puluh は十の意で多くは一十といふ言表はし方になつてゐる。南洋の ful, vul, ul は、puluh の變形である。又 Malay の pĕnoh<*pĕn,uq (充滿、一杯)、及び此れに相當する Paiwan の pəloq (同上) などは、音韻上的確な同型ではないが、少くとも此の puluh と同類の語であるらしく、さう考へると、puluh の原意も大體想像され得ると思ふ。又 Palau の ma—xod の xod は Atayal の qot—ux の qot

と同型であることは前に述べたが、玆には十個の意を有する trüox（Walleser に據る。此語は發音が不明瞭であると見えて、宮武正道氏は tʻuyu，淺井惠倫氏は terju?h，泉井久之助氏は tlúiu? と表記してをられる）について解釋を試みてみようと思ふ。

私が此の trüox の語形を見て、第一に感じた事は語頭音が s に相當する t であり、語末音が q に相當する x であるので、此れは或は Paiwan の ta－puloq（一十）と同型のものではあるまいかといふことであつた。そこで Palau と Paiwan の音韻を原型に近い南洋語のものと比較してみると次の結果を得た。

	南洋		Palau	Paiwan
s	ĕsa（一）	t	ta〔－ng〕	ita
	susu（乳房）		tut	toto
p	pitu（七）	u	uid	pico
	apui（火）		〔ŋ－〕au	sapui
l	tĕlu（三）	i	dei	cəḷu
	valu（八）		ai	aḷu
q	habu（灰）	x	xab	qavu
	panah（弓）		balax（矢）	panaq（射）
	sa－puluh(一十)		ta－u－i－ux	ta－puḷuq

規則的の音韻變化によつて sa－puluh に對する Palau の語は ta－uiux であることが判明した。尙ほ Palau

に於けるlの變化を見ると語末に於ては音勢が弱い爲、i(jʔ)であるが、語頭に於てはlanitʒ（天）>eáŋed の如く相當の音量を有し、單なるiではなくeとなつてゐる。臺灣の Tsou の lima（五）>eimɔ などの例を合せて考へると幾分口蓋的なlの痕跡があるのではなからうか。若し然りとせば sa-pulug は ta-uiux の代りに ta-uljux の如く變化し、其れから音韻轉位によつて talujux>t(a)l(u)jux となつたものであらう。此形は上記三氏の terjuʔh, tlúiuʔ, tʻuyu 何れの表記にも適合するし、又 Walleser の trüox の表記に對しては talujux>t(ə)ljuux>tlüox の如き轉化の形式と解釋し得られるものと考へる。又語末のxについては私は只 Walleser の ch を x と書改めただけであるが淺井氏が ʔh と表記されてゐるのを見ると、實際の音は餘聲を伴ふ喉頭部破音ではあるまいか。私は Palau 語を知らないから判定は出來ないが、臺灣の Ami と Puyuma の十の語などに此れに似た例があつて、私は別表では十の語を Ami, pojoʔ(o), puyuma, pujoʔ(h) と表記しておいた、(o) は緊密な喉頭部破音の後に生ずる輕い無聲母音で普通前にある母音よりは廣い性質をもつてゐる。喉頭部の密閉が緊密でなくて呼氣の弱い場合は ʔh の如く聞える。Puyuma でかかる場合の發音が凡て ʔh であるかは不明であるが Ami では部落により、又人によつて ʔh の如く發音されたのを聞いたことがある。此のことを考へると此の區別は絶對的でないのではあるまいかと思ふ。Paiwan の語末にある喉頭部破音も、或る部落では純粹の密閉音であり、或る部落では極めて輕微な餘聲を伴ふものを聞いたことがある。泉井氏が語末音をʔと表記されてゐるのも此例から考へると首肯し得られることと思ふ。

B

B itʒi 型、臺灣の Taokas, Pazeh, Babuza, Hoanya, Siraya は此型である。左に之を證明する。

tʒ に相當する音は Taokas, Pazeh は s であり、Babuza は x であることは五の條に述べた。此音は又 Siraya

ではtであり、Hoanyaではsであることは基形mat_2a（目）がSirayaではmataであり、Hoanyaではmasaであることによつて明かである。右Taokas等の諸語に於ける十の語を見ると、it_2i の t_2 に相當するものは皆其の如く規則的に變化してゐる。

	Taokas	Pazeh	Hoanya	Babuza	Siraya
*it_2i	〔ta-〕isi〔-d〕	isi〔-t〕	〔miata-〕isi	tsxiet<〔ta-〕ixi〔-t〕	ka-ite-n>〔ka-〕iti〔-an〕
mat_2a（目）	masa	masa	masa	maxa	mata

右の例の内、Sir. ka-iti-an は iti の性質を有するもの、卽ち iti に準ずるものの意である。又 Taokas, Hoanya, Babuza の ta は１の意であり、語末の d, t は、Sir, saa-t（１）の t と同型である（１の條參照）。it_2i の原意は不明であるが、或は極限又は境界などの意ではあるまいかと思ふ。

C kt_2ĕp 型　臺灣の Puyuma, Ami, Sao に此型がある。Puyuma は t_2 を t の反轉音 ṭ の如く發音して普通の t と區別してゐるが、Ami は南洋の諸語と同じく t_1 と t_2 とを區別せず、何れも普通の t の如く發音する。此の兩語では、數を一、二と數へる時の十は puluq 型を用ひ、又物を一つ、二つと數へる時の十個は kt_2ĕp 型を用ひる。Sao の十の語 ma-kθin の kθin は外形は kt_2ĕp と大分異つてゐるが、Sao の音韻變化を考へると kθin も亦此の kt_2ĕp 型に屬するものと見ることが出來る。元來 Sao の音韻は、mat_2a（目）が maθa となり、*nipĕn（齒）が nipin となる。此れによつて見ると t_2>θ; ĕ>i であるから、此れを kt_2ĕp に適用すると *kt_2ĕp>kθip となる。語末の p は p>b>m>n の如く變化して n となり遂に kθin の形となつたものと考へられる。

D ərk 型　南洋の Ponape では生物、杖などの十は ärk, ak, 芋などの十は ngaul<nga-ul<nga-puluh,

又、普通一般の物の十は e−ijo̤k (j=dž) 又は ijo̤k であり、kata−ngaul は前三者に共通の十である。此の e−ijo̤k の e は1の意であり、語幹の ijo̤k は Yalut の八の語 rua−li−idök(10−2) の idök と同型で十の意であることは八の條に述べたが、尙ほ深く考へると此の ijo̤k(=idžök) は Palau の十 (t−rüox) の rüox に相當するもので、同じく puloq 型に屬するものの樣に思はれる。卽ち

puloq>ulok<(üdok >idök ; üdžŏk>üdžŏk>idžŏk)

の樣な變化が想像される。尙ほ Yap の十の語、a−grag の grag も此れと同型のものであらうと思はれる。此外、Saipan の ik, Truk の fik<fus−ik (四十)、wal−ik (八十) 等の ik は此の ijo̤k 型の轉化である。

E　ĕsa 型　1の意味を有する ĕsa 型に m 型の接頭辭と、n₂ (此の n₂ は二十の條に說明する) の接尾辭を附した形、此は本來、一度するといふ意で、一度の計數を終つた數、卽ち十を表はすものである、此型は臺灣には相當廣く行はれてゐるが、南洋には發見されない。此れも臺灣の特色の1つである。一度といふ語は臺灣では Atay. min−ha−l ; Bun. (1), ma−ts?a−n ; Bun. (2), ma−s?a−n などであるが南洋、殊に Philippine では、Tag. min−sa−n ; Ilok. ma−min−sa−n ; Iban. ma−mi−tta ; Pamp. mi−sa−n 等であり、大體臺灣のものと同型である。Tsou の十の語 maskə も亦此の1度の型で、*ma−sa−ĕn₂>*ma−sɔ−əh−ə>*ma−s−h−ə>ma−s−k−ə の如く轉化したものである。s−h>sk は英語の school などにその例が見られる。又 Tsou の音韻は n₂>h, s=s, 或は s>ts であることは左の例で明らかである。bulan₂ (月)>*fulan₂>fuʌɔh−₂>fejch−ə は n₂>h の例、busuŋ₂(弓)>fusuŋ>fusuju は s=s の例、ĕsa (1)>tsɔ−ni は s>ts の例である。Tsou では1の語は

s>ts であるが十の語は s=s である。Tsou の外、此れに近い Kanakanabu, Saroa, Rukai も亦皆 Tsou に似た型である。

一五　數詞　十一

A (10+1) 型　臺灣、南洋を通じて多くは此型であるが、十と一の語を皆用ひてゐるものと、十を略して結合の詞のみを附加してゐるものとがある。Ami の savau は餘る意、Tag. labi は over の意、Mal. bĕlas などは return の意で後者に屬する。

B d̥us̥a (二) 型の語を用ひて表はすもの、此の形式については、前に、數詞の構成方法の6、特殊式の條に說明したから玆には省略する。

一六　數詞　二十

A (2×10) 型　臺灣、南洋を通じて普通此型である。只 Palau の llüox は大分、形が變つてゐるので說明を加へることとする。Palau の trüox (十) が sa-puluq の變形である樣に、此の llüox が d̥us̥a-puluq の變形であることは、直ちに想像され得ることである。その變化の徑路は左の如きものと考へられる。d̥us̥a-puluq >ḍua-puluq>rua-pulux>*ru-uljux>*ru-ljuux>*lljuux>llüox、此外 Yap の ri-liu も此れに近い形であり、Ponape の ria-ïjọk, Saipan の ru-ek, Truk の ru-e も皆同型である (十の條參照)。

B d̥us̥a 型　原型 d̥us̥a (二) に接頭辭、又接尾辭を附して二十の意を表はすもので、Cebu の ka-luha-an

〈* ka—duha—an と Hawai の iwa—ka—lua の ka—lua は此型である。何れも二度の意から轉じたものと思はれるが、Hawai の二十には iwa（九）の語が含まれてゐる。同語では三十は kana—kolu, 四十は kana—ha であり、其れ以上は何れも接頭辭 kana と基形とによつて構成されてゐるに拘らず、二十の語のみが、九の語を含有してゐるのは不明であるが、强ひて解釋すれば、九に續く第二といふ程の原意から出たものであるかも知れぬ。

臺灣の Atayal, Sedeq, Bunun, Tsou 等には二十を表はすのに十を表はすのと同型の方法を用ひてゐる。原意は二度といふ意であるが、基形 d_2us_2a の全形が現はれてゐない點に特色がある。卽ち原型 ma—pu—s_2a—n_2 にある s_2a は d_2us_2a の s_2a であることは明かである。又 d_2us_2a の語末音が a である故、接尾辭の母音が判明しないが原型は $\breve{e}n_1$ であらうと思はれる。それは語基の末の音が子音である場合には左の例の如く接尾辭が $\breve{e}n_2$ (=$ən_2$) 型であるので知られる。

四十、Atay. mə—spat—əl ; Sed. mə—spatt—ol : Bun. ma—špatt—ən ; Kanak. ma—spat—un—u ; Tsou. m—sipt—əh—ə ; Sar. ma—pat—oḷ ; Ruk. (1). ma—suʔat—ol

右の例に於て見られる如く、末尾の音は Bunun と Kanakanabu では n であるが他の多くの語では l, Tsou では h で表はされてゐる。元來 Indonesian には n が二種あつて、一は臺灣、南洋を通じて凡て n であるもの、一は南洋全部と臺灣の內の Bunun, Kanakanabu, Yami だけには n であるが、其他には、規則的に l, ḷ, h, ð, s などになつてゐるものである。私は前者を n_1 後者を n_2 として之を區別してゐる。左にその例を擧げる。

		n₁		n₂			
		母	道	子	雨	水	鰻
南洋	Malay	—	jalan	anak	hujan	—	—
	Tagalog	ina	daan	anak	ulan	—	—
	Hova	r—eni	lalan—a	z—anak—a	oran—a	rano	tuna（大鰻）
臺灣	Bunun	t—ina	ʔdaan	—	qoʔdan	ʔdanum	—
	Kanakanabu	tš—ina	tsan—ə	—	utsan—ə	tsanum—ə	—
	Yami	inaʔ	ḷa—ḷagan	anak	—	lanum	tunaʔ
	Atayal	ina（嫁）	ran—eq（方言）	ala—qei	qoal—ax	—	təla—qei
	Sao	ina	saḷan	að—aðak	qusað	saðum	tuða
	Tsou	inɔ	tsejɔn—ə	oko⟨ɔhɔk-ə(?)*	seoʔbutsɔh—a（雨季）	ts(ə)hum—u	—
	Saroa	inaʔa	saḷaʔa	—	usaḷ—ə	saḷum—ə	—
	Rukai	t—ina	da—daḷan—an—ə	valak—ə	odal—ə	—	tola
	Paiwan	k—ina	ɟaḷan	alak	qoɟal	zalum	cula
	Ami	u—ina	ḷaḷan	—	oraḷ	nanum	toḷa
	Babuza	ta—ina	tarran	—	utas	—	—

1火 數 詞 二十　　　　四七

一七　數　詞　百

A r_2at_1us 型　南洋には廣く行はれてゐるが、臺灣では只、Pazeh, Hoanya, Siraya にのみ此型がある。Pazeh の xatud の語末の d が s の轉化であることは ĕsa(一)>Paz. ida の例で知られる。Hoanya の一資料に gasut があるから、別表の haso は hasot であらう。r_2at_1us の末の音節 tus が sot となつてゐるのは音韻轉位の結果である。Siraya の ka−ataugh−an は他の資料によると、ka−gatoug−ang<ka−gatux−an とある。語基 gatux は gatus 型であつて語末の x は語頭の g と同化の結果であらう。

南洋 Palau の dart は特殊の形であるが仔細に考究すれば、矢張 sa−r_2at_1us(一百)の變形であることが分る。

原　型	Palau
s……sa (一)	ta
r_2……ur_2at_2 (血管. 筋)	ng−urd
t_1……tĕlu (三)	dei
s……sa (一)	ta
sa−r_2at_1us	*ta−rdut

音韻の比較によつて sa−r_2at_1us に相應する Palau の語形は *ta−rdut であることが分つた。此の tardut は更に左の如き變化をなした。ta−rdut>tardt>tard. 而して此の tard は又語頭と語末の音韻轉位によつて現形 dart となつたのである。

右の外 Fiji 等にある rau 型について、Codrington は此の rau を枝又は葉の意であるとして、次の如く説明してゐる。曰く Solomon 諸島の Ulawa や San Christval では單なる rau ではなく tangarau となつてゐる（中略）Florida では hangalatu となつてゐる。末尾の latu は兎に角、hanga は tanga, sanga と同じく double の意がある云々と。愚考によれば tanga, hanga は sa—nga の轉化で、sa は一の意であり、nga は南洋語に普通な結辭であることは明かである。Codrington の説明し得なかつた此の latu こそ r_2at_1us（百）の轉化である。併し一面、Fij. drau; Sam. lau; Maor. rau には同時に又、葉の意味もあり Mal. daun; Tag. dahun 等と同型、同意義であるから、數詞としての drou, lau, rau は同氏のいふ如く本來は葉の意味で多數を表はすものであらう。Kern は Fiji の dran を、Dempfwolff は Melanesia の Sa'a 語の lau（百）を ratus と比較してゐる。語中の t の脱落は Sa'a には普通であるが Fiji や Samoa には見られないから此の點適當な解釋を要するものと思はれる。

B　r_2asibu 型、Kav. Rasivu; Ket. latsibu; Ami, (3). rusuvu は千の原型 r_1ibu の變化かとも思はれるが音韻上の説明に困難がある

C　*bahul<$basun_2$(?) 型　Atayal の kə—βəhol<ka—βahol の βahol は束ねる意で məhol（束ねる）、b—in—hal—an（束ねた物、束）の如く活用せられる。Sedeq の ka—bukkui 等は同型かも知れないが音韻上説明に困難がある。

D　(20×5) 型　Babuza の資料に百の語はないが、六百を manna—torro—us a tsiet—eis と譯してある。原意は three—times ten—twenty 卽ち 3×(10×20)である。此の方式で百の語を作ると *manna—axp—il a natta—

eis＝5×(1×20)の如き形となる。次の一千の語も亦同形式である。右に用ひられた倍數を表はす語 ma−nna−torro−us（三倍）、ma−nna−axp−il（五倍）の接尾辭は先に二十の條に說明した ēn: 型であるが、前者は us となり後者は il となつてゐる理由は、一は母音に續き、一は子音に續く關係によるものである。此外 manna−wa−s＜manna−roa−s（二倍）、manna−spatt−il（四倍）などの例が此れを證明する。

Tagalog の daan＜dalan は孤獨の形であるが、千の語に同型の語がある（千の條參照）。

Tsou の seʔ−tsɔni−j−a の tsɔ−ni は一の意であるが seʔ の原意は不明である。

Yami の aṣaʔ pogoʔ の aṣaʔ は一、pogoʔ は puluq に相當する語で十の意であるに拘らず aṣaʔ を附することによつて百の意となつてゐるのは不可解である。

Yalut の buki, Truk の bugi, Ponape の a−pūki(1000) 等は Indonesian の bukid の轉化ではあるまいか、此の bukid と同語の Mal. bukit には小丘、Tag. bukid には耕地の意があり、又臺灣の Paiwan では vukid に深林の意があり vuki−vukid には眉の意がある。愚考によると、bukid は本來、森の意であつて、周圍を伐採して後に殘つた一團の森の意から田野に孤立する小丘の意となり、又、伐採した部分の耕地の意となり、又比喩的に轉じて眉の意ともなつたものと考へられる。數詞 buki などの原型として私が假定した bukid は森林の樹木の多いことから多數を表はすに至つたものではあるまいか。

Lifu の handed, Hawai の haneri は英語 hundred の借用語である。

一八　數　詞　千

A　$r_1$ibu 型　南洋には廣く行はれてゐるが、臺灣では只 Yami にのみ此型がある、但し萬の意である。

B　dalan 型　Chamorro の chalan は Tagalog の daan<dalan(百) と同型である。臺灣の Kav. lazan<zaḷan；Ket. ḷaḷan も同型であり、又 Paz. saxan, Hoan. saḷat も同型であらう。Palau の ta—lael は sa〔—ng—〕dalan から導くことが出來る。

Tagalog	Palau
isa（一）	ta
daan<dalan（路）	rail
sa(—ng—)daan	ta—rail

此の ta—rail の r が l に同化して ta—lail<ta—lael となる。

C　(10×100) 型　南洋にはないが臺灣には Bunun 以北にある。

Siraya (1) の ka—tunun の tunun には超越、又は格外の意がある、Siraya (4) の tulun—an (百)、Siraya (2) の soluna (百) も同型のものと思はれる。

Maori の ma—no は Samoa では萬である。未開社會では多數を表はす語は精確でないから屢〻轉換する。此の no に關して Dempfwolff は təɤəb の項に no を Fiji, to (飽和)、ndo (乳房に乳が一杯) と同語として Tonga, Samoa, ma—no (多數＝一萬) の例をも擧げてゐる。

Yalut, Ponape の kit (Ponape は又萬にも) は kutu と關聯して虱の意として説明されてゐる。

Lifu の thausani, Hawai の tausani は英語 thousand の借用語である。

一九　數　詞　萬

A　(10×1000) 型　臺灣南洋を通じて多くは此型である。

B　laksa 型　南洋では此型が廣く行はれて種々の數を表はしてゐる。本來 Sanskrit の lakṣa (100.000) から來たもので、印度文化の影響の結果である。

1　一萬の意として用ひる語、Tagalog, Iloko Pampanga, Malay, Java, Sunda 等

2　十萬の意として用ひる語、Old Java.

3　百萬の意として用ひる語、Bikol, Samal Moro.

Bunun では千の語は 10×100 型であるに拘らず、萬を表はすためには特別な語がある。Paiwan には千にも萬にも特別の語があるが原意は不明である。Hoanya の ban は、萬の語の臺灣音である。

幾　許

Pir$_1$a 型　數の幾許を表はす此の語型は臺灣南洋を通じて廣く行はれてゐる。原型の r_1 は種々の音に變化して特に注目すべきものがあるが、玆には說明を略する。

結　論

以上 Austronesian の數詞を列擧して大體の說明を行つたのであるが、尙ほ不明の點もあつて將來の考究を要するものが少くない。

數詞を比較した上から見て Indonesian 又廣くは Austronesian に於ける臺灣高砂族の言語の位置を指示する特徴ともいふべきものは大要左の如きものである。

A　音韻の特殊性。

1　q音の存在、臺灣では Sao の外 Atayal の大部分、Bunun, 及び Paiwan の約半分に現存し、Sedeq には或る範圍の語に存在してゐる。此音の存在しない他の多くの語に於ては x, h, ʔh, ʔ, (h) 等種々な形に於てその痕跡を殘してゐる。南洋語では Java, Malay 等ではhで表はされ、Philippine の Tagalog 等ではʔとなつてゐる（數詞一の條參照）。別表には掲げなかつたが Philippine の Calamian Agotaya には此のqがある。此語の表記にはkを用ひてあるが、實際の發音はqであることが確定的に推論される。南洋の言語に關する資料の內で、私の知つてゐる範圍では、此語が南洋に於てqを有する唯一の語である。

2　s_2の存在、數詞二、四の語に於て臺灣にはsを有するものが大多數であるにも拘らず、南洋には此のsは一つも存在しない。只 Cebu 等の Bisaya 語に duha（二）の如くh音があつて、此れが臺灣の Sed. daxa, Sir. duha と一致してゐるのを見るのみである（數詞二の條參照）。

3　t_2の存在、臺灣には普通のtの外に s, x, 等に變化する特殊のtがあり、Puyuma では實際t·と發音してゐる（數詞三の條參照）。南洋では普通tは只一種のみであるが、Java, Madura などには t, ṭ を區別してゐる。併し臺灣のと同一でない。

4　d_2の存在、臺灣では、Paiwan 其他にḍが現存してゐるが、南洋では多くはr又はdに變じてゐる（數詞二の條參照）。只 Java, Madura などに d, ḍ を區別してゐるものがあるが臺灣のと同一でない。

5 n_2 の存在、臺灣では普通の n の外に l, s 等に變化する特殊の n があるが、南洋では普通之を區別してゐない（數詞二十の條參照）。屢々 n の外に ñ を用ひてゐる語があるが、臺灣の n_2 の様に精密に區別されてゐない。

B　語詞の特殊性。

1 Atayal の 1 の語 qotux 型は僅かに南洋の Palau に存在する程に特殊のものである。

2 Saisiyat, Taokas, Babuza, Pazeh 等で五を表はす r_2at_2əb 型及び Taokas, Babuza で六を表はす t_1ar_2əb 型も亦特殊のものである。

3 Pazeh の五進式は南洋に同型のものがあるが Saisiyat の六進式は其例がない。

4 Sedeq, Bunun 等の十、二十の語を普通の puluq 型でなく、一回、二回の語で表はす形式は南洋にはない。

5 十と二十の中間數を二回の語を用ひて表はす種類の形式は、Philippine 北部の語にあるが他には見當らない。此れは臺灣と Philippine とを關係づける一例と見ることが出來よう。

6 Yami 語と Philippine の北端に在る Batan 島の語とは地理的に近い關係もあり、數詞のみでなく其他の語詞、及び語法組織に於ても殆んど同一といつてよい位である。此事は已に淺井惠倫氏によつて論究されてゐる。

臺灣諸語の中で明かに南洋に姉妹語を有すと認められるものは Yami 語だけであつて、其他の諸語は南洋の諸語と、程度こそちがへ相當の類似はあるが直接に姉妹的の關係ありと認められるものは現在では未だ見出すことが出來ないといはねばならぬ。

以上記述した外、數詞を動詞化した活用の形態等に於て臺灣の諸語と南洋の諸語との間に相當類似したものを見出すことが出來るが此等に關しては他の機會に述べることとする。

（昭和十七年十一月二十三日稿）

數詞表正誤

	數詞	誤	正
Ataydl (5)	四	sp[-ar-] ats	sp[-aɹ-]ats
Bunun (1)	千	mats'an šaʔba	matsʔan tsaʔba
Tsou (1)	五	yimmɔ	ʎimmɔ
〃 〃	八	vɔyu	vɔʎu
Rukai (3)	百	eðai	eðae
Yami	五	ʎima	ʎimaʔ
〃	千	ḷanao	ḷanaoʔ
Kavalan	千	la-ḷazan	ḷa-ḷazan
Pazeh	二十	dusa	ḍusa
Dayak	二十	duwæ	duæ
Lampong	一	so[-nga]	sa[-nga]
Duke of York	八	talak	talaka
Ambrim	千	toha	thousand
〃	幾許	o ngisa	[me-]vi
Guadalcanar	千	toga	toha
〃	幾許	niha	[e-]ngisa
Samoa	萬	ma-nɔ	[e]ma-no
最左欄		Austrunesian	Austronesian

十	十一	二十	百	千	萬	幾許
[mə-]po:	mə-po: qotux	min-pu-sa-l	[qotux] kə-βəhol	məpo: kəβəhol	məpo: kin-kəβahal-an	pira
[maʢal-a-]po:	maʢal-a-po: ʼutux	ma-po-sa-n	[ʼutux] ka-βahon	maʢala-po: kaβahon	ʼutux ko kin-kaβahal-an	pisa
[maʢal-a-]po:(ʢ)	maʢal-a-po:ʢ qutux	ma-pu:-sa-l	[qutux] ka-βa:xol	maʢala-po:ʢ kaβa:hol	——	——
[maʢal-]po:	maʢal-po: tsu qoun	ma-po-sa-l	——	——	——	——
[mal-a-]puḷa(ʢ)	mal-a-puḷa(ʢ) ʼutux	ma-pu:-sa-l	[ʼutux] ka-βaxol	——	——	——
ma-xxa-l	maxxal kijal	ma-pu-ssa-l	[kijal] kəbəkkui	maxxal kəbukkui	——	piða
ma-xxa-l	maxxal kıŋal	mə-pu-ssa-l	[kıŋal] kabukkui	maxxal kabukkui	——	pija
rampuz	rampuz aha	samʼe(R)ah	[aha] ka-βœhœl	rampuz kaβœhœl	——	piza
[ma-]kθin	makθin avin taha	ma-pu-ša-ð	[ta-ta] šaʼba	makθin šaʼba	——	piða
ma-tsʼa-n	matsʼan qan tašʼa	ma-pu-ša-n	[tašʼa] tsaʼba	matsʼan šaʼba	tsoqqaiš tsaʼba	pija
ma-sʼa-n	masʼan xan tašʼa	ma-pu-ša-n	[tašʼa] šaʼba	masʼan šaʼba	šoxaiš šaʼba	pija
ma-s-k[-ə]	maskə vuja u-tsini	m-pu-s-k[-ə]	seʼ-tsɔnij-a	posi-fou	posi-maskə	pijɔ
ma-ss-k[-ə]	maskə veja u-tsini	m-pu-s-k[-ə]	seʼ-tsɔnž-a	posi-fou	posi-masskə	pijɔ
ma-a-n[ə]	maanə u-tsani	ma-pu-sa[-nə]	[tsani] əmən[-a]	mijaiʼi	——	[u-]pija[-ini]
[k-]m-a-l̥[-ə]	kmal̥ə u-tsani, l̥ail̥a u-tsani	ma-pu-wa-l̥[-ə]	l̥imijoŋ[-ə]	limijail̥i	——	[u-]pija[-ini]
poḷok[-ə], maŋ-əa-l	maŋəal si ə(h)a	ma-ʼo-sa-l[-ə]	[əa ka] idai	[əa ka] koḍol[-ə]	poḷokə ka koḍol[-ə]	ʼija
poḷok[-o], maŋ-asa-l[-ə]	maŋasalə k-s(ə)sa:-nu	ma-pu-sə-l[-ə]	[s(ə)sa na] idai	[s(ə)sa na] kuzul[-ə]	——	[a-]piḍa, pija[-ni]
puḷok[-o], mamaŋ-ə-l[-ə]	mamaŋələ ka əa	mama-pu-a-l[-ə]	eðai	mapuʼoko eðae, kuðol[-o]	——	[ma-]pi[-ni]
[ta-]puḷoʼ	pu-sika-ḍusa poḷoʼ no ita	ḍusa poḷoʼ	[ta-]idai	[ta-]kɒzul	[ta-]koḍau	pida
[ta-]puḷoq	pu-siʼa-ḍusa puḷoq no ita	ḍusa a puḷoq	[ta-]idai	[ta-]kuzul	[ta-]kuḍau	pida
[ta-]pu[R]oq	pu-sika-(ḍ)rosa no ita	[ḍ]rosa po(R)oq	[ta-]iðai	[ta-]kuzul	[ta-]kurau	piða
poḷoʼ, [mo-]kṭəp	mokṭəp misamaʼ ḍa sa-sa-ja	maka-butaʼ-an	[sa-]ḷəman	[sa-]koḍol	mokṭəp koḍol	mo-noma
ʼoḷoʼ(h), [mo-]kṭəp	mokṭəp misamah la sa-sa-ja	maka-vuta(h)-an	[sa-]ḷəman	[sa-]koẓol	mokṭəp koẓol	piða-piða[-ja]
poḷoʼ(o), [mo-]ʼtəp	tsətsai ko saka-tosa	tosa a poḷoʼ(o)	so(h)ot	ḷufot	[tsa-]ʼor	pina
poḷoʼ(o), [mo-]ktəp	savau tsatsai	tosa a poḷoʼ(o)	ḷuvut	pa-təkən-an	——	pina
poḷoʼ(o), vataan	tsatsai ko saka-tosa	tosa a vataʼ-an	rusuvu	ma-ḷuvot	——	pina
poʢoʼ	aṣa o ika-ḍuwaʼ	ḍuwa ŋa-ŋaḷan-an	[aṣa] poʢoʼ	[aṣa] ḷanao	[um-]riβuʼ	piraʼ
taRai, Ravt-in	Ravtin na issa	rusa vutin	Rasivu	ḷa-ḷazan	Ravtin na ḷaḷazan	kina[-ni]
ḷabat-an	ḷabatan tsa	ḷusa batan	ḷatsibu	ma-ḷaḷan	ḷavatan maḷaḷan	pina
isi[-t]	——	——	——	——	——	——
[ta-]isi[-d]	taisid ta-ta:nu	rua ta-isid	[tanu-]arat	[tanu] mazal, tejap	taisid tejap	(ʢ)wiḷa
[me-]tsi	metsi ma-tanu	menia metsí	[metanu-]tu:pa	[metanu-]go:s	metsi go:s	haima
tsxie[-t]	tsxiet natta	naroa tsxiet	——	manna-axp-il a tsxiet-eis	——	[na-] ida
isi[-t]	isid u ada[-ŋ]	dusa isit	[adaŋ a] xatud	[adaŋ a] saxan	isid a saxan	——
[mia-ta-]isi	——	——	[miata] haso	[miata] saḷat	[miata] ban	——
[k-]itti, [k-]ete[-ang]	sat keteang gabi sa-sat	sa-soa keteang	[ka-]ataugh[-an]	[sa-]ka-tunun	——	pi-pinna
[ka-]ite[-n]	——	——	soḷunna	keḷap	——	——
[ka-]iti[-ang]	——	——	——	——	——	——
[ka-]ite[-n]	kaiten saka	bi:ḷuŋ kaiten	tuḷun-an	kuḷu	——	——
[asa] pogo	asa si-cha-rua	rua-pogo	[asa] yatus	[asa] livu	pogo livu	pira
[ma-]fulu	karat ta[-dda-i]	dua-fulu	[ma-]gatuᵗ	[ma-]ribu	[ma-]fulu ribu	piga
[sa-m-]puoʼ	labi-ng isa	dalawa-ng-puoʼ	[sang-]daan	[sang-]libo	[sang-]laksa	ila[-n]
polo	[na-]pulo ug usa	ka-luha-an	[usa ka] gatus	[usa ka] libo	[na-]polo ka libo	pila
folo	folo brab se[-baan]	ruo-folo	[ma-]rratus	[seng-]ibu	——	firro[-i]
puluʼ	[sanga-]puluʼ wo ěsa	rua nga puluʼ	[ma-]atus	[ma-]riwu	puluʼ nga riwu	pira
[o] pulu	[mo-]pulu wa u tua[-u]	du-lo pulu	[mo-]hetu[-o]	[ngo-]lifu, [u-]lifu	[ma-]pulu lo lifu	ngo-lo
[sa-m-]pulo	[sam-]pulo-as-sere	ruwa-m-pulo	[si-]bilangang	[si-]sabu	[si-]lassa	pira[-ng]
[sě-]pulo	[sě-]pulo sêdi	duwa-pulo	[se-]ratu	[se-]sěbbu	[se-]lassa	siya, siya[-age]
[sa-]pulu	sa-walas	duwæ-pulu	[sa-]ratus	[sa-]koyan	[sa-]pulu koyan, laksa	piræ
[sa-]puloh	sa-bělas	dua-puloh, likur	[sa-]ratus	[sa-]ribu	[sa-]puloh ribu, [sa-]laksa	běrapa
[sa-]puluh	sa-wělas	ro-ng puluh, likur	[s-]atus	[s-]ewu	[sa-]lěksa	[ping-]pira
[sa-]puluh	sa-wělas	duwa-puluh, likor	[sa-]ratus	[sa-]rebu	[sa-]laksa	sabaraha[-hiji]
[sa-]pòlò	sa-bělas	ḍua-pòlò, lekor	[s-]atos	[sa-]ebu	[sa-]pòlò ebu, [sa-]laksa	brampaʼ
hutu[-sae]	hutu sa laiti	hutu-rua	utu[-ni]	rihu[-ni]	——	fila
[se-n-]ulu	[sen-]ulu resin ida	ruwa-n ulu	atus[-ida]	rihu[-n ida]	beei[-n ida]	hira
[sa-]puluh	sa-blas	ruwa ngě puluh, sa-likur	[sě-]ratus	[sě-]ribu	——	pira
[sa-m-]pulu	[sam-]pulu sada	dua pulu	[sa-]ratus	[sa-]ribu	[sa-]loksa	piga
[tʰi-]plōh	tʰi-blaīh	dua-plōh	[tʰi-]reutöïh	[tʰi-]ribèë	[tʰi-]laʼsa	padum
[ma-]folo	irai ka àmbi ni folo	roa-polo	zato	[a-]rivo	[ira-i]alina	firi
[ma-]xod, trüox	trüox [ma-]tang	llüox	dart	te-lael	——	tāla[-ng]
a-rgag	argag nge tareb	rʼliu	raay	buyú	——	——
[se-]ik	seik ma eu	ru-ek	[e-]bukiu	[sange-]las	sel	fitou
[ma-]not	manot nagai hacha	hugua na fulu	gatus	chalan	manot chalan	fia (?)
[e-ng-]ol	[eng-]ol et	ru-e	[i-]bugi	[e-nge-]rau	[e-ng-]ol nge raun, [e-]kit	[e-]fid
[nga-]ul, [e-]ijǫk	[e-]ijǫk eu	ria-ijǫk	[a-]pūki, [nga-]ul	kit, [a-]pūki	nen, kit	tapa
[jo-ng-]ul	[jong-]ul im juon	ro-ng ul	[ji-]buki	[ji-]kit	——	——
no, no-ina	noina ma ra	——	——	——	——	——
[sa-ga-]vul	[saga-]vul a hu	[ga-]vul ga ru	[ga-]vul me [saga-]vul	toha	——	o ngisa
[sa-nga-]vulu	——	ruka patu	[sa-ng-]atu	toga	——	niha
lue-pi	cha-ko	cha-ate	[cha-]handed	[cha-]thausane	omba	——
tini	tini ka ðua	rua saga-vulu	drau	ndolu	——	——
[e-si-]fulu	[e si-]fulu ma le tasi	lua-fulu	[e se-]lau	[e-]afe	ma-no	fia
[nga-]fulu, tekau	tekau ma tahi	rua-tekau	rau	ma-no	——	[e-]hia
[ha-ga-]furu	——	——	rau	piere	——	——
umi, huru	umi ku mama kahi	iwa ka lua	haneri	tausani	——	hia

Group	Language	一	二	三	四	五	六	七	八	九
Austronesian / Indonesian / Taiwan	Atayal (1)	qotux	sa[-žiŋ], rusa	tšu[-ɟal]	sp[-aj-]ats	ima[-ɟal]	mə-teju	[mə-]pito	mə-spats	[mə-]qeiro
	„ (2)	ʾutux	sa[-žiŋ], rusa	tšu[-ɟan]	sap[-až-]at	žima[-ɟan]	ma-tažu	[ma-]pito	ma-sapat	[ma-]ʾiso
	„ (3)	qutux	sa:[eŋ]	to:[-ɟal]	sip[-aj-]at	ima[-aɟal]	mama-tajo	[mama-]pito	mama-sapa:t	[mama-]qaiso
	„ (4)	qoun	rusa	to:	spat	tima	ma-to:	pito	ka-spat.	[ta-]qeiso
	„ (5)	ʾutux	sa[-ɪŋ]	to:[-ɟal]	sp[-ar-]ats	ḷama[-ɟal]	mə-to(R)o	[ma-]pito	ma-špats	[ma-]ʾi:ro
	Sedeq (1)	uin, kijal	daha	te:ḷu	šeppat	ḷimma	mə-te:ḷu	pitto	mə-šeppat	[mə-]ŋaḷi
	„ (2)	uin, kɪŋal	daha	toḷo	špat	ḷimma	ma-ta:ḷo	pitto	ma-špa:t	[ma-]ŋa:ḷi
	Saisiyat	aha	rosa	tó(R)o	špat	(R)asuβ	saiβusi(R)	saiβsi(R)-o-aha	ma-ika-špat	(R)aʾha
	Sao	ta[-ha]	tusa	toḷo	pa:t	himma	ka-toḷo	pito	ka-spat	ta-naso
	Bunun (1)	[ta-]šʾa	ʾduša	ta:o	pa:t	himma	no:m	pitto	va:o	šiva
	„ (2)	[ta-]šʾa	ʾduša	ta:o	pa:t	jimma	no:m	pitto	va:o	šiva
	Tsou (1)	tšɔ[-ni]	ʎusɔ	toʎu	spt[-ə]	yimmɔ	nomm[-ə]	pittu	vɔyu	sijɔ
	„ (2)	tsɔ[-ni]	jusɔ	tuju	spt[-ə]	eimɔ	nom[-ə]	pitu	vɔju	sižɔ
	Kanakanabu	tsa[-ni]	tsu:sa	to:ḷo	so:pat[-a]	ḷima	nəm[-ə]	pitu	(h)a:ḷu	sija
	Saroa	tsa:[-ni]	su:wa	to:ḷo	pa:t[-ə]	[k-]ḷima	[k-]nəm[-ə]	[k-]pittu	[k-]waḷo	[k-]sija
	Rukai (1)	ə(h)a, əa	ḍusa	toḷo	soʾat[-ə]	ḷima	ənəm[-ə]	ʾito	waḷo	baŋat[-ə]
	„ (2)	ḍəɟa, s(ə)sa	ḍuša	toḷo	pat[-ə]	ḷima	nəm[-ə]	pito	vaḷo	vaŋat[-ə]
	„ (3)	nəka, əa	nusa	toro	pat[-ə]	ḷima	nəm[-ə]	pito	vaḷo	vaŋat[-ə]
	Paiwan (1)	ita	ḍusa	ṫoḷo	spaṫ	ḷima	ənəm	piṫo	aḷo	siva
	„ (2)	ita	ḍusa	cəḷu	spac	ḷima	ənəm	picu	aḷu	siva
	„ (8)	ita	(ḍ)rosa	cu(R)u, cuu	spac	(R)ima	ənəm	pico	a(R)u, au	siwa
	Puyuma (1)	əsa, sa	ḍoa	tɪḷu	ʾpat	ḷima	ənəm, ʾnəm	pito	waḷo	iwa
	„ (2)	isa	ḍoa, ẓoa	təḷu	pat	ḷima	ənəm	pito	waḷo	iwa
	Ami (1)	tsə-tsa[-i]	tosa	toḷo	spat	ḷima	ənəm	pito	faḷo	siwa
	„ (2)	tsa-tsa[-i]	tosa	toḷo	spat	ḷima	ʾnəm	pito	waḷo	siwa
	„ (3)	tsa-tsa[-i]	tosa	toḷo	spat	ḷima	ənəm, ʾnəm	pito	waḷo	siwa
	Yami	aṣaʾ	ḍuwaʾ	atḷuʾ	apaᵗ	ʎima	anəm	pitoʾ	waɟuʾ	šijam
	Kavalan	issa	rusa	tuḷu	spat	ḷima	unum	pitu	waḷu	siwa
	Ketangalan	tsa	ḷusa	tsʰu:	špat	tsima	anum	pitu	watsu	siwa
	Luilang	sa[-ka]	tsusa	tuḷu	suva	[na-]lup	[na-]tsulup	innai	patulunai	satulunai
	Taokas	ta:[-nu]	rua	tuḷu	[le-]pat	hasap	tahap	jweto	ma-ha-lpat	ta-nasu
	Papora	ta[-nu]	nia	tuḷu	[ne-]pat	nema	[ne-]nom	pitu	ma-hal	[me-]sija
	Babuza	[na-]tta	roa	torro	[na-]spat	[n-]axab	[na-]tap	[na-]ito	ma-a-spat	ta-nnaxo
	Pazeh	idá	ḍusa	tuḷu	spat	xasub	xasub-dza	xasub-i-ḍusa	xasub-i-tuḷu	xasub-i-spat
	Hoanya	[mea-]ta	[me-]sa	[mia-]teḷu	[mia-]pa	ḷima	[mi-]nun	pito	[mi-]aḷu	a-sia
	Siraya (1)	saa[-t], sa	duha, ruha, sa-soạ	turo	hpat, ahpat	rimma	annim, nnum	pitto	ku-ixpa	ma-tuda
	„ (2)	sa-saa	ḷo-ḷoha	ta-toḷo	[ta-]pat	[ta-]ḷima	annim	pito	ku-ipa	ma-tuha
	„ (3)	saa[-t]	duha	tohu	pahat	himma	ḷum	kitu	k-ipat	ma-tuha
	„ (4)	sa[-ka]	bi:ḷuŋ	kuḷun	nometa	takuba	ḷaŋaḷaŋ	kutin	kaḷasin	tabatiǰa
Philippine	Batan	asa	rua	atdo	apat	dima	anem	pito	oago	siam
	Ibanag	itte	dua	tallu	appaᵗ	lima	annam	pitu	ualu	siam
	Tagalog	isa	da-lawa	ta-tlo	apat	lima	anim	pito	walo	siam
	Cebu	usa	duha	tolo	upat	lima	unum	pito	ualo	siam
	Tirurai	se[-ge]	ruo	te-tleu	efot	limo	enem	fiteu	ualeu	sieu
Celebes	Tontemboa	ĕsa	rua	tĕlu	ĕpat	lima	ĕnĕm	pitu	walu	siow
	Golontalo	[o ēn-]ta	[o] luo	[o] tolu	[o] pat[-o]	[o] limo	[o] lom[-o]	[o] pitu	[o] walu	[o] tio
	Makassar	si, se[-re]	ruwa	tallu	appaʾ	lima	annang	tuju	sa-gan-tuju	sa-lapang
	Bugis	si, se, sê[-di]	duwa	tĕllu	ĕppaʾ	lima	ĕnnang	pitu	a-ruwa	a-sera
	Dayak	ijæ	duæ	telo	æpat	limæ	ja-hawen	uju	hanya	ja-latien
	Malay	sa[-tu], sa, ĕsa	dua	tiga	ĕ[-m-]pat	limá	ĕnam	tujoh	dĕ-lapan	sĕ-m-bilan
Java	Java	sa, si[-ji]	lo-ro	tĕlu	pat	limɔ	nĕm	pitu	wolu	sɔŋgɔ
	Sunda	ĕsa, sa[-hiji]	duwa	tilu, tolu	opat	lima	gĕnĕp	tujuh	da-lapan	sa-lapan
	Madurạ	ĕssaʾ, seʾ[-tong]	ḍuwaʾ	tĕlloʾ	ĕ[-m-]paʾ	lemaʾ	ĕnnĕm	pettoʾ	bɔlluʾ	sangaʾ
	Ambon	sa[-e]	rua	toru	fal[-e]	lima	noio	fitu	waru	siwa
	Timor	ida	ruwa	tollu	haat	lima	nèn	hitu	walu	siwi
Sumatra	Lampong	so[-nga], sa[-i]	ruwa	tĕlu	pak	lima	nĕm, nom	pitu	walu	siwa
	Batak	sa[-da]	dua	tulu	opat	lima	onom	pitu	ualu	sia
	Ache	tʰa	dua	lhèë	peuët	limo[-ng]	nam	tujuh	lapan	tʰi kureuëng
	Hova	isa, ira[-ĭ]	roa	telo	efat[-ra]	dimi	enin[-a]	fito	walo	siwi
Micronesian	Palau	ta[-ng]	[o] ru[-ng]	[o] dei	[o] a[-ng]	[o] im	[ma-]long	uid	[i-]ai	[i-]tiu
	Yap	re-b, [ta-]re-b	ru-b, logoru	a-doli-b	a-ningec	la-l	ne-l	ma-dili-b	me-ru-c	mo-reb
	Saipan	e[-u]	ru[-o]	il[-u]	fa[-u]	limo[-u]	ono[-u]	füso[-u]	walo[-u]	tüo[-u]
	Chamorro	[h-]acha	hugua	tulo	fat-fat	lima	gunum	fiti	gualu	sigwa
	Truk	ē[-u]	rū[-u]	ul[-u]	ruãn[-u], fo-	lim[-u]	won[-u]	fus[-u]	wal[-u]	tū[-u]
	Ponape	e[-u]	ria[-u]	jil[-u]	pai[-u]	lima[-u]	uon[-u]	ij[-u]	wal[-u]	tua[-u]
	Yalut	ju[-on]	ru[-o]	jil[-u]	e[-men]	la-lim	jil-jin[-o]	jil-jil-im-juon	rua-līdök	rua-dim-juon
Melanesian	Duke of York	ra, ta[-kai]	rua	tul	wat	lim	nom	talaka tul	talak rua	tolta takai
	Ambrim	hu	ru	sul	vir	lim	li-se	lu-ru	li-sul	ya-fer
	Guadalcanar	[ke-]sa	ru[-ka]	tolu	vat[-i]	jehe	ono	vitu	alu	siu
	Lifu	cha, cha[-si]	lue	köni	e[-ke]	tri-pi	cha-ngemen	lue-ngemen	köni-ngemen	ekẹ-ngemen
	Fiji	ðu[-a]	rua	tolu	va	lima	ono	vitu	walu	ðiwa
Polynesian	Samoa	[e ta-]si	[e] lua	[e] tolu	[e] fa	[e] lima	[e] ono	[e] fitu	[e] valu	[e] iva
	Maori	[ta-]hi	rua	toru	wha	ɪima	ono	whitu	waru	iwa
	Easter	[ta-]hi	rua	toru	ha	rima	ono	hitu	varu	iva
	Hawai	[ka-]hi	lua	kolu	ha	lima	ono	hiku	walu	iwa

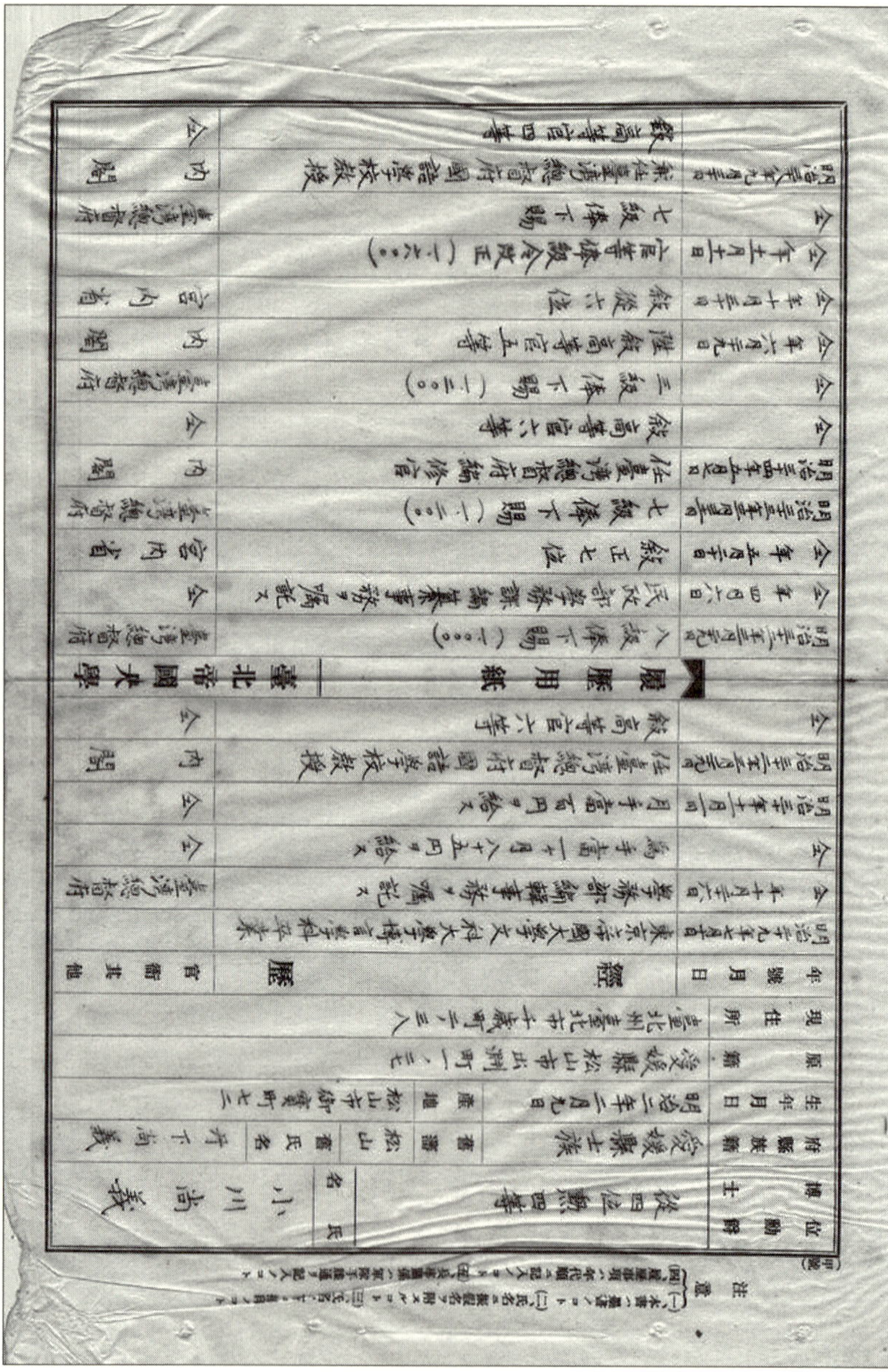

位階勲爵	従四位勲四等	氏名	小川尚義
府県族籍	愛媛県士族	旧藩 松山	旧氏名 [illegible]尚義
生年月日	明治二年二月九日	産地	松山市御宝町七二
原籍	愛媛県松山市出渕町一ノ三七		
現住所	臺北州臺北市千歳町二ノ三八		

年号月日	履歴	官衙其他
明治二十九年七月十日	東京帝国大学文科大学博言学科卒業	
仝 年十月二十六日	学務部編輯事務ヲ嘱託ス	臺湾総督府
仝	手当一ケ月八十五円ヲ給ス	仝
明治三十年十二月一日	月手当百円ヲ給ス	仝
明治三十一年三月二十九日	任臺湾総督府国語学校教授	内閣
仝	叙高等官六等	仝

臺北帝國大學　履歴用紙

年号月日	履歴	官衙其他
明治三十二年三月二十九日	八級俸下賜（一〇〇〇）	臺湾総督府
仝 年四月六日	民政部学務部編纂事務ヲ嘱託ス	仝
仝 年五月二十日	叙正七位	宮内省
明治三十三年四月二十三日	七級俸下賜（一二〇〇）	臺湾総督府
明治三十四年五月七日	任臺湾総督府編修官	内閣
仝	叙高等官六等	仝
仝	三級俸下賜（一二〇〇）	臺湾総督府
仝 年六月二十九日	陞叙高等官五等	内閣
仝 年十月二十日	叙従六位	宮内省
仝 年十月十一日	高等官俸級令改正（一六〇〇）	
仝	七級俸下賜	臺湾総督府
明治三十八年九月二十日	兼任臺湾総督府国語学校教授	内閣
	叙高等官四等	仝

（甲號）

注意 （一）本書ハ楷書ノコト　（二）氏名ニ振假名ヲ附スルコト　（三）氏名ノ下ニ捺印ノコト　（四）履歴事項ハ年代順ニ記入ノコト　（五）賞罰其他重要事項ハ漏ナク記入ノコト

『台湾総督府公文類纂』国史館台湾文献館所蔵

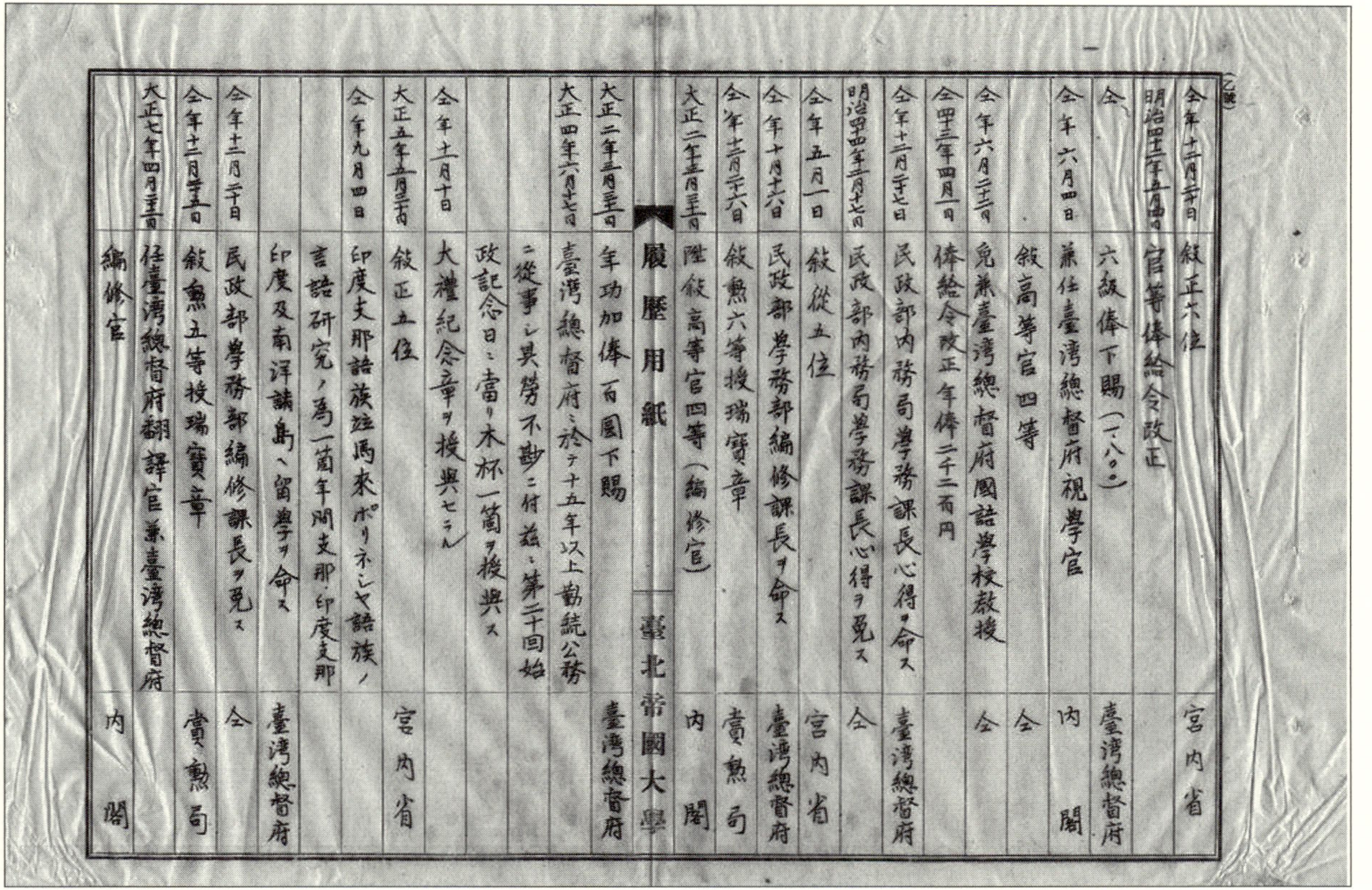
(乙號)

仝年十二月二十日	敍正六位	宮内省
明治四十三年五月四日	官等俸給令改正	
仝	六級俸下賜（一、八〇〇）	臺湾總督府
仝年六月四日	兼任臺湾總督府視學官	内閣
	敍高等官四等	仝
仝年六月二十二日	免兼臺湾總督府國語學校教授	仝
仝四十三年四月一日	俸給令改正年俸二千二百円	
仝年十二月二十七日	民政部内務局學務課長心得ヲ命ス	臺湾總督府
明治四十四年十二月廿七日	民政部内務局學務課長心得ヲ免ス	仝
仝年五月一日	敍從五位	宮内省
仝年十月十六日	民政部學務部編修課長ヲ命ス	臺湾總督府
仝年十二月二十六日	敍勲六等授瑞寶章	賞勲局
大正二年五月三十一日	陞敍高等官四等（編修官）	内閣
履歴用紙		臺北帝國大學
大正二年五月三十一日	年功加俸百圓下賜	臺湾總督府
大正四年六月十七日	臺湾總督府ニ於テ十五年以上勤続公務ニ従事シ其労不尠ニ付茲ニ第二十回始政記念日ニ當リ木杯一箇ヲ授與ス	
仝年十一月十日	大禮紀念章ヲ授與セラル	
大正五年五月三十一日	敍正五位	宮内省
仝年九月四日	印度支那語族竝馬來ポリネシヤ語族ノ言語研究ノ為一箇年間支那・印度支那印度及南洋諸島ヘ留學ヲ命ス	臺湾總督府
仝年十二月二十日	民政部學務部編修課長ヲ免ス	仝
仝年十二月廿三日	敍勲五等授瑞寶章	賞勲局
大正七年四月三十日	任臺湾總督府翻譯官兼臺湾總督府編修官	内閣

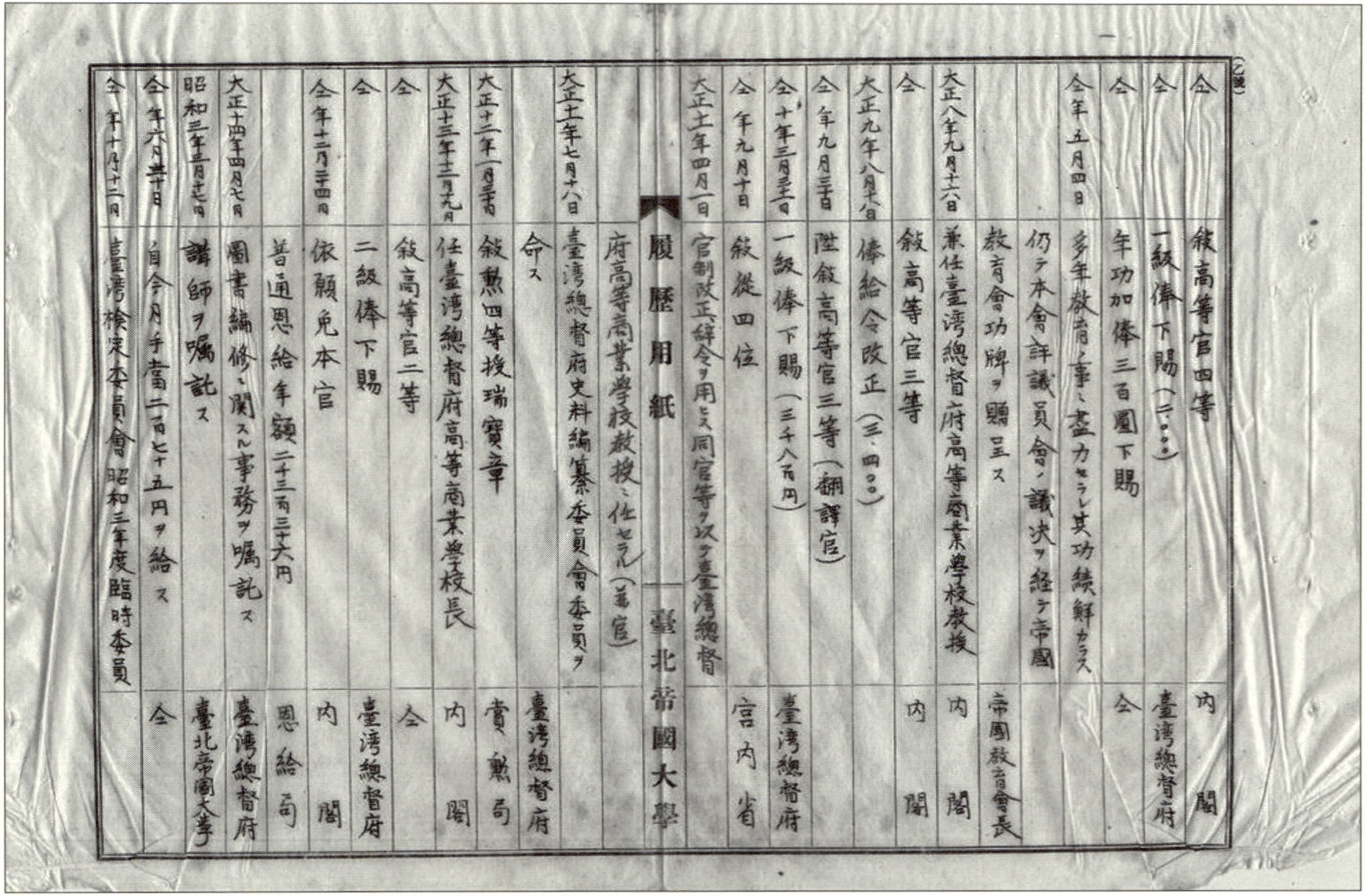

（乙號）

仝	敍高等官四等	内閣
仝	一級俸下賜（一〇〇〇）	臺灣總督府
仝	年功加俸三百圓下賜	仝
仝年五月四日	多年教育ノ事ニ盡力セラレ其功績鮮カラス	
	仍テ本會評議員會ノ議決ヲ経テ帝國	
	教育會功牌ヲ贈呈ス	帝國教育會長
大正八年九月十六日	兼任臺灣總督府高等商業學校教授	内閣
仝	敍高等官三等	内閣
大正九年八月十八日	俸給令改正（三、四〇〇）	
仝年九月三十日	陞敍高等官三等（翻譯官）	
仝十年三月三十一日	一級俸下賜（三千八百円）	臺灣總督府
仝年九月十日	敍從四位	宮内省
大正十一年四月一日	官制改正辞令ヲ用ヒス同官等ヲ以テ臺灣總督	
	府高等商業學校教授ニ任セラル（翻官）	
	履歴用紙	臺北帝國大學
大正十一年七月十八日	臺灣總督府史料編纂委員會委員ヲ	
	命ス	臺灣總督府
大正十二年一月三十日	敍勲四等授瑞寶章	賞勲局
大正十三年十二月九日	任臺灣總督府高等商業學校長	内閣
仝	敍高等官二等	仝
仝	二級俸下賜	臺灣總督府
仝年十二月二十四日	依願免本官	内閣
	普通恩給年額二千三百三十六円	恩給局
大正十四年四月七日	圖書編修ニ關スル事務ヲ囑託ス	臺灣總督府
昭和三年五月十七日	講師ヲ囑託ス	臺北帝國大學
仝年六月卅日	自今月手當二百七十五円ヲ給ス	仝
仝年十月十二日	臺灣檢定委員會昭和三年度臨時委員	

一

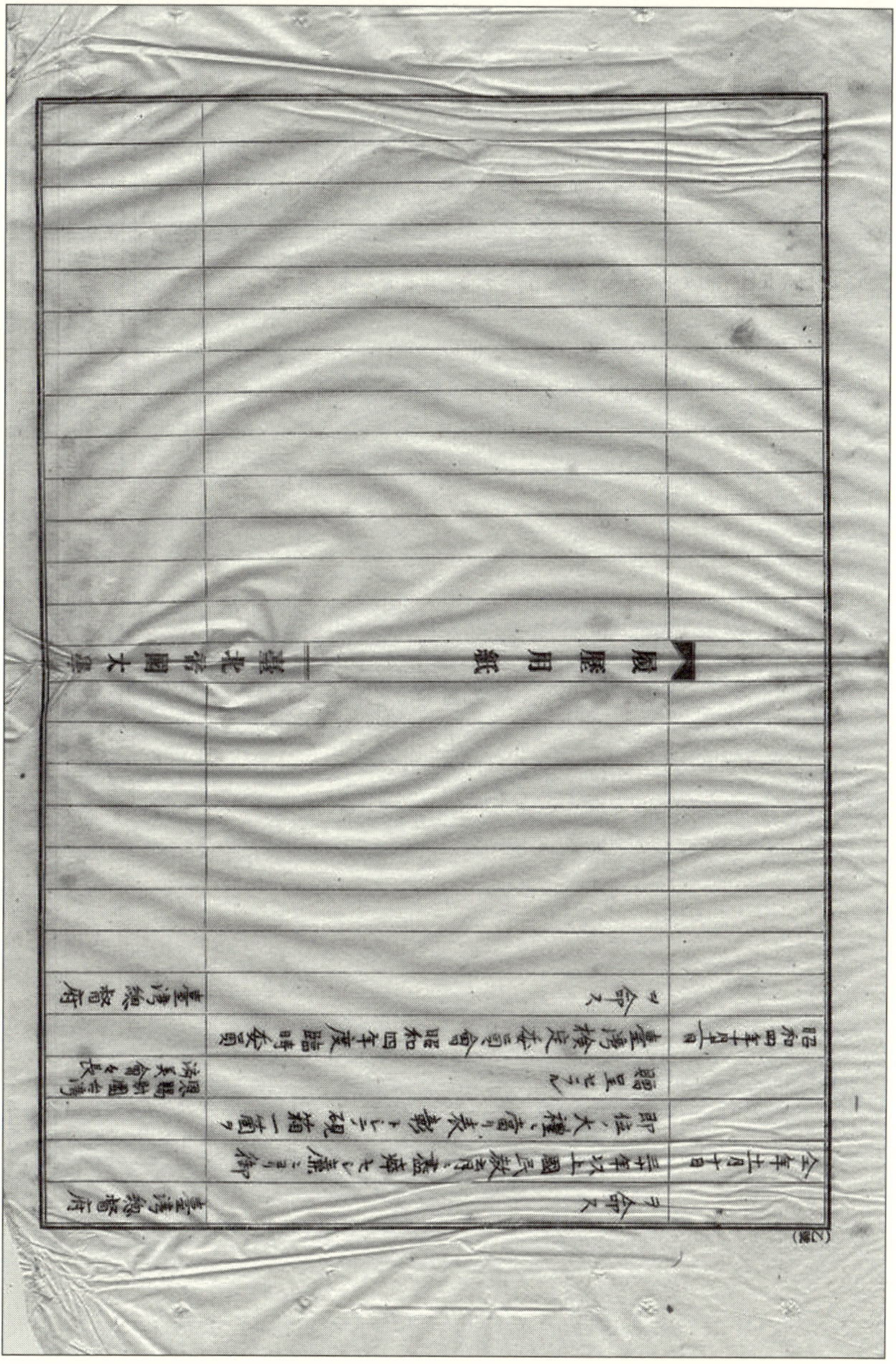

(乙號)

ヲ命ス　臺灣總督府

仝年十一月十日　三十年以上國民教育ニ盡瘁セシ廉ニヨリ御

即位ノ大禮ニ當リ表彰トシテ硯箱一箇ヲ

贈呈セラル　恩賜財團台湾済美會々長

昭和四年十一月一日　臺灣検定委員會昭和四年度臨時委員

ヲ命ス　臺灣總督府

履歴用紙　臺北帝國大學

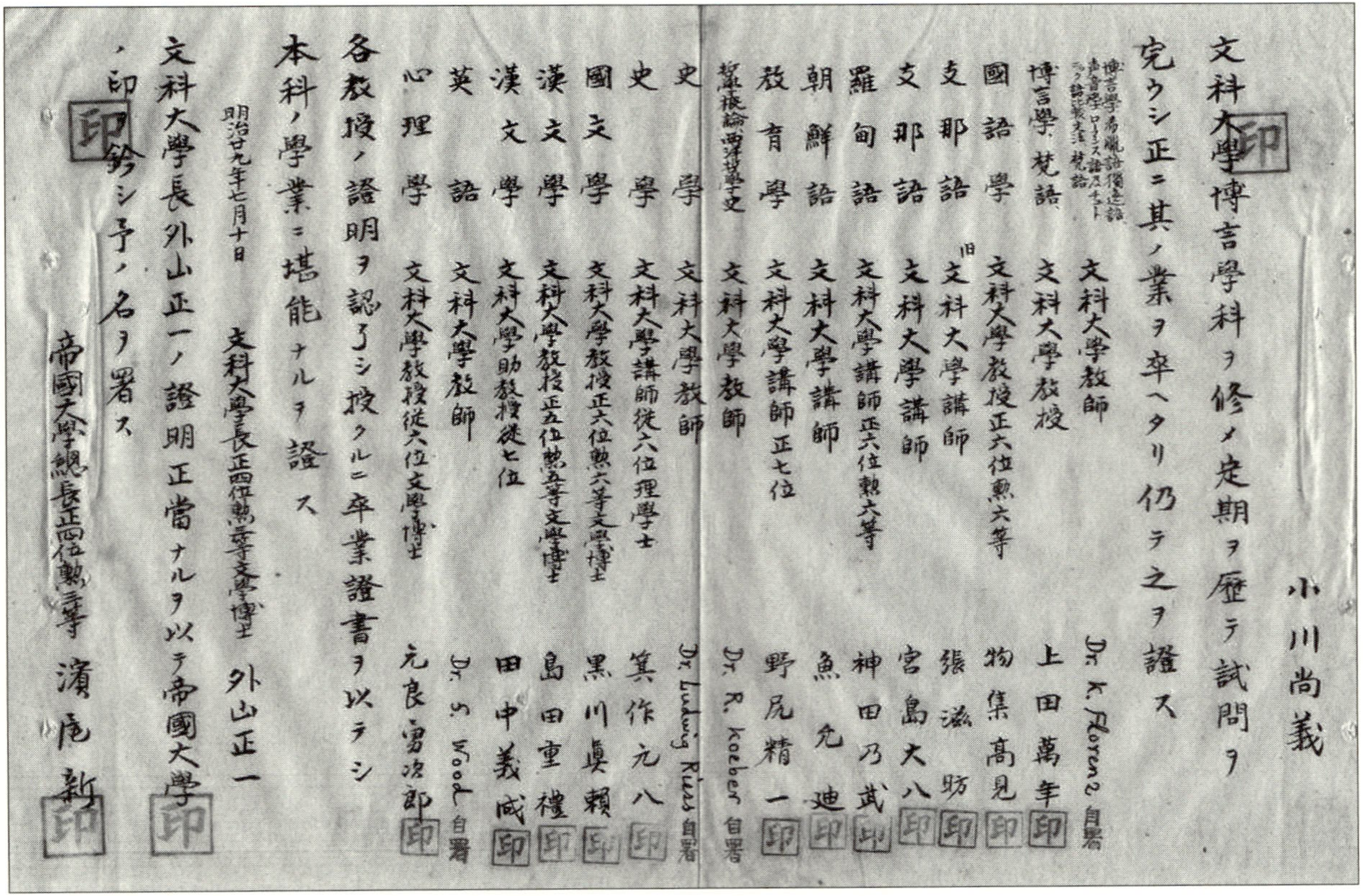
小川尚義

文科大學博言學科ヲ修メ定期ヲ歴テ試問ヲ
完ウシ正ニ其ノ業ヲ卒ヘタリ仍テ之ヲ證ス

（博言學希臘語獨逸語 聲音學ローマ語及ゴシック語 梵文法 梵語） 文科大學教師 Dr. K. Florenz 自署
博言學、梵語 文科大學教授 上田萬年 印
國語學 文科大學教授正六位勲六等 物集高見 印
支那語 旧文科大學講師 張滋昉 印
支那語 文科大學講師 宮島大八 印
羅甸語 文科大學講師正六位勲六等 神田乃武 印
朝鮮語 文科大學講師 魚允迪 印
教育學 文科大學講師正七位 野尻精一 印
哲學概論西洋哲學史 文科大學教師 Dr. R. Koeber 自署
史學 文科大學教師 Dr. Ludwig Riess 自署
史學 文科大學講師従六位理學士 箕作元八 印
國文學 文科大學教授正六位勲六等文學博士 黒川眞頼 印
漢文學 文科大學教授正五位勲五等文學博士 島田重禮 印
漢文學 文科大學助教授従七位 田中義成 印
英語 文科大學教師 Dr. W. Wood 自署
心理學 文科大學教授従六位文學博士 元良勇次郎 印

各教授ノ證明ヲ認了シ授クルニ卒業證書ヲ以テシ
本科ノ學業ニ堪能ナルヲ證ス

明治廿九年七月十日
文科大學長正四位勲三等文學博士 外山正一 印

文科大學長外山正一ノ證明正當ナルヲ以テ帝國大學
ノ印鈐シ予ノ名ヲ署ス
帝國大學總長正四位勲三等 濱尾新 印

小川尚義履歴書・卒業証書写し

	Vunung	susu	aso	T
	Bunun[T]	susu	asu	
H	Saiset	heheo	aho	S
	Saisiyat[T]	höhöʔ	ʔähöʔ	
	Babuza	zido	mado	H
D,Z,	Taokas	lilok	mazo	S
L,N	Pazehhe	nunoh	wazu	S
	Pazeh[T]	(nunuh)	wazuʔ	
	Tsō	nuno	avou	Ts
	Tsou[T]	(nunʔu)	(avʔu)	
N,R,	Tayal	vovo	hujil	H?
	Atayal[T]	(bubu)	hujil	
J ?	Sediak	nunoh	horen	H?
	Seediq[T]	(nunuh)	huling	

右の内「ケタガラン」にＴｓ、Ｓの二種を挙けたるは、三貂角、基隆、錫口、北投附近に於ては tsitsu といひ、臺北の南方半里斗なる旧社庄（武勝湾社）に於ては susu といふを以てなり。然れとも其の相違せる理由は未た明かならす。

今「マレイポリネシア」語系の中に就きて之に似たるものありやを検するに、犬に関しては「ミンダナオ」島の方言に itu、「スルウ」群島の語に idu といふあり。此等の外は asu 等の如くＳを有するを普通とす。

以上は臺湾蕃語に於てＴ、Ｔｓ、Ｓ、Ｈの間に二種の音韻轉訛の現象あり、而して甲に関しては他の「マレイポリネシヤ」語に於て普通Ｔを有し、乙に関しては普通Ｓを有すといふ事実を挙けたるものにして、此等に就きて詳細なる記述は尚他の研究を待たさるへからさることと信す。

「タヤル」及ひ「セディアッカ」を除くの外臺湾蕃語に於てT、Ｔｓ（Ｃｈ)、S、Hの間に稍規則的の音韻関係あることは右の表によりて明なるが、今「マレイ、ポリネシア」語系の中に就き之に似たる現象ありやと検するに、左の例を得たり。

	目	耳	死
Malagasy	maso	sofina	mate, faty
Rotuma	matho	thalinga	—
Kissa	makan	kilin	maki
Hawai	maka	—	make

右の如くT以外の音を有するものは只数種に過きすして其他は普通Tを有する有様なり。

臺湾蕃語に於て、右に挙けたるT、Ｔｓ、S、Hの音韻関係と別に又一種のT、Ｔｓ、S、H（？）音韻轉訛の規則ありて、或る語の範囲に行はる。此亦偶然の現象と見る可からさる如し。今左に其例を挙けん。

		乳	犬	前の目耳等に於ける場合
	Papola	tsitu	hato	S
	Ṣau	tutu	atu	Ṣ
	Thao[T]	tutu?	?atu?	
T	Sau	tutu	atu	S
	Tau	tutu	atsu, asu ?	T
	Charisen	tutu	bato	Ch
	Rukai[T]	θoθo	(taopongo)	
	Paiwan	tutu	batu	Ts
	Paiwan[F]	tutu	vatu	
Ts	Amis	tsitsu	watsu	T
	Amis[T]	coco	waco	
	Ketagaran	tsitsu	watsu	T
		susu	awasu	T
	Kabalān	sisu	wasu	T
	Kavalan[T]	sisu	wasu	
S	Siraia	sasisir	asu	T
	Puyuma	susu	suan	T
	Puyuma[T]	susu	suwan	

	Seediq[T] 南投県仁愛郷春陽村	(doriq)	(birat)	(sjiq)	(mhuqil)
		虱	熊	猿	泣
T	Ketagaran	kutu	tomai	rotong	tamagel
	Kabalān	—	roknau	ṛotong	mogil
	Kavalan[T]	qutu	tumay	rutung	(muring)
	Amis	kutu	tumai	rutong	tuma^{n}ges
	Amis[T]	koto	tomay	Lotong	temangic
	Puyuma	—	tumai	ruton	mata^{n}gis
	Puyuma[T]	kuTu	Tumay	Lutung	TemaTangis
	Vunung	—	tombat	huton	ta^{n}ges
	Bunun[T]	kutu	tumað	hutung	tangis
	Siraia	couto	toumey	ritun	t-m-agi-tagi
	Tau	kuto	—	ruton	mata^{n}ge
Ts	Tsō	—	—	^{n}guho	mo^{n}gsi
	Tsou[T]	ʔcuu	cmoi	(nghou)	mongsi
(Ch)	Charisen	kuchu	chumai	—	umaon
	Rukai[T]	koco	comay	(babila)	(oatobi)
	Paiwan	kutsu	tsumai	patsawan	maon
	Paiwan[F]	kutsu	tsumay	(Dail)	(qmaung)
Ṣ	Ṣau	—	ṣomai	ruṣun	ṣumanet
	Thao[T]	kuθuʔ	θumay	ruθun	θmanit
	Sau	—	—	pisi	sama^{n}gi
	Pazehhe	—	ta^{n}gatuh	rutoh ?	ma^{n}git
	Pazeh[T]	kusuʔ	(tangadəx)	(rutuh	mangit
(S)	Papola	—	—	pisi	samani
	Taokas	—	—	yurus	samaril
	Saiset	koso	—	roson	hemagehe ?
	Saisiyat	kosoʔ	somay	osong	hömangih
H	Babuza	oho	homa	pihi	humanied
H ?	Tayal	kuhin	^{n}galuh	yu^{n}gai	ma^{n}gilis
	Atayal[T]	kuhing	(ngarux)	(yungay)	mngilis
	Sediak	kuhin	sumai	ru^{n}gai	mu^{n}gires
	Seediq[T]	kuhing	kumay	(rungay)	lmingis

右の場合と異なり、臺湾の蕃語に於て実際の発音上、方言的音韻轉訛と見るへきあり。其の著しきものはＴ、Ｔｓ（或はＣｈ）、Ｓ̣（或はＳ）、Ｈの場合なり。Ｓ̣は「リングアル」的無声音なり。

			目	耳	人	死
	Ketagaran	臺北 桃園	mata	baro	tao	malai
	Kabalān	宜蘭	mata	kayal	tamrao	matai
	Kavalan[T]	花連県新社	mata	(kayal)	(lazat)	mpatay
	Amis	臺東 花連港	mata	tangera	tamrao	mapatai
	Amis[T]	中南部方言	mata	tangila	tamdaw	mapatay
T	Puyuma	卑南	mata	tari^{n}ga	tao	minatai
	Puyuma[T]	Likavong	maTa	TaLinga	Tau	mianaTay
	Vunung	新高山附近	mata	tangia	ragen	matas
	Bunun[T]	南部方言	mata	tangia	(bunun)	matað
	Siraia	臺南	mata	tangera	tao	mapatai
	Tau	阿緱	mata	tare^{n}ga	tau	mapatai
	Tsō	阿里山附近	mutso	kalu	tsō	amtsoi
	Tsou[T]	ルフト方言	mcoo	(koru)	cou	mcoi
Ts	Charisen	阿緱蕃薯寮山地	macha	charinga	utsau	chumai
	Rukai[T]	好茶村方言	maca	caLinga	(omaomaso)	oapacay
(Ch)	Paiwan	臺東南部、恒春	matsa	tsari^{n}ga	tsau-tsau	matsai
	Paiwan[F]		matsa	tsalinga	tsautsau	matsay
	Ṣau	水社湖附近	maṣa	ṣarina	ṣau	maṣai
	Thao[T]	日月潭	maθaʔ	ɬarinaʔ	θauʔ	maθay
	Sau	嘉義、斗六、南投	masa	sarina	sau	masya
Ṣ	Pazehhe	臺中 北部	daorek	sa^{n}gera	sau	purihat
	Pazeh[T]	埔里	(daurik)	sangiraʔ	sauʔ	(purihat)
(S)	Papola	臺中西北部	masa	sarina	sō	mapa
	Taokas	新竹 苗栗	masa	sarina	sinahot	marinao
	Saiset	新竹管内南庄	masa	sarei	—	masai
	Saisiyat[T]	苗栗県南庄郷	masaʔ	saliʔi	(mäʔiyäh)	masay
H	Babuza	臺中 彰化	maha	harina	ho	maha
H ?	Tayal	埔里社以北山地	laujek	papak	tayal	mahokil
	Atayal[T]	Squliq 方言	(roziq)	(papak)	(squliq)	(mhuqil)
	Sediak	埔里社東北 花連港北部山地	daulik	birat	sediak	mahokil

虫	kaurey	kourey
賞	laulaughan	loumonloug

[三､]「グ」氏「ヴ」氏共にＳなるもの

一	sat, saat	sasat
否	assi	assey
共	saausal	sosaal

[四､]「グ」氏「ヴ」氏共にＤなるもの

鳩	padaoh	vadoch
黒	audim	maoudim
振	dyllidyl	madillidil

尚「グ」氏の馬太傳翻譯中に於てＲとＤとは屢々混用せられたる例少なからす。

母	rena, dena	拝	reip, deip
思考	darimdim, dimdim	基礎	raroun, daroun
友人	riou, diou	否定	rmau, dmau
二	rouha, douha	若し	rou, dou
疑	paka-rallah, paeh-dalaeh		

此他別紙「臺湾府誌に出てたる蕃語」中に挙けたる諸例（天、日、月）を見るに、Ｒ、Ｌ、Ｄ、Ｓ、Ｚの相混【判読不明】せるもの少なからす。而して実際蕃人の発音を検するにＲにあらす、Ｌにあらす、Ｄにあらす、又Ｓにあらす、「リングアル」のＺに似たる音多きを見る。因りて考ふるに、「ヴリス」荷蘭其他文籍に出てたるＳは（殊に開音節に於て）普通有声音Ｚの如く発音するものの如し。此の如くして「ヴリス」のＳは「グラヴィウス」のＲに当り木柵平埔蕃のＤに当ることを解するを得へし。要するに「シライア」語内にＳＲＤの三種の方言的音韻轉訛ありとするよりも同一音に對する写音法の相違に基くものと解するを穏当なりと信す。

188

台湾原住民研究第4号
1999年12月25日

臺湾蕃語の音韻変化

小川　尚義

「ラクウペリイ」氏の Formosa Notes on the MSS. Languages and Races の中に Gravius の「シダイア」語（「シライア」に同し）、Van der Vlis の臺湾語彙、及ひ、Baksa（木柵）平埔蕃（「シライア」族にして現在蕃薯寮附近に居住す）の語を挙げて其の音韻の比較をなせり。

	Gravius	Van der Vlis	Baksa-Pepohwan
父	rama	sama	dama
母	rena	sena	tena
水	ralaum	salong	dalum
雷	rungdung	singding	dungdung
木	parannah	pesannah	—
足	rahpal	sapal	dapal
大	irang	isang	—
二	rauha	sasoa	duha

「グラヴィウス」及び「ヴリス」の原本に就きて之を検するに、尚此他種々の例を発見せり。

[一、]「グ」氏Rにして「ヴ」氏Sなるもの

君主	meirang	meisisang
暗	marimdim	mesimdim

[二、]「グ」氏「ヴ」氏共にR又はLなるもの

南は臺南地方の「シライア」族（蘭人の「シダイア」に当る)、阿緱蕃薯寮地方の「タウ」族に及び、而して宜蘭、臺北、新竹、苗栗地方の蕃語此語彙中に包容せられざるものと認めらる。

注

1) Cf. matata? 'hot, as water'.

2) Cf. mulalap 'hot, as water'.

3) Cf. mabanas 'hot, sultry'.

4) Cf. átong 'hot, as food, liquid or body heat, but not weather'.

5) Cf. bambáng 'canal, drainage'.

6) Cf. posong 'lake; flooded area'.

7) Elder brother. Cf. ?iah 'elder sister'.

8) Old man.

9) Old woman.

10) Good.

11) Glossed as 'young one'.

12) Glossed as 'good'.

13) Glossed as 'walk'.

14) Cf. nguyur ÅiarchaicÅj 'mouth'.

15) Meaning 'pregnant'.

16) Cf. búlo 'down or floss of covering of stems, leaves and fruits of some plants'.

17) Cf. dapan 'the sole of the foot'.

18) Tray 'ten ÅienumeratingÅj', rabtin 'ten ÅiobjectsÅj'.

19) Cf. raqit 'villager'.

20) Mulay 'not-very beautiful flower', whereas simau 'beautiful flower in general'.

21) Cf. rami 'rice-straw'.

22) Cf. b'onga 'to flower'.

23) Glossed as 'weeds'.

24) Cf. qudus 'upper garment'.

25) Cf. dam'it 'cloth'.

26) Cf. soklong 'any non-indigenous hat'.

27) Husked rice.

28) Rice-plant and unhusked rice.

29) Glossed as 'an old, male pig'. Cf. ammoy, b'otog 'pig'.

羊を表はす優は臺湾肝心の語羊（iuⁿ）（讀書音は iong なり）より来るものにして、「グラヴィウス」の新港語譯（シライア族）馬太傳にも jou、又は jouko とあり。jou は本文優と同じく、jouko は羊羔の音を採りたるものなり。臺湾の地本来馬なし。哈阿麻の語未だ考へ得ず。

豹謂之闌裏闌、鹿謂之門闌、謂之没、魚謂之試干、謂之縢、鵝謂之打姑麻一（takomait）、鴨謂之哈拏哈拏（hanahana）、捕鹿謂之麻噶阿喇哈（makaalaha）、捕魚謂之銀米落試干（gimbelok-sikan）、騎馬謂之没阿吧（bulapa）、騎牛謂之麻吧歴（mapalek）以上並出諸羅志。

	107	108-1	108-2	109-1	109-2
	豹 闌裏闌 **lanlilan**	鹿 門闌 **bunlan**	鹿 没 **but**	魚 試干 **sikan**	魚 縢 **t'eng**
Kab.	—	taru	apun	vaut	—
Kav.[T]	luqnaw	sirmuq		baut	
Ket.	—	nuang	kavayu	vaut	anau
Taok.	—	vaha	—	yate	—
Pap.	—	gas	—	vavot	—
Bab.	**ranniran**	**binnan**	—	tsi	—
Paz.	**rangarang**	—	lahot	alau	—
Paz[T]	rangedax	**benan**	luxut	alaw	
Sau	—	—	**pat**	**sikan**	—
Thao[T]	rukðaw	ḽkaribu§a qnuan		rusaw	
Sir.	**rangarang**	**nang**	—	—	**thing**
Tau	**—**	**munan**	—	—	tahan
Tag.	—	—	—	ysda	—
Tag[T]		ʔusá		ʔisdáʔ	
Igor.	—	ogusa[*sic*]	—	**ikan**	—
Bon[R]		ogsa			
Mal.	arimau-talab	rusa; kijang	—	**ikan**	—

以上各語比較の結果を総合すれば諸羅志に載せ各社音多不同と註せられたる蕃語の範囲は、縣所在地（今の嘉義）にある諸羅山社（「サウ」族）を中心として、北は臺中北部の「パゼッヘ」族、及び臺中彰化地方の「バブザ」族（蘭人の「ファボラング」に当る）に及び、

の一章なり。記に曰く、於是其妻須世理毘賣者持喪具而哭来、其父大神者、思已死訖、出立其野爾持其矢以奉之時、率入家、而喚入八田間大室、而令取其頭之虱、故爾見其頭者呉公多在、於是其妻以牟久木實與赤土授其夫、故咋破其木實、含赤土唾出者、其大神以為咋破呉公唾出、而於心思爰而寝云々。爰に牟久木實といひ、赤土（必ずしも赤からず）といひ、其唾の呉蚣の血に比せらるることといひ、南洋に於ける檳榔喫食の風俗を想像せしむるに足るべし。又爰に云へる牟久の木は蕃語の abehi 或は aviki と關係あるにはあらずや。尚考ふべし。烟草に関しては實物共に其名を傳へたること他国の例に同じ。飲酒（迷底打）、食飯（麻目吉打）は漢字音としては be-ti-ta、ma-bok-ket-ta なるが、之を蕃語と比較するに、「シライア」族の myt（飲）、mavok（食）の二語が尤も適合せるを見る。されば此の音譯は bet-ita、mabokk-eta と解すべきものにして語尾の ita、eta は同じく「シライア」語の代名詞我等（我と汝との義）の義なること明なり。

鍋謂之打泥溺〇馬謂哈阿麻（haama）、牛謂之鸞、羊謂之優（iu）、鶏謂之卓瓜、謂之孤甲、狗謂之阿都、猪謂之猫霧。

	101	102	103	104	105	106
	鍋 打泥溺 **tanilek**	牛 鸞 **loan**	鶏 卓瓜 **tokkoa**	鶏 孤甲 **koka**	狗 阿都 **ato**	猪 猫霧 **babu**
Kab.	—	vaka (牛); karavau (水牛)	torakok	—	**watsu**	**vavui**
Kav.[T]	bdayang	baka (牛); qabaw (水牛)	t(l)aquq	**wasu**	**babuy**	
Ket.	—	karavau	torohok	—	**watsu**	**vavui**
Taok.	—	katen	papah	—	**mazok**	kwakwal
Pap.	—	**loan**	pola	—	**hato**	**vavu**
Bab.	—	**loan**	—	**kokko**	**mado**	**babo**
Paz.	—	**noang**	patalu	—	**wazu**	baruzak
Paz[T]	bulayan	**nuang**	pataru?		**wazu?**	baruzak
Sau	—	**loan**	**tokkoa**	—	**atu**	**vavu**
Thao[T]	qa§ay	humbaaq(牛); qnuan(水牛)	ranaw		**?atu?**	**fafuy**
Sir.	**tarinis**	**louang**	**taoukka**	—	**asou**	**vavoei**
Tau	—	**roan**	—	**kuka**	naha	**vavui**
Tag.	—	—	manoc	—	**aso**	—
Tag[T]	kawáli?	báka; kalabáw (水牛)	?íbon (鳥)	manók (鶏)	**áso**	**báboy**
Igor.	bayok	faka; **nuang** (水牛)	kamanok	—	**asu**	**fafuy**
Bon[R]		báka; **nowang** (水牛)	manok		áso	**báboy**[29]
Mal.	—	lambu	ayam; manuk	—	andjing	**babi**

酒を表はす打喇酥（talaso）は「バブザ」族、「パゼッヘ」族にて米の義なる dasso、lasu と關係あるものの如し。

飯謂之羅漢、謂之開生（k'aiseng）、粥謂之務（bu）、○蔬謂之辣辛（loassin）、檳榔謂之阿迷希、荖謂之阿辣噶、烟謂之打馬嘓、飲酒謂之迷底打、食飯謂之麻目吉打。

	95	96	97	98	99	100
	飯 羅漢 **lobok**	檳榔 阿迷希 **abehi**	荖 阿辣噶 **aloakat**	烟 打馬嘓 **tamakok**	飲酒 迷底打 **bet-ita**	食飯 麻目吉打 **mabokk-etta**
Kab.	—	raras	—	—	**hanpita** (飲)	kman (食)
Kav.[T]	ʔmay	dadas	bila		qman	qman
Ket.	sumai	—	—	**tamako**	—	kman; makan (食)
Taok.	—	—	—	**tamaku**	—	amman (食)
Pap.	—	-	—	**tamaku**	—	man (食)
Bab.	lalla	**habi**	**ragga**	**tamaku**	mihan (飲)	man (食)
Paz.	somai	—	—	**tamako**	mau (飲)	makan (食)
Paz[T]	sumay	taaʔataʔen	mangayah baugul taaʔataʔen	**tamakuʔ**	dauk	meken
Sau	hunna	—	—	**tamaku**	manitan (飲)	man (食)
Thao[T]	ʔafuʔ	**§avikiʔ**	lao-hiu-a	**tamakuʔ**	miqiḷaʔ	kman
Sir.	**ruvoy**	**aviki**	**tamako**	**myt** (飲)	**mavok** (食)	
Tau	**ruvok**	**aveki**	—	—	mekao (飲)	man (食)
Tag.	—	—	—	—	ynom (飲)	cain (食)
Tag[T]	kánin	búnga	ikmó	tabáko	ʔuminóm	kumáʔin
Igor.	—	—	—	**tafago**	mainum (飲)	makan (食)
Bon[R]	makan			**tabáko**	igop,inom	komman
Mal.	nasi	pinang	sirih	**tambaku**	minum (飲)	makan (食)

荖は荖葉とも称し一種の植物の葉なり。檳榔を喫むに当りて檳榔の實に切目を附し、之に練りたる石灰を挟み、荖葉を以て之を包み、其侭口に入れて噛み、暫くありて唾液と共に之を吐く。唾液の色赤くなりて血の如し。淡水廳誌に檳榔中略按范石湖集、頃有嶠南人、好食檳榔、合蠣灰扶留藤一名蔞藤食之、輒昏已而醒快、三物合和唾如膿血可厭蔞藤一作浮留藤土人誤為荖とあり、荖に對する阿辣噶の語は「バブザ」族 ragga に相當す。語頭に阿を加へたるは梵漢音譯に Rahan を阿羅漢とする類にて、顫動の強きを示すものなるべし。檳榔喫食に就いて思ひ起すは、古事記大穴牟遅神が根の堅洲國で須佐之男命に試みらるる條

Thao[T]	**balis**	tamuhun		hulus	swaqun	
Sir.	**mani**	**taloctok**	—	**kurasi**	**cassoy**	—
Tau	—	—	—	—	**kasui**	—
Tag.	bacal	—	—	damit; baju	—	—
Tag[T]	bákal	sombrero		bároʔ[25]	pantalón	sapátos
Igor.	patatjim; guililya	soklong	—	—	—	—
Bon[R]	pattaden, walteng, landok	sílag[26]		bádo	pantalon	sapátos
Mal.	**basi**	tudung	kopyak	kayin	saluwar	sarung-kaki

銅を表はす麻哩務哩（mali-buli）の上半麻哩は鉄の義なること明かに、下半務哩は「タウ」族の語に uriri（赤の義）の語あれば麻哩務哩は赤き鉄の義なるべし。錫を表はす都哀（toai）は「シライア」族の語に dougey（鉛）といふあり。同語なるべし。

鞣謂之達打畢、謂之霎屏、被謂之霎霎呼（siapsiapho）、帳謂之哈哈産（hahasan）、牀謂之喇丹（lattan）○穀謂之独独（toktok）、米謂之新沙、謂之博、酒謂之醳、謂之務哈、謂之打喇酥（taloso）。

	92-1	92-2	93-1	93-2	94-1	94-2
	鞣 達打畢 **tatapit**	鞣 霎屏 **siappin**	米 新沙 **sinsa**	米 博 **p'ok**	酒 醳 **ek**	酒 務哈 **buha**
Kab.	rapu	—	bulash	vokas	rak	—
Kav.[T]	zpu		bras		raq	
Ket.	rapoi	—	bulat	—	lang	asi
Taok.	—	**sapit**	zarah	—	yakao	—
Pap.	—	—	**sisal**	—	—	**vura**
Bab.	babot	—	dasso	—	—	o
Paz.	—	**sasapil**	lasu	—	—	inusat
Paz[T]		**sasapil**	lasuʔ[27]	mulasiʔ[28]		inusat
Sau	—	**sapil**	**sinsa**	—	—	**vuha**
Thao[T]	tapahaʔ		ða§uq	paðay	qil̥aʔ	
Sir.	**tatapil**	—	—	**pak**	**yit**	—
Tau	**tatapin**	—	tsaha	—	—	rihu
Tag.	—	—	—	—	—	—
Tag[T]		sapín	pálay	bigás	ʔálak	
Igor.	kokod	—	finayu	palay	—	—
Bon[R]			bagas,bináyo		tápey	
Mal.	kasut; supatu	—	bras	padi (稲)	minuman	—

臺湾府誌に出でたる蕃語

Sir.	ure	—	**silok**	**ulut**	**malitouk**	**loumari**
Tau	ure	—	—	**urol**	—	—
Tag.	—	—	—	**goloc**	—	—
Tag[T]	kawáyan	ʔúling; ʔágiw	ʔiták	gúlok	pílak	kuwarta
Igor.	kawayyan	—	kipan (小刀)	—	bilak	peso (弗)
Bon[R]	kawáyan	pála	gípan (knife)			pilak
Mal.	buluh	—	padang	—	perak	uwang

木を表はす衙截（gatset）は「タウ」族の語に katsui といふあり。之に相当するものか。冊籍（謎路）は北部の生蕃に在りても讀書のことを makoas bilu ということあり。字（蘇喇）、及び筆（蘇力）は喇、力の字異なれども同語なること明なり。力は臺湾語に於て讀書音は lek なれども、俗音 lat なれば爰には俗音にて讀む方適当せり。solat に又文書の義あることは、府志蕃曲の中、哆囉嘓社の歌に喝逞唭蘇力（我遞公文）とあり其他新港蕃語（シライア族）の「ロオマ」字契約文の多くは attaing ta soulat（此の文書）の語を以て始まるを見て之を知るべし。馬来語亦 surat と「ウイルキンソン」氏の馬来語辞書によれば surat は本来「アラビヤ」とあり、此語は本来の蕃語にあらずして荷蘭宣教師の傳へしものなるべし。扇の吧吧譯（papaek）は東部花蓮港附近の阿眉語 peppi に似たれども、或は擬声の語ならんか。

鉄謂之麻哩、銅謂之麻哩務哩（mali-buli）、錫謂之都哀（toai）○布謂之衣幞（ibok）、綢緞謂之如噶噶（jikatkat）、帽謂之打喇獨、謂之噶姑母、衣謂之姑喇襲、袴謂之加水、襪謂之霎霎務。

	87	88-1	88-2	89	90	91
	鉄 麻哩 **mali**	帽 打喇獨 **talatok**	帽 噶姑母 **kakkobu**	衣 姑喇襲 **kolasip**	袴 加水 **kasui**	襪 霎霎務 **sapsapbu**
Kab.	—	kuvu	—	**kulus**	—	—
Ket.	mukin	kanunkun	sibupuan	kava	—	—
Kav.[T]	tnad, **balis**	kubu		qurbis[24]	kun	
Taok.	—	—	**kamos**	havidah	—	**sapit** (鞋)
Pap.	—	—	**komu**	run	—	—
Bab.	**barieg** (銅)	tatahun	—	riba; ogga	—	harrod
Paz.	kaha	—	**kakamus**	shatu	—	**sasapil** (鞋)
Paz[T]	kaxaʔ		**kakumus**	siatuʔ	rukus	**sasapil**
Sau	—	—	—	run; ribal	tavaka	**sapil** (鞋)

181

Kav.[T]		zna	bawa	simau	mulay[20]	suway[21]
Ket.	—	**kuva**	ibaua	—	bulangil	—
Taok.	—	—	—	vusat	—	nehogo
Pap.	—	—	—	—	**torara**	vuruh
Bab.	—	**ema**	**abak**	—	**tullala**	aras
Paz.	—	—	parana	—	**tulala**	sabus
Paz[T]		**umamah**	paranah		**tulalaʔ**	semer
Sau	—	—	—	—	—	kummon
Thao[T]		bu̥hat	ruðaʔ	bukay		l̥mir
Sir.	**tallah**	**ouma**	**avang**	**isip**	—	**havour**
Tau	—	—	variki	maipan	—	honumu
Tag.	—	—	—	—	bulaclac	boliga; damo
Tag[T]		paláyan	bangkáʔ	bulaklák	damó	
Igor.	—	**uma** (花園)	fangka	—	fenga	lukam
Bon[R]		óma (swidden)			sabsábong[22]	lógam[23]
Mal.	—	**uma**	prau; ajung	—	bunga; kamban	romput

牆（麻啤都粉）は上文に身曰麻啤、又屋謂之都粉とあり、されば爰には家の身の義なるが如し。

竹謂之烏鰕、朮木、朮（木？）謂之衙截（gatset）○冊籍謂之謎路（bilo）、字謂之蘇喇（solat）、紙謂之吧力吧（palekpa）、謂之龍阿蒙（liongalong）、筆謂之蘇力（solat）、墨謂之糜奴、扇謂之吧吧譯（papaek）、弓謂之務格兒（bukekji）、刀謂之試落、謂之烏律、車謂之箕轔（kilin）、謂之打哩吉（taliket）○銀謂之麻里毒、銭謂之咯嗎呢。

	82	83	84-1	84-2	85	86
	竹 烏鰕 **oha**	墨 糜奴 **bino**	刀 試落 **silok**	刀 烏律 **olut**	銀 麻里毒 **malitok**	銭 咯嗎呢 **lokmani**
Kab.	—	—	sagek	—	pila	—
Kav.[T]	tnayan	ungit	sariq			klisiw
Ket.	tanaen	—	muregan	tapuru	pila	tan
Taok.	—	**bezo** (黒)	—	tonus	—	—
Pap.	—	**avedu** (黒)	virah	—	—	—
Bab.	**ooh**	—	**silok**	—	soe	**numaji**
Paz.	—	—	tadau	—	pilah	—
Paz[T]	patakan		tadaw		piilaʔ	paraiʔ
Sau	—	—	sie	gagai	**manituk**; sui	**numaji**
Thao[T]	qawl̥		funu§			twaliʔ

萬曰謎阿打漫（biata-ban）、有曰咿挐、無曰猫勺、多曰漫挐、少曰吧驛土牙、是曰阿哈（aha）、非曰謎阿呢（biani）、〇莊謂之阿喇哈（alaha）、社謂之薩魯屯、屋謂之都粉。

	72	73	74	75	76	77-1
	有 咿挐 **ina**	無 猫勺 **bachak**	多 漫挐 **banna**	少 吧驛土牙 **paektoga**	社 薩魯屯 **salotun**	屋 都粉 **tohun**
Kab.	yao	mai	moaro	kiama	ngakket	lapao
Kav.[T]	yau	mai	mwaza	kiya	damu[19]	lpaw
Ket.	haven	mote	hapak	molasa	vutsutse	anaka
Taok.	**maira**	ua	mase	utoko	hazavan	izon
Pap.	jini	siya	mautu	maitsi	hazovan	**tuvun**
Bab.	paga	pa	mapan	mayed	assaban	**don**
Paz.	nahaza	koah	dahau	tateh	**lutul**	huma
Paz[T]	nahada?	kuah	dahu?	adahaimini?	retel	xuma?
Sau	**ina**	**mutsya**	**mana**	**paitega**	—	—
Thao[T]	?itia?	?uka?	**mana§a?**	ladadu?		**tawn**
Sir.	aeia	akousai	**madah**	matiting	—	—
Tau	—	kasai	maipat	visi	—	rurun
Tag.	—	—	dami	ara; munti; oyac	—	bahay; dalom
Tag[T]	mayro?ón	walá?	marámi	kauntí?	báryo	báhay
Igor.	**woda**	maid	angsan	akit	ili	afong
Bon[R]	wáda	maid	angsan,edda	akit	íli	ábong
Mal.	**ada**; jadi	tida	**baniak**	sedikit	dusun	rumah

萬（謎阿打漫）に於ける謎阿打は前例により一の義、末尾の漫は臺湾語萬（ban）の字音なるべし。

屋謂之打咯、門謂之麻勿（babut）、牆謂之麻啴都粉（bahan-tohun）、田謂之烏媽、橋謂之達踏（tatap）、船謂之阿滿、謂之阿網（網？）、花謂之衣襲、謂之都喇喇、草謂之哈没噶、謂之吧夕（pasek）。

	77-2	78	79	80-1	80-2	81
	屋 打咯 **talok**	田 烏媽 **oma**	船 阿滿; 阿網 **aboan;abang**	花 衣襲 **isip**	花 都喇喇 **tolalat**	草 哈没噶 **habukat**
Kab.	—	—	runan	simau	morai	gami

179

七曰秘都、八曰打盧、九曰阿捨（捨依土音）、十曰猫歹失、百曰謎阿打哈蘇、千曰謎阿打沙力。

	66	67	68	69	70	71
	七	八	九	十	百	千
	秘都	打盧	阿捨	猫歹失	謎阿打哈蘇	謎阿打沙力
	pitto	**talo**	**asha**	**biaota-isi**	**biata-haso**	**biata-salat**
Kab.	**pitu**	**aru**	**siwa**	habtin;tagai	**hasivo**	rararan
Kav.[T]	**pitu**	**walu**	**siwa**	tray;rabtin[18]	**rasibu**	mlalazan
Ket.	**pitu**	watsu	**siwa**	ravatan;tan	**ratsivo**	rararan
Taok.	yu-weto	ma-kaipat	tanaso	**ta-isid**	taanu-mahokat	taanu-teyap
Pap.	**pitu**	**mehal**	**mesiya**	**me-tsi**	matanu-tupa	metanu-gos
Bab.	**na-ito**	na-aspat	tannaho	**tshiet**	nata-para	manna-achpil-tschiet-eis
Paz.	hasub-i-dusa	hasub-i-tulu	hasub-i-spat	**isit**	ada-nga-hatul	ada-nga-sahan
Paz[T]	xaseb-i-dusaʔ	xaseb-i-turuʔ	xaseb-i-supat	**ʔisit**	adang-hatel	adang-sahan
Sau	**pittu**	**tari**	—	**mya-ta-isi**	**mya-ta-hasu**	—
Thao[T]	**pituʔ**	ka§pat	tanaụʔ	makịn	tata wa §abaʔ	
Sir.	**pytto**	kuihpa	matouda	kyttian	sa-kagatougan	kataunaun
Tau	**pitu**	karasen	**siva**	kaiten	toronan	kuru
Tag.	**pito**	**walo**	**siyam**	polo; pouo	—	—
Tag[T]	**pitó**	**waló**	**siyám**	sampúʔ	daʔán	líbo
Igor.	**pito**	**walo**	**siam**	polo	**lashot**	lifo
Bon[R]	**pito**	**walo**	**siyam**	po	**gasot**	líbo
Mal.	tujoh	delapan	sambilan	sa-puloh	sa-ratus	sa-ribu

十（猫歹失）の語に関しては「サウ」族 mya-ta-isi に於て完全に其音を保存せられ、且つ十の本義は isi に存すること表中他の族の語との比較によりても明に見るべく、又其の接頭詞たる myata は、me 及び ata の結合にして、ata は一の義、me は馬来語族に通有なる形容詞的の接頭語なること明なり。百、千の語頭に存する謎阿打も亦此の語に外ならず。数詞に就て奇なる現象は、「パゼッヘ」の語にして、六以上九までの数は、皆五を基礎とし、之に一、二、三、四の数を附加して構成せるものなり。

Pap.	**puda**	kapul	—	**vus**	ravok	—
Bab.	**pollol**	asil	—	tau	**ranob**	—
Paz.	**puza**	karau	—	bukus	**mutus**	—
Paz[T]	**puzaʔ**	karaw		**bekes**	mudus	
Sau	—	**atha**	—	**vut**	—	—
Thao[T]	puðaʔ	kuskus		**fuki§**	biðuʔ	
Sir.	poukol	rahpal	**tintin**	voukouh	—	**ngingi**
Tau	—	teka	—	vuku	—	—
Tag.	—	paa	—	bolo; bohoc	gumi	—
Tag[T]	**púsod**	paá		**buhók**[16]	balbás	
Igor.	**busig**	tjapan	—	fook	subok	—
Bon[R]	**póseg**	siki[17]		**book**	ógem	
Mal.	**pusat**	pada	—	bulu; rambut	ramos	—

眉を表はす甲八（kapat）に對して「サウ」族に pa、「シライア」族の一部に rampat の語あり。同語なるべし。

一日阿打、二日利撒、三日直魯、四日呷吧、五日哩罵、六日呷臨。

	60	61	62	63	64	65
	一	二	三	四	五	六
	阿打	利撒	直魯	呷吧	哩罵	呷臨
	ata	**lisat**	**tillo**	**ipa**	**lima**	**ilim**
Kab.	isa	**lusa**	**tulu**	**spat**	**rima**	**anum**
Kav.[T]	iʔsa	zusa	**tulu**	**spat**	**lima**	**ʔnem**
Ket.	**tsa**	**lusa**	**tsu**	**sipat**	tsima	**anum**
Taok.	**taanu**	**rua**	**tula**	**lu-pat**	hasap	tahap
Pap.	**tanu**	nya	**tulu**	**ne-pat**	**lima**	**mi-num**
Bab.	**na-ta**	**na-roa**	**na-tula**	**na-spat**	na-hup	na-taap
Paz.	**ida**	**dusa**	**tulu**	**supat**	hasup	hasub-da
Paz[T]	ʔidaʔ	**dusaʔ**	**turuʔ**	**sepat**	xasep	xaseb-ezaʔ
Sau	**myata; meta**	**mesa**	**mya-teru**	**myapa**	**mya-lima**	—
Thao[T]	**tahaʔ**	**tu§aʔ**	**turuʔ**	**pat**	**tarimaʔ**	katuruʔ
Sir.	sat	douha	**turo**	**hpat**	**rymma**	**annim**
Tau	**ita**	**rusa**	**toru**	**sipat**	**rima**	lomu
Tag.	ysa	alaua; dalaua	**tatlo**	**apat**	**lima**	**anim**
Tag[T]	**isá**	**dalawá**	**tatló**	**ʔápat**	**limá**	**ʔánim**
Igor.	isa	djua	**tolo**	**ipat**	**lima**	**enem**
Bon[R]	**esa**	**dowa**	**tolo**	**epat**	**lima**	**enem**
Mal.	satu	dua	tega	**ampat**	**lima**	**anam**

の轉換したる形跡は「タガラ」と「マレイ」とを比較して之を知るべし。

喉曰卓考（tokko）、肩曰歹一八（taipat）、手曰利馬、曰謎喇夕、乳曰都都、心曰阿穆、曰阿目（目依土音）、腹曰務驛、曰謎蘇。

	52-1	52-2	53	54	55-1	55-2
	手 利馬 **lima**	手 謎喇夕 **bilas**(ek)	乳 都都 **toto**	心 阿穆、阿目 **abok, abak**	腹 務驛 **buek**	腹 謎蘇 **biso**
Kab.	**rima**	—	sisu	—	tian	vurus
Kav.[T]	**lima**		sisu	anem	m-tian[15]	bdes
Ket.	tsima	—	tsitsu	—	tian	—
Taok.	**rima**	—	lizok	kapan	teyat	—
Pap.	**rima**	—	yedok	varavan	gino	—
Bab.	**rima**	—	zido	arrabis	hoan	**pyus**
Paz.	**lima**	—	nunoh	**babuh**	tial	—
Paz[T]	**rimaʔ**		nuunuh	babuʔ	tial	
Sau	imma	**pilas**	**tutu**	lizum	—	**bisu**
Thao[T]	**rimaʔ**		**tutuʔ**	§urið	tiað	
Sir.	**rima**	—	—	**abu**	**vouil**	—
Tau	**rima**	—	**(tutu)**	**aove**	**ivuk**	—
Tag.	camay	—	susu	poso	tiyan	—
Tag[T]	kamáy	—	súso	púsoʔ	tiyán	
Igor.	**lima**	—	soso	poso	—	foto
Bon[R]	**lima**	sóso	póso		poto	
Mal.	tangan	—	susu	ati	—	prut

臍曰務夕、膝曰希魯遁（hilotun）、足曰阿撒、曰丁丁、髮曰物夕、眉曰甲八（kapat）、鬚曰喇律、曰嚶嚶。

	56	57-1	57-2	58	59-1	59-2
	臍 務夕 **busek**	足 阿撒 **asat**	足 丁丁 **tengteng**	髮 物夕 **bus**(ek)	鬚 喇律 **lalut**	鬚 嚶嚶 **ngenge**
Kab.	**vusuz**	zapan	—	vukus	mumus	—
Kav.[T]	**bused**	zapan		buqes	mumus	
Ket.	**puna**	awaki	hai	vukush	ngutsu	—
Taok.	**pula**	rawat	—	taho	runah	—

Igor.	awak	**olo**	—	mata	**ileng**	—
Bon[R]	áwak	**ólo**		mata	engel	
Mal.	batangiböun	**ulu**	—	mata	**idung**	—

頭を表はす烏顱及び蒙峨は一見全く別語の如くなれども「タウ」族の vu^{n}gu に於ける中間の舌本鼻音を舌尖鼻音に轉ずれば直ちに vunu、uno、ulu の音を得べく【ここは間違い--- 土田】、又鼻を表はす昂峨斯及び律も一見二語の如くなれども、「タウ」族の ^{n}gu^{n}gut に於ける舌本鼻音を舌尖鼻音に轉ずれば、忽ち nunut、not、lut の音を得べく【これも苦しい--- 土田】、何れも本来同一語の轉訛したるものなること明なり。目を表はす語に mata、masa、maha の三種あり。此種の音韻轉訛に関しては別に述ぶべし。

耳曰撒哩喇、口曰務哩吻、曰摹突、唇曰務分、歯曰哩本、舌曰喇哩喇。

	47	48-1	48-2	49	50	51
	耳 撒哩喇 **salilat**	口 務哩吻 **bulibun**	口 摹突 **motut**	唇 務分 **buhun**	歯 哩本 **lipun**	舌 喇哩喇 **lalilat**
Kab.	kayar	nguyo	—	ngever	vangao	lilam
Kav.[T]	kayal	ngibir[14]		tubil	bangraw	lidam
Keb.	bolo; mono	nganga	—	ngitse	vangtsao	tatasse
Taok.	**sarina**	virah	—	sumulan	jiun	terah
Pap.	**sarina**	yove	—	toroh	raves	tachia
Bab.	harrina	ranied	—	dorren	siin	tatsira
Paz.	**sa^{n}gila**	rahal	—	ululi	**lupun**	dahama
Paz[T]	**sangiraʔ**	rahan		ruliʔ	**lepeng**	dahamaʔ
Sau	**sarina**	**munevun**	**muzut**	dundutu	**lipun**	**lanila**
Thao[T]	l̥arinaʔ	ruði		**nipin**	ðamaʔ	
Sir.	tangira	—	**moutous**	bibih; **ngohon** (口)	walih	**dadila**
Tau	tare^{n}ga	—	**vutut**	vivik	vare	**rarira**
Tag.	tayinga	bibig	—	—	**ngipin**	**dila**
Tag[T]	taʔínga	bibíg		lábiʔ	**ngípin**	**dílaʔ**
Igor.	koweng	topek	—	sofil	foba	**djila**
Bon[R]	ínga,kóleng	topek		sb́il	bab-a	**díla**
Mal.	talinga	—	**mulut**	bibir	gigi	**lidah**

口を表はす務哩吻は「サウ」族の munevun に相當することは明かに又唇を表はす務分は「シライア」族にて口を表はす ngohon に相当するものの如し。此外、口と唇とに於て語詞

Sir.	**tummad**	**madarang**	vana	**ma-patei**(死); **paka-patei** (殺)	**marisig** (欲眠)	**mariku**
Tau	—	**maran**	mavua	—	—	**maneku**
Tag.	pa; lacar	—	bala; sabi	—	tolog	—
Tag[T]	lákad		sábi		túlog	
Igor.	umuy	**manalan**	kali	sipak	**masuep**	—
Bon[R]	om-ey	**manálan**[13]	kali	**patay-en** (kill)	maséyep	
Mal.	pargi	**manjalan**	tutor; lidah	—	tidor; adu	—

坐（密袞）は「サウ」族の語 mikun に相当す。行（臨馬秣）は阿緱方面の山蕃「チャリセン」族の語に j-ə m-avats、limavai の語あり。由りて考ふるに「サウ」族の muvaui は之に相当するものなり。又行（馬打郎）に於ける打郎は道の義にして之に接頭詞 ma を附して歩行の義としたるものなること他の語の例に同じ。又、闘殴（麻吧吧台）は前節に出てたる死（mapatai）と同義の語にして、爰には殺すの義を有するものの如し。強有力（拏吧喇）は「バブザ」族に mabarra（強）といふ語ありて之に当れり。

身日麻啤、頭日烏顱、日蒙峨、目日麻撒、面日撒密（sabit）、鼻日律、日昂峨斯。

	43	44-1	44-2	45	46-1	46-2
	身 麻啤 **bahan**	頭 烏顱 **olo**	頭 蒙峨 **bonggo**	目 麻撒 **masat**	鼻 律 **lut**	鼻 昂峨斯 **gonggosu**
Kab.	—	**ugo**	**uho**	mata	unum	—
Kav.[T]	izip	**uru**		mata	unung	
Ket.		**ulu**	**utsu**	mata; mala	**ngutsu**	mugo
Taok.	—	**vurrok**	—	**yi-masa**	**ya-nut**	—
Pap.	—	tarako	—	**masa**	**nud**	—
Bab.	ạchieb; **bog**	**oeno**	—	maha	**not**	—
Paz.	—	**punu**	—	daulik	mujin	—
Paz[T]	buxuʔ	**punuʔ**		daurik	muzing	
Sau	**rahan** (腹)	**ulu**	—	**masa**	**tut**	—
Thao[T]	but	punuq		maạʔ	muðin	
Sir.	**vaual**	—	**vongo**	mata	—	**gongos**
Tau	—	—	**vu^{n}gu**	mata	—	**^{n}gu^{n}gut**
Tag.	—	olo	—	mata	ylong	—
Tag[T]		ʔúlo		matá	ʔilóng	

Paz.	parisan	—	dahudahu	mahingal	purihat	—
Paz[T]	parisan		daxedaxeʔ	maixingar	purihat	
Sau	**kum-arra**		**masan**	**masya**	**masa**	mavasa
Thao[T]	mal̥iʔaðaðak		qaliʔ	maqarman	**maa̦y**	
Sir.	pou-alak	**pileileih**	litto	maalam	**matai,** **mapatai**	—
Tau.	pu-ara	—	ritu	maaram	**mapatai**	—
Tag.	—	—	—	maysaquit	halimola	—
Tag[T]	**manganák**		aníto	maysakít	**mamatáy**	
Igor.	**mai-anak**	tjumno	anito	insakit	**mamadoy**	—
Bon[R]	**om-anak**		aníto	in-sakit	**natey**	
Mal.	paranak	parajamukan	samangat	sakit	**mati**	—

成婚（捫喇打因摮）の中には alak ta ina（女子）の語を含み、mu- なる接頭語を添加して女子を娶るの動詞となしたるものと考へらる。懐孕（媽姹者謎蘇）に於て媽姹（malao）は「サウ」族に madaosal、「シライア」族に madagh あり、何れも大の義を有す。又其の末尾謎蘇は下文に腹曰謎蘇とあるに徴すれば、爰には大なる腹の義なるべし。

嫌媽魯哈魯（hiammalohalo）拝也、他都君（君依土音）（tatokun）跪也、密衮（bikun）座也、曰臨馬秣、曰馬打郎行也、曰黒馬驢（hekmalo）、曰石跟（sekkin）跑也、吟吻言語也、嗎哈吧沙（mahapasa）此言罵也、闘毆一曰麻吧吧台句、搴把喇（mapalat）句強有力也、烏弗臨（ohullim）句柔弱也、曰麻喇夕、曰麻哩古睡也、猫霧其勿箕（babukibukki）醒也、路買（lomai）句度曲也、番自賽戯曰事戯（suhi）。

	39-1	39-2	40	41	42-1	42-2
	行 臨馬秣 **limmaboat**	行 馬打郎 **matalang**	言語 吟吻 **ginbun**	闘毆 麻吧吧台 **mapapat'ai**	睡 麻喇夕 **malasek**	睡 麻哩古 **maliko**
Kab.	tika	sasahai	sikoma	—	mainap	—
Kav.[T]	mati(w)		sikawma-n	ma-bud	ma-inep	
Ket.	matsaka	—	kawas	**patai(槓)**	**malakau**	—
Taok.	moha	—	padaga	—	**murop**	—
Pap.	mamoa	—	tamakarakara	—	**mara**	—
Bab.	moas	—	pattite	**paha(殺)**	**sumara**	—
Paz.	maosai	—	kakowas	—	**midum**	—
Paz[T]	mukuzaʔ		kakawas		midem	
Sau	**muvai**	—	**gunbun**	—	**malat**	—
Thao[T]	mu§aʔ	mundadaan	lalawaʔ		mul̥aʔawraʔ	

Kav.[T]	sunis		nngi[10]		ayku	aysu
Ket.	vanake	yalusa	mosen	masara	yaku	isu
Taok.	ya-rim	—	kara(良)		yao	**nio**
Pap.	dadah	—	moon(良)	—	ide	**ino**
Bab.	sishiem	—	—	**mario**(良)	hena	yo
Paz.	—	**rovan**	—	liak(良)	yako	ihu
Paz[T]			hinau-riak	riak (good)	yaakuʔ	isiuʔ
Sau	**alā**	—	**majen**(良)	—	**uji**	**nao**
Thao[T]			maqitan		yakuʔ	ʔihuʔ
Sir.	**alallak**	**rauwei**	—	**mariang**(良)	yau	imhou
Tau	—	**rawai**	—	**maren**(良)	yawan	—
Tag.	bata	—		—	aco	yçao
Tag[T]	bátaʔ				ʔakó	ʔikáw
Igor.	ongonga	—	kawis	—	saken	sika
Bon[R]	ongong-a[11]		gawis[12]	begew,lápis,pintas	sak-en	sika
Mal.	budak	—	—	—	aku	angkau

美婦に對する媽仁、媽良は何れも良好の義なり。又美婦（麻目底六）の語は「パゼッヘ」族に mames （女）、liak（良）、の二語あれば或は mames ti liak などにはあらざるか。媽古獺（醜婦）は「サウ」族 makule（悪）の語あり。又人衆（萬拏者稍）の萬拏は下文に多曰漫拏とあり。稍（sau）は人の義なること前にいへり。されば多之人といふ意なり。又人衆（麻毒鶏角姑籠）の麻毒（matok）は「シライア」族の madah （多）、「パゼッヘ」族の dahau（多）に相当する語なるべし。

捫喇打因拏（bun-lat-ta-inna）成婚也、媽姥者謎蘇（malao-cha-biso）懐孕也、黒麻拏生子也、仳哩哩句召客會飲也、媽薩薩（masasat）祖先也、打打害稍稍（tatahaisausau）神也、麻夫蘭鬼也、嗎嘶病也、死曰嗎歹、曰吧吧滂、死而復生曰麻蘇哈（masoha）。

	34	35	36	37	38-1	38-2
	生子 黒麻拏 **hekmana**	召客會飲 仳哩哩 **pilili**	鬼 麻夫蘭 **mahulan**	病 嗎嘶 **masu**	死 嗎歹 **matai**	死 吧吧滂 **papatsan**
Kab.	sa-sunis	—	matujil	matarao	**matai**	—
Kav.[T]	si-sunis		mteʔded	mtaraw	**mpatay**	
Ket.	si-vanake	—	beloa	malaulen	**malai**	—
Taok.	ma-ririm	—	lalin	mares	marinao	—
Pap.	maldah	—	vuku	mayala	—	mappa
Bab.	podda	—	haibos	madih	maha	—

Sir.	**alak**	**alak-ka-ina**	paraeh	ina	**mamu**	—
Tau	**ala**^{k}	—	amama	ina-ina	mairan	—
Tag.	**anac**	—	**lalaqui**	**babagi**	matandi	—
Tag[T]	ʔanák		laláki	babáʔe	matandáʔ	
Igor.	**anak**	anak-ay-fafayi	**lalaki**	**fafayi**	amama	—
Bon[R]	**anak**		**laláki**	**babái**	amama	
Mal.	**anak**	anak-parampuan	**laki**	betina-parampuan	tuwah; barida	—

本節に出てたる姉（喇補麻撒）及び妹（喇補吧一）の前半なる喇補（lapo）は前節の表に於て「サウ」族の mapu（兄）に相當する語なるべけれども、爰には姉妹の義に解する方適当なるが如し。其故は姉（喇補麻撒）に於ける末尾麻撒は長又は老の義なること前に述べたる如くなれば喇補麻撒は（姉妹……長）の義なること明なればなり。されば妹の喇補吧一は又「姉妹……幼」の義と想像さるべく尚ほ吧一に幼の義ある事は婦（婦吧哩吧一と嫂（婦吧哩）とを比較しても之と知るを得べし。又阿夕瓜（堂上姑）は阿實瓜（母姨）と同語なるべく、尚ほ阿六江（子、女）、佳喇六（壻）、阿喇撒哩（姪）、阿喇霧霧（孫）、及び阿奴喇補（外甥）の語中には alak （子）なる語を包含しあることを想像し得べし。土官の甲必丹は欧州語なること論を用ゐず。麻煞者稍（老人）の麻煞は老の義なることは「バブザ」及び「サウ」族の masham、massa にて知られ、末尾の稍 （sau） は人の義なること「パゼッヘ」の hakuz nga sau、及び「サウ」族の族名「サウ」（「タウ」族の「タウ」ト同語ナリ）にて証せらる。士人（叙麻格者謎路）の末尾謎路は書籍の義なることは下文に冊籍謂之謎路とあるにて知るべし。されば士人の譯は爰には讀書人の義なるべし。

曰阿喇喇、曰佳喇歪少年也、嗎哈吧者稍（mahapacha-sau = 長?之人）長人也、吧若（pajak）矮人也、曰嫣仁、曰嫣良、曰麻目底六 （maboktilak）美婦也、曰麼呵 （mako）、曰嫣古獮（makonai = 醜...女?）醜婦也、曰萬拏者稍（banna-cha-sau = 多之人）、曰麻毒鶏角姑籠（matok-kekakkolang）人衆也、老里我也、呶汝也。

	30-1	30-2	31-1	31-2	32	33
	少年 阿喇喇 **alalat**	少年 佳喇歪 **ka-laoai**	美婦 嫣仁 **majin**	美婦 嫣良 **maliang**	我 老里 **loli**	汝 呶 **nau**
Kab.	sunis	wawa	ngangi	vuraka	aiko	aiso

本節に兄を一に撒哩麻撒といふとあり、次節に喇補麻撒姉也とあり、此の末尾麻撒（masa）は次節に麻煞者稍老人也とある麻撒（masat）と同語にて、老又は長の義なること明なり。又撒哩麻撒（兄）の撒里［sic］は本節に茅撒里（伯叔）、撒里麻奴喇（弟）とあり、次節に阿喇撒哩（姪）とありて、何れも本表「パゼッヘ」語 soari（弟）に相当すると見るべく、されば撒里を以て兄弟の義とすれば撒里麻撒（兄）は（兄弟 ... 長）、撒哩麻奴喇（弟）は（兄弟 ... 幼?）、阿喇撒哩（姪、兄弟の子）は（子 ... 兄弟）と解することを得べく、尚ほ茅撒哩（伯叔）の茅（mau）は前節「バブザ」語の tamao（父）に相当すること明なれば、茅撒哩は父の兄弟と解釈するを得べし。

喇補麻撒（lapo-masat）姉也、喇補吧一（lapo-pait）妹也、茅擺（mau-pai）堂上翁（夫ノ父）也、岳父（妻ノ父）也、阿夕瓜（asekkoa）堂上姑（夫ノ母）也、岳母（妻ノ父）也、猫喇補（ba-lapo）母舅（母ノ兄弟）也、阿實瓜（asikkoa）母姨（母の姉妹）也、婦吧哩（hupali）嫂也、婦吧哩吧一（hupali-pait）弟婦也、阿六江（alakkang）子也、女也、子一曰阿喇、女一曰阿喇歹拏句、打喇連（talalen）女壻也、児媳也、壻一曰隹（佳?）喇六（kalalak）句、阿喇撒哩（alat-sali）姪（兄弟の息）也、阿喇霧霧（alat-bubu）孫也、阿奴等補（ano-lapo）外甥（姉妹の息）也、阿己阿己（巳ニ同ジ）男子也、女曰擺擺、土官曰甲必丹（kappittan）、〇敍麻格者謎路（sumakek-cha-bilo）士人也、臨嗎哈（limmaha）農夫也、吻奴哩補（bunnolipo）工匠也、嗎哩拏阿嗎（malinaahan）客商也、曰媽嫫句下倣う、曰麻煞者稍老人也。

	26	27-1	28	27-2	29-1	29-2
	子 阿喇 **alat**	女（女子） 阿喇歹拏 **alat-ta-ina**	男子 阿巳阿巳 **aki-aki**	女 擺擺 **pai-pai**	老人 媽嫫 **mabo**	老人 麻煞者稍 **masat-cha-sau**
Kab.	sunis	zungan	junanai	tuzungan	vunahkayan	vaivuran
Kav.[T]	sunis	tazungan	runanay	tazungan	barqian[8]	baybdan[9]
Ket.	vanake	vanak-vinai	maninai	minai	vaki	—
Taok.	yarim	—	matakan	mahari	tataai	—
Pap.	daha	—	vada	naka	makara	—
Bab.	shîem	—	sham	sini	—	masham(老)
Paz.	lakihal	lakihal-mamais	mamalung	**mamais**	—	hakuz-nga-sau
Paz[T]	rakihan	rakihan	mamaleng	**mamais**		hakezeng
Sau	**alā**	—	**aki**	**pai**	—	**massa** (老)
Thao[T]	ʔaðaðak			binanawʔað	tuqatuqa§	

Paz[T]	ʔawas	raxung	hapuy	**ʔabaʔ**	**ʔinaʔ**	ʔaakung
Sao	—	—	**zapu**	vavai	nai	**vaki**
Thao[T]	waðaqan	vaqra̦	ʔapuy	ʔamaʔ	ʔinaʔ	ʔapuʔ
Sir.	**vaong**	**agouang**	apui	**rama;sama**	**ịna;rena;sena**	—
Tao	**vunvun**	**akuwan**	apui	**ama**	**ina**	ramomo
Tag.	dagat	yloc;bangbang	apuy	**ama**	**yna**	—
Tag[T]	dágat	ʔílog[5]	ʔapóy	amá	ʔiná	lólo
Igor.	poshong	wanga	apuy	**ama**	**ina**	ikid-ay-lalaki
Bon[R]	baybay[6]	wangwang	apoy	**ama**	**ina**	apo, ikit
Mal.	laut	sungai; kali	api	**rama**	ama	datuk; nenek

父を表はす阿兼（akiam）は「ユニウス」の主の祈の翻訳（「シライア」族）に diam というあり。此語にはあらざるか。

霧々祖母也、茅撒哩（mau-sali）伯也、叔也、喇由喇補（layu-lapo）伯叔母也、若隹（佳?）兄也、一曰撒哩麻撒（sali-masa）句、迷老弟也、一曰撒里麻奴喇（sali-manolat）句、阿亡夫也、一曰媚家 （bika）、歹喇婦也、一曰雞家奴句。

	21	22	23	24	25-1	25-2
	祖母 霧霧 **bubu**	兄 若佳 **jakka**	弟 迷老 **belo**	夫 阿亡 **a-ki**	婦 歹喇 **ta-ilat**	婦 雞家奴 **kekalo**
Kab.	vai	kaka	soani	lapawan	zungan	pakuayan
Kav.[T]	bai	qaqa	swani	naʔpawan	naʔpawan	
Ket.	vai	kaka	soani	sassa	**tina**	lisoai
Taok.	tairao	makatah	**guili**	matakan	mahari	—
Pap.	adao	magaja	matsitsi	—	—	—
Bab.	**boeboe**	mahen	**beries**	—	—	—
Paz.	apu	mamah	soari	mamanun	mamais	—
Paz[T]	ʔapuʔ	maamah[7]	suaziʔ	mamaleng	mamais	
Sau	**vuvu**	napu	—	—	**taina**	—
Thao[T]	ʔapuʔ	minḷafut	§a§waðiʔ	ʔayuðiʔ	binanawʔað	
Sir.	zamu	**jaka**	**viil**	**t'bang**	**ina**	keia;**kegaing**
Tau	amu	**akka**	**viin**	—	**teno**	—
Tag.	—	capatir	—	—	—	—
Tag[T]	lóla	kapatíd		ʔasáwa	ʔasáwa	—
Igor.	ikid-ay-fafayi	yuna	anotji	asauwa-ay-lalaki	asauwa-ay-fafayi	—
Bon[R]	apo,ikit	iyon-a	naodi	asawa	asawa	
Mal.	nenek	kakak	adik	laki;swami	bini	—

	10	11	12	13-1	13-2	14
	寒	暑	地	山	山	水
	嗎哈喇夕 **mahalas**(ek)	嗎喇辣 **malaloat**	烏吻 **obun**	葎 **lut**	木艮 **bokkin**	喇淋 **lallim**
Kab.	sasom	magmak	muranai	**naung**	vuhan	zanum
Kav.[T]	ssen	mmaq	mlanay	**naung**		**zanum**
Ket.	—	—	lalin	**ngonong**	—	**lanum**
Taok.	vasin	**yetadas**	yatak	**ya-ganah**	—	yatap
Pap.	maket	**madadas**	virah	**ya-ogot**	—	dom
Bab.	masmak	**matadah**	taa	syah; iziet	—	to
Paz.	lammik	**madalas**	rubrul-dahu	binayu	—	**dalum**
Paz[T]	lamik	maakup[1]	daxeʔ	binayuʔ		**dalum**
Sau	—	—	**ubun**	—	—	**zazum**
水	maṣimðao	matata	puřoq	hoʔdun, řiʔbuṣ 林		saðum
Thao[T]	ma§imðaw	mahnar[2]	pruq	hudun	ribu§ 森	
Sir.	**maharmil**	**madalat**	naei	—	**voukyng**	**raloum**
Tau	mausun	**marara**		—	**vuken**	**ralum**
Tag.	**malamig**	mabanas	lupa	bondon	—	tubig
Tag[T]	malamíg	maʔínit[3]	lúpaʔ	bundók		túbig
Igor.	lateng	mamatong	luta	tjuntog	filig(連山)	**tjenum**
Bon[R]	leteng	podot[4]	lóta		bilig	**danom**
Mal.	sajuk, dingin	panas	tanah	—	**bukin**	ayar

海為地淋（tilim）、為麻濁、渓為包（pau）、為阿汪、潭為阿煞（asat）、波為達漠（tabok）、圳為噶哈噶（kahakat）、井為潦哈（loha）、泉為思嗎潦喇淋（sumalo-lalim = ? 水）、為務捫（bubun）、火為喇歩〇耶嫣父也、一曰阿兼（akiam）、擺奄（paiam）母也姑也、母一【曰】児喇、麻箕祖父也。

	15	16	17	18	19	20
	海 麻濁 **baong**	渓 阿汪 **aong**	火 喇歩 **lapo**	父 耶嫣 **yama**	母 児喇 **jilat**	祖父 麻箕 **baki**
Kab.	—	vokar	ramar	**tama**	**tina**	**vaki**
Kav.[T]	lazing	irur	ramaz	**tama**	**tina**	**baqi**
Ket.	hapun	vakaran	ramar	**tama**	**tina**	**vaki**
Taok.	—	vahara	ya-wao	tapu	taai	varake
Pap.	—	rakap	**dapu**	vava	kaya	vatao
Bab.	abas	saba	hao	**tamas**	tanai	boesym
Paz.	awas	rahong	hapui	**aba**	**ina**	—

見れば月星に関する二種の語は本来の別語にあらずして互に關係ある語と見做すことを得べし。月及び星に於ける末尾の夕の字は【判読不能】此の語彙の内に凡て七回出たり。其中 sig に相当するものは睡、【判読不能】、za に相当するものは臍（「イゴロット」は sig)、s に相当するものは月、星、手、髪（寒、草は例外）なり。されば爰に出せる夕の字は s を表はるものと見做すことを得べし。

風為麻哩、雨為唎摩拏、為烏達、雲為喇漠、雷為臨薩哈 （limsaha)、電為力吧喇嗎吧、虹為打唎包該（talipaukai)、霜為烏弗打（ohutta)、露為喇漠哈（laboha)、霧為薩唎嗎（salima)、為嗎喧 （masoan)、天明為嗎喇嗎蛤（哈?)。

	5	6-1	6-2	7	8	9
	風	雨	雨	雲	電	天明
	麻哩 **bali**	唎摩拏 **limana**	烏達 **otat**	喇漠 **labok**	力吧喇嗎吧 **lekpalekpa**	嗎喇嗎哈 **malamaha**
Kab.	**bali**	—	**uzan**	ranum	zizap	tauravi
Kav.[T]	**bali**		**uzan**	lanem	lizap	tarbabi
Ket.	shupe	—	**utsan**	ʤanum	tsitsap	sumarasse
Taok.	**vare**	—	**yotta**	**yarapu**	yawaro	—
Pap.	**vari**	—	**yodda**	**yavu**	paparakarakas	—
Bab.	**barri**	—	**oetas**	**rabboe**	lalka	maramoramo
Paz.	**vari**	—	**udal**	rulung	**malaput**	—
Paz[T]	**bari**		**udal**	rulung	malapet	
Sau	—	**rimana**	—			—
水	**fari**	—	**qusað**	orom	pis̲nað	
Thao[T]	**fariʔ**		**qusað**	ʔurum	pil̲na̦	
Sir.	**vare**	—	**oudal**	pourarei	**rikkat**	**madama**
Tao.	**vare**	—	**ulan**	urahe	—	—
Tag.	hangin	—	**olan**	papayitin	—	—
Tag[T]	hángin		**ʔulán**	ʔúlap	kidlát	
Igor.	tjakim	—	**utjan**	**lifoo**	—	—
Bon[R]	lateng, dagem	**odan**	**libóo**	kelyat		
Mal.	angin	—	**ujan**	awan	kilat	charah

日午為喇丹入 （lattanjip)、夜為煞火 （saho)、寒為嗎哈喇夕、暑為嗎喇辣、旱為猫勺唎摩拏 （bachak-limana = 無雨)、久雨為烏屯者唎摩拏 （otuncha-limana = 久? 雨)、〇地為烏吻、山為嵻、為木艮、水為喇淋。

Igor. ------ Igorot 呂宋

Mal. ------ Malay 海峡植民地

右平埔蕃語材料に関しては伊能嘉規君の手記を参考したること多し。「タガラ」語は「ガベレンツ」氏の Über die Formosanische Sprache 其他に依り、「イゴロット」語は Seidenadel 氏の Language spoken by the Bontoc Igorot に依り、「マレイ」語は Crawfurd 氏の馬来語辞書に依る。

蕃語（各社音多不同畧挙其概）

天為務臨、日為咿喇哈、月為咿達夕、為務蘭、星為薩哈蘭、為曖薩拏夕。

	1	2	3-1	3-2	4-1	4-2
	天	日	月	月	星	星
	務臨 **bulim**	咿喇哈 **ilaha**	咿達夕 **itas**(ek)	務蘭 **bulan**	薩哈蘭 **sahalan**	曖薩拏夕 **aisannas**(ek)
Kab.	lalan	mata-na-lalan	—	**bulan**	valtalun	—
Kav.[T]	ddan	szang		**bulan**	baletdan	
Ket.	lien	tsenal	mentsao	**buzan**	balitun	—
Tao.	**vuryen**	**jirahha**	**yezal**	—	—	**haisanad**
Pap.	**bodom**	**llat**	—	**voda**	**sana**	—
Bab.	**boesum**	**zysha**	**idas**	—	—	**aisennas**
Paz.	babao-kawas	**lizah**	**illas**	—	bintul	—
Paz[T]	babaw-kawas	**rizax**	**ilas**		bintul	
Sau.	—	**maira**	—	—	—	—
水	qalli	tiḷað	—	furað	kiḷpuð	—
Thao[T]	qaliʔ	tiḷað		**furað**	kiḷpuð	
Sir.	**vullum**	wagi	—	**voural**	atalingei	—
Tau	—	doye	—	**vuran**	—	—
Tag.	langit	arao	—	**bouan**	bitoin	—
Tag[T]	lángit	ʔáraw		**buwán**	bituʔín	
Igor.	tjaya	akyu	—	**fuan**	tukfifi; talau	
Bon[R]	daya	algew		**bólan**	talaw	
Mal.	langit	mata-ari	—	**bulan**	bintang	—

右の表に於て月、星は各二種を出たせるが、月の語にて「パポラ」の voda は他の idas と bulan の中間に位し、星の語にて「パポラ」の sana は sahalan と aisanas との中間にあるを

土音)、阿捨（捨依土音）の三例に於ける土音の意義如何の問題なり。之を官話に對する臺湾音の義と解せんか、官話にて君は chiun（南京 kiun)、目は mu 、捨は shê なるが故に爰には之を臺湾音に讀みて君を kun に目を bok に捨を sia に発音せしむる意なりと見るべけんも、前に挙げたる十三項中の過半は官話には適合せざるものなれば其点却て不可解の事となる。又此の土音を以て臺湾讀書音 bok 、俗音 bak の二種あり。且つ本文に心曰阿穆（abok）曰阿目（abak）とありて讀書音にては穆、目何れも bok にして区別なきが故に目を俗音 bak に讀すしむとする方適切なるが如くなれとも、他の二例、君及び捨に関して臺湾讀書音一種あるのみにして別に俗音といふべきものなし。且又右の如き俗音の場合に一々之を註する例なりとせば、風、海、身、銅、祖父に於ける麻（讀書音 ma 俗音 ba, moa)、筆に於ける力（讀、lek 俗、lat)、猪に於ける猫（讀、biau 俗、ba, niau）の如き俗音の方却て蕃語に適合せる場合に於て之を註せざる意亦解すべからず。要するに右三例に現はれたる依土音との註は何れに解するも本文全体に亘り統一ある考を以て註せられたるものと見るべからざるが故に、本文解釈の上には之を重要視する必要なきもの信ず。

第三、蕃語比較

以下蕃語につき之が比較を試みんとす。比較すべき材料を欠く場合には本文内に只其の発音を記するに止め、尚ほ入声の字にして中間に来る場合には間々其の語尾を省略せるものあり。表中略号は左の如し。

Kab.	------	Kabalān	宜蘭
Ket.	------	Ketagaran	基隆、臺北、桃園
Taok.	------	Taokas	新竹、苗栗
Pap.	------	Papola	臺中西北部
Bab.	------	Babuza	彰化、臺中
Paz.	------	Pazehhe	臺中北部
Sau	------		南投、斗六、嘉義
Sir.	------	Siraia	臺南
Tau	------	------	蕃薯藔、阿緱
Tag.	------	Tagala	呂宋

の音 tok なるべきを示す。而して支那語の中卓の音 tok を有するは廈門語族の外福州語あるのみ。

十、佳の音　本文中若佳（jakka）兄也とあり。表中蕃語 jakka 、akka は之に當り、佳の音 ka なるべきを示す。而して支那語の中佳の音 ka を有するものは廈門語族の外、福州、客家語あるのみ。

十一、屏の音　本文中、鞍謂之達打畢（tattapit）、謂之霎屏（siappin）とあり、表中蕃語 tatapil 、sapil 之に当る。屏の字官話 p'ing 福州音 ping なれども、語尾のＬを表はすものとしては屏の音 pin たることを要す。支那語の中屏の音 pin を有するものは廈門語族の外客家音あるのみ。

十二、兒の音　本文中、母一曰兒喇（jilat）とあり、表中蕃語 ina 之に当る。兒の音官話 erh 、福州音 i なれば此の場合にて福州音の方適当なるが如き観あれども、上に述べたる一、三、四、六、七、十一の場合は何れも福州語には適当せず。且つ i と ji とは其音相近ければ尚廈門語族たる臺湾音を以て之を説明し得べし。

十三、語頭にあるＧ、及びＮｇの音　本文中吟吻（gimbun）言語也、又鼻曰律、曰昂峨斯（言語須）、又鬚曰喇律、曰囈囈（ngenge）、又少曰吧譯土牙（paektoga）とあり、蕃語 gunbun 、gongos 、ngingi 、paitega に相當す。之を支那音に見るに、

	吟	昂	囈	牙
廈門	gim	gong	nge	ga
福州	nging	ngoung	ngie	nga
客家	nyim	ngong	ngi	nga
廣東	yêm	ngong	ngai	nga
上海	niang	ngong	ni	nga
温州	ngiang	ngoa	ngi	ngo
寧波	nying	añg	ngi	yüo, ngo
南京	yin	ang	i	ya
北京	yin	ang	i	ya

の如くにして廈門語族の外、福州、客家音は之に近し。

以上の記述によりて諸羅志に出てたる蕃語音譯は廈門語族、即ち臺湾音を基礎としたるものなることを推定し得べし。只疑はしきは前に挙げたる他都君（君依土音）、阿目（目依

を有し蕃語に適合せざるを見る。

二、語尾のK音　支那語の中、語尾のKを有するものは、厦門語族の外、福州、廣東、客家、及び上海語あるのみ。本文中臺湾音にて語尾にKを有する漢字にして蕃語Kに相当するものは落（刀）、毒（銀）、獨（帽）、博（米）、漠（飯）あり。Hに當るものには咯（屋）あり。Sに当るものには溺（鍋）あり。又開音節に当るものは漠（雲）、穆（心）、目（心）、勺（無）、嘓（烟）あり。只例外としてTに当る驛（酒）、L（？）に當る驛（腹）一二の場合あるのみ。

三、語尾のT音　支那語の中語尾のTを有するものは、廈門語族の外、廣東、客家語あるのみ。本文中臺湾音にて語尾にTを有する漢字にして蕃語Tに相當するものは辣（暑）、律（鼻、刀）、突（口）あり。L、Nに当るものは達（雨）、畢（鞣）あり。Sに當るものは達（雨）、辣（暑）、突（口）あり。開音節に当るものは喇（母、婦、耳、舌、花）、撒（目、足）、噶（老）あり。例外としては、Kに當る喇（子）、Bに當る律（鬚）あるのみ。

四、語尾のP音　支那語の内語尾のPを有するものは廈門語族の外、廣東及び客家語あるのみ。本文中臺湾音に於て語尾にPを有する漢字にして蕃語Pに相當するものは襲（花）あり。其他開音節に当るものは襲（衣）あるのみ。

五、語尾のNg音　語尾Ngは支那の各語皆之あり。本文中臺湾音にて語尾にNgを有する漢字にして蕃語Ngに相當するものは滃（海）、汪（海）、亡（夫）、良（美婦）、郎（行）、網？（舟）、騰（魚）あり。例外としてはNに当れる丁（足）あるのみ。併し丁の字は、丁東（tin-tong）等の場合に於ては臺湾音にてtinと発音することなきにあらず。

六、語尾のN音　語尾Nは福州語を除くの外、他の支那語に於て皆之を有す。本文中臺湾音にて語尾Nを有する漢字にして蕃語Nに相當するものは、闌（月、豹、鹿）、吻（地、言語、口）、艮（山）、仁（美婦）、分（唇）、本（歯）、粉（屋）、干（魚）、鷩（牛）あり。同じく歯音なるLに當るもの屏（鞣）、屯（社）あり。開音節に當るもの潺（死）あり。

七、語尾のM音　支那語の中語尾のMを有するものは、廈門語族の外、廣東語、客家語あるのみ。此の種の音官話にては凡てNとなり、福州音にては凡てNgとなる。本文中臺湾音にて語尾Mを有する漢字にして蕃語Mに相當するものは臨（天、六）、淋（水）あり。

八、直の音　本文中、三日直魯（tillo）とあり。表中蕃語tulu、turo等は之に当り、直の音頭Tなるべきを示す。而して直の音頭にTを有するものは廈門語族の外、福州語あるのみ。

九、卓の音　本文中、鶏謂之卓瓜（tokkoa）とあり。表中蕃語tokkoa、taoukka之に当り卓に係る。

以上九種の平埔蕃の中、第一の「カバラアン」、及び第六の「パゼッヘ」に在りては、家庭内に於て蕃語を用ゐ、漢人と交通する場合に於て臺湾語を使用すれども、其他の平埔蕃に在りては殆んど固有の蕃語を忘れ、僅に社中一二の古老の記憶に残れる有様にして、甚しきに至りては僅に数語を記憶するに止まるものあり。故を以て下文比較表中或種の蕃語に於て其の材料の欠乏せるは止むを得ざる所なり。

第二、漢字の発音

諸羅志蕃語の音譯に用ゐたる漢字は支那に於ける何れの地方の音を基としたるか、語彙の本文に他都君（君依土音）跪也。次に心曰阿穆、曰阿目（目音土音）、又次に九曰阿捨（捨依土音）とて土音に依る場合三個を挙げたり。此によりて見れば外の土音によらざる部分は官話其他の音に依るが如く解せらるれども全体より見れば尚ほ臺湾音を基礎とせるものの如し。左に其の理由を述べん。

一、ＢとＭとの別　支那語の中ＢとＭとを有するものは廈門語族の外浙江語あるのみ。本文中、廈門語族殊に臺湾音にてＢを有せる漢字にして蕃語【のＭに相当】するものは務（天、月、腹、酒、猪）、漠（雲、飯）、吻（地、言語）、木（山）、迷（弟、檳榔）、亡（夫）、蒙（頭）、目（心）、穆（心）、物（髮）、満（船）、網（?）（船）、没（草、魚）、門（鹿）、猫（俗音）（猪）、麻（俗音）（風、海、身、銅）あり。又臺湾音Ｍを有する漢字にして、蕃語のＭに相当するものは、摩（雨）、嗎（天明、寒、暑、病、死、銭、烟）、媽（父、老人、美婦、田）、麻（老人、生子、睡、睡、目、銀、鉄、食）、馬（行、行、手）、摹（唇）あり。勿論上述の外、務（口、唇、腹、臍、襪）、謎（手、百、千）、嫫（老人）、猫（十、無、多）、母（帽）、迷（飲）、没（鹿）の如き多少の例外なきにあらざれども此等は材料蒐集の場合に於ける誤謬とも見るべく、大体より見ればＢ、Ｍの間自から劃然たる区別を存するを見るべし。之を浙江音に照し見るに、浙江音にてＢを有するは主として韻鏡並母に属するものに多く、Ｖ音を有するは主として奉母、微母に多し。而して明母に属するものは凡て皆Ｍを有する例なり。されば本語彙に於て蕃語Ｂ、Ｖに相当する漠、木、迷、蒙、目、穆、満、没、猫、門の如く明母に属するものは、浙江音に至りて何れもＭ

中には Favorlang のことを Favorlangh, Vavorlangh, Vavorolla, Vovorolla, Vavorolangh, Vavorollang, Vovorallang, Vovarollang, Vovorollang の如く種々に書表はし、或は語頭に V を用ゐ、又は語尾 ng を省きたるもあり、因りて想像するに Favorlang の文字は此の族の番人多く耶蘇教に帰依したるにより、或は神の恩恵（拉丁語 Favor）などの意を加味して宣教師の用ゐ始めたるものにはあらざるか。されば語尾の ang は場所を示す馬来語的の語尾 an に相當するものか、尚ほ疑を存す。和蘭占領時代に於ては宗教の勢力此の族の中に盛なりしを以て、番語の文籍としては「ハッパルツス」の「ファボラング」辞書、「ウェルトレヒト」氏の祈祷文、宗教問答、及び番語説教五篇あり。下文に引用せる番語は主として Happartus の辞書より採りたれども、尚ほ彰化南門外（半線社）、埔里社（猫霧捒社等）等にて蒐集したるものをも参照せり。

六、Pazehhe　臺中の北部に當り、大甲溪の南北に跨り小群を成す。淡水廳誌に淡北蔴薯社屯管下大小一十二社とあるは是なり。尚其他一部分は埔里社高原に移住せるものあり。下文に引用せる番語は葫蘆墩附近なる大社庄（岸裡社）にて蒐集したるものに係る。

七、Sau　新虎尾溪以南に於て斗六、嘉義地方に住し、又東北方に於ては濁水溪以北南投地方に散在す。臺湾府誌に出てたる諸羅山社、打猫社、他里霧社、斗六門柴裏社、北投社、南投社、是なり。此等諸社に於ては古老已に亡ひて、彼等を総括したる自称を知り難し。故を以て假に之を「サウ」と称す。「サウ」は人の義にして彼等の間に共通の語なり。第九項に出てたる「タウ」も亦人の義にて、其の族名となれる例に倣ひたるに外ならず。此等諸社の中、南投社、北投社のものは現在多く埔里社に移住せり。下文に引用せる番語は嘉義（諸羅山社）、斗六（斗六門柴裏社）、及び埔里社（北投）等に蒐集したる僅少なる材料より採りたるなり。

八、Siraya　八掌溪以南にて臺南地方に廣く散布せり。臺湾府誌に出てたる卓猴社、新港社、目加溜湾社、麻豆社、蕭壠社、哆囉嘓社、大武壠頭社、二社、噍吧哖社是なり。此族は蘭人の所謂 Sideia に相當し、当時耶蘇教の盛に行はれし所なるを以て番語の文籍としては Gravius の馬太傳反譯あり。Vlis 氏の「シダイヤ」辞書あり。尚「ローマ」字を用ゐて書ける番語の契約文の現存せるものあり。下文に引用せる番語は主として右の馬太傳、及び「シダイア」辞書より採りたり。

九、Tau 又は Makatau　下淡水溪の東部に於て、番薯寮、阿緱の平地に散布す。臺湾府誌に出てたる大傑巓社、淡水社、下淡水社、搭樓社、武洛社、力力社、茄藤社、放縤社是なり。下文に引用せる番語は主として阿緱廳下老婢庄（下淡水社）にて蒐集したるもの

社）、及び三貂角附近の新社（三貂社）にて蒐集したるものに係る。

三、Taokas　新竹、苗栗地方に於て北は鳳山渓より南は大甲渓に至る間に住す。淡水廳誌に淡南竹塹社屯管下大小一十一社とあり。又淡南日北社屯管下大小五社とあるは是なり。其中一部は現在、臺湾の中部高原なる埔里社に移住せり。蘭人 Happartus の Favorlang Dictionary 中に KOLIGGA, a frog; GOLIGGO, Takeis とあり、又 MASA, to barter, to sell; ASA, ware, merchandise; MA-ASA, a seller; MASA is also a name, and means the same in the **Takeis** dialect とある等数カ所に見えたる Takeis は此の Taokas の事なるべし。（尚ほ次の四、五、の項参照。）下文に引用せる蕃語は主として新港（新港社）にて蒐集したるものに係る。

四、Papola 又は Vupulan　臺中の西北に當り、北大甲渓より南大肚渓に至る丘陵の西方に住す。臺湾府誌に出てたる大肚南北中社、水裏社、感恩社（即沙轆社）、遷善社（即牛罵社）は是なり。之中大肚社、水裏社のものは現在多く埔里社に移住せり。此の蕃族は次に出てたる Babuza 族と共に、蘭人の所謂 Favorlang に相當するものの如く、此の族の名称 Vupulan は Favorlang に Papola は次の Babuza に酷似せるを見る。但し単語の上より之を見れば、此族の言語は稍蘭人の Favorlang 語と異なり、北方「タオカス」族の分子を混入せる形跡あり（次項参照）。下文に引用せる蕃語は埔里社（大肚社、水裏社）に於て蒐集したるものに係る。

五、Babuza　彰化地方に於て、北は大肚渓より南は濁水渓の一支流新虎尾渓に至り、臺中地方に於て、東は八卦山の東部烏渓以北に散在す。臺湾府誌に出てたる半線社、柴坑仔社、西螺社、阿東社、眉裏社、東螺社、大武郡社、馬芝遴社、大突社、二林社、南社、猫児干社、猫霧捒社、猫羅社は是なり。此等の一部分は現在、埔里社高原に移住せり。此の族と前に出てたる Vupulan 族とは、其名称の上に於て、又其語誌の上に於て蘭人の所謂 Favorlang に當るべきことは前項に言へる如くなるが、尚右に挙げたる蕃社の中、猫霧捒社の如きは臺湾音 Babusak 族の自称 Babuza に同じく、又 Happartus の辞書に BABOSA or CHO, a man, people とあるものと同語なり。猫霧捒社の蕃人は現在皆埔里社に移住せるも、其原住地は彰化縣誌に猫霧捒巡検署在犂頭店街云々とあるにて知らる。犂頭店は臺中の南【??】里許の地なり。又其附近を捒東上堡、捒東下堡（堡は郡の如きもの）などと称するは此の猫霧捒の一字を取りたるものなり。現在彼等は自ら Babuza と称しその z は「リングアル」に似たる音なれば、蘭人の Babosa に於けるも亦「リングアル」的有声音を表はすものなるべく、随て又 Favorlang の音に近きを知るべし。尚ほ和蘭文書の

台湾原住民研究第４号
1999年12月25日

臺湾府誌に出でたる蕃語

小川　尚義

臺湾府誌巻十六、風俗の部に於て、諸羅志を引きて、蕃語二百餘を挙げ、又番俗六考を引きて、蕃曲三十三種を出せり。後者に関しては之を他日に譲り、今は右諸羅志に出てたる単語に関し、現在余が蒐集し得たる蕃語、殊に平埔蕃語の材料に照らし之が比較を試みんとす。蓋し諸羅志に出てたる蕃語は平埔蕃の一部に行はれたるものなればなり。

第一、平埔蕃の種類及び其の分布

平埔蕃とは平地に住める蕃人の義にして山地に住める蕃人と区別する為の名称なり。臺東、花蓮港、及び恒春方面に於ける少数移住者を除くの外、主として、北は宜蘭、臺北より、南は阿緱に至るまで、中央山脈の北、及び西部一帯に点々散在し、清国政府時代に於て、己に其俗を変へ其語を改む。或は又之を称して熟蕃といふ。熟蕃とは生蕃に対する名称にして、蕃性を脱し幾分の同化を為したる蕃人の義なり。此等平埔蕃の言語は山地の生蕃語と共に大体に於てマレイポリネシア語系に属するものなることは疑を容れざれども、平埔蕃語と山蕃語と其間多少の差あり。且又平埔蕃其自身の間にも亦多少の相違あるを免れず。今平埔番を大別すれば左の如し。

一、Kabalan　宜蘭平原に住す。其中一部は臺東、花蓮港の海岸に移住す。噶瑪蘭廳誌に依れば其数三十六社あり。下文に引用せる蕃語は主として抵美社にて蒐集したるものに係る。

二、Ketagaran　基隆、臺北、桃園地方に住す。淡水廳誌に淡北武勝湾社屯管下大小一十九社とある是なり。下文に引用せる蕃語は臺北附近の旧社庄（武勝湾社）、金包里（金包裏

参考文献

Adelaar, K. Alexander

1999. 'Retrieving Siraya phonology: A new spelling for a dead language.' E.Zeitoun and P.J.-k Li (eds.), Selected Papers from the Eighth International Conference on Austronesian Linguistics, Taipei: Academia Sinica, 1999:313-354.

Ferrell, Raleigh.

1982. Paiwan Dictionary. Pacific Linguistics Series C–No.73. Canberra: Dept. of Ling., RSPS, ANU.

Gravius, Daniel

1661. Het Heylige Euangelium Matthei en Johannis. Ofte Hagnau ka D'llig Matiktik, Ka na sasoulat ti Mattheus, ti Johannes appa. Overgeset inde Formosaansche tale, voor de Inwoonders van Soulang, Mattau, Sinckan, Bacloan, Tavokan, en Tevorang. t' Amsterdam, 1661. Reprinted in The Gospel of St. Matthew in Formosan (Sinkang Dialect) by Rev. Wm. Campbell. London: Trubner Co., 1888. Reproduced in 1996 from SMC Publishing Inc., Taipei.

Murakami, Naojiro

1933 Sinkan Manuscripts. Memoirs of the Faculty of Literature and Politics, Taihoku Imperial University Vol.II, No.1 (1933). Taihoku (= Taipei): Taihoku Imperial University.

小川尚義.

1930 「パイワン語に於ける Ts の音」『言語と文学』2:51-56.

Reid, Lawrence A.

1976. Bontok-English Dictionary. Pacific Linguistics Series C–No.36. Canberra: Dept. of Ling., RSPS, ANU.

Van der Vlis, C.J.

1842. Formosaansche woorden-lijst, volgens een Utrechtsch Handschrift. Verhandelingen van het Bataviaasch Genootschap 18:437–488. Reprinted with an English translation in Murakami 1933: 154–203.

については公表されていないと思われるので、この部分はまだ価値があろう。

二編の原稿をパソコンに入力するさい、多少変更した部分がある。以下の通りである：

1. 原文は縦書きだが、本稿では横書きとする。したがって原文の「左に」「右に」などとあるのは、ここでは「下に」「上に」などと読み替えられたい。
2. 原文はほとんど読点ばかりが使われ、句点はめったに現れない。しかしここでは適宜、句点をつけた。
3. 表中、二重下線が付された単語は太字（bold face）にした。上記の通り、小川が同源と考えた単語である。原文では漢字をローマ字化したものには二重下線は付されていないが、これがもっとも肝心な単語なので、これも太字とした。
4. 判読不明だったり、欠字だったりする部分は【 】に入れて記した。また土田の注記も【 】で示した。
5. 時にひらがなではなくカタカナで「ノ」などと書いてあるところがある。「の」と「ノ」の厳密な書き分けがなされている様子はないので、適宜、ひらがなにした。（一部カナのまま残ったところがあるかもしれない。）
6. Sau/Sao とあるのは現在のホアニャのことである。
7. 日月潭のサオ語資料が「水」（水里社）としてはじめの 15 項目について書き加えられている。そのあとは原文にない。
8. 読者の便宜のため、土田調査によるカバラン語、パゼッヘ語、サオ語、フィリピンのタガログ語のデータをそれぞれ Kav[T]、Paz[T]、Thao[T]、Tag[T] としてつけ加えた。またフィリピンの Igorot 語の下に、最近の出版にかかわる資料を Bon[R] として加えておいた。L.A. Reid （1976）による。「音韻変化」ではさらにサイシヤット語、アミス語、プユマ語、ブヌン語、ツォウ語、ルカイ語、アタヤル語、セデック語については土田のデータを、パイワン語については R. Ferrell （1982）によりつけ加えた。
9. 読者の便宜のため、項目に連番をつけ、適宜、罫線を入れておいた。
10. 「音韻変化」では別語源と考えられる単語について、小川の原文はそのままだが、土田がつけ加えたデータは括弧にくくって示しておいた。
11. 「音韻変化」では Gravius および Van der Vlis から引用された単語のうち、明らかにスペリングの誤りと思われるものは訂正した。

このような事実は、どのように説明すればよいのだろうか？　未解決の問題だが、とりあえずは次の二つの可能性が考えられる：

1. この二種類のシラヤ語資料の間には、やはり方言差があった。

2. s と交替形を示す d/r の音と、いずれの資料でも s の交替形がない音では、違う音素であったが、Gravius は音の違いを聞き分けることができなかった。s と聞き分けることが難しい音は、小川が推定するように［θ］あるいは［ð］のような音であったかもしれないし、あるいはまた側面摩擦音［ɬ］あるいは［ɮ］であったかもしれない[4]。今後の研究によって明らかになるかもしれないが、ともあれ、小川の指摘は、一つのあり得る可能性を示したものとして、高く評価すべきものと考えるのである。

「臺湾蕃語の音韻変化」の後半は、台湾以外のオーストロネシア諸語の t にたいして台湾原住民諸語では二種類の異なる対応を示すことを述べたもので、これは後に平埔族以外の言語のさらに正確な資料に基づき小川（1930）として発表されている。しかし平埔族諸語

[4] 側面摩擦音の可能性は上野善道氏の示唆による（p.c.)。側面摩擦音は台湾原住民諸語にあっては多くの言語に存在するから、この可能性は大きい。上野氏に感謝する。ただし台湾原住民諸語で側面摩擦音となって現れる音は、普通は祖語の *N に対応する音である。シラヤ語では本文中の表の *daNum「水」、*quZaN「雨」、*bulaN「月」が raloum、oudal、voural となっていることからも分かるとおり、普通は l で対応する（*ZalaN「道」が darang となっているのは例外)。*d が側面摩擦音になっている言語は、少なくとも台湾にはない。一方、*d が［θ］となっている言語としては日月潭のサオ語があるし、また［ð］となっている言語としてはルカイ語マンタウラン方言などがある。

なお、小川の言語学上の恩師は東京帝国大学文学部博言学科教授上田萬年であった。上野善道・加藤高志の両氏にお願いして上田萬年の『言語学』（新村出筆録・柴田武校訂、教育出版株式会社、昭和49年）を調べていただいたところ、Linguale はサンスクリット語の「そり舌音」を指すのに用いられているが、もう一つ、Cerebrale という用語があり、上田は Cerebrale をさらに下位分類して：

1) 舌ノ先ヲ少シ曲ゲテ発音ス
　　ta da na（北国加州人）
2) alveolare　　t
3) Postdentale　t（英ノ）
4) Inter-　　　 th（英ノ）

となっており、歯間音（interdental）がそこに含まれている。当時の用語法では「そり舌音」も「歯間音」もひっくるめて一つの音として考えていたのかもしれない。上田萬年『言語学』を精査してくださった上野・加藤両氏に感謝する。

すると有声の「リングアル」とはおそらく［ð］を意味するに違いない。［ð］ならば聞きようによってはdにもrにもsにも聞こえるかもしれない。

つい最近現れたAdelaar（1999）の優れた研究によれば、rとdとは「自由変異（free variation）」である（pp. 347–348）。それとは別にUtrecht Manuscripts（小川のいう「ヴリス」）でsで対応するものはオーストロネシア祖語の*dに由来するのにたいし、*Zに由来する単語については両者ともにdあるいはrであってsの例がない（pp. 348–349）。たとえば：

		Gravius	Van der Vlis
*d	*daNum 'water'	raloum	salom
	*duSa 'two'	duha, ruha	sosoa
	*laHud 'seaward'	raour 'West'	rmaos 'west wind'
	*likud 'back'	rikur	ricos
		d-m-ikur 'turn o's back'	
	*demdem 'dark'	marimdim	masimdim
		karumdum-an 'darkness'	
*Z	*Zilaq 'tongue'		dmira 'to lick'
	*ZalaN 'road'	darang	darang
	*(Zz)emaq 'morning'	ma-dama	ma-dama
	*S(ei)Zam 'to borrow'	ni-uddam 'hired'	
	*quZaN 'rain'	pa-oudal-en tyn	oudal
		'he sends rain'	

ついでにつけ加えるならば、祖語*lに由来する音はどちらもrであって、dやsとの混同あるいは交替はない。

		Gravius	Van der Vlis
*l	*Calinga 'ear'	tangira	tangira
	*telu 'three'	touro	toutouro
	*lima 'hand'	rima	rima
	*liqeR 'neck'	ruch	rijh
	*m-ala 'take'	mara	mara
	*bulaN 'moon'	voural	vourel
	*kali 'dig'	k-m-ari	kmari
	*piliq 'choose'	ni-peri 'chosen'	peri

に思われる。

オランダ時代に書かれたシラヤ語資料では、おうおうにして同じ単語が、資料により、あるいは同一資料の中でも、異なるスペリングで書かれていることがある。その中にd/r/sの三つのローマ字が混用される例がある。たとえば：

	Gravius	Van der Vlis	木柵平埔族の言語
父	rama	sama	dama
母	rena	sena	tena
水	raloum	salom	dalum
雷	rungdung	singding	dungdung
木	parannah	pesanah	—
足	rahpal	sapal	dapal
大	irang	isang	—
二	rouha	sosoa	duha

あるいは同じGraviusによる福音書「マタイ傳」の翻訳中でも

母	rena, dena	拝	reip, deip
思考	darimdim, dimdim	基礎	raroun, daroun
友人	riou, diou	否定	rmau, dmau
二	rouha, douha	若し	rou, dou
疑	paka-rallah, paeh-dalaeh		

などの如くであり、一見、方言差を反映しているのではないかと思わせる。

小川はこの論文中で、そして同時に発見された「臺湾蕃語の音韻変化」と題されたもう一つの未発表論文でさらに詳しくこの現象を考察し、これは方言差と考えるべきではなく、rにもdにもsにも聞こえる「リングアル」的有声音であろうと考える。「リングアル音」とは現在の音声学では使われない用語で、どのような音を表すものか不明だが、日月潭のサオ語（Thao）をSauと書き、Sは「リングアル」的無声音であると記すところをみると、「リングアル」とは「歯間音（interdental）」のことを指すのだろう[3]。

[3]「リングアル」については、註4を参照。

さて、いろいろな資料がある中に、「台湾府誌に出でたる蕃語」および「臺湾蕃語の音韻変化」と題された達筆な墨書きの原稿が二編あった。いつ頃書かれた原稿なのか不明だが、文語体で書かれているところを見ると、1910 年以前に書かれたものであろう。管見の及ぶところ、両者ともに未発表論文だが、まだ十分に発表するに値する優れた論文であると思われる。ここに整理して、筆者自身の資料もつけ加えて、発表することにした。

『台湾府誌』[2]にも各種あるが、ここで小川が言う台湾府誌とは范咸著すところの『重修臺灣府志』（乾隆 10 年、西暦 1745 年）のことであろう。そこに蕃語として記された約 200 項目の単語（あるいは句）のうち、109 項目、つまりほぼ半数の項目について小川は平埔族諸語の単語と比較し、結論として、台湾府誌にあげられた蕃語は、今の嘉義にあった諸羅山社（「サウ族」）を中心として北はパゼッへ、バブザに及び、南はシラヤ、（マカ）タウに及ぶ言語の単語を含むものとする。「サウ」とは日月潭の「サオ」ではなく、ホアニャのことである。ホアニャの言語資料ははなはだ少ないから、台湾府志の資料は貴重なデータを提供してくれることがこれによって分かる。

上述した小川の結論は予想したとおりで、何ら目新しいものではないが、彼の研究の注目すべきところは、蕃語の単語を表した漢字を何音をもって読むべきかを考察した第 2 章の厳密な研究態度にある。結局は台湾語を基礎としたものであると結論づけるのだが、私などのように中国語や台湾語に疎いものには不可能である。はじめから台湾語で読むのだろうと見当をつけて作業を進めてしまうのだが、小川は最初に台湾語を研究し、後に次第に原住民の言語に興味が移っていった経歴を持つだけに、漢字音の引き当ては厳密を極め、この部分だけでも価値があると思われる。

それに比して原住民諸語の比較はやや杜撰で、現在ではとうてい受け入れがたい語源説を展開する。尊敬してやまない小川尚義といえども、初期にあってはまだこのようなこともあったことがわかって興味深い。

なお、バブザにあたる民族・言語名が、オランダ人によって Favorlang と書かれるのは、この民族の多くがクリスチャンになったために、神の恩恵（ラテン語 Favor）の意味を加味してオランダ人宣教師によって使われだしたのが始まりではないかという推論（第一章）はまことにおもしろく、証明するのは困難ではあろうが、いかにもありそうなことのよう

---

[2]小川は『府誌』と記すが、本来は『府志』である。本稿では小川の言に直接言及する場合は、あえて「府誌」のままとする。

台湾府誌に出でたる蕃語・台湾蕃語の音韻変化

土田滋「小川尚義の未発表原稿二編」『台湾原住民研究』第四号、一九九九年、風響社　一五二～一五八頁、一五九～一八六頁、一八七～一九二頁より転載

台湾原住民研究第4号
1999年12月25日

小川尚義の未発表原稿二編

土田　滋

2年半ほど前だったろうか、大林太良先生から連絡があり、南山大学に浅井恵倫先生(1895-1969)が残された高砂族関係のノート類が段ボールで3箱ほど見つかったと知らされた。ほとんどはＡＡ研の浅井文庫に収められていると思いこんでいたから、まだ3箱もあると聞いてびっくりしたが、しかし同時に、あまり重要なものはないのではないか、という気もしていた。それが唯一の理由ではないのだが、私の仕事の関係もあり、なんとなくそのままにして放っておいた。

今年(1999)のはじめ頃、中央研究院語言研究所の李壬癸教授がＡＡ研の浅井文庫を自ら調べてみたいという希望を漏らしたので、それならついでに名古屋の南山大学にも資料が残っているらしいと話したところ、ぜひ、それも見たいという。さっそく南山大学人類学研究所のクネヒト教授にお願いし、6月25日・26日の二日間にわたり、調査することができた。思っていたよりも貴重な資料も含まれていることが分かり、李壬癸教授も私も非常に嬉しく思ったのである。貴重なデータを快く見せて下さった上に、宿舎や食事の世話までして下さったクネヒト教授には、心より感謝申し上げる[1]。南山大学所蔵浅井資料の詳細については、李壬癸教授がまとめた報告がいずれ発表される予定なので、ここには詳述しない。3箱に入っていたノート類はほとんど9割が小川尚義先生(1869-1942、旧台北帝国大学文政学部言語学教室主任)の資料で、残りは伊能嘉矩(1867-1925)の稿本、その他となっており、浅井先生自身のものは皆無であったことだけを述べておこう。

---

[1]名古屋へ行く前にＡＡ研での浅井文庫をざっと調査した。しかしこれは量が多いので、整理はまたあらためて行うこととせざるを得なかった。ＡＡ研での調査について便宜を図っていただき、宿舎の世話まで手配して下さったクリスチャン・ダニエルズ教授に心からの感謝の念を捧げる次第である。

Hol.(1) ti-tidu（杓子），hu-heidu（櫛）。

Paul.(2) hu-hebilo（櫂），sa-salate（箒），ri-riae（櫛）。

以上「與へる」といふ動詞を標語として臺灣の諸語と南洋の諸語とを比較し其の活用の形式及びその形式に伴ふ意義を述べたが右は大體に關するもののみで，尙此の外に記述すべき事は少くない。此等については又別の機會に述べることにする。

南洋語，殊に O. Java, Java, Malay 等の語に關しては，私は十分な知識を持つてゐないので，此等に關する記述は或は正確でない點が有るかも知れない，專門家の指敎を御願ひする次第である。

昭和十七年一月二日マニラ占領の日畢稿

校正中、本文記述に誤りがあるのを發見したが、本文を訂正するのは不可能であるから左に要點を擧げて正誤とする。

第四頁一行、pea<*bxeai<*bexai>bəgai

同上八行以下、何れも <pxai<*bxai<bixai<*bə$r_2$ai の變化で p<b は bx の同化によるものである。

右の結果第三頁 Babuza、第四頁 Siraya に關する記述は全部之を第三頁 Pazeh の次に入れる。

---

(1) **Hol.** は Holontalo の略。(2) **Paul** は Paulohi の略。

著しく多いことは看過することは出來ぬ。

愚考の如く O. Java 語に於て akĕn が本來表客動詞の接尾辭であつたとすれば，O. Jav. も古くは，臺灣や Philippine と同じく接頭辭 pa, 又は接尾辭 an を用ひて表中動詞を形成してゐたのだが，後に至つて akĕn の用法が大に發展する樣になつたものと見るべきではあるまいか，

(η) 重複音節を用ひるもの。

基形の第一音節を重復して接頭辭とする。臺灣諸語では，重復音節の母音は a を用ひる。

臺　灣。

Atay. βə-βjeq (<βa-βjeq) mako pila (金をば我が與へるの)。
　　所與中　　　　　　我ノ　銀ハ

qə-qatap<qa-qatap (鋏む具，鋏刀)；ka-kanjeq (食用物，食物)。

Sed. ba-bəgai (與へる物，賠償)，a-iːmah (飲具)，比. m-iːmah (飲)，

Bun. ka-kaun (食料)，sa-siviŋ (拭具，手拭)，

Sais. ka-koːko (剃具，剃刀)，sa-sowai (挾具，箸)。

Tso. fɔ-feəsə (蔽具，蓋)，ta-tʻuːts-a (移植する爲の物，苗床の苗)，比. t-om-hutsu (移植)。

Puy. na boŋa i ko ba-bərai kan-o (此の薯は我が汝に與へるの)，
　(主)　薯　ハ　我ノ　所與中　汝ニ

sa-sari (鉋)，a-itol (拭具，雜巾)。

Bab. pa-pe' i namo (我等に與へる物，與へよ)，ta-tollo (燭)，
　ニ　我等

la-llokogh (櫛)。

Ami. ka-kalang (すくふ具，飯杓子)，sa-sait (鋏刀)。

Sir. ta-tipa (櫂)，la-lto (銃) 比. pa-lto (發砲)，va-varigbig (錐)。

南　洋。

Mad. ba-berriq (贈物)<berriq (與)。

Tont. go-gorit (鋸)，wo-wuling (櫂)，re-rentek (槌)。

又同氏が causative として出した例の內二三を擧げる。

(η) m 型を伴ふ akĕn.

mang-dĕmak-akĕn gaja (de olifanten doende aanvallen)
襲撃 象

n-um-ana-kĕn ([hy] verwoestt) <nana (verwoest).
破壊

右の譯の如く「象が襲撃する」,「彼が破壊する」といふ風に象又は彼を主格と見る時は,動詞は表主形であり,akĕn は m 型の接頭辭,挿入辭と共に主體を表はすことになる。

併し又一方,此を「象の襲撃する所の物」,「彼の破壊する所の物」といふ如く,象又は彼を領格と見る時は動詞は表客形であり,akĕn は客體を表はすことになる。此の場合只 m 型の接頭辭,挿入辭を伴ふ點が,臺灣又は Philippine の形成法と異つてゐる。

O. Java の語法に於て,此等の動詞が主體形であると,見做されてゐるとしても.,私は akĕn は本來,客體形の接尾辭であり,m 型を伴ふことによつて主體を表はす樣に變化したものであるまいかと考へる。

akĕn を本來,客體形の接尾辭であらうと見ることは次に述べる m 型を伴はない akĕn の例によつてその可能性が加はるものと思ふ。

(イ) m 型を伴はない akĕn.

d-in-oh-akĕn (word verwijderd) <doh (afstand),
所移動

w-in-arah-akĕn-a (het zol medegedeeld worden) <warah (deel
所可報知
mede!).

右の例では,前者は基形 doh (距離) の活用で「[人の]移す所となる物」後者は基形 warah (通知) の活用で「[人の] 通知する所となるべき事件」(末尾の a は未來を表はしてゐるのであるから,此の場合の akĕn は疑もなく客體を表はす接尾辭である。

他面又 Kern 氏の出した akĕn 例の中には前に擧げた如き用具,材料,理由,原因等を表はすもの,即ち表中形の動詞として解釋し得るものが

Tag. pag-aral-an (學ぶ爲の材料, 本など)。

(ζ) 接尾辭 ĕn 型を用ひるもの。

臺灣及び Philippine の語では「食ふ」といふ如き普通の動詞では,「食ふ物」は表客形であるが,「與へる」といふ如き特種の動詞の場合では「與へる物」は表中形で表はされてをり, 例外として表客形の ĕn 型を伴ふことがあることは前に述べた。

南洋語の中 Java や Malay 系統の語に akĕn, kĕn, akan, kan eun などの接尾辭が普通に用ひられてゐて, 此等は **IN.** ĕn 型のものと思はれるが, 其の動詞形成の方法が甚だ複雜になつてゐて臺灣や Philippine 諸語の如く明確でない, その爲め此種の接尾辭が, 表客形か, 又は表中形かを判斷することが甚だ困難である。

Kern 氏は O. Java 語の接尾辭 akĕn を說明して「或る處にては akĕn は我等の語 with, to, for, in behalf of, in respect to などの意味を有す云々」といつて多くの例を出してゐるが, 其の中二三を擧げる, 何れも私の所謂, 表中形に相當するものである。

weh-akĕn (als gift gebruiken, tot gift of gave doen dienen; als bewijs van mildheit of vroomheid schenken; weggeven) 前者は贈物として用ひる物卽ち使用品, 後者は證として贈る, 卽ち理由の意であるから何れより見るも此は表中形である。

panah.akĕn hru (met een pijl schieten) 基形 pahah は射る意で **Jav.** panah (矢); **Mal.** panah (弓); **Ami**, pana?(a) (矢); **Paiw.** panaq (射よ) に當り, 原意は矢を, 射るに用ひるの意。

amĕngy-akĕn laku (den nachtgebruikĕnde tot den tocht) amĕngi<am-wĕngi, 基形 wĕngi は夜の意で **Atay,** βiŋi (一晚, 二晚と敎へる時の晚の意) に當る。原意は旅行は夜の爲, 又夜を利用する行事, 卽ち夜に乘じて旅行する意。

Jav. wé-wéh-an (贈物), ḍaharr-an (食料, 食物)。

Mak. ballîy-ang (to buy for)<bâlli (買ふ) ukîr-ang (to write for)<ûkirí (書く)。

Malag. salâz-an-a (鐵架)<salay (炙る)。

Mal. pakai-an (着る爲の物, 着物); chagar-an (質入に用ひる物, 抵當物)。

ini ku bĕri-kan ka-pada mu (此等は我汝等に與へん)。此の例
此等 我ノ 所與 ニ 汝等

に於て接尾辭 kan は, 上例の an と同じものの様にも思はれるし, 又 O. Java の akĕn と同型のものの様にも思はれる, akĕn については尙ほ後に述べる。

Tag. inum-an (飲む具, 杯) sabih-an (話の材料, 話の種), 之に對し -ĕn 型の inum-in, sabih-in は表客形で「飲む物」「話す事柄」の意である。

Malag. anasana (<*an-sasa-an-a) ny lamba (着物を洗ふ) 基形
所洗中 ヲ 衣

sasa は洗ふ意, 文法書によると an-sasa-an-a は石鹼, 水の如き洗濯用品, 又洗濯の方法, 理由が主格となる場合と, 洗濯の日 (又は場所?) が主格となる場合に用ひられるとある。前者は表中形の an に相當し, 後者は表位形の an に相當するものである, 表位形が場所の外に, 時をも表はすことは前に述べたが, 此處の説明も洗濯の日のみならず, 場所をも含むものと見るべきであらう。

(ε) pa……an 型。

臺灣。 **Puy.** pa-boḷas-an na paiso (金をば貸せ, 資料)。
所貸中 (主) 金ハ

pa-kan-an kana soan idini na okaka (此の骨をばあの犬に食は
所使食中 アレニ 犬ニ 此 (主) 骨ハ

せ, 食料)。

南洋。 **O. Jav.** panganan<pa-ng-kan-an (食物にする爲の物, 食料)。

Bis. nag-sogo nga i-pa-hatag kan-iya（彼に與へる事を命じた，其物をば）。
命了 所與中 彼ニ

δ）接尾辭 an を用ひるもの

an は **IN.** に於て普通表位形に用ひられてゐが，表中形に用ひられる場合も少くない。例，

臺灣諸語。

Atay. βjeq-an kə-nan pila（銀は我に與へるの＝金をば我に與へよ）。
所與中 我ニ 銀ハ

Paiw. pavaj-an cano-akən azo-a se-qono（あの小刀をば我に與へよ）。
我ニ アノ 小刀ハ

Puy. bəraj-an kan-ko iḍo na boŋa（あの藷をば我に與へよ）。
我ニ アノ 銀ハ

surukud-an（つく具，杖）比。s-m-urukud（杖をつく）。

Tso, os-ʔo faini（faeni＜*fiː-an-i）e peisu ta Voyu.（其の金は我が此の V. に與へたの）。
（過去）我ノ 所與中 （主，現存，銀ハ ニ（現存）ヴヲユ

Sais. βɑːj-an（與へるぞ，其物）；ka-βɑːj-an（報酬として與へる物）。

Yam. ikut-an（糸）＜ikut（結付る），tsjinun-an（機）＜tsjinun（織る）pa-aŋna-an（釣針）＜aŋna（釣る）。

南洋諸語

O. Jav. ma-weh-an-a（te schenken）meh-an-a（同上）. text を見ないから用法が不明であるが maty-an-a（om te dooden），や tanəm-an-a（te beplanten, waar men in den gronde te zetten heeft）などの例に「殺す爲」，「植ゑるべき資料」などの義があるのを見ると ma-weh-an-a 等は表中形で「其の物を以て與へる」即ち與へるべき物」の意と解すべきだと思ふ，語尾の a は Kern 氏の所謂 conjunctif で非現實を表はすものである，又名詞としては kukus-an（米を蒸す具，蒸籠）等がある。

Atay. pəpəjəqoreq < pa-pa-jaqoreq（盗賊常習者）比。məqoreq（盗む）pə-pə-kasiao（虚言常習者）比。məsiao（嘘をいふ）pa の重復は繼續，頻發を表はす。

上に擧げた pa 型の例は何れも nomen actoris の意の表主形であるが支配者の例の如きは一面支配の用を爲す者と見，又殺人者は「殺事の起因」，盗人は「盗事の起因」等の如く見る時は此の形ば其のまま表中形である。即ち **Toba-Batak** の pa 型は nomen actoris を表はす代りに nomen instrumenti 即ち表中形を表はし，又右に擧げた **Mal.** pĕngaseh の如きは同一語を以て戀愛の方法（n. instrumənti）と戀愛の創始者を表はしてゐる。Malay 語自體內に於ける此の如き語意の推移を考へると臺灣の **Paiw.** pa-vai akən, **Ami**, pa-vəri kako「我は與へる」なども亦「我は與事の起因」といふ意味に於て表中形と見ることも出來る。

此の外 **IN.** に普通な causative の接頭辭としての pa，例へば，**Atay.** pa-kan-jeq sako heja-n（我は彼に食はせる）の如きも，「我は彼に對し食事の起因」といふ風に見る時は causative の pa も亦，本來表中形と見ることが出來ると思はれる。

i-pa 型。 臺灣 **Bab.**(1) i-pa-ssoso（贈物としての用ひる物）<assoso（贈物）； adda i-pa-oabi（the paddy is sown）と譯されてゐるが，原意は［此の］籾は食用ではない，蒔くのに用ひる物，といふ意で表中形であると思ふ。

南 洋 諸 語。

Bik. day nindo, i-pag-tao an santo-ng bagay（聖なる物をば汝等與ふる勿れ）。
勿　汝等ノ　所與中　〔主〕　聖　ナル　物ハ

---

(1) **Bab.** は Babuza の略。

Sais. βa:las heja ga sə-βaai nja. （其の牡犬をば彼が與へた）。
牡犬　ソノ　ハ　所與中　彼ノ

Ami. sa-pavə˞i niam（我等の贈物）。

Rukai, sa-saɭəm（栽る爲の物，苗）; sa-tsabo-a?<*sa-tsabo-an（包む具，風呂敷）。

(γ) 接頭辭 pa 型を用ひるもの。

O. Jav., Jav. pa-wəh（贈物）pangan>pa-ng-kan 食ふ爲の物，食物）。 **Mak.** pa-bâdilí 射擊の爲の物，標的）; **Tag.** pa-mana（遺產として與へる物），pa-rusa（罰として課するもの，罰金），panulat<pa-n-sulat（書く具，ペン），pangahit<pa-ng-ahit（剃る具，剃刀）pambalot<pa-ng-balot（包む內容，材料）; Toba-Batak, panulat<pa-n-sulat（書くに用ひる物，インキスタンド）。

Malay の接頭辭 pĕng は pa と同樣に用ひられる。pĕngayoh<pĕng-kayoh（漕ぐ具，櫂），pĕnggali<pĕng-gali（鋤く具，鋤），pĕngaseh（戀愛の爲の咒）<kaseh（戀愛）。

臺灣では此の pa の例は甚だ少い。**Paiw.** pa-zaiŋ（歌謠に用ひる物，嘴琴）比. z-m-aiŋ（謠ふ）; pa-rətəg（沈める爲の物，錨，釣糸の錘）< rətəg（沈）; **Puy.** pa-da-dawak（魚を毒する爲の物，魚籐），此の語は基形の重復丈で既に表中形を爲してゐるのであるが尙ほ pa を加へて二重になつてゐる，重復形の事は後に述べる。

IN. pa 型の接頭辭（**Mal.** pĕng を含む）は表中詞を形成すると同時に又 nomen actoris の意を有する表主詞を形成することがある。

Toba-Batak, pamunu（殺人者）<*pa-ng-bunu（打つ），pa-ng-gomgom（支配者）< gomgom（支配する）。 **Mal.** pĕnyĕngat<pĕng-sĕngat（刺者，蜂）<sĕngat（刺す），pĕngaseh<pĕng-kaseh (a creator of love)<kaseh（愛）。pĕnyamun<pĕng-samun（盗む者，盗人）。

Paiw. ko si-pavai tsu-a seqono（此の小刀は我が與へるの）。此
　　我ノ　所與中　此ノ　小刀ハ
の例中の seqono は <si-qono で，切る（q-m-ono）爲の具の意。

Sais. si-βaai ka ma?eah pa-pila（金は人に與へる爲に使つた）。
　　所與中　ニ　人　銀ハ

Bun. i-ši-ka:n（魚）。基形 ka:n は「食ふ」意。此の語は直譯すれば單に「食ふ爲の物」といふことであるが，語意の内容は，飯又酒に和して食ふ爲の物，即お肴の意から轉じたものである。

Mal. i-kan（魚）の i は同語源であるが，**Bun.** では表中形の接頭辭 i と ši とが重複して用ひられてゐる。

南洋諸語では i 型は Philippine に多い。

Bat.(1) i-turux mo di-akin（[其は]我に與へるの，與へよ）。
　　所與中　汝ノ　ニ　我

Tag. i-bigay mo sa ami-n a-ng ami-ng kan-in（我等の食物をば我等に與へよ）。
　　所與中　汝ノ　ニ　我等　（主）　我等ノ　食物ハ

Bis. i-hatag mo sa ako-n a-ng olo ni Juan（ヨハネの首をば我に與へよ）。
　　ニ　我　（主）　首ハ　ノ　ヨハネ

Pamp. i-bie mu i-ng ka-kan-an（食物をば與へよ）。
　　（主）

i 型の表中動詞の形成法は 漢文の所以……に當り。以に i の音があり，所以に理由，原因の意があるのは偶然の類似ではあらうが，内容には相通するものがあるやうに思はれる。

(β) 接頭辭 sa 型を用ひるもの。

此の sa の s も亦本來は s_2 である。

Atay. sə-βjeq（<sa-βjeq）mako pila heja-n（金をば我が彼に與へよう）。
　　所與中　我ノ　銀ハ　彼ニ

Sed. sə-bəgai（與へる爲の物）。

---

(1) **Bat.** は **Batan** の略。

せられることは前に述べた。本來 IN. 語に於ては「與へる」といふ語に一種特別な活用がある，我が國語並に世界の多くの語に於て物を與へるといへばその，與へられる物は普通目的格（即ち客體）として取扱はれてゐる，然るに IN. 語に於ては，原則として，その與へられる物を仲介，即ち使用品として取扱ひ「甲が……を以て乙に與へる」といふ風な言表はし方をする，而してその與へられる物を表はす語が主格である場合は「……は甲の乙に與へる爲の使用品」といふ風に言表はすのである，前には，「與へる」といふ語に，客體形を表はす接尾辭 ĕn 型を用ひた數例を擧げたが，其は例外であつて，表中形を用ひるのが原則であることは，臺灣と Philippine の諸語に於て，表中形が殆んど凡ての場合に用ひられてゐることによつて明かである。

(α)　接頭辭 i 型を用ひるもの。

接頭辭 i は Philippine 系の語に多く用ひられてゐるが臺灣には甚だ少く僅に Yami に i があり，又，Babuza に i-pa. Bunun に i-ši の形がある。此等 i-pa, i-ši に就いては後に pa と ši の條に述べる。

Yam. i-tuḷu?（與へる物）; i-luḷai（搖る爲の具，搖床）; i-kasi < kasi（愛）（此の語は loved と譯せられてゐるが，原意は somebody loved, 又は somebody to be loved で，愛する爲の者，愛の目標などの意であらう。

又 ši 型の接頭辭は Paiwan と Saisiat に si<ši, Bunun に i-ši となつて普通に用ひられてゐる，此の š は一種の顫音化した s で南洋語では大抵消失してをり稀に h となつてゐる，私は此を IN. の本來の音と考へ s_2 を以て表はすことにしてゐる，詳しい事は別の機會に讓る。

辭 ĕn 型を用ひず何れも表中形の接辭を以て形成されてゐることは注意を要する點である，尙委しくは次の表中形の條下に述べることとし，玆には先づ一般に ĕn 型を用ひて表客形を形成する動詞 kan（食）と，例外的に -ĕn 型を用ひる「與へる」といふ動詞の例を擧げることとする。

「食ふ」といふ語に接尾辭 ĕn 型を用ひたもの。

IN. kân-ĕn（食ふ客體，食ふ物）。南洋諸語. **Tag.** kan-in; **Bis.** kan-un; **Iloko.** kan-en; **Pamp.** kan-an; **Mal.** ma-kan-an; **O. Jav.** pangan-ĕn＜*pa-ng-kan-ĕn.

臺灣諸語 **Bun.** kaun-ən; **Ami,** kaʔn-ən; **Yam.** kan-ən; **Sir.** kan-in; **Atay.** njeq-on＜*kan-jeq-on; **Sed.** oq-on.

「與へる」といふ語に接尾辭 ĕn 型を用ひたもの。

臺灣諸語

Sed. bjeq-on mako pila.（金をば我が與へる）
所與客 我ノ 銀ハ

Sais. βo[ɹ]aj-un ka βure[g].（肉をば與へた）
所與客 （主） 肉ハ

Ami. pa-və^{ɹ}i-ʔn（＜pa-və^{ɹ}i-ən）ko pida.（金をば與へる）。
（主） 銀ハ

南洋諸語 Philippine 系の語の中に，基形は異なるが. ĕn 型の接尾辭を有するものが Iloko にある。

Iloko. i-td-en yo iti adda-an ti sa-nga-pulo a talento.
所與 汝等ノ ニ 所有者 （主） 一 十 （其） タレント
（汝等，十タレントをば持主に與へよ）。

此の i-td-en の基形 td は ted であつて「與へる」意があり，接尾辭 en＜ĕn は表客形であるが，接頭辭の i は次に述べる用品を表はす表中形で，i-ted 丈で已に something given の意がある，それで此の i-td-en は表中形と表客形を兼有したものと見ることが出來る。

d. 表中形. 表中形は i 型等の接頭辭，an の接尾辭等によつて形成

例外として存してゐる斗りである。

臺灣諸語

Atay. βjeq-ei（<βje-qi）pila heja.（彼には金を與へよ）。
所與位 銀ヲ 彼ハ

Sed. bjeq-ei ko pila（我には金を與へよ）。
我ハ

Tso- os?o（<os-ko）fi:-i si voju peisu.
過去 我ノ 所與位 主冠 ヴオユハ 銀ヲ
（v. には我が金を與へた）。

Bun. sˀaiv-e saak qaulus（我には頸飾を與へよ）
所與位 我ハ 頸飾ヲ

Paiw. pavai-i ak-ən to-a zalum（我には水を與へよ）
我ハ ヲ 水

Ami. pa-vəɹi-i kako to vavui.（我には豚を與へよ）。
我ハ ヲ 豚

Sid. ph'e-i kame ki imagh.（我等には油を與へよ）。
我等ハ ヲ 油

南洋諸語

O. Jav. ujar-i（......に話す）; um-ibek-i（......に充す）; m-omah-i（......の家に住む）。

Jav. kula sampéjan paring-i punapa.（我には汝が何を與へるか）。
我ハ 汝ノ 所與位 何ヲ

Bis. hatag-i nin-yo sila sing pag-kaon.
所與位 汝等ノ 彼等ハ ヲ 食物
（彼等には汝等が食物を與へよ）

Tag. bukas-i（開けよ〔其處〕）。bukas-an（同意味）の代りに用ひる例外の活用と見做されてゐる。
所開位

Mal. hujan-i dĕngan panah (to rain arrows on); panas-i (to heat=apply heat to); nama-ï (to give a name to)。
雨下 以 矢

Mad. ĕn-bĕrriq-i=mĕrriq-i（人に物を與へる）。

c. 表客形。IN. に於て表客形の動詞は普通 ĕn 型の接尾辭を以て形成せられることは前に述べた。然るに「與へる」といふ動詞の場合は，臺灣諸語及び Philippine 系の諸語に於ては此の表客形の接尾

南洋諸語

Jav. iku bakal ka-paring-an.
　　彼ハ　未來　所與位
（彼は人の與ふる所となるべし＝彼には[人が]與へるだらう）

Tag. bigy-an nin-yo sila ng ma-ka-kain.
　　所與位　汝等ノ　彼等ハ　ヲ　食物
（彼等には汝等が食物を與へよ）

Bik.(1) ta-tau-an ko kamo （汝等には我が與へよう）
　　所與位　我ノ　汝等ハ

α, 2. 接尾辭 an を用ひて時を表はすもの。

臺灣諸語

Atay. βətsiŋ-an（月の時，月夜）< βijatsiŋ（月），a-əsa-n < a-usa-an（いつも外出の時）<usa（行く）。

Paiw. qoɟal-an（雨の時）<qoɟal（雨），saŋas-an（最初の時）<saŋas（始）。

Ami. ka-ḷahok-an（晝食の時）<ma-ḷahok（晝食する）。

Puy. k-in-a-unian-an（無くなつた時）<unian（無い）。

Yam(2) k-aḷau-an（晝間）<aḷau（太陽）。

南洋諸語

Tag. ka-araw-an（晝間）<arau（太陽）。

Mal. sa-hari-hari-an（終日）<hari（晝）。
sa-malam-malam-an（終夜）<malam（夜）。

Malag. anasàna<an-sasa-ana（洗濯の時，又處）。

β, 接尾辭 i を用ひるもの。

此の方法は臺灣や O. Java 等には普通に用ひられてゐる。Malay にも或程度用ひられてゐるが，Tagalog などには極めて少く，僅に

(1) Bik. は Bikol の略。(2) Yam. は Yami の略。

Mal. si-apa mĕm-bĕri （誰が與へるのか）。

Sund. mere surat （本を與へる）。

Tag. mag-bigay ako ng ka-sulat-an（我は書附を與へる）。

Malag. man-ome（與へる）。

b. 表位形。 表位形は普通 an, 又は i の接尾辭によつて形成せられる。

α. 1. 接尾辭 an を用ひて位置を表はすもの。

接尾辭 an を用ひて位置を表はすことは **IN.** 語に廣く行はれてゐる。**Mal.** laboh-an （投錨處）< laboh（錨，幕など下す）。**Tag.** upo?-an（座席）<upoʔ（坐する）等。「與へる」の動詞の場合も右に準じて「甲が乙に物を與へる」といふ文に於て，甲が主格である場合は動詞は表主形であるが乙が主格である場合は，乙は甲の與へる物の歸着點，即ち位置となるのでその動詞は表位形となる。

例。臺灣諸語

Paiw. su-pavaj-an to-a valicoq azo-a tsau-tsau.
汝ノ　所與位　ヲ　銀　アノ　人ハ
（彼は汝が金を與へる者＝彼には汝が金を與へる）。

Puy. nan-ko b-in-raj-an la i ḍensai da walo.
之　我　所與了位　ダ　主・冠　デンサイハ　ヲ　菓子
（デ．は我が菓子を與へた者＝デ．には我が菓子を與へた）。

Sir.(1) ni-p'haen（<*ni-p'hae-an）ta ta-timi-in.
所與了位　ハ　少女
（少女には與へた）

Bun. sʔaiv-a-k（<s?aiv-an k）as qaulus.
所與位　我ノ　汝ハ　頸飾ヲ
（汝には我が頸飾を與へる）

(1) **Sir.** は Siraya の略。

之を表中動詞と名づける，私は以前，之を用具主の動詞と名づけたが，今此く改める。此の動詞の形成には種々の方法があるが，Tagalog では普通接頭辭 i と重復とを以て形成せられてゐる。

例。**Tag.** ito-ng kandila a-ng i-ha-hanap mo.
　　　　此ノ　燈火　定冠　所捜具　汝ノ
（此の燈は汝の捜すに用ひるの＝此の燈で捜せ）

此の種の動詞の形成法については尚ほ後に詳述する。

上述の見地から「與へる」といふ語の活用について左に委しく述べることとする。

a. 表主形。表主形は普通 m 型の接頭辭，又は挿入辭によつて形成せられる。

例。臺灣諸語

Atay. mj-eq<*β-m-ij-eq.　例。mjeq sako pila hea-n（我は彼に金を與へる）
　　　　與者　我ハ　銀ヲ　彼ニ

Sed. məgai<*b-m-əqai.　クロコ方言，məj-eq<*b-m-əi-eq

Sais.[1] jako mo-βaai.
　　　　我ハ

Tso. mi'o fii<*m-iko(?)[2] fii.（我は與へる事をする者＝我は與へる）
　　　　爲者　我ハ　與

Bun. sima? ka ma-s?aiv（與へるのは誰か）。
　　　　誰　其　與者

Paiw. pavai-akən canu-sun to-a vətsik（我は汝に本を與へる）。
　　　　與　我ハ　ニ　汝　ヲ　本

Puy.[3] bərai ko-iko da boŋa（我は藷を與へる）。
　　　　我ハ　ヲ　藷

Ami, pavəɹi k-ako to vavui（我は豚を與へる）。
　　　　我ハ　ヲ　豚

南洋諸語

O. Jav. ma-weh（與へる）。

(1) **Sais.** は **Saisiat** の略。　(2) 主格代名詞が m 型を伴ふ。　(3) **Puy.** は **Puyuma** の略。

2. 第二は，働をなす主體以外で働に關係あるものを表はす語が主格である場合に之に伴ふ動詞で，此の場合は働をなす者が領格の形を取る漢文で爲人所知といふ如き形成法である，此を第二類の動詞とする。此の類の動詞は普通受身の動詞と稱へられてゐる，勿論，意譯するには受身の動詞として譯する方が明瞭な點もあるが，語形の內容，卽ち思考の方面より見る時は，此は適當でないと思ふ。Malay等の語には by に相當する前置詞を用ひなどして文體が全く受身の形になつてゐる場合が多い樣であるが，私は此は印度其他外國語の影響の結果であらうと考へる。

第二類の動詞に左の三種がある。

a. 第一は働を受けるもの，卽ち客體を表はす語が，主格である場合に之に伴ふ動詞で，此の動詞は客體を表はす，之を表客動詞と名づける，此の動詞は普通 en 型の接尾辭を以て形成せられる。

例。 **Tag.**

a-ng	iyo-ng	aklat	a-ng	hanap-in	mo.
定冠	汝ノ	本	定冠	所搜物	汝ノ

(汝の本は汝の搜すの＝汝の本をば搜せ)

b. 第二は，働の場所，時或は働の歸着又は離脫する位置を表はす語が主格である場合に之に伴ふ動詞で，此の動詞は空間．時間に於ける働の位置を表はす，之を表位動詞と名づける。此の動詞は普通 an 又は i の接尾辭を以て形成せられる。

例。 **Tag.**

a-ng	silid	a-ng	hanap-an	mo.
定冠	部屋	定冠	所搜處	汝ノ

(あの部屋は汝の搜すの＝あの部屋をば搜せ)

c. 第三は働に要する器具，材料，方法，又は働の原因，理由等，凡て働の結果を生ずる爲の中介 (means) となるものが主格である場合に之に伴ふ動詞で，此の動詞はその仲介となるものを表はす，

此く考へる故は Bunun では普通 IN. の l を消失する。dalan (路) > ?daan; tĕlo (三) > tao 等，之を sailo に適用すると，sailo>sai-o となり i-o は又轉じて iu>iv となる，其は Bunun では一般に語末の二母音 au, iu を av, iv に轉ずる，即ち **Bis.** pang-hinau (洗手) は **Bun.** ma-šinav (食器などを洗ふ)，となり **Bis.** の方言 Samar-Leyte の balio (買ふ)，臺灣 Saisiat の βa-[ɹ]iu (買ふ) は **Bun.** ma-?baliv となつてゐる，又 s?aiv の glottal stop は，愚考によれば，末尾 i-o の二音節を i-o>iu>iv の如く輕い音節に縮めた爲に，その補充として之を挿入したものとして解釋されると思ふ。

2. tul̥u? 型. Yami (紅頭嶼) に用ひられてゐる。i-tul̥u? (與へる物) の類型は Philippine の北端 Batan に i-turux がある。Yami と Batan が極めて近い關係にあることは，曾て淺井惠倫氏が證明せられた所である。尙ほ南洋語の中で Celebes の Tontemboa の turuk (overgiven) は此の tul̥u? 型と思はれる。

II. 活　用　形

原則的にいへば **IN.** 語の動詞は之を一種の動詞名詞と見做し而してその活用の諸相は之を二つの方面から觀察するのが適當であると考へられる。

1. 第一は，働をなす者即ち主體を表はす語が主格である場合に之に伴ふ動詞で，此を第一類の動詞とする。此の動詞は働をなすもの，即ち主體を表はすから之を表主動詞と名づける，此の動詞は普通，m 型の接頭辭，又は挿入辭を伴つてゐる。例. **Tag.** h-um-a-hanap (搜 者)
ako na-ng isa-ng aklat (我は一冊の本を搜す)。
(我ハ ヲ 一 本)

新	洗衣	十	家
——	βahoq	——	——
——	βaho?	——	——
——	baho?	——	——
?baqlu	ma-pas?aq	——	lumaq
?bahl̥u	ma-pas?ah	——	l̥umah
vaqo-an	vatəq	pul̥oq	omaq
va?o-an	vatə?	pul̥o?	oma?
——	——	——	roma?
——	——	——	roma?[h]
va?ɦoh(1)	vatsa?[a]	pol̥o?[o]	ʎoma?[a]
va?roh	vatsa?[a]	pol̥o?[o]	ʎoma?[a]
wahu(2)	wasuh	puluh	omah
bharu	basoh basah（基）	puloh	rumah
bagu	basu?（基）	pouo?	——
baru	bīssa(3)	pulo	——

C. 基形 ber₂ai 型以外の形を有するもの

高砂族の語の中 ber₂ai 型以外の形を有するものは左の二つである。

1. s?aiv 型。Bunun に用ひられてをり方言的には又 ts?aiv となつてゐる，此に類似したものを南洋語に求めると Bisaya に sailo といふ語があつて，此に to transfer, pass on, transmit 等の意があるのを發見した，多分之と同型のものであらうと思ふ。

---

(1) va?ɦoh<*vaɦlo.　(2) *bahru にて，just now, formerly などの意あり，又 **O. Jav.** wahu は同上の外 first などの意あり又 wahu-wahu-n に好奇，a-wāh-wāhw-an に新參者の意あるを見ると wahu の原意が「新しい」であることは明かである。　(3) 少しの水で清潔にする。

により，本來の q が h に變じたものと考へる方が適當と思ふのである。

a. 強い音から弱い音に轉ずることが音韻變化の自然の傾向であること。

b. 其の結果，南洋語でも，h が實際完全に存してゐるのは O. Java と Java 位であつて，Malay では屢々之を失ひ，Philippine, Celebes 等では屢々之を glottal stop に轉じてゐること。

c. q>h や q>ʔ や q>ɦ の轉訛は高砂族の諸語の間にも，又その諸語の中の方言の間にも普通に行はれてゐること。

今左にその實例を擧げる。

	灰	雨	縫
Atay.	qəβu-li	qowal-ax	s-m-aqeiš
〃（方言）	ʔaβu-lits	ʔowal-ax	s-m-aʔiš
Sed.	qabu-lit	qo:ð-ux	s-m-aʔiš
Bun.	qaʔbo	qoʔdan	ma-ttaqaiš
〃（方言）	xaʔbo	xoʔdan	ma-taxxaiš
Paiw.	qavo	qoɟal	ts-m-aqeš
〃（方言）	ʔavo	ʔudjal	ts-m-aʔiš
Puy.	abo	udal	t-m-aʔi
〃（方言）	ɦabo	ɦoral	t-um-aɦi
Ami.	ɦabo	orad	mi-taʔis
〃（方言）	ɦavo	ɦoral	mi-taʔis
Jav.	hawu	hudan	——
Mal.	abu	hujan	——
Tag.	aboʔ	ulan	t-um-ahi
Bug.	awu	——	——

に Bunun,[1] Paiwan,[2] Sao の諸語がある。

a. 語頭の h. 炭。**Jav.** hawu; **Mal.** abu: ......**Atay.** qaβu-li; **Bun**[3]. qa?bo; **Paiw.**[4] qavu; **Sao,** qafu.

籐 **Sund.** howe; **O. Jav.** hwī; **Bis.** oway:......**Atay.** qowaj-ux; **Bun.** qowað; **Paiw.** qowai; **Sao,** qowai.

b. 語中の h. 額。**O. Jav.** rahi; **Mal.** dahi;......**Atay.** raqej-as (額); **Bun.** ?daqai-š (同上); **Paiw.** Jaxeː-š (額); **Bun. Sao,** šaqiː-š (同上)。

縫. **Tag.** t-um-ahi:......**Atay.** s-um-aqei-š; ma-taqai-š; **Paiw.** ts-um-aqeː-š; **Sao,** θ-um-aque-š.

c. 語末の h. 生(なま), **O. Jav.** mĕtah; **Mal** mĕntah:......**Atay.** mətailoq; **Bun.** mat?aq; **Paiw.** macaq; Sao, mataq.

濡. **Mal.** basah, basoh (洗); Tag. basa?:......**Atay.** βahoq (洗衣); **Bun.** pas?aq (同上); **Paiw.** vatəq (同上).

涙. **O. Jav.** luh<*luah, **Jav.** luh; **Tag.** luha?;......**Bun.** ošaq; **Paiw.** lušəq; **Sao.** rušaq.

家。**Mal.** rumah: **Bun.** lumaq; **Pain.** omaq (屋内奥の間)

以上縷述した所によつて iq 型の接尾辭が IN. に於て本來的なものであると推定することが出來るものと思はれる。

此の外 Makassar 語には此に似た型の接尾辭があることを附加へておく。例 nipis-iq (薄い); bêras-aq (米); (此の q は glottal stop): 比, **Mal.** nipis, bĕras,

右の q と h とに關し何れが原始的であるかについては私は左の理由

(1) Bunun は臺中州高雄州, 臺東廳, 花蓮港廳の山地に行はれる。 (2) Paiwan は高雄州, 臺東廳の山地平地に行はれる。 (3) **Bun.** は Bunun の略。 (4) **Paiw.** は Paiwan の略。

音韻關係を知ることが出來る。

	IN.	O. Jav.	Jav.	Mad.	Atay.	Sed.
玄米	bĕr$_2$as	wĕas	wos	bĕras	βowax	bəgah
與	bĕr$_2$ai	weh	wèh	bĕrriq	βjeq	bəgai, βjeq

Java 語は普通 wèwèh を用ひてゐるが，此は重複の結果であつて，基形は wèh であることは w-èn-èh（與へる物，贈物），ngoe-wèh-áké（與へる）等の活用形によつて知られる。

IN. bĕr$_2$as の原型から O. Jav. wĕas, Jav. wos＜*wĕas に至る音韻變化は又 IN. bĕr$_2$ai から O. Jav. 及び Jav. に於ける *wĕai ＞*wĕē＞*wē への變化を期待することが出來る，而して此の兩語の語末の h 及び Madura 語の語末の glottal stop は臺灣の Atay. Sed. 兩語の接尾辭 iq に於て，その類型を見出すことが出來るのである。

南洋語に於ける此種 h の實際の發音については，私自身の確かな經驗は無いが，諸種の記載を參考すると，語末に於ては，極めて徵弱な開放音を伴ふ喉頭部の破音であり，語頭，及び語中に於ては弱い voiced h の音ではあるまいかと想像される。尙各言語，及び方言の間にも夫々相違があらうとも思はれる。以上は只私の假定的の考へであるから尙ほ其の方面の專門家の御指敎を仰ぐ次第である。

實際の發音如何は別問題として南洋語を記述するに用ひられてゐる此の h が，現に高砂族の諸語にある懸壅垂部の破音 q に相應してゐる事に關して，私は曾て「言語と文學」第一輯に「パイワン語に於ける q の音」と題して述べた事があり，又昨年安藤教授の紀念論文に於て此の q 音と覺しきものが Philippine の Calamian 語と Agotaya 語に現存してゐることを述べたが，便宜の爲め，今左にその概要を述べる。

高砂族の語の中で此の q 音を有するものは Atayal と Sədeq の他

と bjeq 型と二樣の基形がある。

此の接尾辭 -iq は單純な形を以て，或は又基形との間に子音を挿入して用ひられる．高砂族の諸語の中此を有するものは只 Atayal と Sedeq のみに限られてゐるが，此を附する語詞は，兩語に於て必ずしも同一ではない，例へば

Atay.[1] sqo-lj-eq＜*saqo-lj-eq（人，person の意），Sed.[2] se?(e)-dj-eq，又は sa?-dz-eq＜saqo-dj-eq（人，person の意，又自稱）比. **IN.** ta-o＜ta?o＜*taqo(?)； **Atay.** pu-nj-eq（火），**Sed.** pu-nj-eq（火，又銃）．比．**IN.** apui； **Atay.** k'au-nj-eq＜kahu-nj-eq（木），**Sed.** kahu-ni?，比． **Bis.** kahui； **Atay.** man--nj-eq＜*k-m-an-nj-eq（食ふ），**Sed.** m-kan． 比． **Malag.**[3] h-om-an-a，**Mal.** ma-kan.

Sed. ma-kan.（食ふ）には接尾辭がないけれども，動詞の活用の場合には，Atayal と同じく，不規則的に接尾辭を基形として **Atay.** njeq-on，**Sed.** oq-on（食ふ物），**Atay.** njeq-ei，**Sed.** oq-ei（一部分食へ）等の形を形成する。此の不規則活用の原因は **Atay.** man-nj-eq に於て man＜k-m-an が動詞の主要部分たるに拘はらず，man の ma を以て常用の接頭辭なりと思ひ njeq を主要部分なりと誤想したるによるものである。

南洋語の中で此の'-iq 型を有するものを私は左の三語に於て之を見出すことが出來た。 **O. Jav.**[4] weh； **Jav.** wèh； **Mad.**[5] bĕrri' 此等の語を bĕras 型の語と比較することによつて接尾辭以外の基形の

(1) **Atay.** は Atayal の略。(2) **Sed.** は Sedeq の略。(3) **Malag.** は Malagasy の略。(4) **O. Jav.** は Old Java の略。(5) **Mad.** は Madura の略。

pea＜*p-bea＜*pa-bigai. 此の語では tagga (血)＜dar₂a; oggax (靜脈)＜ur₂at₂ 等の如く IN. r₂＞g (發音 g?) となつてゐるが母音の關係によつて bayus (旋風)〔比. **Tag.** bagió〕の如く g を失ふこともある。又 ai＞a は maxa (死)＜matai 等の例がある。

Siraya (臺南州, 高雄州, 臺東廳の平地に散在する熟蕃部落で, 古老の記憶から辛うじて想起せられ得る程度, 併し言語の資料としては蘭人宣教師の遺した宗教問答, 馬太福音書の飜譯等がある)。p'hae, pihga, piae 等の形で記錄されてゐるが何れも ＜*p-bixai＜*pa-bigai＜pa-bĕr₂ai の樣な風に變化したものと考へられる。此語では普通 IN. ĕ＞i であるが方言的に又 ĕ＞u の場合もあつたものと見えて Gravius の馬太傳には IN. ĕnĕm (六) に對し annim, annum の如く兩樣に表はされてゐるものが屢々見出される, 此の點から考へると第一の語 p'hae は又 pa-buxai の變化と見ることも出來る。

南洋語にも pa- 型のものがあるが多くは其の內容が多少違つてをり「與へられる物」の意がある。

Jav.[1] pa-wèh (贈物); **Sund.** pa-mere (贈物); **Bug.** pa-bêre (同上) 等。

此の接頭辭 pa- については尙ほ後に述べる。

2. 接尾辭 -iq[2] 型を附するもの。

高砂族の語には Atayal と, その方言 Sedeq に此の例がある。

Atayal, βjeq＜*bi:iq＜*bəgi:-iq＜bəgai-iq＜**IN.** bĕr₂ai 比. βowax (玄米)＜βəgax＜**IN.** bĕr₂as. 此の βəgax には睾丸の意がある, 接尾辭 -iq＞-eq の變化は q 音の爲の同化による。

Sedeq, 此の語には霧社方言にもタロコ方言にも前に擧げた bəgai 型

(1) **Jav.** は Java の略。　(2) q は懸壅垂部の無聲破音。

に用ひられる程度）$və^{R}ai$，比。$və^{R}as$（玄米）。

Ketagalan（臺北州新竹州の漢人の間に散居する熟蕃で古老の記憶から辛うじて想起せられ得る程度故，發音は信據しがたい），bulai（bərai?）.

Pazeh（臺中州豐原郡，能高郡の漢人の間に孤立した熟蕃部落で，古老に多少記憶せられてゐる程度）。baxai.

南洋語で基形 bĕrai 型を有するものに左の如き例がある。

Mal. bĕri； **Sund**[1] béré； **Bug.**[2] wêre； **Tont.**[3] we'e； **Atje.** beuri； Philippine では **Tag.** bigai； **Man.**[5] buggui； **Bag.**[6] bogge 等。

B. 基形 bĕr$_2$ai に接頭辭，又は接尾辭を附して第二次基形を形成するもの

1. 接頭辭 pa- を附するもの。

高砂族の語

Paiwan（高雄州，臺東廳の山地）pa-vai<*pa-və[ɹ]ai,<*pa-bĕr$_2$ai,、比. va:t（玄米）<*və[ɹ]at<bĕr$_2$as.

Ami,（臺東廳花蓮港廳の平地）。pa-vəɹi. 比. vəɹats（米）<bĕr$_2$as. **IN.** ai は此の語では ma-patai（死）<**IN.** patai の如く普通 ai を存してゐるに拘はらず，ここに ai>i となつてゐるのは例外である。

Babuza（和蘭宣教師の Favorang と名づけたもの，現在，主に臺中州の漢人の間に散在居住する熟蕃で古老の記憶から辛うじて想起せられ得る程度，併し言語の資料としては宣教師の遺した宗教問答，辭書等がある）。

(1) **Sund.** は Sun'da の略。 (2) **Bug.** は Bugis の略。 (3) **Tont.** は Tontemboa の略。 (4) **Man.** は Manobo の略。 (5) **Bag.** は Bagobo の略。

（高砂族の語の記音は主に萬國發音記號を用ひたが ɑ と a とは區別せず，又中間母音は凡て ə とした，而して種族名及び南洋語は主として一般使用の例によつた。）

A. 基形 bĕr₂ai 型を有するもの

高砂族の語の中で，基形 bĕr₂ai 型を有するものは左の諸語である。

Sedeq（主に臺中州，花蓮港廳の山地），(1) bəgai, bagai. 比(2) bəgah（玄米）。

Saisiyat（新竹州の山地），ßaai, ßu[ɹ]ai.

Tsou（臺中州新高郡，臺南州嘉義郡の山地）fi:i＜*fejei＜*fejɔi ＜fəʎɔi＜*ßə[ɹ]ɔi, 比. fujesə（玄米）＜*fɛjɔsə＜*fəʎɔsə ＜*ßə[ʎ]asə

Kanakanabu（高雄州旗山郡の山地）ßəwa-ənə, 比. ßəra（玄米）

Saaroa（高雄州屏東郡の山地）. ßul̥a（ßura?），比. ßurau（玄米）.

Rukai（臺東廳及び高雄州屏東郡の山地），be:, baai 等，比，boəsə, bəʔasə 等（玄米）。

Puyuma（臺東廳の平地），bərai, 比. bəras（玄米）

Sao（臺中州の水社湖畔に在る水社，頭社の家庭内に用ひられてゐる）l̥a:i＜*r₂ai＜bĕr₂ai(?). Sao の l̥ は palatal c の調音部で舌面の中央部を上顎に附着したまま發せられる無聲側音，又時としては附着部後方の兩側をも密閉し，舌の側緣を突破して生ずる無聲破音を伴ふ側音で **IN.** r₂ に相當する。例，l̥amiθ（根），比. **IN.** r₂amut, **Bîs.**(1) gamut, **Pamp.**(2) yamut 等。

Kavalan（臺北州宜蘭郡の平地に散在する熟蕃部落で，古老の間に稀

---

(1) Sedeq の b は實際の發音は β(?)。 (2) 比. は比較の略。 (3) [ ] は極めて微弱な音。(4) **Bis.** は Bisaya の略。(5) **Pamp.** は Pampanga の略。

台湾高砂族の語に於て『与へる』といふ言葉に就いて 日本語学会編『言語研究』第一〇、一一号、一九四二年、三省堂 一〜二六頁

臺灣高砂族の語に於て『與へる』といふ言葉に就いて

小　川　尚　義

私が玆に此の言葉を選んだのは，第一，此の言葉がその形態に於て臺灣最北部の Atayal 語と，南洋 Java の古代語との間に，共通な點があり，尙一つは此の言葉がその用法に於て，他の普通の動詞の用法と異つた一種特別な點があるので，其等について解說を試みたいと思うたからである。

I. 基　形

高砂族の語に於て「與へる」といふ意味を有する言葉は種々あるが，中でも běr₂ai 型の基形を有するものが大多數であるから，先づ此の běr₂-ai 型の基形について述べることとする。

běr₂ai を基形として推定する理由は，南洋語の中，此の意味を有する Malay 語の bĕri と Philippine の Tagalog 語の bigai とを比較することによつて證明される，これは「玄米」を意味する **Mal.**(1) bĕras と **Tag.**(2) bigas とから **IN.**(3) běr₂as を推定するのと同じ理由によるのである，即ち

玄米　**Mal.** bĕras,　**Tag.** bigas,　**IN.** běr₂as

與　**Mal.** bĕri,　**Tag.** bigai,　**IN.** běr₂ai

右の例の中，běr₂ai の ai が Mal, i になつてゐるのは **IN.** matai (死)>**Mal.** mati 等の例がある。

---

(1) **Mal.** は Malay の略。 (2) **Tag.** は Tagalog の略。 (3) **IN.** は Indonesian の略。

(3) 愛媛縣松山市

小川尚義

waraiɔanaʃi

aruɯ otoko gɜ | tomɔdatʃi ni | "ʃkɜ mitajo: nĭ | aʃi gɪ hajaĭ kedamono wa | taĭgaĭ | cizme ga | ftatsuɯ ni waretoruɯjo: ʒă↪" | to juɯ:tă ‖ so:suɯrŭɯ-to tomodatʃĭ wa | "son:akɔta:-arŭɯmaĭ | mma wa | çizme gɜ ç:otsuɯ ʒɜ nonĭ | hăjo: haʃirŭɯ ʒɪ naĭ kă↪" | to juɯ:tă ‖ suɯrŭɯto | mae nɔ ōtoko ga | "mma wa | ç·totsuɯ de sajă | aredake hajaĭ nonĭ | ftatsuɯ at:ara | hajasuɯg:te ʃijɔ: ga aruɯmaĭ" | to juɯ:to | tomodatʃi gɜ mata | "sorenara | ɯʃi wa do: ʒă↪" | to juɯ:tă ‖ suɯrŭɯto | mae no otoko wa ijo-ij omakeŋki ni nat:e | "ɯʃi wa | çizme gɜ wareteot:e sajă | anoĭ ni osoĭ nonĭ | çtotsuɯ ʒat:a-ra | e: ɯgɔkuɯmai zoĭ↪" | to juɯ:tɜ ‖

〔附記〕

◡印は sonancy の少い弱き音。

久しく郷里をはなれてをりましたので，だいぶ方言を忘れてゐました。御指示により郷人について調べましたが，當地方言も現在では大分變化してをりますので，注意して成るべく純粋と思はれる方言で書いてみました。

〔共通轉寫原文〕（小學國語讀本卷六第十三課）

笑　話

或男が，友だちに向つて，「鹿のやうに足の早い獣は，大てい，ひづめが二つにわれて居るやうだ。」と言ひました。友だちは，「そんな事はあるまい。馬は，ひづめが一つだけれども早く走るではないか。」

前の男，「馬は，一つでさへ，あれだけ早いから，二つあつたら，早くて仕方があるまい。」

友だちは，又，「そんなら，牛はどうだ。」

前の男，いよいよ負けぬ氣になつて，「牛はひづめがわれて居てさへ，あの通りおそい。一つなら，とても動けまい。」

(4) 三重縣三重郡羽津村〔四日市市外〕

森　正俊

waraibanaʃi

aru ōtoko ŋɪ tomɔdatʃi ni mukatte ʃkano jɔoni aʃino hajɪi kemono wa taite: hizumeŋɪ ғtatsu ni wareteɪru jɔoda, to iimaʃta. tomodatʃi wa sonna-koto wa aruɯnai, mmɜ wa hizume ŋɜ çitotsu da keredo mo, hajaku haʃiru dewa naika. maeno otoko, mmɜ wa çitotsu de sae aredake hajai kara, ғtatsu attɪra hɪjakte ʃkata ŋɪ aru mai. tomɔdatʃi wa mata, sonnara uʃɪ wa doo da. mae no otoko, ijoijo makenu kiɪi natte, uʃi wa hizume ŋa warete ite saɜ ano tɔori osɔi, çitotsu nara totemo uŋɔke mai.

〔說明〕

朗讀者：正俊次男，森正保（昭和2年6月生）

單語としてのアクセントと，文章としてのイントネイションとは，實際讀ませて聽いて居ると區別がつきませぬ。この事は私が度々御報告申上げた事ですが，只今子供によませてみて一層痛切に感じました。單語としてはアクセントがない（即ちアクセントが平等に分配されてゐる）處の「仕方」〔ʃkata〕の如き語でも，他の語より全體に高く發音せられると「全體にアクセントがある」とも申せませうけれど，又イントネイションの高いのだとも申せるやうです。また，「さへ」といふ語は，單獨には〔sae〕と申しますが，語勢で〔sae〕となつたり，全くアクセントがなくなつたり致します。また同人の朗讀でも遲速によつて，また其時の氣分によつて，アクセントの變つた場合がありました。全く捕捉出來ませぬ。先づ大體の傾向を示し得るに過ぎませぬ，單語としては「橋・箸・端」に各固有のアクセントがあると思はれますものが，文章の中へ入つて，生きた言葉となつて發音されると，その前後の言葉の關係や文全體のイントネイションで，それが全然亂れてしまふのです。全く手のつけやうがありませぬ。

朗讀者正保は，純然たる北伊勢のアクセントを持つてゐます。東京・大阪・名古屋等のアクセントからの影響は最少限度に受けたものと申せませう。なほ，この羽津村のアクセントは，四日市のとも，また隣町富田町のとも極めて徴少ですが相違してゐる事を附記して置きます。

方言の音声転写（3）愛媛県松山市

『音声学協会会報』第四四号、一九三六年、日本音声学協会　一二頁

略語. Atay.=Atayal,　Bis.=フィリッピンの Bisaya,　Bun.=Bunun,
Day.=ボルネオの Dayak,　Jav.=Java,　Mak.=セレベスの Makassar,
Mal.=Malay,　Paiw.=Paiwan,　Pamp.=ルソンの Pampanga,
Puy.=Puyuma,　Sais.=Saisiyat,　Seed.=Seedeq.
Sir.=臺南附近の熟蕃 Siraya,　Tag=ルソンの Tagalog.

發音說明　β, 兩唇摩擦音,　c, 齶部破音,　ɟ, 同上有聲音,　ñ, 同上鼻音,　ç 獨逸語 ich の ch.
ḍ, 反轉音, l̥, l の無聲音,　ɭ, l の反轉音,　ṇ 齶音化した n,　ɹ 摩擦の少い r,　ṣ 齶音化した s, θ, 英語 think の th,　ð 同上有聲音, ? 喉頭部破音,　œ 獨逸語 Göthe の ö, ü,
ĕ 中間母音.

蕃語の單語は主として國際音標文字を用ゐたれども, 蕃族名, 民族名は普通の文字の用法に據れり.

所謂る味盲現象に就て

ドクトル・オブ
フィロソフィー　力丸慈圓

はしがき

同一刺戟物に對しては同一の心的反應を生ずることは, 感覺の範疇に於ては, そして又反應の性質の方面に於ては, 一般に認容された事實であり, 社會萬般の施設慣習儀禮法規等悉く此の前提の下に行はれ作られて居る. たゞ視覺聽覺嗅覺の方面に於て, 或る色音臭等の感覺を缺ぐ少數の人のあることが知られて居るが, それは甚だ少數であり, 例外的存在として取扱はれて居る. 味覺についても, 或る藥品が或人には苦くて, 或人には無味である等のことが屢々報告されては居たが, それは何かの間違によるものとして顧みられずに看過されて來た. 然るに3年前米國の化學者 Fox が, 過然の機會から, 或る化合物が, 或人には非常に苦くて, 或る人には無味であることを知り, 而も此の後者が, 色盲などゝ違つて 30% も 40% もあることを報告したので味覺にも色盲などの場合に似て, 或る刺戟に對する反應を缺損する者が, 實際存在することが判然と解つた. Fox は斯の現象を味盲と呼んだ. 味盲なる呼稱は色盲に相應對照させたものとすれば, 少し當らぬ點もあるが發見者の提唱を尊重して「所謂る味盲」と言つておくことにする.

Fox の用ひた化合物は Para-ethoxy-phenyl-thio-carbamide であつて, 筆者は之と同じ物を, 本大學の有機化學教室野副助教授に依賴して Para-phenetidin から製出して貰つたのである.

テストの方法

上述の有機化合物の粉末結晶を, 乳鉢で入念に摺り, 共の小量を藥包紙に包み, 別に味覺反應記入用カード及び記入法試味法等に就ての印刷注意書を用意し, 之等を1個宛狀袋に入れ, 學童に依賴して家庭に持歸らしめ, 全家族に試味せしめ, 血系, 性別, 年齡別等も, 味覺的反應と併せてカードに記入返戻せしめその結果について, 種々の統計的取扱を試みたのである. 本島人にありては, 小學兒童では, 了解及び

は「…の…する所」といふ風に解釋して，受動詞としない方が適當と考へられる．

a. 働を受ける物が主格となるもので，動詞は働を受ける物を表はしてゐる．此を客體主と名づける．此の動詞は普通 [-ĕn]（方言的に [-in], [-an], [-un] となる）の語尾を有してゐる．

臺灣（食）Paiw. kan-ŭn, Ami ka?n-ŭn, Atay. ŋeq-on.

南洋（食）Tag. kan-in, Bis. kan-on, Ilok. kan-en, Pamp. kan-an, Hova han-in

此に屬する動詞の過去（現在完了）は普通，挿入辭 -in- を用ゐる．此の -in- は蕃語並にフィリッピン語等には常に用ゐられるが，マレイ語には之を缺き，ジャワ語には古形として稀に存するに過ぎない．

臺灣（織つた物）Paiw. c-in-nnun, Atay. ts-in-inun.

（包んだ物）Paiw. ts-in-avo, Atay. s-in-aβo-an

南洋 Tag. t-in-apai 捏ねた物，麵包，Bis. b-in-uhat 作つた物．

Hova t-in-apaka 破られた物，Jav. s-in-atriya 貴族として貴ばれてゐる者

b. 働を行ふ場所が主格となるもので動詞はその場所を表はす，之を位置主と名づける．此の動詞は普通 [-an] の語尾を有してゐる．

臺灣 Paiw. ɟaɟas-an 持つ處，柄，tsuvud-an 湧出す處，泉，Atay. kita-an 見る處．

南洋 Tag. bigy-an 與へる處，貰ふ人，Jav. ka-lampah-an 旅行する處，Hova hosotr-ana 油を塗る處，油を塗つて貰ふ人．

c. 働を行ふに要する器具が主となるもので，動詞はその器具を表はす，之を用具主と名づける，用具主は又用品，原因，理由，方法等を表はす．

臺灣 Paiw. si-tŭkŭl 飲む具，茶碗等，Bun. iʂi-patitikir 釣る具，釣糸，iʂi-kan 飯に添へて食ふ爲の物，魚，Ami sa-?asik 掃く具，箒，Atay. sa-?laka 飛ぶ具，翼．

南洋 Tag. i-pagbili 賣る爲の物，賣品，Bis. i-bigay 與へる爲の物，贈與品，Hova a-hosotra 塗附ける爲の物，油，Mal. i-kan 魚．

Tagalog, Bisaya の接頭辭 [i-] は Paiwan の [si-], Bunun の [iʂi-] に相應するもの，又 Hova の接頭辭 a- は Atayal や Ami の sa- に相應するもので，前に述べた [s] が [h] の轉化であるといふ原則によると，此の [i-], [a-] は本來 [hi-], [ha-] であつたものと想像される．又，Malay の i-kan は Bunun の iʂi-kan と同一語であるが，Bunun では [iʂi-] は用具主の接頭辭として廣く應用されてゐるのに，Malay では接頭辭 [i-] は只此の語のみに固定して，僅に昔の名殘を止めてゐるに過ぎない有樣である．

以上述べた所によつて，蕃語は，一方に於ては，他のインドネシアン語に區別されてゐない音韻を區別したり，又一方に於ては，マレイ，ジャワ等に於て已に失はれんとしつつある語法の形態を，近くはフィリッピン，遠くはマダガスカルの語と共通に保存してゐる點などを考へると，インドネシアン語に於ける蕃語の位置極めて重要なるものであることを認めなければならぬと思ふ．

（臺北帝國大學政學部）

灣の Siraya, Atayal, Saisiyat に [h] があるのとを併せて考へると，私は此の [s] [s̩] は本來 [x] 又は [h] の音の轉化したものであらうと思ふ．尙此の考を裏書するものとして，左の例を擧げることが出來る．

{ 臺灣（綱）Paiw. tsaḷis. Siraya tarych（和蘭綴字）
南洋（綱）Mal. tali, Ilok. tali, Hova tadi.

{ 臺灣（嵐）Ami vaɹius, Atay. balxoi<*baijox?（風）Seed. bəgihoḷ<*bagiḷoh？（風）
南洋（嵐）Tag. bagio, Bis. bagio, Ilok. bagio.

{ 臺灣（甘蔗）Paiw. cŭvus, Ami tŭvus, Bun. si?bus, Siraya tbong<*tbohg（和蘭綴字）
南洋（甘蔗）Tag. tubo, Bis. tubu. Mal. tĕbu.

以上の諸語は，南洋語では凡て語尾の子音を有してゐないが，蕃語の方は，前の例の如く，Paiwan Ami は [s], Bunun は [s̩] Atayal, Siraya は [x] 又は [h] を有してゐる．

以上論じた所によつて Paiwan の [s] がインドネシアンの [h] に相當するものとすると，初めに出した例の luspit（薄い）に對するインドネシアンの nipis は，本來 nixpis 又は nihpis のやうな形を有してゐたものであらうと考へる．

此の外，本來のインドネシアンに存してゐたと思はれる [q]音，又２種の [t] 音に關する考は，「言語と文學」といふ雜誌の第１輯，第２輯に記述したから，此處には省くことにした．

II. 語　　法

語法比較の一例として動詞を擧げる．

蕃語の動詞は一種の動詞名詞にして大體之を２種に分けることが出來る．

A. 働を行ふ者が主格となるもので，此の場合，動詞は其の働を行ふ者を表はしてゐる．之を主體主と名づける．而して其の動詞は普通，接頭辭，又は挿入辭として，[m] を有つてゐる．他のインドネシアン語でも大體同樣の形である．

臺灣（縫）Paiw. ts-ŭm-aqes, Ami mi-ta?is, [t-ŭm-aqets（網をあむ）][1], Bun. ma-taqqaiṣ, Atay. s-ŭm-aqeis.

南洋（縫）Tag. manahi<*man-tahi, Pamp. manai<*man-tai)
[Mal. mĕn-jahit, Hova man-jaitra][1]

臺灣（食）Paiw. k-ŭm-an, Ami k-ŭm-a?n, Bun. maun<*k-m-aun, Atay. maṇeq<*k-ŭm-an-eq

南洋（食）Tag. k-um-ain, Bis. pangaon<*pan-kaon, Pamp. mangan<*man-kan, Mal. ma-kan, Hova h-om-ana

B. 働を行ふに必要な要素が主格となつて，働を行ふ者は屬格の形を取るもので此に３種類ある，普通此を３種類の受動詞と名づけ，「…によつて…せられる」といふ意味に考へられてゐるが，動詞の形式

註 1. 〔 〕內の語は別の語根から出來たもの．

臺灣（一）Paiw. i-ta, Ami tsa-tsa-ai, Bun.（北部）mu-ts?a-n, Bun.（南部）mu-s?a-n, Sais. aha, Atay. min-xa-l（一度）.
南洋（一）Tag i-sa, Pamp. i-sa, Mal. sa-tu, Hova i-sa.

インドネシアンの [s] が Paiwan で [t] となつてゐることは異樣に感ぜられるが，その轉化の途中にある一種の音がルカイに屬する臺東の大南社の語に有る，此は一種の齒間音で，舌尖を少し齒間の外に出し，發音の時舌尖を急に引込める爲に生ずる音である，丁度英語の th を上齒と舌との間で發音した樣な音であるが舌と上齒とが密接する時は破音 [t] の如く聞え，その間に間隙のある時は [θ, (th)] の如く聞え，又舌尖が上唇に觸れる時は [p] の如く聞える，Paiwan の [t] は此の第一の徑路を取つて生じたものと考へられ，又インドネシアンの siku（肘）が Paiwan では piku となつてゐるのは，此の第三の徑路を取つて生じたものと考へられる．

c. luspit（薄い）の語中音 Paiw. [s], Bun. [ʂ], Sais. Seed.（タロコ），Ami（例外）[h]. 南洋語は此の語中音に相應する何等の音を有してゐないのに，蕃語には [s], [ʂ], [h] などの音が現はれてゐる．此は如何なる理由に基くものであらうか，說明の爲に他の例を擧げる．

臺灣（二）Paiw. ḍusa, Ami tosa, Puy. ḍoa, Bun.?duʂa, Sais. roʂa, Atay. rusa, Seed. daha, Sir. douha
南洋（二）Tag. da-lawa<*da-dua, Bis. duha. Mal. dua, Hova roa.

臺灣（四）Paiw. spac, Ami spat, Puy. ?pat, Bun. pa:t, Sais. ʂpat, Atay. sp-aj-ats, Seed. ʂeppat, Sir. hpat.
南洋（四）Tag. apat, Bis. upat, Mal. émpat, Hova efatra.

臺灣（木）Paiw. kasiu, Ami kasui（薪），Puy. kaui, Sais. kahœi, Atay. kahu-ŋeq, Seed. kahuni?, Sir. caiu.
南洋（木）Tag. kahui, Bis. kahoi, Mal. kayu, Hova hazo.

臺灣（汝）Paiw. ti-su-n, Ami i-so, Puy. yoyo<(i-o)-(i-o), Bun. ʂoo. Sais. ʂoo, Atay. i-so, Seed, iʂʂo, Sir. hou（汝の）.
南洋（汝）Tag. iyo<*i-o?（汝の），Hova na-o.

南洋語では普通，中間音を缺くか，又は [y] を有してゐるのに，Bisaya が（二）（木）の語に，Tagalog が（木）の語に [h] を有してゐることは注目に値する，又蕃語の中 Paiwan と Ami とは上揭の四語全部に [s] を有し，Atayal と Saisiyat とは（二）（四）（汝）に [s], [ʂ] を有し（木）に [h] を有し，Bunun は（汝）に [ʂ] を有し，Puyuma は（四）に喉頭破音 [?] を有する外，子音を有してゐない．而して Siraya は（木）の外は皆 [h] を有してをり，又 Atayal でも（二）は普通 [s] を有してゐるけれども Atayal と同族の Seedeq では daha で [h] となつてゐる，又（行く）は Atayal では mosa であるが Maleppa 方言では moha といつて [h] を有してゐる．

此等種々の例を倂せて考へると，此等の四つの詞はその母音の間に本來，何か或る子音を有してゐたものではなからうか，齶音化した [ʂ] は [ç] に近い音であるのと，南洋の Tagalog, Bisaya, 臺

なつてゐる．すると南洋語の〔n〕は蕃語で皆此の通りになつてゐるかといふに必ずしもさうでなくて，蕃語全體に於て南洋語と同じ樣に〔n〕を持つてゐる語も少くない．今後者を（甲）とし前者を（乙）として比較すると左の通りである．

（甲）
臺灣（路）Pâiw. ɟaɭan, Ami ɭaɭan, Puy. daɭan, Yami ɭaɭigan, Tsou tsejonŭ<*tsaɭana, Sais. raan, Atay.（方言）raŋ-eq.
南洋（路）Tag. daan, Mal. jalan, Hova lalana.

（乙）
臺灣（子）Paiw. alak, Puy. walak, Yami anak, Tsou o:ko<*ohoko<*ahaka, Atay. alaqei<*alak-qi
南洋（子）Tag. anak, Mal. anak, Hova zanak.
臺灣（雨）Paiw. qoɟal, Ami oral̥, Puy. odal, Bun. qoʔdan, Tsou ts-um-ojehu（降雨）, <*tsaraha（雨）?, Sais. aʔoral, Atay. qowalax<*qoral-ax
南洋（雨）Tag. ulan, Mal. hujan, Hova orana.

以上の例に於て，南洋語は（甲），（乙）何れも〔n〕を有するに拘はらず，蕃語では（甲）に屬するものは何れも〔n〕を有してゐるが，（乙）に屬するものの中，〔n〕を有するものは，只 Bunun と Yami 丈であつて，他は普通〔l〕（實際の發音は夫々多少違ふ）を有し，Tsou は〔h〕を有してゐる．音韻變化が此樣に規則的な所を見るとインドネシアンに本來2種の〔n〕が有つたものであらうと考へられる．勿論，南洋語には上述の〔n〕の外に〔ñ〕で表はされてゐる音が有つて，Brandstetter 氏の如きも此の〔ñ〕を本來のものとして左の例を擧げてゐる．

The nasal ñ. This is shown to be Common IN by the word añud, "to drift".
To drift. Philippines, Pamp. añud.——Celebes, Mak. añuq——Borneo, Day, hañut——Java, Old Jav, añud——Sumatra, Bĕsĕmah, añot——Malay Peninsula, Mal. hañut. (Indonesian Linguistics p. 83, 1916)

此の語は蕃語では

Paiw. ma-qaluɟ, 水社 mu-qaðul̥, Sais. maʔalor,
Atay. ma-qalui<*ma-qalur<*ma-qalud?

となつてゐるから，無論（乙）に屬すべきものではあるが，上に擧げた（子）（雨）等の例ては南洋語は〔n〕を有してゐるのを見ると，南洋語の〔ñ〕は蕃語の樣に規則的ではない．

b. luspit（薄い）の語末音 Paiw.〔t〕, Ami, Bun.（北部）〔ts〕, Sais.〔h〕, Bun.（南部）, Tsou, Seed.（タロコ），〔s〕．南洋語では Hova の語末音省略の外は何れも皆〔s〕であるのに，蕃語では Bunun.（南部）, Tsou, Seedeq（タロコ）丈は〔s〕で，Saisiyat は〔h〕, Ami と Bunun（北部）は〔ts〕，而して Paiwan は〔t〕を有してゐる．尙他の一二の例を擧げると

臺灣（乳房）Paiw. toto, Ami tsotso, Bun.（北部）tsotso, Bun.（南部）soso, Sais. hœhœ. [Seed. nunuh, Tsou nunuʔu] [1]
南洋（乳房）Tag. susu, Mal. susu（乳汁）, [Hova nono] [1]

註．1,〔 〕內は別の語根の詞，Seedeq, Tsou がマダカスカルと一致してゐる．

インドネシアン語に於ける台湾蕃語の位置

『日本学術協会報告』第一〇巻第二号、一九三五年、二三～二八頁

第 4 部

人文科學

インドネシアン語に於ける臺灣蕃語の位置

小 川 尚 義

獨逸の東洋學者 H. C. von der Gabelentz 氏は和蘭時代に中部臺灣に行はれてゐた熟蕃語 Favorang 語を和蘭の材料によつて研究して其の結果を 1859 年に Ueber die Formosanische Sprache und ihre Stellung in dem Malayischen Sprachstamm (Zeitschrift der Deutschen Morgenländischen Gesellschaft, 13 ter Band) といふ題目で發表してゐる. 其の結論として氏は, 日常普通の單語に於ては, Favorang 語は, 一方には, 他のマレイ語族の單語と一致してゐないものが少くないし, 又一方には, よし單語が一致してゐる場合でも, 其が地理的に近いとか, 又はマレイ語族のどの語に近いとかいふのでなくて, 或る詞は近處の語に, 或る詞は遠方の語に一致してゐるといふ風である, それで單語からでは蕃語の位置を決定するのは困難であるから, 語法の方面を比較せねばならぬとして, Favorlang 語の語法を研究した結果, 語法, 殊に動詞の形態に於ては, Favorang 語はフィリッピンの Tagalog, Bisaya, Pampanga 語に近いことを論じてゐる.

今回私の題目は「インドネシアン語に於ける臺灣蕃語の位置」としておいたが, 蕃語の種類は 20 近くもあり, 又他のインドネシアン語も少くないので, 一々取り立てゝお話する餘裕もないし, 其の上何の蕃語が南洋の何の語に最も近いか, といふ樣なことについても, 今日の場合では, 只紅頭嶼のヤミ語がフィリッピンのバタン語に近いといふ位の事より他はまだ確定してゐないのであるから, 今日は音韻, 單語, 語法の上の著しい二三の點について臺灣の蕃語がインドネシアン語の中で如何なる位置にあるかを説明したいと思ふ. 而して比較の範圍は臺灣では最南の Paiwan, 最北の Atayal を主として, 中部の, Bunun, 東部の Ami 等の材料を取り, 南洋語では主として, 東はフィリッピンの Tagalog, Bisaya, 中部は Malay 西部はアフリカの東, Madagascar の Hova の材料を取つた.

1. 音韻及び單語

音韻單語の比較材料として (薄い) といふ語を擧げる.

臺灣 Paiw. luspit, Ami kohpits, Tsou hipisi
Bun. (北部) ma-niș?bits, Bun. (南部) ma-niș?bis
Sais. lehpeb, Seed. (タロコ) helipis<*libipis

南洋 Tag. nipis, Bis. ma-nipis, Pamp. ma-inpis<*ma-nipis, Mal. nipis, Hova ma-nifi.

a. luspit (薄い) の語頭音 Paiw., Sais., Seed. [l], Bun. [n], Tsou [h], Ami [k], 南洋 [n], 南洋語では何れも皆 [n] であるのに蕃語では Bunun 丈は [n] であるが, 其の他は [l], [h], [k] (例外) と

言語学者・小川尚義とその時代［1］

林　初梅

はじめに

今日、台湾の社会では、「国語」としての日本語が押しつけられた側面から日本統治時代の言語教育政策を批判することもあるが、当時の台湾諸言語研究の成果については積極的に評価し、その成果を継承すべきだという点で共通している。

日本統治時代の台湾諸言語研究において、言語学者・小川尚義（一八六九—一九四七）は最も代表的な人物である。その著名な業績はおよそ、以下の通りである。

『日台小辞典』（一八九八）
『日台大辞典』（一九〇七）
『パイワン語集』（一九三〇）
『アタヤル語集』（一九三一）
『台日大辞典』（上巻：一九三一、下巻：一九三二）
『アミ語集』（一九三三）
『原語による台湾高砂族伝説集』（一九三五：浅井恵倫と共著）
『新訂日台大辞典』（一九三八）

これらはいずれも、今日の台湾社会において高い評価を受けており、現在の台湾諸言語の研究は当時の小川による言語学研究の蓄積がなければ不可能である、といわれるほど、一連の研究成果は重要視されている。

それ故、小川尚義研究には、既に膨大な蓄積があり、しかも現在なお新たな研究が加えられており[2]、筆者もそれらの先行研究から大きな示唆を受けている。しかし、一方で小川の台湾諸言語研究の背景は帝国大学文科大学博言学科（現在の東京大学文学部言語学研究室）の設置時期にまで遡るので、同時代の日本「内地」の言語学研究の潮流を理解しなければならないと考えている。

小川は一八九六年帝国大学文科大学博言学科を卒業しており、言語学者・国語学者の上田万年（一八六七―一九三七）に師事していた[3]。同学科（一九〇〇年から言語学科と改称）を出た言語学者には、小川尚義のほかに金沢庄三郎（一八七二―一九六七）、藤岡勝二（一八七二―一九三五）、新村出（一八七六―一九六七）、橋本進吉（一八八二―一九四五）、伊波普猷（一八七六―一九四七）、小倉進平（一八八二―一九四四）、金田一京助（一八八二―一九七一）、服部四郎（一九〇八―一九九五）がおり、それぞれ大家として後に名を成している。

新村出の「日本でいふと、殊に日本語と同系語とを比較する所の比較言語学を言語学の主要部と考へたがる傾がある」[4]という述懐から、当時の学術風潮がうかがわれる。ここで注目したいのは、日本本土とのあいだの二言語間の音韻法則関係を見出そうとしていた比較言語学の研究が流行っていたということである。そして、そのような研究は、後に上田万年の弟子達によって著しい成果を収め、日本語の系統論に大きな指針を与えたのである。具体的に言えば、日本語の語源を明らかにするために国語を橋本、朝鮮語を小倉、アイヌ語を金田一、琉球語を伊波というふうに手分けをしておのおの道に進ませたと捉えられている[5]。

そのあたりについての研究は安田敏朗の論著が代表的である[6]。安田によれば、上田の欧州留学（一八九〇―一八九四年）以降、紹介的・啓蒙的だった言語学が、この時期弟子たちによって「日本帝国大学言語学」の構想にそいつつ、個別具体的に消化されていったという[7]。安田はさらに当時、そうした考えのなかで日本各地の言語が調査・採集され、「国語」や「標準語」との位置関係が決められていったと指摘している[8]。「日本帝国大学言語学」という表現が適切か否か、賛否両論あるが、当時の言語研究は、日本語の系統を明らかにするための基礎作業、つまりより古い形の言語を再構成するところに重点があったことは否定できない。

ここで、小川は台湾の言語と日本の言語との系統関係を見出そうとしていたのか、という言語学的志向性の問題が浮かび上がってくる。なぜならば、小川は、博言学科から、或いはその周辺から何らかの影響を受けて植民地台湾の言語研究を進めていたのではないか、と筆者には推測されるからである。

そのような問題意識を抱きながら、本論文は、小川と日本「内地」との関わりという視点から、より多角的な小川の言説の読みを進めていきたい。具体的には、小川の台湾諸言語調査・採集が日本「内地」の言語学界と持っていた接点、すなわち、相対的にどのような位置にあって、どのような影響を受けていたかということに注目しながら、小川の学問形成のあり方と言語学的志向を解明することを目指す。筆者は、小川尚義の言語研究とその周辺を軸に、台湾の言語研究を概観することで、当時の日本「内地」において植民地に対してどのような言語観が広がっていたか、という問題もまた一層の解明が進むのではないかと考えている。

なお、本論に入る前に、用語のいくつかについて、ここで暫定的な定義をしておきたい。(1) 参考文献との関係もあり、「台湾語」という時、原則としてマジョリティの閩南語を指す。(2) 閩南語、客家語、原住民諸語の三者を概括していう場合は「台湾諸言語」と呼ぶ。(3)「蕃語」、「高砂語」、「高砂族語」、「原住民語」について特別な説明のない限り、すべては今日台湾でいう原住民諸語を指す。日本領台初期の「蕃語」という表現やその後の「高砂語」、「高砂族語」という表現も、本論文ではなるべく手を加えず、当時の表現のままとする。(4)「南洋語」という用語は、小川論文からの援用であり、マダガスカル語も含むオーストロネシア語族の諸言語を指している。(5)「インドネシア語」と「インドネシアン語」については、いずれも小川論文のなかに現れている表現であるが、今日のインドネシア語と異なって、より広範囲のインドネシア語派の諸言語を指している。

第一節　これまで語られてきた小川尚義の生涯とその功績

これまで小川尚義の生涯とその功績について、知られていることは殆どが馬淵東一の論考に負っている[9]。近年、クリスチャンであった小川の人物像に迫り、小川の信仰、仕事ぶりないし交友関係について言及した論考も著されている[10]。本節ではそれらの先行研究を踏まえながら、小川の生涯とその功績を述べていきたい。

小川尚義（一八六九―一九四七）は愛媛県士族の出身で、その一生を一八九五年に日本が領有した植民地台湾の言語研究に捧げた言語学者である。松山中学校（一八八四年に愛媛県第一中学校と改称）を出た後、旧藩主から育英資金を受け、上京して勉学していた[11]。一八九三年に第一高等中学校を卒業した後、帝国大学文科大学博言学科に入学、そして一八九六年七月に卒業した。

大学卒業後直ちに総督府の官吏として台湾へ赴任した。渡台の経緯については、小川自身の回想によれば、大学卒業を間近にひかえた一八九六年に、上田万年から伊沢修二に紹介され、台湾赴任のことが決定された。すなわち、

> 明治二十九年の春でした、私がまだ大学に居るとき、担任教授の上田万年先生から、君も此の七月には卒業するが、卒業したら一つ台湾へ行つて見ないか、実は台湾の学務部長の伊沢修二先生から、台湾語蕃語の字引を作る為に、言語学専攻の若手を一人よこしてくれとの事であるが。といはれました。私は当時ある事情があつたので、卒業後は支那か何処か外国に行きたいと思つてゐた矢先でしたから、喜んで早速承諾しました。[12]

初代の学務部長であった伊沢は、台湾人に日本語を教える教師を募集するために上京中であり[13]、そのための教科書や応急の日台辞典などの編纂する人材を求め、担任教授の上田万年に依頼があったとのことである[14]。

渡台後の小川は、台湾総督府学務部編集事務嘱託、総督府国語学校教授、総督府民政部学務部編修課長、総督府翻訳官編修官などを歴任し、一九二四(大正十三)年台湾総督府高等商業校長に補される。小川はそれまでは主に台湾総督府の官吏として仕事をしており、その間のもっとも大きな仕事は台湾語辞書の編纂であった。一方、渡台初期には「仮名遣ニ関スル調」[15]、『国民読本参照　仮名遣法』[16]、「仮名遣」[17]などの論考も発表しており、言語学者の立場から、日本領台初期における日本語教育の基盤作りを担い、かつ日本語の普及に尽力したと思われる[18]。

高砂族諸語研究の成果が量的に増えたのは、昭和時代に入ってからのことであった。一九二八年台北帝国大学の創立に伴い、小川は台北帝国大学文政学部言語学教室講師嘱託となったが、二年後の一九三〇年に同教室の教授となった。官吏時代の小川は台湾語辞書の編纂・研究が中心であったが、台北帝国大学教授となった後は、高砂族諸語の調査・採集活動に重点が移った。

高砂族諸語の調査・採集活動の経費には、上山満之進台湾総督(就任期間は一九二六—一九二八年)が退職するにあたって、高砂族研究のために台北帝大に寄贈した多額の資金を利用した。土俗人種学教室と言語学教室とに配分されたその資金を使って、小川は高砂族諸語の実地調査、研究を行った。同研究には浅井恵倫(一八九五—一九六九、当時大阪外国語学校教授)が協力し、二人で手分けして台湾中を調査した。『原語による台湾高砂族伝説集』(一九三五)[19]はその成果であり、文化的にも、言語的にも複雑な台湾人の社会を組織的に調査し、系統的に分類した著作で、一九三六年に恩賜賞に輝いた。また、その実地調査と同時期に刊行された『パイワン語集』(一九三〇)、『アタヤル語集』(一九三一)、『アミ語集』(一九三三)も副次的な成果ではないかと思われる。小川は一九三六年恩賜賞を得る前に定年・退官し、郷里の松山に戻った。その後、浅井恵倫が小川の後任となった。

第二節　学問の土台——帝国大学文科大学博言学科

これまで語られてきた小川尚義は、以上のように台湾語辞書の編纂と高砂族諸語の研究を進めたというものであり、そして、今日の台湾で高い評価を受けているのもその点である。しかし、小川に対する評価は成果の部分のみに限定されており、その言語観と学問形成の理解に踏み込んでいるわけではなく、また当時の日本言語学の分野における位置づけが解明されているわけでもない。そこで、本節では筆者による独自の調査結果を加え、その深層を探るために、帝国大学文科大学博言学科の設置時期にまで遡り、小川の言語学研究の基盤を探ることにしたい。

『東京大学百年史』によれば、一八八六（明治十九）年に新設された帝国大学文科大学博言学科の意義は、当時のヨーロッパの学界における文献学（Philology、当時は博言学と訳した）の重要性が日本においても認められたことのようである。ヨーロッパでは古い伝統を誇る古典文献学に加えて、インドをはじめロマンス・スラヴ・ゲルマンなど、さまざまな領域における文献学的な研究が、十九世紀後半に入ってようやく本格化しつつあった。その気運を助長していたのは、印欧語比較文法という新興の学問であった。それは、古代から現代まで、東はインドから西はヨーロッパの大半の地域にかけて話されてきた多くの言語が、もとは一つの源から分化したものであるという仮定から出発していた。当時、その仮定を実証するためには言語変化を扱う方法論と同時に、各語派の資料の文献学的な整備が必要とされていた[20]。

そうしたヨーロッパの学界の動向が、日本初の文科大学博言学科を設けるきっかけをあたえたと『東京大学百年史』では述べられている。博言学科の時代は短かったが、先述したように、その期間の卒業生には小川尚義のほか、金沢庄三郎、藤岡勝二、新村出など、後に学界で著名となった人たちが多い。言語学科と改称されたのは一九〇〇（明治三三）年で、以降も、橋本進吉、小倉進平、金田一京助、伊波普猷、服部四郎など優れた研究者を続々と輩出し、近代日本の言語学界に多大な貢献をすることになる。

比較言語学は、当時、若々しい気魄に燃えていた。橋本進吉は国語、小倉進平は朝鮮語、金田一京助はアイヌ語、伊波普猷は琉球語というように、言語学界における少壮気鋭の学徒たちが日本語と近隣の諸言語との親族関係を学問的に証明しようとしていた。彼らは日本語の系統・成立、日本人の起源について強い関心をもって研究を進め、そして輝かしい業績を残したのである。後の世代の著名な言語学者・服部四郎も「日本語の系統が未詳であることを知った青年〔引用者注：服部自身のこと〕は、それを知りたいという非常に強い欲求にかりたてられた」と述べている[21]。

では、小川はどうであろうか。東京大学文学部言語学研究室には、小川の卒業論文は保管されておらず、また、卒業論文の論題に関する記録も残っていない[22]。しかし、台湾総督府公文類纂に収められている小川の卒業証書（原本は愛媛県生涯学習センター収蔵[23]）から博言学科在学期間の勉強ぶりを窺うことができる。小川の卒業証書には、下記の科目（（　）内は指導教授）を履修し、試問に合格したことが記されている[24]。

博言学、希臘語、独逸語、声音学、ロマンス語及チユートニツク語比較文法、梵語（Dr. K. Florenz）
博言学、梵語（上田万年）
国語学（物集高見）
支那語（張滋昉）
支那語（宮島大八）
羅甸語（神田乃武）

朝鮮語（魚允迪）
教育学（野尻精一）
哲学概論、西洋哲学史（Dr. R. Koeber）
史学（Dr. Ludwig Riess）
国文学（黒川真頼）
史学（箕作元八）
漢文学（島田重礼）
漢文学（田中義成）
英語（Dr. S. Wood）
心理学（元良勇次郎）

語学面に関しては、上記の卒業証書から分かるように、小川が履修した語学の講義は中国語、韓国語などの東洋諸語から、英語、ドイツ語、ラテン語、さらにはギリシャ語、梵語（サンスクリット語）にまで及んでいた。当時の博言学科には語学の習得に比重がかけられるという傾向があったということであるから[25]、博言学科と呼ばれていたその当時、比較言語学を学ぶ学生にはそれぐらいの多言語の習得が要求されたのである。実際、外国人宣教師シュピンナーの日記によれば「小川〔尚義〕の英語は非常に上手」[26]であった。

学問の面に関しては、小川は言語学者・国語学者の上田万年に師事したことがよく語られる。上田との共通点として先行研究によって挙げられているのは、表音主義、言文一致の主張であった[27]。しかし、それは近代言語学を推進した言語学者たちの学んだ博言学科では、ヨーロッパから影響を受けてそうした言語学の講義がなされていたからではないかと思われる[28]。

上田万年が独仏留学から帰朝後直ちに博言学科担任になったとき、小川は既に二年生として在籍していた。恐らく、生涯を通じて比較言語学の手法を用いて南洋諸語研究をしていた小川の学問は、上田万年よりもむしろお雇い外国人教師フローレンツ(Dr. K. Florenz、一八六五―一九三九)からの影響が大きかったのではないかと考えられる。上記からわかるように、渡台前の小川はフローレンツ[29]に「博言学、希臘語、独逸語、声音学、ロマンス語及びチュートニック語比較文法、梵語」などの科目を学び、直接に西洋人から当時のヨーロッパ言語学の新知識を吸収したと考えられる。

フローレンツが博言学科で講じた内容は現在のところ明かではないが，東京大学百年史には「チェンバレンの辞任後〔引用者注：一八九〇年に辞職〕は、独文学のフローレンツ Karl Adolpf Florenz(一八六五～一九三九)が、今日でいう音声学と、ロマンス語、ゲルマン語の歴史文法を講じている」[30]と記されている。また『言語学雑誌』の「雑報」によれば、一八九八年頃のフローレンツは「ローマンス及びチュートニック語比較文典及び馬来語比較文典」の講演もなされた[31]。そして、小川より学年が二つ下の言語学者・新村出の回想からは，少なくとも新村の在学中には印欧語比較言語学の初歩と，ガーベレンツ譲りの南洋諸語概説が含まれていたことがわかる[32]。ちなみに、フローレンツから比較言語学を学んだ小川のドイツ語もかなりレベルが高かったと推測できる[33]。

渡台後の小川は、「内地」の言語学会、そしてフローレンツとの交流を続けていた。一九〇〇年四月十七日東京で行われていた言語学会大会に出席し、講演がなされたことは特筆すべきである[34]。この講演会では、小川は台湾における①多言語併存、②「国語」(日本語)教育の実態、③ピジン語(台湾語、官話、日本語の三種混合)の現象、を紹介した。それは一八九八年に言語学会の発会式が挙げられて以来初めての講演会だと記録されている。また、先行研究によれば一八九八年に刊行されたフローレンツの論文「Formosanische Volkslieder. Nach chinesischen Quellen. (MOAG Bd. VII)」は、漢訳をもとにした台湾民謡(『台湾府誌』巻十六所載の蕃曲三十三首)の重訳である。主要な語彙については言語学的、民俗学的考察を加えて注釈し、附録として台湾語の発音をローマ字表記して掲載している。同論文には『台湾府志』等に対する村上直次郎の知識や小川尚義の現地調査報告をもとにしていると記されている[35]。

第三節　比較言語学者としての実践

以上のように、小川は比較言語学という新しい学問の影響を受けており、植民地の言語研究を進めたのは、言語の親族関係や日本語系統論などを探るという意図もあったのではないか、と筆者は推測している。しかし、小川はほかの著名な言語学者のような全集は編まれておらず、自伝すら出されていないため、その言語学的志向を探るのは容易ではない。ここでは、異言語に関わる研究活動から小川の学問とその研究関心の解明に接近したいと考えている。

一　台湾語に関して

台湾語に関して、冒頭で述べたように、渡台後の小川が台湾総督府の官吏として勤務していた期間に行った最も大きな仕事は、台湾語辞書の編纂であった。『日台小辞典』(一八九八)、『日台大辞典』(一九〇七)、『台日大辞典』(上巻：一九三二、下巻：一九三二)はその代表作である。

辞書編纂の実態については、『日台大辞典』を例として見てみよう。第五代台湾総督府図書館館長であった山中樵(一八八二—一九四七年、台湾総督府図書館館長の就任期間は一九二七—一九四五年)によれば、小川は、まず大槻文彦氏の『言海』、藤井乙男、草野清両氏の『帝国大辞典』、ヘボンの『語林集成』等に掲げる語詞を中心とし、普通の文章、談話に使用する国語五万を選択して、国語の台帳を作った。また、マゴワン(MacGowan)の『英厦字典』、ダグラス（Douglas）の『厦英字典』等に採録されたものも調査した。そうして様々な辞書を参考して蒐集した資料や語詞を基礎として一語一句を台湾人に質し、十年の苦慮を経て編纂を進めていったという[36]。

台湾語に関しては、辞書のほかに「台湾土語発音法」（一八九九―一九〇〇）[37]、『訂正台湾十五音字母詳解』（一九〇二）[38]などの論考がある。それらは主に発音法や発音字母についての見解が記されている。

一方で、『国民読本参照　仮名遣法』（一九〇二）、「答弁二題」（一九〇七）などの論文は、台湾語文字表記に関する見解が示されており、小川の言語観を反映するものだと見なすことができる。小川は『国民読本参照　仮名遣法』の中で台湾語の仮名表記について論じている。仮名をそのまま用いて台湾語を表記しようとすれば、当然のことながら、仮名では表記しきれない音にぶつかることになる。そのような問題点に対して、小川は、①五十音の一部分、②有気音の符号、③八つの声調の符号など六十余りの記号を用いることによって、台湾語のすべての音が表記できると考えた[39]。

また「之ヲ支那ノ何千トイフ多数ノ漢字ヲ記臆〔ママ〕スルヲ要スル労力ニ比スレバ、其ノ利害ハ、一目シテ之ヲ判別スルコトヲ得ベシ」[40]というように、小川は、漢字学習の大変さをあげて、漢字による台湾語表記の問題点を提起している。そして、宣教師がローマ字を以て台湾語を書き表すことができ、その重要なる理由とは、「彼等宣教師達わ自身で正確に台湾語お発音し、又ロオマ字お用いて自身で正確に之お記すことが出来るということである」[41]と述べ、正確な台湾語発音が重要であると考えていた。小川はローマ字志向ではないが、正確に台湾語を覚えて発音し、そして日本語の仮名遣いを生かして台湾語表記に使うという点からみれば、台湾語に関しても言文一致、表音主義の推進者であった。

しかし、比較言語学者としての小川の言語学的志向性を理解しようとすれば、台湾語系統研究の中で最も重要なのはやはり「厦門語族ニ就テ」（一九〇〇）[42]、「台湾語に就て」（一九〇六）[43]などの論考であろう。前者は各地で話されていた厦門語の音韻の比較で、後者は漢語全体の立場から台湾のいくつかの言語の特質を説明したものである。何れも漢語系統の言語との比較であり、漢語と台湾語を構成する言語諸要素の分析的研究である[44]。なお「厦門語族ニ就テ」は後に『言語学雑誌』に転載され、そして日本「内地」で次のように評価されている。

第二号より、(中略)小川氏の所論の外、学術上の価値があるものは稀であるが、今後進んで、講習法も蒐集法も共に科学的にし、研究法は組織的ならんことを希望し、あはせて有益な資科[ママ]を吾々に供給されんことを願ふ。[45]

つまり、日本「内地」では植民地台湾から寄せられた科学的・組織的な言語研究の情報を非常に期待しており、そして小川の論文を非常に学術上の価値があるものだと評価していた。しかし、日本「内地」で発表された小川の台湾語論考は、「台湾語に就て」(一九〇六)という論文が最後であった。それは、言語学界を牛耳っていた『言語学雑誌』が第三巻までしか発行されなかったということが原因だったとも考えられるが、小川の研究発表の重点が高砂語の方へ移ったことこそ主たる原因ではないだろうか。

以上のように、小川の台湾語研究の一端は諸論考から見て取れ、また、それらが辞書編纂の基盤を形成するものであったことも読み取ることができる。しかし、台湾語と日本語との同質性や異質性に対してどのような認識をもっていたのか、そして、台湾語と日本語との関連性を探ろうとするような意図があったのかどうか、今の所、有力な資料が見当たらないため、その点は不明である。

二　高砂族諸語に関して

一方、小川が台湾語とともに力を注いだ高砂族諸語研究は、言語の系統を構築するような性格を色濃くもっていた。小川が高砂族を中心とする南方民族学の講義を担当したのは、一九一九(大正八)年頃、すなわち台湾総督府高等商業学校（一九二六年から台北高等商業学校と改称）教授兼任時代のことであった[46]。しかし、小川は早い時点から台湾の高砂族言語の研究にも着手していた。一九〇〇年に日本「内地」の『言語学雑誌』に寄稿した「ファボラング語に就て」は小川の言語学研究において大きな位置を占めることになる[47]。言語学者の李壬癸の指摘によれば、小川のフィールドノートのうち、ファヴォラン語が最も豊富かつ貴重な内容を備えている[48]。

しかし、本論文の注目点から言えば、見逃せないのが「蕃語研究の来歴」（一八九九）という論考である。台湾の蕃語研究は世界の言語学界においていかなる位置づけを占めるのか、そしてこれまでどのように取り扱われてきたのか。それらの問題について、同論考の中で小川は大きな関心を示し、さらに、ドイツやオランダを含む様々な西洋人言語学者の「蕃語」研究を取り上げて分析し、とくにドイツの東洋学者・フオン・デル・ガーベレンツ（H.C.von der Gabelentz、一八四〇—一八九三）の研究を高く評価している。すなわち、

> フオン、デル、ガベレンツ氏はハツパルツス氏のフアボラング字典によりて、台湾蕃語を極めて科学的に研究し、其の文法の組織を解剖し之をフイリツピン族、殊にタガラ語の文法に比したり、蕃語研究の燈明台とも云ふべき好論文にして、必ず一読せさるへからさるものなり。[49]

小川は、さらに高砂族諸語研究の終局の目的はこの種の方法を要すると述べている。それらのヨーロッパの比較言語学の先行研究は、恐らく小川にとって高砂族諸語研究の重要な参考書だったのではないかと考えられる。後に「インドネシアン語における台湾蕃語の位置」という論文の中でガーベレンツの名前が再び登場している。やや長文になるが、その内容を紹介しておく。

> 独逸の東洋学者H.C.von der Gabelentz氏は和蘭時代に中部台湾に行はれてゐた熟蕃語Favorang語を和

> 蘭の材料によつて研究して其の結果を一八五九年にUeber die Formosanische Sprache und ihre Stellung in dem Malayischen Sprachstamm (Zeitschrift der Deutschen Morgenländischen Gesellschaft,13ter Band)といふ題目で発表してゐる。其の結論として氏は、日常普通の単語に於ては、Favorang語は、一方には、他のマレイ語族の単語と一致してゐないものが少くないし、又一方には、よし単語が一致してゐる場合でも、其が地理的に近いとか、又はマレイ語族のどの語に近いとかいふのでなくて、或る詞は近処の語に、或る詞は遠方の語に一致してゐるといふ風である。それで単語からでは蕃語の位置を決定するのは困難であるから、語法の方面を比較せねばならぬとして、Favorlang〔ママ〕語の語法を研究した結果、語法、殊に動詞の形態に於ては、Favorang語はフィリッピンのTagalog, Bisaya, Pampanga語に近いことを論じてゐる。[50]

小川はそのようにガーベレンツ[51]の研究手法を高く評価し、さらに「音韻及び単語」「語法」の二つから言語系統を分析する必要があると主張している。同じ主張は、「キビシヨと云ふ語に就て」（一八九九）という論文の中にも現れている。「只単純なる語詞を集め、其類似によりて大早計なる結論をなすことは、尤も〔ママ〕危険なるものなることを知るべし」[52]というように、小川は偶然の類似と、借用による類似と、親族関係に起因する対応とを、確実に見分ける必要があると唱えていた。なぜならば、音韻や語法とは異なり、語彙の類似は二言語間の親族関係を証明する証拠とはならないからである[53]。すなわち、小川は比較言語学の研究方法を徹底的に実践していた慎重主義者であった。

高砂族諸語は如何なる語族に属するのであろうか。次の文には言語学者としての小川にとって高砂族諸語研究の持つ意味がよく現れている。

> 以上述べた所によつて、蕃語は、一方に於ては、他のインドネシアン語に区別されてゐない音韻を区別

したり、又一方に於ては、マレイ、ジャワ等に於て已に失はれんとしつつある語法の形態を、近くはフィリッピン、遠くはマダガスカルの語と共通に保存してゐる点などを考へると、インドネシアン語に於ける蕃語の位置極めて重要なるものであることを認めなければならぬと思ふ。[54]

植民地台湾で高砂族諸語の調査を次々と進めていったのは、インドネシア語派における蕃語の位置づけを探るためであった。そして、それは西洋の比較言語学者のガーベレンツの研究手法を手本にしたと捉えられる。

ここで改めて注目したいのは、一九三六年に恩賜賞を受賞した『原語による台湾高砂族伝説集』[55]である。同書は台湾高砂族の固有言語である十二種の高砂語について、原語によって伝説二百六十三話を採集したものであり、恩賜賞「授賞審査要旨」[56]によれば、小川らが次の点で評価されている。内容の一部を抜粋して整理すれば、以下のようになる。

（一）高砂族の固有言語を記録するに精細なる音声記号を用い、かつこれに逐語訳を施した。
（二）語法及び語源上の解釈を附注し、これに添えるに各伝説の全訳文を行った。
（三）十二種の蕃語伝説集に毎篇、語法概説を附し、各蕃語の種類を三種に分類した。
（四）蕃語とインドネシア諸語との音韻、単語並びに語法を比較し、末に二百七十八個の基準語による各蕃語の単語比較表を附録して各蕃語相互の語彙上の異同を対照明示したのみならず、別に語法分布図一枚を添附して蕃語分布の概観に資した。
（五）本研究が高砂族蕃語の広汎なる範囲にわたって音声学的並びに言語学的研究を尽くした業績として卓越した地位を占めており、今後各蕃語及び同系インドネシア語派の研究に対して極めて重要なる資料を供するものになるに違いない。

以上のように、小川は高砂族言語の系統を構築するような実地調査を進めていた。そして、その調査内容は高砂族諸語とインドネシア諸語との関係を研究するための資料として重要視されていたことも明らかである。但し、授賞要旨の末尾には「本書が各篇の首めに各蕃語の分布を概説し又総説の首めに言語分布図を附載したるにも拘はらず、各蕃語間の相互影響と親近関係とにつきての概観を缺きたるは、聊か遺憾なりと謂はざるべからず。」というコメントもあった。そのコメントから分かるように、小川に対する日本「内地」学界の期待は台湾高砂族語系統論の解明にもあった。言い換えれば『原語による台湾高砂族伝説集』は言語資料集として高い評価を得ていたにもかかわらず、高砂族語の親近関係が未解明という点においては「内地」学界の期待に十分添えなかったと捉えられる。

第四節　小川尚義の南方志向

しかし、筆者の見るところ、小川の言語系統論の構図には、高砂族語間の親近関係のみならず、実はより広範囲のインドネシア語派、そしてオーストロネシア語族との親疎関係を探ろうとするような南方志向の特徴があったことが読み取れる。そしてその南方志向には、さらに二つの可能性があると筆者は考えている。すなわち、単なる南方異文化への探求だったのか、それとも実は日本語、日本人に含まれる南方要素の問題だったのか。本節ではそのような二つの可能性を検証する。

一　南方異文化への探求

「言語学ト人種」（一九〇一）という渡台初期の論考は米国学者・ホイットニーの著書に対する感想を書いたもの

であるが、そこには、小川が民族学者との連携で言語研究の新方向を模索しようとする意志があったことが感じられる。小川は、人種の系統を研究するにあたっての言語学の利点を提起しているが、人間の起源や歴史という問題を解釈していくには言語学と人種学が共に必要であるという立場をとっていた[57]。

実際のところ、小川は台北高等商業学校で担当したのは「民族学」という科目であり[58]、また、民族学者と提携しながら、台湾各地で高砂族諸語の言語研究を進めていった。それらの調査研究の詳細に踏み込むことはしないが、ここで注目したいのは、小川は民族学界への接近によって、日本本土と隔たりのある異民族の言語文化を研究した姿がうかがえるということである。

一九三五（昭和十）年、小川尚義は発起人として日本民族学会を新たに組織するメンバーとなった。日本民族学会の結成の趣旨として、学会誌創刊号には以下のようなことが記されている。

> 我国の民族研究はこれまで多く民俗学の名に於て、主として郷土研究の方向に発展せしめられ、日本残存文化の採集と解説とに貢献するところ多大なるものがあつた。しかし更にこれを綜合大成して、余他の民族文化との特徴を比較し、相互の系統関係を明らかにして、文化の発生から接触伝播の理法を考究することは、海外に於ける民族学の進展からも当然に要求されてゐる。[59]

日本民族学会の成立は、そのように日本国内からの必要性によるばかりでなく、海外における民族学の進展に対応するためであった。しかし異民族文化の比較の必要性を強調する提言には、民俗学からの明らかな離反がある。それは日本国内の多民族問題を研究・解釈しきれないという課題に直面していたからだと考えられる。

柳田国男が唱えた民俗学（フォークロア）は単数民族学で、民族学（エスノロジー）は複数民族学だとしばしばいわれてきた[60]。民俗学は、エスノロジー的な方法ではあるが、フォークロアという言葉を用いて自国の問題を研究するものである。それに対してエスノロジーは、一般に自分の国のことを研究するのではなくて他国のこと、いわゆる未開社会のことを研究する学問である[61]。両者は学問の対象の差異に留まらず、学問の方法と理念とに関わる本質的な対立を含むものであった。

当時は民俗学の視点から言語調査を行っていた日本「内地」の言語学者も少なくなかったが、それに対して、小川は民族学者との連携で、南洋諸語との比較を行っていた。その活動から小川に南方へのこだわりがあったことをうかがうことができる。そのため、小川の台湾諸言語採集・調査・研究は異文化相互の比較研究を行うための複数民族学に属するものだと考えられる。すなわち、日本本土との関連性を狭く限定していないため、日本語系統論志向の言語学者とのあいだに大きな隔たりのあるものであったように感じられる。南方志向という小川の主張には、同時代の言語学者と異なる特徴が現れていた。それは、日本との共通性探しよりも、異文化の探求への方向で高砂族言語の系統論の構築が進められていたからである。

二　高砂族言語系統論の構築

高砂族語の系統論を構築しようという意向を見せたのは、「台湾の蕃語に就て」(一九二三)という論考が最初のものであろう。それまでに「グアム、ヤップ、ウレア、サタワル、カロリン群島漂流人、台湾蕃語の比較」[62]、「タイヤル語の動詞構造と呂宋島のタガラ語との比較」[63]に関する論考もあったが、言語の系統論に関して一つの方向性を見せたのはこの論文であった。小川は台湾蕃語の親類関係について次のように指摘している。

北は台湾から西は亜弗利加東岸の「マダガスカル」、南は「ニユージーランド」東は亜米利加の方によつた「イースター島」から、北は「ハワイ」諸島、又は日本の委任統治になつた「マーシヤル」「カロリン」諸島を含めまして、その言語は親疎の差こそあれ、皆な台湾蕃語の親類であります。[64]

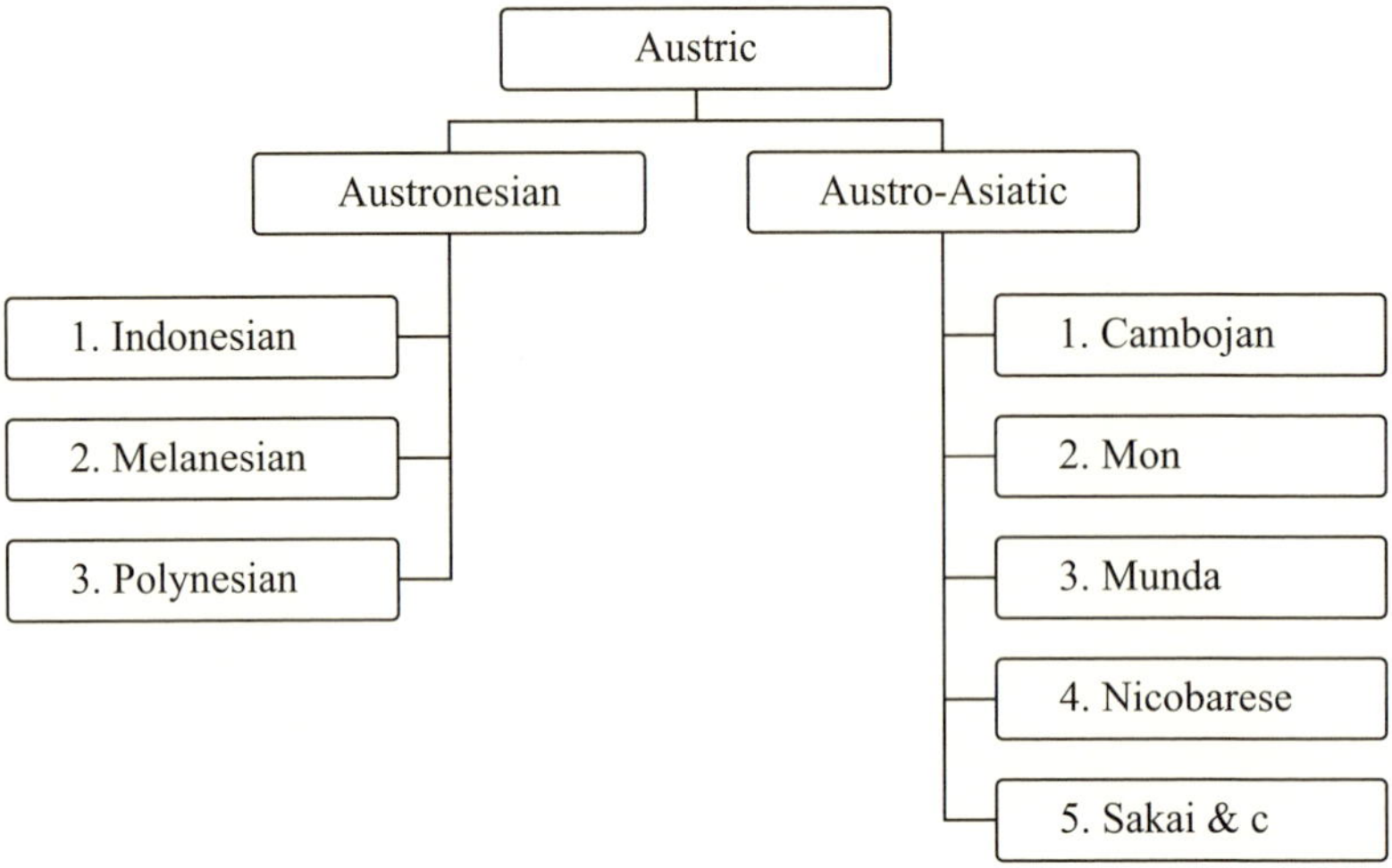

つまり、親疎の差こそあれ、オーストロネシア語のすべては台湾蕃語の親類であるという考えである。同論文では、小川は様々な蕃語を一つの語族だと見なして、細別していないが、オーストロネシア語についてシュミットの説に追随して上図のような構図を唱えている。

同論文では、小川はさらにインドネシア語派の範囲を説明している。すなわち、「「インドネシアン」は「マダガスカル」から馬来半島、蘭領印度の大部分「フィリピン」を含めていひますが、台湾蕃語は矢張り此内に属するのであります」。そのように小川は「インドネシアン」を説明し、そして台湾蕃語がインドネシア語派の範疇に入っていると主張していた。高砂族語系統論の構築は、高砂族語内部の親疎関係のみならず、インドネシア諸語を含む南洋諸語との関連性も小川の視野に入っていたといえよう。

言語の系統を探る方法として小川論文によく取り扱われるのは数詞の分析であった。言語学者にとって数詞の比較研究はしばしば興味深い問題を提供するからであった。数詞の構造は、過去の生活様式、特に計算方法の特殊性を表すとともに、他民族と接触交渉の歴史的事実を刻印したものであるため、言語の系統論や民族の由来を考える上でかなり暗示的な意味を有するのである[65]。小川の論考「数詞ニツイテ」（一九〇五―一九〇七）は、様々な系統の言語を取り上げて、蕃語の特徴を見出そうとしたものである。また、「台湾蕃語の数詞用法の二例」（一九三二）は、計算の思考法や度数の表示法において台湾の蕃語と南洋語との間に一致があることを取り上げ、そのことがただ単語の類似という表面的なものでなく、言語の根本における密接な関係であることを論証したものであった[66]。

言語系統論を探ろうとする小川の論考は、ほかにも数多くあり、枚挙にいとまがないが、ここでは「Calamian語とAgotaya語」（一九四〇）、「台湾高砂族の語に於て『与へる』といふ言葉に就いて」（一九四二）に触れておきたい。この二篇の論考について筆者が注目しているのは以下の内容である。

以上の二語〔引用者注：Calamian語とAgotaya語〕は音韻、並に語形に於て互に著しい類似があり、且又その音韻には一種の特徴があつて、それが又台湾のPaiwan語等と共通した点もある。[67]

私が茲に此の言葉を選んだのは、第一、此の言葉〔引用者注：「与へる」という言葉〕がその形態に於て台湾最北部のAtayal語と、南洋Java語の古代語との間に、共通な点があり（略）。[68]

すなわち、パイワン族のことばは、Calamian語とAgotaya語との共通点があり、またタイヤル族のことば[69]は、ジャワ語の古代語との間に共通点があるということである。小川が高砂族語の系統の解明を台湾島内の言語に求めるだけでなく、広く南洋諸語との比較から両者の関係を説いていたことは明らかである。

ここでさらに注目したいのは、「インドネシア語に於ける台湾高砂語の位置」という論考である。一九四四年の発表で、集大成ともいえる小川生涯の最後のこの論文は、語詞の材料として数詞を取り上げて、高砂語と南洋語とを音韻、形態の上から比較したものである。馬淵によれば、この論文にはいくつか優れた言語学の理論が新たに提起されていた[70]。しかし本論文の分析にとって重要なのは、音韻の特殊性、語詞の特殊性の二点により、高砂族諸語と南洋諸語との親疎関係を論じたという点である。小川は同論文で「数詞を動詞化した活用の形態等に於て台湾の諸語と南洋の諸語との間に相当類似したものを見出すことが出来る」という見解を示したが、それにもかかわらず、なお次のように結論づけたのである。

台湾諸語の中で明らかに南洋に姉妹語を有すと認められるものは、Yami語だけであつて、其他の諸語は南洋の諸語と、程度こそちがへ相当の類似はあるが直接に姉妹的の関係ありと認められるものは現在では未だ見出すことが出来ないといはねばならぬ。[71]

このように小川は、従来台湾高砂族諸語と南洋諸語との間に相当類似したものを見出すことが出来ると示していたが、それにもかかわらず、この時、南洋語と姉妹関係が明らかなのはヤミ語だけだと考えるに至っていた。すなわち、ヤミ語以外の高砂族諸語と南洋語との隔たりが比較的に大きいと主張していたのである。

以上から、とくに一九四四年の発表論文からみれば、小川に高砂語の言語系統をより細分化・構造化しようとした意図があったと捉えられる。また、高砂族諸語の親疎関係を解明するには、台湾島内ばかりでなく、南洋全体の諸言語との比較研究が行われていたという南方志向の特徴も明らかである。ただし、現段階で発見されている論文の範囲では、小川が生涯の歳月を費やして構築しようとした高砂族語系統論の全体像は、到底解明できない状態にあると結論づけなければならない。また、小川にとって系統の解明それ自体が学問としての目的ではなかった可能性も残されている。

三　日本民族・日本語の南方要素

ここで改めて考えてみたいのは、日本語祖語の再構築又は日本人起源論において当時、小川や同時代の言語学者によってどのように論じられていたのか、という問題である。

先述したように、小川は高砂族語とインドネシア諸語との類似性を提起していた[72]。そこでは、日本民族の起源または日本語の系統論にあまり注目していなかったように感じ取れる。しかし、以下の論考をみれば、日本人起源論について小川はやはり関心を持ったのではないかと思われる。その概要は次の通りである。

（一）「日本と南洋」（一九一六）という論考の中で、小川は日本の神話、『日本書紀』などの記述を通して日本と南洋との関係を取り上げている。留学直前の一九一六年に書かれたその論考の中に、小川はさまざまな文献を引用し、「南洋から日本に漂着したものが居る」と指摘し、また、「日本の神話の中に、何か南洋に関係したものはないかと調べたところ、それらしいものを一つ発見した」と述べている。[73]

（二）「ツォウの昔話」（一九三四）という論考のなかで、小川はリサールという学者による昔話の研究を取り上げている。フィリピンの昔話に日本の猿蟹合戦に似たものがあると紹介しているこの論考では、小川の注目点は以下の通りである。第一にこの二つの昔話の結末は同じではないが、その起源はとにかく一つであり、或いは甲は乙の変形に違いない、何れも意地悪い貪欲な猿が同様な役目をしている。第二にその結論として日本の話もフィリピンの話も共にある南国から出たもので後者の方が原始的な形に近いものである。同論考は、小川自身の研究分析ではなかったが、先行研究の見解を通じて「本原は同一であつたのが時と処を異にするに従つて異なつたことを表はす様になつたのではあるまいか」と結論づけている。[74]

資料を日本、台湾の言語に採った以上の小川の論考からみれば、その言語学研究には、日本本土との関連を探ろうとした視点が含まれていた。とくに「本原は同一であつたのが、時と処を異にするに従つて異なつたことを表はす様になつたのではあるまいか」という見解に示されているように、日本と高砂族との関連性の問題が小川の視野に入っていると強く感じられる。

ここで、小川の多くの論文の中に日本や日本語と比較する視点が含まれているということを想起したい。「言語系統の関係は兎に角、計数方法の出発点は同種」[75]ということばから、小川が言語の系統論に関心を持っていたことは否定できない。基礎語彙として重要なものとみなされる数詞を通して分析したのは、日本語の根柢に横たわる南方の要素を解明しようとしていた可能性もあったからではないか、と筆者は考えている。しかし、そうであったとしたら、小川は南方要素についてどのように構想していたのか。

当時、日本語の起源を北方に求める学者が多いなかで、日本語が南方的特徴を保つことを力説した学者もいた。井上哲次郎、松岡静雄、新村出、松本信広[76]、北里蘭[77]、小金井良精[78]がその例である。彼らの主張点は、程度の差こそあれ、日本語の形成・成立に南方要素が何らかの形で参与しているという立場で共通していた[79]。例えば、哲学者・井上哲次郎は日本の言語、民族、信仰などが南方人と根本において一致していると唱えたが、言語学者・新村出は、もともと日本語と南洋語とは、異系統の言語であり、両者のあいだに共通とみられる少数の単語は日本語が南洋語から借用したものであると見ていた[80]。

小川にとって日本語と南洋語とが、親族関係であるのか、それとも単なる借用関係のものであったのか。筆者が見出したすべての論考を通しても、そのことは未だに断定できない。同時代の南方説の言語学者と違って、生涯を台湾諸言語研究に捧げた小川は、日本語の南方的要素を論じるのにもっとも相応しい人物であった。にもかかわらず、その点について明示することはなかった。言語系統論を重んじる時代だからといって、また大東亜共栄圏確立という国家の方向性がある時代だからといって、やみくもにその潮流に追随することがなかったという点からみれば、小川はきわめて冷徹な学者であったといえよう。

第五節　小川尚義の周辺

小川本人による明確な主張が打ち出されないまま亡くなっているため、小川の周辺にいた人たちが同じ問題、すなわち日本語と高砂族諸語をどのように理解していたか、について触れておくべきである。まず第十一代台湾総督・上山満之進について確認しておきたい。小川の高砂族言語研究に資金を提供した上山満之進は日本民族と高砂族との関わりについて次のように述べている。

> この高砂族と吾々大和民族と何等かの血縁なきやは注目すべき問題である。（略）学説に依れぼ〔ママ〕、大和民族の血管には少からず馬来系の血が流れ込んでゐると聞く、或学者は熊襲を以て高砂族と同一なりと説くさうである。或人は逆さに枝を垂らして地中に入る榕樹が台湾で高砂族の神を祭る神木であることゝそれと葉の形の類似せる榊が吾が国では神に手向くる霊木でその名が「さかき」であることゝに深き興味を感じてゐる。阿里山蕃には祖先の一人「マーヤ」が東方に移住したとの古伝説が今に残つてゐる。絶南の孤島紅頭嶼のヤミ族の褌が吾が国の〆込みと同一であることも面白い。[81]

上山は、高砂族が人種学上特に言語学上マレー系に属するという説を踏まえて、日本と高砂族との間には何か深い関係があるのではないかと期待していたのである。

次に、小川の高砂族言語研究に携わっていた浅井恵倫の見方をあげておきたい。浅井は「高砂語は南洋語たるべきすべての条件を具備してゐることは断言できる」と指摘したが、日本語との関係について説明すると、従来のモンゴル系統の北方説とマレー語系統の南方説、二説とも根拠はあまり強固正確なものではないと述べ、さらに次のような見解を打ち出している[82]。

> 最も良心的に云へば、日本語の所属は未だ不明である否寧ろ日本語は他に類のない独特の言葉であると云つてよい。もし独特の孤立した言葉でなければ蒙古語の分れたものだ、南洋語の系統だと云ふやうなケチなものでなく、数多の民族の言語が渾然融合した八紘一宇そのまゝの言語であるかも知れない。何れにしても日本語は日本精神をそのまゝに表象したものである、世界に比類なく又広大無辺の日本語である。こゝに日本語の本質を述べれば、純南洋系統の高砂語との関係も明らかとならう。

浅井の言葉から、次の点が確認される。すなわち、日本語は数多くの言語の混合体であるのだから、高砂族言語との関連性もまたあってしかるべきだということである。上山も浅井も高砂族と日本の文化的・言語的関連性を予想しつつ、両者の共通性を実証しようとしている。それは、高砂語研究を支える一つの原動力となっていたのかもしれない。

日本語と日本民族の南方要素の提起は、先述したように、ほかにもさまざまな論考がみられる。しかし、小川尚義の研究成果に基づいて日本語と高砂族諸語との共通性が本格的に提起されたのは、管見の限り、戦後の一九七〇年代まで待たねばならなかった。

『日本語の語源』という村山七郎の論考は、南島語要素は借用語として日本語のうちに存在するのではなく、日本語の核心部を形成していると主張している[83]。同書は随所に小川の高砂語研究の成果を引用しており、「台湾原住民の言語が特徴的な点で、日本語と共通し、従って、両者のあいだの何らかの起源的関係を暗示している」[84]

と述べ、原始日本語の成立においてオーストロネシア要素の果たした役割を強調している。

こうして、日本語と高砂語との関連性が再提起され、小川の言語学研究の成果には、日本人・日本語の南方要素が潜んでいた一面があると考えられるようになった。ただし、小川はそのような予測を明示はしなかった。付け加えれば、近年の帝国主義批判の対象にならなかったのはそれが原因だったかもしれない[85]。

ここで確かなことは、小川に、すべての高砂族諸言語研究を論文集にして公表する意図があったということである。論文集『古代インドネシア語　音韻ノート（小川尚義論文集）』（一九七六）は昭和期の小川論文をすべて収録したものである。編著者・仁平芳郎によれば、同論文集は、IN（インドネシア）比較言語学の基本から解説したもので、随所に小川の論文を挿入し、かつ仁平自身の研究成果も織り込んでいる。孔版で、しかも五十部しか刷っていないこの論文集が、公表されるに至った理由は、仁平によって次のように語られている。

> このノートを極度に限られた部数で、あえて一切の体裁をかえりみず発表するに至った理由は2つある。その1°は元台北帝大教授、故小川尚義士〔ママ〕から仁平（以下Nと略す）に対して、インドネシア語（以下INと略す）学に関する同氏の〔ママ〕論文類を整理し、再び世に問うべき旨の依頼があったことである。（略）小川士の遺志を果たすべく廃墟の東京の陋屋に山陰の地からはるばる訪ねてみえたのは、小川士未亡人キク刀自であった。深い感動のうちにNはこの懇請を受諾した。[86]

すなわち、論文集の公表は、小川生前からの意志であり、そして遺志でもあったということである。言語の系統論について小川がどのような全体像を抱いていたかは確認できないが、そのような意志があったということは、高砂族諸語研究に対して小川が亡くなるまで強い熱意を持っていたことを示している。

付け加えると、台北帝国大学時代の蔵書は、現在「小川文庫」として台湾大学図書館によって大切に保存されている。二〇一〇年に出版された『国立台湾大学図書館館蔵小川文庫目録』[87]を通して、当時の蔵書の概要を窺い知ることができる。しかし、原住民諸語関係の資料が皆無に近いということを考えると、小川にとって大切な資料や書籍は、退官後直ちに郷里の松山に持ち帰ったのではないかと筆者は推測している。日本敗戦後の引き揚げ者と異なり、帰国の際、小川には図書整理の余裕があったからである。しかし、一九四五年の松山空襲で資料の大半が焼失し[88]、小川文庫の全貌は永遠に解けない謎となっている[89]。

第六節　まとめ

本論文では言語学者・小川尚義の言語学研究を、日本「内地」との関わりという視点から位置づけようとし、同時代の日本「内地」における比較言語学の研究風潮及び小川尚義の学問形成、言語学的志向を跡づけてきた。

小川は、帝国大学文科大学博言学科時代に上田万年に師事していたため、従来、上田との接点が注目されてきた。しかし、小川は帝国大学在学中、上田よりむしろお雇い外国人教師フローレンツ（Dr. K. Florenz）から直接に西洋の比較言語学の知識を学んだ。高砂族諸言語を研究する比較言語学の手本はドイツ人の東洋学者ガーベレンツ（H. C. von der Gabelentz）であった。そして、民族学者との連携で言語研究の新しい方向を模索しようとし、さらに言語学を通して人間種族の相互の関係、人間の起源や歴史などを解明することに大きな関心を示した。台湾語について大きな業績を持っている小川だが、台湾語よりむしろ高砂族諸言語に対する研究関心の方が高かったと捉えられる。

本論文で述べてきたように、小川はインドネシア諸語と高砂諸語を構成する言語諸要素の分析的研究の結果に基づき、それぞれの構造、体系が親族関係を有し、同系の言語であることを、科学的に証明しようとしたのであった。

言語学、民族学の両方に跨った小川が生涯を通して追い続けたのは、高砂族諸言語の系統論についてであった。南方志向という小川の主張には、同時代の言語学者と異なる特徴が現れていた。それは、日本との共通性探しよりも、異文化の探求への方向で台湾諸言語の調査と研究が進められていたということである。恩賜賞を受賞した『原語による台湾高砂族伝説集』は小川の比較言語学の南方志向性を色濃く反映したものであった。

このように小川の系統論の根底にあるのは、十九世紀以来発達してきた言語学における比較方法であった。小川は言語学における比較方法を厳密に適用することの重要性を説き、長い歳月を費やして高砂族語系統論を構築しようとしていた。小川論文に取り上げられた言語の多さや研究分野の広さは、その実証的で重厚な研究姿勢をよく物語っている。ただ残念だが、高砂族語の系統は一朝一夕に解決する問題ではなかった。

一方、日本語系統論の視点もまた小川の視野に入っていたと見られる。比較言語学者としての小川は、多くの論文のなかに、日本や日本語と比較するような視点を込めていた。また、小川の周辺人物には日本文化や日本語との関連という視点から高砂族諸語を捉えようとした側面もあった。上山満之進も浅井恵倫も高砂族と日本の文化的・言語的関連性を強調しつつ、両者の共通性を見出そうとしていた。もしかしたら、小川も高砂族諸語・インドネシア諸語の比較研究を通じ、日本語の祖語とその辿った「道」の解明を試みる構想を抱いていたかもしれない。ただ、この点について、得られる資料が不十分であるため、筆者には判断できない。その解明は今後に委ねなければならない

小川の比較言語学研究の成果は、一九七〇年代になって日本語系統研究に新展開をもたらし、その後の研究の進むべき方法を指し示したと考えられる。小川自身は原始日本語の成立においてオーストロネシア要素の果たした役割について言及していないが、高砂族言語の研究を契機とした小川の言語学には、戦後における日本語の南方起源論の再提唱を促した側面があることは否定しがたい。しかしながら、小川が最後まで断定しなかったこと

は重要であり、南方起源説は小川を越えた根拠を提示することが求められている。

小川の言語学は、総体として日本本土との共通性探しよりも、南方の異文化への探求を強く志向するものであった。その南方志向の背後には、日本語の南方起源説というもう一つの学説の可能性も潜んでいた。それ故、小川の台湾諸語研究も、ある種の語源探求の研究であったのかもしれない。その言語学の評価は、単に、台湾諸言語研究の開拓者であり、辞書という形で記録を残した、というだけに止まるものではなく、今日の言語学に今なお大きな研究課題を投げかけているのである。

小川尚義（旧氏名：丹下尚義）略年譜

一八六九（明治二）年三月二一日（旧暦では二月九日）に生まれた。
原籍：松山市出淵町一ノ二七
一八七二（明治五）年　松山・御宝町七七番地の小川武一の養子となった。
一八九三（明治二六）年六月九日　第一高等中学校卒業
一八九三（明治二六）九月　帝国文科大学博言学科入学
一八九六（明治二九）年七月十日　帝国文科大学博言学科卒業
一八九六（明治二九）年十月二六日　台湾総督府学務部編集事務嘱託
一八九九（明治三二）年三月二九日　台湾総督府国語学校教授
一九〇一（明治三四）年五月七日　台湾総督府編修官
一九〇五（明治三八）年九月三〇日　台湾総督府国語学校教授兼任
一九〇九（明治四二）年六月四日　台湾総督府視学官兼任

一九一一（明治四四）年十月十六日　台湾総督府民政部学務部編修課長
一九一六（大正五）年九月四日　「印度支那語族」及び「馬来ポリネシヤ語族」の言語研究のため、一年間「支那」、「印度支那」、「印度」及び「南洋諸島」へ留学
一九一八（大正七）年四月二三日　台湾総督府翻訳官兼編修官
一九一九（大正八）年九月十六日　台湾総督府高等商業教授兼任
一九二四（大正十三）年十二月十九日　台湾総督府高等商業学校長
一九二四（大正十三）年十二月二四日　依願免本官
一九二五（大正十四）年四月七日　台湾総督府図書編修事務嘱託
一九二八（昭和三）年三月十七日　台北帝国大学文政学部講師嘱託
一九三〇（昭和五）年三月十二日　台北帝国大学文政学部教授
一九三六（昭和十一）年三月二三日　依願免本官
一九三六（昭和十一）年　郷里の松山に戻る。
一九三六（昭和十一）年六月一日　恩賜賞授与（『原語による台湾高砂族伝説集』）
一九四七（昭和二二）年　松山市で没、享年七八歳。

注

1　本稿は日本台湾学会第一三回学術大会報告論文（二〇一一年五月二九日、於早稲田大学）「小川尚義の言語学とその時代――日本「内地」の視点からみた台湾諸言語採集・調査活動」に修正・加筆をしたものである。学会発表の時、コメンテーターの土田滋氏（元東京大学文学部教授、元順益台湾原住民博物館館長）からご教示を賜った。また、修正・校正の段階で、法政大学兼任講師・田上智宜氏からご助言、ご助力をいただいた。記して感謝の意を表したい。

2　例えば、馬淵東一「故小川先生とインドネシア語研究」『民族学研究』第一三巻第二号、一九四八年、日本民族学会協会、六二—七一頁。浅井・小川未整理資料の分類・整理・研究プロジェクト（代表＝土田滋）／三尾裕子・豊島正之編『小川尚義・浅井恵倫　台湾資料研究』二〇〇五年、東京外国語大学アジア・アフリカ言語文化研究所。国立台中教育大学編『台湾語言学一百周年国際学術研討会—紀念語言学先駆小川尚義教授』（国際シンポジウム論文集、二〇〇七年九月八、九日、国立台中教育大学主催）。李壬癸『珍惜台湾南島語言』二〇一〇年、前衛出版、七七—一一二頁など。

3　上田は一般には西洋の言語学を積極的に取り入れ、標準語や仮名遣いの統一化に尽力した功績が大きいと評価されているが、「国語」（日本語）という思想を創設し、言語学を以て「国語」の思想を支えたとして、イ・ヨンスクから批判を受けている。イ・ヨンスク『「国語」という思想—近代日本の言語認識』一九九六年、岩波書店。

4　新村出『言語学概論』一九三三年（引用は新村出『新村出全集』第二巻、一九七七年、筑摩書房、三四頁）。

5　服部四郎「金田一京助先生と文化勲章」『河北新報』一九五四年一〇月一八日（引用は服部四郎『一言語学者の随想』一九九二年、汲古書院、一〇五頁）。

6　例えば、安田敏朗『植民地のなかの「国語学」—時枝誠記と京城帝国大学をめぐって』一九九七年、三元社。安田敏朗『金田一京助と日本語の近代』二〇〇八年、平凡社など。

7　安田敏朗『日本語学は科学か—佐久間鼎とその時代』二〇〇四年、三元社、三二一頁。

8　安田敏朗『〈国語〉と〈方言〉のあいだ—言語構築の政治学』一九九九年、人文書院。

9　前掲2、馬淵東一（一九四八）。同文は馬淵東一『馬淵東一著作集』第三巻、一九七四年、社会思想社、四八五—五〇〇頁にも収録されている。

10　土田滋「小川尚義とキリスト教」前掲2『小川尚義・浅井恵倫　台湾資料研究』二〇〇五年、三〇三—三一一頁。酒井亭「小川尚義—ある偉大な台湾語学者と故郷・松山」『ふぉるもさ』五号、一九九四年、二一—八頁。酒井の論文には俳人の正岡子規との親交がかなり詳しく紹介されている。筆者の調査では一九七七年、講談社によって刊行された

『子規全集』第十八巻〔書簡一〕、一三〇頁、三九五頁には子規より小川宛の書簡が二通収録されている。また『子規全集』別巻一〔子規あての書簡〕、一九七七年、講談社、一一七―一一九頁には小川より子規宛の書簡が四通収録されている。そして『子規全集』第二十二巻〔年譜資料〕、一九七八年、講談社、一三一―二六三頁にも東京にいた二人の交流が記されている。これらの資料は子規との親交を如実に物語っている。

11 小川晴江『米そして五十年』一九九九年、風媒社、四一頁。

12 小川尚義「三十年前の思ひ出」『台湾教育』二七二号、一九二五年、一〇―一四頁。

13 所澤潤「台湾における近代初等教育創始の記録―台北市士林国民小学所蔵『八芝蘭公学校沿革誌』(二)」『群馬大学教育実践研究』第一九号、二〇〇二年、群馬大学教育学部附属学校教育臨床総合センター、四一五―四三九頁。

14 ただ、渡台後の小川と伊沢の二人の間には仮名遣いの問題にはっきりとした対立点が見出せると冨田が指摘している。この点は冨田哲「統治者の言語学―日本統治時代初期台湾での言語研究と言語教育」名古屋大学大学院国際開発研究科博士論文、二〇〇〇年、六七―七五頁に詳しい。

15 小川尚義「仮名遣ニ関スル調」『国語研究会会報』一九〇〇年、一二―四一頁。

16 『国民読本参照　仮名遣法』は一九〇二年に台湾総督府民政部総務局学務課から刊行されたが、緒言は「一、本書ハ曩ニ国民読本編修ノ際ニ当リ台湾ニ適用スベキ仮名遣ニ関シ当時嘱托小川尚義ヲシテ調査セシメタルモノナリ。二、国民読本話方教材等ハ凡テ此ノ仮名遣法ニヨリテ編成セラレタルモノナルガ故ニ本島公学校ニ於ケル国語綴方ノ標準ヲ示シ教授ノ参考ニ供センガ為メニ此書ヲ印刷ニ附セリ」とある。

17 小川尚義「仮名遣」『台湾教育会雑誌』第三九号、一九〇五年、四六―四八頁。

18 このあたりの研究は冨田哲の論文が示唆的である。冨田哲「日本統治時代初期台湾における日本語研究―国語教授研究会および小川尚義の研究について」『日本語教育』九九号、一九九八年、九六―一〇七頁に詳しい。

19 台北帝国大学文政学部言語学教室『原語による台湾高砂族伝説集』一九三五年、刀江書院。

20 東京大学百年史編集委員会編「第五章　第三類（語学文学）」『東京大学百年史　部局史一』一九八六年、東京大学出版会、六八八頁。

21 服部四郎「はしがき」『日本語の系統』一九五九年、岩波書店、iii頁。

22 二〇一〇年頃、一橋大学図書館を通して東京大学文学部言語学研究室に問い合わせた返事による。筆者自身が二〇一二年四月二六日に東京大学文学部言語学研究室を訪問・調査したときも同じ回答を得た。

23 愛媛県教育委員会『愛媛人物博物館—愛媛ゆかりの偉人たち』二〇一〇年、愛媛県生涯学習センター、一六四頁。

24「小川尚義（任台北帝大教授：俸給：勤務）」『台湾総督府公文類纂』一九三〇年三月一日、国史館台湾文献館所蔵、デジタル化資料番号：00010059073066２。

25 前掲20、東京大学百年史編集委員会（一九八六）、六九〇頁。

26 シュピンナー著／H・E・ハーマー編／岩波哲男・岡本不二夫訳『明治キリスト教の一断面—宣教師シュピンナーの『滞在日記』』一九九八年、教文館、二二八頁。

27 蔡茂豊「小川尚義と台湾の日本語教育」前掲2、国立台中教育大学編（二〇〇七）。林美秀「日本統治時代における日本語・台湾語対訳資料についての研究」岡山大学文化科学研究科社会文化学専攻博士論文、二〇〇八年。

28 たとえば、上田の恩師にあたるお雇い外国人教師・チェンバレン（一八五〇—一九三五）は口語・言文一致を重視した人物である。この点については山本正秀（一九七七）「上田万年博士と言文一致」近代語学会編『近代語研究　第五集』武蔵野書院、六二五—六四八頁が詳しい。

29 ドイツ人学者のフローレンツは一八八八年来日。東京帝国大学で二五年間（一八八九〜一九一四）にわたって教鞭をとった。佐藤マサ子「カール・フローレンツ年譜考証」青木和夫先生還暦記念会編『日本古代の政治と文化』一九八七年、吉川弘文館、六一一—六六三頁。

30 前掲20、東京大学百年史編集委員会（一九八六）、六九〇頁。

31「雑報：文科大学に於ける語学」『言語学雑誌』第一巻第一号、一九〇〇年、冨山房雑誌部、一二〇頁。

32 新村出「わが学問生活の七十年」『思想』一九五五—一九五六年（引用は『新村出全集』一九七七、筑摩書房日本、二九四頁)。

33 前掲32、新村出(一九七七)二七六頁。新村出の回想によれば「一般の学生向きに、講壇では英語が主であつた。ケーベル先生の哲学にしても、その希臘語学にしても、(フローレンツ先生のは、ドイツ語ばかりであつたかもしれぬが、)大抵は英語が主であつたから、リースさんの史学も、プリントは英語であつた。」

34 「雑報:言語学会大会」『言語学雑誌』第一巻第四号、一九〇〇年、八三―八六頁、冨山房雑誌部。

35 前掲29、佐藤マサ子(一九八七)六三四―六三五頁。

36 山中樵「台日大辞典の完成と共活用」『台湾教育』第三七〇号、一九三三年、八五―八九頁。

37 小川尚義「台湾土語発音法」『台湾総督府国語学校校友会雑誌』第一号~第四号、一八九九―一九〇〇年。

38 台湾総督府民政部学務課『訂正台湾十五音字母詳解』一九〇一年。

39 前掲16、台湾総督府民政部総務局学務課(一九〇二)、五八頁。

40 前掲16、台湾総督府民政部総務局学務課(一九〇二)、五八頁。

41 小川尚義「答弁二題」『台湾教育会雑誌』第六六号、一九〇七年、二八―三三頁。

42 小川尚義「厦門語族ニ就テ」『台湾土語叢誌』第二号~第三号、一九〇〇年、台北、博文堂。

43 小川尚義「台湾語に就て(一)」『台湾協会会報』一九〇六年三月号、台湾協会、一―六頁。小川尚義「台湾語に就て(二)」『台湾協会会報』一九〇六年四月号、台湾協会、八―一三頁。

44 洪惟仁「小川尚義与高本漢漢語語音研究之比較」『台湾史研究』第一巻第二期、一九九四年、中央研究院台湾史研究所、二五―八四頁に詳しい。

45 「雑報:台湾土語叢誌 台北 博文堂発行」『言語学雑誌』第一巻第四号、一九〇〇年、一〇七頁。なお小川が『台湾土語叢誌』(二)(三)を寄贈したことは第一巻第四号の一一九頁、第一巻第六号の八七頁に記録されている。

46 前掲2、馬淵東一(一九四八)七〇頁。

47 なお、前掲2、馬淵東一(一九四八)によれば、小川はインドネシア系の高砂族諸語について既に台湾赴任に先立って『王立亜細亜協会雑誌』その他に散見する海外学者の古い論文等を参照していた。

48 李壬癸「小川尚義の台湾言語研究への貢献」公開講演会――台湾原住民研究の軌跡――日本統治時代から今日まで（二〇〇五年三月二五日・東京外国語大学アジア・アフリカ言語文化研究所）。

49 小川尚義「蕃語研究の来歴」『蕃情研究会誌』第二号、一八九九年、蕃情研究会、五頁。

50 小川尚義「インドネシアン語に於ける台湾蕃語の位置」『日本学術協会報告』第十巻第二号、一九三五年、二三頁。

51 ガーベレンツは、十九世紀の東洋学者であり、その学識の広さから言えば、十九世紀をリードした言語学者の一人であったといっても過言ではない。残念ながら五十歳余りで亡くなったため、同時代の言語学者ソシュールほどには二〇世紀の言語学に大きな影響を及ぼすことがなかったが、当時の上田万年が留学先のドイツで彼に出会い薫陶を受けたことも知られている。ゲオルク・フォン　デァ　ガーベレンツ著／川島淳夫訳『言語学』（原書：Georg von der Gabelentz, Die Sprachwissenschaft. Leipzig 1891. T.O. Weigl Nachfolger, 1. Aufl. 初版1891年、第二版1901、復刻版(1969, 1984)）二〇〇九年、同学社、五〇一頁を参照。

52 小川尚義「「キビショ」と云ふ語に就て」『にひたか』第二号、一八九九年、にひたか社、八頁。

53 前掲21、服部四郎（一九五九）（引用は服部四郎『日本語の系統』一九九九年、岩波書店、二七頁）によれば、二つあるいはそれ以上の言語の最も確実な比較研究は、語彙全般的比較から音韻の対応を明らかにし、音韻法則を帰納し、それに基づいて文法的諸要素の対応を明らかにするものでなければならない。

54 前掲50、小川尚義（一九三五）、二七頁。

55 台北帝国大学土俗人種学研究室『台湾高砂族系統所属の研究』一九三五年、刀江書院と共に一対の書籍として出版された。

56 「小川尚義君著「原語による台湾高砂族伝説集」に対する授賞審査要旨」一―二頁。日本学士院のサイトhttp://www.japan-acad.go.jp/pdf/youshi/026/ogawa.pdf（二〇一二年五月七日検索）にも公開されている。

57 小川尚義「言語学ト人種」『台湾教育会雑誌』第一号、一九〇一年、二五―三四頁。小川尚義「言語学ト人種（続）」『台湾教育会雑誌』第二号、一九〇一年、一五―二三頁。小川尚義「言語学ト人種（続）」『台湾教育会雑誌』第三号、一九〇一年、二一―二六頁。

58 台湾総督府台北高等商業学校『台北高等商業学校一覧』一九三六年、四七頁。

59 「学界彙報：日本民族学会設立趣意書」『民族学研究』第一巻第一号、日本民族学会編、二一九頁。

60 馬淵東一「民俗学と民族学」『馬淵東一著作集』補巻一、一九八八年、社会思想社、一四〇頁。

61 川田稔『柳田国男　その生涯と思想』一九九七年、吉川弘文館、九五頁。

62 小川尚義「カロリン群島土人の詞」『台湾教育会雑誌』第八七号、一九〇九年、一〇―一三頁。

63 小川尚義「タヤル蕃語の動詞の構造」『台湾教育会雑誌』第一一〇号、一九一一年、九―一一頁。

64 小川尚義「台湾の蕃語に就て」『台湾時報』第四九号、一九二三年、台湾総督府台湾時報発行所、六―一三頁。

65 金田一京助「数詞から観たアイヌ民族」須田昭義編『日本民族』一九四〇年、岩波書店、二五九―二六〇頁。

66 小川尚義「数詞ニツイテ」『台湾教育会雑誌』一九〇五―一九〇七年、第四二号（九―一一頁）、第四三号（一一―一五頁）、第六三号（五―八頁）、第六四号（六―九頁）。小川尚義「台湾蕃語の数詞用法の二例」金沢博士還暦祝賀会／岩橋小弥太『金沢博士還暦記念　東洋語学乃研究』一九三二年、三省堂、五七三―五七九頁。

67 小川尚義「Calamian語とAgotaya語」安藤教授還暦記念会編『安藤教授還暦祝賀記念論文集』一九四〇年、三省堂、一二一五頁。小川によれば、Calamian語はフィリピン群島の一つであるPalawan島のCalamian州の言語であり、Agotaya語はPalawan島とPanay島との間にある小さな島で使用されている言語である。

68 小川尚義「台湾高砂族の語に於て『与へる』といふ言葉に就いて」日本語学会編『言語研究』第十、十一号、一九四二年、三省堂、一頁。

69 小川によれば「タイヤル」は固有の「アタヤル」から転訛したものである。詳しくは小川尚義「タロコの伝説」台湾総督府博物館編『創立三十年記念論文集』一九三九年、台湾博物館協会、一六五―一七五頁を参照されたい。

70 前掲2、馬淵東一（一九四八）。
71 小川尚義「インドネシア語に於ける台湾高砂語の位置」太平洋協会編『太平洋圏　民族と文化　上巻』一九四四年、河出書房、四五一―五〇二頁。
72 小川尚義「台湾蕃語の数詞用法の二例」金沢博士還暦祝賀会／岩橋小弥太『金沢博士還暦記念　東洋語学乃研究』一九三二年、三省堂、五七三―五七九頁という論文も高砂語と南洋語の類似性を主張している。
73 小川尚義「日本と南洋」『台湾教育』第一七三号、一九一六年、二八―三〇頁。
74 小川尚義「ツォウの昔話」『科学の台湾』第二巻第三号、一九三四年、台湾博物館協会、三―四頁。
75 前掲71、小川尚義（一九四四）四六二頁。
76 松本信広「日本語と南方語との関係」『民族学研究』第一三巻第二号、一九四八年、日本民族学協会。
77 北里闌『日本語の根本的研究』一九三三年、紫苑会。北里闌「日本語源と蕃族との関係に就て」『台湾時報』一九二二年一二月号、六―二四頁。
78 小金井良精「日本民族中の南方要素の問題に就て」『人類学雑誌』一九三六（昭和一一）年第五一巻第六号（通編第五八四号）一―六頁。
79 この点については亀井孝ほか『日本語の歴史一』二〇〇六年、平凡社、一八七―二〇八頁が詳しい。
80 新村出「南方と日本民族―特に言語上から」『京都帝国大学新聞』一九四二年二月五日及び「南方語との親縁―最近約二十年間の成果」『東京朝日新聞』一九四二年四月二一日（引用は新村出『新村出全集』第二巻、一九七七年、筑摩書房、四四〇―四四四頁）。
81 上山満之進『上山満之進』下巻、一九四一年、上山君記念事業会、成武堂、一〇六八頁。
82 浅井恵倫「二つの問に」『台湾警察時報』第二九〇号、一九四〇年、台湾警察協会、一〇四頁―一〇九頁。
83 村山七郎『日本語の語源』一九七四年、弘文堂、vii頁。
84 前掲83、村山七郎（一九七四）xxii頁。

85 安田敏朗『日本語学は科学か―佐久間鼎とその時代』二〇〇四年、三元社、三二頁。

86 仁平芳郎「古代インドネシア語　音韻ノート（小川尚義論文集）」一九七六年、アド・インスチュートk.k.出版。仁平芳郎は一九一八年に台湾に生まれ、一九四一年に東京大学文学部言語学科卒業。その後、台北帝国大学でインドネシア言語学研修を経て一九四三年から台北帝国大学南方人文研究所に勤務。ただし、同書の序文によれば、仁平は小川と会ったことがない。

87 陳雪華ほか『国立台湾大学図書館館蔵小川文庫目録』（台湾大学特蔵文庫目録二）、二〇一一年、国立台湾大学図書館。

88 前掲11、小川晴江（一九九九）、一五―一九頁。

89 李壬癸／土田滋訳「南山大学所蔵・小川尚義による台湾原住民諸語資料」『人類学研究所通信』第八号、二〇〇〇年、南山大学人類学研究所、二―七頁には、小川資料の一部（ノート類、殆どは原住民諸語の資料）は、南山大学が所蔵していることが紹介されている。所蔵の経緯は明確にされていないが、二〇一二年一月六日に筆者は、尚義の孫である小川克郎氏から以下の内容のメールをいただいた。

「尚義の資料・論文・著作類で戦災を免れたものは小川家には残っておらず，全て名古屋の南山大学の言語関係の部署にあるものと思われます。昭和二六―二七年頃名古屋の私の家（名古屋城の一角の当時の名大本部の官舎）に在ったものは全て南山大学に寄贈しました。軽トラックで当時の南山大学学長（イギリス人?：父太郎の友人）がいらして私の部屋の押し入れに置いてあったものと名大教育学部の父の研究室においてあったものを持ち帰りました。私は荷運びを手伝ったので良く覚えています。」

また、言語学者・土田滋氏からも以下の情報をいただいた。

「古いノート類などはすべて浅井恵倫教授が預かり、しかし浅井が直接持ち出すことはできなかったので、親交があったアメリカ人の外交官 George H. Kerr に依頼し、それらのノートその他の本をいったんアメリカに送ってもらい、アメリカから日本に送り返してもらった。しかし全部は返ってこなかった。何が返されなかったのかは不明である。返されたものはすべて浅井先生の平塚のご自宅の庭に建てられた書斎に置かれてあった。土田も平塚のお宅には何度か伺ったが、その書斎に入れてもらったことはないから知らなかった。浅井先生が一九六九年に亡くなった後、書斎に残っていた一切合切を東京外大アジア・アフリカ言語文化研究所が百万円で買い取ることになり、数名で初めて書斎に入って貴重なノート類が山ほどあるのに気がついたのである。しかし貴重なのはそれらのノート、カード類だけであり、書籍はほとんどすべて戦後浅井先生が買い求めたものだった。これで全部かと思っていたら、二〇世紀の終わりになって南山大学に何箱かの浅井先生の遺品と思われるものが見つかり、調べるとそこにもノート類が残されていた。浅井先生が南山大学の研究室に持ち込んだものと思われる。

Kerr に依頼してアメリカに送ったという話は、平塚で資料を箱詰めしていたときに日本で浅井先生と親しくしていた林衡立さんから聞いた。」

本書収録小川尚義著作・参考資料の一覧

	発表年・月	論文タイトル	掲載誌名・巻号・発行所・頁数
	一八九九・四	蕃語研究の来歴	『蕃情研究会誌』第二号、蕃情研究会、一—六頁
☆	一八九九・一一	「キビシヨ」と云ふ語に就て	『にひたか』第二号、にひたか社、七—八頁
	一八九九・二	小川文学士ノ台湾土語発音法	『台湾総督府国語学校校友会雑誌』第一号、四四—四九頁
	一八九九・八	台湾土語発音法（承前）	『台湾総督府国語学校校友会雑誌』第二号、一二—一五頁
	一八九九・一一	台湾土語発音法（承前）	『台湾総督府国語学校校友会雑誌』第三号、五—八頁
	一九〇〇・三	台湾土語発音法（承前）	『台湾総督府国語学校校友会雑誌』第四号、一九—二二頁
	一九〇〇・一	仮名遣ニ関スル調	『国語研究会会報』八—三七頁
☆	一九〇〇・一	鼠の説	『にひたか』第七号、にひたか社、六—八頁
	一九〇〇・二	厦門語族ニ就テ	『台湾土語叢誌』第二号、台北 博文堂、一—五頁
	一九〇〇・三	厦門語族ニ就テ（承前）	『台湾土語叢誌』第三号、台北 博文堂、一—五頁
☆	一九〇〇・三	仮名遣に就て	『にひたか』第一一号、にひたか社、六—七頁
	一九〇〇・五	厦門語族に就て	『言語学雑誌』第一巻第四号、冨山房雑誌部、三二—三八頁
	一九〇〇・七	厦門語族に就て（承前）	『言語学雑誌』第一巻第六号、冨山房雑誌部、三〇—三八頁
	一九〇〇・一一	「ファボラング」語に就て	『言語学雑誌』第一巻第一〇号、冨山房雑誌部、一—一〇頁
	一九〇一・五	「ファボラング」語に就て（承前）	『言語学雑誌』第二巻第二号、宝永館書店、一三—二七頁
	一九〇一・七	言語学ト人種	『台湾教育会雑誌』第一号、二五—三四頁

	一九〇一・九	言語学と人種（続）	『台湾教育会雑誌』第二号、一五―二三頁
	一九〇一・一二	言語学ト人種（続）	『台湾教育会雑誌』第三号、二一―二六頁
	一九〇一・一一	字音ト土語ノ音	『台湾土語叢誌』第九号、台北 博文堂、一―三頁
	一九〇二・三	国民読本参照　仮名遣法	台湾総督府民政部総務局学務課『国民読本参照　仮名遣法』台湾日日新報社、全五九頁
	一九〇二・三	キビシヨと云ふ語に就て	『台湾慣習記事』第二巻第三号、台湾慣習研究会、五〇―五三頁
	一九〇二・一一	言語上一種ノ顕象	『台湾教育会雑誌』第八号、二一―二五頁
	一九〇二・一二	言語上一種ノ顕像〔ママ〕（承前）	『台湾教育会雑誌』第九号、八―一〇頁
☆	一九〇三・九	「マルコ、ポーロ」の伝	『台湾教育会雑誌』第一八号、三五―三九頁
☆	一九〇四・七	満洲ノ文字	『台湾教育会雑誌』第二八号、二一―二五頁＋図
	一九〇五・六	番語文書ノ談〔ママ〕片	『台湾教育会雑誌』第三九号、一七―二〇頁
	一九〇五・六	仮名遣	『台湾教育会雑誌』第三九号、四六―四八頁
	一九〇五・九	数詞ニツイテ	『台湾教育会雑誌』第四二号、九―一一頁
	一九〇五・一〇	数詞について（続）	『台湾教育会雑誌』第四三号、一二―一五頁
	一九〇七・六	数詞について（続）	『台湾教育会雑誌』第六三号、五―八頁
	一九〇七・七	数詞について（続）	『台湾教育会雑誌』第六四号、六―九頁
	一九〇六・三	台湾語に就て	『台湾協会会報』第九〇号、台湾協会、一―六頁
	一九〇六・四	台湾語に就て（承前）	『台湾協会会報』第九一号、台湾協会、八―一三頁

☆	一九〇七・八	日本の古書に出て〔ママ〕たる馬来語	『台湾教育会雑誌』第六五号、八—一一頁
	一九〇七・九	答弁二題	『台湾教育会雑誌』第六六号、二八—三三頁
	一九〇八・一	「サル」という詞	『台湾教育会雑誌』第七〇号、五—七頁
☆	一九〇九・六	カロリン群島土人の詞	『台湾教育会雑誌』第八七号、一〇—一三頁
	一九一〇・一	キビシヨと云ふ語に就て	『東京人類学会雑誌』第二八六号、東京人類学会、一四七—一五〇頁
	一九一一・五	タヤル蕃語の動詞の構造	『台湾教育会雑誌』第一一〇号、九—一一頁
☆	一九一六・七	故栗田確君追悼録（栗田君を憶ふ）	『台湾教育』第一六九号、五一—五二頁
	一九一六・一一	日本と南洋	『台湾教育』第一七三号、二八—三〇頁
	一九二三・一〇	台湾の蕃語に就て	『台湾時報』第四九号、台湾総督府台湾時報発行所、六—一三頁
	一九二五	三十年前の思ひ出	『台湾教育』第二七二号（芝山巌三十年祭記念号）、一〇—一四頁
☆	一九二六・一	台湾語研究者への希望	『語苑』第一九巻第一号、台湾語通信研究会、四頁
	一九二六・一〇	昔の事ども	台北師範学校創立三十周年記念祝賀会／芝原千雄ほか『台北師範学校創立三十周年記念誌』台湾日日新報社、四二—四四頁
	一九三〇・一	パイワン語に於けるQの音	『言語と文学』第一輯、台北国語国文学会、三七—四四頁
	一九三〇・四	パイワン語に於けるTsの音	『言語と文学』第二輯、台北国語国文学会、五一—五六頁
	一九三〇・五	台湾の言語	山本三生ほか編『日本地理大系第十一巻台湾篇』改造社、三三三—三三六頁
	一九三〇・一一	ファボラング語について	『言語と文学』第四輯、台北国語国文学会、三三—四〇頁
	一九三一・七	蕃語より見たる「トダル」「チダル」	『言語と文学』第六輯、台北国語国文学会、三三—三九頁

	一九三二・四	土俗に関する蕃語の数例	『南方土俗』第一巻第四号、新高堂書店、一―六頁
	一九三二・一二	台湾蕃語の数詞用法の二例	金沢博士還暦祝賀会／岩橋小弥太『金沢博士還暦記念　東洋語学乃研究』三省堂、五七三―五七九頁
☆	一九三四・六	ツオウの昔話	『科学の台湾』第二巻第三号、台湾博物館協会、三―四頁
	一九三五・八	インドネシアン語に於ける台湾蕃語の位置	『日本学術協会報告』第一〇巻第二号、二二三―二二八頁
	一九三六・一二	方言の音声転写（3）愛媛県松山市	『音声学協会会報』第四四号、日本音声学協会、一二頁
	一九三九・三	タロコの伝説	台湾総督府博物館編『創立三十年記念論文集』台湾博物館協会、一六五―一七五頁
	一九三九・一	時に関する高砂族の語	『民族学研究』第五巻第一号、日本民族学会、一―一四頁＋図表
	一九四〇・二	Calamian語とAgotaya語	安藤教授還暦記念会編『安藤教授還暦祝賀記念論文集』三省堂、一二一五―一二三八頁
	一九四二・一一	台湾高砂族の語に於て『与へる』といふ言葉に就いて	日本語学会編『言語研究』第一〇、一一号、三省堂、一―二六頁
	一九四三・一	台湾高砂族の語にて「臼」と「杵」といふ詞について	『民族学研究』新第一巻第一号、民族学協会、一二―一八頁
	一九四三・二	台湾高砂族の語にて「臼」と「杵」といふ詞について（二）	『民族学研究』新第一巻第二号、民族学協会、三八―四六頁
	一九四四・五	インドネシア語に於ける台湾高砂語の位置	太平洋協会編『太平洋圏　民族と文化　上巻』河出書房、四五一―五〇二頁＋図表
	一九九九・一二	台湾府誌に出でたる蕃語	土田滋「小川尚義の未発表原稿二編」『台湾原住民研究』第四号、風響社、一五二―一五八頁、一五九―一八六頁
	一九九九・一二	台湾蕃語の音韻変化	土田滋「小川尚義の未発表原稿二編」『台湾原住民研究』第四号、風響社、一八七―一九二頁

☆		小川尚義履歴書・卒業証書写し	『台湾総督府公文類纂』国史館台湾文献館所蔵	

備考：☆印が付いている著作は従来の著作目録に取り上げられていないものである。

編者紹介

林　初梅［Lin Chu-Mei］

台湾生まれ。

東呉大学外国語学部日本語学科卒業。1994 年に広島大学大学院教育学研究科博士課程前期修了。2007年に一橋大学大学院言語社会研究科言語社会専攻博士課程修了。博士（学術）。台湾省文献委員会（現在は国史館台湾文献館）研究員、日本社会事業大学・東京外国語大学・聖心女子大学などの非常勤講師、国立台湾師範大学台湾文化及語言文学研究所（Graduate Institute of Taiwan Culture, Languages and Literature, NTNU）助理教授、一橋大学客員研究員を経て、2011 年より大阪大学言語文化研究科・外国語学部准教授。

主要論文

〈日本語〉

『「郷土」としての台湾──郷土教育の展開にみるアイデンティティの変容』2009 年、東信堂。

「台湾の郷土言語教育が示唆すること──複文化・複言語という視点から」細川英雄・西山教行編『複言語・複文化主義とは何か──ヨーロッパの理念・状況から日本における受容・文脈化へ』2010 年、くろしお出版、132-147 頁。

〈中国語〉

「「郷土」与「国土」的双重課題──日本統治時期台湾郷土教育之郷土観探討」若林正丈・松永正義・薛化元編『跨域青年学者台湾史研究論集』2008 年、稲郷出版社、69-103 頁。

小川尚義論文集〔復刻版〕

日本統治時代における台湾諸言語研究

発行日　二〇一二年一一月八日　初版第一刷発行

編　者　林初梅

発行所　株式会社 三元社

〒一一三－〇〇三三

東京都文京区本郷一－二八－三六 鳳明ビル

電話／〇三－三八一四－一八六七

ファックス／〇三－三八一四－〇九七九

印　刷
製　本　モリモト印刷 株式会社

ISBN978-4-88303-321-8

http://www.sangensha.co.jp